D1752548

Industrias Durmi, apostamos por la creación de proyectos singulares, por eso, desde [nue]stro departamento técnico, trabajamos para transformar en realidad la creatividad de [los] arquitectos. En el caso de la Escola Bambini, el objetivo ha sido imitar en color y forma [las] hojas de los árboles. Este modelo se ha fabricado con chapa plegada de acero [gal]vanizado, acada al horno, con lama de 500 mm, orientación automática con motor [elé]ctrico y eje central de seguridad.

DURMI

GRADUACIÓN, PROTECCIÓN SOLAR Y SEGURIDAD
PRODUCTOS PARA PROYECTOS ARQUITECTÓNICOS

www.durmi.com

[Ar]quitectos: Josep i Carles Vaquero
[C]onstructora: Miquel Costa, S.A.
[Fo]tógrafo: Jordi Meli

St Pauls Square
RHWL Architects
Liverpool, U.K.

Material: Parklex Facade
Tablero estratificado de madera de
alta densidad para exteriores

Foto: Xavier Garcia i Marí

Parklex®

www.parklex.com
COMPOSITES GUREA, S.A. Zalain auzoa, 13 · 31780 Vera de Bidasoa · Navarra (Spain)
[t] +34 948 625 045 [f] +34 948 625 015 · parklex@parklex.com

PEFC/14-35-00042

CON LEDS EL HOTEL ES MÁS SORPRENDENTE

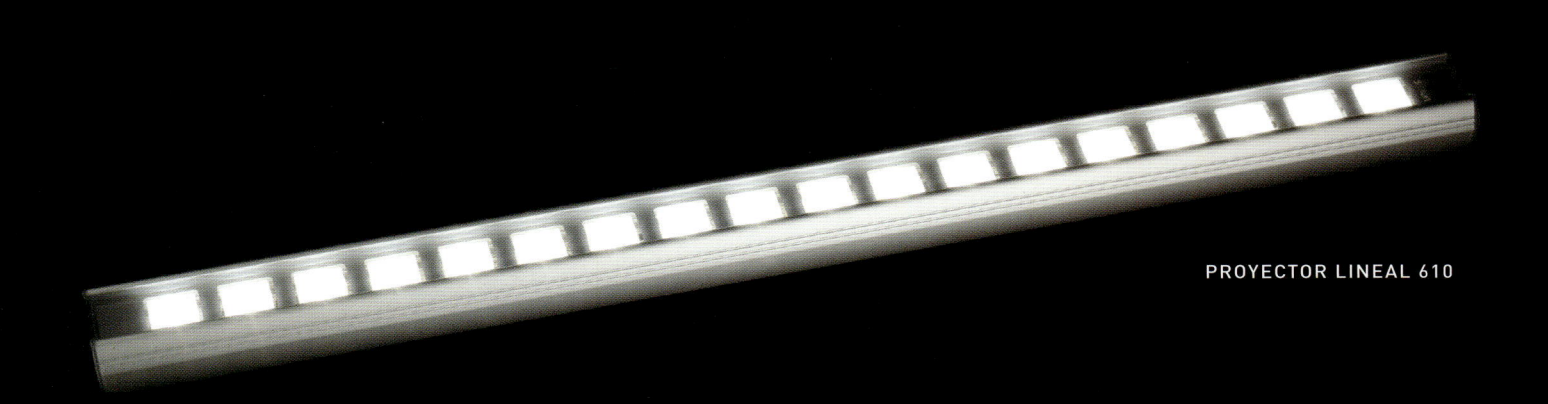

PROYECTOR LINEAL 610

BIENVENIDO A LA ERA LED

Para cada zona y hora del día, el led permite crear el ambiente más apropiado, confortable y con un coste energético mesurado. Las luminarias Simon, exclusivas para Leds, disfrutan de un bajo consumo y larga vida, variedad de diseños y la garantía de SIMON.

SAT 902 109 700 sat@simon.es - proyectosiluminacion@simon.es - www.simonled.es

simon
ILUMINACIÓN
INTERIOR

instalaciones efímeras

curso de especialización
15 créditos ECTS | 3º edición

Arquitectura Efímera | Escenografía | Paisajismo | Gráfica | Construcción | Museografía

Prácticas en empresas del sector | Bolsa de trabajo

PROFESORADO: Mikel Asensio | Fernando Araujo | Carmen Blasco | Carmen Bernandez | Juan Bordes | Enrique Bordes | Ángel Borrego | Javier Díez | Carmen Espegel | Ramón Francos | Teresa Galí |Aitor Goitia | Edgar González | Cynthia Gónzalez D'Agostino| Aurora Herrera | Margarita de Luxán | Cruz Novillo | Vicente Patón | José Miguel de Prada Pool | Tonia Raquejo | José Miguel Reyes | Eva Moraga | Javier Saenz Guerra | María Asunción Salgado | Luis Sánchez de Lamadrid | María Santoyo | Ángela Souto | Alberto Tellería | Carlos Vega

INVITADOS: Eugenio Ampudia | Carlos Baztán Lacasa | César Cabanas | Ariadna Cantís | Andrés Jaque | Francisco Mínguez | HC model | Jesús Moreno | Juan Pablo Rodríguez Frade | Miguel Ángel Rodrígez Lorite | Jesús San Vicente |

abril-mayo-junio-julio 2011
matrícula abierta
www.instalacionesefimeras.com

POLITÉCNICA   ETSAM

tune the light

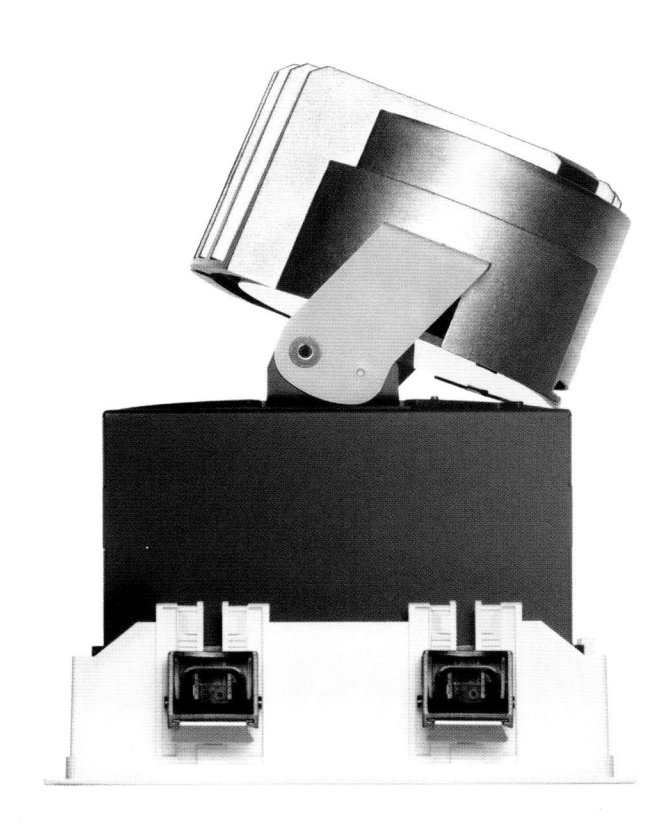

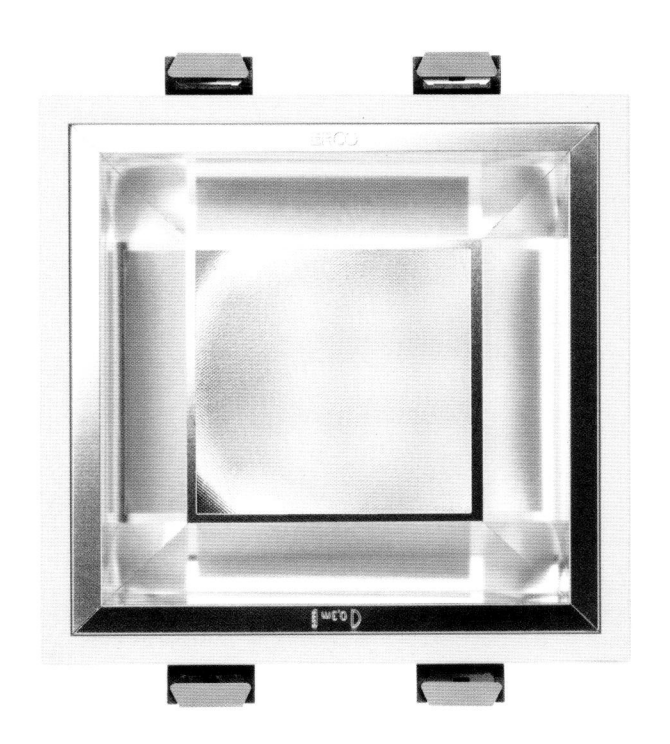

Quintessence LED

Presentamos un nuevo programa de Downlights perfectamente adaptado al concepto del confort visual eficiente: Quintessence de ERCO. En este sistema con alrededor de 1.200 elementos de iluminación diferenciados, los LEDs constituyen la principal fuente de luz. Quintessence ofrece más de 350 luminarias empotrables en el techo con LEDs: en distintos tamaños, formas y niveles de potencia, como bañadores de pared para la iluminación vertical eficiente, como Downlights con radiación de rotación simétrica o como proyectores orientables y proyectores empotrables para la iluminación de acento. Equipados con LEDs de alto rendimiento y larga duración en blanco luz diurna, blanco cálido y técnica varychrome de 4 canales. Con una potencia instalada de sólo 28W, generan flujos luminosos de hasta 2.160lm, mientras que una lámpara halógena de bajo voltaje equiparable necesita 100W. Estos datos lo ponen de manifiesto: aquí reside el futuro de la iluminación integrada en el techo.

www.erco.com

ERCO

Reynobond®
Architecture

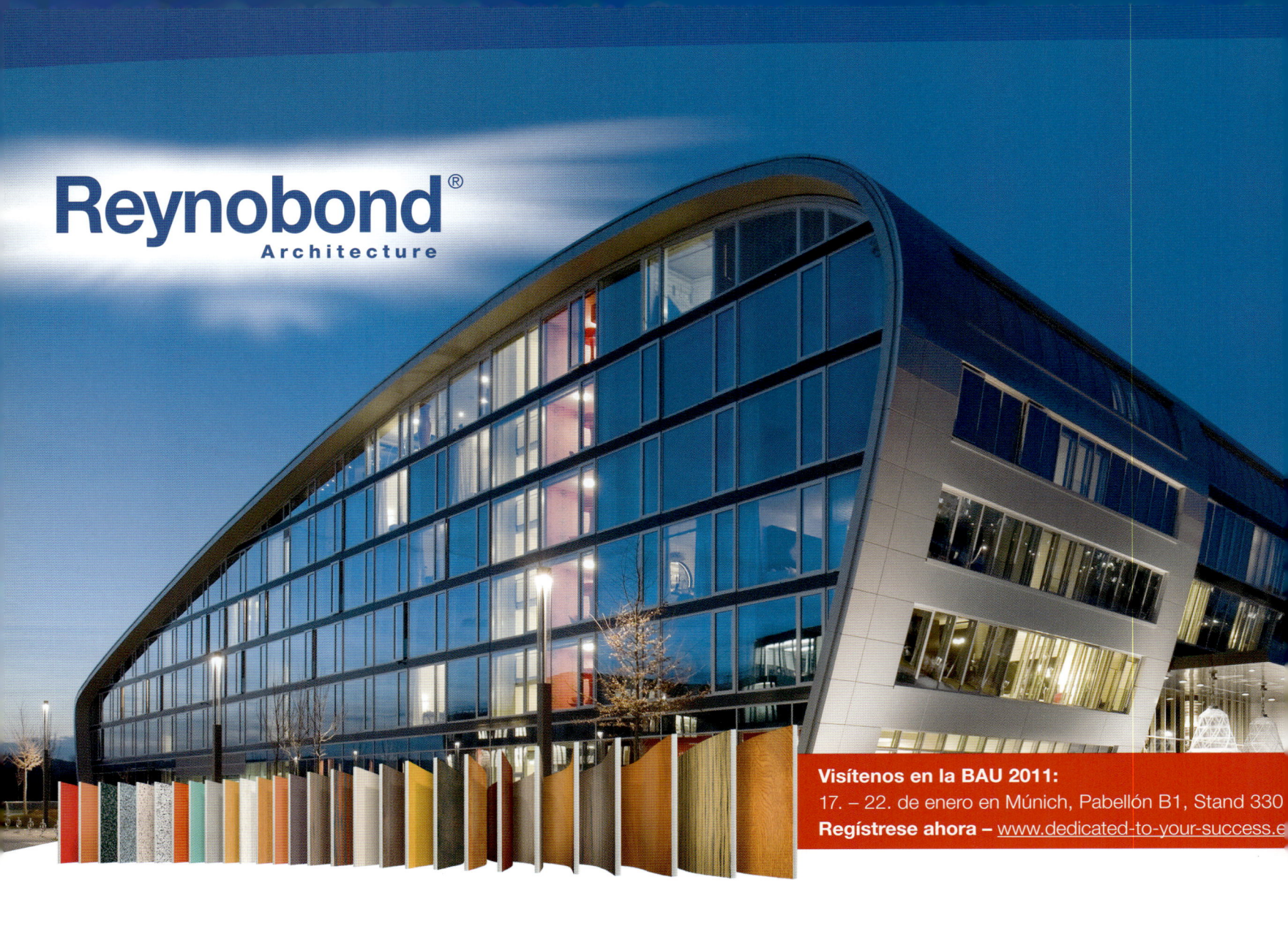

Visítenos en la BAU 2011:
17. – 22. de enero en Múnich, Pabellón B1, Stand 330
Regístrese ahora – www.dedicated-to-your-success.e

Le damos a sus ideas aún más expresión…

…¡ha llegado la nueva colección DESIGN de Reynobond®!

Las innovaciones constantes son una característica de Reynobond® Architecture. Escoja ahora entre 21 superficies naturales y dé a sus construcciones un toque muy especial. Pero aún le ofrecemos más. ¡Dispone de nuestro Wood Design en 20 tonos distintos! De este modo usted consigue posibilidades adicionales para un diseño creativo.

Más información en www.Reynobond-DESIGN-Collection.eu.
O solicitenos directamente la carta de colores DESIGN.

Alcoa Architectural Products
1 rue du Ballon | 68500 Merxheim, Francia
Tel. +33 (0) 3 89 74 47 63 | Fax +33 (0) 3 89 74 46 90
Reynobond.Service@alcoa.com | www.reynobond.eu

ALCOA

Dedicated to your Success

«Mi último diseño siempre es el mejor. Hasta que empiezo el siguiente.»

Zurich HelpPoint®

Un seguro de empresa a la altura de tu perfeccionismo.

Gestionar tu propia empresa puede ser tan gratificante como exigente, y sabemos que siempre querrás protegerla. Así que en Zurich trabajaremos contigo para diseñar las coberturas a la medida de tus necesidades, para gestionar y proteger tu empresa de los riesgos a los que se enfrenta cada día. Es una de las formas de asegurarnos de que tendrás la ayuda que necesitas cuando más importa. Lo llamamos Zurich HelpPoint. Para más información contacta con tu asesor de seguros o visita www.zurich.es/empresas

ZURICH®

Because change happenz®

Zurich Insurance PLC, sucursal en España.

"This concept sustainably changes the city."

José Luis Cortés, Architect and Urban Planner, Professor at the UIA in Mexico City and Head of the Holcim Awards jury 2008 for Latin America, on the prize-winning Urban integration project of an informal area, Medellín, Colombia.

Develop new perspectives for our future: 3rd International Holcim Awards competition for projects in sustainable construction. Prize money totals USD 2 million. www.holcimawards.org

OPEN NOW FOR ENTRIES
www.holcimawards.org

In partnership with the Swiss Federal Institute of Technology (ETH Zurich), Switzerland; the Massachusetts Institute of Technology, Cambridge, USA; Tongji University, Shanghai, China; Universidad Iberoamericana, Mexico City; and the Ecole Supérieure d'Architecture de Casablanca, Morocco. The universities lead the independent juries in five regions of the world. Entries at www.holcimawards.org close March 23, 2011.

The Holcim Awards competition is an initiative of the Holcim Foundation for Sustainable Construction. Based in Switzerland, the foundation is supported by Holcim Ltd and its Group companies and affiliates in more than 70 countries. Holcim is one of the world's leading suppliers of cement and aggregates as well as further activities such as ready-mix concrete and asphalt including services.

Holcimawards
for sustainable construction

Toda la energía que necesita para sus proyectos

Instalar gas natural **en las nuevas construcciones aumenta su valor**. Para ello, Gas Natural Fenosa le ofrece asesoramiento personalizado y asistencia técnica para que pueda incorporarlo en sus proyectos.

Con gas natural, **los edificios tienen mejor certificación energética**. Nuestros especialistas le aconsejarán para que **sus proyectos tomen forma de manera eficiente, tanto en el aspecto técnico como económico**.

Sus proyectos mejoran con gas natural: la energía del siglo XXI.

Para más información, llámenos al
902 212 211
o entre en www.profesionales.gasnaturalfenosa.es

gasNatural fenosa

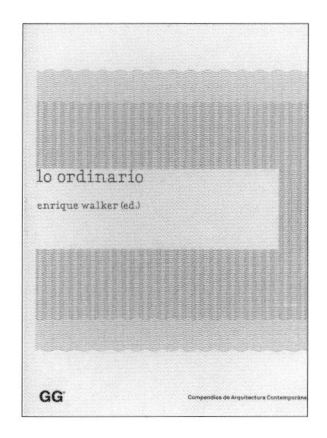

LO ORDINARIO
Enrique Walker (ed.)
Compendio de Arquitectura Contemporánea
Gustavo Gili, SL, 2010
Texto en castellano / 218 págs.

Desde fines de 1960, la noción de *lo ordinario* ha supuesto para la arquitectura un instrumento para investigar fenómenos urbanos emergentes y, por extensión, para formular conceptos desde el escrutinio de lo inexistente. Esta práctica de la teoría de la arquitectura ha consistido en la selección de una ciudad aparentemente irreducible para la disciplina, y en un viaje y un proyecto de documentación que tienen por resultado el hallazgo o la formulación de nuevas arquitecturas. El objetivo de este compendio es articular su genealogía, desde Las Vegas a Tokio, pasando por Nueva York y los descampados europeos.

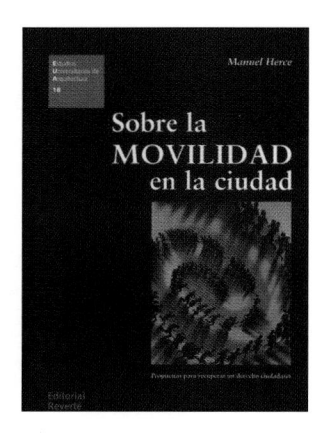

SOBRE LA MOVILIDAD EN LA CIUDAD
Manuel Herce
Editorial Reverté
Estudios Universitarios de Arquitectura
Texto en castellano / 321 págs.

Este libro es a la vez un manual para los que ejercen su profesión en el campo del transporte y de la movilidad urbana, y una obra de reflexión para quienes se interrogan acerca de los problemas actuales de las ciudades.

El autor propone un nuevo modelo de atención a las distintas necesidades de relación de los ciudadanos; apuesta firmemente por el transporte colectivo y anima a proseguir la tarea iniciada por muchos Ayuntamientos de rescatar el espacio público urbano. Pero, junto a la necesidad que preconiza de limitar la utilización del automóvil, el autor recuerda, igualmente, que este modo de transporte ha de desempeñar todavía un papel importante en la satisfacción del derecho a la conexión que tienen los ciudadanos que viven en las periferias dispersas de las ciudades, en las que no es fácil ni útil un sistema de transportes.

Subyace en el texto la preocupación por los problemas medioambientales, pero el autor antepone a su resolución la preocupación por la equidad social.

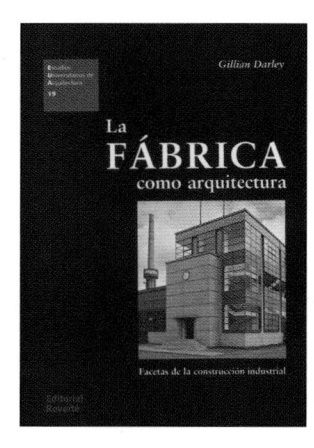

LA FÁBRICA COMO ARQUITECTURA
Facetas de la construcción industrial
Gillian Darley
Editorial Reverté
Estudios Universitarios de Arquitectura
Texto en castellano / 272 págs.

Este libro estudia el edificio de la fábrica como un organismo dedicado específicamente a la manufactura y la producción; un edificio que se constituyó fundamentalmente con la Revolución Industrial y que no ha parado de evolucionar hasta nuestros días. Ningún otro edificio ha plasmado mejor esas ideas, siempre fugaces, de la modernidad; y sus posibilidades radicales se han exagerado más allá de lo imaginable.

Aunque no se trata sólo de arquitectura, este estudio significa el reconocimiento de un género propio de la arquitectura y de su historia, cuyo conocimiento general —por su condición específicamente técnica— es considerablemente menor que el de otros tipos de edificios, lo cual no ha ayudado demasiado a su apreciación arquitectónica.

TODO ES DISEÑO
Varios autores
TF. Editores, ddi
Círculo de Bellas Artes, 2010
Texto en castellano / 278 págs.

Todo es diseño es una selección de trabajos de cuarenta diseñadores gráficos españoles más otros dieciocho de referencia llegados de toda Europa, en temáticas tan diferentes como el mundo de la cultura, la identidad corporativa de nuestras instituciones, nuestros periódicos, nuestras televisiones, las industrias del calzado, la cosmética, la alimentación o el sector editorial y audiovisual. Es un reconocimiento de las identidades nacionales y, asimismo, de la producción cultural e industrial.

No hay objetos 'de diseño', sino que el diseño está en el origen de cualquier objeto, de cualquier mensaje. Todo alude a la circularidad de una cultura en movimiento, como la gráfica, sin la que no se podría definir cuál es exactamente la personalidad de un país moderno visto desde la perspectiva de la innovación.

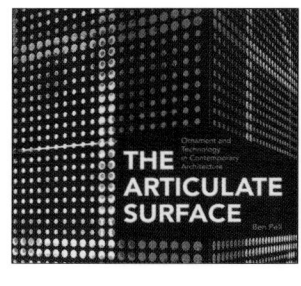

THE ARTICULATE SURFACE
Ornament and Technology in Contemporary Architecture
Ben Pell
Birkhäuser Basel, 2010
Texto en castellano / 215 págs.

La ornamentación adquiere hoy en día un renovado *status* a través de su articulación en las superficies arquitectónicas. Así como las tecnologías contemporáneas del diseño y la fabricación introducen oportunidades sin precedentes para entrelazar la lógica constructiva y la expresiva articulación de edificios, la ornamentación ha reemergido como un recurso para explorar la interacción entre función y decoración, volumen y superficie, estructura y envoltura.

Este libro ofrece un recuento sistemático de las tecnologías empleadas actualmente en la producción del ornamento y de las estrategias útiles en su aplicación, a través de una serie de ejemplos de edificios construidos. Arquitectos con un enfoque avanzado en esta cuestión de la ornamentación y que contribuyen con reflexiones sobre sus experiencias son: Sam Jacob de Fashion Architecture Taste (FAT), Londres; Andreas Hild de Hild un K Architekten, Munich o Alejandro Zaera-Polo de Foreign Office, Londres.

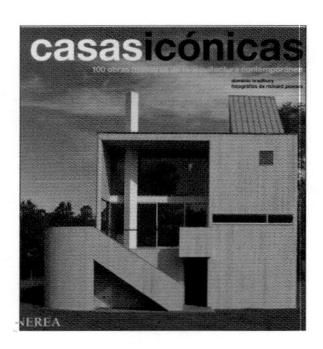

CASAS ICÓNICAS
100 Obras Maestras de la Arquitectura Contemporánea
Dominique Bradbury
Editorial Nerea
Texto en castellano / 352págs.

Casas icónicas reúne un centenar de casas paradigmáticas de los últimos cien años, desde Walter Gropius hasta Rem Koolhaas, pasando por Le Corbusier, Alvar Aalto, Frank Lloyd Wright, Charles Eileen Gray, Ray Eames, Luis Barragán, Herzog & de Meuron, Frank Gehry o Tadao Ando, entre otros. Los máximos exponentes de la arquitectura contemporánea figuran en esta obra por haber iniciado o consagrado sus carreras construyendo una obra singular.

Estas casas comparten una marcada sensibilidad hacia su entorno, una hábil lectura de los materiales y tradiciones constructivas locales, y una cuidadosa atención a las necesidades de sus clientes. Cada una, sin embargo, posee un enfoque irrepetible que la hace innovadora y radical en su época.

Unos textos concisos y claros, acompañados de unas ilustraciones originales —que incluyen un gran reportaje fotográfico realizado expresamente para esta publicación— junto con un amplio repertorio de dibujos y planos, procuran una información detallada, complementada por una útil bibliografía, un directorio y un inventario tipológico de las casas seleccionadas.

LIBROS
BOOKS

CHARLES | DISEÑADO POR ANTONIO CITTERIO
PARA LOCALIZAR AL DISTRIBUIDOR MÁS CERCANO, PÓNGASE EN CONTACTO CON
B&B ITALIA: TF. +39 031 795 213 | INFO@BEBITALIA.COM | IWWW.BEBITALIA.COM

B&B ITALIA

boletín de pedido
EDITORIAL EL CROQUIS
Avda. de los Reyes Católicos, 9.
E-28280 El Escorial. Madrid

www.elcroquis.es
[Colección Biblioteca de Arquitectura]

NOMBRE..CIF/DNI..............
DIRECCIÓN...TLF/FAX..............
POBLACIÓN.....................DP..............PROVINCIA..............

Deseo recibir los libros de la colección **Biblioteca de Arquitectura**:
- **Adolf Loos.** Escritos I. **25.00 euro.** 356 págs.
- **Adolf Loos.** Escritos II. **25.00 euro.** 289 págs.
- **Otto Wagner.** La Arquitectura de Nuestro Tiempo. **12.92 euro.** 156 págs.
- **Ozenfant/Le Corbusier.** Acerca del Purismo. **25.00 euro.** 266 págs.
- **Fritz Neumeyer-Mies van der Rohe.** La Palabra sin Artificio. **24.94 euro.** 524 págs.
- **Bruno Taut.** Escritos Expresionistas. **17.43 euro.** 299 págs.
- **Frank Lloyd Wright.** Autobiografía. **30.00 euro.** 667 págs.
- **Alvar Aalto.** De Palabra y por Escrito. **24.94 euro.** 406 págs.
- **Luis Barragán.** Escritos y Conversaciones. **18.93 euro.** 200 págs.
- **Erik Gunnar Asplund.** Escritos. Cuaderno de viaje. **25.00 euro.** 383 págs.
- **Louis I. Kahn.** Escritos, Conferencias y Entrevistas **25.00 euro.** 363 págs.
- **Moisei Ginzburg.** Escritos 1923 - 1930. **25.00 euro.** 446 págs.

Para estudiantes de arquitectura: **15%** de descuento. Adjuntar fotocopia de documentación justificativa
Importe total del pedido...............euro.

Forma de pago:
- ❏ Tarjeta de crédito: ❏ Visa ❏ Master Card
  Número |___|___|___|___| Caduca final............Titular............
- ❏ Talón nominativo
- ❏ Domiciliación bancaria. Ruego al Sr. Director del:

Banco/Caja...Cuenta nº............
Sucursal..
Dirección..Población............
Que atienda en la cuenta indicada el recibo de EL CROQUIS EDITORIAL.

Fecha...Firma............

La extraña desaparición de 300 butacas en tan sólo 6 minutos.
Descubre el enigma en **www.figueras.com/mutaflex1**

MUTAFLEX FILE

www.figueras.com
+34 938 445 060 · info@figueras.com

green attitude

FIGUERAS
INTERNATIONAL SEATING

INNOVAMOS PARA SUS PROYECTOS

galería de arquitectura

Exposición / Exhibition 2004 → 2010:
PRÁCTICAS ARQUITECTÓNICAS / ARCHITECTURAL PRACTICES
maquetas de arquitectura / architecture models

de Lunes a Viernes / Monday to Friday
de 10.00 a 15.00 horas / from 10 a.m. to 3.00 p.m.
de 16.00 a 18.00 horas / from 4.00 p.m. to 6.00 p.m.
Sábados / Saturdays
de 11.30 a 14.30 horas / from 11.30 a.m. to 2.30 p.m.
[entrada libre / admittance free]

Dirección / Address:
Avda. de los Reyes Católicos, 9
28280 El Escorial. Madrid

Teléfono / Telephone:
(34) - 91 896 94 14
Fax / Fax:
(34) - 91 896 94 15
Correo electrónico / e-mail:
elcroquis@elcroquis.es
Internet / Web site:
http://www.elcroquis.es

ELcroquis

exposición de maquetas de arquitectura española / spanish architecture model exhibition

Imagino una solución específica para el cerramiento de huecos con las mejores prestaciones.

PLADUR® CH hace realidad la protección al fuego y el aislamiento acústico que necesitas.

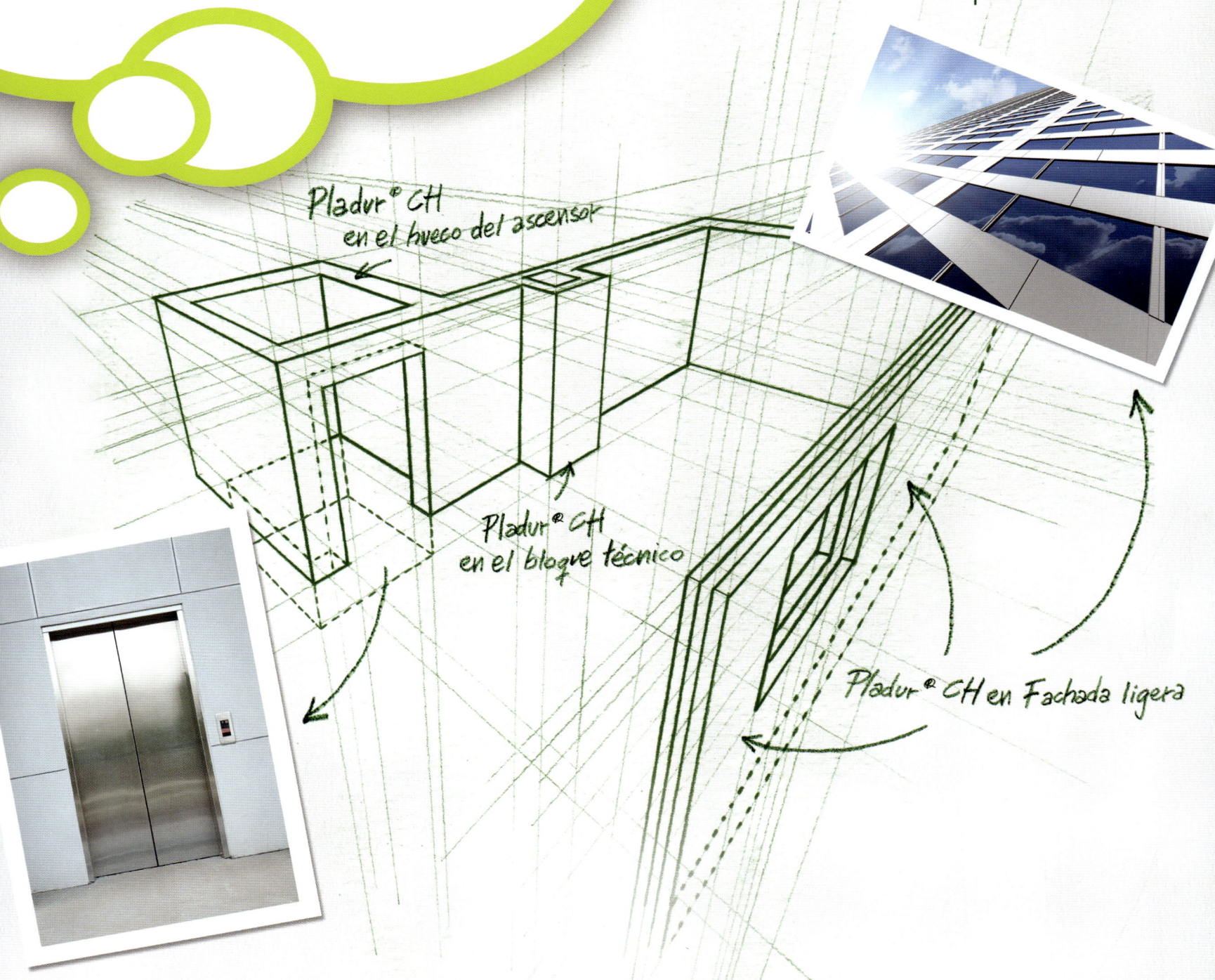

Pladur® CH en el hueco del ascensor

Pladur® CH en el bloque técnico

Pladur® CH en Fachada ligera

PLADUR® CH es un sistema diseñado especialmente para resolver de forma sencilla los cerramientos y huecos de zonas de difícil acceso. Se instala desde el lado exterior sin necesidad de andamios. Ofrece protección al fuego hasta EI-180 en ambas direcciones y aislamiento acústico de 59 dB con menos de 1/3 del peso, comparado con soluciones tradicionales.

Solicita el catálogo de productos y más información en nuestro servicio de atención al cliente.
Teléfono: 902 023 323
e-mail: consultas.pladur@uralita.com
Y en la Web: www.pladur.com

PLADUR® uralita

Tú imaginas el espacio

Nosotros lo creamos

Porque en Eun grupo descubrirás la más amplia gama de productos pensados para dar soluciones reales a la optimización del espacio. Sistemas y productos desarrollados con la última tecnología y pensados para dar respuestas específicas en multitud de sectores, en los que la gestión inteligente y moderna del espacio para el archivo y almacenaje, son una necesidad. Una gama de productos capaz de transformar el espacio en rentabilidad.

eun grupo
Innovación en Sistemas de Archivo y Almacenaje

estanterías eun s.a.
Bº Salbatore, 17 - Apdo. 82
20200 Beasain (Gipuzkoa) • Spain
T.: +34 902 114 907
F.: +34 902 114 908
E.: comercial@eun.es

eun madrid s.a.
C/ Del Yunque, 27
Pol. Ind. Santa Ana
28522 Rivas Vaciamadrid (Madrid) • Spain
T.: +34 902 170 599
F.: +34 91 301 13 07
E.: eunmadrid@eun.es

eun méxico s.a. de c.v.
Paseo de la reforma Nº 107 piso 6
Col. Tabacalera C.P. 06030
México, D.F.
T.: +5255 5208 8896
F.: +5255 5514 2547
E.: comercial@eun.com.mx
www.eun.com.mx

eunEuki — equipamiento de vestuarios — LA MODULACIÓN DEL ESPACIO
eunOffice — equipamiento de oficinas — EL ESPACIO MÁS CÓMODO
eunBIBLIO — programa de bibliotecas — EL ESPACIO MÁS INTELIGENTE
eunTRONIC — estanterías móviles con control electrónico — LA TECNOLOGÍA APLICADA AL ESPACIO

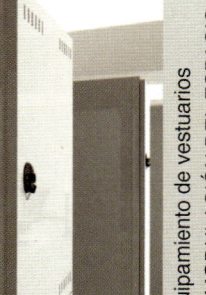

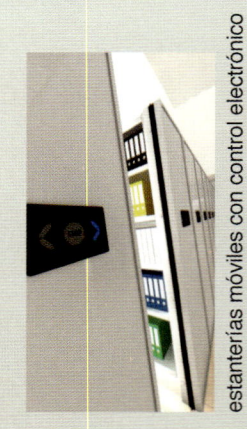

visita nuestras soluciones en www.eun.es

EL croquis 152 153

editores y directores / publishers and editors
Fernando Márquez Cecilia y Richard Levene
arquitectos

diseño gráfico y maqueta / layout
Richard Levene

redacción editorial / editorial staff
Paloma Poveda
producción gráfica
Cristina Poveda
documentación
Beatriz Rico
fotografía
Hisao Suzuki
traducción
Jamie Benyei

galería de arquitectura / architecture gallery
Beatriz Rico

administración / administration
Mariano de la Cruz y Ana González
suscripciones
Yolanda Muela y Mayte Sánchez
distribución y departamento comercial
Ana Pérez Castellanos
secretaría
Fabiola Muela y Francisco Alfaro

diseño y producción / design and production
EL CROQUIS EDITORIAL
fotomecánica e impresión
DLH Gráfica / Monterreina
encuadernación
Encuadernación Ramos

publicidad / advertising
MEDIANEX EXCLUSIVAS, S.L.
Romero Robledo, 11. E-28008 Madrid
tel.: 34-915593003. fax: 34-915414269
e-mail: nexpubli@arquinex.es
[Publicación controlada por OJD]

distribución nacional / national distribution
EL CROQUIS EDITORIAL
Avda. de los Reyes Católicos, 9. E-28280 El Escorial. Madrid. España
tel: 34-918969413. fax: 34-918969412
e-mail: distribucion@elcroquis.es
A ASPPAN, S.L.
Pol. Ind. Sta. Ana. 28529 Rivas Vaciamadrid. Madrid. España
tel: 34-916665001. fax: 34-913012683
e-mail: asppan@asppan.com

distribución internacional / international distribution

Germany, Austria, Belgium, France, The Netherlands, United Kingdom,
Scandinavia, Switzerland, Central and Eastern Europe,
Australia, Canada, United States, Japan, Taiwan, Hong Kong, Singapore, Pacific Rim
IDEA BOOKS
Nieuwe Herengracht 11. 1011 RK Amsterdam. Holanda
tel: 20-6226154/6247376. fax: 20-6209299
e-mail: idea@ideabooks.nl

Italia
INTER LOGOS S.R.L.
Vía Curtatona, 5/2. 41100. Modena. Italia
tel: 39-059-412648. fax: 39-059-412441
http://www.libri.it. e-mail: commerciale@logos.net

Brasil y Portugal
A ASPPAN, S.L.
c/ de la Fundición, 15. Pol. Ind. Sta. Ana. 28529 Rivas Vaciamadrid. Madrid. España
tel: 34-916665001. fax: 34-913012683
e-mail: asppan@asppan.com

Argentina y Uruguay
LIBRERÍA TÉCNICA CP67
Florida 683. Local 18. C1005AAM Buenos Aires. Argentina
tel: 5411-43146303. fax: 5411-43147135
e-mail: CP677@cp67.com

Argentina
LIBRERÍA CONCENTRA
Montevideo, 938. C1019ABT Buenos Aires. Argentina
tel/fax: 5411-4814-2479
e-mail: librería@concentra.com.ar

Bolivia
EDICIONES 'SABER ES PODER'
Calle España 353. Santa Cruz. Bolivia
tel: 333-0264. fax: 337-0433
e-mail: galean@entelnet.bo

Colombia
DESCALA LTDA
Calle 30. Nº 17-52. Bogotá. Colombia
tel/fax: 571-2878200/571-2320482
e-mail: escala@col-online.com

Chile
EDITORIAL CONTRAPUNTO
Avda. Salvador 595. Santiago de Chile
tel: 562-2233008/2743707. fax: 562-2230819
e-mail: contrapunto@entelchile.net

Perú
LIBRERÍA ARCADIA
Alcanfores 295. of. 17. Miraflores. Lima 18. Perú
telefax: 511241-7347
e-mail: libreria@arcadiaperu.com

Venezuela
EUROAMERICANA DE EDICIONES
Avda. Francisco Solano. Edif. Lourdes, piso 4. Oficina 11. Sabana Grande. Caracas 1070. Venezuela
tel: 58-2-7612280. fax: 58-2-7630263
e-mail: gabosdante@cantv.net

Korea
M&G&H CO.
Suite 901. Pierson Bd. 89-27. Shin Moon Ro - 2 ka. Chongro-ku. Seoul 110-062. Korea
tel: 82-2-7328105. fax: 82-2-7354028
e-mail: distribution@mghkorea.com

Lebanon, Saudi Arabia, Egypt, Kuwait,
Syria, Qatar, United Arab Emirates
ARCHITECTURE ASSOCIATION STUDIO
Bcd-Saifi-Debas. 164 Bldg. 3rd floor. Lebanon
tel: 961-1990199. fax: 961-1990188
e-mail: esm@aastudio.me

© 2010 elcroquis sl
quedan expresamente prohibidas la reproducción, la distribución y la comunicación pública,
incluida su modalidad de puesta a disposición, de la totalidad o parte de los contenidos de esta publicación,
en cualquier soporte y por cualquier medio técnico, sin la autorización previa de esta editorial
*any republication, reproduction, distribution, and presentation to the public,
including facilitating the availability, of all or any part of the contents of this publication,
in any technical format, without prior permission by this publisher is strictly prohibited*

la editorial no se hace responsable de la devolución de cualquier documentación
enviada a la redacción sin haber sido expresamente solicitado por ésta
*the editors do not make themselves responsible for the return of
material sent without having been expressly requested*

EL croquis editorial
Av. de los Reyes Católicos, 9. E-28280 El Escorial. Madrid. España

REDACCIÓN - tel.: 34-918969414. fax: 34-918969415
SUSCRIPCIONES - tel.: 34-918969410. fax: 34-918969411
DISTRIBUCIÓN - tel.: 34-918969413. fax: 34-918969412
e-mail: elcroquis@elcroquis.es
http://www.elcroquis.es

© 2010 Herzog & de Meuron, Basel
todos los planos, textos, dibujos y maquetas
all drawings, texts, renderings and models

ISSN: 0212-5633
depósito legal: M-115-1982
ISBN: 978-84-88386-62-5
impreso y encuadernado en Madrid
elcroquis es una publicación miembro de ARCE y de la Asociación de Editores de Madrid
Premio COAM Publicaciones 1985
Premio a la EXPORTACION 1992 de la Cámara de Comercio e Industria de Madrid
Medalla FAD [Fomento de les Arts Decoratives] 2004
Publicación controlada por OJD

Esta revista ha recibido una subvención de la Dirección General del Libro,
Archivos y Bibliotecas del Ministerio de Cultura para su difusión
en bibliotecas, centros culturales y universidades de España,
para la totalidad de los números del año

GOBIERNO DE ESPAÑA | MINISTERIO DE CULTURA

2005/2010

HERZOG & DE MEURON

Biografía 4
Biography

Programa, Monumento, Paisaje 8
Programme, Monument, Landscape
JEAN-FRANÇOIS CHEVRIER

Una Conversación con Jacques Herzog y Pierre de Meuron 22
A Conversation with Jacques Herzog and Pierre de Meuron
JEAN-FRANÇOIS CHEVRIER

TEA, Tenerife Espacio de las Artes 46
TEA, Tenerife Espacio de las Artes

Plaza de España 80
Plaza de España

CaixaForum Madrid 92
CaixaForum Madrid

Ferial de Basilea 2012 116
Messezentrum Basel 2012

Estadio Nacional para los Juegos Olímpicos de 2008 128
National Stadium, The Main Stadium for the 2008 Olympic Games

Elbphilharmonie, Hamburgo 150
Elbphilharmonie, Hamburg

Torre St. Jakob 176
St. Jakob Tower

Edificio de Apartamentos en 40 Bond 188
40 Bond, Apartment Building

Transformación de la Tate Modern 202
Transforming Tate Modern

1111 Lincoln Road 216
1111 Lincoln Road

Espacio Goya 238
Espacio Goya

Centro Empresarial Actelion 250
Actelion Business Center

VitraHaus 276
VitraHaus

56 Leonard Street 312
56 Leonard Street

Triangle 322
Triangle

Porta Volta Fundación Feltrinelli 332
Porta Volta Fondazione Feltrinelli

Complejo Cultural Luz 340
Cultural Complex Luz

Barranca Museo de Arte Moderno y Contemporáneo 352
Barranca Museum of Modern and Contemporary Art

Ampliación del Museo Unterlinden 366
Extension Musée d'Unterlinden

Herzog & de Meuron

Senior Partners

CHRISTINE BINSWANGER

1964	Nace en Kreuzlingen, Suiza	1964	Born in Kreuzlingen, Switzerland
1984-1990	Estudios de Arquitectura en la ETH de Zurich Cátedra de Flora Ruchat y Hans Kollhoff	1984-1990	Studies in Architecture at Swiss Federal Institute of Technology Zurich (ETH), Switzerland, Chair of Flora Ruchat and Hans Kollhoff
1990	Obtiene el título de Arquitecta por la ETH de Zurich	1990	Awarded Degree in Architecture at ETH Zürich
1991-	Colabora en la oficina de Herzog & de Meuron	1991-	Collaboration with Herzog & de Meuron
1994	Se asocia con Herzog & de Meuron	1994	Partner with Herzog & de Meuron
2001	Profesora invitada en la EPF de Lausana, Suiza	2001	Visiting Professor at Ecole Polytechnique Fédérale de Lausanne (EPF), Switzerland
2004	Premio Meret Oppenheim	2004	Awarded the Meret Oppenheim Prize

ASCAN MERGENTHALER

1969	Nace en Stuttgart, Alemania	1969	Born in Stuttgart, Germany
1990-1997	Estudios de Arquitectura en la Universidad de Stuttgart, Alemania, y en The Barlett, UCL, Londres, Reino Unido	1990-1997	Studies in Architecture at Universität Stuttgart, Germany and The Bartlett, University College London (UCL), UK
1993	Prácticas en la oficina de Herzog & de Meuron	1993	Internship at Herzog & de Meuron
1995-1997	Colabora con Konstantin Grcic, Diseño Industrial	1995-1997	Collaboration and assistance with Konstantin Grcic, Industrial Design
1997	Obtiene el título de Arquitectura por la Universidad de Stuttgart	1997	Awarded Degree in Architecture at Universität Stuttgart, Germany
1998-	Colabora en la oficina de Herzog & de Meuron	1998-	Collaboration with Herzog & de Meuron
2001	Miembro no numerario de la oficina de Herzog & de Meuron	2001	Associate with Herzog & de Meuron
2004	Se asocia con Herzog & de Meuron	2004	Partner with Herzog & de Meuron

STEFAN MARBACH

1970	Nace en Zurich, Suiza	1970	Born in Zurich, Switzerland
1985-1986	Escuela de Diseño, Basilea, Suiza	1985-1986	School of Design, Basel, Switzerland
1986-1990	Formación como Delineante	1986-1990	Apprenticeship as Draftsman
1991-1993	Delineante en la oficina de Herzog & de Meuron	1991-1993	Draftsman at Herzog & de Meuron
1993-1997	Estudios de Arquitectura en el HTL de Muttenz, Suiza	1993-1997	Studies in Architecture at the Höfere Fachschule für Technik (HTL), Muttenz, Switzerland
1994-1995	Becado en el KTH de Estocolmo, Suecia	1994-1995	Scholarship at The Royal Institute of Technology (KTH), Stockholm, Sweden
1997-	Colabora en la oficina de Herzog & de Meuron	1997-	Collaboration with Herzog & de Meuron
2000	Miembro no numerario de la oficina de Herzog & de Meuron	2000	Associate with Herzog & de Meuron
2006	Se asocia con Herzog & de Meuron	2006	Partner with Herzog & de Meuron

JACQUES HERZOG

1950	**Nace en Basilea, Suiza**
1970-1975	**Estudios de Arquitectura en la ETH de Zurich, Suiza, Cátedra de Aldo Rossi y Dolf Schnebli**
1975	**Obtiene el título de Arquitecto por la ETH de Zurich**
1977	**Colaborador del Profesor Dolf Schnebli**
1978	**Se asocia con Pierre de Meuron**
1983	**Tutor visitante en la Universidad de Cornell, Ithaca, Nueva York, EEUU**
1989,1994-	**Profesor invitado en la Universidad de Harvard, Cambridge, MA, EEUU**
1999-	**Profesor en la ETH de Zurich y Co-Fundador de ETH Studio Basel**
2001	**Premio Pritzker de Arquitectura**
2002-	**Co-fundador ETH Studio Basel - Instituto de la Ciudad Contemporánea**
2007	**Medalla de Oro del RIBA, Reino Unido Praemium Imperiale, Japón**

1950	Born in Basel, Switzerland
1970-1975	Studies in Architecture at Swiss Federal Institute of Technology Zurich (ETH), Switzerland, Chair of Aldo Rossi and Dolf Schnebli
1975	Awarded Degree in Architecture at ETH Zürich
1977	Assistant to Professor Dolf Schnebli
1978	Partnership with Pierre de Meuron
1983	Visiting tutor at Cornell University, Ithaca, N.Y., USA
1989,1994-	Visiting professor at Harvard University, Cambridge, MA, USA
1999-	Professorship at ETH Zurich and Co-founder ETH Studio Basel
2001	Awarded the Pritzker Architecture Prize
2002-	Co-founder ETH Studio Basel - Contemporary City Institute
2007	Awarded the RIBA Royal Gold Medal, UK, and Praemium Imperiale, Japan

PIERRE DE MEURON

1950	**Nace en Basilea, Suiza**
1970-1975	**Estudios de Arquitectura en la ETH de Zurich Cátedra de Aldo Rossi y Dolf Schnebli**
1975	**Obtiene el título de Arquitecto por la ETH de Zurich**
1977	**Colaborador del Profesor Dolf Schnebli**
1978	**Se asocia con Jacques Herzog**
1989,1994-	**Profesor invitado en la Universidad de Harvard, Cambridge, Massachusetts, EEUU**
1999-	**Profesor en la ETH de Zurich y Co-Fundador de ETH Studio Basel**
2001	**Premio Pritzker de Arquitectura**
2002-	**Co-fundador ETH Studio Basel - Instituto de la Ciudad Contemporánea**
2007	**Medalla de Oro del RIBA, Reino Unido Praemium Imperiale, Japón**

1950	Born in Basel, Switzerland
1970-1975	Studies in Architecture at Swiss Federal Institute of Technology Zurich (ETH), Switzerland, Chair of Aldo Rossi and Dolf Schnebli
1975	Awarded Degree in Architecture at ETH Zürich
1977	Assistant to Professor Dolf Schnebli
1978	Partnership with Jacques Herzog
1989,1994-	Visiting professor at Harvard University, Cambridge, MA, USA
1999-	Professorship at ETH Zurich and Co-founder ETH Studio Basel
2001	Awarded the Pritzker Architecture Prize
2002-	Co-founder ETH Studio Basel - Contemporary City Institute
2007	Awarded the RIBA Royal Gold Medal, UK, and Praemium Imperiale, Japan

Partners

ROBERT HÖSL

1965	Born in Bonndorf, Germany
1984-1993	Studies in Architecture at Technical University (TU) Berlin, Germany
1992	Internship at Herzog & de Meuron
1993	Awarded Degree at TU Berlin, Germany
1994-	Collaboration with Herzog & de Meuron
1999	Managing Director of Munich subsidiary of Herzog & de Meuron
2000	Associate with Herzog & de Meuron
2004	Partner with Herzog & de Meuron

WOLFGANG HARDT

1974	Born in Eichstätt, Germany
1991-1992	Apprenticeship to Carpenter, Eichstätt, Germany
1992-1994	Apprenticeship to Architectural Draftsman, Eichstätt, Germany
1995-1996	Specialized secondary School of Art and Design, Augsburg, Germany
1996-1998	Collaboration with Diocesan - and University building authority Eichstätt, Germany
1998-2002	Architectural Degree, University of Applied Sciences, Regensburg, Germany
2000-	Collaboration with Herzog & de Meuron
2005	Associate with Herzog & de Meuron
2008	Partner with Herzog & de Meuron
2009	Master of Arts, University of Applied Sciences, Regensburg, Germany

DAVID KOCH

1967	Born in Herborn, Germany
1990-1998	Studies in Architecture at Technical University (TU) Darmstadt, Germany; Pratt Institute New York, USA; Swiss Federal Institute of Technology Zurich (ETH), Switzerland; and Southern California Institute of Architecture (SCI-ARC) Los Angeles, USA
1996-1999	Studies in Philosophy and Sociology at TU Darmstadt
1998	Awarded Degree in Architecture at TU Darmstadt
2001-	Collaboration with Herzog & de Meuron
2004	Associate with Herzog & de Meuron
2008	Partner with Herzog & de Meuron

MARKUS WIDMER

1964	Born in Rheinfelden, Switzerland
1984-1990	Studies in Architecture at Swiss Federal Institute of Technology Zurich (ETH)
1990	Awarded Degree in Architecture at ETH Zurich
1991-1992	Collaboration with Pierre et Pascal Prunet, Architectes, Paris, France
1993-1995	Collaboration with Mathis Müller & Ueli Müller, Basel, Switzerland
1995-2000	F. Hoffmann-La Roche AG, Basel
2000	Head Operations & Processes at Herzog & de Meuron
2005	Head Finances, Operations & Processes at Herzog & de Meuron
2008	Partner with Herzog & de Meuron

ESTHER ZUMSTEG

1964	Born in Etzgen, Switzerland
1984-1990	Studies in Architecture at Swiss Federal Institute of Technology Zurich (ETH)
1990	Awarded Degree in Architecture at ETH Zurich, Switzerland
1991-1999	Collaborations with Architectural and Design Firms in Switzerland and Los Angeles, CA, USA
2000-	Collaboration with Herzog & de Meuron
2005	Head Communications & Exhibitions at Herzog & de Meuron
2009	Partner with Herzog & de Meuron

Herzog & de Meuron

Offices	Herzog & de Meuron Basel - Hamburg - London - Madrid - New York
Founding Partners	Jacques Herzog, Pierre de Meuron
Senior Partners	Christine Binswanger, Ascan Mergenthaler, Stefan Marbach
Partners	Robert Hösl, Wolfgang Hardt, David Koch, Markus Widmer, Esther Zumsteg
Associates	Edman Choy, Linxi Dong, Ben Duckworth, Tomislav Dushanov, Michael Fischer, Andreas Fries, Martin Fröhlich, Stefan Goeddertz, Kentaro Ishida, Nicholas Lyons, Donald Mak, Vladimir Pajkic, Nuno Ravara, Miquel Rodriguez, Christoph Röttinger, Stefan Segessemann, Charles Stone, Wim Walschap, Stephan Wedrich, Tobias Winkelmann, Thomasine Wolfensberger
Business Heads	Doris Erzer Piffaretti, Daniel Waldmeier, Markus Weder
Employees	360 employees worldwide from 33 nationalities

Awards	1987 Kunstpreis, Akademie der Künste, Berlin, Germany
	1994 Brunel Award 1994, Washington D.C., US
	1996 Max-Beckmann-Preis 1996, Frankfurt a.M., Germany
	1999 The 1999 Rolf Schock Prize for the Visual Arts, Stockholm, Sweden
	2000 Prix Max Petitpierre 2000, Bern, Switzerland
	2001 The Pritzker Architecture Prize 2001, The Hyatt Foundation
	     Los Angeles, CA, US
	     Prix de l'Equerre d'Argent 2001
	     Prix d'Architecture du Moniteur 2001, Paris, France
	2003 RIBA Stirling Prize, Royal Institute of British Architects,
	     London, United Kingdom
	2004 Medalla de Honor, Universidad Internacional Menéndez Pelayo,
	     Santander, Spain
	2005 The Prize of the Architectural Institute of Japan for Design,
	     Architectural Institute of Japan, Tokyo, Japan
	2007 Praemium Imperiale 2007, Japan Art Association, Tokyo, Japan
	     RIBA Royal Gold Medal 2007, Royal Institute of British Architects,
	     London, UK

Selected Exhibitions	1988 'Architektur Denkform', Architekturmuseum, Basel, Switzerland
	1991 'Architecture of Herzog & de Meuron'
	     5th International Architecture Biennale, Swiss Pavilion, Venice, Italy
	1995 'Herzog & de Meuron. Une exposition',
	     Centre Georges Pompidou, Paris, France
	     Conceived by Rémy Zaugg
	1996 'Der Architekt as Seismograph'
	     6th International Architecture Biennale
	     International Pavilion, Venice, Italy
	1997 'Architectures of Herzog & de Meuron: Portraits by Thomas Ruff'
	     TN Probe Exhibition Space, Tokyo, Japan
	1999 'The Unprivate House'
	     The Museum of Modern Art, New York, USA
	2000 'Herzog & de Meuron-11 Stations at Tate Modern'
	     Curated by Theodora Vischer
	     In collaboration with Käthe Walser
	     Tate Modern, Turbine Hall, London, UK
	2001 'Works in Progress'
	     Projects by Herzog & de Meuron and by Rem Koolhaas/OMA
	     Fondazione Prada, Milan, Italy
	     'Herzog & de Meuron: In Process'
	     Curated by Philip Vergne
	     Walker Art Center, Minneapolis, USA
	2002 'Herzog & de Meuron: Archéologie de l'Imaginaire'
	     Curated by Philip Ursprung
	     Canadian Centre for Architecture, Montréal, Canada
	2004 'Herzog & de Meuron, No. 250. An Exhibition'
	     Schaulager Basel, Münchenstein, Switzerland
	2005 'Herzog & de Meuron, No. 250. An Exhibition'
	     Netherlands Architecture Institute, Rotterdam, The Netherlands
	     Tate Modern, Turbine Hall, London, UK
	2006 'On-Site: New Architecture in Spain'
	     The Museum of Modern Art, New York, USA
	     'Herzog & de Meuron. No. 250. An Exhibition'
	     Haus der Kunst, Munich, Germany
	     'Artist's Choice: Herzog & de Meuron, Perception Restrained'
	     The Museum of Modern Art, New York, USA
	2007 'Work in Progress: Herzog & de Meuron's Miami Art Museum'
	     Miami Art Museum, Miami, Florida, USA
	     'Studio as Muse: Herzog & de Meuron's Miami Art Museum'
	     Miami Art Museum, Miami, Florida, USA.
	2008 'Herzog & de Meuron and Ai Weiwei'
	     Installation Piece for the Venice Architecture Biennale 2008
	     La Biennale de Venezia, Italian Pavillion, Giardini, Venice, Italy

Programa, Monumento, Paisaje

Jean-François Chevrier

TEA, TENERIFE ESPACIO DE LAS ARTES
Santa Cruz de Tenerife, Canary Islands, Spain. 2008

Todo programa remite a una definición/articulación de *actividades,* a partir de las cuales se supone que el arquitecto crea el *lugar.* En el lenguaje corriente, la palabra monumento alude a una cualidad espectacular, a una dimensión admirable a través de la cual el edificio atrae forzosamente la mirada y, al hacerlo, impone una idea, cuando no la realidad, del programa. En la tradición de la arquitectura parlante preconizada por la cultura Beaux-Arts, el monumento debía poseer un aspecto 'edificante'. La noción de edificio persiste, pero la sospecha general que afecta al vocabulario de los valores morales ha conducido a sustituir la idea de monumento por la de efecto icónico. La dificultad estriba en que el efecto icónico puede no decir nada de la situación del edificio ni de su funcionamiento interno. La solución está en vincular el programa (hecho visible) al paisaje (transformado).

Un rasgo distintivo de los proyectos de Herzog & de Meuron ha sido desde siempre la atención al paisaje, tanto en los aspectos topográficos como en los materiales, multisensoriales, como se hace patente en Santa Cruz de Tenerife, en la concepción del <u>TEA (Tenerife Espacio de las Artes)</u> (1999/2008). El proyecto se desarrolló a lo largo de más de una década, entre 1998 y 2008. Fue una especie de laboratorio de reflexión arquitectónica para el estudio durante ese periodo. El edificio se terminó a la vez que el <u>Museo de Young</u> (1999/2005) en San Francisco (que no sufrió retrasos). A pesar de los contextos urbanos tan distintos —el Museo de San Francisco se sitúa en un parque y tiene una torre mirador sobre la ciudad—, ambas construcciones presentan analogías, tanto en los aspectos más generales de diseño como en el tratamiento concreto de la envolvente.

Las siglas TEA designan un 'espacio para las artes'. El programa es complejo porque se trata de reunir bajo un mismo techo una gran biblioteca municipal; espacios tanto para presentar la colección del pintor surrealista Óscar Domínguez, de origen tinerfeño, como para otras exposiciones y para un centro de fotografía; un auditorio; una cafetería; y un significativo conjunto de oficinas para el Departamento de Cultura del Cabildo de Tenerife. Pero esta complejidad se organiza alrededor de la función de conexión urbana que dictó la aproximación formal del conjunto.

El emplazamiento del TEA es la alargada brecha que en la ciudad define el Barranco de Santos, el cual parece la mayor parte del año un curso de agua seco, aunque se trata en realidad de un amplio canal de evacuación de aguas pluviales. Este barranco se transforma en torrente cuando llueve en abundancia. La situación (la definición orográfica del lugar) posee así rasgos geográficos, físicos, que parecen hoy ajenos al tejido urbano. El paisaje expresa peligro, riesgo, una forma de *pathos.* El edificio ocupa una vasta superficie (la parcela tiene cerca de 9.000 metros cuadrados) y se dispone en horizontal, como una larga rampa que sigue la pendiente del terreno hasta el nivel del puerto, desde un monumental puente construido en 1943 sobre el barranco que conduce a la entrada del mercado de Nuestra Señora de África y que tiene 160 metros de largo, aunque sólo 18 de alto y 65 de ancho.

Programme, Monument, Landscape

Jean-François Chevrier

MUSEO DE YOUNG
DE YOUNG MUSEUM
San Francisco, California, USA. 2005

Every programme refers to a definition/combination of *activities* from which the architect is supposed to produce the *place*. In ordinary language, a *monument* refers to a spectacular quality, an impressive dimension, through which an edifice takes the eye by force and, in doing so, imposes an idea, if not the reality, of the programme. In the tradition of eloquent architecture promoted by Fine Arts culture, a monument had to have an 'edifying' aspect. The notion of the edifice still exists, but the suspicion generally surrounding the vocabulary of moral values has led to the replacement of the idea of the monument by that of iconic effect. The problem is that an iconic effect may say nothing about either the situation of the building or its internal functioning. The solution is to link the programme (made visible) to the landscape (transformed).

A distinctive feature of Herzog & de Meuron projects has always been the attention paid to the landscape as much in terms of its topographical characteristics as its physical, multisensory components. This is confirmed in Santa Cruz de Tenerife in the design of the TEA (Tenerife Espacio de las Artes) (1999/2008). The project evolved over more than ten years, from 1998 to 2008. It was, in a way, a laboratory for the architectural thinking developed by the firm during those years. The building was designed in the same period as the de Young Museum in San Francisco (1999/2005), completed with no delays. Despite the very different urban context —the de Young stands in grounds and has a tower that overlooks the city— there are analogies between the two constructions, both in terms of the overall design stance and in the special treatment given to the envelope.

The TEA is an 'arts space'. The programme is complex because it involved bringing a number of things together under a single roof: an extensive municipal library; presentation areas for a collection based around the surrealist artist Oscar Dominguez, born in Tenerife, and for exhibitions, plus a photography centre; an auditorium, a cafeteria, and some quite extensive office space for Tenerife Council's cultural department. However, that complexity is structured around the function of urban connectivity that dictated the overall formal approach.

The site can be described as a long trench in the urban fabric defined by the *Barranco de Santos*, which for most of the year looks like a dried-up waterway, but which is in reality a major rainwater drainage channel. In periods of heavy rain the *Barranco* turns into a torrent. The situation (the site's orography) relates in this way to geographical, physical factors which appear today as intrusions into the urban fabric. The landscape is expressive of danger, risk, and a form of pathos. The building's footprint covers a very large area (the plot is nearly 9,000 square metres in area). Horizontally, it takes the form of a long ramp that follows the slope of the land down to the port, running from a monumental bridge constructed in 1943 across the *Barranco* to the entrance of the *Mercado de Nuestra Señora de África* (the Market of Our Lady of Africa). It is hundred and sixty metres long, but just eighteen metres high and sixty-five metres wide.

TEA, TENERIFE ESPACIO DE LAS ARTES
Santa Cruz de Tenerife,
Canary Islands, Spain. 2008

Exteriormente el edificio es alargado y hermético: un volumen tallado en hormigón, de tonos grises, que podría haber sido conformado a partir de una lengua de lava del Teide, el volcán que domina la isla. Su imagen es áspera, brutal. Y porque se extiende antes que elevarse, tiende a fundirse con el paisaje urbano. Esta tendencia horizontal contrasta con el carácter puntiagudo de los edificios de alrededor, y, más generalmente, con la peor arquitectura internacional. Ésta es por otra parte una de las señas del estudio Herzog & de Meuron, común a otras obras suyas como el Museo de Young o el Fòrum de Barcelona.

El TEA conecta dos niveles de la ciudad. No está sólo atravesado por una circulación interior, como puede verse en muchas otras construcciones contemporáneas hasta la caricatura; es en sí mismo un cruce. La calle interior se ha concebido de forma que conserva su autonomía respecto a otras funciones: el visitante puede recorrerla sin tener que entrar necesariamente en uno de los espacios cerrados. Al mismo tiempo, esta calle organiza el edificio, ya que todos los restantes espacios se comunican con ella y a su través. La dimensión urbana determina aquí de manera muy coherente una distribución particularmente clara de los elementos del programa.

Cuando se accede al edificio por el nivel superior, la primera impresión es estar ante una extraordinaria abertura, acompañada de una ráfaga de frescor y claridad, especialmente perceptible cuando la luz cegadora y el intenso calor del verano desdibujan las formas. Tras atravesar una entrada *en chicane,* la vista se abre sobre un gran patio interior en pendiente, a cielo abierto (protegido del sol por toldos textiles desplegables), de forma triangular y con vidrio en sus tres lados. La base del triángulo está abierta a la izquierda, por el lado norte, sobre la rampa que prolonga la calle hasta el nivel inferior, donde el barranco desemboca en la zona portuaria. A la derecha, en el lado sur, se sitúa el acceso a los espacios de exposición.

Esta repentina apertura de un vacío urbano en el interior del edificio es espectacular aunque sin efectos superfluos; y contrasta con el hermetismo del exterior. La idea es la de un patio que funciona como una plaza. Antes de desembocar en la rampa que asegura la última conexión con la calle de la parte baja de la ciudad, esta plaza es también una galería, o una larga pasarela sobre los espacios de la biblioteca, que ocupan toda la altura del edificio. La calle interior que lo atraviesa corta así el volumen de la biblioteca, que se acomoda de arriba abajo a cada uno de los lados de aquélla. Atravesando los altos muros de vidrio, la mirada se dirige a las enormes salas de lectura iluminadas por multitud de lámparas en forma de bulbo, suspendidas en el espacio mediante largos tubos transparentes.

En el nivel inferior hay dos posibilidades de acceso: una rampa alargada y sinuosa, de hormigón como la envolvente del edificio, conduce a la plaza interior; un atrio protegido del sol por el techo conduce a la entrada de la biblioteca, bajo la rampa. La cafetería une el atrio de la biblioteca a los espacios del museo situados al otro lado del edificio.

El vacío urbano alrededor del que se organiza el edificio contrasta con la agitación circundante, y también con las pocas y aisladas tentativas anteriores de ordenación, que evidentemente no han conseguido llegar a producir un ritmo de respiración coherente. Las ciudades se desmembran debido a la fragmentación, la dispersión y la diseminación de los espacios públicos, así como por efecto de la práctica persistente de la zonificación y la ausencia de conexiones funcionales. Aquí, por el contrario, la idea es otorgar una cualidad monumental a una conexión urbana, que se ha trabajado como tal, sin otorgarle excesivo protagonismo a ese efecto monumental. En su parte inferior el TEA tiene como vecino uno de los edificios más hermosos de la ciudad: la Iglesia de la Concepción; y en su parte superior engancha con la plaza del mercado municipal.

Abierta las 24 horas del día, la gran biblioteca otorga al edificio su amplia escala y su vida interior. En la planta sótano alberga salas destinadas al público infantil que se abren a un patio interior a lo largo del muro sur. Y en planta baja comunica con los espacios de exposición (que se distribuyen en tres niveles y cuyo acceso principal se sitúa, como ya se ha apuntado, en el patio principal). Un tercer patio triangular separa la zona expositiva de las oficinas dedicadas a la gestión cultural. Esta apertura de tres patios en el interior del volumen en expansión que caracteriza el edificio del TEA remite igualmente al Museo de Young.

El proyecto es la combinación ejemplar de una solución formal global, que permite articular claramente la complejidad programática, y de detalles constructivos muy refinados. El más determinante de esos 'detalles', y uno de los más brillantes, es la perforación de los tres muros de hormigón que subrayan la expansión radiante del edificio en la parcela; el clima de la isla ha permitido ahorrar prescindiendo del doble aislamiento. Los pequeños huecos rectangulares, uniformemente repartidos según una trama en apariencia aleatoria, hacen que centellee el alargado muro de la fachada norte, la más expuesta a las miradas.

Externally, the building is a long hermetic form: a hewn volume in concrete in shades of grey, as if cut from a tongue of cooled lava from Mount Teide, the volcano that dominates the island. The building has a raw, even rough, appearance. But because it stretches out further than it reaches upward, it tends to merge in with the urban landscape. The deliberate choice of horizontality contrasts with the upward spikes of the surrounding buildings, and more generally, the mediocre international architecture; this is in fact one of the characteristics of Herzog & de Meuron which also applies to the design of the de Young museum and the Barcelona Forum.

The building connects two levels in the city. Not only is it crossed by an internal walkway, a feature to be seen in many other contemporary constructions —to the point of caricature— it is itself a crossing. The internal walkway has been designed in such a way that it remains quite separate from the building's other functions: the passer-by may use it without necessarily entering any of the various closed-off spaces. At the same time, the walkway gives structure to the building since every other space connects with and through it. The urban dimension is a highly coherent determinant here for a particularly clear arrangement of the programme's components.

When one enters the building at the top level, the first impression is of an extraordinary openness accompanied by an inrush of freshness and light, which is particularly striking when the dazzling light and full heat of summer blurs all shapes. As one emerges from a blind entrance, the eye moves out into a grand interior plaza sloping downward under an open sky (it is protected from the sun by moveable cloth screens), a triangle glazed on three sides. The base of the triangle opens to the left, the north, on to the ramp that extends the passage through the building down to the lower level, and the mouth of the *Barranco* in the port district. To the right, to the south, is the entrance to the exhibition areas.

This sudden opening up of an *urban void* inside the building is spectacular yet without superfluous effect; it contrasts with the hermetically closed external appearance. The concept is that of a patio functioning as a town square. Before leading into the ramp that provides the final connection with the street in the lower town, this plaza is also a gallery, a wide walkway running above the library areas that occupy the entire height of the building. The interior walkway cutting through the building thus splits the volume of the library, which falls away on either side. Through the tall glass walls the gaze plunges into spacious rooms illuminated by a host of ceiling lights in the form of large bulbs suspended from long transparent tubes.

On the lower level, there are two access points one can use: a long, winding ramp in concrete like the envelope of the building, leading to the interior plaza; or a porch area under the overhang of the roof, leading to the library entrance under the ramp. The cafeteria links the library porch to the museum areas on the other side of the building.

The urban void around which the building is arrayed contrasts with the surrounding agitation as well as with the few earlier, isolated attempts at organisation which have self-evidently failed to give the city a coherent respiratory rhythm. Cities today are coming apart due to the fragmentation, dispersion, and scattering of public spaces just as much as to the persistent habit of zoning and a poverty of functional connectivity. Here the idea is, on the contrary, to give a monumental quality to an urban connection, worked upon as such, without undue prominence for the monumental effect. In its lower part, the TEA is adjacent to one of the town's most beautiful buildings, the Church of La Concepción; in its top part, it clings to the municipal market square.

The spacious library, open around the clock, is obviously what gives the building its expansiveness and inner life. In the basement area it has rooms for children that open out on an interior plaza along the south wall. On the ground floor, the library is connected to the exhibition spaces (which are spread over three floors with a principal entrance, as already indicated, in the main plaza). A third triangular plaza separates the exhibition area from the offices of Tenerife's culture administration. This carving of three plazas out of the expanding volume of the building is reminiscent of one of the features of the de Young museum.

This project is an exemplary combination of, on the one hand, an overall formal stance enabling a complex programme to be articulated with clarity and, on the other, highly refined construction details. The most crucial of those 'details', one that is quite brilliant, is the perforation of the three concrete walls marking the radiating expansion of the building within its plot; the island's climate has allowed an insulating lining to be dispensed with. Small rectangular openings evenly distributed in an apparently random pattern add sparkling light to the long outer wall to the north, which is the most exposed to the gaze.

Dentro, en la biblioteca, los ángulos se redondean, produciendo el efecto de tragaluces irregulares abiertos en el espesor de la envolvente. De una parte a otra del museo, el muro a lo largo del atrio y el que da al patio interior compartido con las oficinas del Departamento de Cultura se han calado igualmente, pero sin el efecto de redondeado de los ángulos hacia el interior. Esta horadación de los muros de hormigón es parecida a la practicada en el revestimiento metálico del Museo de Young. Los dos motivos empleados para las perforaciones se extraen a partir de un mismo proceso de tratamiento tramado de otro motivo fotográfico: hojas en el caso del Museo de Young y superficie del mar irisada por el viento para el TEA. Su traducción a cortes geométricos no retiene otra cosa que los contrastes entre negro/blanco, y entre vacío/lleno; abstraen la referencia al mundo natural, pero ésta se concreta en la realidad física del edificio, en una percepción cambiante que remite a la experiencia de los elementos naturales.[1]

La opción de conjunto puede calificarse a la postre de 'brutalista': el adjetivo es adecuado al efecto que produce el uso de hormigón para definir el volumen exterior. No obstante, el calificativo puede prestarse a confusiones. Herzog & de Meuron han evitado, como es habitual en ellos, vincularse a una norma histórica identificada con procesos, formas o soluciones constructivas. Como siempre, han dejado de lado las categorías y las etiquetas de la crítica arquitectónica en favor de una respuesta empírica a una situación concreta. Al contemplar el TEA podríamos pensar en el caso de Le Corbusier revisado por los promotores del Nuevo Brutalismo, Alison y Peter Smithson, a principios de la década de 1950. Pero las diferencias son más que evidentes: no sólo en los materiales (el tratamiento del hormigón en particular), sino también en los cubos de apariencia minimalista que puntuan la cubierta y contienen las instalaciones. Los equipos de Herzog & de Meuron disponen hoy de una amplia gama de posibilidades que utilizan y enriquecen según las circunstancias; se trata siempre de producir, dentro del juego de formas y materiales, escalas y orientaciones, la mejor interacción entre un emplazamiento y un programa.

En un teritorio evidentemente menos frecuentado que Madrid, Barcelona, Londres o Hamburgo, el TEA es desde ahora el ejemplo de lo que podríamos denominar *brutalismo reticente*. Exteriormente, el edificio ofrece una imagen austera, carente de efectos teatrales o decorativos; sin evocar strictamentemente una construcción funcional, como podrían ser un hangar o un depósito, ofrece una impresión expansiva más bien lenta, si no amorfa, que evita el efecto de choque brutalista: contrariamente a la opción en favor de la fealdad —o al menos, de ruptura con las normas de la belleza arquitectónica— por la que se decantaron a menudo los adeptos al brutalismo, aquí predomina la neutralidad más que la provocación. Pero neutro no quiere decir banal. La volumetría en planos seccionados de la cubierta aparece, en su masiva y rigurosamente ordenada solidez, como una de las caras del edificio.

En el interior, el aluminio y el vidrio producen aceleración y euforia perceptivas; la dureza de los perfiles arquitectónicos, especialmente la de aquéllos que se proyectan en punta —uno de los clichés neoexpresionistas de la arquitectura contemporánea—, se dulcifica por el juego de reflejos y el trabajo con los matices de una gama restringida de colores. Los marcos de aluminio y los reflejos del vidrio contradicen la opacidad del hormigón texturado. El edificio mezcla sabiamente calidez y frialdad, lentitud y rapidez. Los elementos curvos intervienen puntualmente, en el mobiliario (las lámparas suspendidas de la biblioteca), la estructura ornamental (las perforaciones de los muros), el diseño ondulante de una pequeña sala de proyección delimitada por una cortina opaca en el interior de la biblioteca o la escalera helicoidal, a la vez anclada en el espacio y posada sobre él, que conecta los tres niveles del museo. El placer del artificio se reúne aquí con el disfrute del objeto aislado, o del hallazgo técnico. Esta atención a los detalles podría resultar manierista si éstos no estuviesen integrados en el edificio como un todo, con un uso inteligente de la dicontinuidad como contraste.

Como otras construcciones contemporáneas, el TEA combina hormigón, aluminio y vidrio, aunque esta combinación no es retórica. El edificio se inscribe en un paisaje. Y ese paisaje es insular, donde se produce el reencuentro de una extensión oceánica y de una fuerza telúrica, patente en el caso de una isla volcánica. La arquitectura del TEA recupera los elementos naturales y los reinterpreta: la piedra —con la que prácticamente no se construye hoy día— está presente en el tratamiento del hormigón, el agua en el juego de reflejos del vidrio, y la vegetación en el ornamento y en los efectos de filtrado de la luz (además de intervenir directamente en dos de los tres patios).

---

[1] El proceso de transformación de los motivos se documenta en *Herzog & de Meuron, 1997-2001. The Complete Works, vol. 4*, ed. Gerhard Mack, Birkhäuser, Basilea/Boston/Berlín, 2009, p. 58 (TEA) y p. 92 (de Young).

Inside, in the library, the corners are rounded, giving an impression of irregular portholes carved into the thickness of the building's envelope. On either side of the museum, the wall along the porch area and the other along the interior plaza shared with the offices of Tenerife's cultural department also have this fretwork effect, but here without the surfaces do not slope towards the interior. These openings pierced in the concrete walls can be likened to those that punctuate the metal envelope of the de Young museum. Both patterns are produced by a screening process applied to a photographic motif: foliage in the case of the de Young, wind-rippled sea in that of the TEA. Their translation into geometric cut-outs removes everything but the contract between black and white, full and void; it abstracts the reference to the natural world, but concretises in the building's physical reality a perceptual mobility that refers to experience of the natural elements.[1]

Overall, the chosen approach can be described as 'brutalist', an adjective that fits the effect produced by the predominance of concrete in the definition of the exterior volume. Nevertheless, it is an adjective that can lead to confusion. Herzog & de Meuron have avoided, as usual, swearing allegiance to any historical norm identified with processes, standard forms or formulaic construction. As is their habit, they have set aside the categories and labels of architectural criticism, preferring an empirical response to a specific situation. Looking at the TEA, one might be put in mind of Le Corbusier revisited by the promoters of the New Brutalism, Alison and Peter Smithson, in the early 1950s. But the differences are glaringly obvious, not only in the materials (the treatment of the concrete in particular) but also in the punctuation of the roofing of the building with cubes of minimalist appearance that house the utility conduits. Today, the teams at Herzog & de Meuron have at their disposal a vast range of options they can use and enrich to fit the circumstances. The aim is invariably to produce in the interplay of form and material, scale and orientation, the best possible interaction between a site and a programme.

In a territory obviously less frequented than Madrid, Barcelona, London or Hamburg, the TEA now stands as the exemplar of what might be called *challenged brutalism*. From the outside, the building offers an austere appearance devoid of any attractive theatrical or decorative feature. Without reference in any strict sense to functional structures such as hangars or depots, it produces an impression of rather slow, if not amorphous, expansion, avoiding the shock effect of brutalism; running counter to the deliberate intention to create ugliness —or, at least, to break with the norms of beautiful architecture— to which the adepts of brutalism often lay claim, it sets out to be neutral rather than provocative. However, 'neutral' does not mean 'ordinary'. The volumetric of the cut-plane design of the roof has the appearance, in its massive, rigorously ordered solidity, of being in itself one whole face of the building.

Inside, aluminium and glass generate an effect of perceptual acceleration and euphoria; the hardness of the architectural profiles, especially the sharp projections —one of the neo-expressionist clichés of contemporary architecture— is softened by the interplay of reflections and subtle exploitation of a restricted colour range. The aluminium framing and the reflections in the glass contradict the matt textured concrete. The building expertly combines hot and cold, slowness and speed. Here and there, curved elements are used, in fittings (the suspended lights in the library), ornamental structure (the wall perforations), the undulating design of a small projection room whose boundary is marked by an opaque curtain inside the library, and the spiral staircase that is both anchored and simply set down in space to connect the museum's three floors. Pleasure in artifice joins here with the sheer rightness isolated items can have or even flashes of technical brilliance. Such *bricolage* would seem mannered if they were not an integral part of the continuity of the building, part of the intelligent use of the contrast of discontinuity.

Like other contemporary buildings, this one also associates concrete, aluminium and glass, but the combination is more than just rhetorical; this is a building written into the landscape. An island landscape. It springs from the encounter of oceanic vastness with terrestrial energy, real power in the case of an island that rose on the back of a volcano. The TEA's architecture encounters the elements of nature and interprets them: stone —no longer used in construction today— is transposed into the treatment of concrete, water is to be found in the play of reflections in glass, vegetation plays a role in the ornamentation and in the filtered light effects (and is directly present in two of the three interior plazas).

---

[1] The transformation process applied to the patterns is documented in *Herzog & de Meuron, 1997-2001. The Complete Works*, vol. 4, ed. Gerhard Mack, Basel/Boston/Berlin, Birkhäuser, 2009, p. 58 (TEA) and p. 92 (de Young).

PLAZA DE ESPAÑA
Santa Cruz de Tenerife,
Canary Islands, Spain. 2008

Esta interpretación de los elementos naturales del paisaje urbano (construido) se confirma en la reordenación de la Plaza de España (1998/2008), no muy lejos del TEA. El proyecto parte aquí de un concepto simple y eficaz: recuperar la relación del mar con la ciudad propia de un enclave portuario. El estudio trabaja también en una ordenación general —como respuesta a un concurso convocado en 1998— que probablemente nunca llegue a materializarse; los dos elementos inconexos de la plaza (ligeramente inclinada hacia el puerto) y el edificio (que desciende por el barranco) dibujan sin embargo un ideal de urbanidad que rompe con la arrogancia de la ciudad monumental, de la que son testimonio los edificios que se alinean en el lado sur de la plaza, en especial el Cabildo Insular.[2] En el siglo XIX, en todas las ciudades portuarias de cierta importancia se produjo una segregación entre los barrios residenciales burgueses, alejados del mar, y las zonas de trabajo y alojamiento obrero, que se situaban en el frente marítimo: los barrios burgueses y las áreas administrativas monumentalizadas daban la espalda a los espacios marítimos del proletariado. En la segunda mitad del siglo XX, ese estado de cosas cambió radicalmente con la reducción de las actividades portuarias o su especialización en el servicio de la navegación turística; la revolución de los contenedores alejó del centro de la ciudad las principales empresas portuarias. Como muestra en especial la renovación urbana que ha tenido lugar en Barcelona en los últimos treinta años, las ciudades han vuelto a dar la cara al mar, favoreciendo una nueva apertura del paisaje que, enseguida y con demasiada frecuencia, se ha visto afectada por un exceso de diseño.

Desde su creación en la década de 1940, la Plaza de España fue un nudo de circulación rodada que contribuyó a separar la ciudad del puerto. Se extiende desde el emplazamiento del núcleo histórico de Santa Cruz, el fuerte de San Cristóbal, construido en el siglo XVI como puesto defensivo avanzado de La Laguna, primera capital de Tenerife. Santa Cruz no era entonces más que una aldea portuaria, aunque su desarrollo alrededor del fuerte durante el siglo XVII es tal que acabó por convertirse en capital de la isla en 1812. Hasta la intervención de Herzog & de Meuron, la Plaza de España había sido una gran rotonda a menudo atascada.[3] En el centro se levantaba la gigantesca cruz erigida en 1944 como punto central del Monumento a los Caídos de la Guerra Civil.[4] Dicho monumento, que exalta con un grandilocuente lenguaje neoclásico el heroísmo bélico y la victoria de la España militar y católica, ha perdido protagonismo gracias al desplazamiento del centro de la plaza hacia el norte, y a la elevación del nivel del suelo, que absorbe la base de las esculturas. Las pertinaces trazas de una topografía histórica han sido más o menos absorbidas en un paisaje renovado.

La solución adoptada por Herzog & de Meuron para el tratamiento del suelo sobre toda la superficie de la plaza contradice la retórica del monumento: sin escalón alguno ni efecto de zócalo, sólo algunos bolardos y muretes delimitan, cuando la seguridad lo exige, las zonas de juego y las vías de circulación rodada; el resto de ámbitos se marca con cambios de material que no alteran la continuidad del plano del suelo. Los materiales parecen haber sido extraídos del paisaje de la isla (asfalto mezclado con piedra clara, tierra batida, hormigón blanco, hormigón negro que evoca la lava). La apertura al mar y el despejado espacio de la plaza son una manera de descartar la monumentalidad autoritaria. El gesto más espectacular de la nueva ordenación de la plaza es el diseño de una pieza de agua concebida como plaza sumergida o estanque de poca profundidad. La iluminación se confía a unas burbujas de vidrio, como gruesas gotas de aguas suspendidas de una red aleatoria de hilos tendidos entre mástiles inclinados (el dispositivo se ha usado simultáneamente en actuaciones de renovación urbana en Burgos). Las plantaciones de árboles de crecimiento lento han proyectado este microcosmos artificial en una dimensión temporal irreductible al consumo turístico.

---

[2] El Cabildo Insular de Tenerife (1934-1940) es obra de Enrique Marrero Regalado (1897-1956), que fue uno de los arquitectos más conocidos en las islas Canarias en el periodo anterior a la Guerra Civil. Construyó numerosos edificios importantes en Santa Cruz, entre los cuales el Mercado de Nuestra Señora de África, inaugurado a comienzos de 1944.

[3] La destrucción, en 1929, del fuerte de San Cristóbal, convertido en un impedimento para la expansión urbana, estaba prevista desde principios del siglo XX. El proyecto de la Plaza de España, bordeada en su lado sur por el Cabildo Insular, la oficina principal de Correos y el Casino, data de 1808. La construcción de los edificios comienza en 1934, siendo Franco gobernador militar de la isla. Realizada en el curso de la década anterior, la plaza se inauguró en 1950. Con ella se prolongaba hacia el puerto la apertura de la Plaza de la Candelaria, lugar central de paseo y encuentro de la ciudad desde sus orígenes.

[4] *El Monumento a los Caídos* fue realizado en 1944 por el arquitecto Tomás Machado Méndez (1892-1994), quien confió a Enrique Cejas Zaldívar (nacido en 1915) las esculturas y relieves. *La Victoria* es de otro escultor canario, Alonso Reyes Barroso (1913-1978).

Such interpretation of the natural components of the urban (built) landscape is confirmed in the configuration of the Plaza de España (1998/2008) near the TEA. Here the project is driven by a simple, effective concept: the recreation of the interpenetration of sea and city intrinsic in a site that is a port. The firm has also worked on a master plan —responding to a competition in 1998— which will probably never be implemented. Nevertheless, the two disjoined elements —the square (looking down on the port from slightly above) and the building (which descends along the *Barranco*)— form an urban ideal at odds with the arrogance of the monumental city, to which the buildings along the southern side of the square stand as testimony, especially that occupied by Tenerife Council.[2] In the nineteenth century, port towns and cities of any importance all produced a form of segregation between middle-class residential neighbourhoods set back from the sea and districts given over to work and workers' housing along the sea front. The areas occupied by the bourgeoisie and monumental administrative buildings turned their backs on the maritime space of work and the proletariat. The situation changed radically in the second half of the twentieth century as port activity declined or ports began to specialise in yachting services. The container revolution took the main focuses of port business away from the city centre. As is demonstrated by the notable example of Barcelona's urban renovation over the last thirty or so years, cities therefore returned their gaze to the sea, initially preferring a new opening up of the landscape that was subsequently contradicted in all too many cases by excesses of design.

Since its development in the 1940s, the *Plaza de España* has been a node in the motor traffic network, helping cut the city off from its port district. It extends from the historical centre of Santa Cruz, San Cristobal Fort, built in the sixteenth century as a defensive outpost for Tenerife's first capital, La Laguna. At the time, Santa Cruz was no more than a port hamlet, but the town began to develop around the fort during the seventeenth century, to the point where it became the island's capital in 1812. Until the arrival of Herzog & de Meuron, the *Plaza España* was a major roundabout frequently jammed with traffic.[3] In the centre rose the gigantic Cross erected in 1944 as the culminating point of the Monument to the Spanish Civil War dead (*Los Caidos*).[4] This monument, which uses grandiloquent neo-classicism to exalt the warrior heroism and the victory of martial, Catholic Spain, is marginalised today due to a shift to the north in the focus of the *Plaza* and the raising of the ground level, which has swallowed up the pedestals of the statuary. The persistent traces of historical topography that remain have been more or less absorbed into a remodelled landscape.

The option chosen by Herzog & de Meuron for the treatment of the ground over the entire surface area of the square counteracts the rhetoric of the monument: without steps or pedestal effects, but using just a few small pillars and walls to mark, where safety requires, the boundaries of play areas and traffic lanes. Other changes of area are indicated by changes in materials, avoiding any compromise to planar continuity: materials that look as if they might have been taken from the island's landscape (asphalt mixes with added light-toned stones, beaten earth, white concrete, black concrete reminiscent of lava flows). The opening out to the sea and the uncluttered space of the square are ways of setting authoritarian monumentalism aside. The most spectacular gesture in this new configuration is the design of a water basin conceived as a flooded town square or a small, shallow lake. Lighting is provided by glass bubbles resembling drops of water suspended from a random network of wires stretched between angled masts (the system was developed for the urban development in Burgos at the same time). The planting of slow-growing trees has projected this artificial microcosm into a temporal dimension irreducible to tourist consumerism.

---

[2] The Tenerife Council building (1934-1940) is the work of Enrique Marrero Regalado (1897-1956), one of the most fashionable architects in the Canaries in the post-Civil War era. He built several major buildings in Santa Cruz, among them the *Mercado de Nuestra Señora de África*, officially opened in 1944.

[3] The demolition of San Cristobal Fort in 1929, when it had become a hindrance to the expansion of the city, had been envisaged as early as the beginning of the twentieth century. The plans for the *Plaza de España*, bordered on its southern flank by the Canaries Council building, the Central Post Office and the Casino, date from 1908. Construction work began in 1934 when General Franco was the island's military governor. Developed in the 1940s the square was officially opened in 1950. It extended in the direction of the port the opening of the *Plaza Candelaria*, which has been a focal point for promenading and socialising from the city's very beginnings.

[4] The monument to *Los Caidos* was built in 1944 by the architect Tómas Machado Méndez (1892-1994), who entrusted the execution of the statues and reliefs to Enrique Cejas Zaldívar (born 1915). The *Victory* is by another sculptor from the Canaries, Alonso Reyes Barroso (1913-1978).

CAIXAFORUM
Madrid, Spain. 2008

La interpretación del neobrutalismo que puede apreciarse en el TEA tiene algunos precedentes en proyectos que prestaban atención al paisaje. Uno de los más expresivos al respecto es el Centro de Danza Laban (1997/2003) y su escalera de hormigón, que contradice, o al menos atenúa, el efecto de claridad evanescente de la envolvente. En Duisburg, la gran escalera fue lo único que se añadió al edificio existente; una caja adosada a la fachada, a la derecha del cuerpo adelantado de la entrada principal. No queda espacio aquí para explicar en detalle los más recientes ecos de los enfoques adoptados de manera tan ejemplar en Tenerife. Se observa, no obstante, la insistente búsqueda de una ampliación de la arquitectura urbana mediante la interiorización del efecto monumental. El tratamiento de las escaleras, que ha llegado a ser una especie de marca de fábrica del estudio, comparable a los auditorios, pone de manifiesto este aspecto, especialmente evidente en el proyecto de CaixaForum Madrid (2001/2008). Antes de ser cubierta con el revoco color crema que le resta fuerza, la escalera presentaba virtualmente, en el interior del edificio, un carácter monumental más rotundo que la envolvente exterior. Este efecto de interiorización del monumento se refuerza de manera muy hábil, casi astuta, por la modestia del acceso a la zona de acogida desde el atrio cubierto (que crea la suspensión del edificio). En muchos proyectos, la escalera introduce la verticalidad de un vórtex barroco, aunque Herzog & de Meuron han trabajado durante mucho tiempo en la transformación de la caja (o el cubo) antes de decantarse por la expansión constructiva/ornamental.

La complejidad de los programas estimula hoy, en la arquitectura en general y más concretamente en el caso de Herzog & de Meuron, una *flexibilidad monumental* que se manifiesta a la vez en la concepción urbana, en el tratamiento del paisaje —este término es preferible a la idea de contexto que induce la centralidad de un objeto con tendencia autárquica— y en el modelado de los volúmenes interiores. En el caso del Centro Empresarial Actelion (2005/2010) en Basilea, el gran éxito es haber producido desde el primer momento una arquitectura *abierta sobre sí misma* en un entorno desolado donde tradicionalmente la arquitectura se limitaba a cajas cerradas más o menos vidriadas. Actelion construye un paisaje interior (un volumen excavado), y lo hace desde el interior.

En muchos proyectos del estudio, la flexibilidad monumental se manifiesta de manera inmediata por un efecto de multiplicación de las fachadas y de volúmenes superpuestos, incrustados, es decir, desplazados además respecto al eje de estabilidad (la columna vertebral) del edificio. En la composición de la VitraHaus, Campus de Vitra (2005/2009), las fachadas multiplicadas parecen estirarse hasta producir un efecto centrífugo de desaparición de los límites del edificio: no se sabe dónde empieza y dónde termina. Esto nos recuerda las composiciones facetadas de la pintura cubista o futurista; la idea es estimular al visitante a desplazarse mentalmente por el interior del edificio —antes incluso de haber franqueado el umbral— como lo haría por un paisaje pintoresco. El riesgo es que se produzca la sensación de desorientación y pérdida característica del laberinto. Pero el efecto centrífugo es siempre contenido; el edificio se pliega sobre sí mismo para acoger al visitante. Un patio soberbio, que se define como un bloque tallado y vaciado, crea la escala intermedia que conviene a la función de *showroom* de lujo, especializado en diseño doméstico, para la firma Vitra.

CENTRO EMPRESARIAL ACTELION
ACTELION BUSINESS CENTER
Allschwil, Basel, Switzerland. 2010

VITRAHAUS
Vitra Campus, Weil am Rhein,
Germany. 2009

    The interpretation of neo-brutalism one can see in the TEA has some precedents in past projects already featuring an attentiveness to landscape. Here I have particularly in mind the Laban Center's concrete staircase (1997/2003), which contradicts or at least nuances the envelope's effect of evanescent clarity. In Duisburg, the great stair tower was the only addition to the existing building: a box placed up against the façade to the right of the projecting main entrance. There is no space here for any detailed definition of more recent echoes of the approaches applied in such an exemplary fashion in Tenerife. I would simply point to the persistent endeavour to broaden urban architecture out by interiorising the monumental effect. The treatment of staircases, which has in a way become a trademark for the firm, comparable to the auditoriums, makes this stance easily visible, as is notably attested by the Caixa Forum project (2001/2008) in Madrid. Before it was covered over with a cream-coloured paint, which damps down its effect, the Caixa monumental staircase provided within the building a virtually more assertive monumental character than the exterior envelope. This effect of interiorised monumentalism is very cleverly, almost slyly, emphasised by the modesty of the access to reception from the covered porch area (created by the building's suspension). In more than one project the staircase introduces the verticality of a baroque vortex, although Herzog & de Meuron worked for many years on ways of transforming the box (or cube) form before going on to prefer constructive/ornamental expansion.

    Programme complexity is currently a stimulant for *monumental flexibility* for architecture generally and for Herzog & de Meuron in particular. This manifests itself in terms both of urban design, in the treatment of the landscape —the latter term is preferable to 'context', which entails an idea of centrality for an object that tends to be seen as self-sufficient— and the modelling of the internal volumes. In the case of the Actelion Business Center (2005/2010), it already constitutes real success to have produced an architecture *open to itself*, in a desolate environment where, traditionally, architecture is boiled down to closed, variably glazed boxes. Actelion constructs an interior landscape (a hollowed-out volume), and it does so from the inside out.

    In several of the firm's projects, monumental flexibility is immediately manifest in an effect of numberless façades and volumes overlaid and embedded, that is to say dislocated from an axis of stability (a spinal column) in the building. In the composition of the VitraHaus, Vitra Campus (2005/2009), the multiplicity of façades seems to stretch until they produce a centrifugal effect that draws the building out beyond all limits: one no longer knows where it begins and where it ends. This puts one in mind of the multifaceted compositions of cubist or futurist painting; the idea is to encourage the visitor to move mentally through the building —even before he or she has crossed its threshold— just as one might move through a picturesque landscape. The danger is that this could produce that lost feeling typical of the labyrinth. But the centrifugal effect is always contained; the building folds in on itself and welcomes the visitor. A superb patio, designed like a unitary block that has been carved and hollowed, generates the intermediate scale that fits the building's function, that of a luxury showroom for Vitra, a company specialising in domestic design.

1111 LINCOLN ROAD
Miami, Florida, USA. 2005/2010

El aparcamiento de 1111 Lincoln Road de Miami (2005/2010) es un edificio sin interior: enteramente abierto, se presenta como un apilamiento irregular de siete estratos de hormigón visto. El trabajo con los ritmos es determinante: verticalmente, en la variación de las aperturas entre dos estratos (entre unos 2,50 y 10 metros); y horizontalmente, en el desbordamiento de unos estratos respecto a otros. Este efecto es una transposición de las 'dislocaciones' (las cajas desplazadas) de VitraHaus y de otros proyectos similares. El edificio no tiene la imagen de volumen unitario; no constituye una forma unificada, sino más bien surgida de un juego de plegamientos, y su cualidad escultórica se revela en la distancia más próxima. Todo es de hormigón, pero el material parece haberse aligerado, como si se tratara de un castillo de naipes; sobre todo desde lejos, a escala del paisaje. En el interior, los pilares inclinados, las escaleras y las rampas tejen una sólida tela de araña que se despliega y vincula los siete niveles. En Miami, los garajes se construyen a menudo en altura, pero la normativa impone que estén dotados de fachadas para ocultar los coches aparcados. En este caso, el proyecto ha podido saltarse esa norma. El estudio y su cliente argumentaron la cualidad de 'máquina óptica' que tendría el edificio abierto: las perspectivas de la ciudad convierten cada estrato en una plataforma panorámica. Como hicieron hace ya tiempo con los puestos de señalización ferroviaria de la estación de Basilea y con los almacenes de Ricola, Herzog & de Meuron han sabido transfigurar un edificio funcional para proporcionarle el encanto ambiguo de una construcción bruta, si no brutal, y preciosa.

En el aparcamiento de Miami, el programa establecido por el cliente se ha materializado sin modificaciones. La escala reducida de la intervención limita la complejidad de la relación entre el valor icónico del monumento —bastante imponente en un paisaje horizontal— y su función o funciones. Si el edificio es no obstante algo distinto de un simple garaje, se debe a que incluye también tiendas en planta baja y a nivel intermedio; una terraza en la planta superior, equipada para acoger fiestas o recepciones; y una vivienda tipo *penthouse* para el cliente. Se constata aquí cómo el carácter mixto del programa puede favorecer la invención arquitectónica, al menos cuando los arquitectos han podido entablar una relación de complicidad con el promotor.

La evolución del Edificio del Fòrum de Barcelona (2000/2004) es ejemplo de lo contrario, de un proyecto de calidad con un programa tentativo por parte de los arquitectos sobre la base de una definición insuficiente, o confusa, de la función del edificio y de su lugar en el paisaje urbano. Y esa falta de definición no ha convencido a los usuarios. El estudio trabaja ahora en un nuevo programa (un museo de historia natural), mejor adaptado, que va a permitir que se activen los vínculos del edificio con el lugar. En São Paulo, el complicado programa de centro de danza y música del Complejo Cultural Luz (2009-) dicta de manera rígida una concepción arquitectónica excepcionalmente flexible, que privilegia el 'tejido de funciones' frente a la forma arquitectónica. En Colmar, la Ampliación del Museo Unterlinden (2009-) en un entorno institucional difícil, el trabajo de concepción se basa en una articulación precisa entre tres dimensiones complementarias: la urbana, la arquitectónica y la museográfica.

Pero el programa con mucho más complejo y ambicioso —y el más arriesgado para el estudio desde todos los puntos de vista, el económico incluido— es el de la Filarmónica del Elba en Hamburgo (2003-), convertido en un auténtico camino de Damasco para Herzog & de Meuron. Una visita al edificio en construcción permite sin embargo predecir un gran éxito. El edificio cumple ya enteramente su papel de estímulo urbano en un suntuoso emplazamiento de estuario, desgraciadamente asolado —banalizado y fragmentado— por la incuria de ediles y por la mediocridad de renovaciones o innovaciones arquitectónicas recientes. A lo lejos, el edificio se eleva, inmenso, como un nuevo hito en torno al cual tiende a reformarse el paisaje de la metrópolis hanseática. Desde cerca, en cambio, parece sorprendentemente modesto, íntimo y acogedor. Es insólita una experiencia como ésta de intimidad monumental a escala del territorio.

Esta cualidad se reencuentra en el interior, según la lógica de integración del paisaje que se hace patente —a menor escala— en Tenerife, pero traducida aquí a la dimensión vertical de una enorme máquina óptica. El edificio acoge tal variedad de funciones que representa un auténtico desafío. Sobre la cubierta del antiguo almacén, es decir, entre la base y el nuevo edificio, se sitúa una terraza panorámica. Pero con el carácter espectacular de este espacio público suspendido no se agota la riqueza de relaciones interior-exterior que se producen a partir de la interpretación arquitectónica del programa.

El diseño del volumen exterior se refleja y multiplica en el interior en un juego de formas que no pueden dejar de calificarse de 'escultóricas' porque parecen talladas en el bloque global del edificio, del mismo modo que los espacios de mayor escala parecen excavados en él, y los restantes haberse recortado o modelado cuidadosamente. El más significativo de estos espacios es probablemente el *foyer* del auditorio, definido por escaleras sobre cinco niveles y abierto al paisaje.

COMPLEJO CULTURAL LUZ
CULTURAL COMPLEX LUZ
São Paulo, Brazil. 2009-

AMPLIACIÓN DEL MUSEO UNTERLINDEN
EXTENSION MUSÉE D'UNTERLINDEN
Colmar, France, 2009-. Competition, First Prize

The parking garage in 1111 Lincoln Road in Miami (2005/2010) is a building with no interior: it is entirely open, standing as an irregular stack of seven bare concrete strata. The work on rhythm is crucial here: vertically in the varying interval between any two layers (between 2.50 and approximately 10 metres), and horizontally in the overhang of one layer in relation to the others; this effect is a transposition of the 'dislocations' (offset boxes) in the VitraHaus and other like projects. The building does not appear as a unified volume; it does not form a unitary shape, but seems to derive from a folding game whose sculptural value is revealed as one approaches. Everything is in concrete but the material seems to have been made lighter, as if this were a house of cards. The effect works particularly well from a distance commensurate with the landscape. Inside, inclined pillars, staircases and ramps form a solid, arachnid network linking and arraying the seven levels. In Miami, garages are often built as high rises but the regulations require that the cars parked in them should be masked by a façade. This project was allowed to deviate from the rule. The firm argued for the 'optical machine' quality of the open building: the views over the city turn each of its strata into a panoramic platform. As they once did with Basel station's signal boxes and Ricola's warehouses, Herzog & de Meuron have been able to transfigure a functional building by giving it the ambiguous charm of a structure that is at one and the same time brutal, if not brutish, and precious.

In this instance, the programme defined by the owner was implemented without modification. The project's smaller scale limits the complexity of the relationship between iconic value of the monument —which is fairly impressive in its horizontal landscape— and its function(s). If the building is something other than a straightforward parking garage, it is because it also houses shops on its ground floor and median levels, along with, on its upper level, a terrace equipped to host festive events and receptions, and a penthouse apartment for the client. What is confirmed here is the extent to which the mixity of a programme can be conducive to architectural invention, at least when the architects have been able to establish a sustained relationship of mutual understanding with their client.

The way in which the Barcelona Forum Building (2000/2004) evolved runs counter to the usual rule, with a high-quality project involving a speculative programme from the architects based on an inadequate or confused definition of the precise function of the building and its place in the urban landscape. The users did not go down this speculative route. The firm is now working on a new programme (a natural history museum) that is more suitable and which will activate the link between building and site. In Sao Paulo, the complex programme for the dance and music centre Cultural Complex Luz (2009-) lays down in rigid terms an architectural design that is remarkably flexible, prioritising an 'interweaving of functions' over the architectural form. In Colmar, the Extension Musée d'Unterlinden (2009-) in a difficult institutional environment, the design work is based on the precise interlocking of three mutually complementary dimensions: urban, architectural and museographic.

But by far the most complex, the most ambitious —and the riskiest— programme for the firm from every point of view, including financial, is undoubtedly the Elbphilharmonie in Hamburg (2003-), which has become very much a road to Damascus for Herzog & de Meuron. However, a visit to the building now under construction points to a major success. It is already playing to the full its role as an urban stimulant on an estuary site that while particularly striking is unfortunately in a state of devastation —fragmented and trivialised— due to negligence on the part of the city fathers and the mediocrity of recent architectural renovations and innovations. From afar, the building rises, immense, like a new landmark around which the landscape of the hanseatic metropolis is beginning to reconfigure itself. Close to, it appears on the contrary to be astonishingly modest, intimate and welcoming. An experience of such monumental intimacy on the scale of the surrounding territory is a rare thing.

This same quality is to be found inside, following the logic of integrating the landscape seen —on a smaller scale— in Tenerife, but translated here into the vertical dimension of an enormous optical machine. The building is host to a diverse range of functions, which is a real challenge in itself. A panoramic terrace has been provided on the roof of the former warehouse, which is to say between the base and the new construction. But the spectacular definition of this public space suspended in the air fails to exhaust the richness of the relations between inside and outside generated by the architectural interpretation of the programme.

This is so because the design of the exterior volume is reflected and multiplied within an interplay of shapes that seem to be, there is no other word, 'sculpted', insofar as the vaster spaces appear to have been carved from the block of the building, and all the others cut out or carefully fashioned. The most significant of its spaces is probably the foyer of the concert hall, defined by stairways on five levels and open to the landscape.

FILARMÓNICA DEL ELBA EN HAMBURGO
ELBPHILHARMONIE HAMBURG
Germany. 2003-

TRIANGLE
Paris, France. 2006-

    Una sala de conciertos es un espacio necesariamente protegido del mundo exterior. Nada es más intrusivo que el ruido. El universo del sonido musical exige condiciones perceptivas opuestas a la agitación y la confusión de la vida metropolitana. La orientación del edificio es entonces necesariamente centrípeta; retoma el paradigma de la caja hermética. Pero ninguna actividad — Jacques Herzog, Pierre de Meuron y sus socios están convencidos de ello— puede aislarse, disociarse de las otras. Escuchar no es una experiencia equivalente a contemplar, pero ambas son formas de aprehender el mundo que remiten a lo multisensorial. En el caso de la Filarmónica de Hamburgo, la complejidad del programa permite una redefinición del paisaje urbano: el edificio parece un paisaje estallado, amenazado de perder su contenido histórico. Pero esta tarea de recuperación no puede ser nostálgica. La belleza es relativa, fluctuante como el paisaje urbano. No hay verdades trascendentes, ni tradiciones estables. La complejidad multifuncional no tiene otro fundamento que la capacidad, multisensorial, del cuerpo humano inmerso en el mundo. El trabajo con las formas opera sobre esta base, incluso en la producción de metáforas.

    El <u>Estadio Nacional de Pekín</u> (2008) fue aceptado por la gente cuando su forma se identificó con la de un nido. Es lo que se denomina hoy dimensión icónica de la arquitectura. En Hamburgo, la Filarmónica ha encontrado enseguida su imagen: el edificio se proyectó en el imaginario colectivo como un navío o como el propio oleaje del mar. Las dificultades comenzaron con la manipulación económica de las normas de construcción por parte de las empresas y la inercia de la administración municipal.

    En Londres, para la <u>Transformación de la Tate Modern</u> (2005-), la escala monumental venía dada; ya existía. Los arquitectos la han actualizado, y han producido el monumento. Toda intervención monumental en un paisaje, incluso y sobre todo cuando es enteramente inédita, no puede tener éxito a menos que revele el espíritu del lugar. Esta noción tiene una historia densa y puede favorecer gestos en los que las citas o alusiones (lo pintoresco, el símbolo) bloqueen la invención. Pero el ejemplo del Museo de Young en San Francisco le otorga pertinencia y la impone. Cuando el espacio urbano se reduce a mero capital inmobiliario, la referencia al espíritu del lugar adquiere un significado crítico que estimula la invención formal y programática. La ampliación de la Tate va a suavizar y a hacer más denso el inmenso paralelepípedo, otorgándole cierta profundidad (desde el frente del Támesis) y realce. Por su parte, el proyecto para París de la torre <u>Triangle</u> (2006-) va a reconciliar la geometría de la edificación en altura con la preocupación atmosférica en una ciudad famosa por la armonía excepcional de su estructura urbana con su clima, su luz y sus cielos. La torre va a extender al territorio del Gran París el cielo actualmente recortado sobre algunos enclaves privilegiados del centro histórico, el Sena, el Jardín de las Tullerías o la explanada de la Torre Eiffel. El emplazamiento —una puerta de la ciudad— es un lugar estratégico, el umbral ideal para una nueva proyección de la imagen de la metrópolis en su ecoesfera.

Jean-François Chevrier (1954) es historiador, crítico de arte y comisario de exposiciones. Fundador y jefe de redacción de la revista *Photographies* (1982-1985), consejero general de la *Documenta X* (1997) y editor del libro *Politics-Poetics. Documenta X*, es Catedrático de Historia de Arte Contemporáneo en la *École Nationale Supérieure des Beaux-Arts* de París desde 1988. Durante 30 años, sus principales intereses han tenido que ver con los intercambios entre arte y literatura en los siglos XIX y XX, el arte moderno y contemporáneo, la historia de la fotografía y la arquitectura. Ha sido comisario de numerosas exposiciones internacionales y editor de sus catálogos correspondientes, entre los que destacan: *Une autre objectivité/Another Objectivity* (Londres, París, Prato, 1988-89), *Photo-Kunst* (Stuttgart, Nantes, 1989-90), *Walker & Evans & Dan Graham* (Rotterdam, Marsella, Münster, Nueva York, 1992-94), *Des territoires* (París, 2001), *Art i utopia. L'acció restringida/L'action restreinte. L'art moderne selon Mallarmé* (Barcelona, Nantes, 2004-5). Ha publicado recientemente un monográfico sobre Jeff Wall (París: Hazan, 2006) y una edición ampliada de su obra de 1982 *Proust et la photographie* (París: L'Arachnéen, 2009). Una antología en siete volúmenes de sus escritos está en proceso de preparación por Editions L'Arachnéen, París (2010-2012).

TRANSFORMACIÓN DE LA TATE MODERN
TRANSFORMING TATE MODERN
London, United Kingdom. 2005-

A concert hall is inevitably a space protected from the outside world. Nothing could be more intrusive than noise. The universe of musical sound demands to be ex-perienced in conditions incompatible with the agitation and confusion of life out in the city. For this reason, the orientation of the building is inevitably centripetal; we return to the paradigm of the hermetically closed box. But no activity —and Jacques Herzog, Pierre de Meuron and their partners are convinced of this— can be totally isolated or divorced from all others. Listening is distinct from visual experience, but both are still ways of apprehending the world that relate back to multisensorial experience. In the case of the Hamburg's Elbe Philharmonic Hall, the pro-gramme's complexity enables the urban landscape to be redefined: it is an edifice that puts back together an exploded landscape threatened with the loss of its historical content. But this enterprise in repair cannot be nostalgic. The beautiful is relative, fluctuating like the urban landscape. There is no transcendent truth, no stable tradition. Multifunctional complexity has no founda-tion other than the (multisensorial) capacity of the human body immersed in the world. That is the basis on which the shaping of forms operates, up to and including the pro-duction of metaphors.

The Beijing Stadium (2008) won acceptance from the population on the day it was identified as being like a bird's nest. That is what is called today the 'iconic' dimension of architec-ture. In Hamburg, the Philharmonic Hall immediately found its own image: the building was projected into the world of the imagination as a ship or a rising wave of the sea itself. The difficulties began with the economic manipulation of construction stan-dards by contractors, plus the inertia of the city authority.

In London, for the Tate Modern Extension (2005-), the monumental scale was a given— it pre-existed the project. The architects updated it; they produced a monument. Any monumental action on a landscape, even and especially if it is totally unprecedented, can only succeed if it is revela-tory of spirit of place. The latter is a notion with a chequered history and can be conducive to gestures in which mere reference (to the picturesque, the symbol) bars the way to invention. But the example of the de Young Museum in San Francisco gives it back its relevance and inevitability. When urban space is reduced to nothing more than a real estate asset, reference to spirit of place takes on a critical meaning that stimulates invention in form and programme. The Tate extension will give greater flexibility and substance to that enormous parallelepiped by providing it with depth (back from the Thames waterside) and a form of panache. In Paris, the Triangle project (2006-) will reconcile high-rise geometry with atmospheric thinking in a city reputed for its excep-tional harmony between urban structure and climate, light and changing skies. The Tower will extend to the territory of Greater Paris the sky now seen bordered by skyline of a few very special places in the historical centre: the Seine, the Tuileries Gardens, the esplanade of the Eiffel Tower. Its location —at the entrance to the city— is a strategic locus, an ideal threshold on which to offer another pro-jection of the image of the me-tropolis in its ecosphere.

Jean-François Chevrier (1954) is an art historian, art critic and exhibition curator. He has been a Professor in the History of Contemporary Art at the École nationale supérieure des Beaux-Arts in Paris since 1988. He was the founder and editor-in-chief of the magazine Photographies (1982-85), general advisor for the Documenta X (1997) and editor of the book Politics-Poetics. Documenta X.Through 30 years, his main centres of interest have been the exchanges between art and literature in the nineteenth and twentieth centuries, modern and contemporary art, history of photography, and architecture. Exhibitions and catalogues he has curated and co-edited include Une autre objectivité / Another Objectivity (London, Paris, Prato, 1988-9), Photo-Kunst (Stuttgart, Nantes, 1989-90), Walker & Evans & Dan Graham (Rotterdam, Marseille, Münster, New York, 1992-4), Des Territoires (Paris, 2001), Art and Utopia: Limited Action. Modern Art according to Mallarmé (Barcelona, Nantes, 2004-5). He recently published a monograph on Jeff Wall (Paris: Hazan, 2006) and an expanded edition of his 1982 book, Proust et la photographie (Paris: L'Arachnéen, 2009). A seven-volume anthology of his writings is in the process of being published by Editions L'Arachnéen, Paris (2010-2012).

Una Conversación con Jacques Herzog y Pierre de Meuron

A Conversation with Jacques Herzog and Pierre de Meuron

Jean-François Chevrier

ARQUITECTURA MODERNA: EL EJEMPLO DE BASILEA

A menudo le he oído decir, Jacques, que la arquitectura es "un instrumento de percepción". Y me viene a la cabeza una anécdota relacionada con la pintura. Francis Wey cuenta que Courbet pasó el verano de 1849 en su casa de campo de Louveciennes, cerca de París. Un día, Courbet estaba pintando del natural; podía ver a lo lejos "una especie de bloque grisáceo", que no acertaba a identificar, pero Francis Wey reconoció sobre el lienzo que era una pila atada de leña. Contemplando la tela desde una posición más alejada, Courbet mismo también acabó por verlo. Esta anécdota fascinó a Cézanne, que un día le dijo a Joachim Gasquet: "Recuerde a Courbet y su historia de la pila de leña. Planteó las tonalidades acertadas sobre el lienzo, sin saber que se trataba de un montón de madera. Preguntó qué se representaba allí. Fueron a verlo. Y eran haces de leña". Cézanne altera la anécdota —a menos que Gasquet la transcribiese mal a propósito—, ya que la leña, en su versión, no era reconocible como tal en el lienzo. Pero en todo caso, la lección está clara: es posible pintar lo que vemos sin necesidad de nombrarlo. Cuando el instrumento pictórico reemplaza las palabras, la percepción se revela como una experiencia anterior a la identificación verbal de los objetos.

JH: Nosotros comenzamos con una actitud extremadamente franca, casi ingenua. La arquitectura, como el arte, es una afirmación. Pero nosotros buscábamos una manera de hacer prudente, cautelosa, sin distorsionar la percepción con la obra o la cosa construida. La arquitectura tiene que ver con el arte en la manera que afirma sin dejar al tiempo de ser neutral, ofreciendo la posibilidad de ver las cosas de otra manera, desde otra perspectiva. Eso es algo que siempre nos ha fascinado de la naturaleza. La arquitectura puede estar abierta a una diversidad de maneras de ver, se presta a ser contemplada desde distintos ángulos, si responde a la complejidad de la naturaleza.

MODERN ARCHITECTURE: THE BASEL EXAMPLE

Jacques, you have often said that architecture is "an instrument of perception". I have in mind an anecdote that relates to painting. Francis Wey tells us that Courbet spent the summer of 1849 at his home in Louveciennes (in the country near Paris). One day, Courbet was painting a landscape outdoors, and in the far distance he could see "a kind of greyish block" he was unable to identify, but Francis Wey was able to see on the canvas that it was a stack of bundled firewood. Standing back a little from the canvas, Courbet then saw it himself. Cézanne was very fond of this story. He said to Joachim Gasquet one day: "Remember Courbet and the firewood story. He was laying down just the right tones on the canvas without knowing that it was a pile of wood. He asked what was being pictured there. They went and looked. And it was bundles of firewood". Cézanne changes the story (unless Gasquet has reported his words incorrectly), since in his version the firewood was not recognisable as such on the canvas. But in any event, the lesson is clear: it is possible to paint what you see without needing to name it. When the pictorial instrument replaces the words, perception is revealed as an experience prior to verbal identification of the object.

JH: We first set out with an attitude that was extremely straightforward, almost naive. Architecture, like art, is an affirmation. But we were looking for a way to get closer, cautiously, without blinding perception with the work or the built object. Architecture can be likened to art in the way that it affirms while at the same time remaining neutral, leaving room for the possibility of seeing things another way, from another perspective. That is what has always fascinated us in nature. Architecture can be open to a diversity of ways of seeing, can provide the option of seeing it from different angles, if it responds to the complexity of nature.

PdM, JFC, JH
Basilea, Verano de 2010
Basel, Summer 2010

Se precisa una seguridad extraordinaria para ser arquitecto, para dar vida a cualquier cosa en el mundo, añadir algo a lo que ya existe. Los objetos arquitectónicos tienen a menudo un tamaño considerable, y están llamados a durar. Por eso es necesario ser muy asertivo. No es una sentencia verbal, pero no por ello deja de ser una afirmación.

JH: Sí, y hay una paradoja en todo ello. La arquitectura es una afirmación, un "sí" al mundo. Decimos "sí" a un cliente. Al mismo tiempo, al proceder de un país pequeño, Suiza, que no tiene una tradición arquitectónica tan fuerte como la de, por ejemplo, Francia, uno no sabe qué hacer. Hacemos cosas, intentamos conseguir encargos, pero trabajamos también en un vacío. Todos los arquitectos están familiarizados con esta situación porque resulta de una ausencia de tradición. Trabajamos para alguien, para un cliente, para una cierta idea, pero también trabajamos contra lo que se ha hecho antes de nosotros, para encontrar otras vías. Desde el siglo XIX a los arquitectos se les ha obligado a inventar el mundo en el que construyen sus edificios; han sido equipados con un vocabulario. Nosotros hemos querido evitar el estilo: la idea de percepción es más abierta. La modernidad arquitectónica terminó a comienzos de la década de 1970. En una conferencia que impartí en la Kunsthalle de Basilea, en 1981, hablé de los colores cálidos que se habían impuesto entonces al gris monótono y frío de la década de 1960.[1] El gris era el color clásico de la modernidad de estilo miesiana. El Movimiento Moderno llegó a una suerte de madurez clásica que se estandarizó; los edificios que proliferaron por todas partes eran, en cierto modo, el mismo edificio. Durante los años 1970 los rasgos formales continuaron virtualmente siendo casi los mismos, pero el gris se sustituyó por otros colores más frívolos: el oro o el bronce por el aluminio en los edificios; el beis o el marrón para los trajes de los directivos de empresa, el naranja, el verde oliva. Aquello prefiguró el postmoderno. Nosotros admirábamos esa modernidad un poco fría, pero llegamos a la arquitectura una generación más tarde, y no podíamos retroceder.

You need extraordinary self-assurance to be an architect, to cause something to exist in the world, to add something to what already exists. Architectural objects are often very large, and destined to last. And for that, you need to be very affirmative. It is not an affirmation in words, but it is nevertheless an affirmation.

JH: Yes, there is a paradox here. Architecture is an affirmation, it says "yes" to the world. You say "yes" to a client. At the same time, coming from a small country, Switzerland, which does not possess as strong a national tradition in architecture as France does, for example, you have no idea of what to do. You do things, you try to find work, but you are also working in a vacuum. Every architect is familiar with this situation, because it stems from an absence of tradition. You work for somebody, for a client, for a certain concept, but you also work against what has been done before, to find other ways forward. Since the nineteenth century, architects have been obliged to invent the world in which they place their buildings; they have been equipping themselves with a vocabulary. We wanted to avoid style: the idea of perception is more open. The early 1970s marked the end of architectural modernism. In a talk at the Basel Kunsthalle in 1981 I spoke of the warm colours that replaced, at the beginning of the 1970s, the monotonous, cold grey of the 1960s.[1] Grey was the classic colour of modernism in the style of Mies van der Rohe. Modernism had arrived at a sort of classical maturity expressed as a standard; the buildings were the same more or less everywhere. During the 1970s, the formal characteristics remained virtually unchanged, but the grey was replaced by more frivolous colours, gold or bronze for the aluminium used in buildings, beige or brown for the managers' suits, orange, olive. This heralded post-modernism. As for us, we admired this rather cold modernism but we were coming onto the scene a generation too late and the trend was impossible to reverse.

---

[1] 'Das spezifische Gewicht der Architekturen / The Specific Gravity of Architectures', en *Archithese*, vol. 12, n°2, marzo-abril 1982; *Herzog & de Meuron, 1978-1988. The Complete Works, vol. I*, ed. Gerhard Mack, Birkhäuser Basilea/ Boston/Berlin, 1997, p. 204-206.

[1] 'Das spezifische Gewicht der Architektur / The Specific Gravity of Architectures', *Archithese*, vol. 12, no. 2, March-April 1982; *Herzog & de Meuron, 1978-1988. The Complete Works, vol. I*, ed. Gerhard Mack, Basel/Boston/Berlin, Birkhäuser Verlag, 1997, p. 204-206.

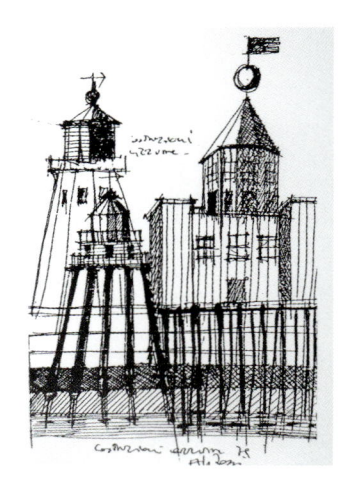

ALDO ROSSI
Teatro del Mundo
Theatre of the World
Venice, Italy, 1979

A lo largo de sus años de formación en la ETH (Escuela Politécnica) de Zúrich, entre 1970 y 1975, aprendieron mucho de las enseñanzas de Aldo Rossi. En los años que siguieron al Mayo del 68, la crítica sociológica de la arquitectura se inspiró en gran medida en la denuncia marxista de la cosificación. Uno de los grandes lemas del 68 fue "Escóndete, objeto"; Mario Merz lo escribió sobre uno de sus iglúes; y el iglú es evidentemente un tipo de arquitectura sin arquitecto. En las escuelas de arquitectura se condenaba la arquitectura de firma, lo cual no era una mala cosa en sí misma. Pero la enseñanza del proyecto era algo que estaba igualmente descartado. Y usted recuerda a menudo cómo el magisterio de Rossi reintrodujo la cultura técnica del proyecto.

JH: Rossi era un marxista partidario del objeto. Cuando llegó a la ETH, en 1972, nosotros estábamos bajo la influencia de Lucius Burckhardt, un basiliense como nosotros, y uno de los raros intelectuales suizos comprometidos con el movimiento del 68.[2] Pero nosotros, en ese momento, no habíamos adquirido aún destrezas técnicas, así que Burckhardt y Rossi fueron finalmente dos polos complementarios en nuestra formación.

Rossi publicó *La arquitectura de la ciudad* en 1966. Y ese mismo año apareció *Complejidad y contradicción en la Arquitectura*, de Venturi. Pero dos años antes Ludwig Hilberseimer había publicado el libro *Arquitectura contemporánea, raíces y tendencias*, un relato particularmente claro y sintético de la historia de la arquitectura moderna; acabo de encontrar un ejemplar en la biblioteca de su estudio. El primer párrafo aborda la cuestión del estilo: "*El problema de la arquitectura del siglo XIX fue la búsqueda de un nuevo estilo. Algunos creían que la arquitectura es simplemente una cuestión de forma, y que las formas arquitectónicas del pasado pueden en última instancia determinar las formas de un nuevo día. Otros estaban igualmente seguros de que las nuevas formas podrían inventarse, por así de decirlo, a partir de la nada. Ninguno de los partidarios de estas dos creencias entendían que un estilo, aunque se traduzca en formas, es también la expresión de las fuerzas de su tiempo, materiales y espirituales, de los materiales empleados, de las estructuras posibles y las aplicadas, y de las necesidades concretas del ser humano, tanto espirituales como materiales*".

[2] **Lucius Burckardt (1925-2003) impartió clases en la ETH de Zúrich entre 1961 y 1973. Encargado al principio de los cursos de sociología, en 1970 obtuvo una cátedra de arquitectura, en la que ensayó un enfoque multidisciplinar basado en cuestionar las dimensiones a menudo contradictorias del encargo. Se reincorporó a la Universidad de Kassel algunos meses antes del nombramiento de Rossi, que enseñó en la ETH hasta 1975.**

During your training at ETH (the university for technology and science) in Zurich from 1970 to 1975, you learned a great deal from Aldo Rossi. In the years that followed May 68, sociological criticism of architecture was very much inspired by the Marxist denunciation of reification. One of the great 1968 slogans was "Objet cache-toi" (literally: "Object, hide thyself" or "End Materialism"); Mario Merz put it up on one of his igloos, and the igloo is obviously a classic example of architect-less architecture. In schools of architecture, signature styles were condemned, which was not a bad thing in itself. But teaching on projects was also ruled out. You have often recalled how Rossi reintroduced the technical culture of the project.

JH: Rossi was a Marxist who took a favourable view of the object. When he arrived at ETH in 1972 we were under the influence of Lucius Burckhardt, who was from Basel like us, and one of the rare Swiss intellectuals involved in the 1968 movement.[2] But we had no technical skills at that point. In the end, Burckhardt and Rossi were two mutually complementary poles.

Rossi published L'Archittetura della città *in 1966. Venturi's* Complexity and Contradiction in Architecture *came out that same year. But two years earlier Ludwig Hilberseimer had published* Contemporary Architecture, Its Roots and Trends, *providing a particularly clear, synthetic narrative of the history of modern architecture; I have just found a copy of it in the firm's library. The first paragraph sets out the issue of style well: "The architectural problem of the nineteenth century was a search for a new style. Some believed that architecture is merely a problem of form and that the architectural forms of the past may ultimately determine the forms of a new day. Others were equally sure that new forms could be invented— out of nothing, so to speak. Adherents of neither belief understood that a style, though expressed in forms, is also an expression of the forces of its time, spiritual and material, of the material used, the structures possible and applied, and of the particular needs of man— spiritual and material."*

[2] Lucius Burckhardt (1925-2003) taught at the ETH in Zürich from 1961 to 1973. Although initially teaching classes in sociology, he was appointed to a chair in architecture in 1970, when he experimented with a multidisciplinary approach based on a questioning of the often contradictory aspects of project commissions. He joined the University of Kassel a few months after the appointment of Rossi, who taught at ETH until 1975.

CASA SCHAEFFER
SCHAEFFER HOUSE
Hans Schmidt and Paul Artaria
Riehen, Basel, Switzerland. 1928

*Hans Schmidt, 1893-1972,
Architekt in Basel, Moskau, Berlin-Ost*,
Ursula Suter, Bruno Flierl, Simone Hain,
Kurt Junghanns, Werner Oechslin,
GTA (Institut für Geschichte und Theorie der Architektur),
Zurich, 1993

No podemos reflexionar sobre la arquitectura moderna sin soslayar la cuestión del estilo. Los estilos de época se han agotado. El siglo XIX desembocó en un eclecticismo al que se opusieron los arquitectos modernos; y el postmoderno se manifestó como un neo-eclecticismo tras el fracaso del Estilo Internacional. Todo esto es de sobra conocido; está muy trillado. Pero el argumento de Hilberseimer sigue un razonamiento más interesante: sugiere de inmediato que la arquitectura moderna ha sustituido la idea de grandes estilos de época. Para él, el estilo moderno se manifiesta en la década de 1920, en un momento en el cual, dice, la arquitectura estuvo ante todo influida por el arte. Entonces fue capaz de liberarse de sí misma y articular un lenguaje propio, en diálogo con el arte. Me parece que ustedes se posicionan, y aún hoy continúan haciéndolo, como parte de esa historia; utilizan la arquitectura moderna como un estilo de época vigente, sin adoptar una postura polémica, de una forma casi 'natural', y emplean ese lenguaje intentando restablecer el diálogo con el arte...

PdM: Si intento entender qué nos pasó mis pensamientos se vuelven hacia cuatro personalidades clave: Rossi y Venturi, Beuys y Judd. Ya los mencionamos a todos ellos en 1977, en una revista de Basilea que se llamaba *The Village Cry*.[3] En aquel texto comparábamos dos proyectos que fueron determinantes en nuestra formación: el de Hannes Meyer para la Petersschule de Basilea, que es de 1926, y el prototipo de la casa seriada construida en Rehen por Hans Schmidt en 1927-1928, la casa Schaeffer. Son proyectos muy distintos, pero ambos tienen valor de manifiestos para la arquitectura moderna. La casa de Schmidt debía ser la unidad de partida para la ordenación de un barrio residencial. Su composición es muy interesante. Son dos volúmenes posados uno sobre otro, perpendicularmente, con las piezas comunes en planta baja, y los dormitorios arriba. Schmidt era comunista, puro y duro; terminó por emigrar a la Unión Soviética en la década de 1930, hastiado de la Suiza burguesa. La casa en Riehen refleja su radicalidad política. En ese mismo momento, algunas casas 'modernas' de Basilea respetaban las convenciones del hábitat burgués. En la casa Schmidt no hay entrada para el servicio doméstico; y eso, en esa época, no tenía nada de obvio.

It is not possible to reflect upon modern architecture without reflecting upon style. Period styles are defunct. The nineteenth century led in the end to an eclecticism opposed by the architects of modernism; post-modernism expressed itself in a neo-eclecticism after the failure of the International Style. All that is perfectly familiar, and has been endlessly discussed. But Hilberseimer adopts a more interesting line of reasoning. He suggests from the outset that modern architecture has replaced the idea of great period styles. On this view, the modern style appeared in the 1920s, at the time, he says, when architecture was most influenced by art. It was then that it was able to liberate itself and articulate its own language, in a dialogue with art. It seems to me that you positioned yourselves, and continue to do so, as part of that history; you use modern architecture as a living period style, without adopting any polemical stance, in an almost 'natural' way, and that you use this language, trying to restore the dialogue with art ...

PdM: When I try to understand what happened for us, my thoughts turn to four crucial figures: Rossi and Venturi, Beuys and Judd. We already refer to all four in a Basel magazine, *The Village Cry*[3] in 1977. In that text, we were comparing two projects that were critical to our training: the Hannes Meyer project for the Petersschule in Basel city centre, in 1926, and the prototype of the serially produced house built in Riehen by Hans Schmidt in 1927-1928, the Schaeffer House. They were very different projects, but both have obvious value for modern architecture. Schmidt's house was to be the basic component of a row-based housing development. Its composition is very interesting, with two volumes set perpendicularly one atop the other: the living areas are on the bottom and the bedrooms above them. Schmidt was a hard-core communist; he emigrated in the end to the Soviet Union in the 1930s in disgust at bourgeois Switzerland. The Riehen house reflects his radical politics. In that same period, certain 'modern' houses in Basel followed middle-class housing conventions. In Schmidt's house, there is no staff entrance, certainly not an obvious omission to make at the time.

---

[3] Jacques Herzog y Pierre de Meuron, 'Rationale Architektur und historische Bezugnahme' (Arquitectura racional y referencia histórica), en *The Village Cry*, n°3, 1977.

[3] Jacques Herzog and Pierre de Meuron, 'Rationale Architektur und historische Bezugnahme' (Rational architecture and historical reference), *The Village Cry*, no. 3, 1977.

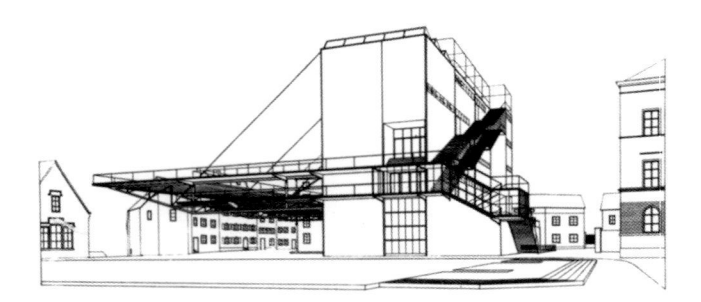

PETERSCHULE
Hannes Meyer and Hans Wittwer
Basel, Switzerland. 1926

Por contra, la Petersschule es un ejemplo de arquitectura moderna no construida. Se trataba de un concurso, al que Meyer respondió con un proyecto que era una suerte de provocación. Dada la composición del jurado, no tenía ninguna oportunidad de ganarlo. A decir verdad, nunca he entendido bien el proyecto, los documentos que he visto no han permitido que me haga una idea precisa. Hay una especie de zócalo, como si el edificio flotase, con un patio de recreo suspendido. El emplazamiento corresponde a un barrio histórico de Basilea, que ha conservado su estructura medieval, alrededor de una iglesia del siglo XIV. Las casas son pequeñas edificaciones, con un diseño basado a partir del concepto de muro, con ventanucos y cubiertas de teja. El edificio de Meyer se posaba allí como un ovni. A diferencia de Schmidt —cuyo proyecto para Basilea consistía en arrasar el centro histórico, como Le Corbusier en París— Meyer lo mantenía todo, pero elevaba la escuela por encima de ese tejido urbano; no deseaba que los niños mientras jugasen estuviesen al mismo nivel que la ciudad medieval.

Usted compró y adaptó esta casa en Rehen para vivir en ella.

PdM: Sí, en 1990; estaba en venta y nadie la quería. La habían dejado irreconocible, había sido enteramente transformada. La *restauré* a partir de un estudio, hecho en colaboración con Arthur Rüegg y sus alumnos, que dio lugar a una publicación.[4] Rüegg recuperó y restituyó sobre todo los colores de las pinturas originales; la publicación da cuenta de ese trabajo. Es verdad que no resultaba fácil vivir allí; pero es que la mayor parte de la gente sigue todavía hoy sin ser capaz de entender esa arquitectura y adaptarse a ella. Mi familia y yo vivimos muy bien allí durante dieciséis años. Tenía fallos e intenté corregirlos, tratando también de respetar el espíritu de conjunto. Por ejemplo, no había persianas ni aleros. Más tarde, en Zúrich, Schmidt incorporó aleros, pero esta casa no los tenía, ni siquiera en la fachada sur. Hacía mucho calor en verano, y frío en invierno. Los anteriores propietarios habían hecho reformas, pero las hicieron sin tener en cuenta el carácter original, intentando transformar la casa en algo bien distinto. Yo traté de hacerla habitable al mismo tiempo que restauraba la pureza de los volúmenes. Hicimos un vestíbulo de entrada acristalado, que no estaba aislado ni tenía calefacción, y en el cual la temperatura no solía pasar de 5 grados en invierno, pero que mitigaba las diferencias de temperatura en el interior de la casa.

Conversely, the Petersschule is an example of unbuilt modern architecture. It was a competition for which Meyer submitted a design as a kind of provocation. Given the composition of the judging panel, he had no chance of winning. To be honest, it is a project I have never really understood and the documents I have seen have not allowed me to picture it in any precise way. There is a sort of pedestal, as if the building were floating, with a suspended playground. The intended location is in a historical district in Basel that has kept its medieval structure, organised around a fourteenth-century church. The houses are small structures with a design that takes the wall as its starting point, with pierced openings, and tile roofing. Meyer's building sits there like a kind of UFO. Unlike Schmidt, whose project for Basel was to raze the historical centre to the ground, like Le Corbusier in Paris, Meyer kept everything but raised the school to a higher level; he did not want the children to be on the same ground as the medieval town during their play period.

You purchased and adapted the house to live there.

PdM: Yes, in 1990; it was up for sale and nobody wanted it. It was unrecognisable, modified from top to bottom. I *restored* it using a study done in collaboration with Arthur Rüegg and his students, which led later to a publication.[4] In particular, Rüegg rediscovered and restored the original colours of the paintwork and the publication describes this work. It is true that it was not easy to live in, but people are still incapable today in most cases of understanding this kind of architecture and adjusting to it. I had no problem whatsoever with living there with my family for sixteen years. There were errors and I tried to correct them, while respecting the overall spirit. As an example, there were no window blinds or eaves. Later, in Zurich, Schmidt did include eaves but in this case he did not, even on the south-facing wall. It was very hot in summer and cold in winter. The previous owners had made changes but had done so in contradiction to the original design, trying to make the house into something quite different. I tried to make it liveable while at the same time restoring the purity of its volumes. We created a glassed-in entry lobby which is neither insulated nor heated, where the temperature in winter is frequently no higher than five degrees, but which mitigates the temperature differences inside the house.

---

[4] Arthur Rüegg, *Artaria & Schmidt Wohnhaus Schaeffer, Riehen-Basel, 1927/1928. Erneuerung: Herzog & de Meuron, 1990-1991* (La Casa Schaeffer d'Artaria & Schmidt, Riehen-Basilea, 1927-1928. Rehabilitación: Herzog & de Meuron, 1990-1991), Zúrich, Institut GTA/ETH, 1993.

[4] Arthur Rüegg, *Artaria & Schmidt Wohnhaus Schaeffer, Riehen-Basel, 1927/1928. Erneuerung: Herzog & de Meuron, 1990-1991* (The Schaeffer House by Artaria & Schmidt, Riehen-Basel, 1927-1928. Renovation: Herzog & de Meuron, 1990-1991), Zurich, Institut GTA/ETH, 1993.

CASA SCHAEFFER
SCHAEFFER HOUSE
Hans Schmidt and Paul Artaria
Riehen, Basel, Switzerland. 1928

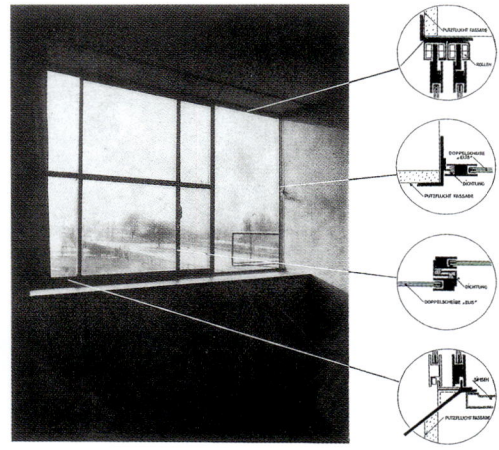

Rehicimos las ventanas poniendo doble acristalamiento, y las diseñamos de modo que se mantuvieran en continuidad con la fachada, como las originales. Al principio, el tamaño de fabricación de los vidrios dobles era limitado, y por eso los grandes ventanales rectangulares tenían cuatro paños. Conservé las proporciones, con la cruz central que conecta las jambas, porque esa configuración es importante para la calidad de la fachada. Además, el rectángulo de esos paños de vidrio era el módulo básico para el diseño de la fachada como un todo. Pero de haber podido en su época, sin duda Schmidt habría usado vidrios más grandes, porque la idea de la arquitectura moderna es tener huecos lo más generosos posible. Tal vez incluso habría diseñado una fachada distinta. ¿Cómo saberlo?

Se hizo con aquella casa que tenía todo tipo de cualidades, aunque supo ver también sus defectos, y creyó que podían corregirse interpretando la arquitectura sin desfigurarla, respetando el espíritu que había guiado su concepción. Trabajó, por tanto, en continuidad con la arquitectura moderna, interpretándola, actualizándola. Lo que supone una ruptura con el pasado es poner en evidencia los fallos sin advertir las cualidades, es corregirlos sin tener en consideración la lógica del edificio, es ir incluso contra esa lógica. Usted restauró la casa Schaeffer para vivir en ella. Imagino que hizo la restauración como un proyecto del estudio.

PdM: En aquel momento sí, aunque no figura en el actual inventario del estudio, donde cada proyecto tiene su número de referencia. Pero es un error. Jacques y yo estudiamos la casa a finales de la década de 1970, en un seminario sobre arquitectura moderna que se celebró en Basilea, cuya conurbación tiene un número considerable de ejemplos interesantes de ese periodo. E hicimos un inventario.[5] Cuando la casa Riehen se puso en venta, a comienzos de los años 1990, no pude evitar comprarla. Podría decirse que la redescubrí. Pero quince años después tuve necesidad de más espacio; quise ampliar la casa y presenté el correspondiente proyecto. Propuse ponerle algo encima, un nuevo estrato. No se me permitió, llevé el caso ante los tribunales y perdí. Hay que aceptar ese tipo de veredictos, así que me mudé.

We redid the windows, putting in double-glazing, and designing them to form a continuous whole with the façade as the original windows did. Originally, there was a limit on the size of double-glazed elements and that is why the large rectangular windows have four panes. I kept to the original proportions, with the central crosspiece connecting the jambs, because this configuration is important for the quality of the façade. In addition, the rectangle formed by the window panes was the basic module for the design of the façade as a whole. But probably at the time, if he could have done so, Schmidt would have used bigger glazed elements because the idea in modern architecture is to have the widest possible openings; he might even have designed the façade differently— who knows?

You took over this house, which has all kinds of positive features, although you also acknowledged its defects, feeling that they could be corrected by interpreting the design of the house without denaturing it, abiding by the spirit in which it had been conceived. You are therefore certainly working in continuity with modern architecture, interpreting, updating it. Breaking with the past is seeing the defects without seeing the qualities, correcting them with no consideration for the underlying logic of the building, and therefore working against it. You restored the Schaeffer house to live in it. I imagine that you did this restoration work as a project for the firm.

PdM: At the time, yes. But it does not appear in the firm's current list, which numbers each project. This is a mistake. Jacques and I did a study on the house in a seminar on modern architecture in Basel in the late 1970s; there are a number of interesting architectural designs from that era in the city area and we catalogued them.[5] When the Riehen house came up for sale in the early 1990s, I couldn't not buy it. You might say I rediscovered it. Fifteen years later, I needed more space; I wanted to enlarge the house and filed an application to extend it. I was proposing to place something on top, a new layer. Permission was refused; I went to court and lost. You just have to accept verdicts of that kind. I moved house.

---

[5] ***Wohnungsbau Basel 1915-1935. Seminarwoche WS 76/77**, Zúrich, ETH, 1977; seminario a cargo de Arthur Rüegg, Peter Quarella y Klaus Dolder en la ETH de Zúrich, Departamento de Arquitectura, en el marco del curso de Dolf Schneebli.*

[5] *Wohnungsbau Basel 1915-1935. Seminarwoche WS 76/77*, Zürich, ETH, 1977; a seminar in ETH Zürich's Department of Architecture led by Arthur Rüegg, Peter Quarella and Klaus Dolder as part of the programme of Dolf Schneebli.

El tipo de radicalidad que representan esos dos proyectos de Basilea en la década de 1920 les interesa a ustedes de nuevo hoy. Hilberseimer menciona el proyecto de Meyer; es un ejemplo de la autonomía de esa arquitectura que se vio favorecida por el ejemplo de los artistas modernos.

PdM: Volvemos al espíritu moderno, con la coexistencia de distintas posibilidades. El proyecto de la escuela de Meyer es contemporáneo del segundo Goetheanum (1925-1928), y de la Antoniuskirche (iglesia de San Antonio) de Karl Moser en Basilea (1925-1927)...[6] En 1929 se convocó un concurso para el Museo de Bellas Artes de Basilea. Hans Schmidt lo perdió. El que finalmente se construyó fue el proyecto de Paul Bonatz y de su discípulo, Rudolf Christ. Creo que fue una decisión correcta. El punto de partida de Schmidt era la flexibilidad, y el edificio que propuso era demasiado efímero, excesivamente frágil. Pero en ese momento la batalla era ideológica, progresistas contra partidarios de la tradición, sobre un telón de fondo que enfrentaba a comunistas con fascistas.

Dorothée Huber describió la polémica que suscitó aquel concurso en términos más tradicionales, más formalistas: habló de "enfrentamiento entre antiguos y modernos". Y escribió: "Hans Schmidt concibió el museo como un laboratorio para el arte, un lugar de producción y experimentación conformado a partir de espaciosas salas abiertas cuya disposición permite cambiar su configuración y dimensión en función de las necesidades. Al tiempo, se han previsto nuevas formas de exposición para orquestar la confrontación entre arte antiguo y producción contemporánea. La idea que imperaba en Basilea era ya ésa de un museo vivo, dinámico y experimental".[7] Usted ha dicho que le gustaba mucho la arquitectura de Hans Schmidt, pero cree que lo razonable fue rechazar su proyecto.

PdM: Entonces la batalla era sobre todo ideológica. El proyecto ganador estaba en la línea de la arquitectura alemana de ese momento (Paul Bonatz trabajó más tarde para los nazis, hasta que emigró a Turquía, en 1940). La forma y las propuestas arquitectónicas no estaban entonces en primer plano; tenían importancia sobre todo las personas, y los valores que éstas representaban.

---

[6] Un primer Goetheanum, teatro y sede social de la sociedad antroposófica fundada por Rudolf Steiner, se construyó entre 1913 y 1922 sobre una colina de Dornach, diez kilómetros al sur de Basilea. En 1925, Steiner proyectó un segundo edificio, más grande y aprovechando las propiedades del hormigón armado. La Antoniuskirche, claramente inspirada en la iglesia de Notre-Dame du Raincy de Auguste Perret (1922-1923), fue la primera iglesia suiza en construirse enteramente en hormigón armado.

[7] Dorothée Huber, 'L'époque héroïque de l'architecture moderne à Bâle', en *Conseil et pratiques urbaines*, n°11, mayo 2006, p. 24-25.

The form of radical thinking represented by these two Basel projects from the 1920s is again of interest to you today. Hilberseimer refers to the Meyer project; it is an example of the autonomous character of this architecture, which has been promoted by the example set by modern artists.

PdM: We come back here to the modern spirit, with the coexistence of different possibilities. The Meyer school project is contemporaneous with the second Goetheanum (1925-1928), Karl Moser's Antoniuskirche in Basel (Saint Anthony's Church, 1925-1927), and so on.[6] A competition for the Basel fine arts museum was announced in 1929. Hans Schmidt failed to win it. It was the project submitted by Paul Bonatz and his student Rudolf Christ that was built. I think that choice was the right one. Schmidt's starting point was flexibility and the building he designed was too ephemeral, too fragile. But the battle was ideological at the time, with progress pitted against tradition with, in the political background, communism against fascism.

Dorothée Huber describes the polemic surrounding this competition in terms that are more traditional, more formalistic: she talks of a "quarrel of ancients and moderns", writing: "Hans Schmidt sees the museum as a laboratory for art, a place for production and experimentation composed of spacious, open rooms whose arrangement makes changes of configuration and size possible as needed. At the time, new forms of exhibition were being envisaged to orchestrate the confrontation between older art and contemporary production. The idea prevailing in Basel was that of a lively, dynamic, experimental museum."[7] You say that you like Hans Schmidt's architecture very much, but you think it was right to reject his project.

PdM: At that time the battle was largely ideological. The winning project was close to the German architecture of the period (Paul Bonatz worked later for the Nazis until his emigration to Turkey in 1940). Architectural form and proposition as such were not at the forefront here because the attention was mainly on the people and values they represented.

---

[6] A first Goetheanum, the theatre and seat of the Anthroposophical Society founded by Rudolf Steiner, was built during the years 1913 to 1922 on a hill in Dornach, ten kilometres to the south of Basel. In 1925, Steiner designed a second, larger building, taking advantage of the characteristics of reinforced concrete. The Antoniuskirche, notably inspired by the church of Notre-Dame du Raincy by Auguste Perret (1922-1923), was the first church in Switzerland to be built entirely of concrete.

[7] Dorothée Huber, 'L'époque héroïque de modern architecture à Basel' [the heroic era of modern architecture in Basel], *Conseil et pratiques urbaines*, no. 11, May 2006, pp. 24-25.

NUEVA SEDE DEL BBVA
NEW HEADQUARTERS FOR BBVA
Madrid, Spain, 2007-

El museo, tal como lo podemos ver hoy, tiene la presencia y la fuerza que precisa una institución de esta índole; y el tipo de salas que demanda la exhibición de obras de arte. El proyecto de Schmidt no habría resistido tan bien.

The museum as we see it today has a presence, a strength, that a museum needs, and rooms to display works of art. Schmidt's project would have stood up less well.

En resumen, no hay, desde su punto de vista, una definición de arquitectura moderna en cuanto a principios se refiere. Lo que la define, como en el caso del arte moderno, es una actitud, no unos principios. Se pueden adaptar las formas a las circunstancias. Lo que importa es la coherencia en la actitud que produce esas formas. Sin duda se podría ampliar el ejemplo que usted da. Una concepción 'radical' del arte moderno se opone al sistema Beaux-Arts. Pero este sistema comporta muchos elementos que aún son válidos y que, de hecho, en el pasado han sido constantemente incluidos en las teorías modernas. Reyner Banham mostró que la arquitectura moderna tomó elementos del sistema Beaux-Arts en mayor medida de lo que comúnmente se creía. La gran diferencia es que este sistema vincula el arte y la arquitectura por un principio común basado en el dibujo, mientras que el arte y la arquitectura modernos, como advierte Hilberseimer, están separados, aunque unidos por un diálogo histórico.

PdM: Intentemos pensar según la mentalidad de aquel momento, en 1929. Nos encontramos ante dos proyectos: uno está sostenido por la ideología comunista, y el otro es fruto de un pensamiento de corte tradicional y tendencia facista. Es bastante difícil optar resueltamente por el segundo. Nosotros mismos nos hemos encontrado a veces en la tesitura de preferir un proyecto de arquitectura promovido por un partido político con el que no simpatizábamos.

In short, for you there is no definition of modern architecture in terms of principle. What defines it, like modern art, is an attitude and not principles. It is possible to adapt forms to suit circumstances. What is important is unity in the attitude that generates those forms. One could probably broaden the example you give. A 'radical' conception of modern art is opposed to the Fine Arts system. But that system contains many components that are still valid today. And in fact they have in the past constantly been included in modern theories. Reyner Banham has shown that modern architecture took elements from the fine arts system to a much greater extent than is generally believed. The major difference is that the fine arts system links art and architecture through a common principle founded on drawing, whereas modern art and architecture, as Hilberseimer points out, are separate but linked by a historical dialogue.

PdM: Let's try to think in terms of the mentality of the time, in 1929. We find ourselves faced with two projects; one is underpinned by the communist ideology and the other by a traditionalist ideology coloured by fascism. It is quite difficult to opt resolutely for the second. We ourselves have sometimes been in the position of preferring an architectural project promoted by a political party with which we disagree.

Esa dificultad es producto de la imposibilidad de aislar las formas del ambiente político y los intereses culturales; por eso la formulación, o la reformulación del programa, son tan importantes en la definición de un proyecto, sobre todo cuanto éste tiene una vertiente claramente pública. La idea moderna se impone solamente al precio de simplificaciones ambiguas; algunas les interesan a ustedes porque participan de la búsqueda de un diseño desprovisto de todo lo superfluo, que puede llegar hasta la hipermodernidad de Donald Judd. Otras suponen la esclerosis. Por eso rechazan ustedes tanto el postmodernismo como el Estilo Internacional, así como los principios de la arquitectura moderna aplicados sistemáticamente al diseño urbano.

The difficulty stems from the impossibility of isolating form from political environment and cultural interests; that is why the formulation or reformulation of the programme are so important for the definition of a project, especially when it has a clear public dimension. The modern conception has made its mark only at the cost of ambiguous simplifications; some are of interest to you because they relate to a search for uncluttered design, which can go as far as the hypermodernism of Donald Judd. Others amount to ossification. That is why you reject postmodernism just as much as the International Style and the principles of modern architecture as systematically applied to urban design.

ROCHE BUILDING 1
First proposal
Basel, Switzerland, 2006

PdM: Meyer comenzó en 1912 con el conjunto residencial de Freidorf en Basilea. Tenía una configuración triangular, con una torre en medio, según el concepto de *familisterio*. La escuela comunitaria se situaba en el centro, y las pequeñas casas a su alrededor. Pero no utiliza aún el vocabulario que llega del arte moderno. Y de hecho, ¿cuándo datamos el comienzo de la arquitectura moderna? En todo caso, Jacques y yo nos hemos beneficiado del contexto histórico de Basilea. Hemos estudiado a Hannes Meyer y a Hans Schmidt, pero también a Hans Bernulli, que fue muy importante por su reflexión en torno al derecho territorial. Era sobre todo un reformador social; sus ideas en el terreno de la arquitectura propiamente dicha eran menos radicales. Ha habido siempre en Basilea una doble tradición, de radicalidad y, paralelamente, de moderación frente a posiciones extremas, y por tanto, una tradición de tolerancia. Si Erasmo vino a vivir aquí fue porque estaba atrapado entre el catolicismo y Lutero. La Reforma destruyó muchas cosas de valor importantes en Basilea, obras de arte y de arquitectura, pero también abrió otras posibilidades de las que la ciudad se ha beneficiado hasta hoy: los protestantes franceses refugiados aquí crearon la industria relojera y la producción de cintas de seda, a partir de la cual se desarrollaron las industrias relacionadas con la química, la biotecnología y las ciencias de la vida.

PdM: Meyer started out in 1912 with the Freidorf housing development in Basel; this is a triangular estate with a tower in the centre in accordance with the concept of the *Familistère*. The community school is in the centre with the small houses grouped around it. But he is not yet using the vocabulary that comes from modern art. And in fact, when do we date the beginning of modern architecture? Anyway, Jacques and I have been benefited by the historical context of Basel. We have studied Hannes Meyer and Hans Schmidt, as well as Hans Bernulli, who was very important for his thinking on land law. He was a social reformer above all else, and his ideas in the field of architecture as such were less radical. Basel has always had a dual tradition of radical thinking combined with a distrust of extremist positions, and hence a tradition of tolerance. If Erasmus came to live here, it was because he was caught between Catholicism and Luther. The Reformation destroyed many important things of value in Basel; works of art and architecture. But it also opened up other possibilities from which the city still benefits today: French protestant refugees founded the clock-making industry and silk ribbon production, which led on to the development of the chemical, biotechnology and life sciences industries.

ARTE Y EMPRESA

Yo he apuntado que en Santa Cruz de Tenerife, en especial a la hora de diseñar la Plaza de España, ustedes tuvieron que tener en consideración un entorno arquitectónico monumental, de inspiración fascista, y sobre todo, integrar las esculturas del *Monumento a los Caídos*.

JH: Elevamos el suelo dos metros para absorber los pedestales de las esculturas y así situar a los paseantes al mismo nivel que los enormes soldados de bronce. Eso atenúa su grandilocuencia.

Se da aquí la misma relación con el suelo que en el caso de la plaza del Kunstmuseum de Basilea con la estatua de Rodin (que tanto le gustaba a Rémy Zaugg).

ART & ENTERPRISE

I note that in Santa Cruz de Tenerife, in particular for the design of the Plaza de España, *you had to accommodate an environment containing fascism-inspired monumental architecture. Specifically, you had to integrate the sculptures of the* Monument to Los Caídos.

JH: We raised the ground level by two metres to absorb the pedestals of the sculptures and put pedestrians at the same level as the great bronze soldiers. That tones down the pomposity.

One finds here the same relationship with the ground as in the Rodin sculpture in the courtyard of the Basel Kunstmuseum (which Rémy Zaugg liked so much).

ROCHE BUILDING 1
Current proposal
Basel, Switzerland, 2009-

JH: La mayoría de las veces, los nuevos proyectos del estudio acaban siendo más geométricos, y de mayor claridad. Nos atrae de nuevo esa idea de claridad geométrica tras haber dudado si aplicarla a los edificios de gran escala. La línea entre claridad, pureza y heroísmo monumental es muy fina. Puede que sea porque procedemos de un país como Suiza, donde no existe esa tradición del gran gesto urbano, pero hemos vacilado ante la idea de trabajar con formas geométricas puras, o incluso con volúmenes platónicos. Pero es cierto que nos tienta hacerlo, y que nos parece apropiado en ciertos contextos como el de la torre Triangle en París, la torre BBVA en Madrid o el Edificio 1 Roche en Basilea.

PdM: A finales de 2008 estábamos listos para construir la torre Roche en Basilea tal y como la habíamos diseñado inicialmente, con dos espirales enlazadas. Pero entonces, de forma inesperada, el proyecto fue rechazado por la dirección de la compañía. Se dieron cuenta de que no deseaban verse representados de esa manera; que no querían recibir a sus clientes y colaboradores en un edificio como aquél. Afortunadamente fuimos capaces de continuar el diálogo. Solicitamos una reunión con el presidente, en el curso de la cual él nos propuso desarrollar tres nuevas propuestas. Era una especie de concurso interno, que otorgaba al cliente la posibilidad de elegir entre tres proyectos diferentes desde el punto de vista arquitectónico, aunque funcionalmente equivalentes. Entonces empezamos a trabajar a partir de distintas tipologías estructurales (una torre, dos torres, un bloque unitario, etcétera), y tras un proceso de evaluación conjunta, en el curso del año 2009, se eligió el proyecto final. Hace poco hice una presentación ante la asociación de arquitectos de Basilea. No hubo discusión sobre el proyecto en espiral; todos lo encontraban magnífico. *A priori,* el nuevo proyecto tiene menos aceptación porque se puede pensar que hemos hecho concesiones. De hecho, me preguntaron directamente qué proyecto prefería, creyendo que yo respondería: el primero. Pero contesté que los dos proyectos tienen sus propias cualidades. Las dos espirales enlazadas son evidentemente más espectaculares, pero el segundo proyecto es más simple en su expresión formal, y la disposición escalonada ofrece nuevas posibilidades, en concreto, las terrazas, que permiten a los usuarios acceder al exterior y escapar durante un rato del aire acondicionado.

JH: In most cases the firm's new projects have become much more geometric, with greater clarity. We are once again attracted by this notion of geometric clarity after hesitating to apply it to large-scale buildings. The line is very fine between clarity or purity and heroic monumentalism. Perhaps because we come from a country, Switzerland, which has no tradition of the grand gesture in urban design, we were reluctant to work with pure geometric forms or even with platonic volumes. But it is true that we find it tempting and it seems to us to be the right option in certain locations. This is true of the Triangle tower in Paris, the BBVA tower in Madrid and Roche Building 1 in Basel.

PdM: At the end of 2008, we were ready to build the Roche tower in Basel as initially designed by us, with two intertwined spirals. But the project was quite unexpectedly rejected by the management of the company. They had realised that they did not wish to be represented in this way and that they did not want to welcome their clients and staff to a building of that kind. Fortunately, we were able to keep a dialogue going. We asked for a meeting with the Chairman at which he suggested we develop three new projects. It was a sort of internal competition giving the client an opportunity to choose from three architectural proposals which, although different, were of equal functional quality. We worked with a diverse range of structural types (one tower, two towers, a unitary block, etc.) and, following a joint evaluation process during 2009, the final project was selected. Recently, I gave a talk to the association of Basel architects. There was no controversy over the spiral project: everybody found it magnificent. On the face of it, there is less acceptance for the new project because it can be thought that we have had to make compromises. I was asked very directly which project I preferred, obviously expecting what my answer would be: the first. But I responded by saying that both projects have their own specific qualities. The intertwining of two spirals is obviously more spectacular, but the second project is simpler in its formal expression and the stair configuration offers new possibilities: to be more precise, terraces accessible to the building's users, enabling them to get out into the open air and escape temporarily from the air conditioning.

COMPLEJO CULTURAL LUZ
CULTURAL COMPLEX LUZ
São Paulo, Brazil, 2009-

Ustedes buscan una nueva simplicidad. Pero quizás también un nuevo brutalismo. Y ello es patente en el uso que hacen del hormigón. Intentan redescubrir una cualidad de rudeza, de peso, a la que se opone una cierta ligereza. Durante años han trabajado en pos de una ligereza enfrentada a la pesadez; y ahora parece que se ha invertido el proceso.

JH: Es verdad que nos atraen —ya lo he dicho antes— los volúmenes platónicos, y también los materiales directos y rudos, que no producen el efecto de parecer otra cosa distinta a lo que son. Pero eso no supone un cambio de discurso, sino más bien algo a lo que uno vuelve después de haber explorado otras vías. Siempre hemos dicho que queríamos incluir todas las potencialidades de nuestra experiencia de la arquitectura. Lo 'rudo', lo que está 'sin tratar' o lo 'pobre' parecen hoy opciones interesantes, pero no deberíamos olvidar que esas cualidades no hacen sino 'ilustrar' un sentimiento de inseguridad, y cierta búsqueda de una nueva forma de modestia; no expresan realmente el cambio de valores que nuestra sociedad está experimentando. Lo 'pobre' se percibe hoy como una opción estética, y no como un valor representativo de un hecho social, como ocurrió en la década de 1960 con el arte *povera* italiano... Actualmente, esa estética de lo 'pobre' ha invadido ya los desfiles de alta costura y la decoración de interiores más sofisticada.

Había ya una provocación en el brutalismo. Lina Bo Bardi, por ejemplo, era una burguesa elegante de Milán. Se fue a Brasil y cambió; en cierto modo 'renegó', cultivó una actitud inconformista y reivindicó la fealdad en la arquitectura.

JH: En su momento aquello fue nuevo y auténtico. Lina Bo Bardi creó objetos un poco brutalistas y, a la vez, muy femeninos. Ese tipo de arquitectura no existía. Es más, su arquitectura no se basaba en una teoría programática y propagandística como la de Le Corbusier; no era una arquitectura del poder, sino de la libertad y de la movilidad. Su obra me recuerda a Eva Hesse, o a Rosemarie Trockel. Era preciso liberarse de reglas y tabúes. En cambio, el problema hoy es más la ausencia de reglas. Las reglas no vienen de fuera; nosotros intentamos en cada ocasión desarrollarlas desde el interior del proyecto. Cada proyecto es un mundo en sí mismo; tiene su propia filosofía, y su propia identidad. Desde el principio, en el proyecto del <u>Complejo Cultural Luz en São Paulo</u> nos prohibimos inventar una forma. No teníamos ninguna idea de objeto, ni queríamos tenerla; lo que deseábamos era tejer algo, hacer un tejido de funciones. La forma del edificio aparece progresivamente, conforme vamos precisando las funciones.

You are looking for a new simplicity. But perhaps also a new brutalism. This can be felt in your use of concrete. You are trying to rediscover a form of blunt, weighty quality, but challenged by a certain lightness. For many years you worked towards lightness challenged by weight; you seem now to have reversed that process.

JH: It is true that we are attracted, as I have already said, by platonic volumes, as well as by straightforward, rugged materials producing no illusion that they are anything other than what they are. But that is not a change of language; rather, it is something one comes back to after having explored other avenues. We have always said we want to include all the potentialities of our experience of architecture. 'Blunt', 'raw' and 'impoverished' look today to be interesting options, but we should not forget that these qualities simply *illustrate* a feeling of insecurity and a vague casting about for a new form of modesty. They do not genuinely express the change in values our society is experiencing. Today, 'meagre design' is perceived as an aesthetic option and not as a value representing a fact of society as was the case in the 1960s in Italian *Arte Povera*... Today, even *haute couture* fashion parades and the most sophisticated interior design have been infiltrated by a 'meagre' look.

Brutalism already contained an element of provocation. Lina Bo Bardi, for example, was an elegant member of Milan's bourgeoisie. She went to Brazil and changed, becoming somewhat 'outrageous', cultivating an anti-conformist stance. She laid claim to ugly architecture.

JH: At the time, that was new and authentic. She created objects that were simultaneously brutalist to a degree and very feminine. It was a kind of architecture that did not exist. Also, her architecture was not founded on any programmatic, propagandist theory as was that of Le Corbusier. It is not an architecture of power, but an architecture of freedom and movement. She reminds me of Eva Hesse, or Rosemarie Trockel. There was a need for liberation from rules, from taboos. Today, the absence of rules is more the problem. Rules do not come from outside – we try every time to develop the rule from within the project. Each project is its own world, has its own philosophy, its own identity. Right from the start of the project for the <u>Cultural Complex Luz in Sao Paulo</u> we stopped ourselves from inventing a form. We had no concept of an object and did not want one; we wanted to create a fabric, a fabric made up of functions. The form of the building appears gradually as the distribution of its functions becomes clearer.

DAN GRAHAM
Alteración de una Casa en las Afueras
Alteration to a Suburban House
1978

Esta nueva aventura nos resulta emocionante. Programa, monumento y paisaje son los tres ingredientes del proyecto, un claro ejemplo de la confluencia de esos tres términos que ha señalado. El método de trabajo deviene forma. Bailarines, músicos y público van a entrar en contacto, a cruzarse al atravesar el edificio. En los dibujos y maquetas hemos atribuido un color a cada función y los hemos entretejido en las bandas del suelo. Hemos hecho lo mismo con pequeñas figuritas, correspondientes a cada función, para ver si se mezclaban o volvían a encontrarse, o si cada color permanecía ligado a una zona. Es un método de trabajo que poco a poco se transforma en arquitectura al ir tejiendo los planos. Es posible que se quede así, con algunas de las losas de hormigón coloreadas. Hemos esperado todo lo posible antes de introducir formas; no lo hemos hecho hasta que no ha sido absolutamente necesario. Por ejemplo, la verticalidad no juega de momento papel alguno, aunque será preciso diseñar elementos verticales, pilares y otros, para gestionar las fuerzas estructurales. En el aparcamiento de Lincoln Road en Miami, los pilares se convierten en elementos escultóricos, pero los hemos trabajado de forma que reforzasen la idea de horizontalidad e inestabilidad. Debemos encontrar un camino parecido para São Paulo; no sé todavía cuál. Lo que nos estimula y nos anima no es tanto la idea de revertir un tabú o de rechazar un estilo, sino un enfoque basado más bien en la paciencia o la prudencia respecto a las formas.

This is an exciting new adventure for us. Programme, monument and landscape are the three components of the project; it is a prime example of each of the three terms that you have highlighted. The working method has become a form. Dancers, musicians and audience will be touching, mingling, passing through the building. In the drawings and mock-ups we have allocated a colour to each function and woven them together with floor strips. We also coloured the small figurines along the same lines to see if they would mingle, meet up or if each colour would stay tied to a given area. It is a method of working that has gradually become architecture as it builds on different floor plates. It is possible that it will stay that way, with some of the concrete slabs actually being coloured. We have delayed as long as possible before adding forms, waiting until they became absolutely necessary. For example, verticality has no part to play for the moment, but we are going to have to design some vertical components, pillars and the like, in order to get a handle on the structural forces. For the parking garage in Lincoln Road (Miami), the columns became sculptural objects, but we worked with them so that they reinforce notions of horizontality and instability. We will need to find a rather similar way forward for Sao Paulo, and I do not yet know what it will be. We are no longer challenged or stimulated by the idea of overturning a taboo or rejecting a style but rather by an approach based on patience and prudence with regard to form.

En 1978, cuando abrieron su estudio, la situación de la arquitectura era desastrosa. Por otra parte, Dan Graham diseñaba su primer *Pabellón*, con el que trataba de repensar el monumento apoyándose en Aldo Rossi. Y también trabajaba en *Alteration to a Suburban House*.

JH: Ése es uno de sus proyectos más brillantes, levantar la pared de una casa, y reemplazar el muro del fondo por un espejo que refleja el interior hacia el exterior. Es realmente radical. Yo escribí un texto sobre esta obra, pero bastante tarde, en 1996, para una exposición de Dan Graham en la Kunsthalle de Basilea.[8]

In 1978, when you set up your firm, architecture was in a disastrous situation. On the other hand, Dan Graham was designing his first Pavilion, *trying to rethink the monument with inspiration from Aldo Rossi. He was also working on* Alteration to a Suburban House.

JH: It is one of his most brilliant projects – taking away one wall of a house and replacing the back wall with a mirror to reflect the interior to the exterior; it was genuinely radical. I wrote a piece on this work, but much later, in 1996, for an exhibition by Dan Graham at the Basel Kunsthalle.[8]

---

[8] Jacques Herzog, 'Urban Suburban', en *Dan Graham. The Suburban City*, ed. Theodora Vischer, Museum für Gegenwartskunst, Basilea, 1996, p. 25-28.

[8] Jacques Herzog, 'Urban Suburban', in Dan Graham, *The Suburban City*, ed. Theodora Vischer, Basel, Museum für Gegenwartskunst, 1996, p. 25-28.

JEFF WALL
Habitación destruida
Destroyed Room
Nova Gallery, Vancouver, Canada, 1978

También el mismo año, 1978, Jeff Wall expuso su primera caja de luz en el escaparate de una galería de Vancouver. En 1977 y 1978, Pierre y usted trabajaron con Beuys. Fueron los instigadores de una *performance* que tuvo lugar durante el carnaval de Basilea, en febrero de 1978. En 1977, el Kunstmuseum había adquirido una de sus obras, una gran escultura titulada *Feuerstätte I [Hearth I]*, a un precio que escandalizó a la opinión pública. Y ustedes pensaron que había que servirse del carnaval para hacer una crítica, carnavalesca, de aquella tontería.

JH: Durante varios años hicimos los atuendos y las máscaras para una banda de instrumentos de viento y percusión, la banda 'Alti Richtig'. Es tradición que en el carnaval se vean caricaturas de la escena política local e internacional. La vestimenta y las máscaras son, por lo general, caricaturas. En el pasado, artistas importantes como Jean Tinguely, que era de Basilea, habían diseñado trajes de carnaval. Aunque nos encantaba la celebración, en aquel momento estábamos un poco hartos de tener que hacer siempre caricaturas. Basilea es una ciudad con una tradición artística que ha mantenido vivo el arte; hay un terreno fértil para eso, aunque la compra de aquella escultura de Beuys por 300.000 francos suizos, que entonces era una cifra astronómica, produjo un verdadero escándalo. Pero nosotros no queríamos caricaturizar aquella circunstancia, sino utilizarla para producir una segunda escultura. Y para reconciliar al artista con el público. Las tradiciones alemanas y celtas son importantes en la obra de Beuys; y pensamos que la idea de participar en el carnaval podía gustarle, que querría participar con algo. Y eso fue exactamente lo que pasó. Fuimos a verle a Dusseldorf, y resultó un auténtico descubrimiento. Teníamos 26 años y todavía nos sentíamos fascinados por Aldo Rossi. Beuys representó una ruptura, nos introdujo en el romanticismo nórdico. Nunca nos habían seducido el Norte o Alemania. Pero Beuys tenía un lado muy sensual, inteligente y radical, como Rossi. Aquél era un universo estético magnífico. Su taller olía a grasa, había allí bloques enormes de grasa, y trozos de cuero por el suelo. Este contacto con Beuys fue tan importante en nuestra formación como las enseñanzas en la ETH. Inventamos aquel proyecto, incluso alentamos la producción de una segunda escultura, que ahora está en el Museo de Bellas Artes de Basilea. Los trajes de fieltro se hicieron como si fuesen múltiples, son réplicas de la vestimenta que llevaba Beuys para su *Feuerstätte I*. Fue él quien propuso que los objetos de cuero y hierro que portaban los miembros de la banda durante el carnaval se reunieran después en un anillo como el que sirve para sujetar las llaves, como expresión de ese momento de acción colectiva. Usó los materiales de forma simbólica, algo que nosotros no habríamos hecho nunca.

Again in that same year, 1978, Jeff Wall exhibited his first light box in the window of a gallery in Vancouver. In 1977 and 1978, you were working with Beuys. You were instigators of a performance during the Basel carnival in February 1978. In 1977, the Kunstmuseum had purchased one of his works, a large sculpture entitled Feuerstätte I [Hearth I]. *The amount paid for it scandalised the public. You thought the carnival should be used to offer a burlesque criticism of this stupidity.*

JH: For several years we had been making costumes and masks for a *clique*, a pipe and drum band, called 'Alti Richtig'. Traditionally, the carnival produces caricatures of local and international political life. The costumes and masks are usually caricatures. In the past, major artists such as Jean Tinguely, who is from Basel, had designed costumes for the carnival. Although we liked the carnival we were a little tired of always making caricatures. Basel is a city with an artistic tradition, one that has always supported lively art, and provides a fertile soil for it, but the purchase of this sculpture for 300,000 Swiss francs, an enormous sum at the time, had generated genuine outrage. We didn't want to caricature the incident, but to use it to produce a second sculpture. And also to reconcile artist and public. The Alemannic and Celtic traditions are important in Beuys' work and thought, and it occurred to us that the idea of participating in the carnival might amuse him, that he could do something with it. And that is exactly what happened. We went to see him in Düsseldorf, which was for us a genuine discovery and enlightenment. We were 26 years old, still fascinated by Aldo Rossi; Beuys was a break from this; he introduced a Nordic romanticism. We had never been fascinated either by the North or by Germany. But there was a very sensual, intelligent and radical side to Beuys, as there was to Rossi. It was a marvellous aesthetic world. His workshop smelt of oil, there were enormous blocks of grease and bits of copper on the floor. This event with Beuys was as formative for us as the teaching at ETH. We invented this project; we even instigated the production of a second sculpture, which is in Basel's fine arts museum today. The felt costumes were made up like multiples; they are replicas of the costume Beuys wore for his *Feuerstätte I* performance. It was he who suggested that the copper and iron objects carried by the members of the band during the carnival should later be gathered together around a ring, like keys, as an expression of this moment of collective action. He used materials symbolically, which we have never done.

JOSEPH BEUYS
Feuerstätte 2
Basel, 1978

El ejemplo de Beuys, como de hecho el de cualquier otro artista, choca sin embargo con los límites de actividad de un estudio como el suyo. Y esos límites se manifiestan incluso cuando trabajan para un museo. Por parafrasear algo que dijo Man Ray respecto a la fotografía, podría decirse que "la arquitectura no es arte". Una oficina que emplea hoy a más de trescientos arquitectos no tiene mucho que ver con el trabajo de un taller (incluso cuando el artista lo gestiona en clave empresarial). Ahora me dirijo a usted, Pierre, porque tiene a su cargo el funcionamiento del estudio. ¿Considera que esa tarea suya tiene que ver con la arquitectura, o que es una obligación necesaria aunque de interés secundario?

PdM: Es esencial, y forma parte de las ocupaciones de la arquitectura. Algunos arquitectos operan como artistas; los negocios y las ordenanzas no les interesan. Nosotros en cambio creemos que todas esas dimensiones forman parte del mismo todo que es la arquitectura. Ésa es la realidad. O haces negocios, construyes torres en Dubai y un poco por todas partes, haces que se tengan en pie y cobras tus honorarios —si funcionásemos así seríamos mil en el estudio—; o bien te empeñas en buscar un sentido social, una cualidad más general. En este caso, es preciso desde luego cumplir con las demandas estipuladas en el contrato, pero además hay que ir más allá y añadir una dimensión suplementaria. Al preferir la segunda opción, hemos hecho una apuesta por la cualidad, que es también una definición del estudio, una forma de evitar caminos demasiado arriesgados. A principios de la década del 2000 sentimos que había un riesgo de sobrecalentamiento, una espiral de solicitudes muy ambiciosas procedentes de Dubai, de Moscú o de España, que evidentemente eran producto de una burbuja financiera. Nosotros hemos intentado evitar ese camino; optar por la cualidad es asimismo una forma de evitar la tentación especulativa y la superproducción.

Buscan, imagino, un equilibrio entre los grandes proyectos y los de pequeña escala; y también un equilibrio entre los proyectos más o menos rentables.

PdM: A veces nos equivocamos. Asumimos compromisos en proyectos que nos seducen por su potencial, o por proceder de una situación para nosotros inédita, y descubrimos a continuación las dificultades que ello entraña, relacionadas con la falta de presupuesto, con la actitud del cliente, o incluso con errores nuestros en el manejo del presupuesto, o en la composición de los equipos. Podemos enfrentarnos a la incompetencia del cliente, especialmente cuando faltan los medios financieros o administrativos para cumplir sus demandas.

The example provided by Beuys, or any other artist in fact, does however come up against limits in the work of a firm like yours. And those limits become apparent when you work for a museum. To paraphrase a comment of Man Ray on photography, you could say that "architecture is not art". A firm that currently employs over three hundred architects is a very long way from work in a studio (even if the artist managed it like a company). Let me turn to you, Pierre, since you are in charge of the operational side of the firm. Do you feel that that job is part of architecture, or is it in your view unavoidable, but of marginal interest?

PdM: It is essential and it is an integral part of the work of architecture. Some architects operate as if they were artists; business and law are of no interest to them. We however feel that all these dimensions are part and parcel of a whole that is architecture. That is the reality. Either you are in business, you build Dubai towers around the world, you make sure they don't fall down and you get your fee— if we worked like that we would have a staff of a thousand. Or alternatively you can try to find a social quality, a more general quality. In that case, you naturally have to carry out all the tasks stipulated in the contract, but you also have to go beyond that and add an extra dimension. By preferring this second option, we have chosen to focus on quality, which is also a definition of the firm, a way of avoiding avenues that are excessively hazardous. In the early 2000s, we felt that there was a danger of overheating, with an upward spiral in requests from Dubai, Moscow and Spain that obviously stemmed from a financial bubble. We wanted to avoid getting carried away and choosing quality is therefore also a way of escaping from the logic of speculation and overproduction.

You are, I imagine, seeking a balance between big projects and smaller projects, and also a balance between projects that are more or less profitable.

PdM: We sometimes make mistakes. We may commit to a project whose potential, or a totally new situation for us, has attracted us, and then we find ourselves confronted with problems arising from a lack of money or from the way the client operates, or even errors of budget allocation or team composition on our part. We can be faced with genuine incompetence on the part of the client, especially when it lacks the financial or administrative means to match its demands.

MUSEO DE ARTE PARRISH
PARRISH ART MUSEUM
First proposal
Water Mill, NY, USA, 2005

En ciertos casos, la tarea resulta prácticamente imposible. En estos momentos nos pasa algo parecido en Hamburgo, donde nos vemos abocados a asumir demasiadas responsabilidades en la gestión de la construcción sin tener por ello el apoyo necesario por parte del cliente. Cada dificultad es una ocasión de aprender para el futuro. El proyecto del estadio de Pekín fue para nosotros una auténtica prueba y, al mismo tiempo, una experiencia extraordinaria. Aprendí mucho sobre formas de pensar diferentes a las que siempre he conocido, pero aun así nos hemos vuelto muy cautelosos respecto a la posibilidad de trabajar en China. A decir verdad, sólo raramente podemos trabajar con el cliente en un contexto de total confianza, con un diálogo auténtico y mutuo entendimiento.

In some cases the task becomes more or less impossible. We are currently going through such an experience in Hamburg, where we let ourselves be led to take on too much responsibility for the management of the construction work without getting enough support from the client. Each such difficulty is of course a lesson for the future. The Beijing Stadium project was a testing time for me, but also an extraordinary experience. I learned a great deal about thought processes that are very different from those I am familiar with, but we became very cautious about the possibility of working in China. To be quite frank, only very rarely is it possible to work with a client in a climate of complete trust, with genuine dialogue and mutual understanding.

Ya ha puesto un ejemplo de un proyecto que han tenido que simplificar, si no reducir, y que finalmente se ha beneficiado, según usted, de ese cambio de orientación. ¿Puede un proyecto ganar si se revisa a la baja desde el punto de vista financiero?

You have already given an example of a project that you were obliged to simplify, if not reduce, and which in the end, in your view, benefited from that change of direction. Is it possible for a project to benefit from being cut down in terms of financial cost?

PdM: El primer proyecto del Parrish Museum era bastante espectacular, pero no pudo realizarse por motivos financieros. Nos pidieron revisarlo a la baja tres veces. Creo que el nuevo proyecto ofrece una solución contundente. La primera propuesta fue una especie de investigación, que nos permitió descubrir los estudios de artistas de Long Island y analizarlos. Fue una etapa importante del proceso. Si de entrada hubiéramos trabajado sobre el actual proyecto, habría resultado más empobrecedor. La disposición de los edificios, los talleres que se estudiaron y se traspusieron... Todo eso constituía un concepto interesante que hemos tomado y desarrollado para el Espacio Goya de Zaragoza. Pero las dificultades y los eventuales cambios de dirección no afectan sólo a la relación con el cliente. Está también el funcionamiento interno de la oficina. Nosotros trabajamos a partir de la capacidad de los equipos. El estudio es bastante flexible para su tamaño, pero tiene su grado de inercia. Es como un paquebote: llega gente con ideas, se retoman en la oficina, se diversifican en distintos proyectos y, de pronto, nos damos cuenta de que todo el mundo está haciendo las cosas cuadradas, como si lo redondo no estuviera permitido... Entonces tenemos que volver a reequilibrar, pero eso lleva su tiempo. Es difícil pilotar un paquebote. Podríamos decidir concentrarnos en las grandes ideas, y delegar la ejecución y la construcción. Pero no queremos tener una sola forma de trabajo y de intervención, deseamos algo más abierto. Al final actuamos en un espectro muy amplio. Un extremo de ese espectro es la VitraHaus, donde hemos asumido y controlado todo, hasta el mínimo detalle; si el proyecto tiene errores, son responsabilidad nuestra.

PdM: The first project for the Parrish Museum was fairly spectacular, but it could not be built for financial reasons. We were asked what we could do for a third of the money. The new project is, I believe, a very strong solution. The first project was in the end a sort of study, enabling us to discover artists' studios in Long Island and study them. It was an important stage along the way. If we had worked from the start on the current project, it would have been the poorer for it. The arrayed building blocks, the studios for which studies were done one by one and transposed, interpreted, all this was a highly interesting concept, and in fact one we have picked up and developed for the Espacio Goya museum in Zaragoza. But difficulties and in some cases changes in direction do not come from the relationship with the client alone. There is also our internal functioning. We work with the capabilities of our teams. The firm is fairly flexible for its size, but there is a degree of inertia. It's like a passenger liner: people come up with ideas, they are picked up in the firm, they diffuse into various projects and we then realise that everybody has begun to design square, as it were, because round is not allowed ... We then have to get back to a proper balance but that does take a little time. It is difficult to steer a liner. We could decide to concentrate on the broad concepts, and delegate the actual implementation and construction to others. But we don't want to work, to contribute according to just one approach; we want something that is more open. In the end, we work across a very wide spectrum. At one extreme there is the VitraHaus, for which we monitored and controlled everything down to the tiniest detail; if mistakes have been made we bear sole responsibility for them.

MUSEO DE ARTE PARRISH
PARRISH ART MUSEUM
Current proposal
Water Mill, NY, USA, 2009

Charlotte van Moos, nuestra colaboradora, se trasladó a vivir junto a la obra durante la fase de construcción. Y el otro extremo son los proyectos urbanos en China, para los que aportamos ideas que luego son realizadas por otros. Para nosotros, este último tipo de trabajo es un desafío, queremos ver si somos capaces de trabajar de esa manera. Hay arquitectos que eligen concentrarse en proyectos que pueden controlar absolutamente, como nosotros hemos hecho en el caso de Vitra. Pero eso nos parece demasiado restrictivo, queremos algo diferente.

¿Por qué, realmente? Usted tiene sesenta años. Tendría todo el derecho a decidir que ya se ha probado a sí mismo, y que —dado que las cosas son cada vez más difíciles, como en el caso de Hamburgo— de ahora en adelante sólo va a aceptar proyectos que pueda gestionar de la A a la Z, en todos sus detalles, reduciendo el estudio a un núcleo de cincuenta personas.

PdM: Digamos que nos gustaría ver si el paquebote que iba en dirección Vitra podía tomar otros rumbos. Podríamos cambiar esa embarcación por una flotilla de pequeñas embarcaciones más rápidas y con más capacidad de maniobra, cada una con su propia lógica.

One member of our staff, Charlotte van Moos, slept on site throughout the construction phase. At the other extreme are our urban projects in China: we contribute an idea, and it is realised by others on site. For us, the latter situation is a challenge: we want to see if we are capable of working that way. There are architects who choose to concentrate on projects in which they control everything, as we did with Vitra. But that seems to us to be too restrictive; what we want is different.

But why do you, in fact? You are sixty years old. You would be perfectly entitled to decide that you have proved yourself and that henceforth, given the increasing difficulty of things generally, with projects like Hamburg, you will only accept projects you can conduct from A to Z in every single detail, cutting the firm down to a core of fifty people.

PdM: Let's just say that we want to see if the passenger liner that was travelling in the direction of Vitra can change heading. You could replace the liner with a flotilla of small, mobile units that were faster and more manoeuvrable, each following its own logic.

MATERIALES, AMBIGÜEDAD, PAISAJE

En el curso de nuestra primera entrevista para *El Croquis*, en 2006, abordamos de forma breve su interés por los materiales. Podría decirse, simplificando un poco, que buena parte de la reputación que tiene el estudio se debe a ese aspecto. Ha mencionado antes, Jacques, que, a diferencia de Beuys, nunca han intentado otorgar una dimensión simbólica a los materiales. Y ha dicho, a menudo, que no establecen jerarquías. Han intentado claramente evitar encerrarse en un estilo, cultivar una imagen de marca. Sin embargo, a veces es habitual entre los arquitectos mostrar su preferencia por uno u otro material de construcción. En 1982 terminaron el proyecto de Casa de Piedra en Tavole, Italia, la Steinhaus, que se construyó entre 1985 y 1988. Y volvieron a usar la piedra en las Bodegas Dominus. Pero antes de la Steinhaus habían construido el Estudio Fotográfico Frei, donde usaron contrachapado, sin poner en evidencia su condición de material pobre. Los materiales pobres se han introducido en el diseño de arquitectura sobre la base de una estética del *collage* y el montaje. Me parece que su proceder es otro: el material se inscribe en una estructura definida rigurosamente que le otorga nobleza, de tal modo que se redescubre, se descubre su riqueza potencial.

MATERIALS, AMBIGUITY, LANDSCAPE

In our first conversation for El Croquis, *in 2006, you mentioned, very much in passing, your interest in materials. The firm's reputation is linked to a large extent, and rather too simplistically, to this aspect. You have made it clear, Jacques, that unlike Beuys you have never sought to give a symbolic dimension to materials. You have also frequently said that you do not rank them in any way. Obviously, you have tried to avoid locking yourselves into a style, a brand image. However, where architects are concerned this often involves a manifest taste for a particular building material. In 1982 you designed a 'stone house' – the Steinhaus – which was built over the period 1985 to 1988 in Tavole, Italy. You used stone again for the Dominus Winery. But before the Steinhaus, you had already built the Photographic laboratory Frei, in which you used plywood without presenting it as a second-rate material. Second-rate material has been included in architectural design on the basis of an aesthetic of collage and assemblage. It seems to me that your approach is different: you make the material part of a rigorously defined structure that gives it nobility, so much so that one rediscovers it, discovers its rich potentiality.*

ESTUDIO FOTOGRÁFICO FREI
PHOTOGRAPHIC LABORATORY FREI
Weil am Rhein, Germany, 1982

GALERÍA DE ARTE GOETZ
GOETZ ART GALLERY
Munich, Germany, 1992

JH: Perseguimos la presencia física y sensual de los materiales. Pero no tenemos ningún 'material preferido'. Beuys elegía los materiales por sus cualidades mecánicas y simbólicas. Nosotros, como arquitectos, jamás hemos tenido preferencias: detesto todos los materiales, o me fascinan, que viene a ser lo mismo. Todos los materiales son interesantes. Y nunca hemos pretendido establecer una jerarquía entre ellos para ilustrar una idea o una teoría. Del mismo modo, en la elaboración de los proyectos hemos procedido siempre de modo que cada elemento (una puerta, un techo, una ventana) encontrase una posición tan interesante como el resto, sin que fuese preciso sacrificar uno en favor de otro. Por ejemplo, el pasillo o el corredor que sirve para acceder a una habitación, a menudo está infravalorado. En la arquitectura tradicional, el pasillo o corredor tenía tanta importancia como el dormitorio, el salón o la cocina. Hoy, el estudio lleva a cabo proyectos mucho mayores, pero nuestra actitud sigue siendo la misma, y esto vale también para el diseño urbano.

JH: We are looking for a physical, sensuous presence. But there is no 'preferred material' for us. Beuys selected materials for their dynamic, symbolic qualities. We as architects have never had any preference; I detest all materials or I love them all: it boils down to the same thing. All materials are interesting. We have never tried to rank them in a hierarchy in order to illustrate an idea or a theory. Likewise, when we design a project, we have always worked to ensure that each component (a door, a ceiling, a window) finds a position that is as interesting as the others, without one being sacrificed to enhance another. For example, a corridor or passageway may serve to provide access to a bedroom, and is often undervalued. In traditional architecture, a corridor or passageway had equal importance to the bedroom, or the living room or the kitchen. Today, the firm handles much bigger projects, but our attitude has remained the same, and that includes urban design.

El edificio de la Galería de Arte Goetz también contribuyó en gran medida a forjar la imagen del estudio. A partir de esa obra el estudio podría haber desarrollado un estilo. Pero no lo hizo. Por otra parte, la ambigüedad que caracterizó su enfoque sigue presente. Es un edificio post-minimal, ambiguo y, a la postre, un poco perverso. En su momento no se apreciaba, pero hoy salta a la vista, y el placer que se experimenta al visitarlo viene de ahí.

JH: Me gusta mucho ese edificio. Y he comprendido, cuando volví a visitarlo recientemente, que hoy no podríamos haber hecho algo así. Tiene, efectivamente, rasgos de un estilo, sobre todo en la forma de usar el vidrio y la planitud de los materiales. En aquel momento no había quien hiciera esas cosas. Pero lo que continúa siendo emocionante hoy es cómo el visitante entra a una especie de tubo. Una vez que está allí, no sabe qué pasa en el resto del edificio, la sensación es la de estar en un laberinto, aunque la estructura del conjunto sea, de hecho, bastante clara. No hay jerarquías. El nivel superior está a ras del terreno, y la banda de vidrio inferior es la parte superior del nivel subterráneo. Es el único elemento visible, que aporta luz cenital. Pero los dos niveles son idénticos, no hay jerarquías. Una vez dentro el visitante se pierde; pero como el edificio es pequeño esa desorientación no produce angustia. No habríamos podido hacer eso con un programa más grande.

The building for the Goetz Art Gallery has contributed a great deal to the firm's image. Based on that building, you could have developed a style. You didn't. On the other hand, the ambiguity characteristic of your approach is certainly present. This is a building that is post-minimal, ambiguous, and in the end a little perverse. That was not really clear at the time but is now self-evident and the pleasure one feels in visiting it stems from that.

JH: It is a building I like very much. When I saw it again recently I understood that it would no longer be possible for us today. It does in fact have elements that form a style, particularly the way we use glass and the flatness of the materials. At the time, nobody had done that kind of thing. But what is still exciting today is the way the visitor enters a kind of tube. Wherever you are, you have no idea of what is happening in the rest of the building; you have the feeling of being in a labyrinth, although the overall structure is in fact quite straightforward. There is no hierarchy. The upper floor is above the ground and the lower strip of glass is the upper part of the underground level; it is its only visible element, providing it with overhead lighting. But the two levels are identical; there is no hierarchy. Once you are inside, you get lost, but because it is a small building, it does not cause any anxiety. We could never have done that with a bigger programme.

CASA DE PIEDRA EN TAVOLE
STONE HOUSE IN TAVOLE
Italy, 1988

ALMACÉN Y SEDE DE LA FÁBRICA RICOLA EUROPE
RICOLA EUROPE FACTORY AND STORAGE BUILDING
Mulhouse-Brunnstatt, France, 1993

La ambigüedad procede del artificio y se afirma. Remite también a la percepción y a la naturaleza. En la percepción, como en la naturaleza, las relaciones de oposición son fluidas, y reversibles. Aluden a una imagen del cuerpo muy cambiante. Por ejemplo, la opacidad y la transparencia son parámetros muy flexibles, que pueden permutarse. La arquitectura, sobre todo a la escala en la que ustedes trabajan hoy, es necesariamente una manera de pensar acerca de lo estático y lo fluido. Pero esos dos parámetros pueden conducir a un enfoque técnico demasiado frío, incluso tecnocrático. Después del Almacén de la Fábrica Ricola, en 1993, no han dejado nunca de introducir en su arquitectura otra dimensión de flujo, la de la fluidez del agua, una dimensión en armonía con el sentido del paso del tiempo.

JH: Una vez que estuvo terminado el almacén de Ricola en Mulhouse descubrimos que el efecto del agua sobre el muro lo hacía, en nuestra percepción, más transparente y abierto que el cerramiento transparente que habíamos construido al lado, el cual resultaba opaco desde ciertos puntos de vista. El muro de hormigón se abre por el efecto de la lluvia que se desliza por su superficie, y acaba por ser menos opaco que el muro de vidrio serigrafiado que está a su lado. El entendimiento humano es un poco estúpido, limitado, y no es capaz de prefigurar la variedad. Produce *una* imagen, o *una* idea, y se queda satisfecho; aunque hay muchas otras formas de ver las cosas. Por eso la arquitectura funciona como una herramienta de percepción.

La más hermosa de las obras de Rossi es un edificio efímero, el Teatro del Mundo para la Bienal de Venecia. ¡Resulta paradójico en alguien que preconizaba la permanencia del monumento! Eso confirma la importancia que tiene en la arquitectura lo no construido: el agua, el aire, los elementos. En tanto que escenario de vida y experiencias, la arquitectura está hecha de cosas no construidas. El Teatro del Mundo de Rossi celebraba, en la ciudad de los canales, la excepcional armonía entre el agua, el aire y la luz. En Venecia, la arquitectura no está nunca disociada en ningún momento de esos elementos.

JH: La arquitectura se comunica por medio de la arquitectura, a escala 1:1. El problema de hablar sobre arquitectura es que se habla sobre cosas que no pueden experimentar, en ese preciso momento, quienes escuchan o leen ese discurso, cosas que la fotografía inevitablemente distorsiona. Con las Bodegas Dominus tuvimos éxito haciendo algo que nunca podremos volver a hacer. Hicimos un descubrimiento al experimentar un sistema existente, los gaviones (cestones de malla metálica rellenos de piedras). Nos dimos cuenta que los vacíos entre las piedras eran más interesantes que las propias piedras.

The ambiguity stems from artifice and announces itself as such. It also relates to perception and nature. In perception, as in nature, oppositional relationships are fluid; opposition is reversible. It relates to a highly variable body image. For example, opacity and transparency are very flexible parameters subject to permutation. Architecture, especially on the scale at which you are working nowadays, is inevitably a way of thinking the static and the flowing. But those two parameters can underpin a technical approach that is too cold, or even technocratic. Since the Ricola Storage Building, in 1993, you have never ceased to include in your architecture another dimension of flow, the fluidity of water, one in harmony with the feeling of passing time.

JH: Once the Ricola warehouse building in Mulhouse was finished, we discovered that the trickling water makes, in our perception, the concrete wall more transparent and more open than the transparent wall we designed alongside it, and which is opaque from some standpoints. The concrete wall is opened up by the rain trickling down it, and appears in the end to be less opaque than the wall of screen-printed glass next to it. Our human understanding is a little stupid, limited, incapable of imagining the variety of things in advance, producing an image or an idea with which it remains content despite the fact that there are always many other ways of seeing things. That is where architecture works as a perceptual tool.

The most beautiful of Rossi's architectural creations was an ephemeral building, his Teatro del Mondo *in Venice. Which is paradoxical for someone who argued for monumental permanence! It confirms the importance of the unbuilt in architecture: water, air, the elements. Architecture, as a locus for life and experience, is made up of unbuilt things. Rossi's* Teatro del Mondo *was a celebration of the exceptional harmony of water, air and light in the city of Venice. In Venice, architecture is never separable from those elements at any time.*

JH: Architecture is communicated by architecture at 1 to 1 scale. The problem with talking about architecture is that you are talking about things you are not experiencing at that precise moment, which the listeners or readers cannot experience, and which are inevitably distorted by photography. In the case of the Dominus Winery, we succeeded in doing something we will no doubt never be able to do again. We made a discovery by experimenting with an existing system, the gabion (metal cages filled with stones). We realised that the voids between the stones were as interesting as the stones themselves.

BODEGAS DOMINUS
DOMINUS WINERY
Napa Valley, California, USA, 1996

MUSEO DE YOUNG
DE YOUNG MUSEUM
San Francisco, California, USA, 2005

Cuando nos detenemos a considerar la materialidad del mundo a través del estudio de un material, multiplicando la experimentación, podemos ir más allá, podemos descubrir otras cosas. En ese caso, la belleza de la piedra era algo a tener en cuenta, pero la luz era todavía más interesante; la incidencia de la luz aligeraba la piedra. Los dos polos de la percepción humana se unen en una forma de construir, traducida en arquitectura. Del mismo modo, hay algo que no se aprecia en las fotografías del Museo De Young, y es que en San Francisco hay mucha niebla. Nos impresionó ver cómo la niebla casi se evaporaba a través de las hojas. Y buscamos un material que pudiese reproducir ese efecto. La humedad degrada los materiales muy deprisa, y queríamos algo que envejeciese bien, que soportase la oxidación y pudiese expresar ese clima tan característico de la ciudad.

When you look hard at the physical reality of the world by studying a material and carrying out many experiments you can go much further, you can discover other things. And in this case, the beauty of the stone is one thing, but the light is even more interesting. The light has the effect of making the stone less weighty. The two poles of human perception are brought together in a constructive way, translated into architecture. Likewise, there is something you cannot see in pictures of the De Young Museum, and that is that there is a great deal of fog in San Francisco. We were impressed by the way the fog would virtually evaporate through the leaves. We looked for a material that would reproduce that sensation. Humidity will rapidly degrade materials. We wanted a material that would age well, withstand oxidation and be capable of expressing the climate typical of the city.

En estos dos proyectos, la investigación sobre los materiales es una forma de otorgar a los edificios una cualidad fotosensible, atmosférica, una sensibilidad casi cutánea. Ustedes trabajan con la porosidad, asociando el factor de equilibrio térmico a las características del entorno. Los arquitectos hablan a menudo del contexto urbano en el que inscriben sus edificios, pero esa noción me ha parecido siempre cuestionable en la medida que remite a una autonomía apriorística del objeto. La idea de 'contexto' induce necesariamente la centralidad del objeto. Me parece preferible hablar en términos de entorno, o incluso de paisaje, a condición de incluir la dimensión territorial en el paisaje. Sus intervenciones en Santa Cruz de Tenerife son ejemplares a este respecto.

In both these projects, research into materials is a way of giving the buildings a photoreactive, atmospheric quality, what is virtually a sensitive skin. You are working here on porosity, bringing heat balance as a factor together with the environmental parameters. Architects often talk about the urban context into which they insert their buildings. The notion has always seemed to me to be debatable in that it refers to an a priori autonomy of the object. The idea of 'context' necessarily entails that of the centrality of the object. It seems to me to be preferable to talk in terms of environment, or even of landscape, on condition that the territorial dimension is included in the landscape. Your work in Santa Cruz de Tenerife is a perfect example of this.

JH: En un libro que estamos preparando en colaboración con el ETH Studio, y que describe el fenómeno de la *especificidad* de la ciudad contemporánea, el término 'paisaje' ha reemplazado a 'contexto', 'ecología', 'naturaleza', etcétera. *Paisaje* puede referirse a algo natural, pero también a algo artificial; esa distinción no está implícita. Además, designa un espacio, no como la palabra 'contexto'. En Santa Cruz el propio edificio tiende a crear un paisaje, en el sentido en que se inserta en el lugar y lo refuerza. Eso me obsesiona. La isla de Tenerife semeja algo a lo que se hubiera dado forma deliberadamente, evoca las fuerzas telúricas que están en el origen del planeta. Es un territorio ideal, una lección de escultura, o de lo que la escultura podría ser. El problema es estar a la altura de eso. La naturaleza se manifiesta allí en formas tan extraordinarias que hay que pensarse mucho qué le vamos a añadir, y la manera en la cual aquello debería ser colocado sobre el suelo. Siempre, cualquiera que haya sido el lugar, nos ha importado mucho la cuestión del suelo, cómo colocar una cosa sobre la tierra.

JH: The book currently in preparation with ETH Studio, which describes the phenomenon of the *specificity* of the contemporary city, 'landscape' replaces 'context', 'ecology', 'nature', etc. *Landscape* can refer to something natural but also to something artificial, a distinction it does not imply. Moreover, it designates a space, which the word 'context' does not. In Santa Cruz, the building itself tends to form a landscape in the sense that it is inserted into its site and reinforces it. I was obsessed with that. The island of Tenerife looks like something that has been deliberately shaped; it is suggestive of the forces of the earth that formed the planet. It is an ideal terrain, a lesson in sculpture or what sculpture could be. The problem is being up to the challenge. Nature manifests itself there in such extraordinary forms that you need to think hard about what you want to add to it and the way in which it should be placed on the ground. Whatever the location, the question of the ground has always been important for us: how a thing is placed on the ground.

TEA, TENERIFE ESPACIO DE LAS ARTES
Santa Cruz de Tenerife
Canary Islands, Spain, 2008

Está la tierra, el volcán, pero también el océano alrededor.

JH: Conozco bien el Mediterráneo, cuya belleza —y también la violencia en los días de mistral— me ha impresionado desde niño. Pero la violencia del océano Atlántico es realmente otra cosa… algo fundamentalmente diferente. Alrededor de las Islas Canarias el océano tiene una profundidad de tres mil metros. Los volcanes se elevan desde el fondo, y el Teide se alza cuatro mil metros sobre la superficie. La emergencia volcánica de la isla es un gesto escultórico de violencia inusitada. No conozco nada igual en Europa. Suiza parece inmutable, todo allí da la impresión de inamovible y eterno… la forma de la naturaleza, el paisaje e incluso las leyes. En Francia y Alemania las cosas son distintas, hay otra agitación política, una correspondencia entre los procesos naturales y los procesos sociales; los procesos de la naturaleza tienen un equivalente en la sociedad. Los paisajes de la naturaleza dada, y de la naturaleza transformada por la sociedad, son a la vez específicos y están estrechamente ligados. Desde luego, queda por demostrar esa interdependencia y esa correspondencia. El trabajo de análisis e investigación sobre la ciudad contemporánea que se desarrolla en el marco del ETH Studio de Basilea, y en el que participamos Pierre y yo, sostiene esa hipótesis: describimos la ciudad contemporánea atrapada en su propia especificidad.[9]

There is the land, the volcano, but also the ocean all around.

JH: I know the Mediterranean well; since my childhood I have found its beauty, as well as its violence on days on which the Mistral is blowing, to be striking. But the violence of the Atlantic is something else again— something fundamentally different. Around the Canaries the ocean is three thousand metres deep. Volcanoes rise up from the bottom of the sea and the summit of the Teide stands four thousand metres above its surface. The volcanic emergence of the island is a sculptural gesture of inexpressible violence. We have no experience of that in Europe. Switzerland appears immutable, everything there seems unchangeable and eternal … its natural forms, its landscape, even its laws. In France and in Germany things are different; there is a quite different political violence, a concordance between natural and social processes; the processes of nature have an equivalent in society. The landscapes of nature as a given and of nature as transformed by society are both specific and closely linked. Of course, this interdependence and this concordance remain to be demonstrated. The effort of analysis and research into the contemporary city to which we —Pierre and I— are contributors with ETH Studio in Basel supports this hypothesis: we are describing the contemporary city caught in the trap of its own specificity.[9]

---

[9] Las publicaciones del ETH Studio a las que se hace referencia son *La Suisse. Portrait urbain* (Suiza. Retrato Urbano) Birkhäuser, Basilea, 2006) y, con su aparición prevista para 2013, *The Specific City* (La ciudad específica; título provisional).

[9] The publications of ETH Studio referred to here are *La Suisse. Portrait urbain* (Basel, Birkhäuser, 2006) and, to be published in 2013: *The Specific City* (provisional title).

OBRAS Y PROYECTOS
WORKS AND PROJECTS

TEA, Tenerife Espacio de las Artes
TEA, Tenerife Espacio de las Artes
Plaza de España
Plaza de España
CaixaForum Madrid
CaixaForum Madrid
Ferial de Basilea 2012
Messezentrum Basel 2012
Estadio Nacional para los Juegos Olímpicos de 2008
National Stadium, The Main Stadium for the 2008 Olympic Games
Elbphilharmonie, Hamburgo
Elbphilharmonie, Hamburg
Torre St. Jakob
St. Jakob Tower
Edificio de Apartamentos en 40 Bond
40 Bond, Apartment Building

Transformación de la Tate Modern
Transforming Tate Modern
1111 Lincoln Road
1111 Lincoln Road
Espacio Goya
Espacio Goya
Centro Empresarial Actelion
Actelion Business Center
VitraHaus
VitraHaus
56 Leonard Street
56 Leonard Street
Triangle
Triangle
Porta Volta Fundación Feltrinelli
Porta Volta Fondazione Feltrinelli
Complejo Cultural Luz
Cultural Complex Luz
Barranca Museo de Arte Moderno y Contemporáneo
Barranca Museum of Modern and Contemporary Art
Ampliación del Museo Unterlinden
Extension Musée d'Unterlinden

TEA, TENERIFE ESPACIO DE LAS ARTES
TEA, TENERIFE ESPACIO DE LAS ARTES

ISLAS CANARIAS, ESPAÑA
SANTA CRUZ DE TENERIFE, CANARY ISLANDS, SPAIN   1998 2008

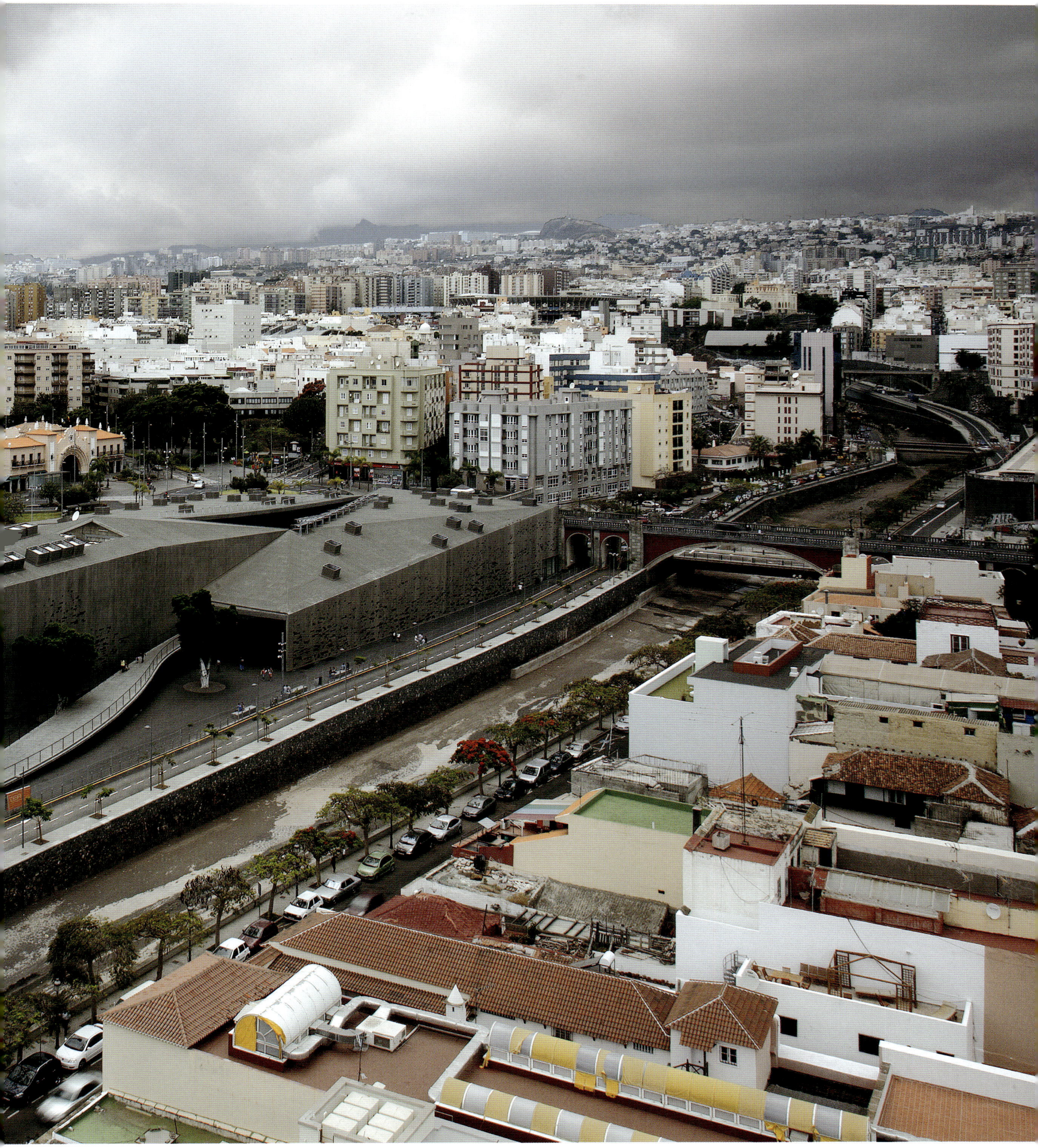

El TEA se convertirá en un nuevo y animado lugar para gente de todas las edades e intereses. Para lograrlo desarrollamos un concepto arquitectónico en el que las diversas actividades y espacios del centro se fusionan y confluyen entre sí. Se podrá acceder al edificio por todos los lados. Un nuevo camino público atraviesa diagonalmente el edificio conectando la parte superior del puente Serrador con la orilla del Barranco de Santos. En su descenso hacia el Barranco este camino se ensanchará y se transformará paulatinamente en un espacio triangular semicubierto justo en el mismo corazón de este centro cultural.
The TEA will become a new and lively place for people of all generations and with various interests. In order to achieve that we push forward an architectural concept where the different activities and spaces of the Center are interfusing and interflowing. Access to the Center will be possible from all sides. A new public path diagonally cuts through the building complex connecting the top of the General Serrador Bridge with the shore of the Barranco de Santos. On its way down to the Barranco this path is widening and transforming itself into a triangular, semi-covered space in the heart of the Cultural Center.

Este singular espacio triangular es una nueva plaza pública abierta y accesible a los ciudadanos.
This unusual triangular space is a new public Plaza which is open and accessible for everyone.

La nueva vida urbana se animará con el café y el restaurante del museo, que podrán servir comida y bebidas no sólo en el edificio sino también en la plaza o bajo el extenso
The new urban Life will be animated by the Museum Café and Restaurant which will be able to serve food and drinks not only in the building but also on the Plaza
y umbrío pabellón de árboles que hay en el Barranco.
or under the large and shadowy canopy of the existing trees at the Barranco.
La plaza puede utilizarse también por la noche como cine de verano para la proyección de películas y vídeos en colaboración con el TEA.
The Plaza can also be used at night as an Open Air Cinema performing films and videos in collaboration with the TEA.
La función principal de la plaza, sin embargo, será conducir al público al interior del edificio y proporcionar una buena orientación a todos los visitantes. El vestíbulo de
The main quality of the Plaza however will be to lead people into the building complex and to provide a good orientation for all visitors. The lobby is conceived
entrada está concebido como continuación espacial de la plaza. Acoge generosamente al café, la tienda y las taquillas del museo.
as a spatial continuation of the Plaza. It generously arranges the Museum Café, the Museum Shop and the Ticket counters.

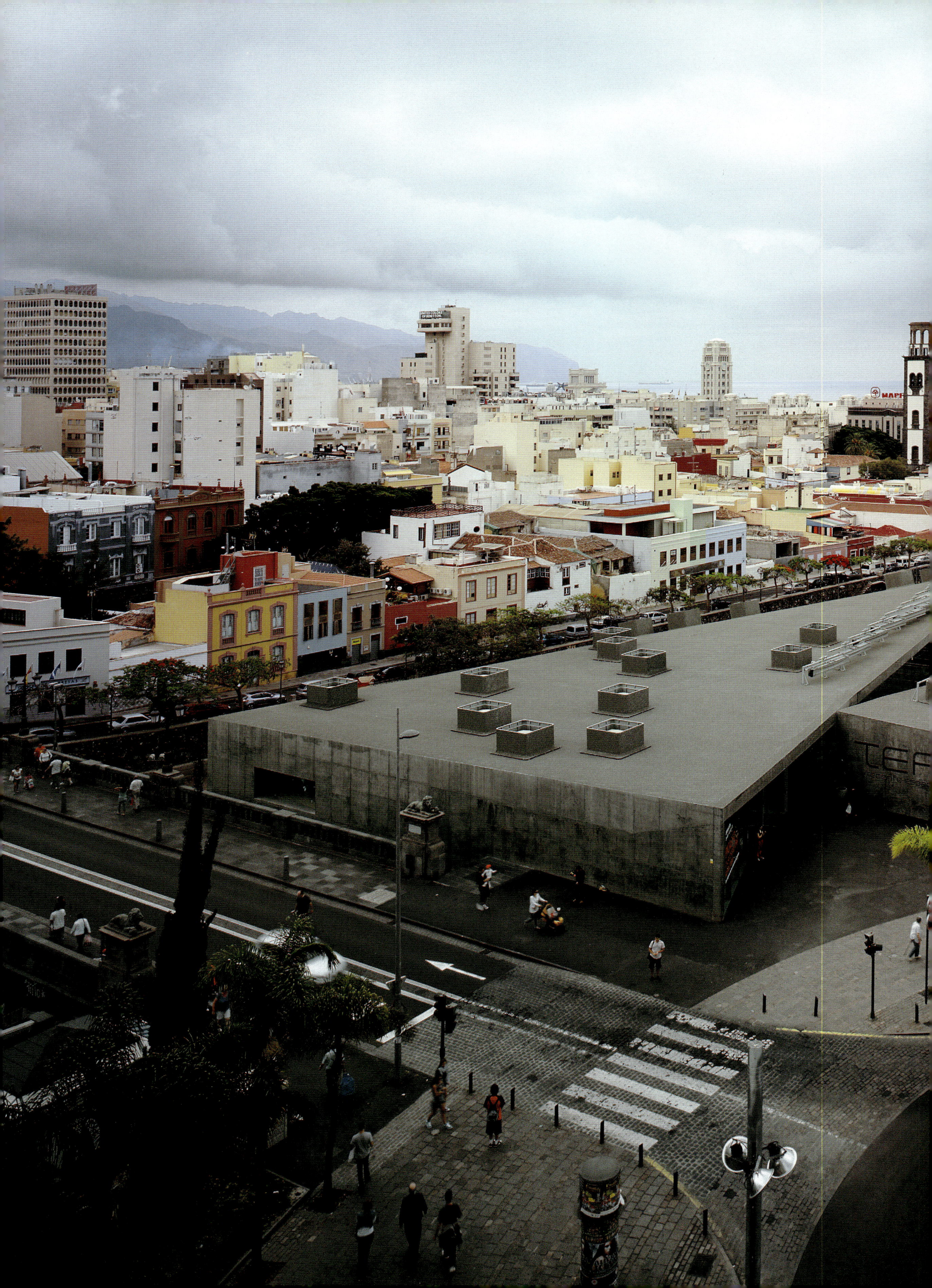

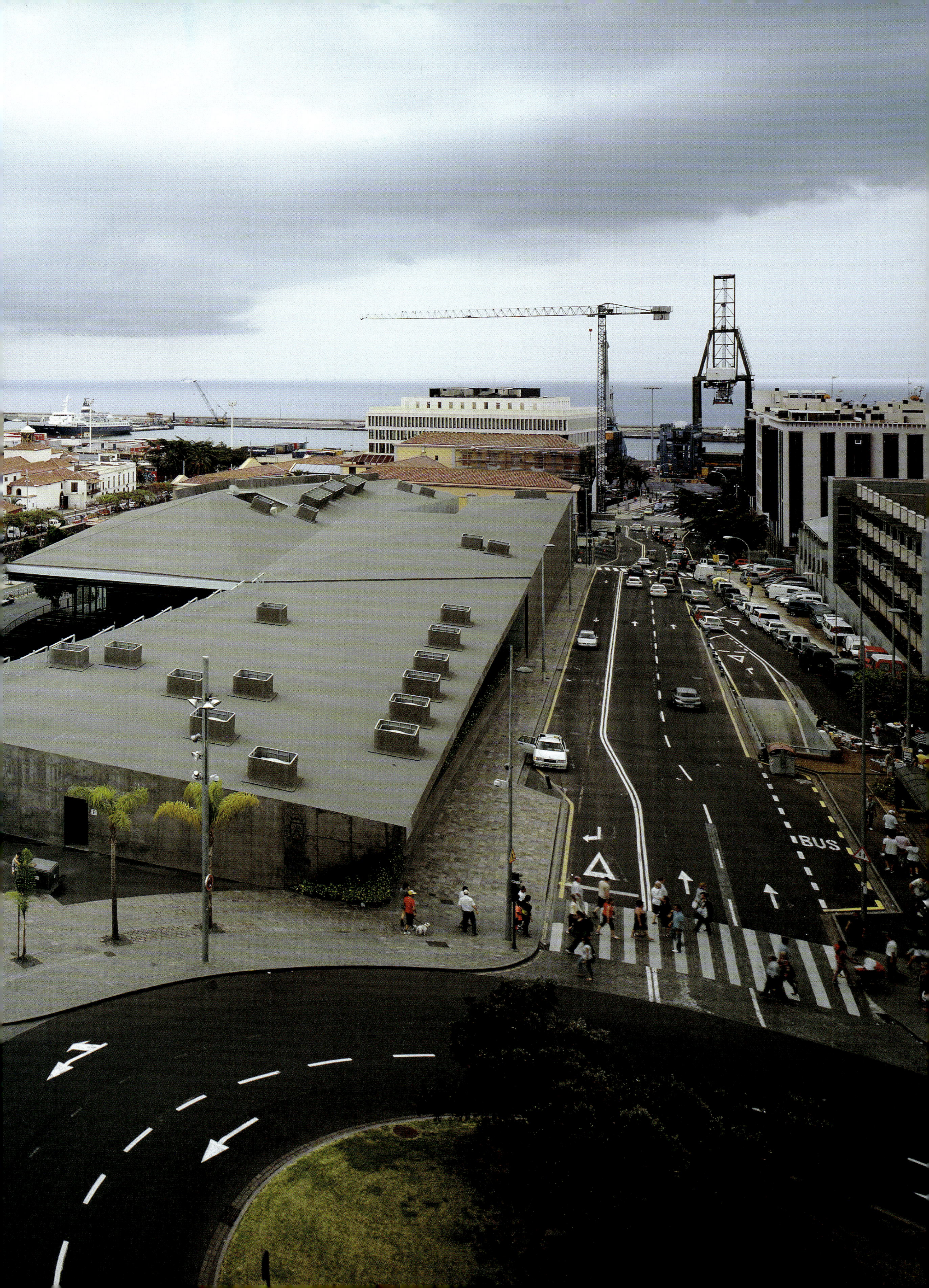
BUS

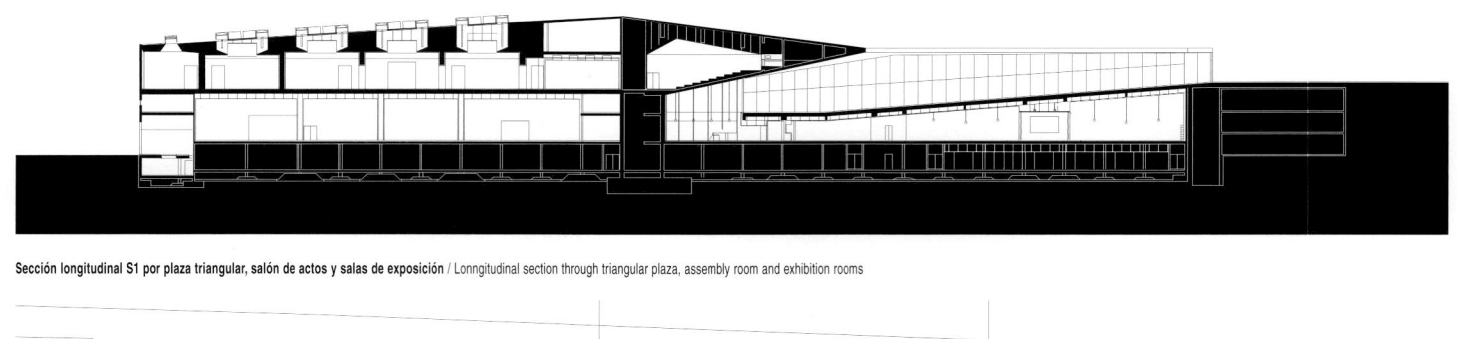

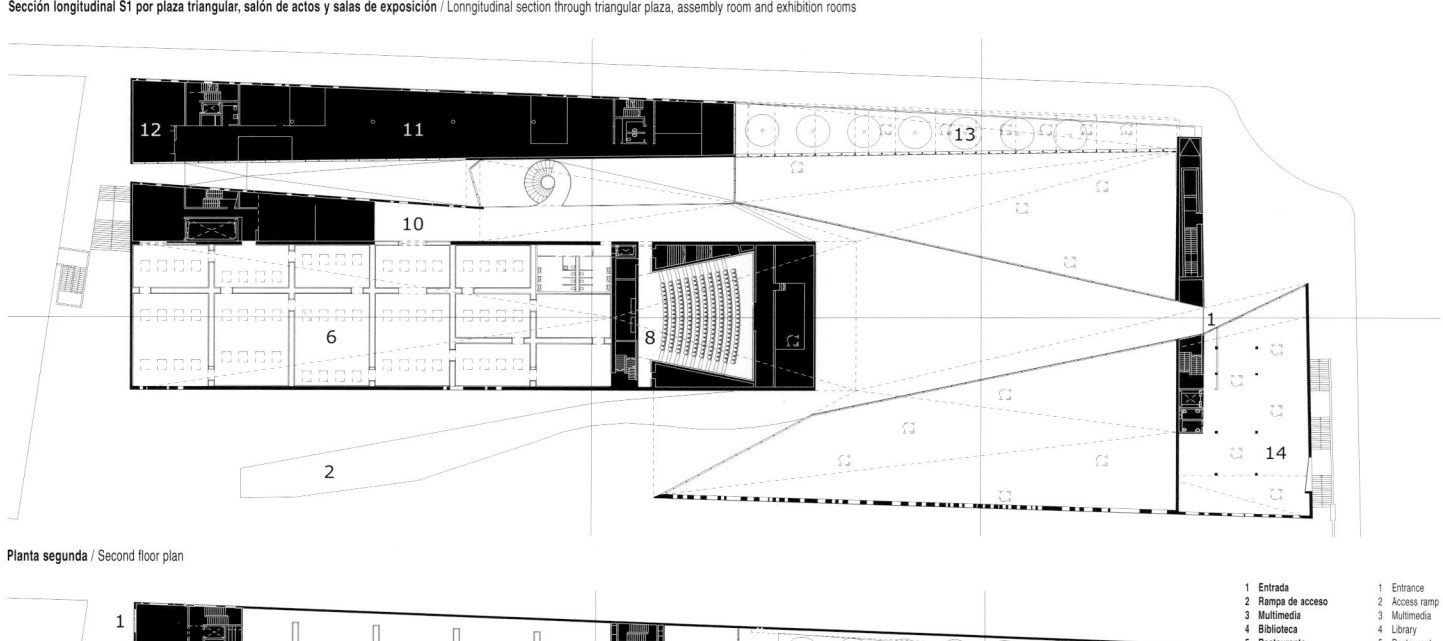

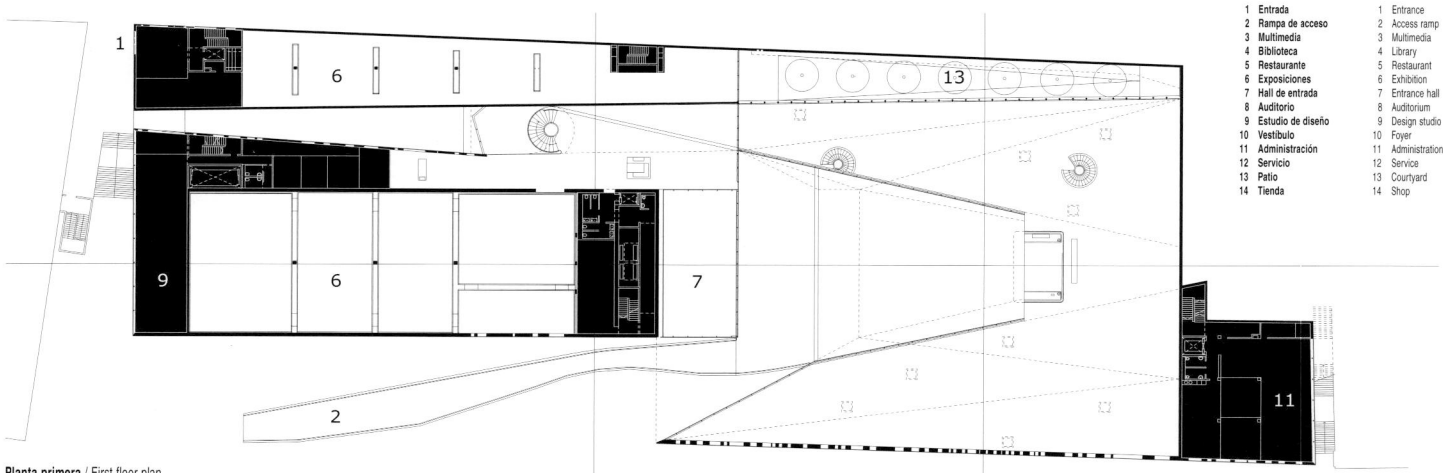

Sección longitudinal S1 por plaza triangular, salón de actos y salas de exposición / Lonngitudinal section through triangular plaza, assembly room and exhibition rooms

Planta segunda / Second floor plan

1 Entrada	1 Entrance
2 Rampa de acceso	2 Access ramp
3 Multimedia	3 Multimedia
4 Biblioteca	4 Library
5 Restaurante	5 Restaurant
6 Exposiciones	6 Exhibition
7 Hall de entrada	7 Entrance hall
8 Auditorio	8 Auditorium
9 Estudio de diseño	9 Design studio
10 Vestíbulo	10 Foyer
11 Administración	11 Administration
12 Servicio	12 Service
13 Patio	13 Courtyard
14 Tienda	14 Shop

Planta primera / First floor plan

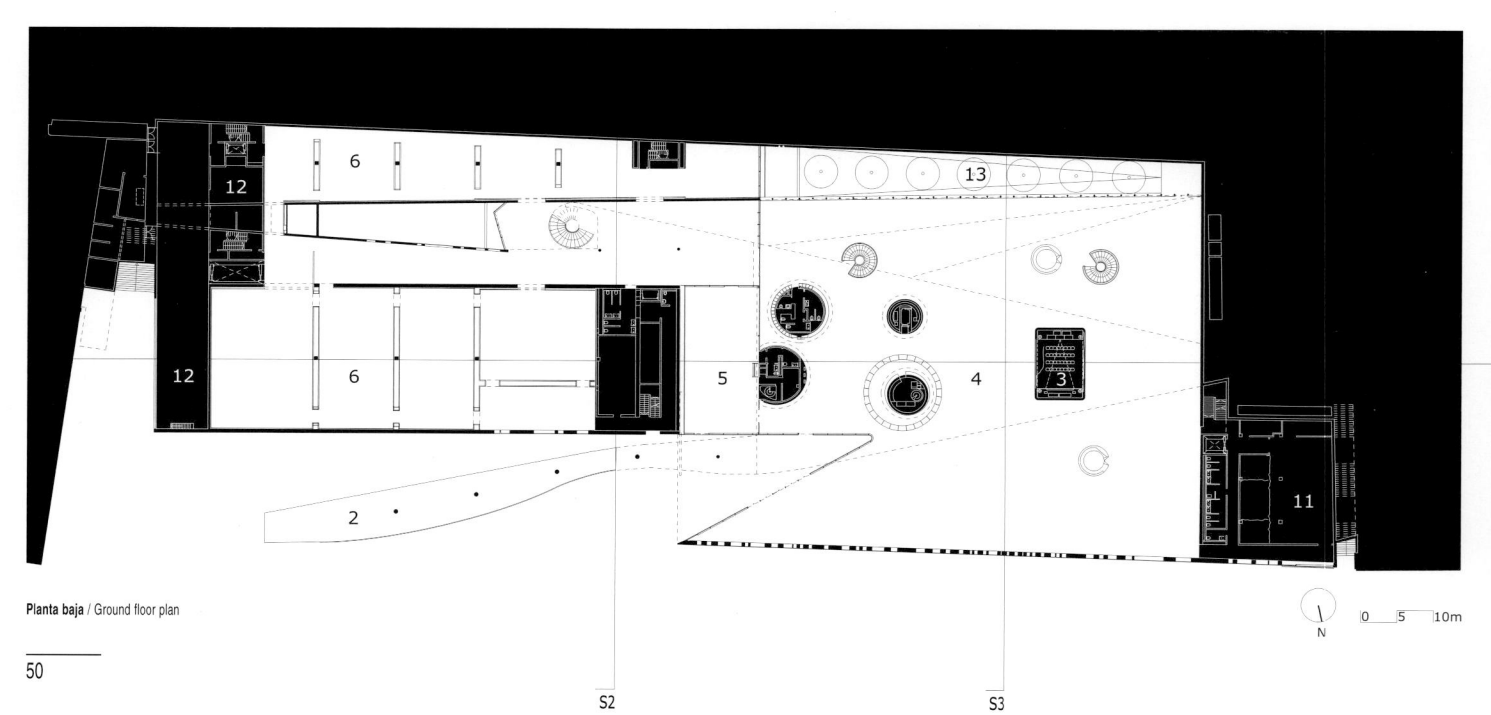

Planta baja / Ground floor plan

50

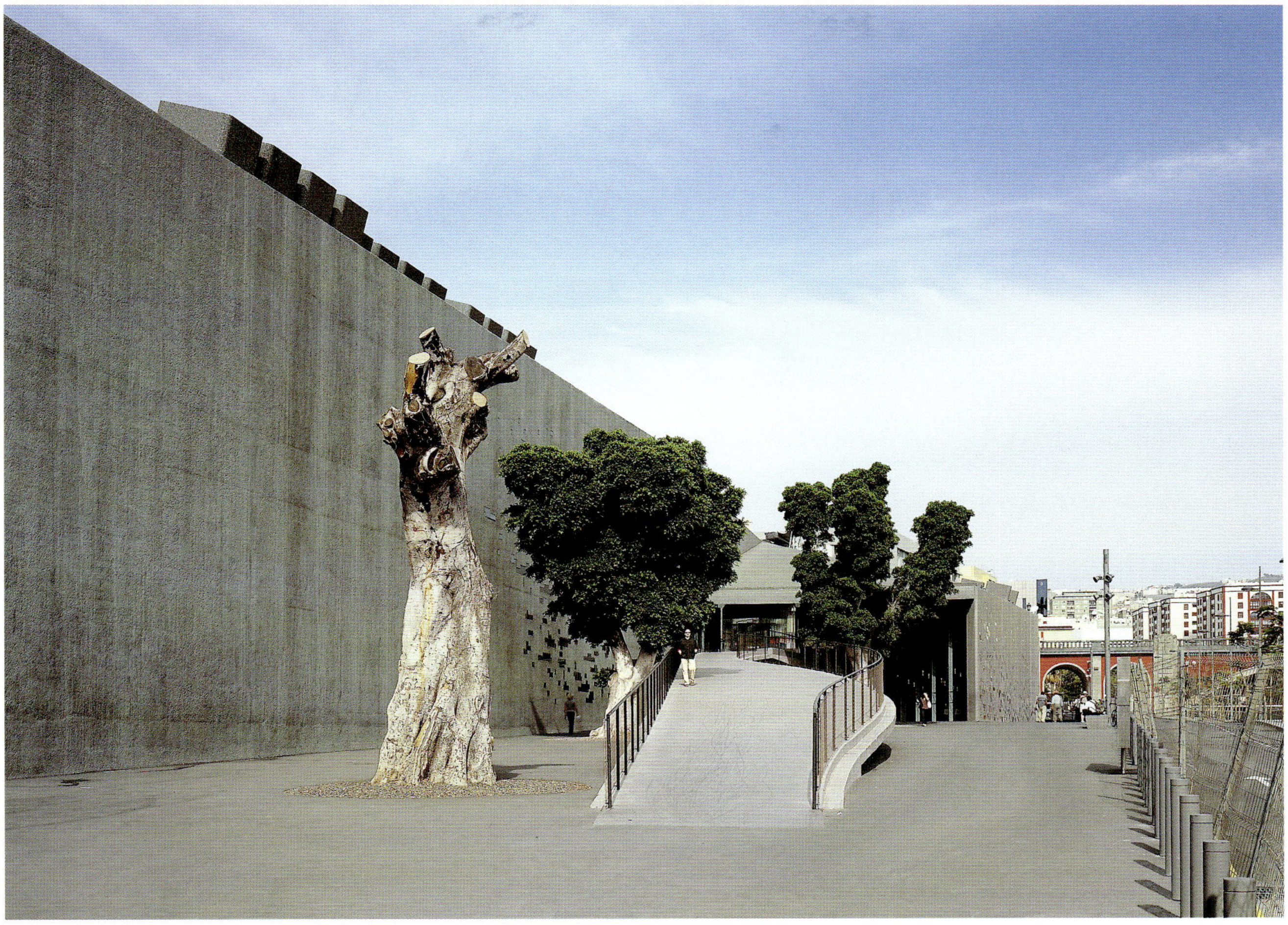

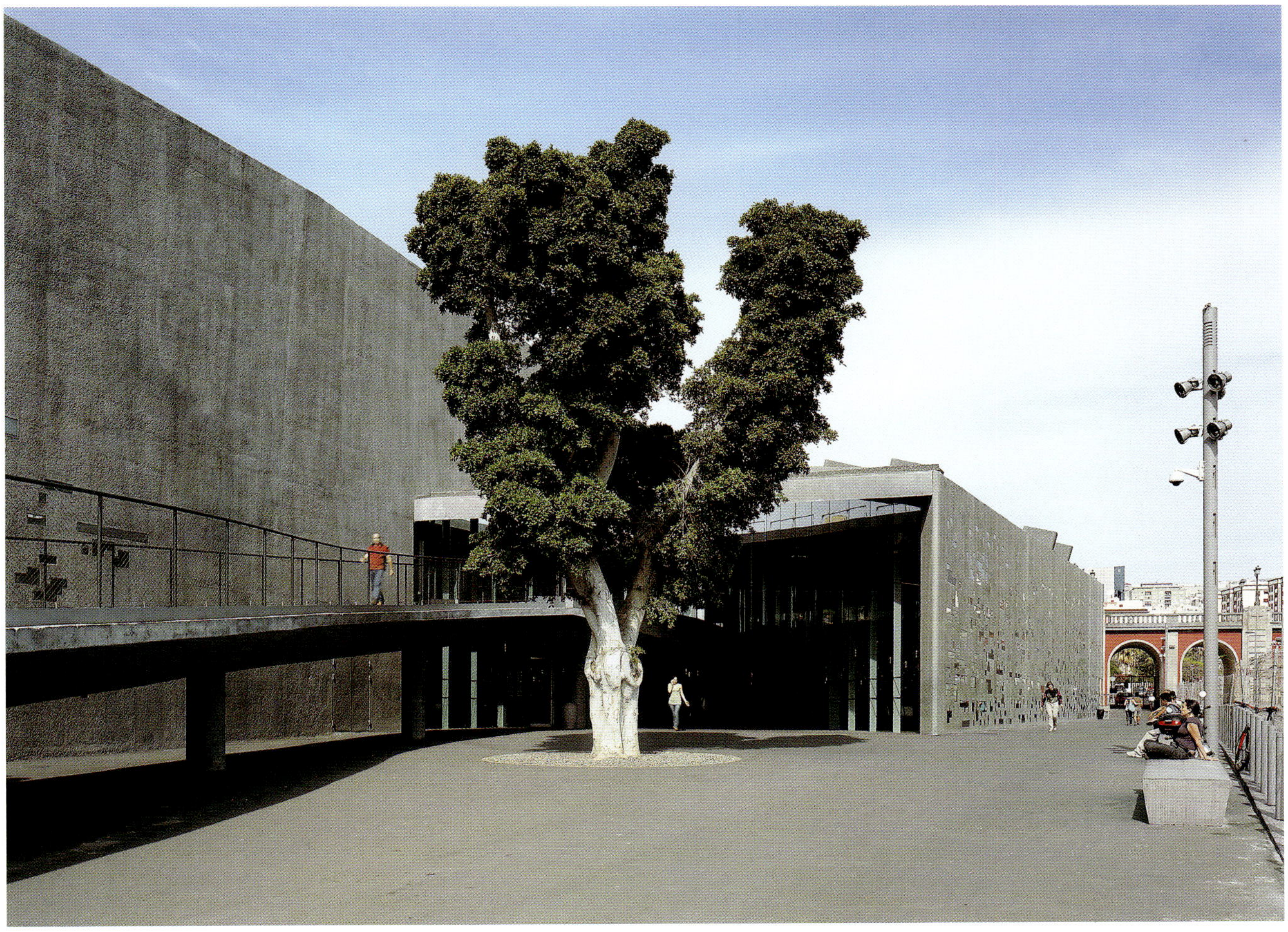

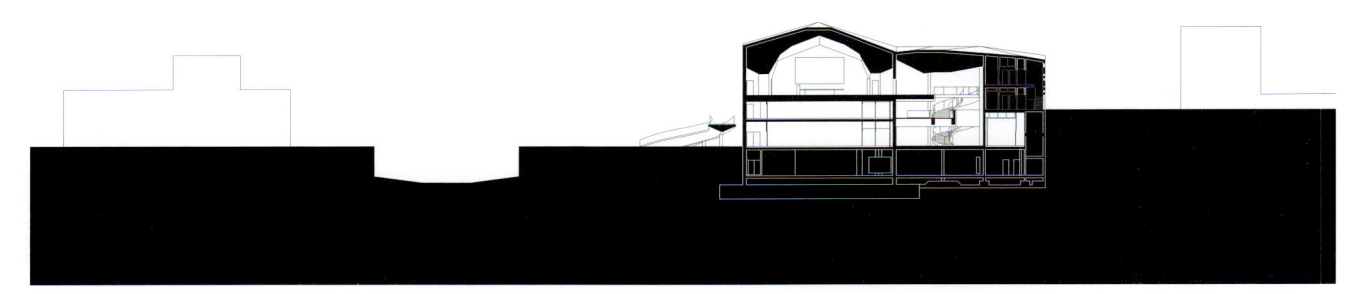

Sección transversal S2 por salas de exposición / Cross section S2 through exhibition

Al pasar las taquillas, hay una amplia escalera espiral que conecta con la planta superior e inferior del museo. En la planta superior hay salas de distintos tamaños inunda-
Beyond these counters a large spiraling stair connects to the upper as well as to the lower museum level. The upper level has skylit galleries in various sizes
das de luz natural y que se adaptan a los requerimientos especiales de la colección de Óscar Domínguez; el nivel inferior alberga una gran superficie que se puede subdivi-
adapting to the requirements of the Oscar Dominguez Collection; the lower level displays a large surface that can be subdivided to match the needs of tempo-
dir para adaptarla a las necesidades de exposiciones temporales de prestigio internacional.
rary exhibitions of international stature.
Todos los espacios del museo contarán con una climatización y equipamiento de última generación. La altura del techo en ambas plantas alcanza los 6 metros o los supera.
All museum spaces will have state of the art climate control and fit out. Ceiling heights on both levels are almost 6 meters and more. More intimate in their size
Las galerías del Centro de Fotografía, ubicadas también en la planta inferior, son más íntimas en cuanto a su tamaño y se pueden conectar con el Espacio de Exposición Temporal.
are the galleries of the Center of Photography, which are also installed on the lower level and can be connected with the Temporary Exhibition Space.

Al atravesar la plaza, los visitantes quedarán sorprendidos por los espacios inundados de luz de la Biblioteca Insular. La plaza pública atraviesa literalmente la gran sala de
On their way across the Plaza visitors will stumble on the light filled spaces of the Biblioteca Insular. The public Plaza literally cuts through the large reading
lectura de la biblioteca. Las amplias cristaleras permiten la mirada al interior y al exterior del generoso espacio abierto de la biblioteca. El volumen de la Biblioteca Insular
room of the library. Large glass screens will allow for views inside and outside the generously open space of the library. The light filled volume of the Biblioteca
anima el horizonte nocturno a lo largo del Barranco de Santos y se convierte en un nuevo emblema para la ciudad de Santa Cruz.
Insular animates the nocturnal skyline along the Barranco de Santos and will become a new landmark for the city of Santa Cruz.
El tipo de edificio diseñado para el TEA se basa en los patios.
The building typology of our design for the TEA is based on courtyards.

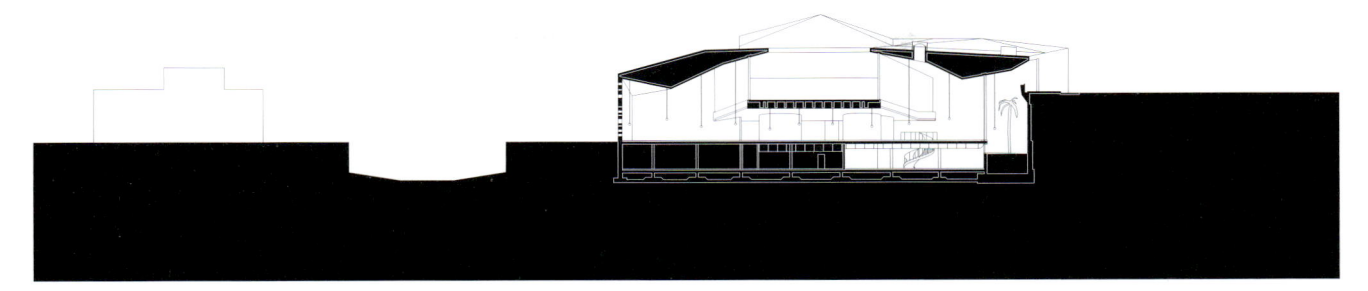

Sección transversal S3 por biblioteca / Cross section S3 through library

Los patios alargados son importantes en varios aspectos, pues proporcionan luz natural, vistas y orientación a los visitantes y usuarios del museo y de la biblioteca. Uno
The elongated courtyards are important in many ways, providing daylight, views and orientation for the visitors and users of the museum and the library. One
de los patios, ubicado entre la oficina y las alas del museo, se ajardinan con plantas típicas de la isla.
of them, between the office and museum wings of the building complex is planted with typical plants of the Island.

Desde el inicio del proceso de diseño trabajamos con los patios, también porque quisimos conectar tipológicamente el nuevo Centro con su edificio vecino, el Antiguo
From the very beginning of the design process we operated with courtyards, also because we wanted to connect the new Centro typologically with its existing neigh-
Hospital Civil, que se ha transformado recientemente en el Museo de la Naturaleza y el Hombre.
bour building, the Antiguo Hospital Civil which has recently been transformed into the Museo de la Naturaleza y el Hombre.
Sin embargo, tardamos tiempo en comprender que las diversas actividades y funciones del centro debían reunirse bajo una misma cubierta continua, en lugar de dividirla
However it took a while before we understood that all different activities and functions of the Centro should be assembled under one continuous roof structure rather
en alas individuales. Esta es también una de las razones por la que los patios alargados ya no aparecen como espacios exteriores que se han incorporado, sino más bien
than break down into individual wings. This is also one of the reasons why the elongated courtyards do not appear anymore like embraced exterior spaces but rather
como espacios interiores que se han dejado abiertos. La interacción espacial entre interior y exterior integra más que separa los muy diversos paisajes urbanos que fasci-
like interior spaces that are being left open. The spatial interplay between inside and outside integrates rather than separates the very diverse urban landscapes
nan tanto en Santa Cruz.
which are so fascinating in Sta. Cruz.

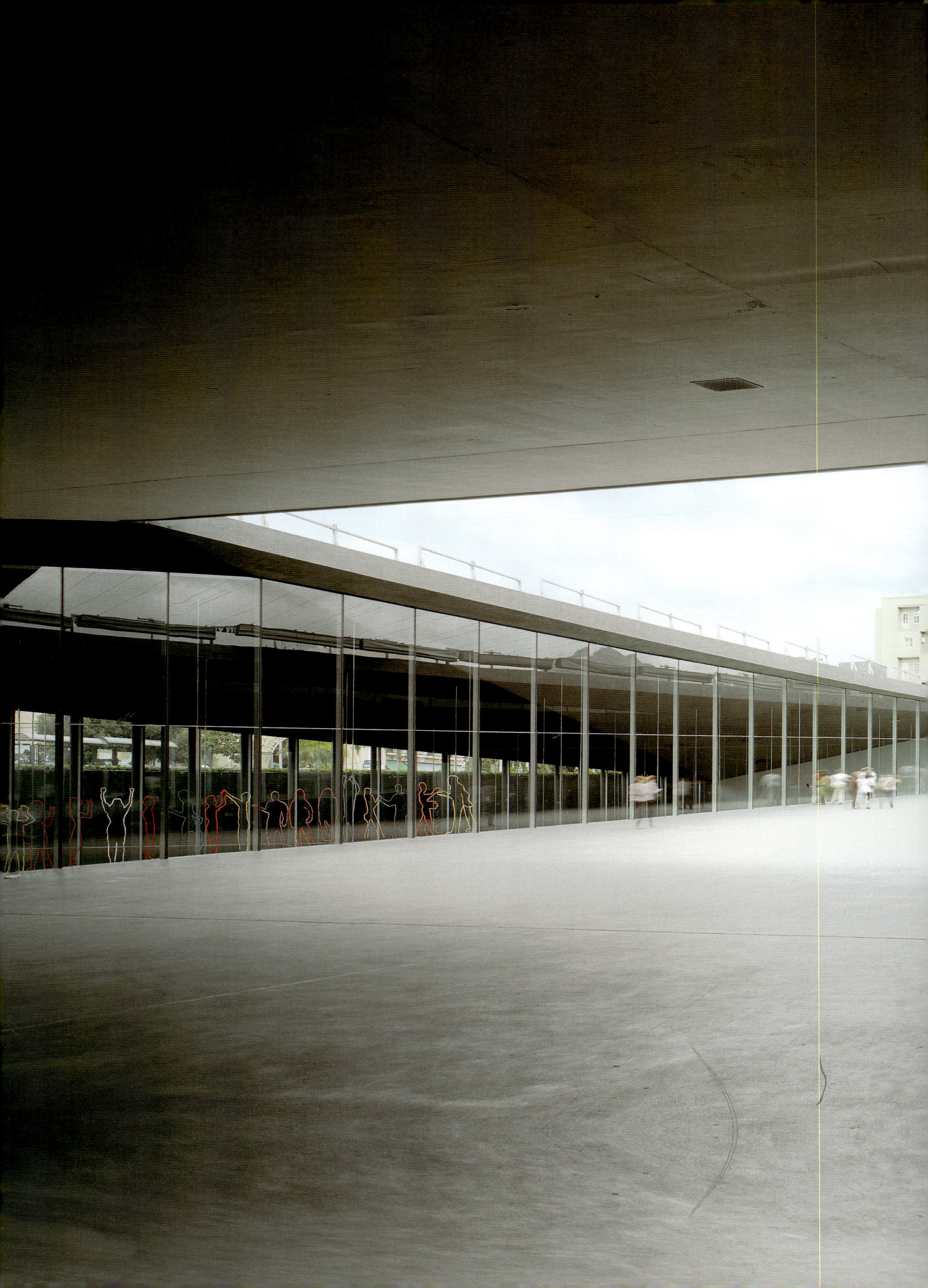

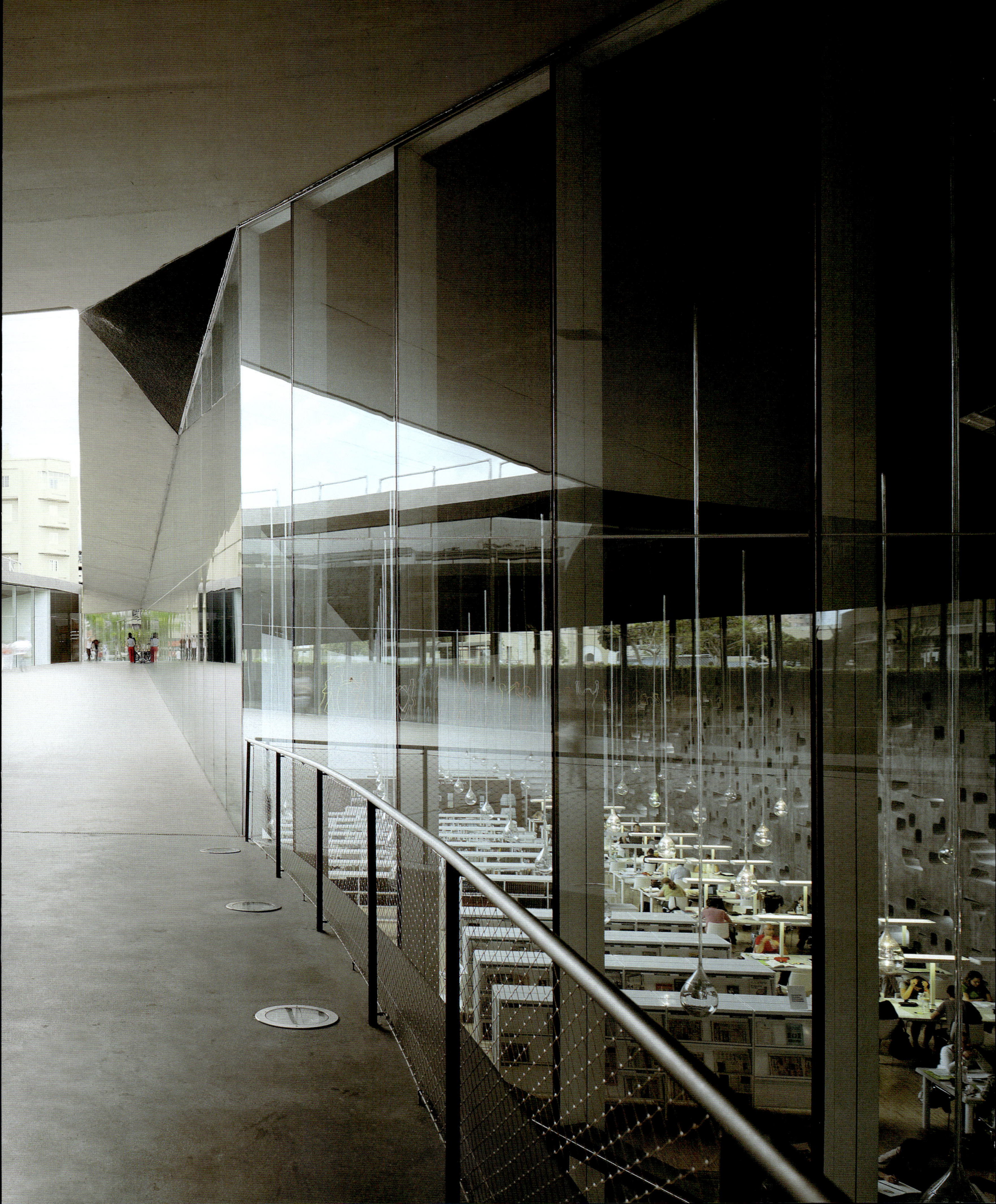

El nuevo centro cultural es por lo tanto, no sólo un lugar del encuentro para la gente sino también un lugar de intersección para el paisaje de la ciudad contemporánea, el casco antiguo con su silueta a lo largo del barranco y la topografía arcaica del propio barranco.

The new Cultural Center is therefore not only a place of encounter for people but also a place of intersection for the landscape of the contemporary city, the old city with its skyline along the barranco and the archaic topography of the barranco itself.

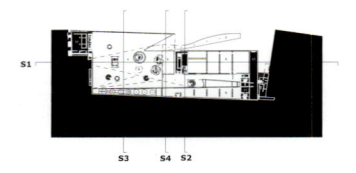

Acceso a la Plaza desde el Oeste (nivel superior)
West plaza access (upper level)

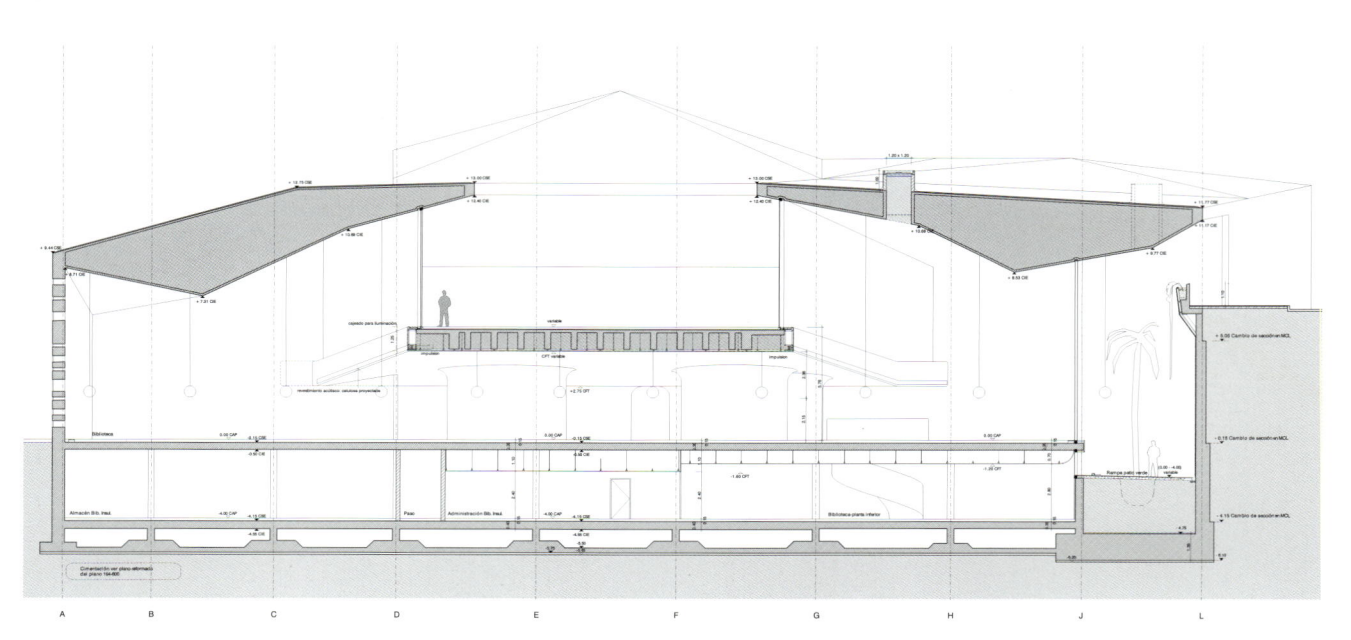

Sección transversal S3 por patio, biblioteca y salas de lectura infantil / Cross section S3 through courtyard, library and children's reading rooms

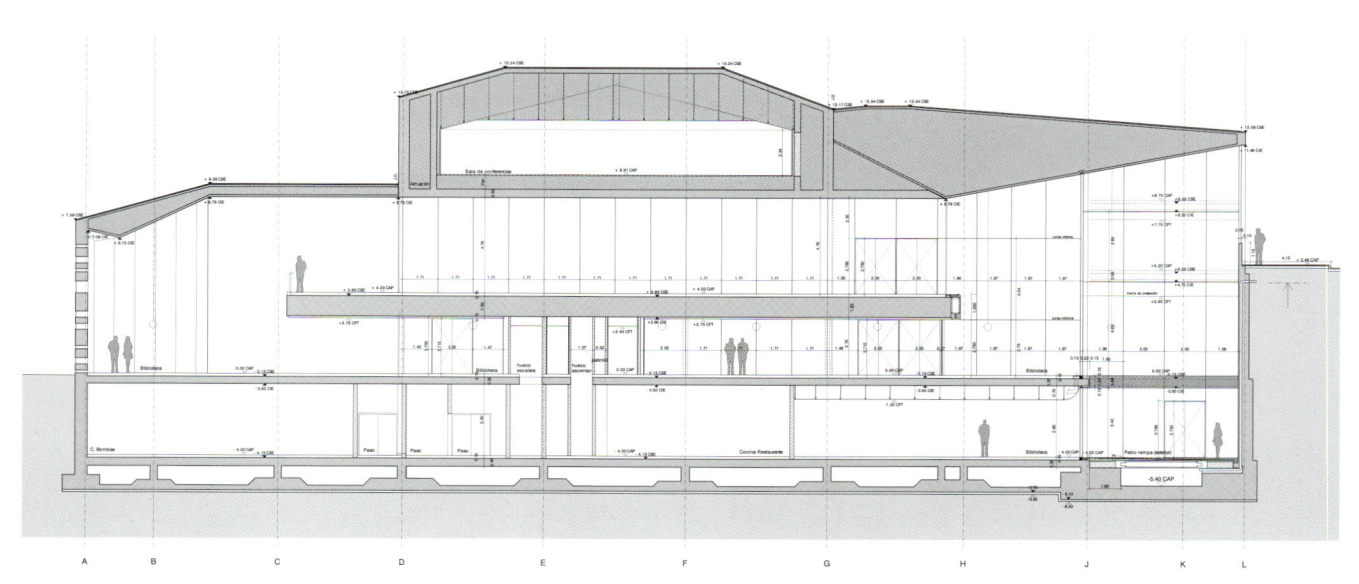

Sección transversal S4 por vestíbulo y cafetería / Cross section S4 through lobby and bar

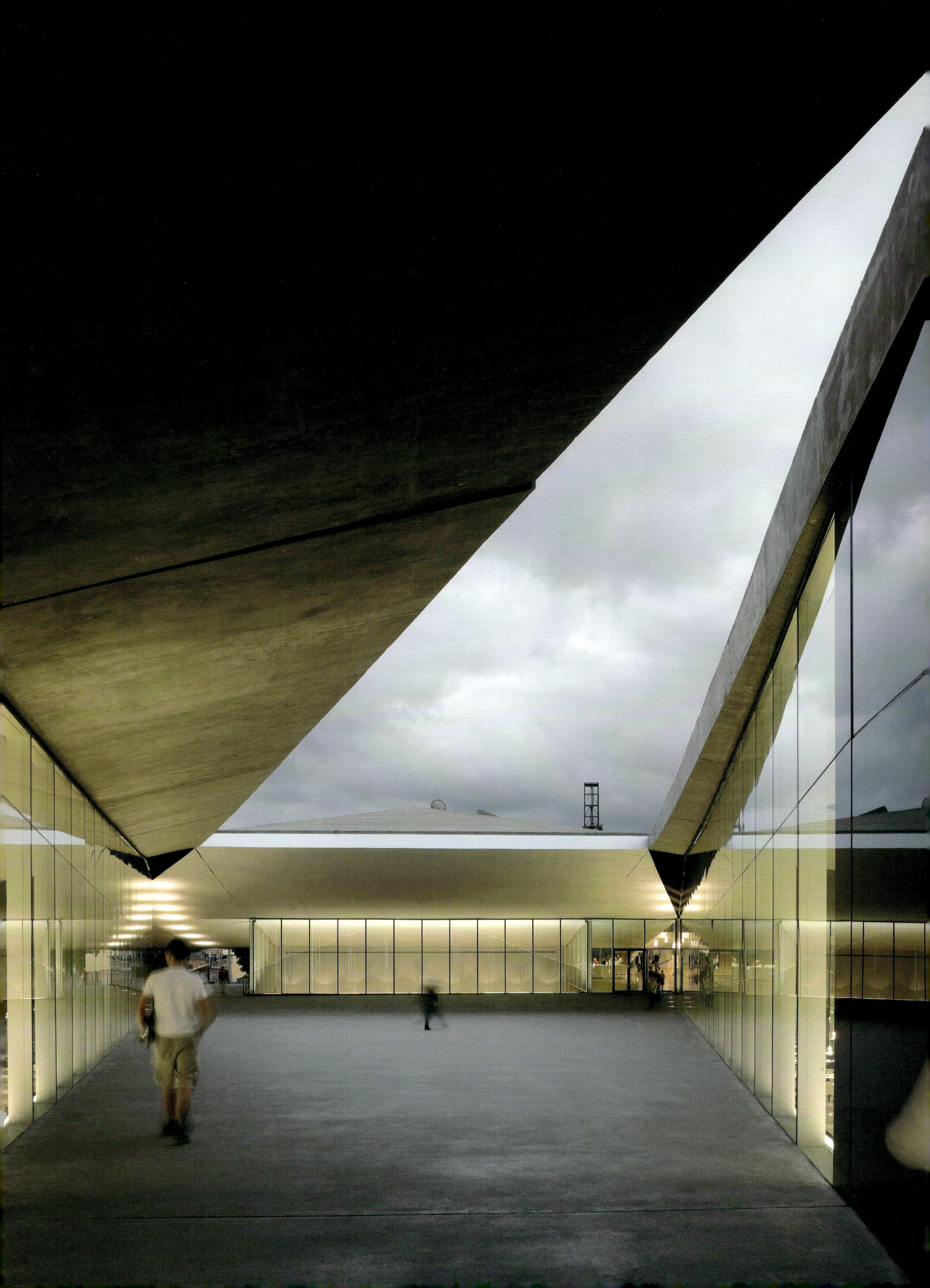

Biblioteca. Ala Sur. Vista desde la calle / Library. South wing. View from street

Biblioteca. Vista del patio del ala Sur, hacia el Oeste / Library. View of South wing courtyard, looking West

Biblioteca. Vista ala Norte, hacia el Este / Library. View of North wing, looking East

Biblioteca. Vista ala Sur, hacia el Este / Library. View of South wing, looking East

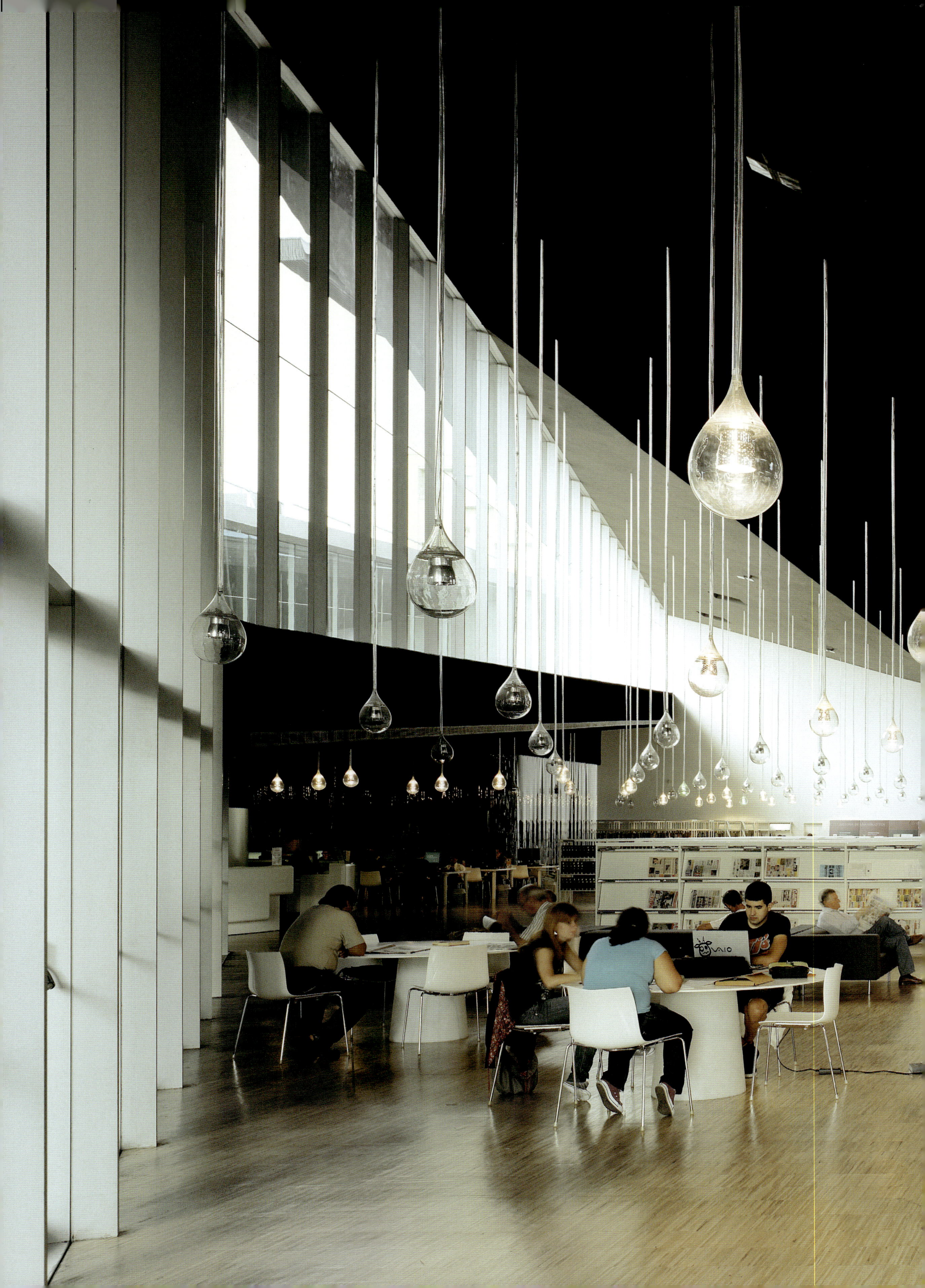

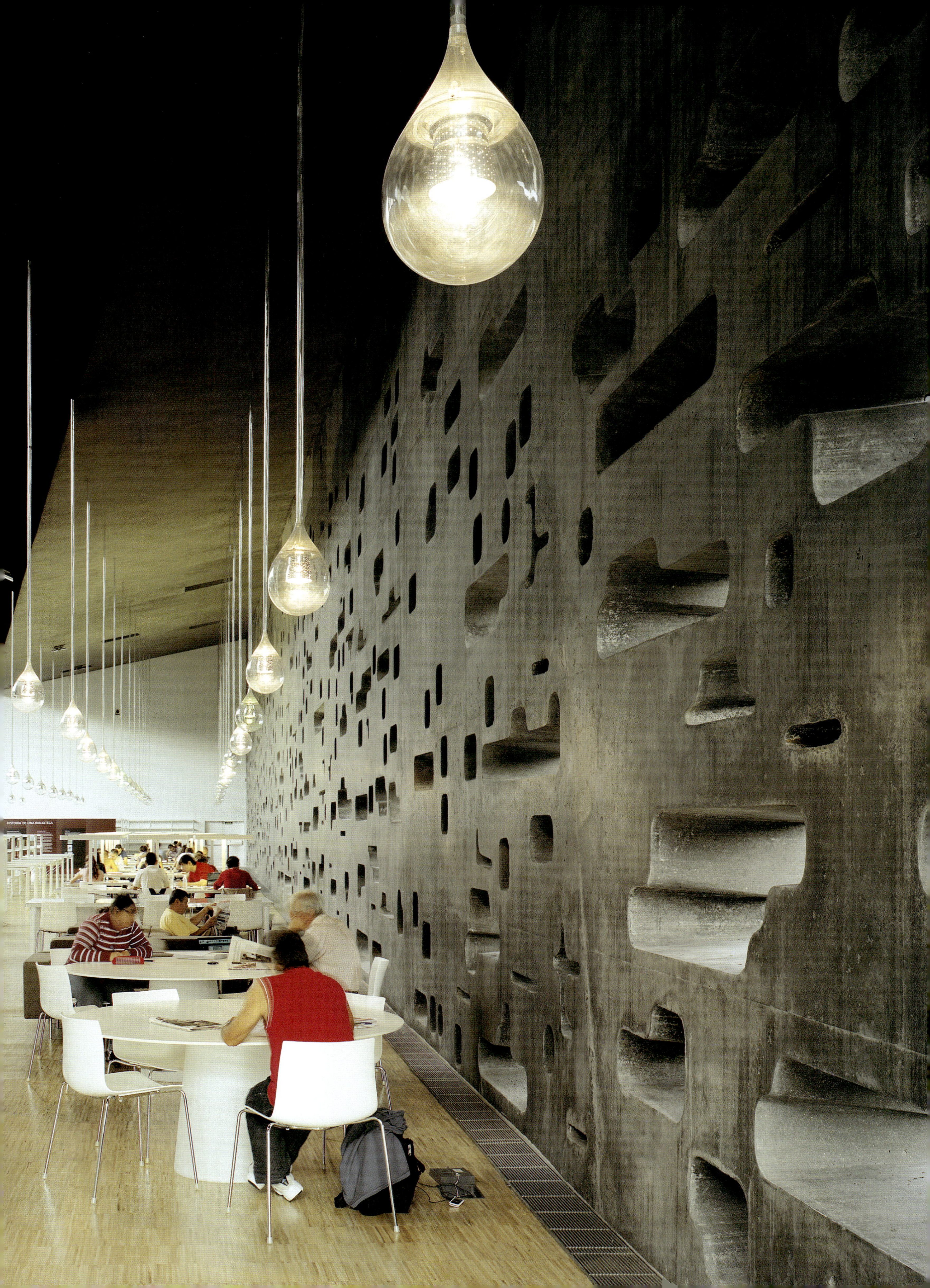
HISTORIA DE UNA BIBLIOTECA

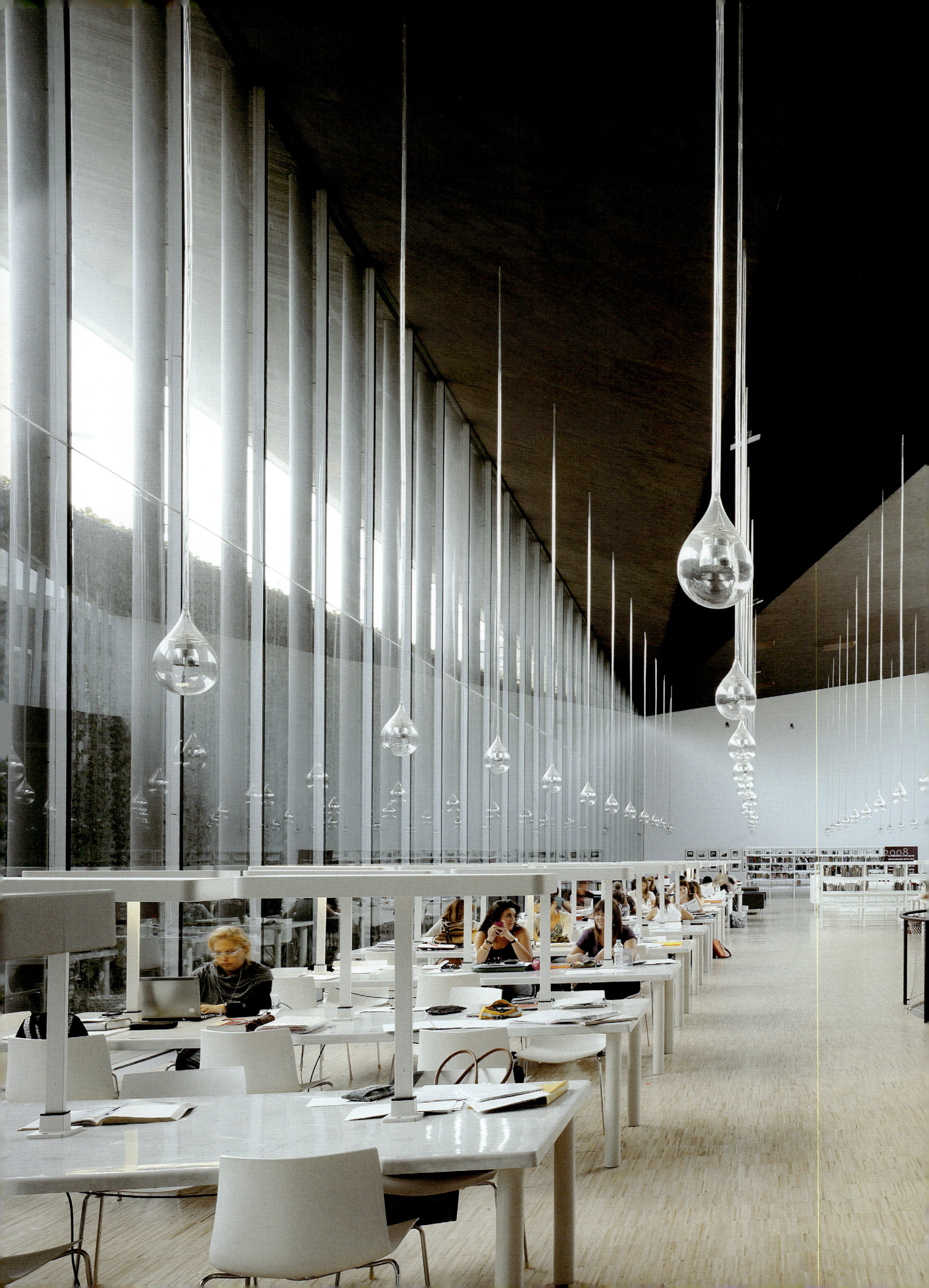

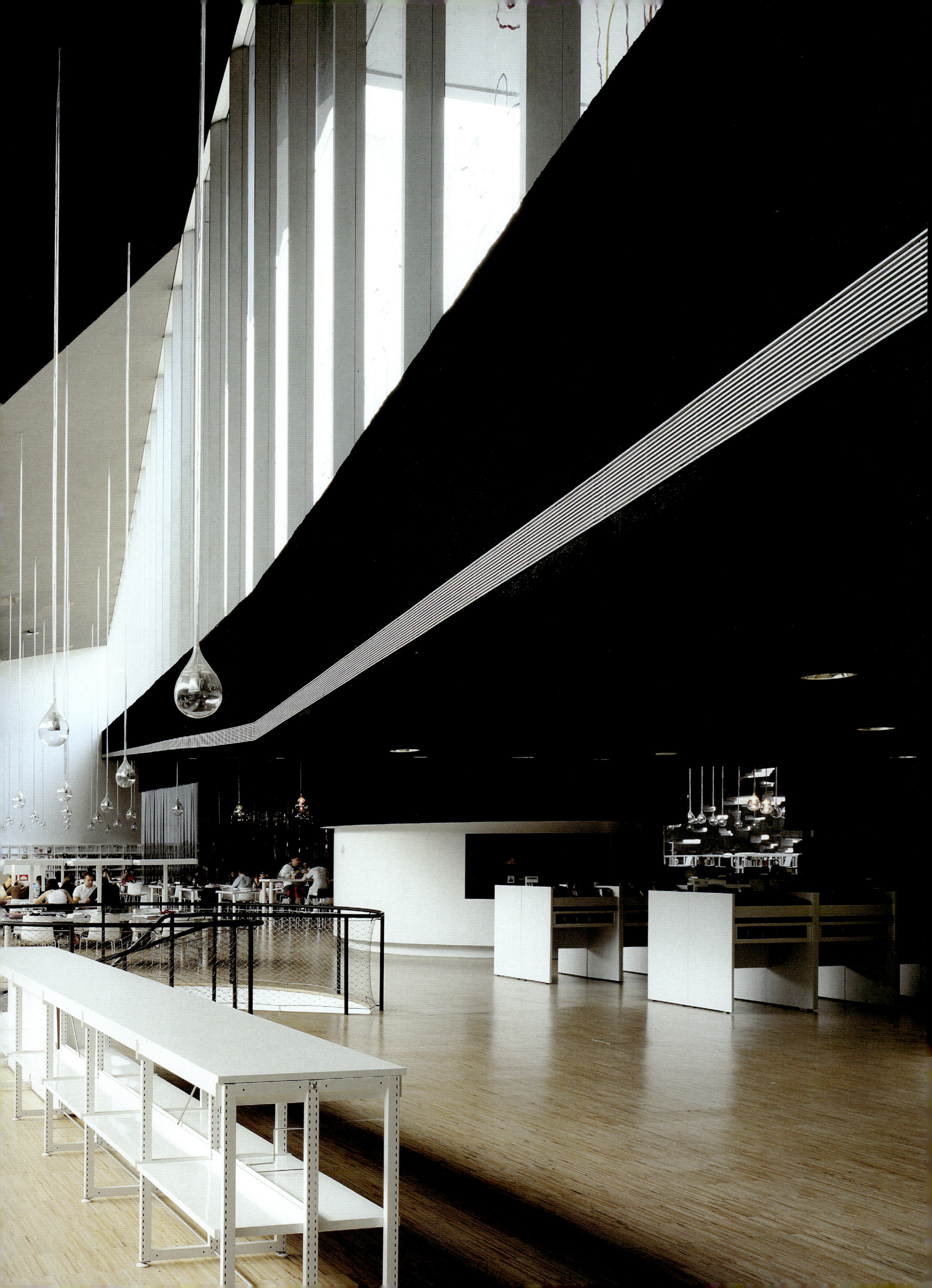

Biblioteca. Ala Sur. Vista transversal hacia el Norte / Library. South wing. Cross view looking North

Biblioteca. Ala Sur. Vista hacia el Este (Museo) / Library, South wing. View looking East (Museum)

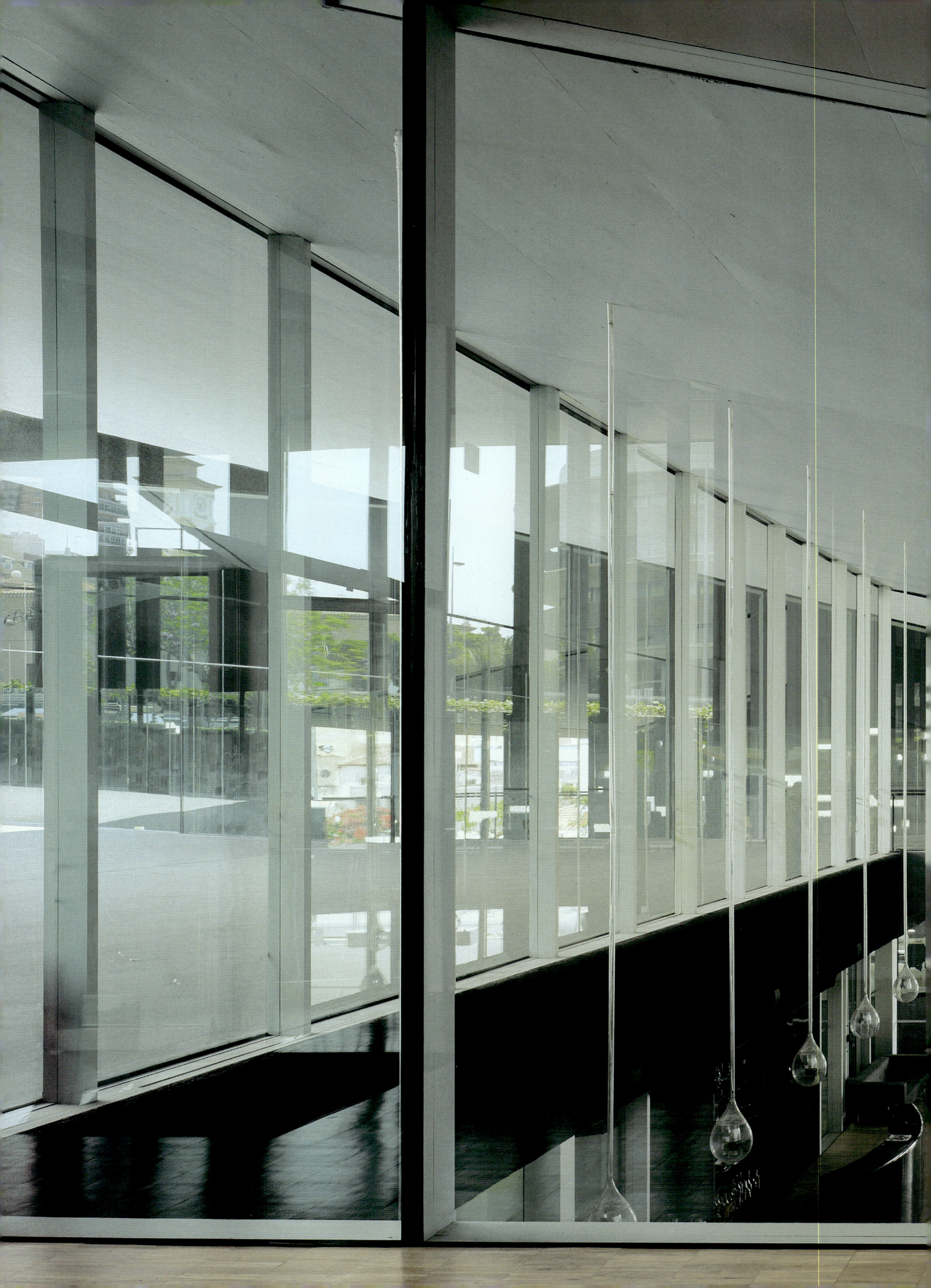

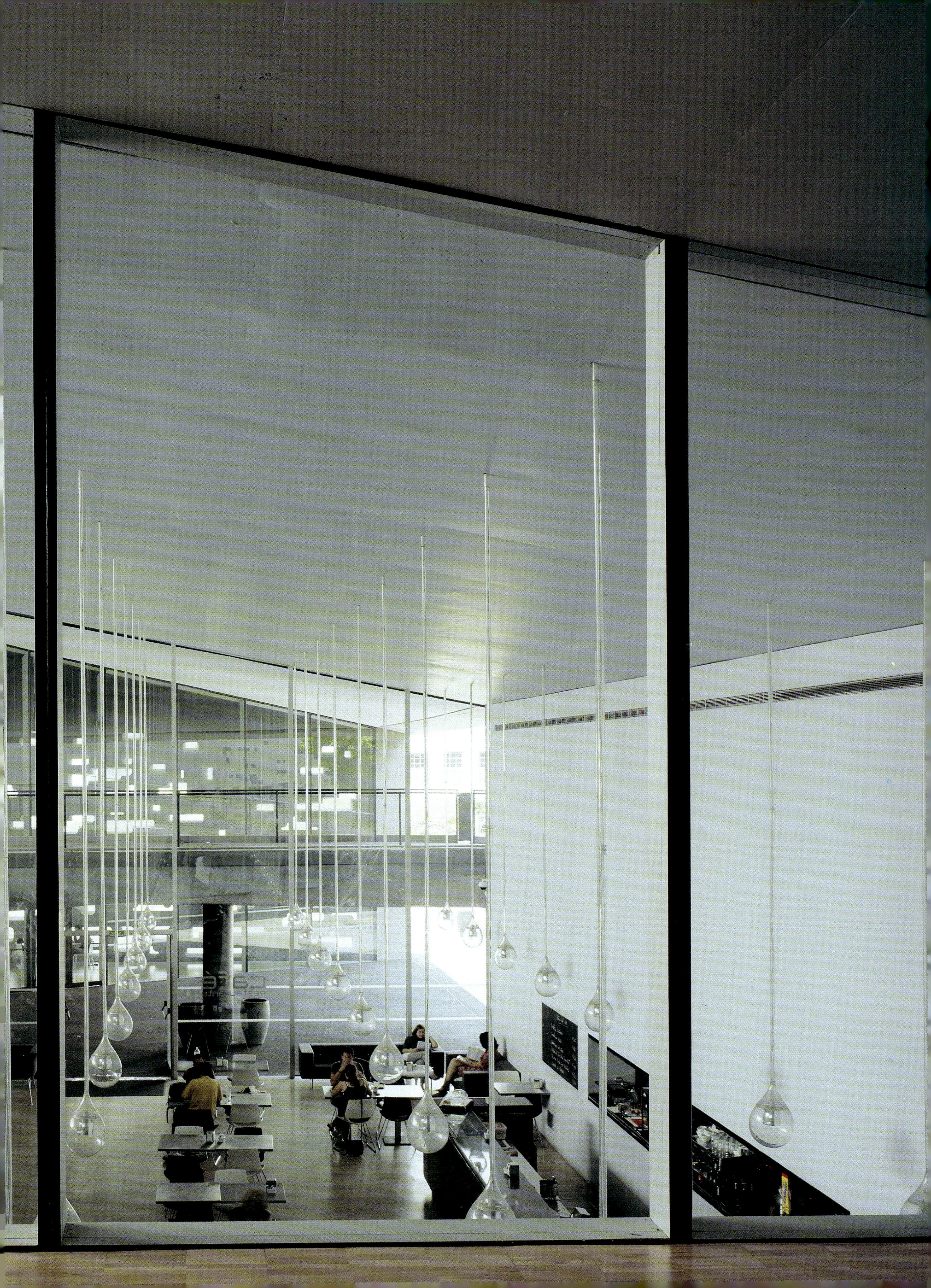

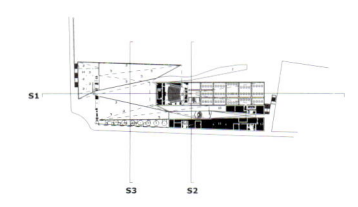

Escalera del Museo (ala Sur)
← desde foyer en planta baja
→→ desde foyer en planta primera
Museum staircase (South wing)
← from ground floor foyer
→→ from first floor foyer

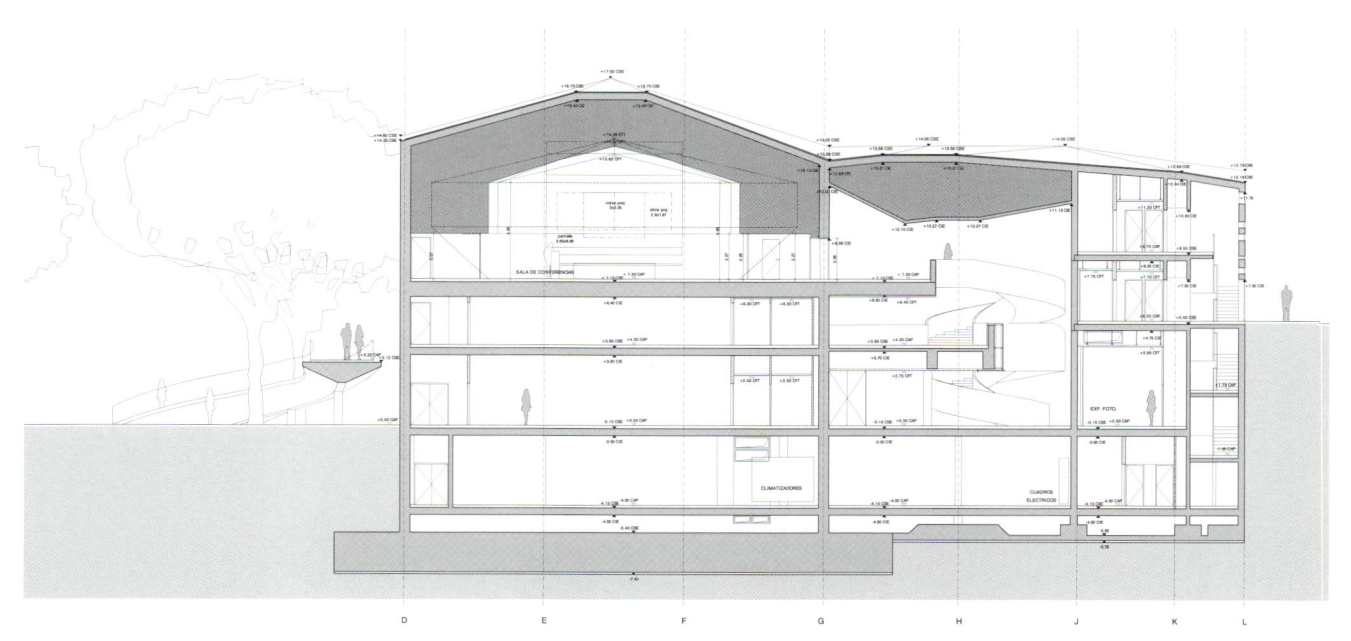

Sección transversal S2 por rampa, sala de exposición y escalera de acceso al Museo / Cross section S2 through ramp, exhibition room and entrance staircase

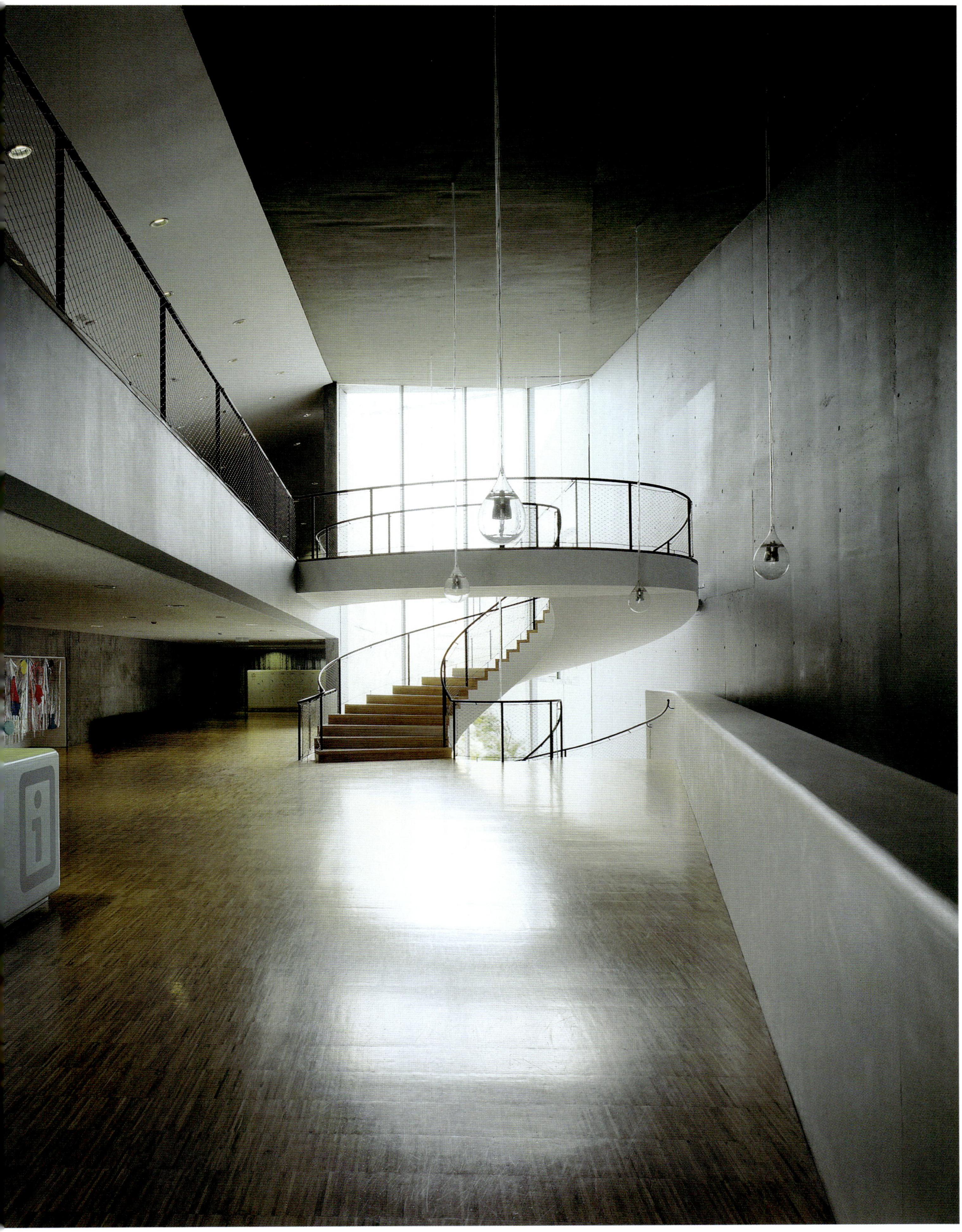

Vista del vestíbulo del Museo, desde la escalera (nivel intermedio entre plantas primera y segunda / View of Museum hall from the staircase (intermediate level between first and second floors

Vista del vestíbulo del salón de actos en planta segunda / View of assembly room foyer on second floor

Salas del Museo en planta segunda / Museum rooms on second floor

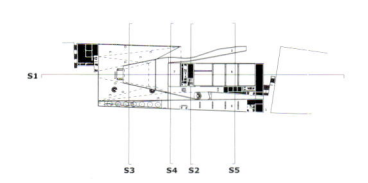

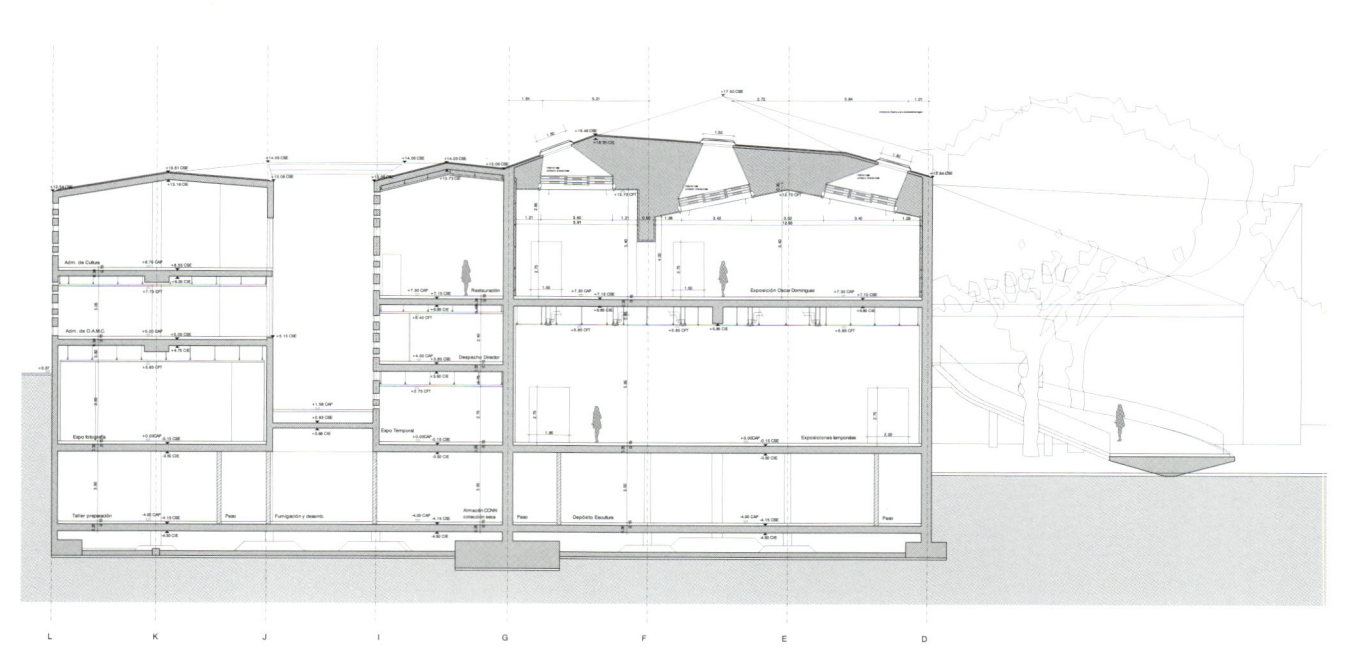

Sección transversal S5 por oficinas (Ala Sur) y Salas del Museo (Ala Norte) / Cross section S5 through offices (South wing) and Museum Rooms (North wing)

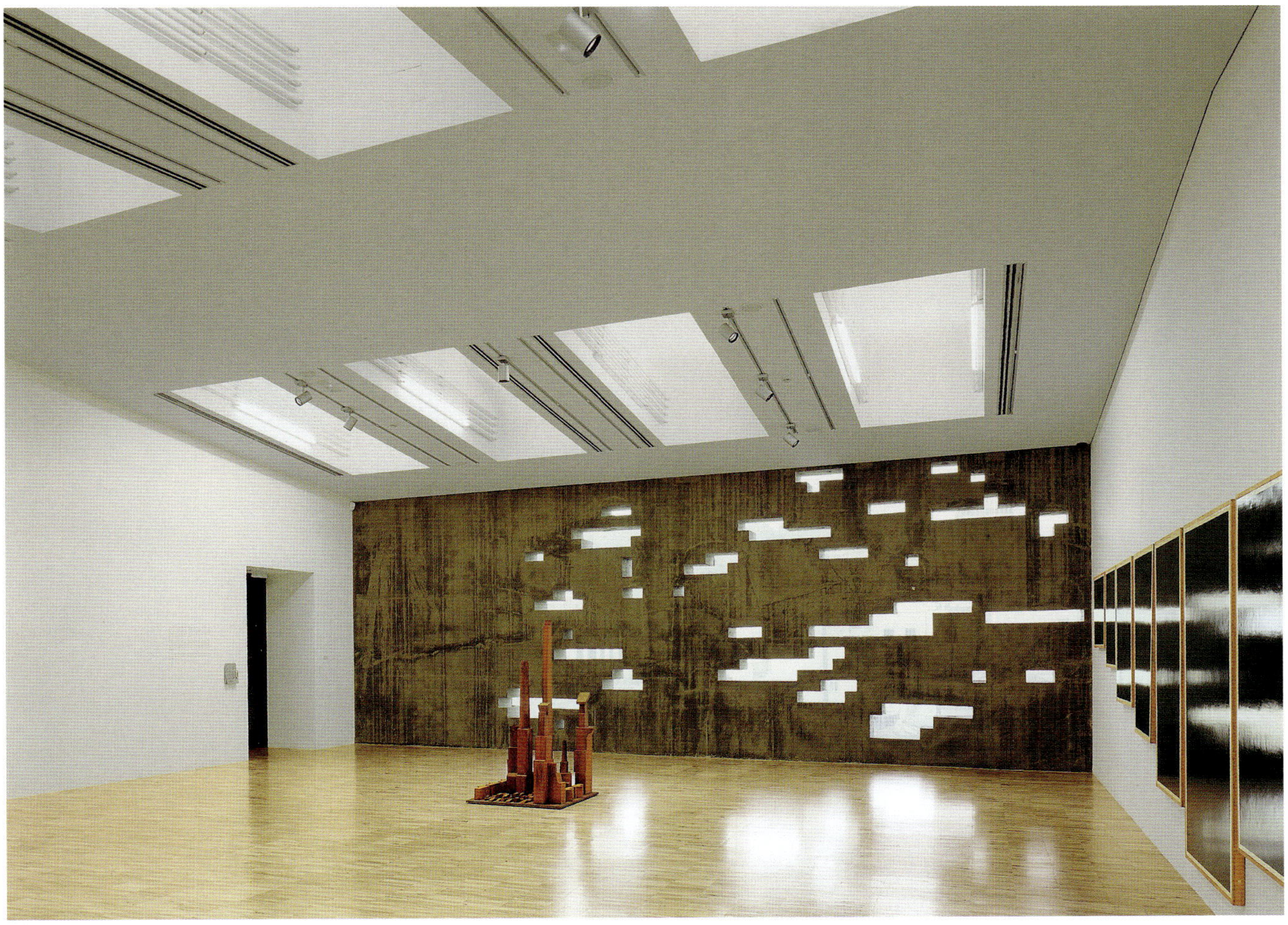

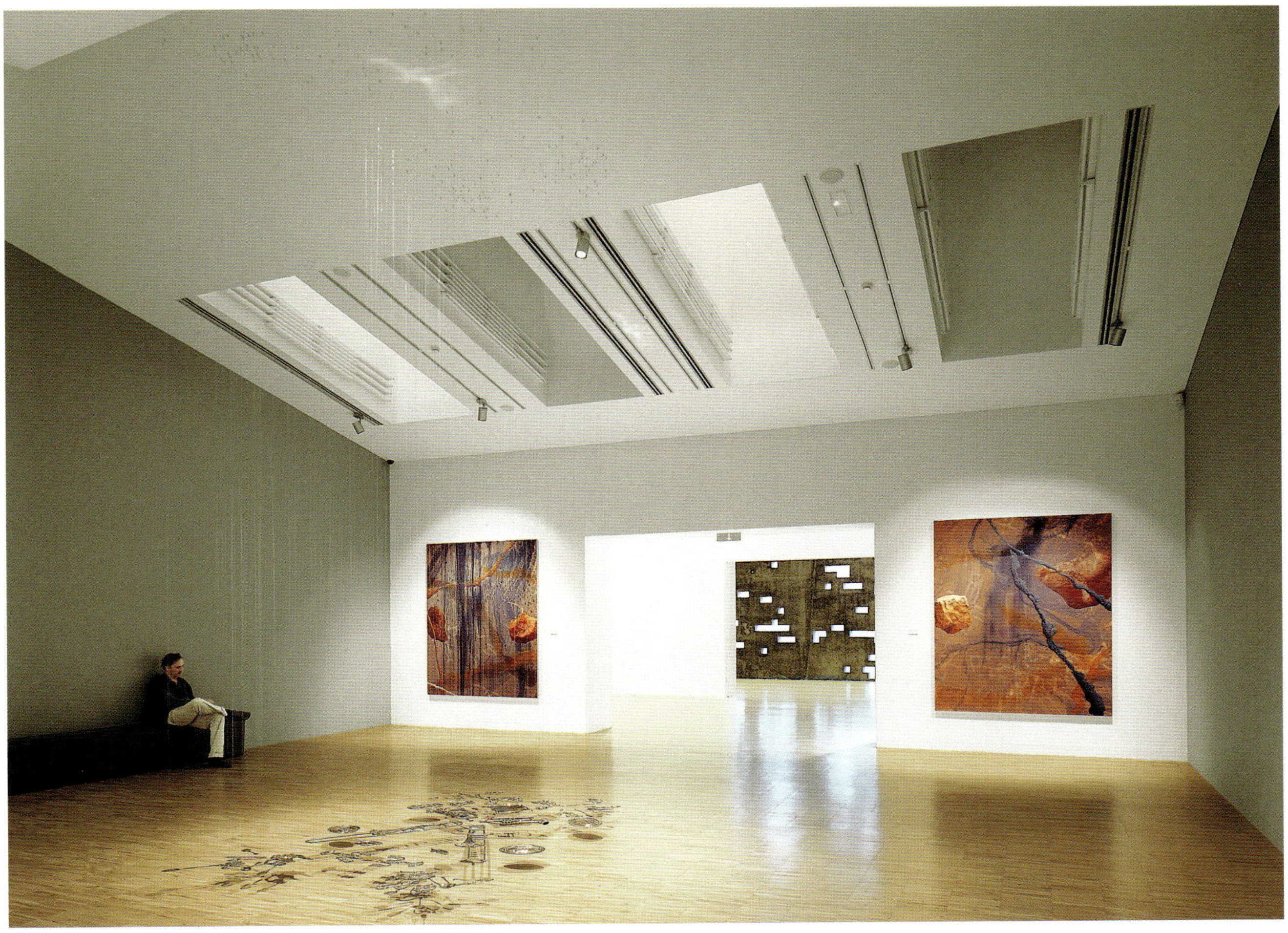

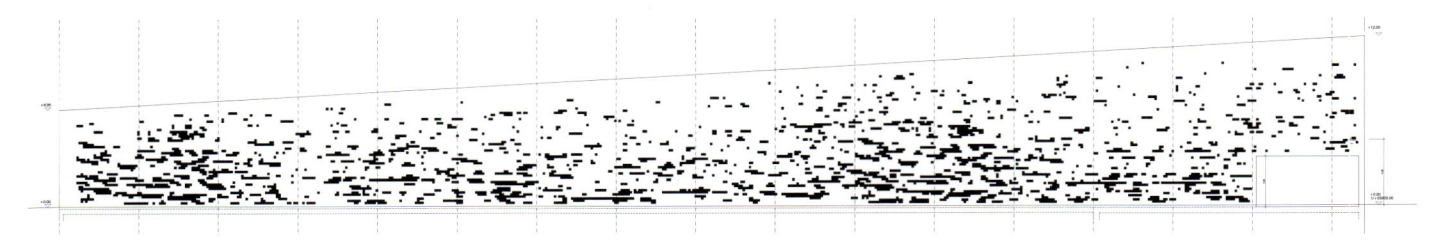

Fachada eje A. 844 m² / Façade axis A. 844 m²

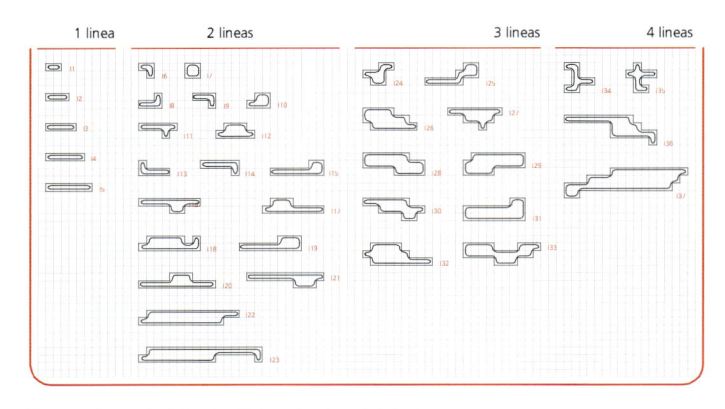

Píxeles transformados hacia el interior / Pixels transformed towards the interior

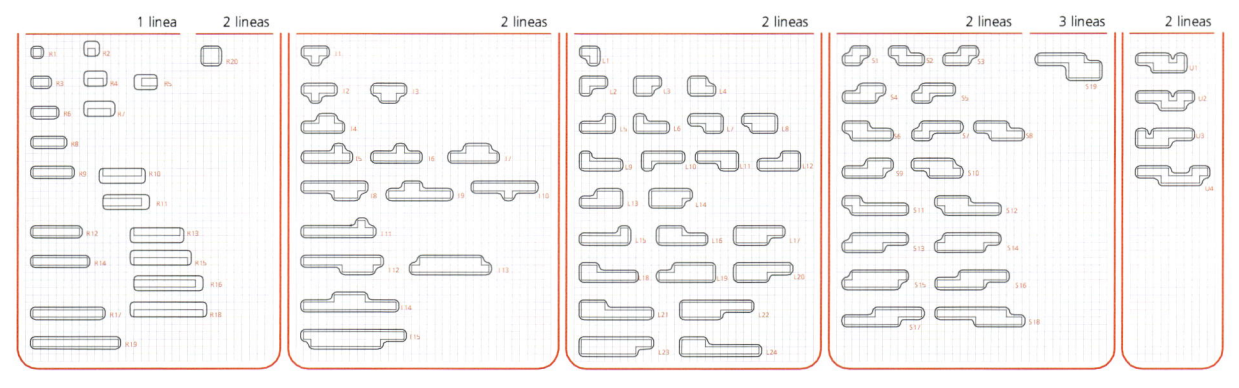

1 línea	2 líneas	2 líneas	2 líneas	2 líneas	3 líneas	2 líneas

Píxeles rectangulares / Rectangular pixels   **Píxeles en 'T'** / 'T'-shaped pixels   **Píxeles en 'L'** / 'L'-shaped pixels   **Píxeles en 'S'** / 'S'-shaped pixels   **Píxeles en 'U'** / 'U'-shaped pixels

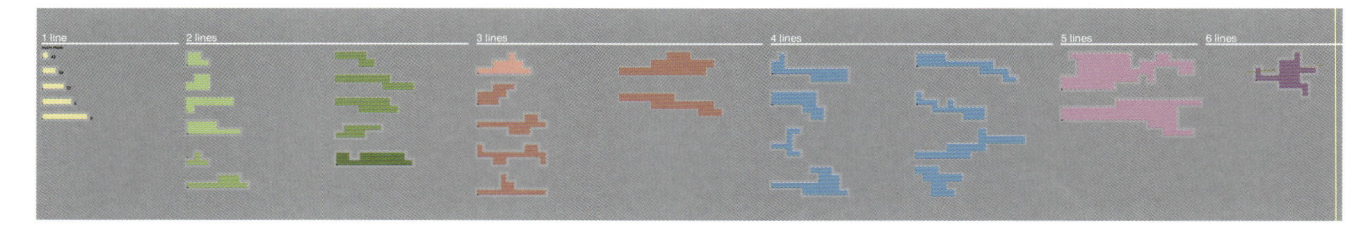

Creación de un catálogo limitado de elementos (33) que pueden ser repetidos en la fachada mediante el uso de diferentes combinaciones
Creation of a limited catalogue of elements (33) that could be repeated in the entire façade by means of different combinations

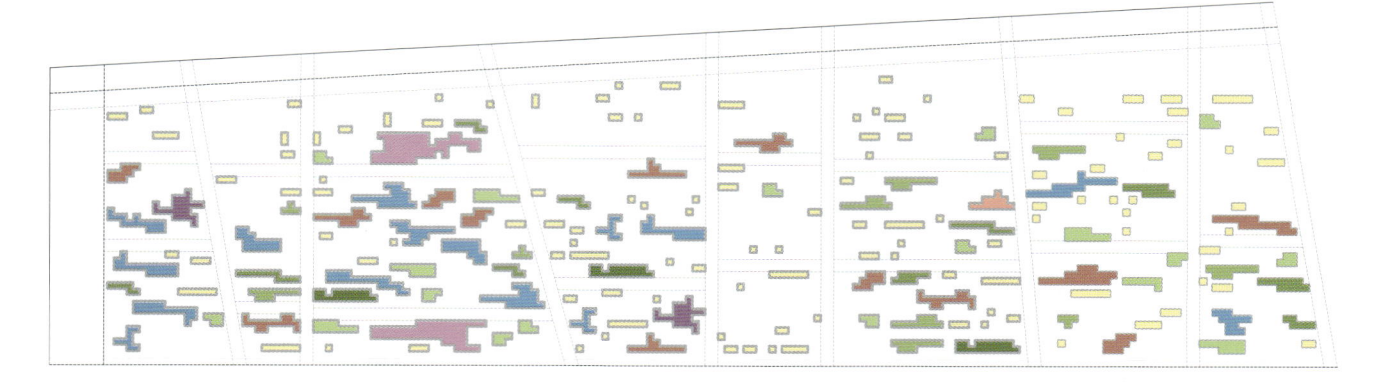

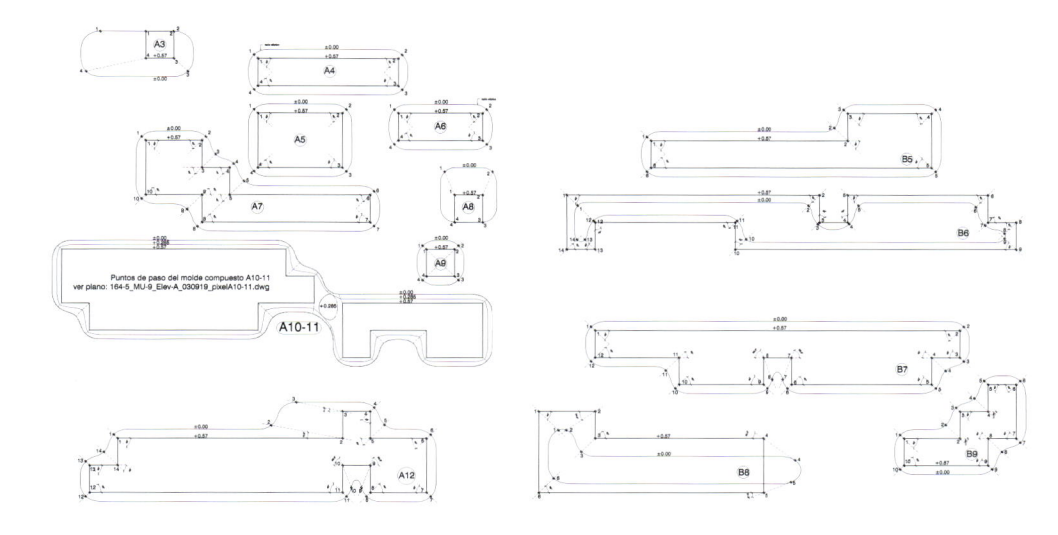

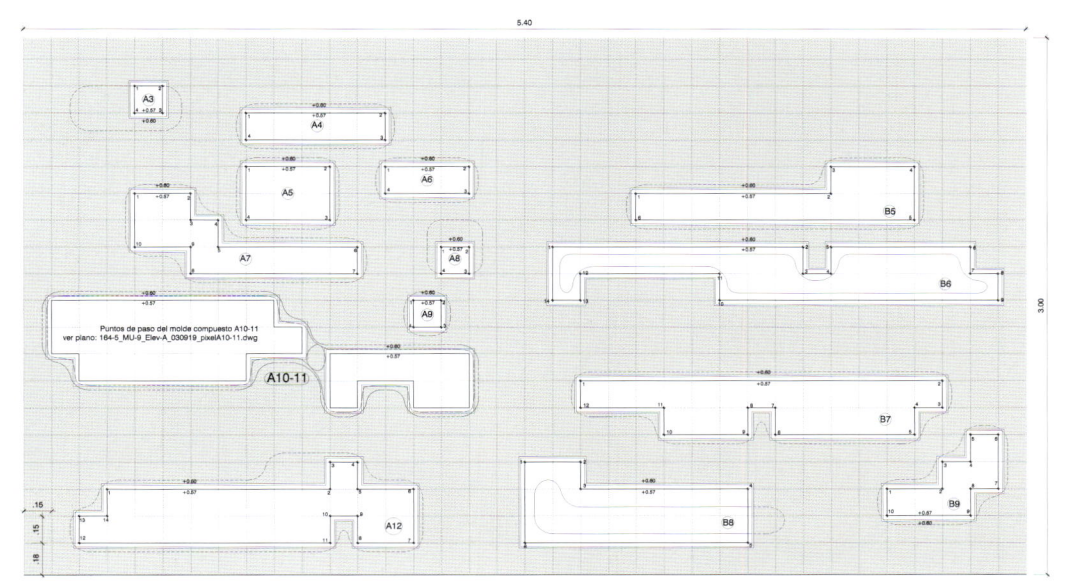

Muestra 7. Moldes y alzado exterior / Mock-up 7. Formwork and external elevation

75

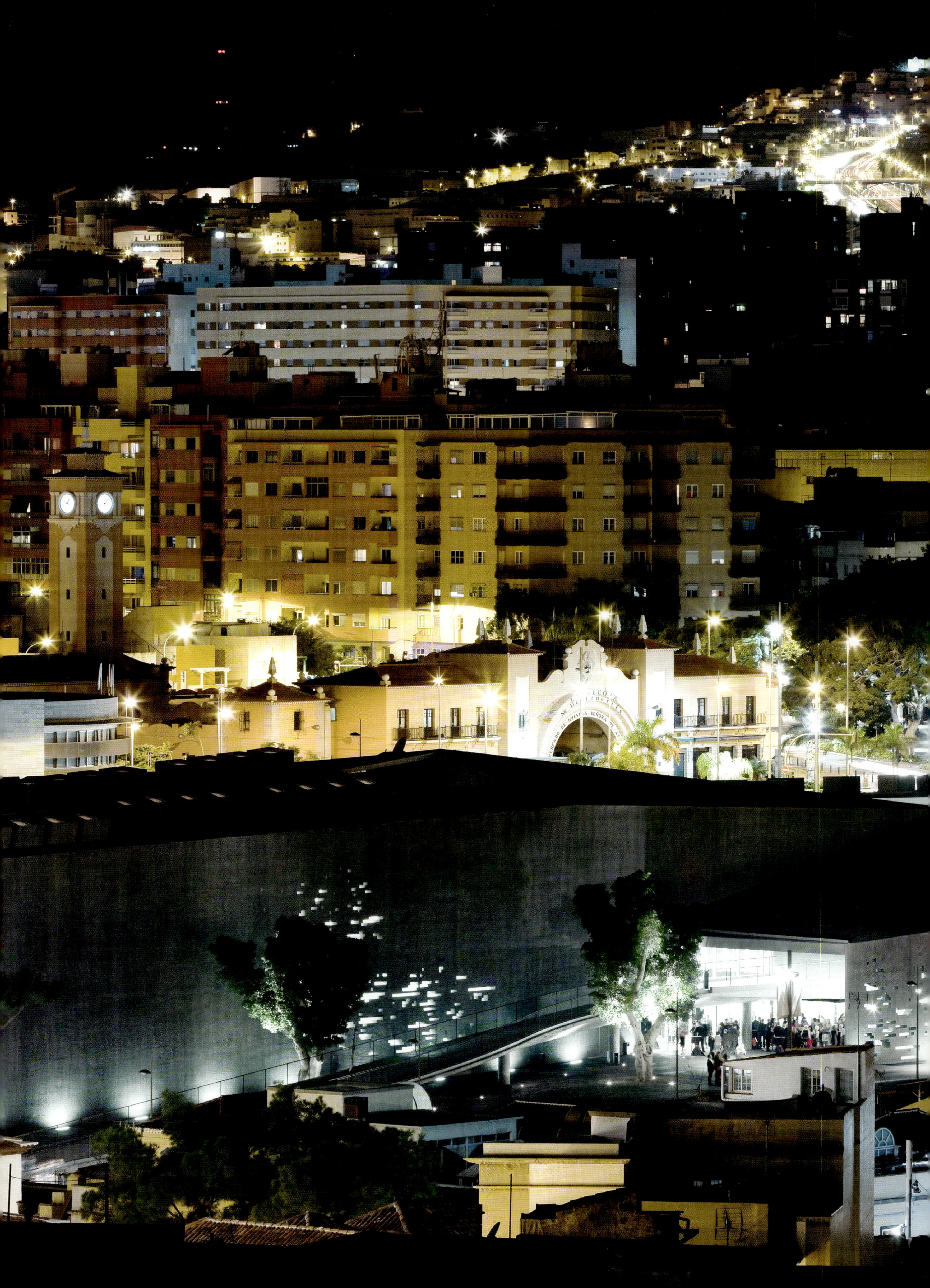

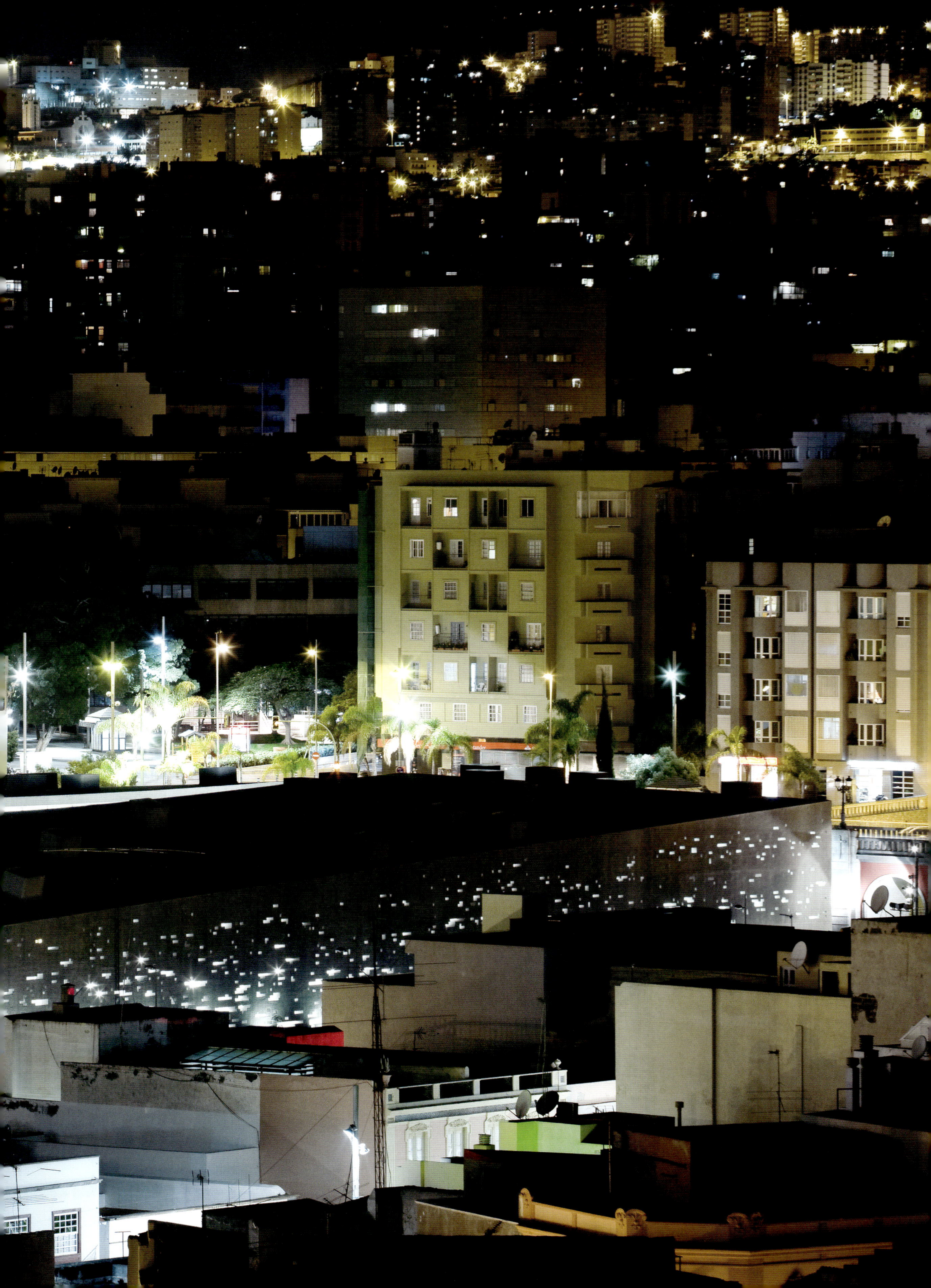

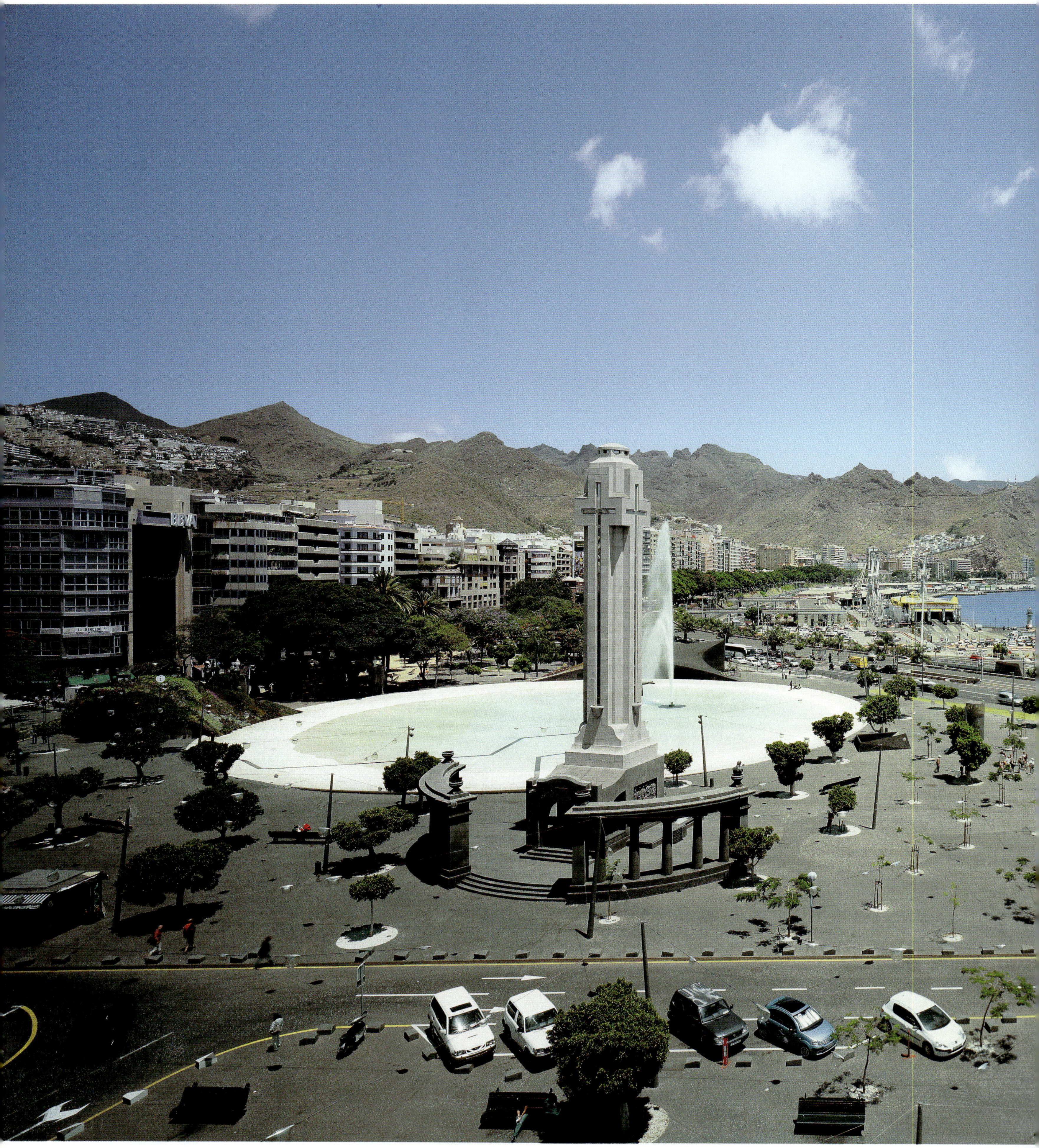

PLAZA DE ESPAÑA
PLAZA DE ESPAÑA

ISLAS CANARIAS, ESPAÑA
SANTA CRUZ DE TENERIFE, CANARY ISLANDS, SPAIN 1998 2008

CONCURSO PRIMER PREMIO
COMPETITION FIRST PRIZE

Vista aérea del emplazamiento antes de la intervención / Aerial view of site before operation

Vista aérea de la situación luego pixelada / Concept image of masterplan area later pixelated

Toda la zona de la remodelada Plaza de España y de la nueva Plaza de las Islas Canarias está concebida como un espacio público continuo que funciona en dos niveles que se superponen: un nivel inferior, que absorbe el intenso tráfico de coches, el futuro tren, así como zonas de aparcamiento; y un nivel superior, que une el nivel peatonal de la ciudad con el nuevo Puerto de la Marina y el mar. No es, pues, nada nuevo; se trata de un modelo que ya se ha aplicado en muchos sitios con mayor o menor éxito y que también aquí es una medida técnica de ordenación del tráfico exigida sobre todo por la administración. Entonces, ¿qué hay de nuevo y de singular en este proyecto?

The entire area of the remodeled Plaza de España and the new Plaza de las Islas Canarias is conceived as a single connected public space that functions on two superposed levels: a lower level for heavy traffic, the projected railroad and car parks; and an upper level that links the pedestrian zone of the city with the new marina and the sea. There is nothing very radical about this; it is a pattern that has already been applied in many other places, with more or less success, and has here been promoted especially in the political arena as a means of alleviating congestion. Then what is new and unique about the Santa Cruz de Tenerife project?

Buena parte de la actual Plaza de España y del Muelle de Enlace con las zonas de transbordo del tráfico portuario se ha edificado sobre rellenos asentados con grandes cantidades de material y de recursos en el borde costero acantilado de la costa atlántica. Todo lo que se construye allí ahora es una capa adicional de edificios sobre los rellenos mayormente preexistentes. Lo que se pretende construir no es arquitectura convencional, como la que se encuentra por toda la ciudad, sino que ha de ser más bien como el paisaje y la topografía, que destacan frente a la silueta existente de la ciudad. La superficie de lo que se constrye sobre los rellenos tiene una expresión arquitectónica diferente a la que tiene la ciudad existente construida sobre suelo 'natural'.

Much of today's Plaza de España and the cargo docks of the Muelle de Enlace is reclaimed land anchored in the steep drop of the Atlantic Coast at great expense and requiring immense quantities of material. Anything that is now constructed there will essentially be an additional crust, a new layer superimposed on what is for the most part landfill. Accordingly, the new structures will not be conventional architecture such as that found elsewhere in the city but rather a landscape or a topography that stands out against the existing skyline of the city. The new architecture built on top of the reclaimed land will be different in expression from the rest of the city, which has grown and developed on the mainland.

La nueva Plaza de España y la Plaza de las Islas Canarias se deslizan hacia el nuevo Puerto de la Marina y el mar como una capa paisajística por encima del tráfico subterráneo. La superficie de esta capa se estructura como una naturaleza artificial, que evoca un flujo de lava o una playa extensa: la nueva playa de Santa Cruz con muchas instalaciones y servicios ciudadanos, tales como cafés, bares, quioscos, casillas de espera, puntos de encuentro, lugares de almacenamiento y estacionamiento para las grandes fiestas de la ciudad como el carnaval o el concierto de Navidad.

The new Plaza de España and the Plaza de las Islas Canarias will form a crust of land on top of the subterranean flow of traffic, extending to the marina and the sea. Above ground this crust will have the appearance of artificial nature, resembling a lava flow or a sprawling beach: the new beach of Santa Cruz with many urban facilities and amenities, including cafés, bars, kiosks, bus shelters, meeting places, as well as storage areas for the large celebrations in the city such as Carnaval or the Christmas concert.

Emplazamiento. Proyecto completo de remodelación de la Plaza de España y del nuevo Puerto de la Marina una vez ejecutadas todas las fases / Site plan. All phases completed

Todos los servicios están configurados como pabellones que se anidan en la capa de la plaza y que presentan formas muy diversas, pero que siempre guardan un parentesco más o menos cercano con formas de la naturaleza, sin emularlas. El parentesco se refiere por ejemplo a fenómenos plásticos, tales como la erupción o erosión, que tanto caracterizan el bizarro mundo de formas de las Islas Canarias. Un elemento creativo importante en la nueva capa formada por la plaza es un lago redondo, como si fuese un gran charco, con un chorro de agua que erupciona cuatro veces al día indicando así los cambios de marea.

All of these facilities are designed as pavilions that nestle in the plaza's crust. Although they are very different in shape, they all share a more or less remote resemblance to natural forms without imitating them. Hence, they may echo physical phenomena like the eruption and erosion that have been so instrumental in shaping the bizarre forms of the Canary Islands. An important design element on the new plaza crust is a single round water basin, a huge wading pool for young and old with a fountain in the middle that erupts four times a day indicating high and low tide.

Emplazamiento. Planta a nivel de calle y arbolado / Ground level site plan

Planta de iluminación / Lighting plan

Construcciones de todas las épocas históricas de la ciudad rodean este lago construido sobre los restos de los cimientos y de los muros del antiguo 'Castillo': así, el sobrio
A variety of historical architectural styles circles this huge water basin, which was erected on the foundations and surviving walls of the former 'Castillo': the con-
'Edificio del Cabildo' de la primera mitad del siglo XX, el audaz edificio de los setenta del Banco Santander, el tenebroso 'Monumento a los caídos' de la época franquista
servative rigorous City Hall, the 'Cabildo', built in the first half of the 20th century, the bold Santander Bank of the 1970s, the somber 'Monumento de los Caídos'
y también los pabellones creados ahora por nosotros, que evocan más la naturaleza o las cuevas que habitaban los nativos de las islas en su origen.
from the Franco era, and the buildings that we have designed, resembling a natural structure or the caves in which the island's native inhabitants once lived.

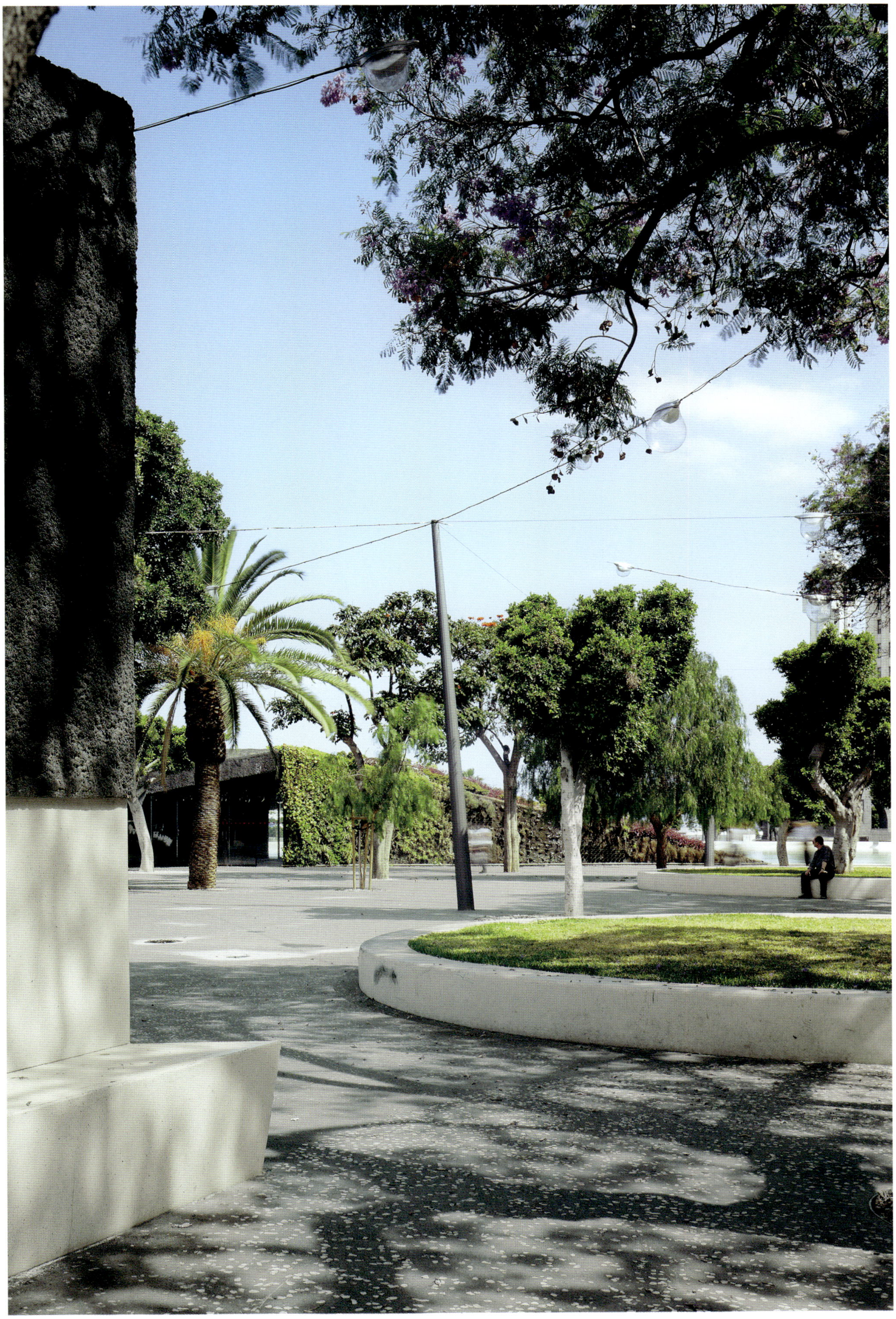

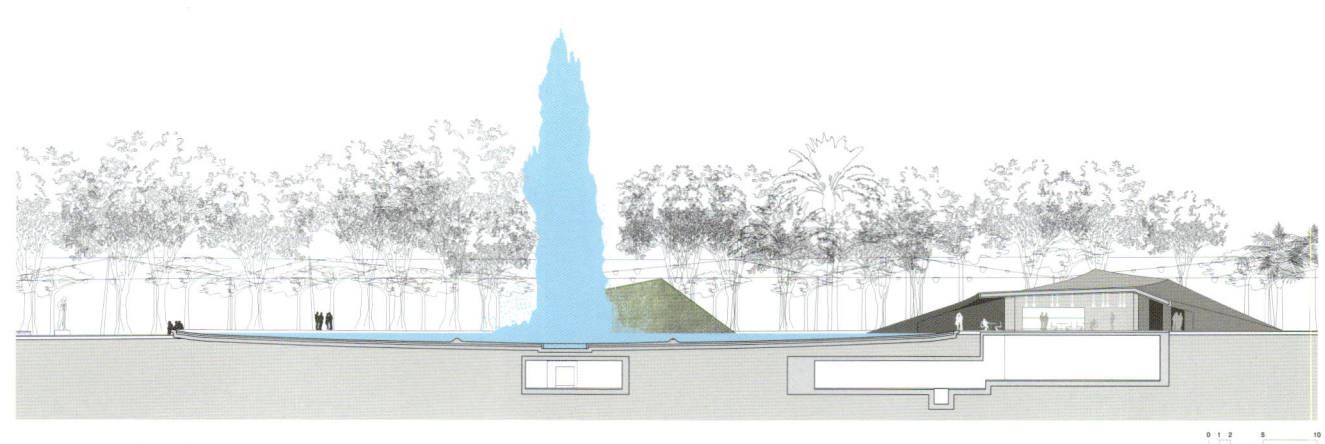

Sección transversal por fuente / Cross section through fountain

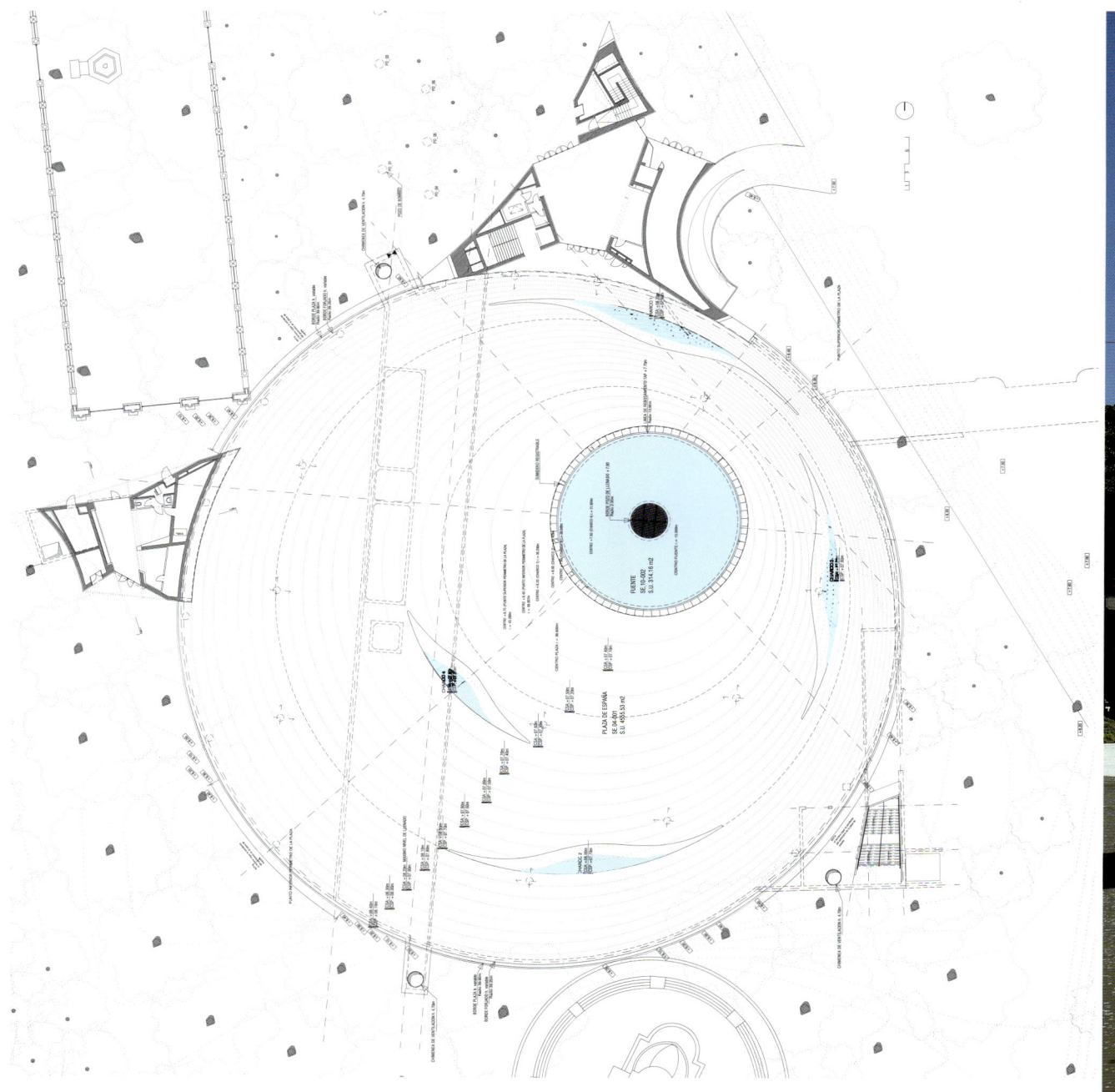

Detalle de planta cota +10.00 / Floor plan detail. Level +10.00

84

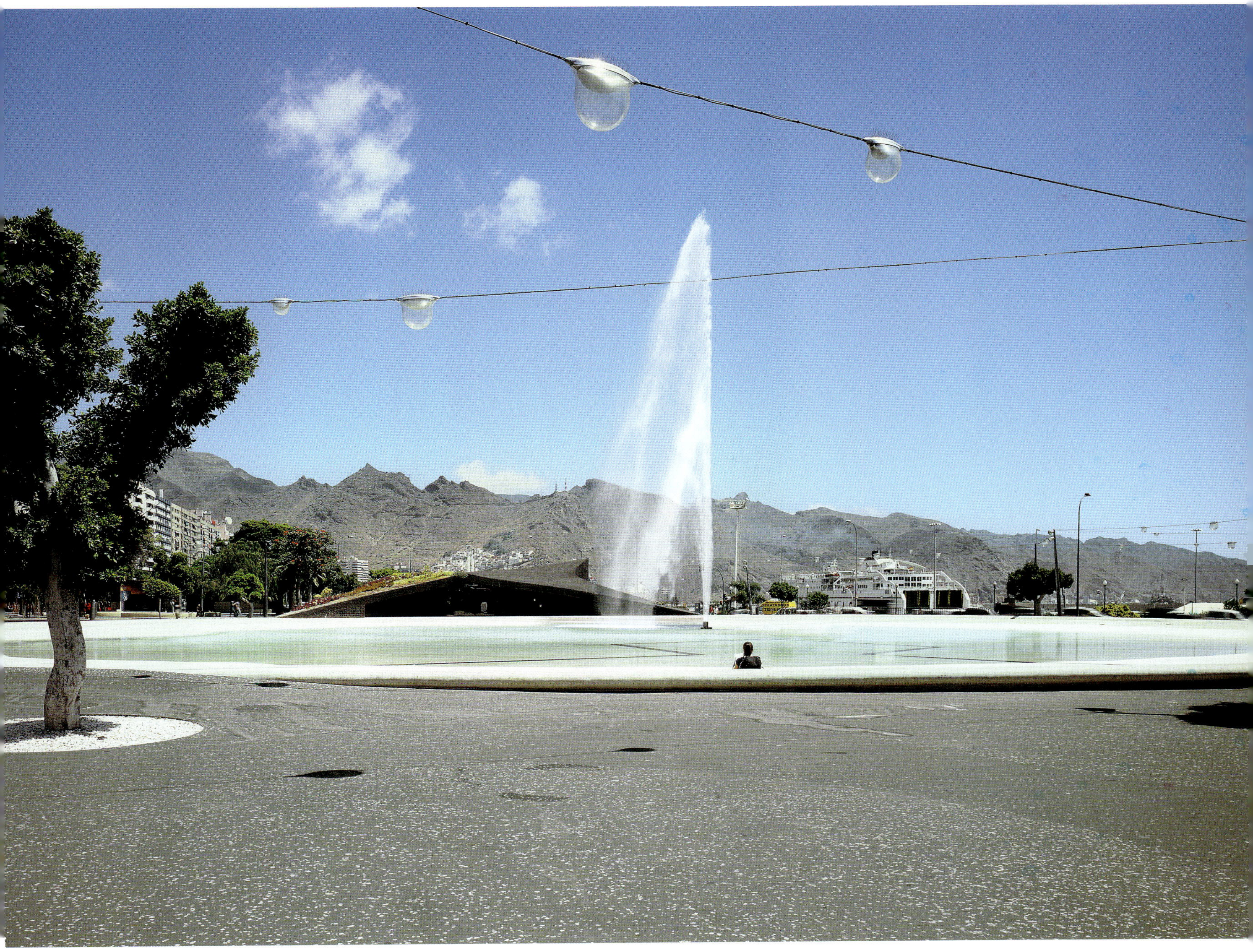

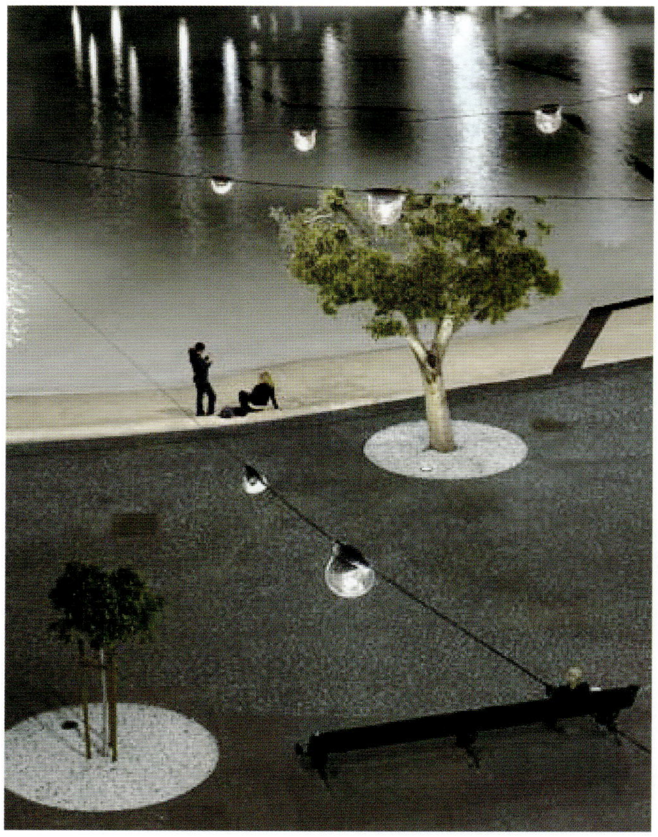

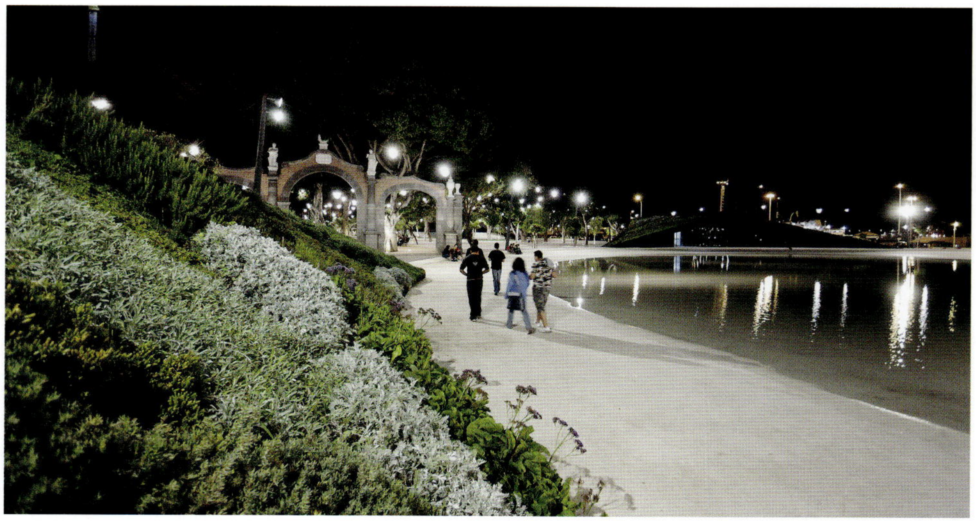

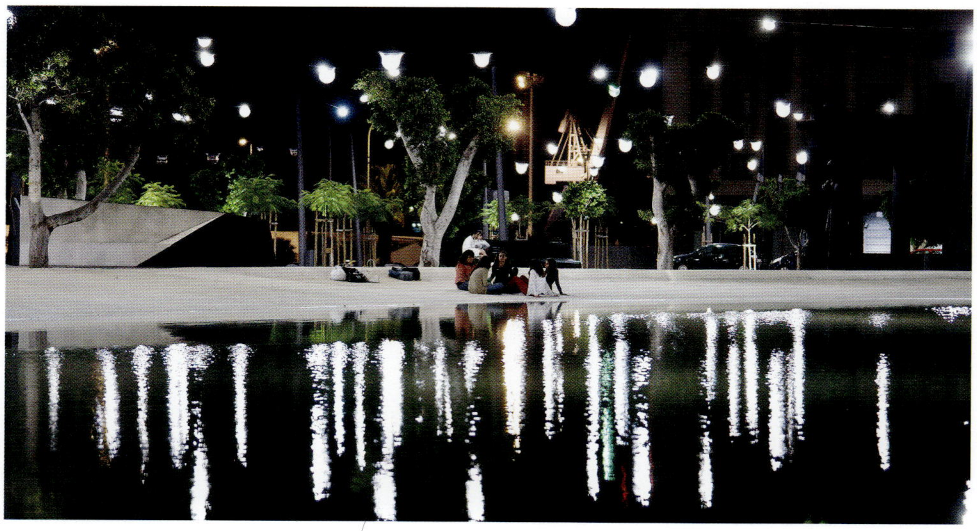

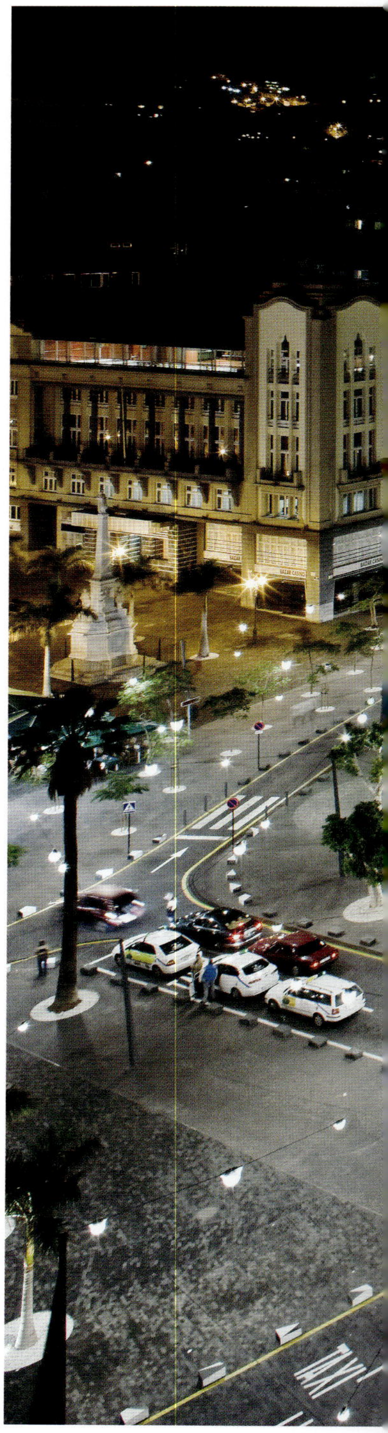

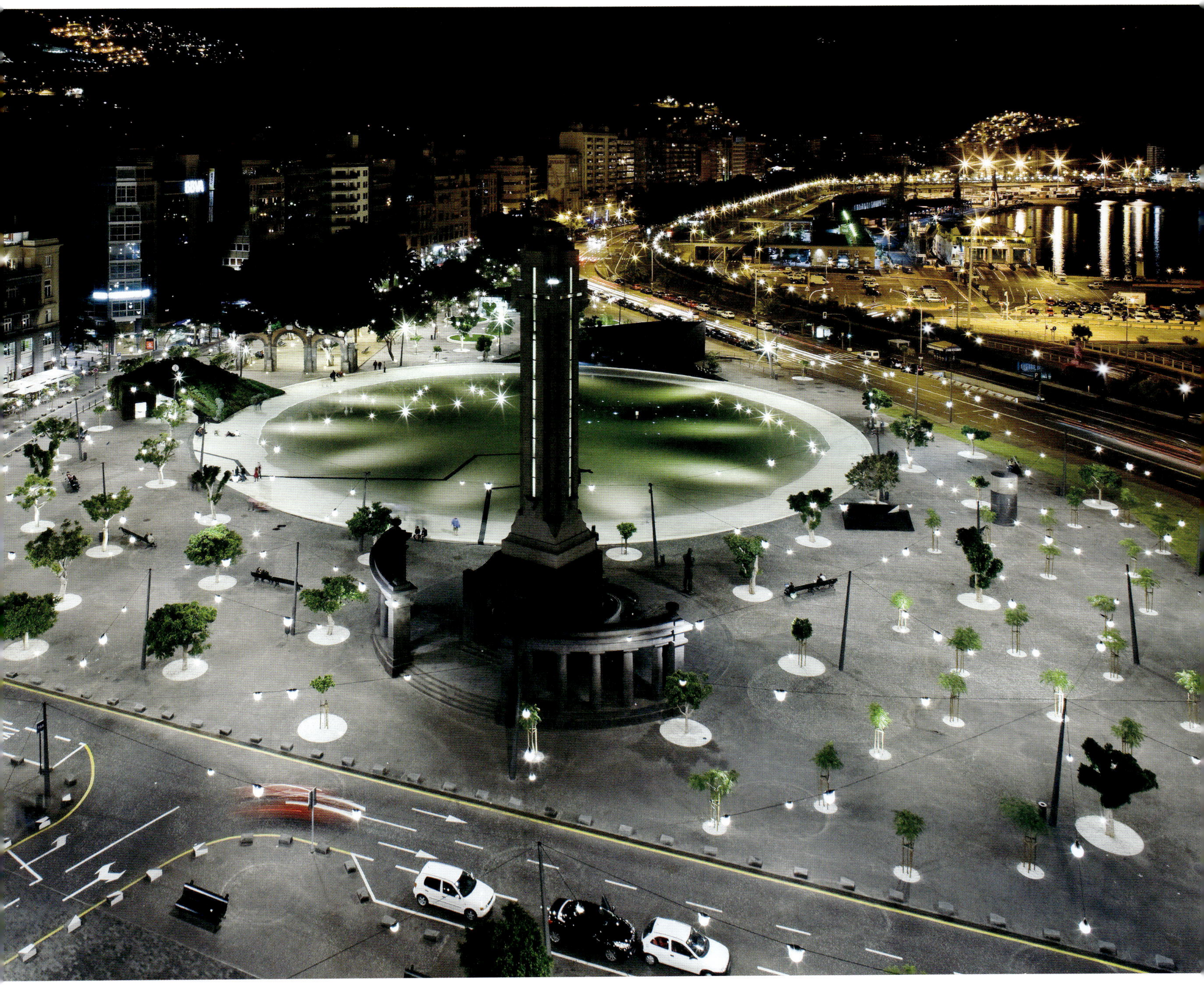

Detalles de bordillo del lago / Lake edge details

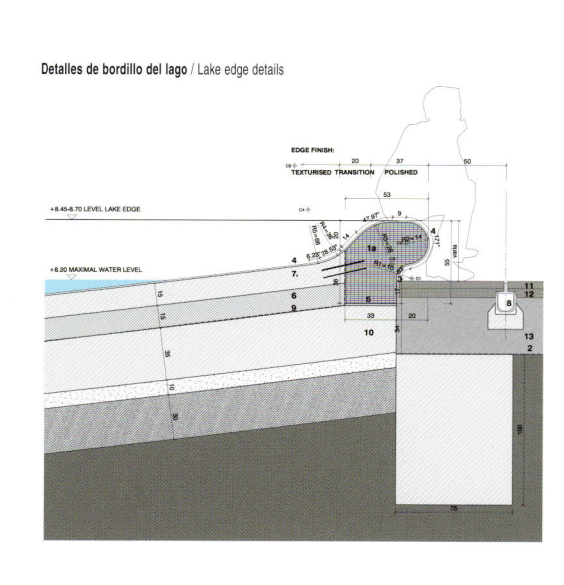

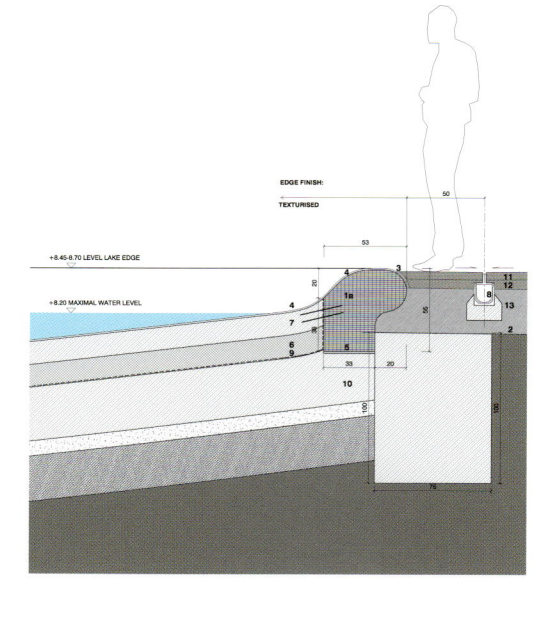

1. Hormigón reforzado. Elementos prefabricados
2. Geotextil
3. Junta flexible sellada (e=2cm)
4. Gravilla de mármol blanco incrustada en resina blanca (e=1,5cm). Acabado pulido texturizado
5. Base de mortero (e=1,5cm)
6. Elemento de poliestireno cubierto de membrana impermeable
7. Sub-base de hormigón (E=15cm) reforzado con malla de fibra de vidrio
8. Ranura de desagüe
9. Membrana impermeable
10. Losa de hormigón, ha-30 (e=35cm)
11. Acabado de asfalto continuo a5 con gravilla de mármol blanco incrustada 30-50mm (e=5cm)
12. Sub-base de asfalto g20 (e=6cm)
13. Suelo compactado (e5-60)

1. Reinforced concrete. Prefabricated elements
2. Geotextile
3. Sealed flexible joint (2cm thick)
4. White marble gravel embedded in white resin (1,5cm thick). Texturised/polished finish
5. Mortar base (1,5cm thick)
6. Polystyrene element to be covered with waterproof membrane
7. Concrete subbase (15cm thick) reinforced with fiberglass mesh
8. Slot drain
9. Waterproof membrane
10. Concrete slab, ha-30 (35cm thick)
11. Continuous asphalt finish a5 with embedded white marble gravel 30-50mm (5cm thick)
12. Asphalt sub-base g20 (6cm thick)
13. Compacted ground (e5-60)

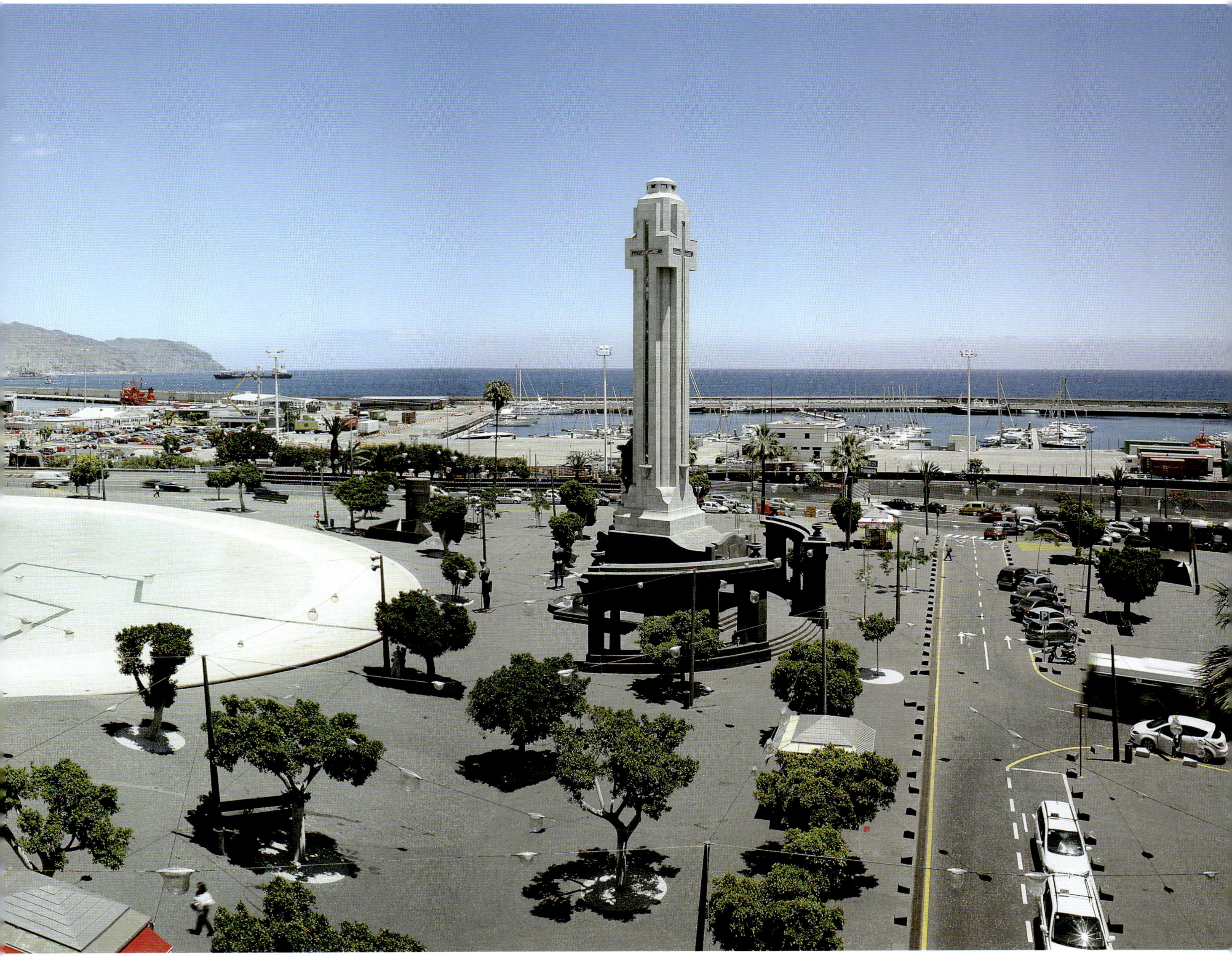

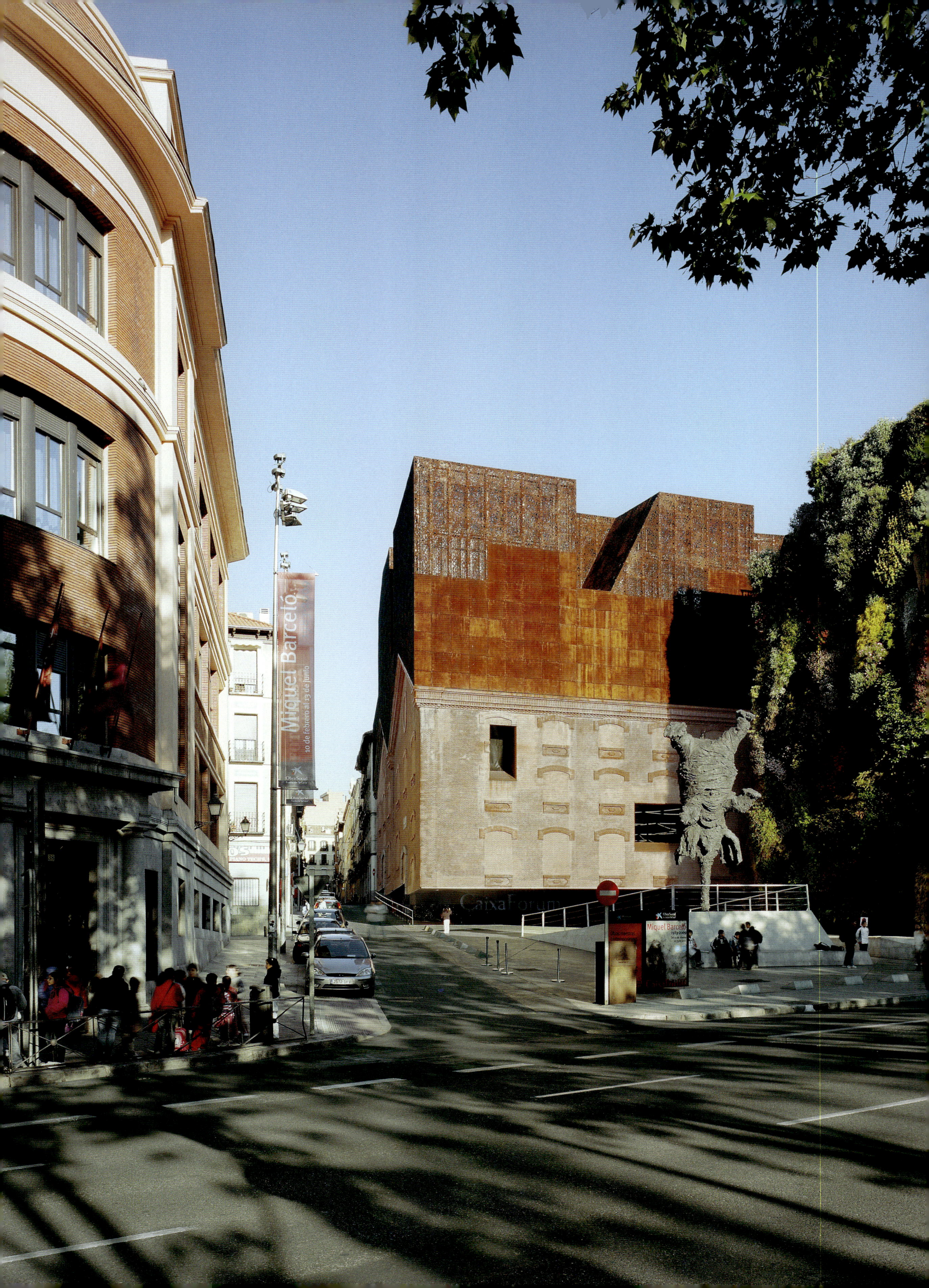

CaixaForum-Madrid

CaixaForum-Madrid

ESPAÑA

MADRID, SPAIN 2001 2008

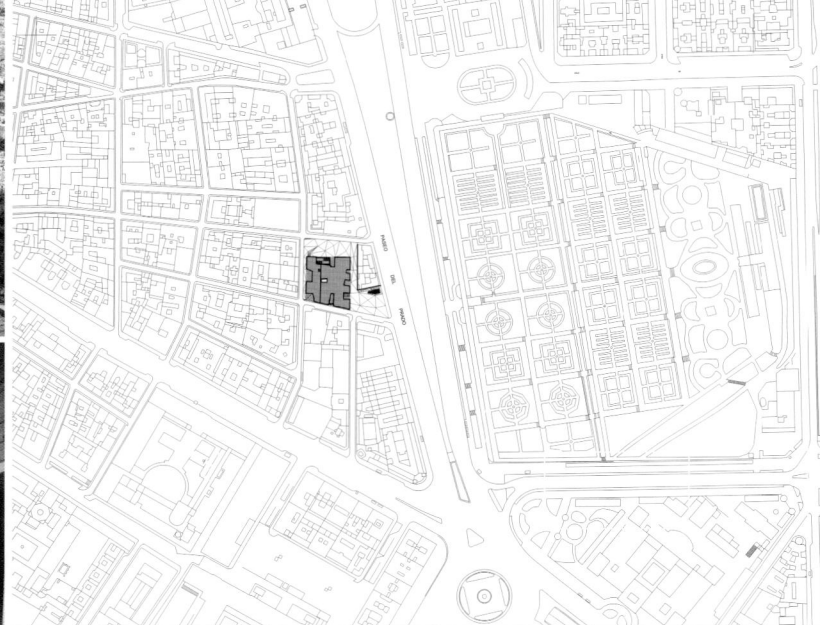

Antigua Central Mediodía (Sala de Máquinas) / Old Mediodía Power Station (Machine Room)   Plano de situación / Site plan)

El CaixaForum se ha concebido como una suerte de imán urbano que atrae no sólo a los amantes del arte, sino a todos los madrileños y a quienes visitan la ciudad. The CaixaForum is conceived as an urban magnet attracting not only the art-lovers but all people of Madrid and from outside. The attraction will not only be Además del programa cultural que ofrece la institución, ese magnetismo lo provoca el propio edificio, cuya poderosa masa se eleva sobre el plano del suelo en aparente CaixaForum's cultural program, but also the building itself, insofar that its heavy mass is detached from the ground in apparent defiance of the laws of gravity desafío a las leyes de la gravedad y con el efecto real de atraer al público hacia su interior.
and, in a real sense, draw the visitors inside.
El CaixaForum Madrid se levanta en un privilegiado emplazamiento, cerca del Paseo del Prado y frente al Jardín Botánico. Este nuevo domicilio para las artes ocupa una The CaixaForum-Madrid stands on an advantageous site facing the Paseo del Prado and the Botanical Garden vis à vis. This new address for the arts is located zona hasta hace poco con construcciones nada espectaculares: una antigua central eléctrica y una gasolinera. Los muros de ladrillo de la vieja central forman parte del in an area occupied until now by unspectacular urban structures, an old power station, and a gas station. The classified brick walls of the former power station patrimonio arquitectónico de Madrid y son testimonio de su pasado industrial, pero la gasolinera era una dotación puramente funcional y ya claramente fuera de lugar. Como are reminiscences of the early industrial age in Madrid, while the gas station, a purely functional structure, was clearly out of place. Like a vineyard that could un viñedo que no puede dar el fruto esperado por haberse plantado con un tipo de uva equivocado, este significativo enclave no había desarrollado todas sus posibilida- never develop its full potential because it was planted with the wrong grape, this prominent location could not develop its full potential. The demolition of the des. La demolición de la estación de servicio permitió crear una pequeña plaza entre el Paseo del Prado y el nuevo CaixaForum alojado en la antigua central.
gas station created a small plaza between the Paseo del Prado and the new CaixaForum in the converted power station.

Antigua Central Eléctrica / Old Power Station   Gasolinera a derribar / Gas station to be demolished   Carcasa cerámica / Brick shell

El único material de la vieja central eléctrica que podía aprovecharse era la carcasa de ladrillo, que está catalogada. Para orquestar e insertar los nuevos componentes arqui- The only material of the old power station that we could use was the classified brick shell. In order to conceive and insert the new architectural components of tectónicos del proyecto del CaixaForum, empezamos con una operación quirúrgica, separando y eliminando el zócalo y las partes del edificio que ya no iban a ser necesarias. the CaixaForum Project, we began with a surgical operation, separating and removing the base and the parts of the building no longer needed. This opened a Esta operación proporcionó una perspectiva nueva y espectacular de la vieja construcción, al tiempo que resolvió una serie de problemas relacionados con el emplazamiento. completely novel and spectacular perspective that simultaneously solved a number of problems posed by the site.

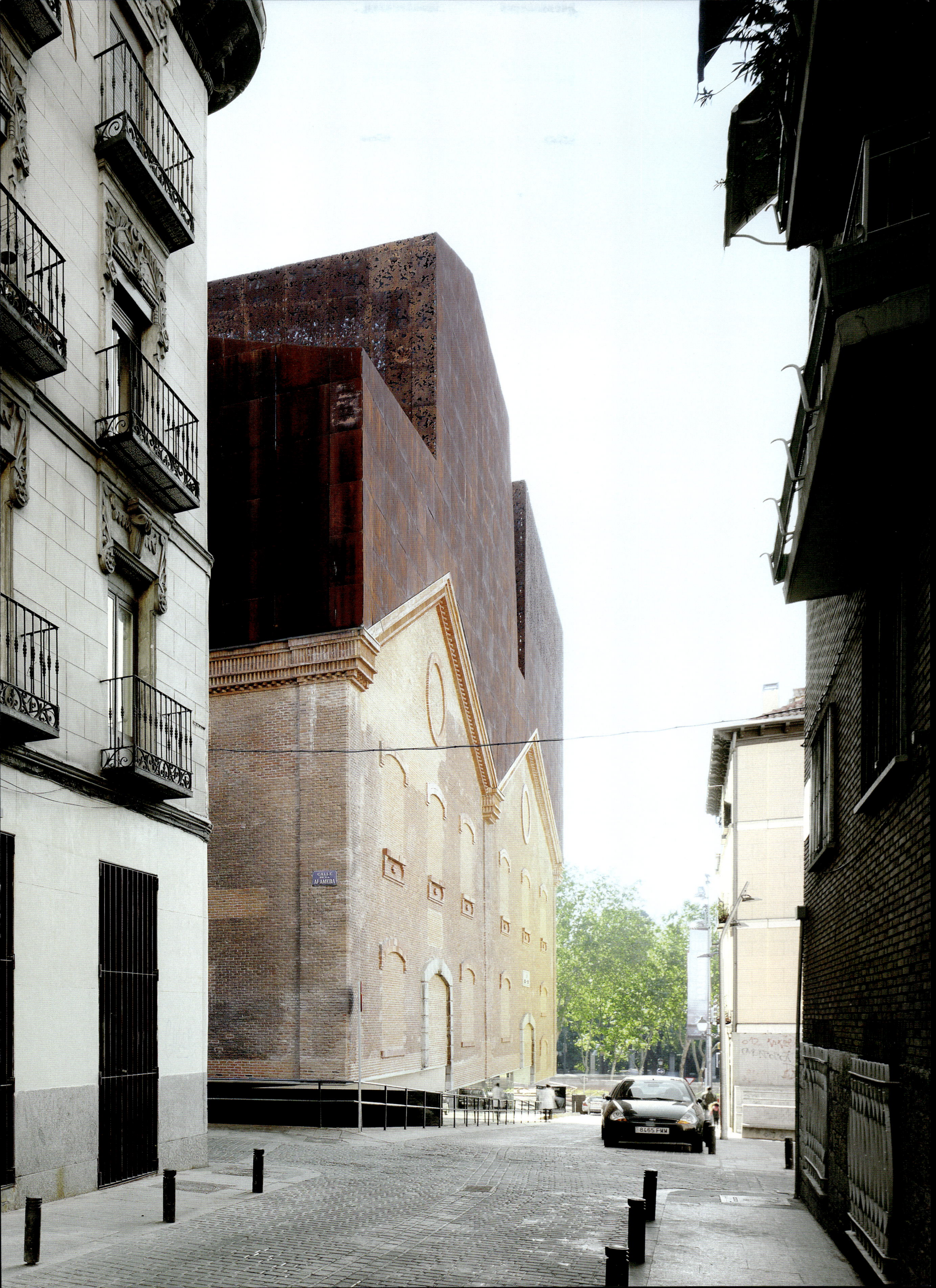

Concepto. Programa / Concept. Program

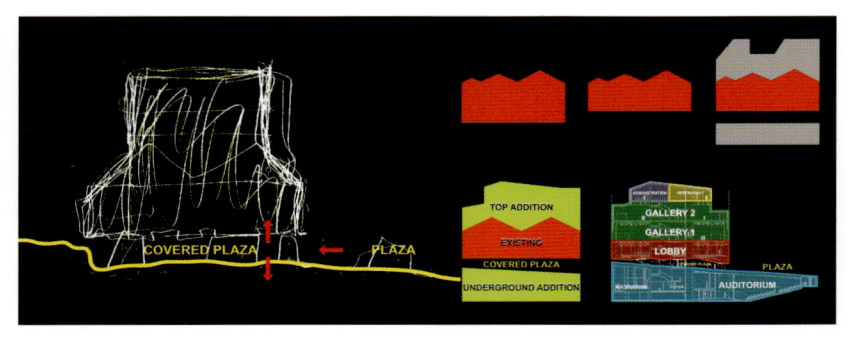

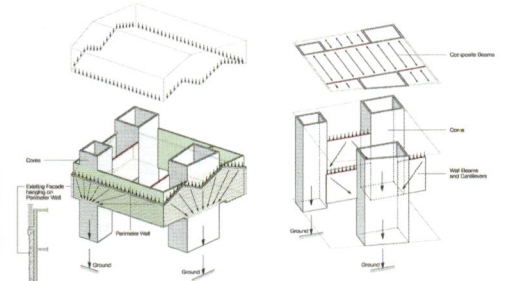

Cargas en cubierta, fachada y forjados / Roof, facade and slab loads

Al suprimir la base del edificio apareció un espacio abierto y cubierto bajo la carcasa cerámica, que ahora parece flotar sobre el nivel de la calle. El nuevo espacio cubierto bajo el CaixaForum es un punto de encuentro que ofrece su protección a los visitantes y simultáneamente configura el acceso al propio edificio. Pueden afrontarse y resolverse así, con un solo gesto de carácter urbano y escultórico, problemas tales como la estrechez de las calles circundantes, la localización de la entrada principal y la identidad arquitectónica de esta institución dedicada al arte contemporáneo.
The removal of the base of the building left a covered plaza under the brick shell, which now appears to float above the street level. This sheltered space under the CaixaForum offers its shade to visitors who want to spend time or meet outside and is at the same time the entrance to the Forum itself. Problems such as the narrowness of the surrounding streets, the placement of the main entrance, and the architectural identity of this contemporary art institution could be addressed and solved in a single urbanistic and sculptural gesture.

La separación del edificio respecto al nivel de la calle crea dos mundos: uno bajo el suelo y otro por encima de éste. El 'mundo subterráneo' sepultado bajo la plaza topográficamente modelada proporciona espacio para acomodar un teatro-auditorio, algunas plazas de aparcamiento y otros servicios. El volumen sobre rasante aloja el vestíbulo y las salas de exposición, un restaurante y oficinas. Aquí, el carácter flexible y abierto de las áreas expositivas contrasta con la complejidad espacial de la zona de oficinas y restaurante que corona el edificio. La sorprendente imagen escultórica que ofrece la silueta del CaixaForum no es una mera fantasía arquitectónica, sino el reflejo del paisaje que ofrecen las cubiertas de los edificios vecinos.
The separation of the structure from the ground level creates two worlds: one below and the other above the ground. The "underworld" buried beneath the topographically landscaped plaza provides space for a theater/auditorium, service rooms, and several parking spaces. The multi-storied building above ground houses the entrance lobby and galleries, a restaurant and administrative offices. There is a contrast between the flexible and loft-like character of the exhibition spaces and the spatial complexity of the top floor with its restaurant/bar and the offices. The surprising sculptural aspect of the CaixaForum's silhouette is no mere architectural fancy, but reflects the roofscape of the surrounding buildings.

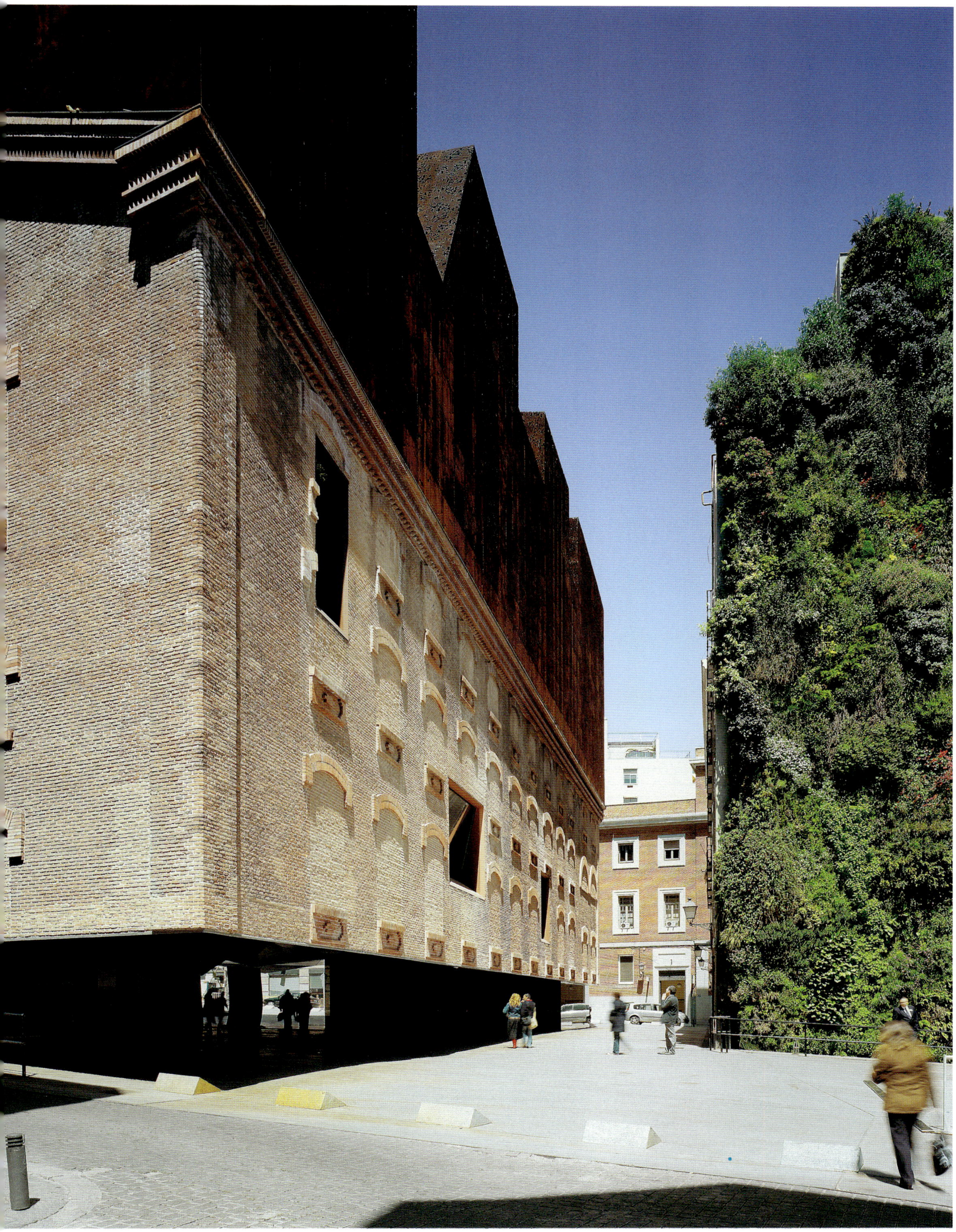

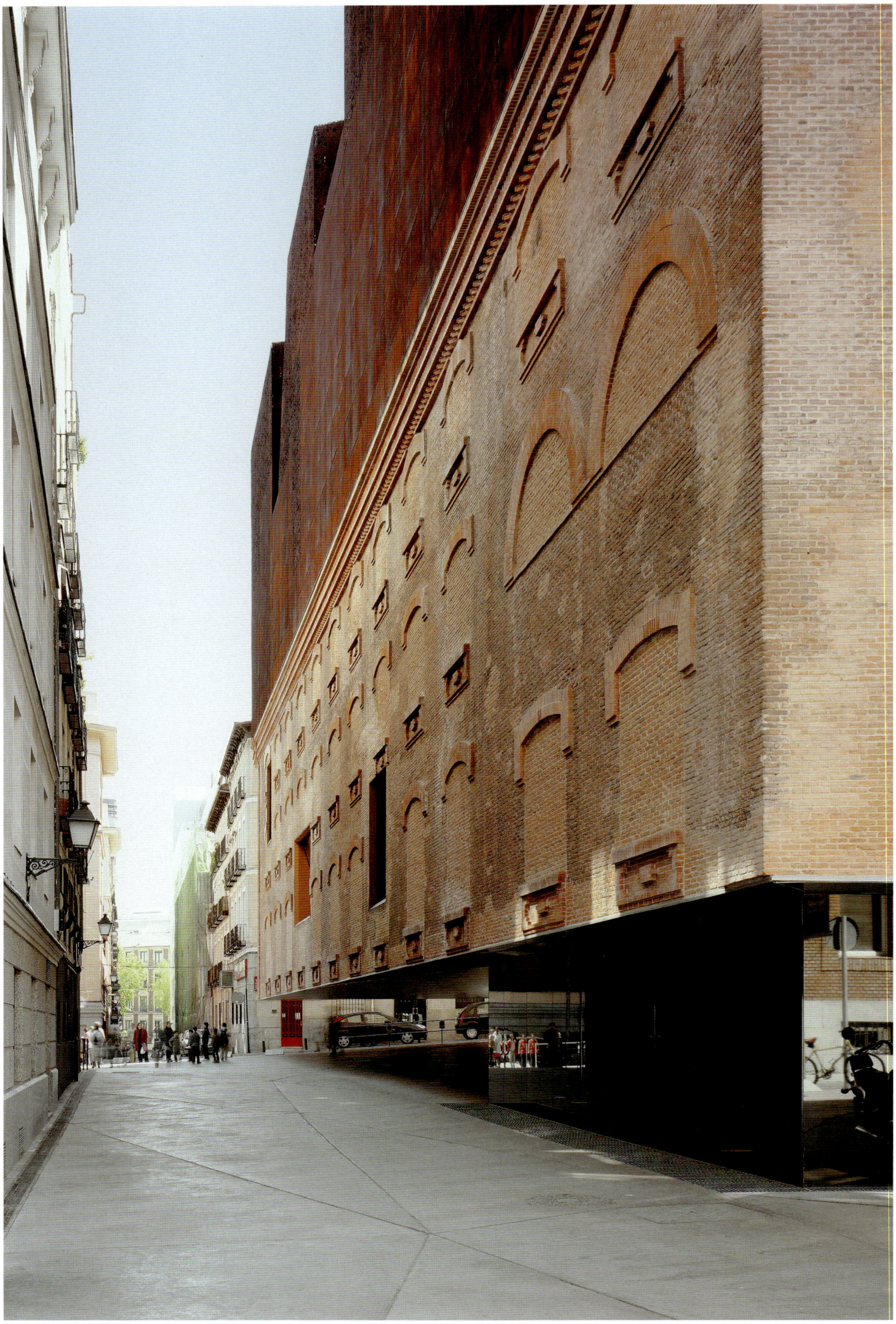

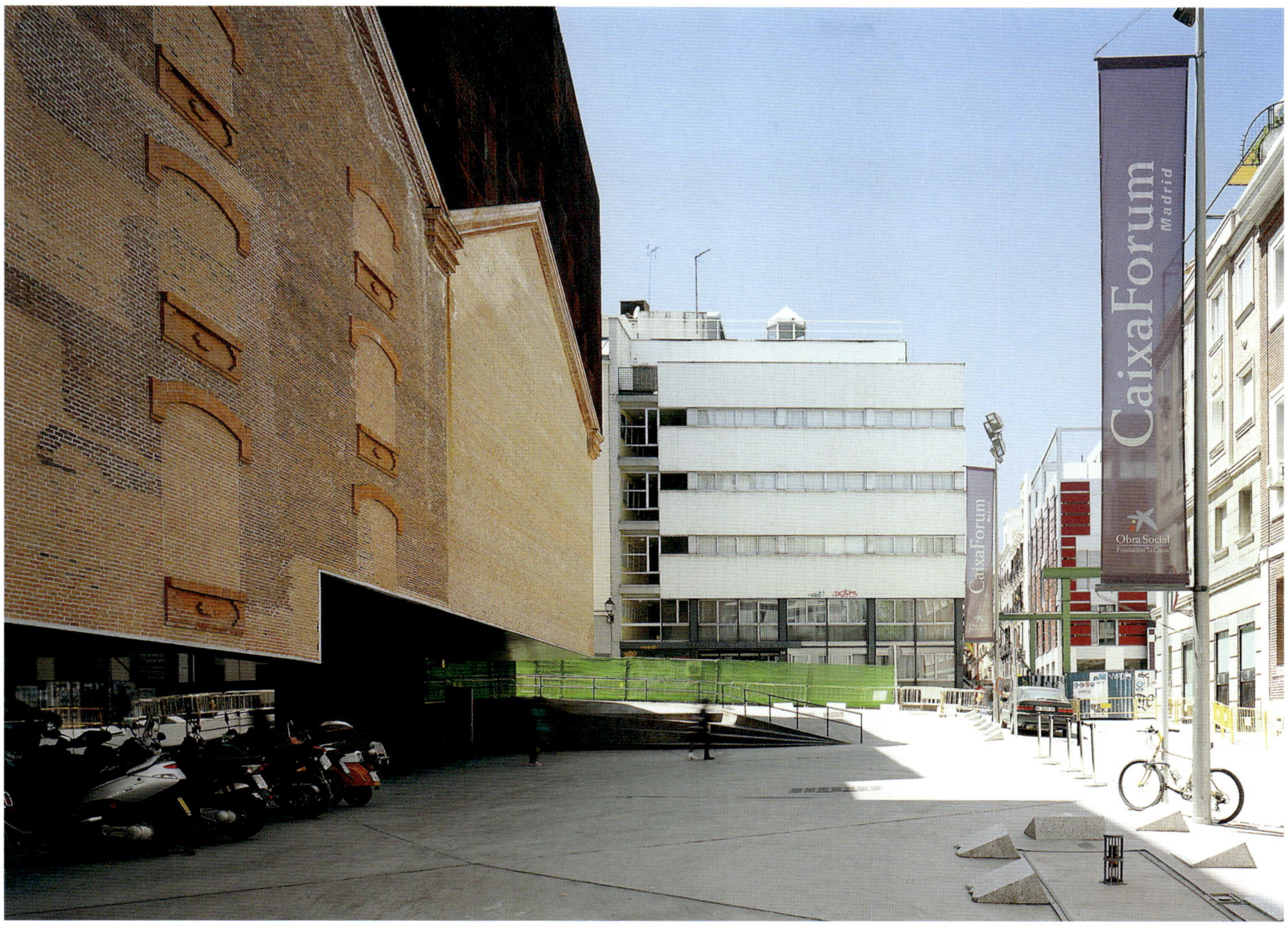
CaixaForum
Madrid
Obra Social

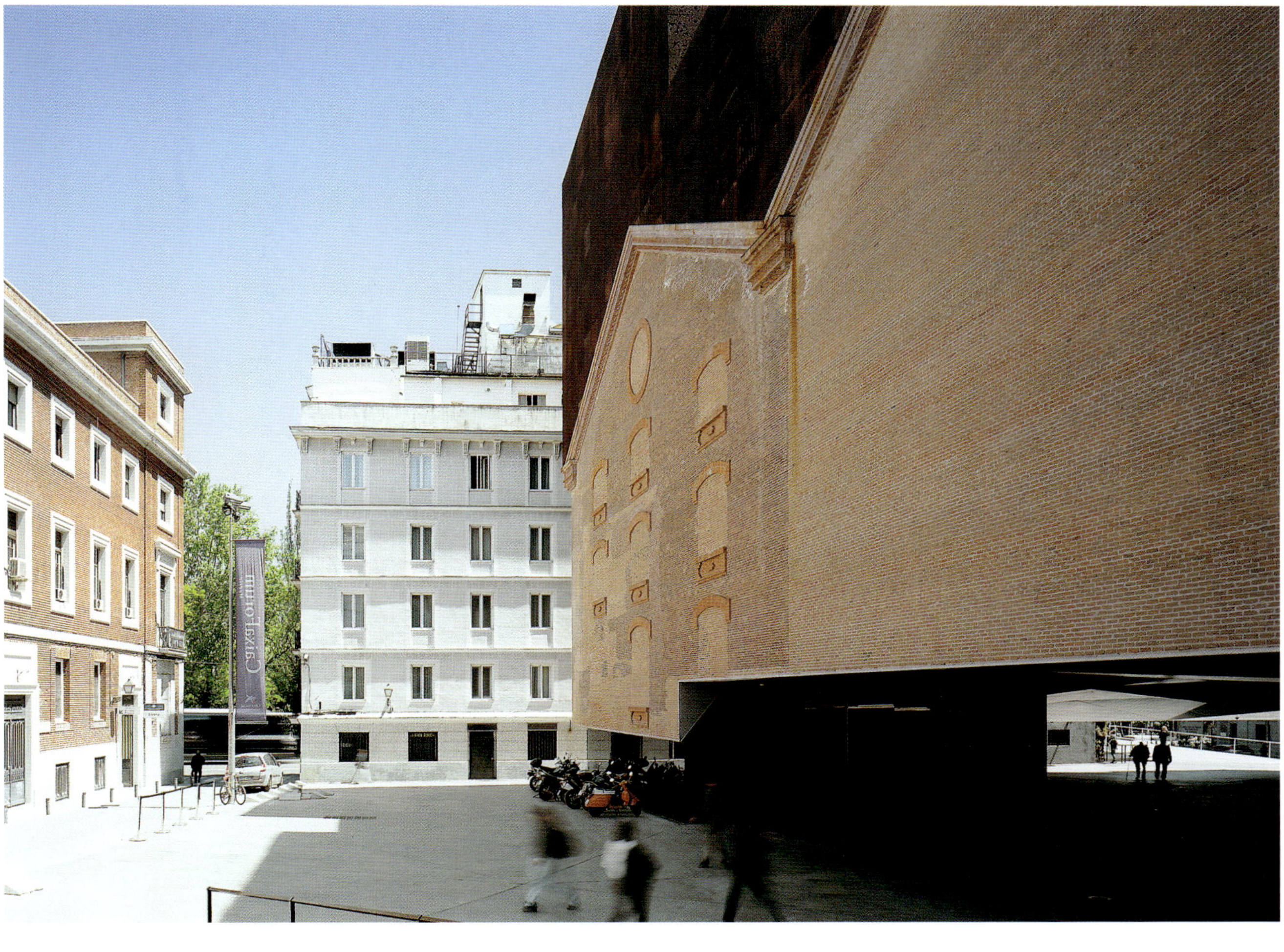

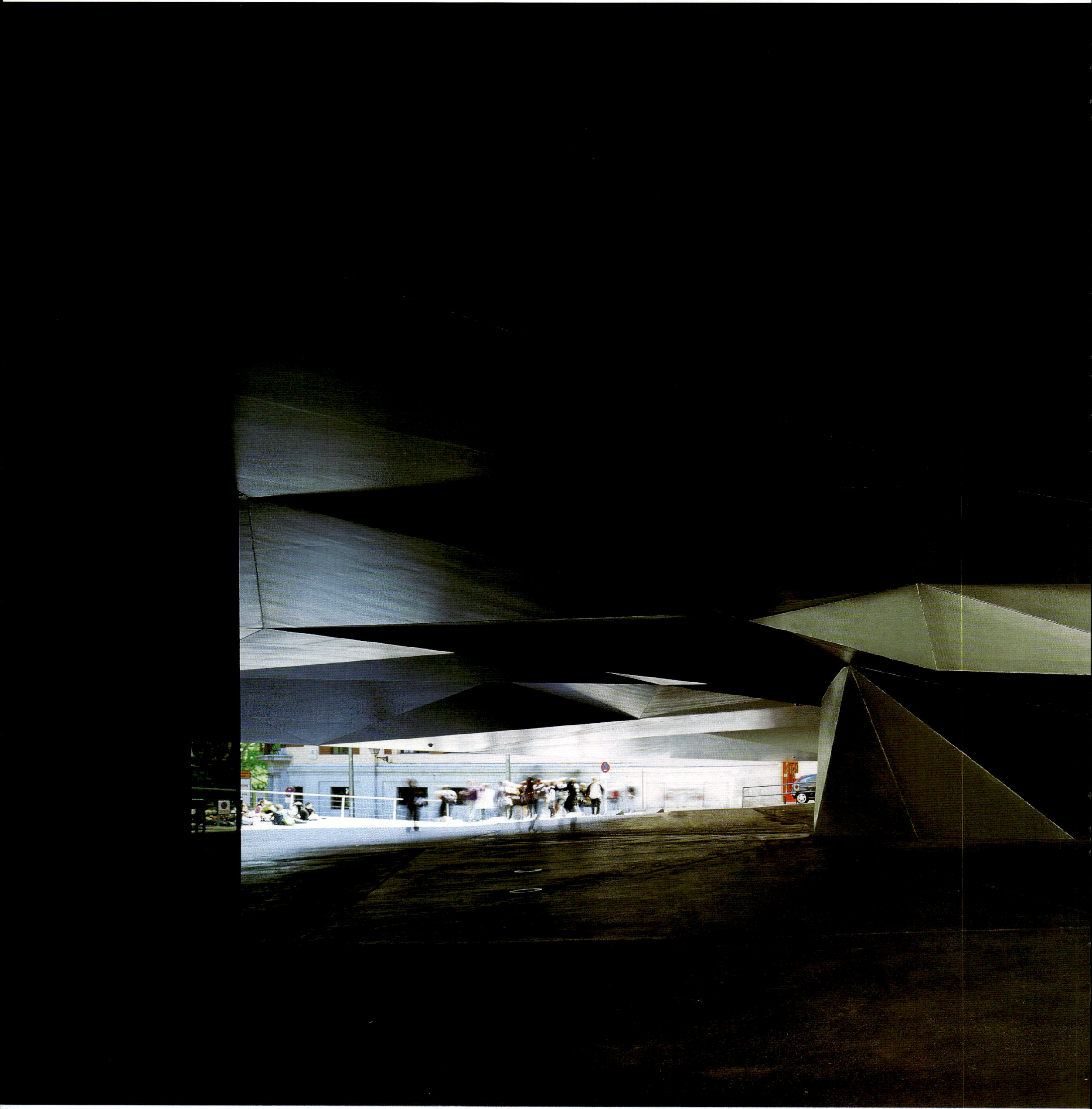

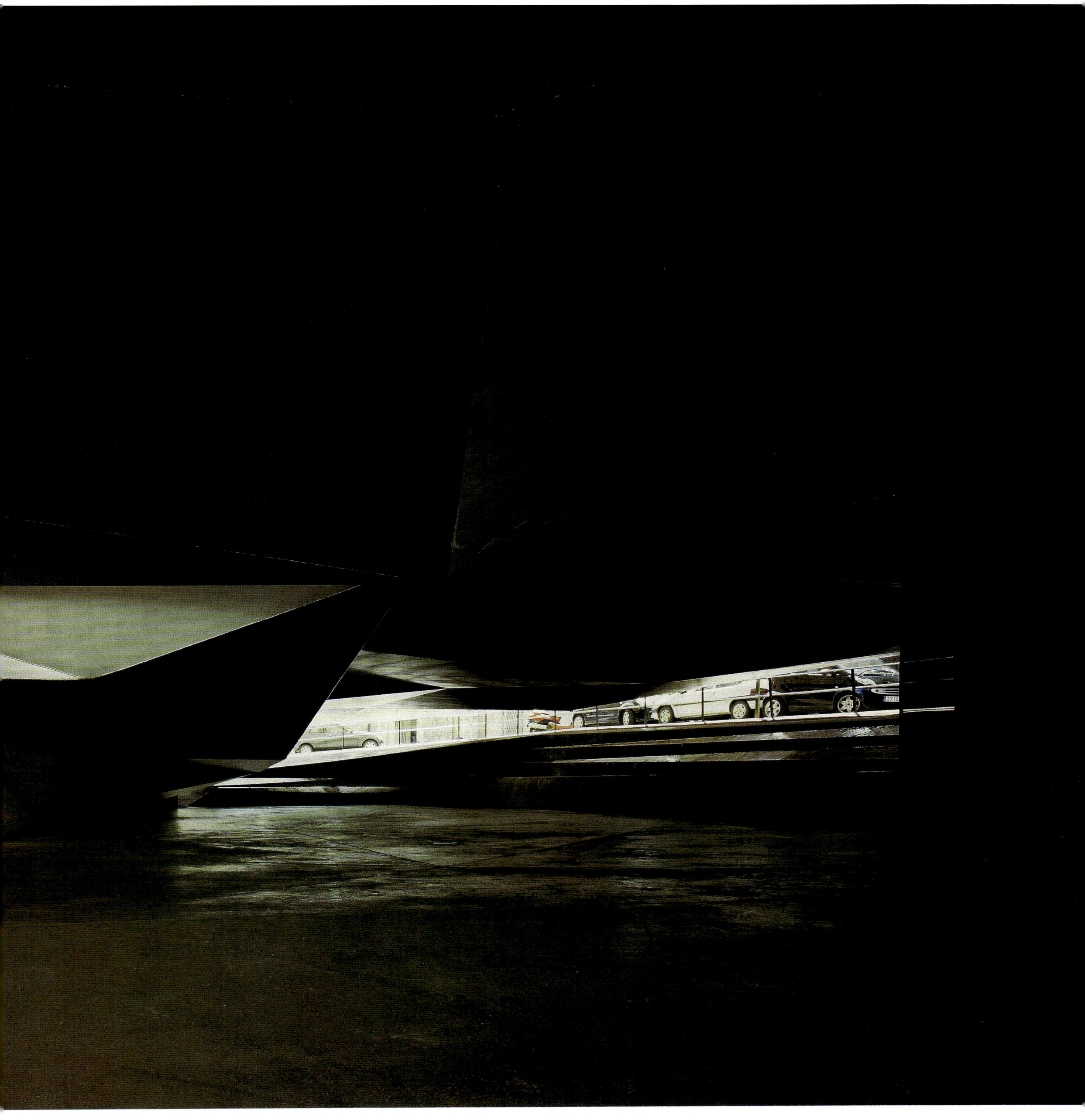

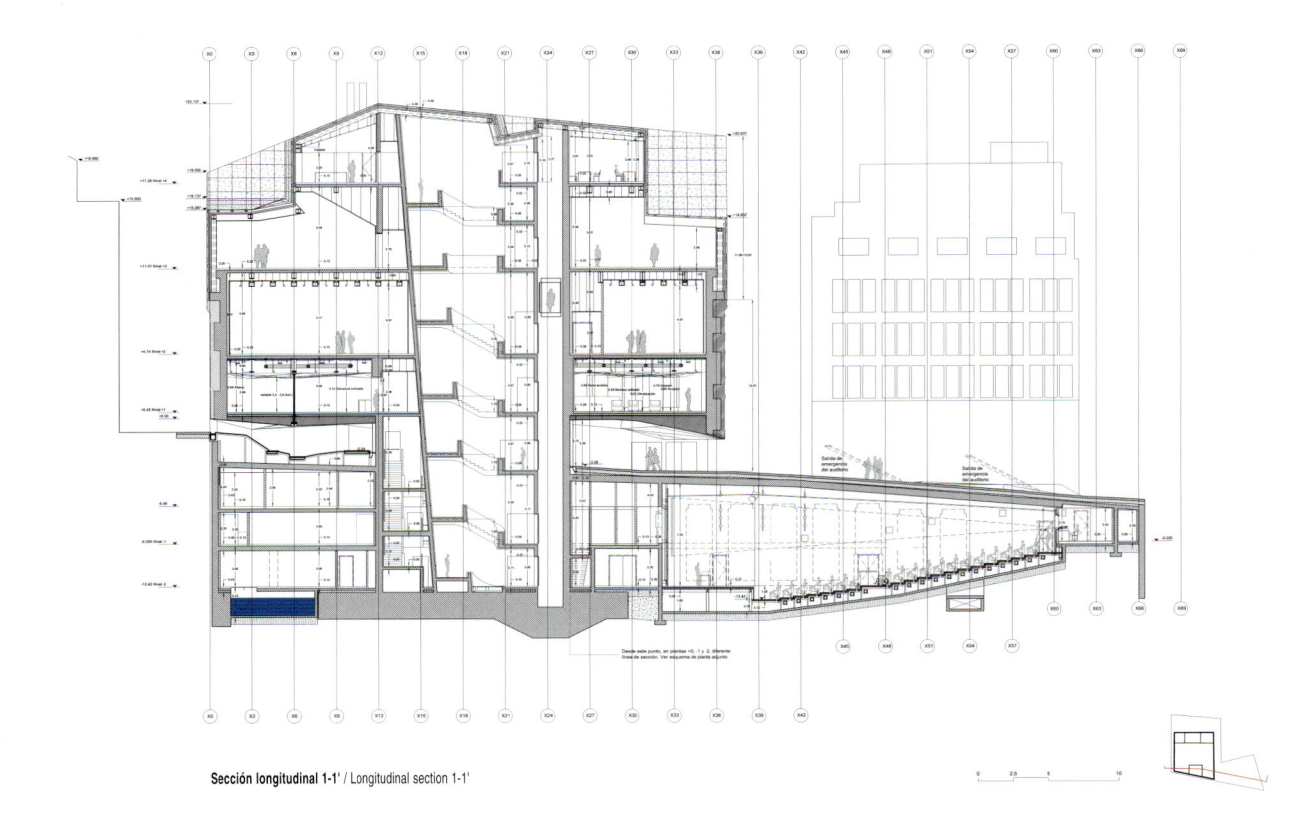

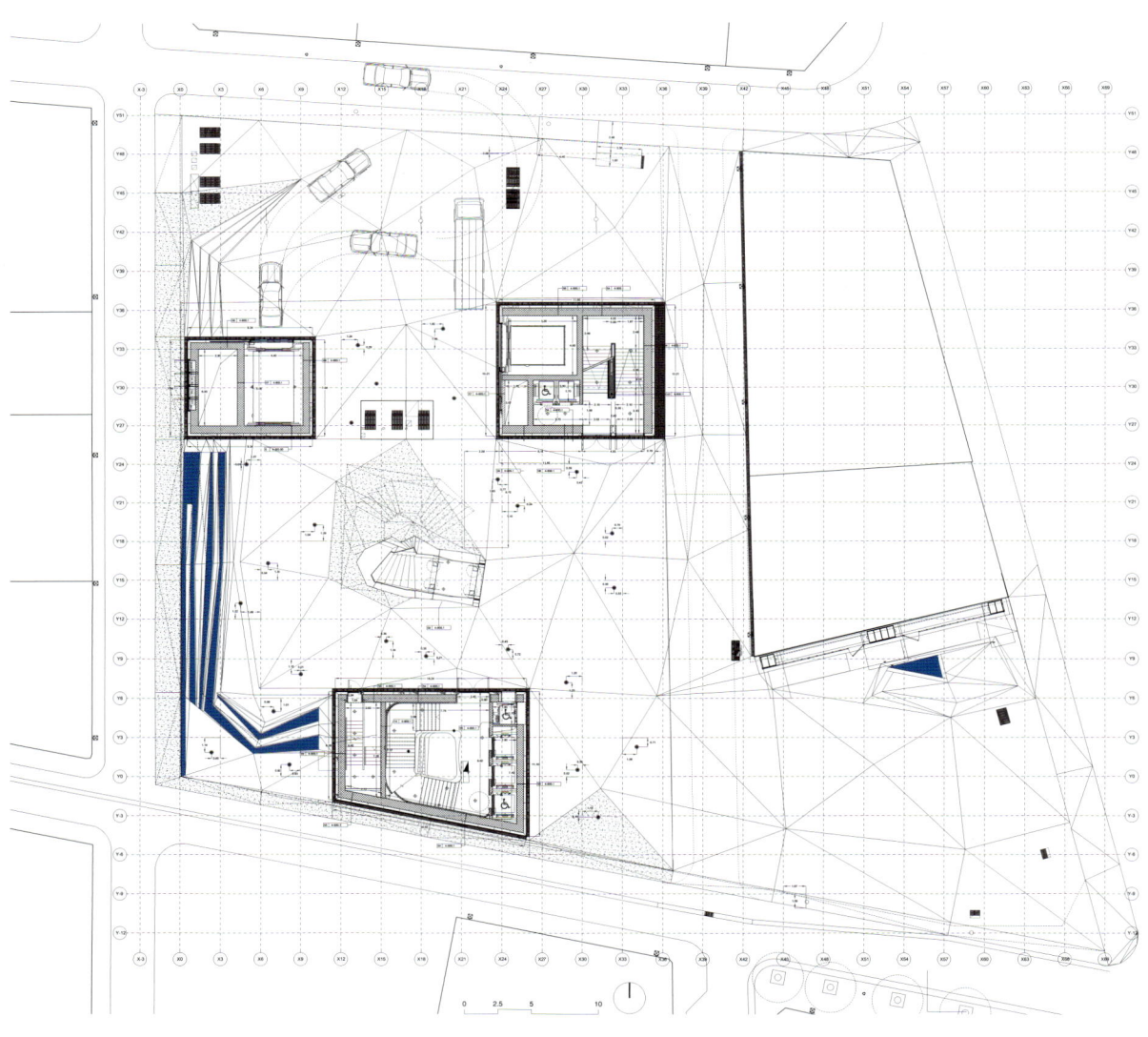

Sección longitudinal 1-1' / Longitudinal section 1-1'

Planta baja / Ground floor plan

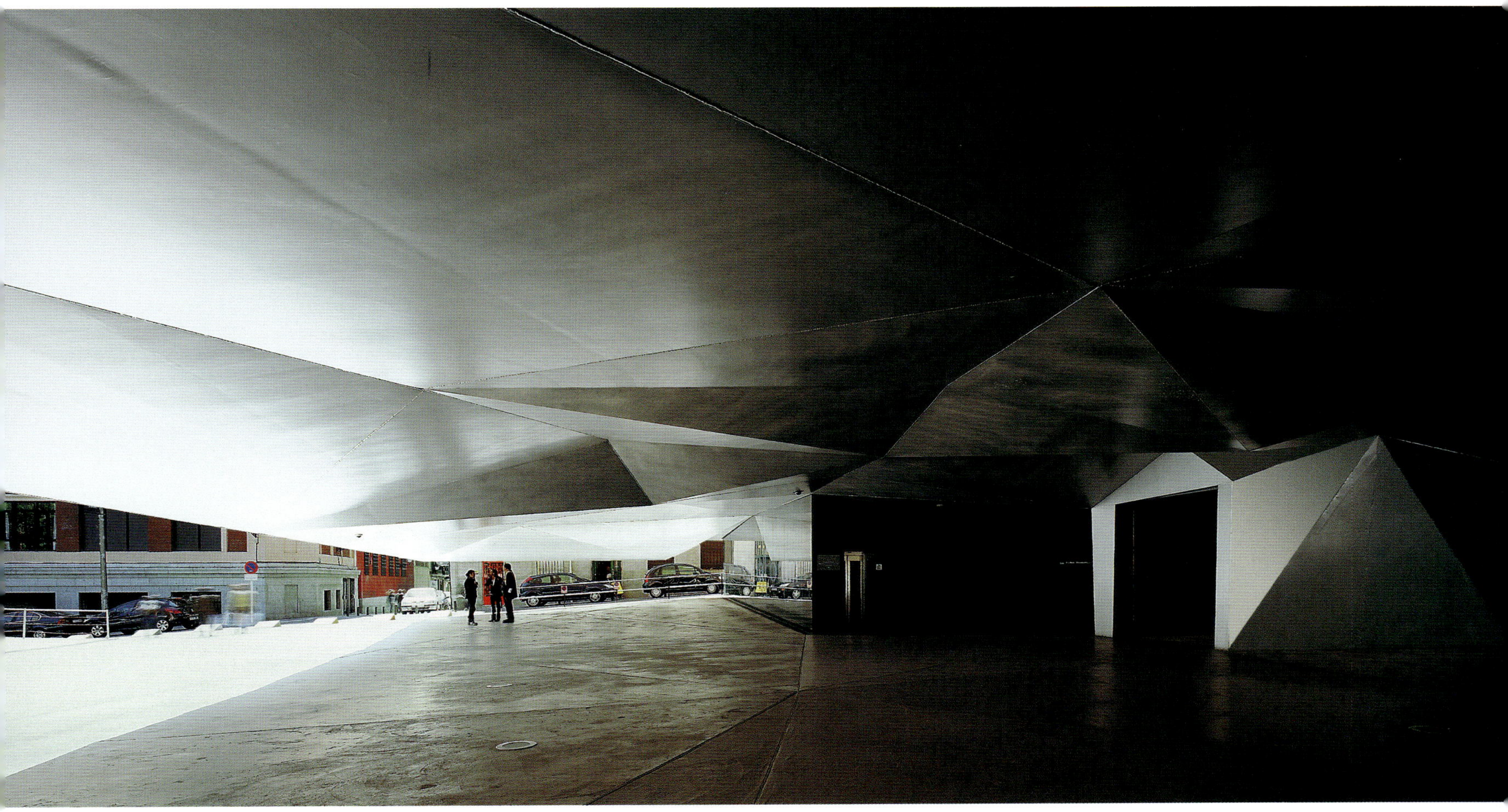

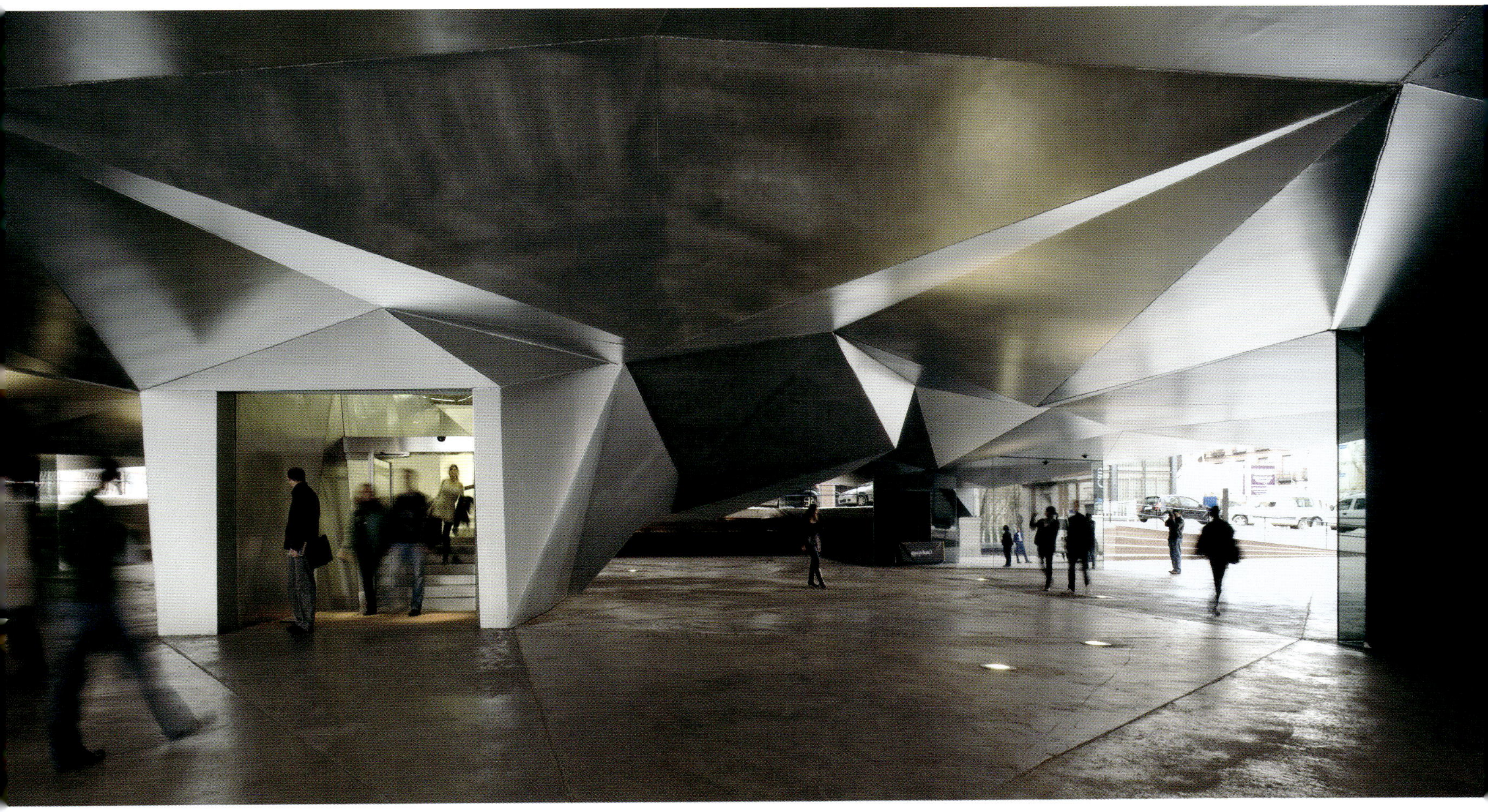

Planta segunda / Second floor plan

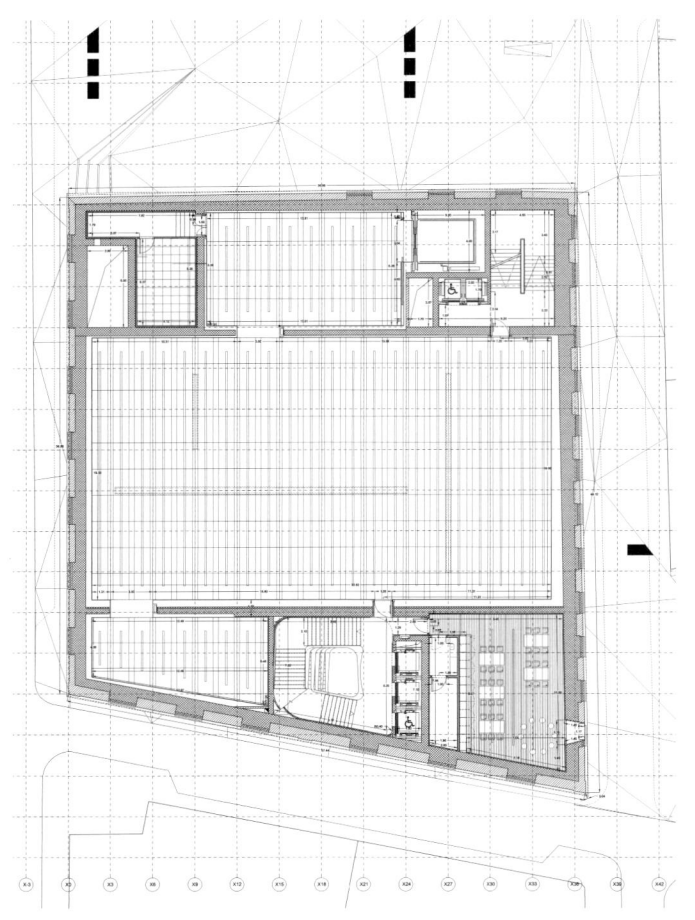

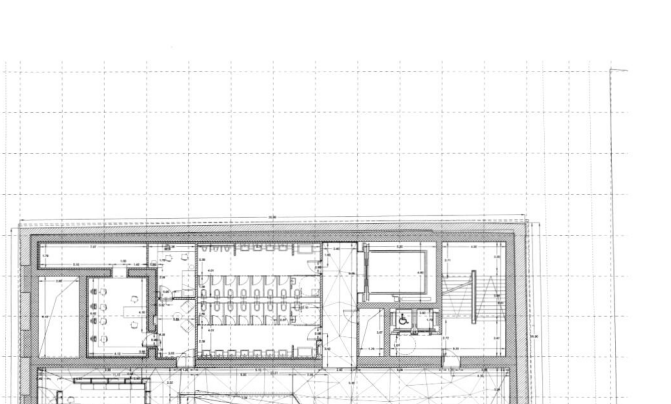

Planta cuarta / Fourth floor plan

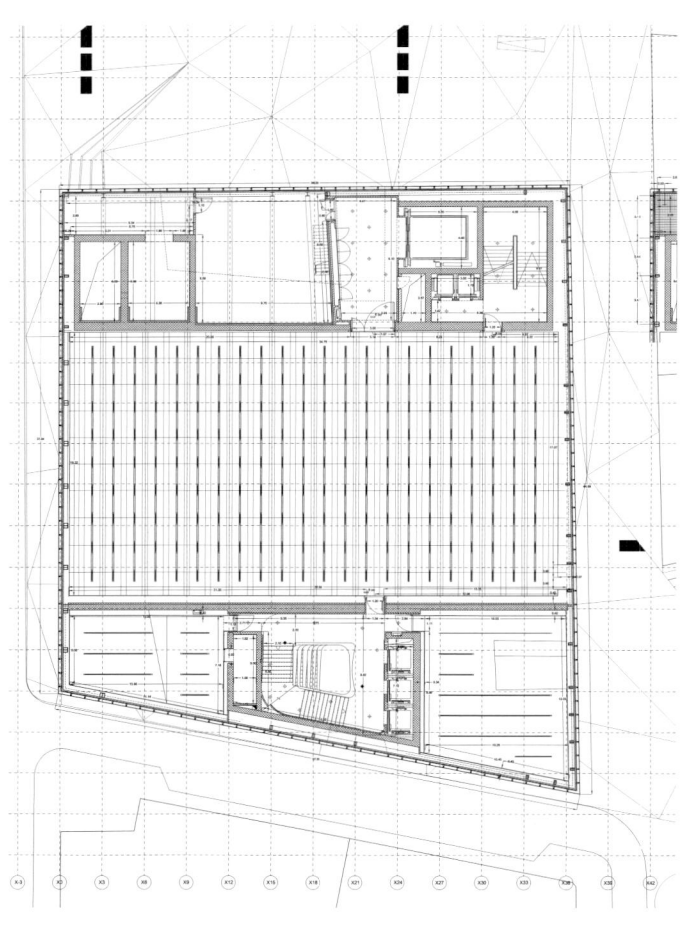

Planta primera / First floor plan

Planta tercera / Third floor plan

103

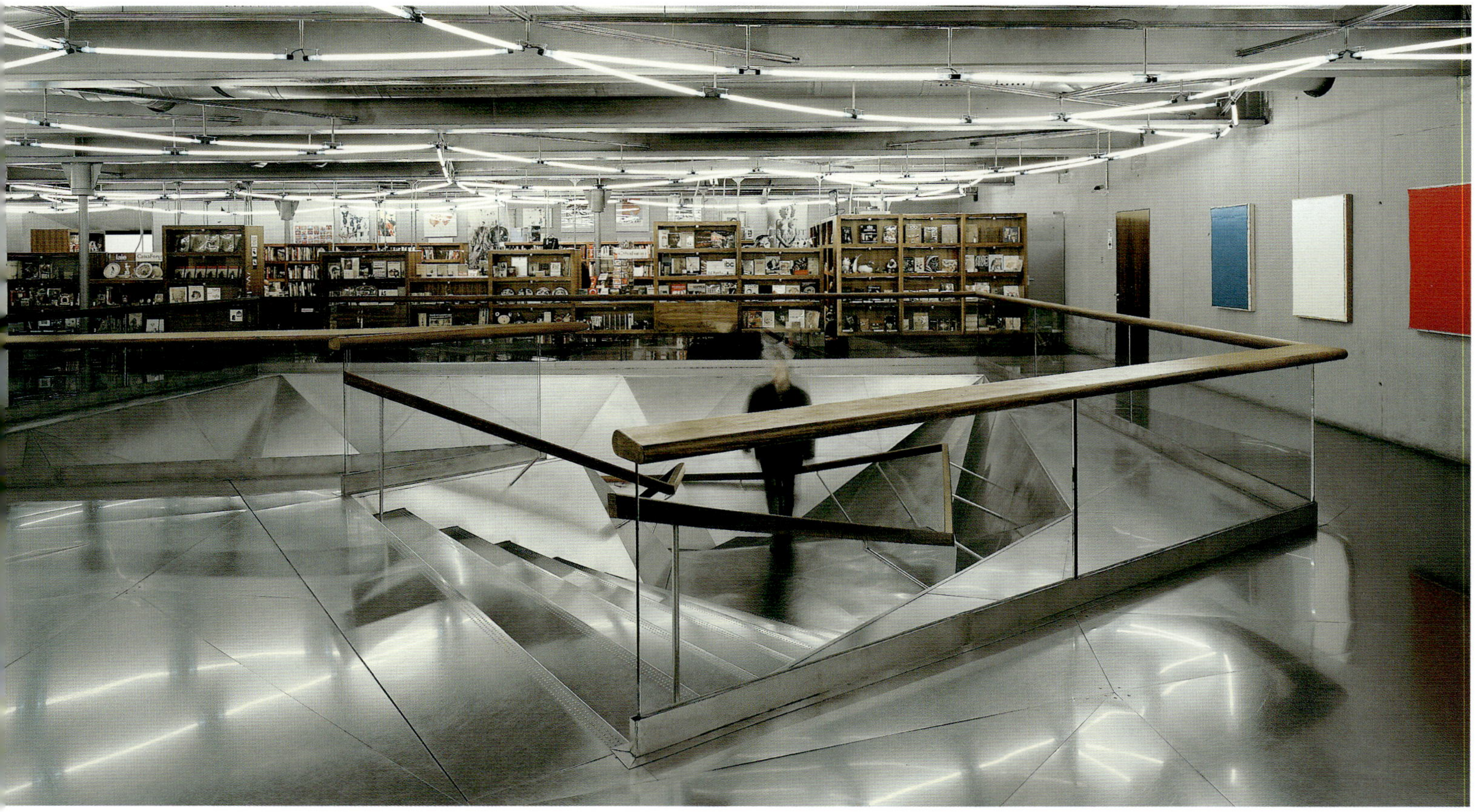

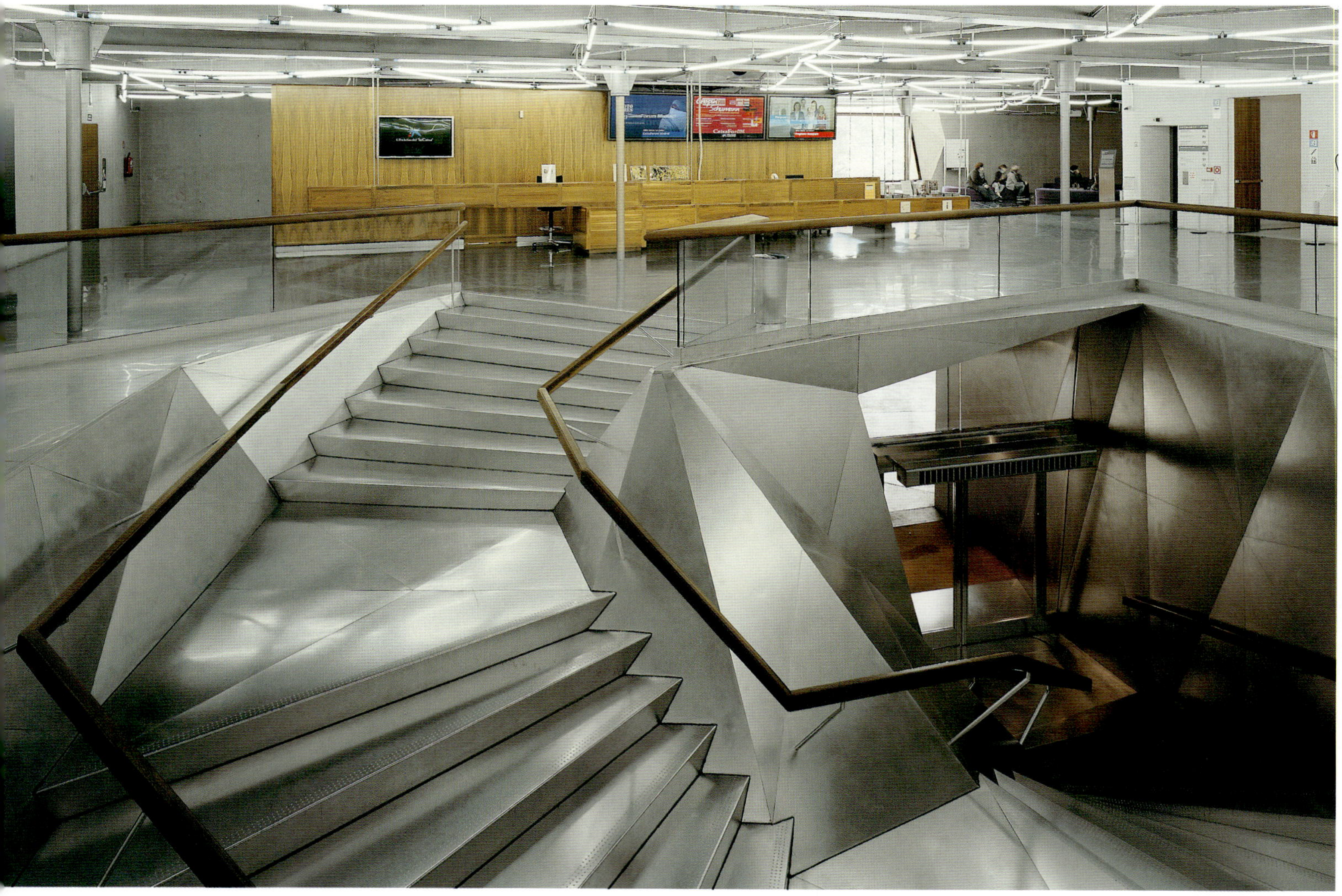

Sección transversal 5-5' / Cross section 5-5'

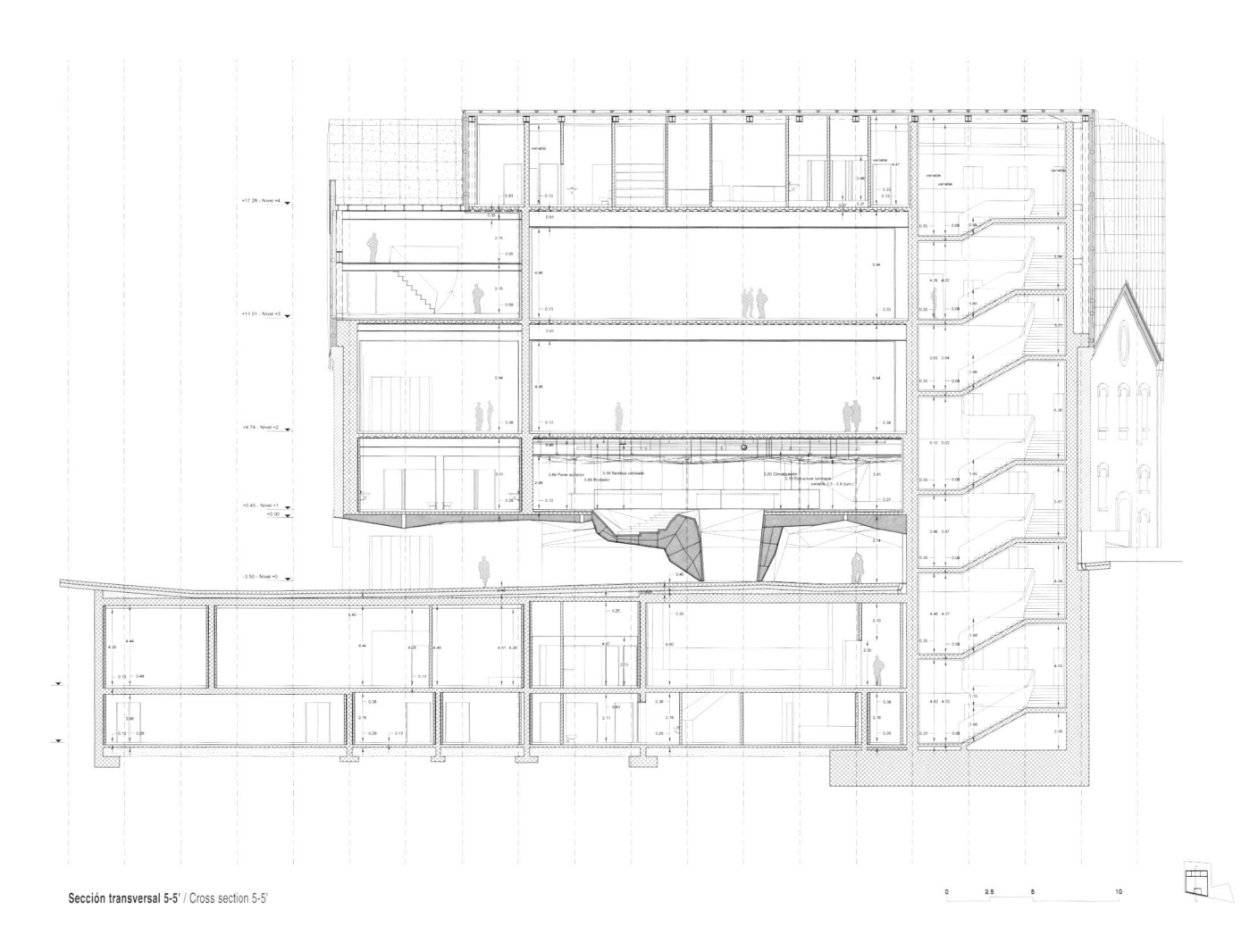

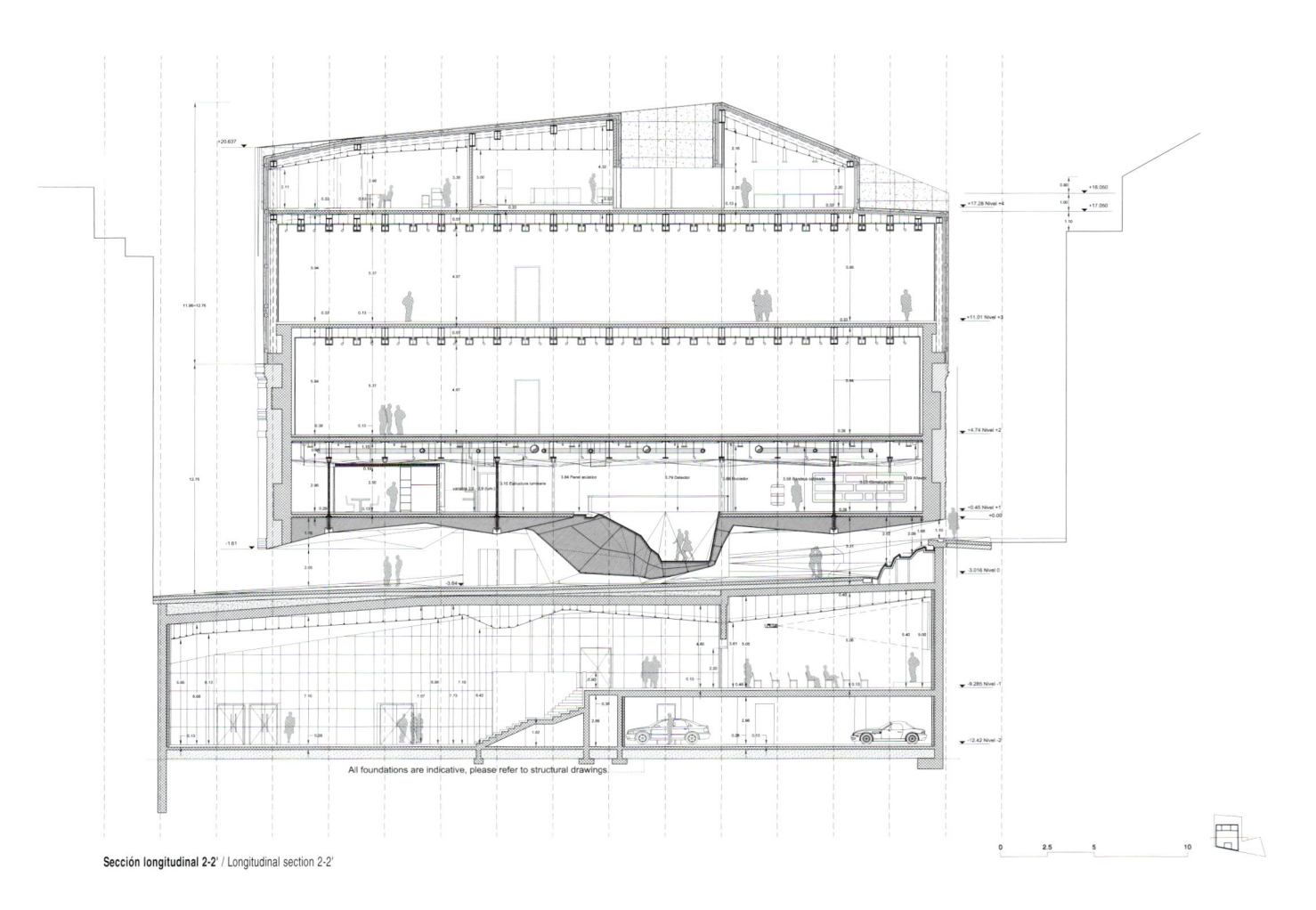

Sección longitudinal 2-2' / Longitudinal section 2-2'

106

Sección transversal 4-4' / Cross section 4-4'

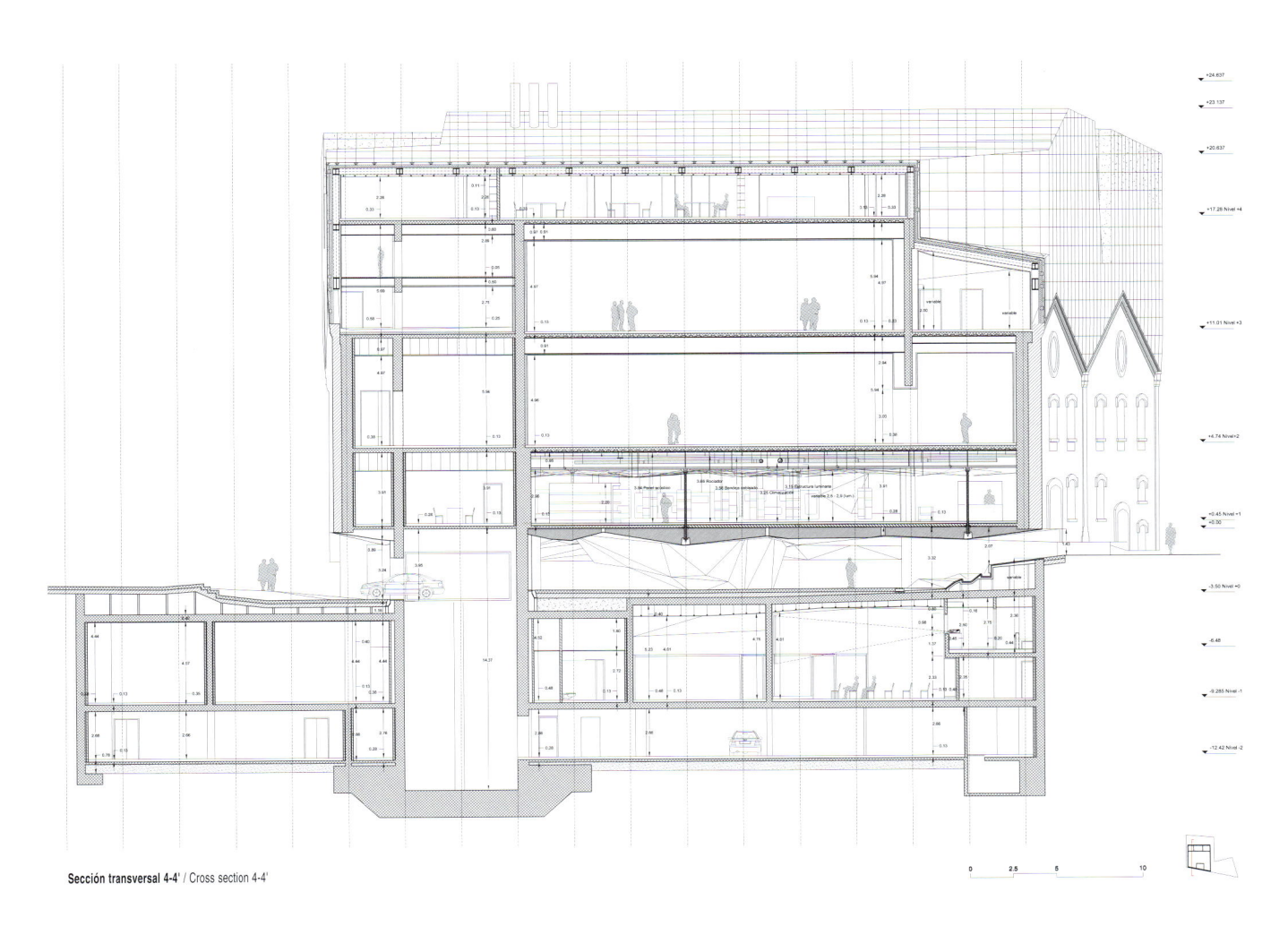

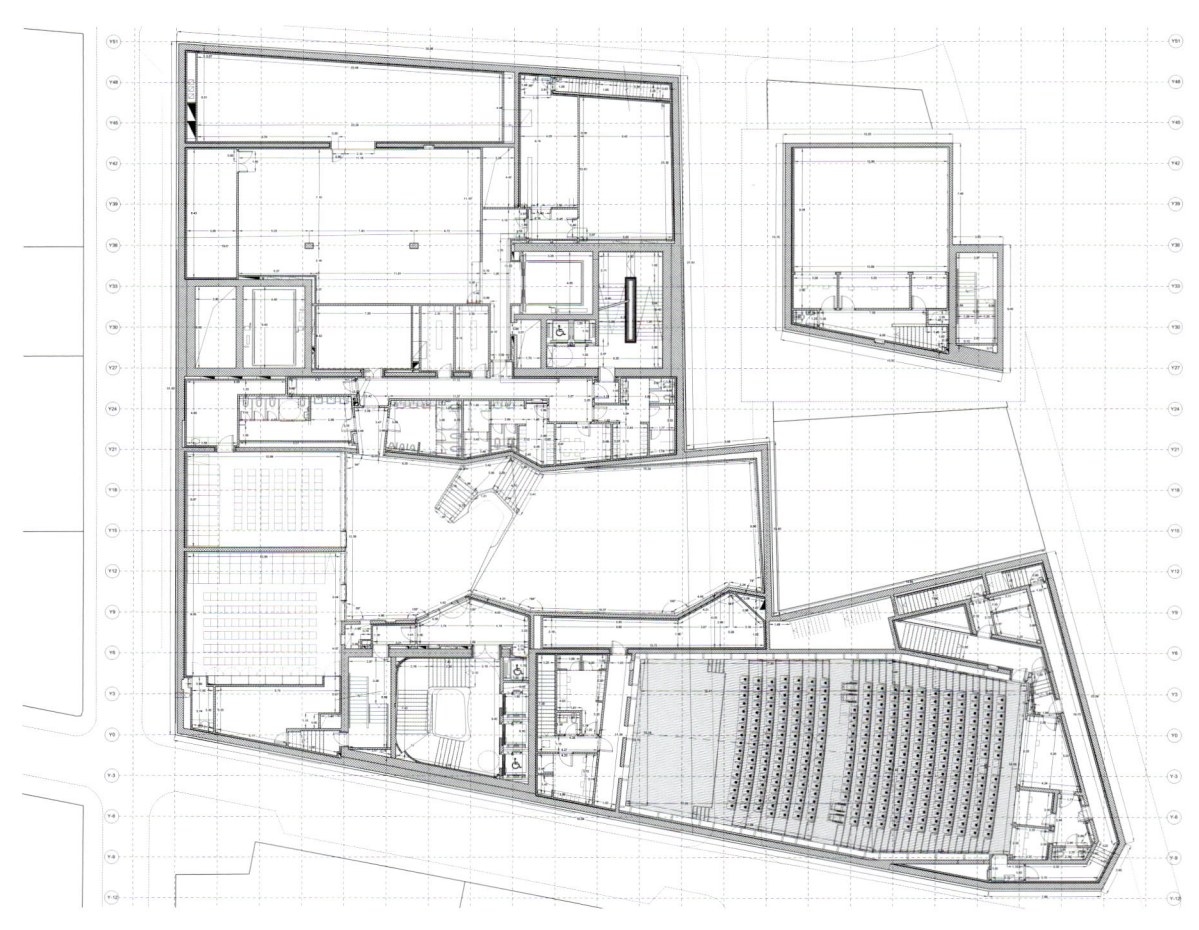

Planta primer sótano / First basement floor plan

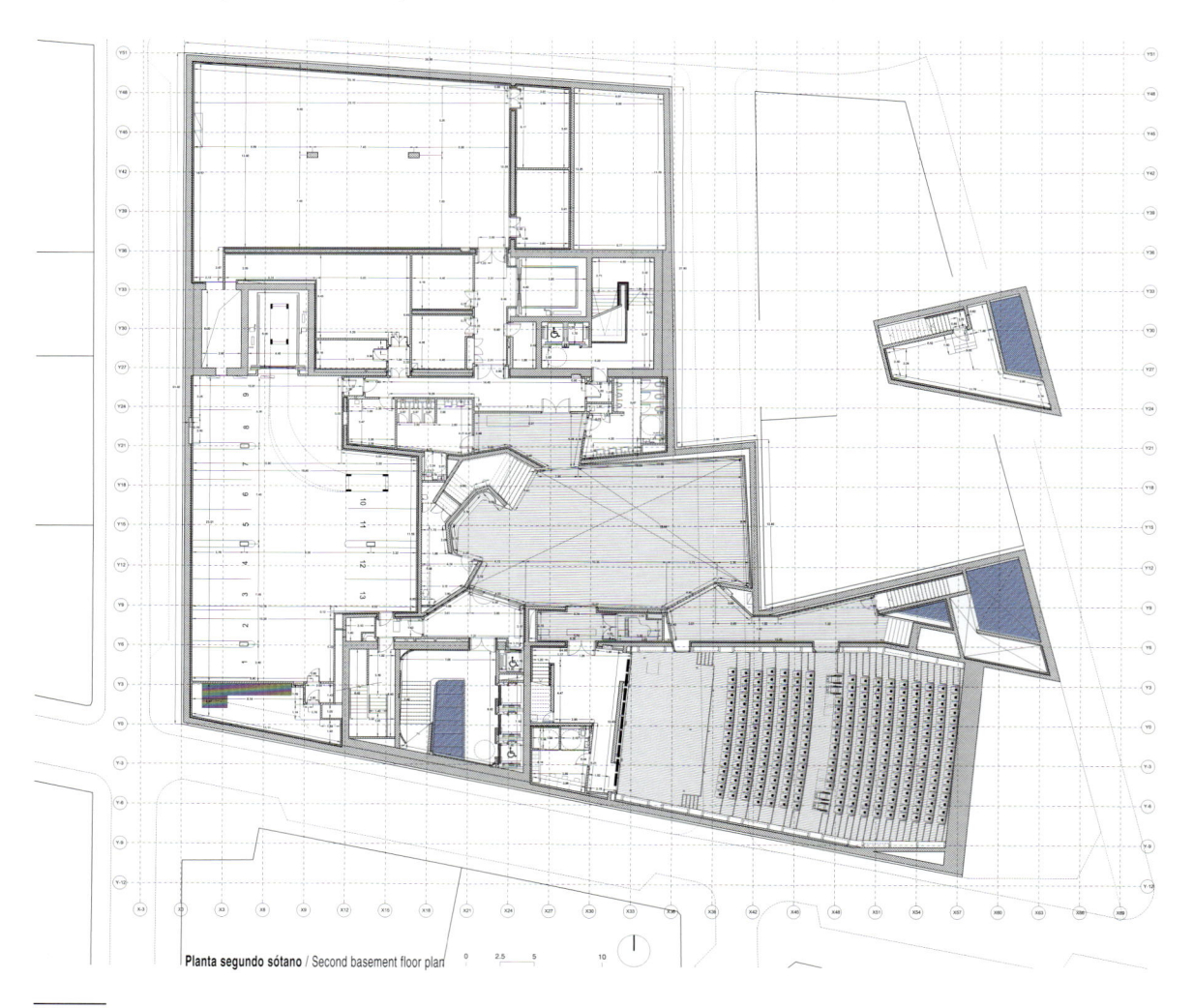

Planta segundo sótano / Second basement floor plan

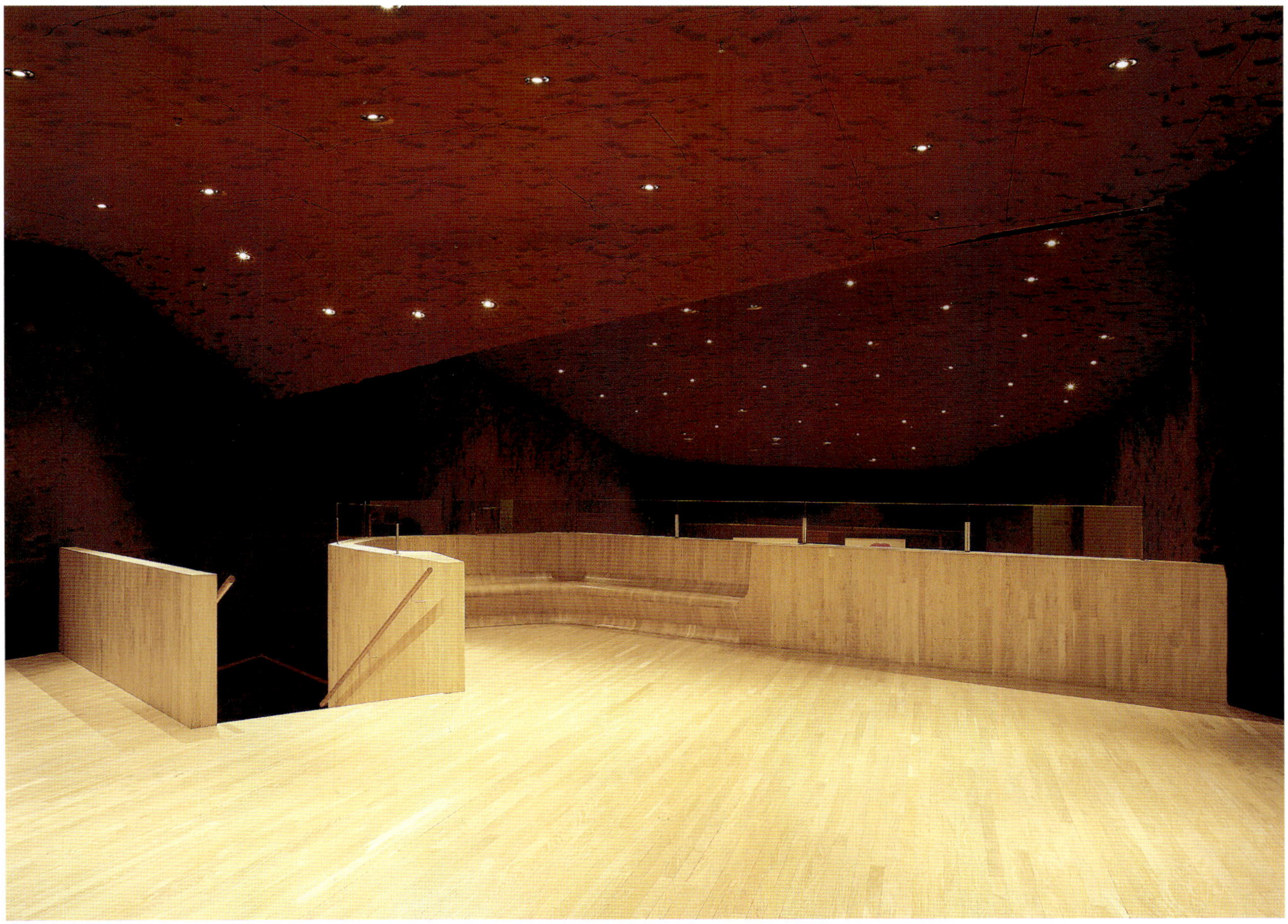

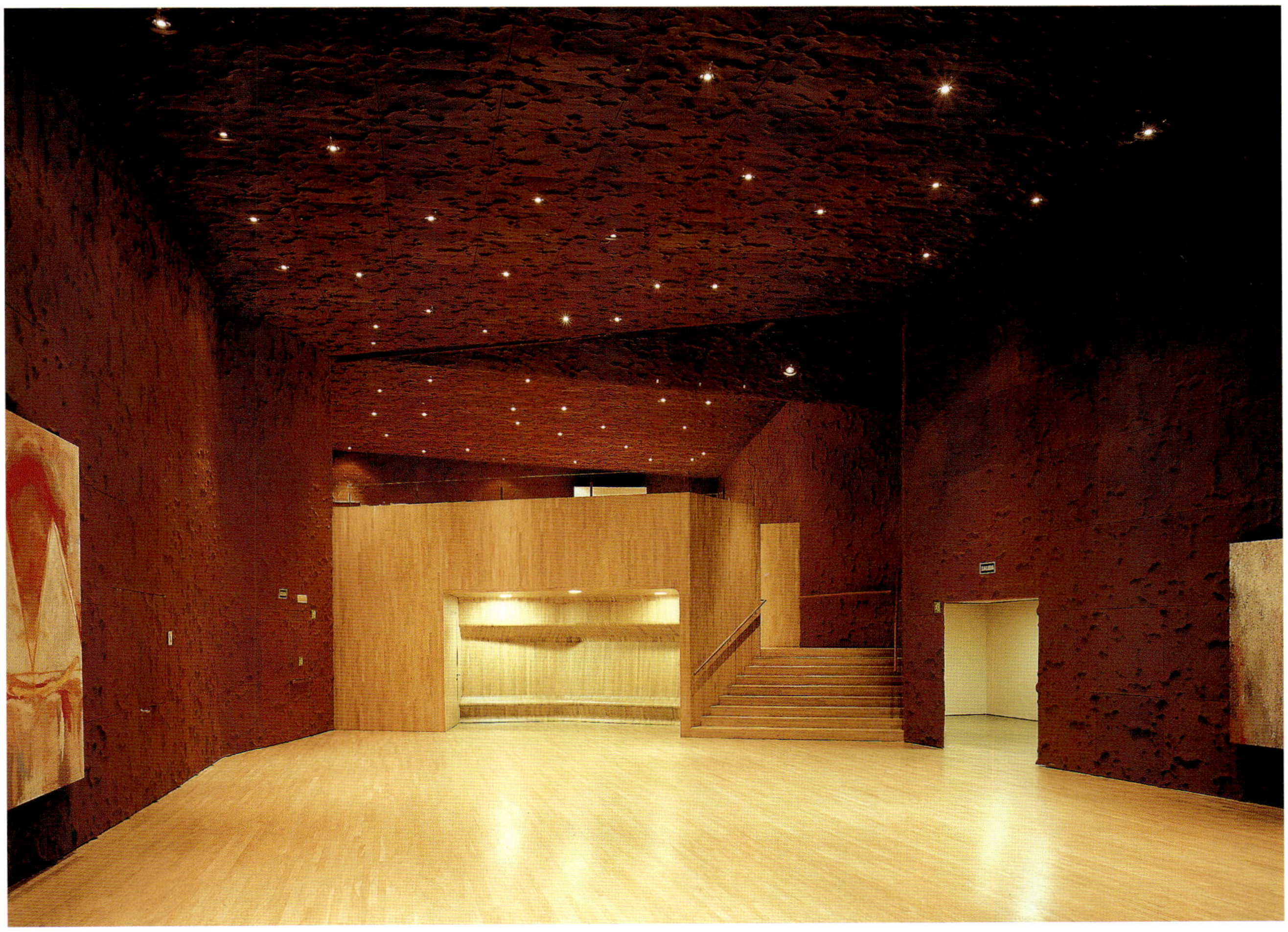

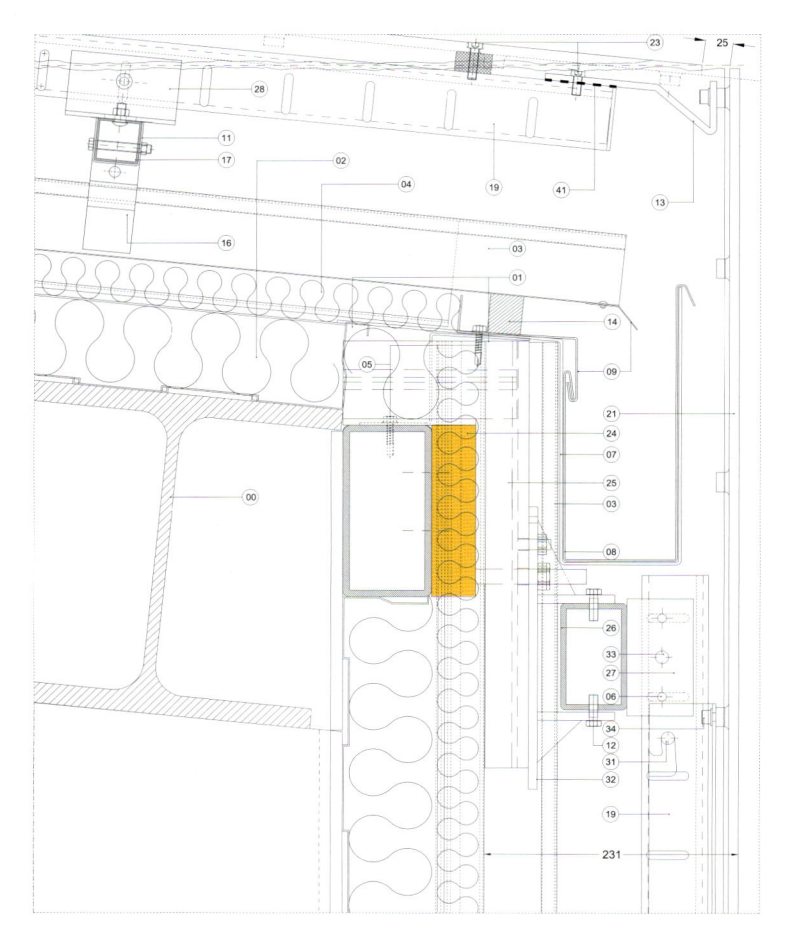

0	Estructura de hierro	0	Steel structure
1	Chapa de galvanizado	1	Galvanized sheet
2	Lana de roca de 80mm	2	80mm Rockwool
3	Chapa de inoxidable tipo Bemo 0.8 lacada negra mate	3	Stainless steel sheet Bemo 0.8 matte black enamel
4	Lana de roca de 40mm	4	40mm Rockwool
5	Autotaladrante DIN 7504 D=6.3	5	DIN 7504 self-tapping screws T=6.3
6	Tornillo DIN 603 M8x20+tuerca autobloc. inox 304	6	DIN 603 M8x20 bolt + 304 stainless steel self-locking nut
7	Fleje puntual fijación de canalón	7	Guttering attachment strips
8	Canalón	8	Guttering
9	Chapa refuerzo de vierteaguas	9	Downpipe reinforcement sheet
10	Tornillos DIN 933 M10 inoxAISI 304	10	DIN 933 M10 bolts in AISI
11	Neopreno	11	Neoprene
12	Tornillo DIN 933 M8x25 inox 304	12	DIN 933 M8x25 Bolt in 304 stainless steel
13	Chapa de 5mm inox-304	13	5mm 304 stainless steel sheeting
14	Espuma expansiva tipo Tecnobond, adhesiva a 1 cara	14	Tecnobond expansion foam, adhesive on 1 side
15	Perfil de aluminio (Gripi)	15	Aluminium strip (Gripi)
16	Grapa de inoxidable de 3mm de espesor	16	Stainless steel staple 3mm
17	Perfil de inoxidable de 2mm en forma de U con colisos de Ø8x15	17	2mm stainless steel U shape with Ø8x15 mounting holes
18	Tornillo allen DIN 912 M10x25 inox 304	18	DIN 912 M10x25 Allen bolt in 304 stainless steel
19	Perfil en forma de U de 2.5mm	19	2.5mm U shape
20	Tornillo DIN 933 M8x60 + tuerca autobloc. inox	20	DIN 933 M8x60 bolt + 304 stainless steel self-locking nut
21	Chapa de fundición	21	Cast metal sheet
22	Chapa de inoxidable AISI 304 de 0.8mm	22	0.8mm AISI 304 stainless steel sheeting
23	Tornillo DIN 7984 de inoxidable M8x40	23	DIN 7984 Allen bolt in M8x40 stainless steel
24	Macizo de hierro de 60x40	24	60x40 solid iron
25	Conjunto de U de 10mm de inox AISI 304 + viga IPE 140 de hierro soldado a taller	25	U set in 10mm AISI 304 stainless steel + IPE 140 steel beam welded, workshop welded
26	Tubo de inoxidable AISI 304 de 100x60x6	26	AISI 304 100x60x6 Stainless steel pipe
27	Pasamanos de inox de 110x60x4mm	27	110x60x4mm stainless steel handrail
28	Angulo de inoxidable AISI 304 de 4mm	28	AISI 304 4mm stainless steel angle
29	Arandela de EPDM	29	EPDM washer
30	Angulo de inox, en bruto de 3mm AISI 304	30	3mm AISI 304 stainless steel angle, untreated
31	Barilla roscada de M12 inox AISI 304	31	Threaded rod in M12 AISI 304 stainless steel
32	Composición de chapas de inoxidable de 8mm con cartelas de refuerzo de 12mm AISI 304	32	Composition stainless steel sheeting 8mm, with 12mm AISI 304 reinforcement brackets
33	Tornillo DIN 933 y tuerca 934 inox AISI 304 M12	33	DIN 933 bolt & nut in 934 AISI 304 M12 stainless steel
34	Tornillo DIN 912 de M8x18 inox AISI 304	34	DIN 912 bolt in M8x18 AISI 304 stainless steel
40	Banda de teflón	40	Teflon strip

Fachada. Detalle de sección vertical en canalón / Facade. Detail of vertical guttering section

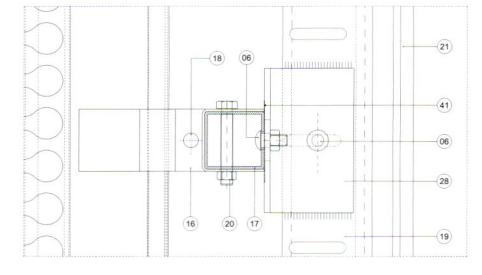

Detalle de sección vertical de grapa / Vertical section bracket detail

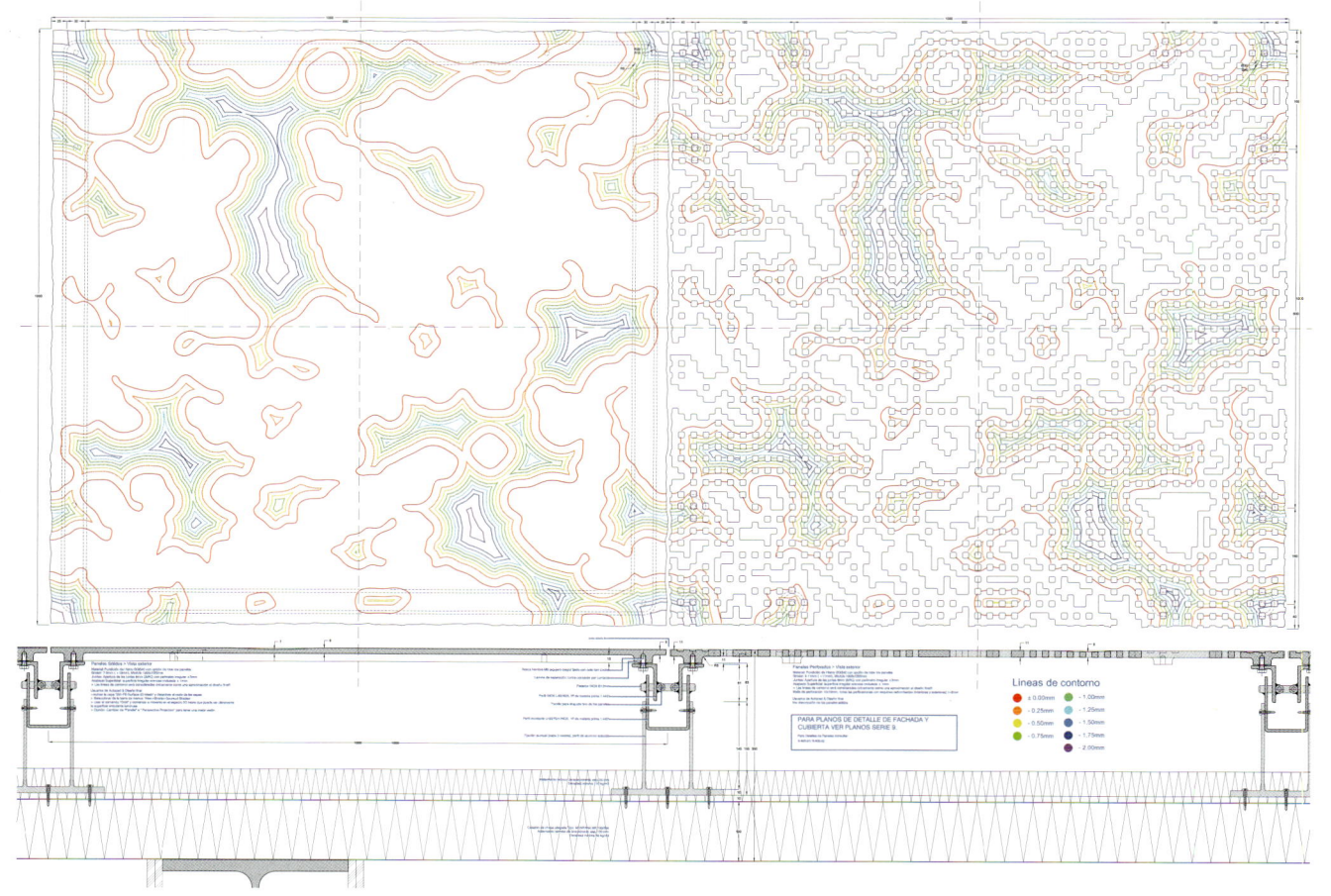

Detalle de fachada. Alzado chapa y sección horizontal / Facade detail. Panel elevation and horizontal section

↓↓ **Vista del patio interior en planta cuarta** / View of inner courtyard on fourth floor

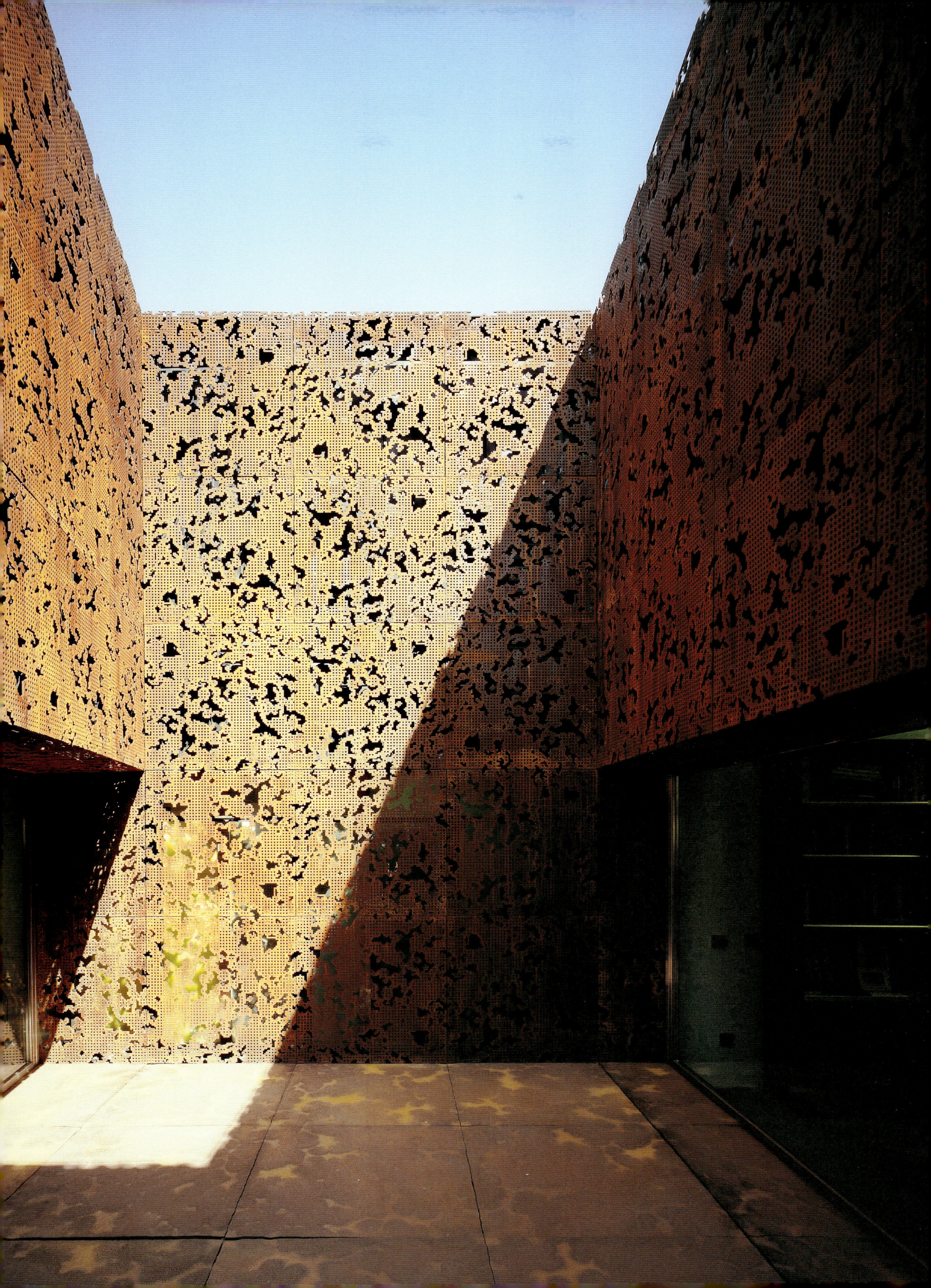

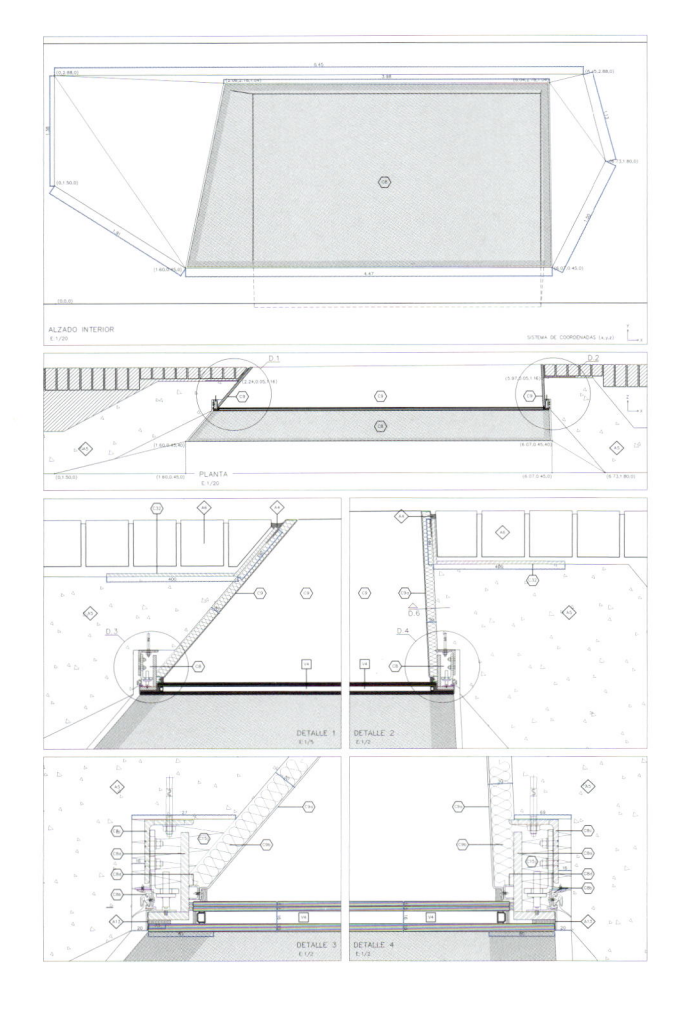

C8   Carpintería de acero inoxidable AISI 304
     con silicona estructural

C8a Pletinas de acero inoxidable AISI 304 soldadas
     en forma de 'L'. 50.10mm y 100.10mm

C8b Perfil de aluminio de nueva extrusión de cierre
     con obra civil con junta de EPDM labiada

C8c Precerco de anclaje formado por LPN 80.60.6
     en zonas verticales y 80.40.6 en zonas horizontales

C8d Chapa plegada en forma de 'U' soldada a carpintería
     para colocación de albardillas exteriores

C9   Embocaduras de chapa de acero oxidadas y barnizadas
     con barniz de poliuretano e=1.5mm de una sola pieza

C9a Embocaduras de chapa de acero oxidadas y barnizadas
     con barniz de poliuretano e=1.5mm

C9b Aislamiento de lana de roca pegado a la chapa
     para rigidizar e=30mm y D=100kg/m3

C32 Precerco de pletinas de acero galvanizado

C15j Relleno de borra de lana de roca

V4   Doble acristalamiento compuesto por vidrio exterior laminar
     6+6 ambos extraclaros

A4   Junta de silicona del mismo color que las juntas
     de fábrica de ladrillo

A5   Hormigón in situ

A6   Reconstrucción de fábrica de ladrillo exactamente
     igual a como estaba anteriormente

A7   Acabado de cartón yeso

A13 Banda elástica

A14 Clips de fijación inoxidables

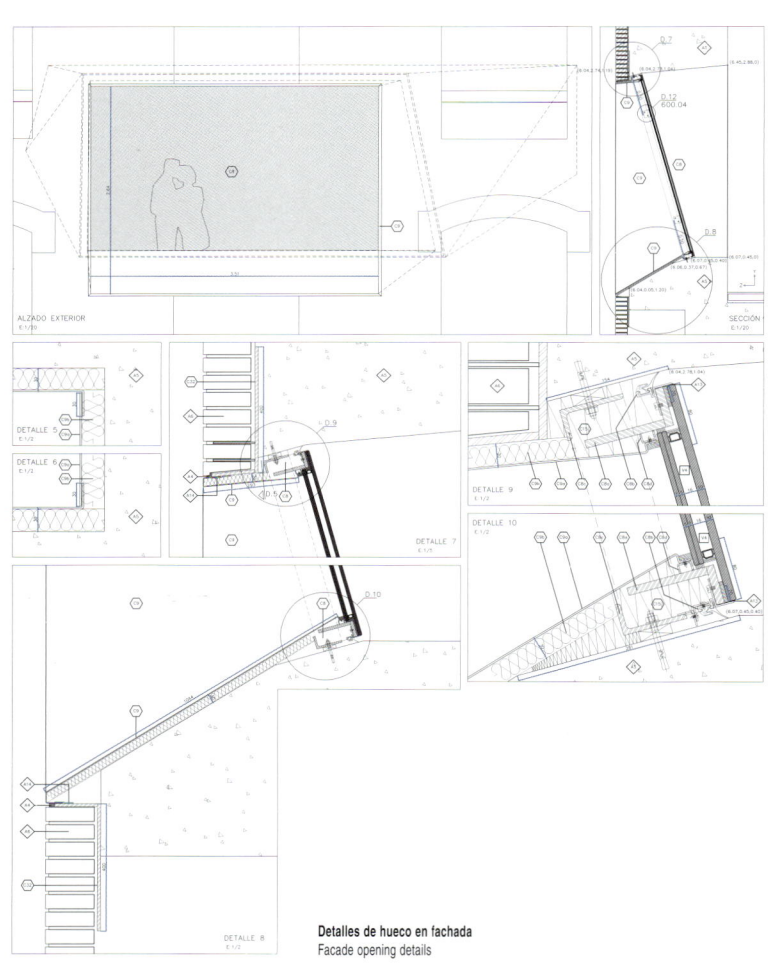

Detalles de hueco en fachada
Facade opening details

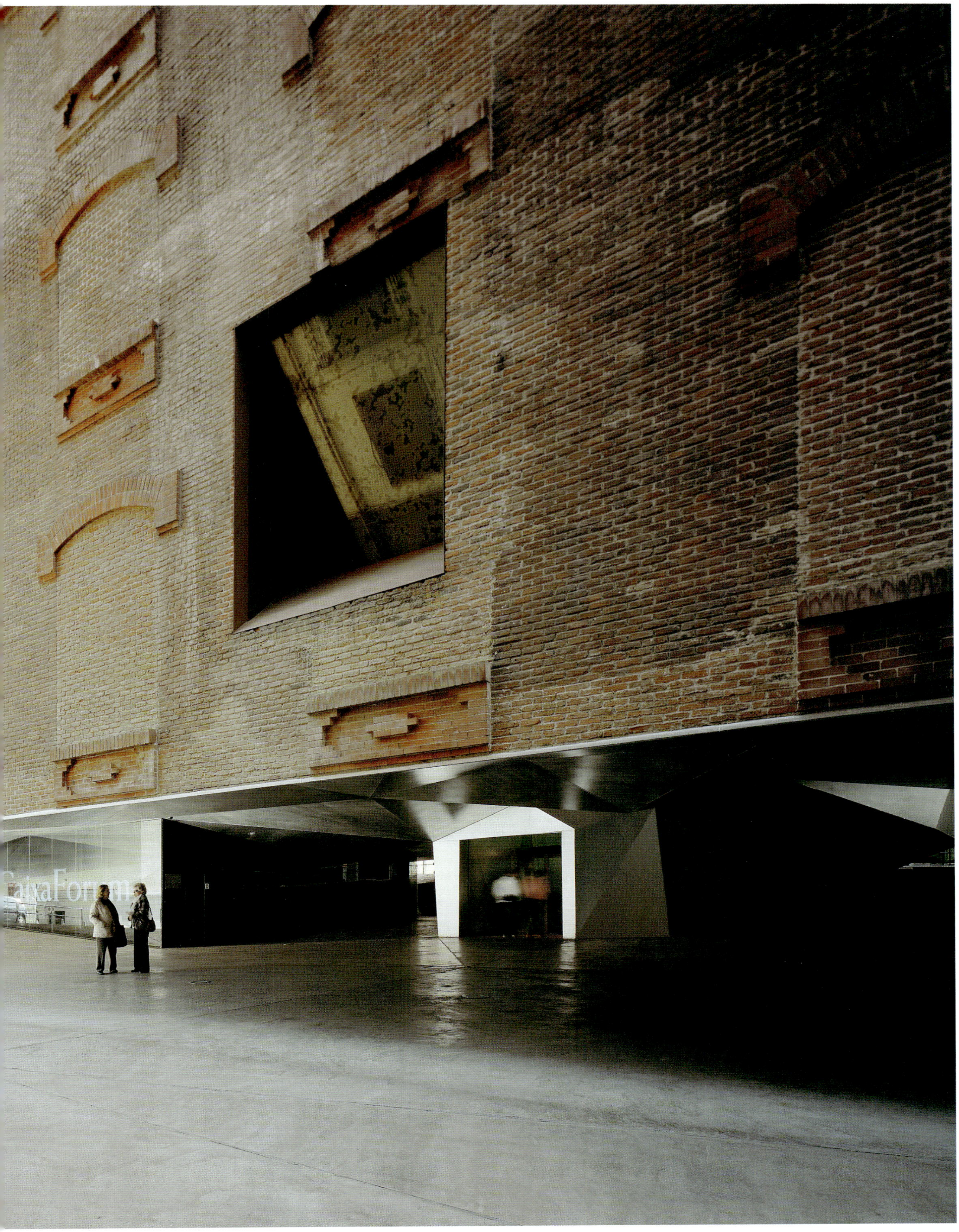
CaixaForum

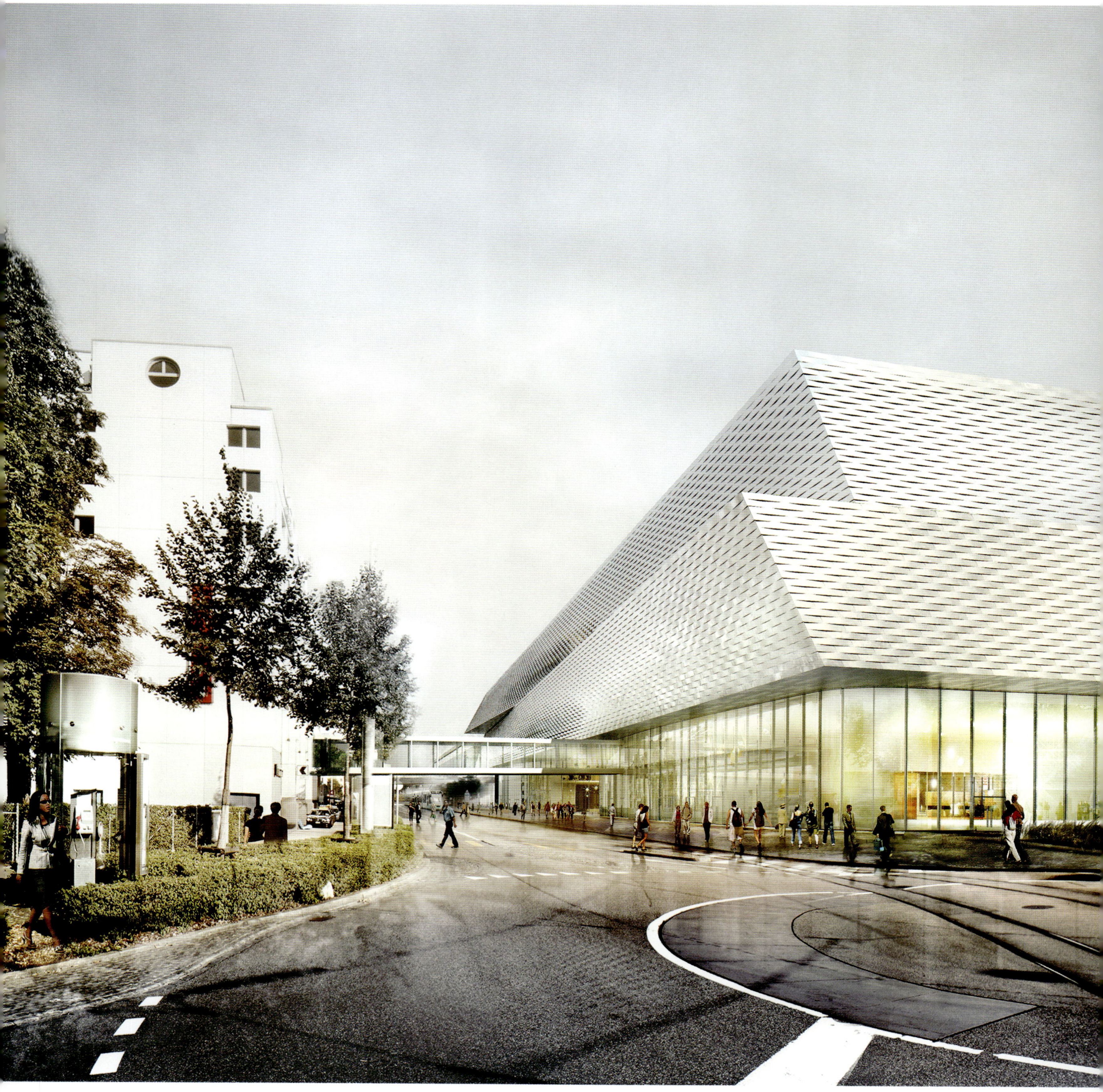

FERIAL DE BASILEA 2012
MESSEZENTRUM BASEL 2012

SUIZA
BASEL, SWITZERLAND 2004-

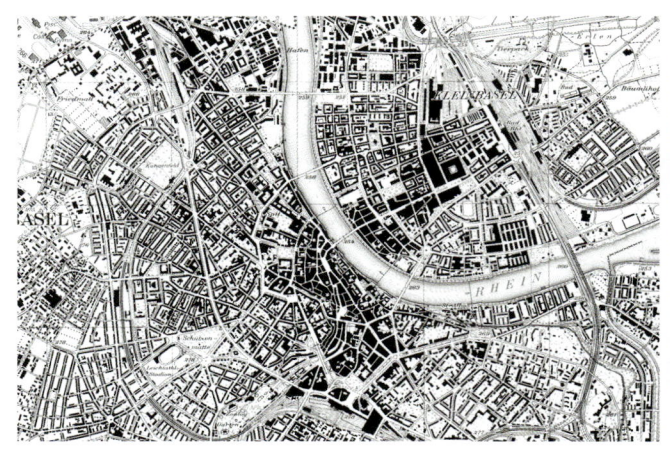

Emplazamiento. Basilea, 2002 / Location. Basel, 2002

Feria de Basilea, 1917 / Messe Basel,1917

Teniendo en cuenta la gestión de la Feria de Basilea, concentrar los pabellones de exposición alrededor de la Messeplatz es el objetivo clave del futuro desarrollo del recinto
In the view of the Messe Basel management, concentrating exhibition halls around the Messeplatz is the key entrepreneurial aim in the further development of
ferial. Construir la torre de la Feria y reemplazar el Pabellón 1 por un edificio ultramoderno con condiciones expositivas óptimas son las primeras actuaciones de esta estra-
the Messe Basel. Building the Messe tower and replacing Hall 1 with an ultra-modern building and optimum exhibition areas were the first components in this
tegia, que continuará con la construcción de nuevos pabellones.
strategy, which is continuing with the construction of the new halls.
La concentración de usos expositivos es asimismo un tema importante de planeamiento urbano para el desarrollo de Kleinbasel (el área central de Basilea) con la finali-
This concentration of exhibition centre use is also an important urban planning matter for the development of Kleinbasel, aimed at recovering outlying exhibi-
dad de recuperar los espacios periféricos de exposición de la zona de la actual Estación Alemana para la construcción de apartamentos, oficinas y pequeños negocios, al
tion spaces on the present Deutsche Bahn (German Railways) area for apartments, offices and small businesses while at the same time upgrading the Messeplatz
tiempo que se actualiza la Messeplatz como punto focal del centro.
as a focal point in Kleinbasel.

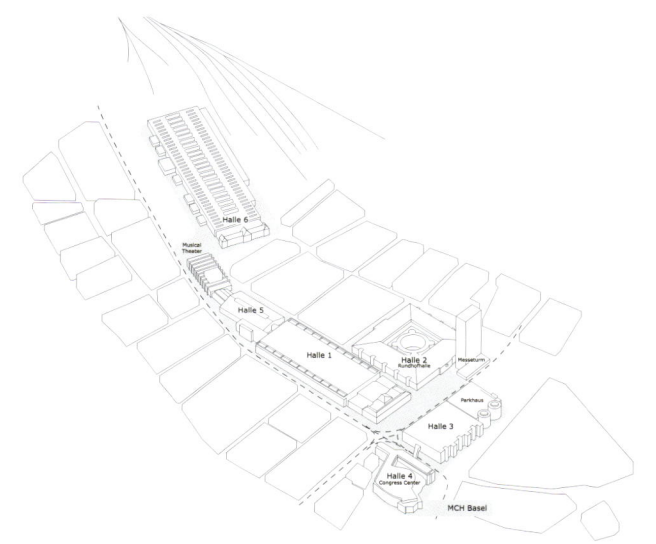

Situación urbana existente en la Messeplatz en 2004 / Urban situation at Messeplatz 2004

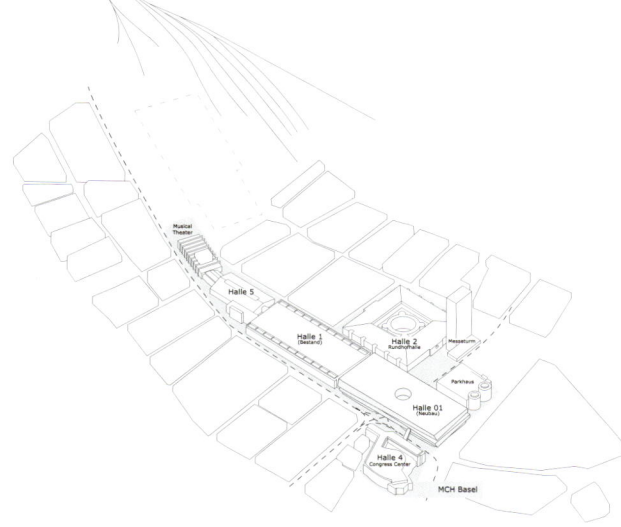

Propuesta de nuevo salón de exposiciones / New exhibition hall proposal

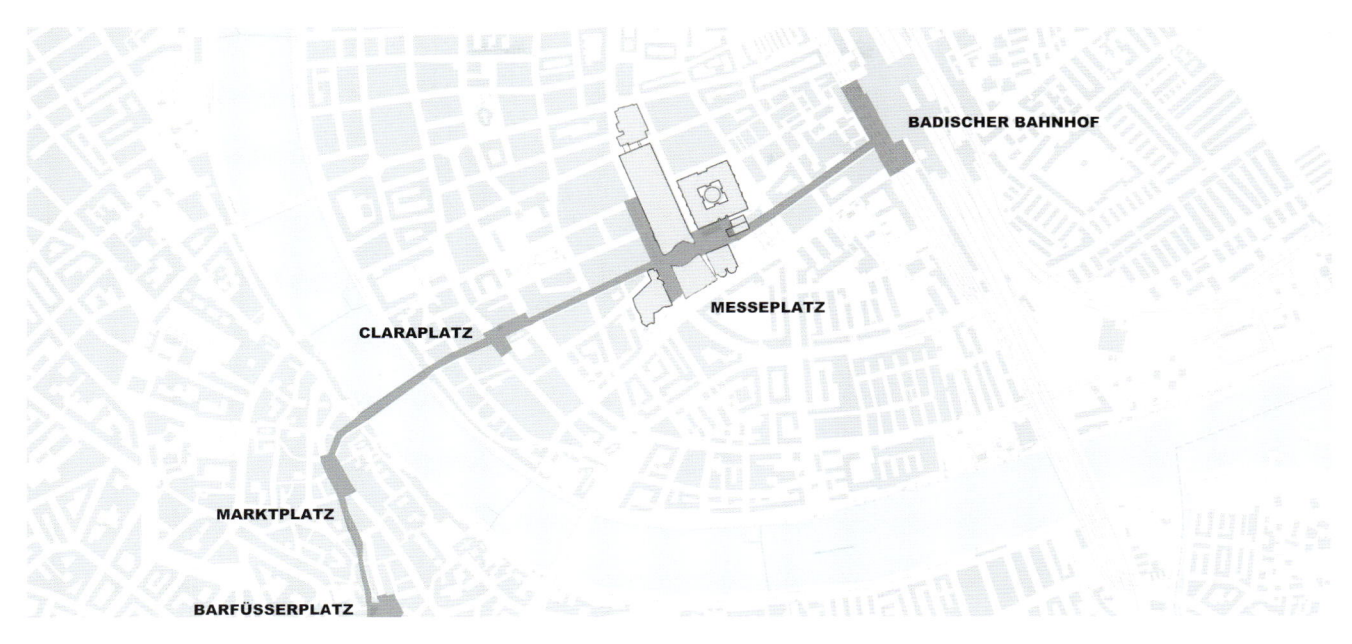

Corredor urbano de conexión entre las plazas significativas de Basilea / Urban corridor linking Basel's Major Plazas

Para alcanzar estos objetivos empresariales y urbanos de concentrar la Feria y al tiempo asegurar la permanencia en Basilea de la Feria Mundial de Relojería y Joyería,
To achieve this both entrepreneurial and urban planning aim of concentrating the Messe and at the same time ensuring that the Watch and Jewellery Fair stays
deben reemplazarse dos de los pabellones localizados en la Messeplatz (el Pabellón 1, en el frente, y el 3). Estos edificios no pueden satisfacer los actuales requerimien-
in Basel, two halls located on the Messeplatz must be replaced (Hall 1 at the front and Hall 3). These halls no longer fulfil modern exhibition requirements in
tos de los montajes expositivos por altura de techos, luces entre pilares o resistencia de forjados. Es importante que todos los pabellones estén conectados entre sí para
respect of ceiling heights, column spacing or load bearing capacity of the floors. It is important that all the halls are interconnected to ensure flexibility for the
garantizar su flexibilidad de cara a diversos tipos de eventos. También deben preverse aparcamientos en las inmediaciones.
various events. Car parking facilities in the vicinity must further be retained.

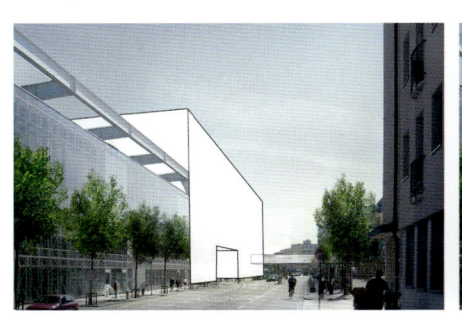

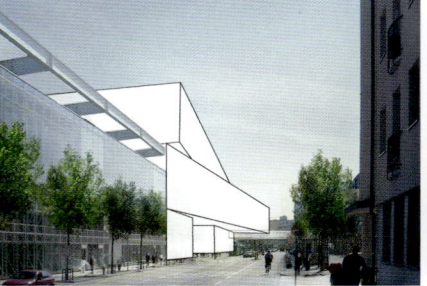

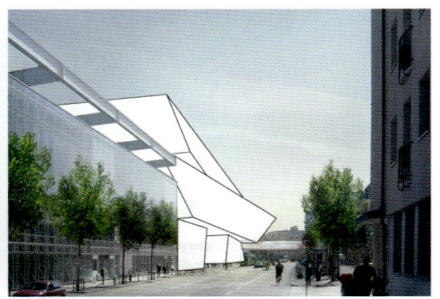

Paso 1. Crear tres niveles distintos para responder a la escala humana / Step 1. Create three distinct levels to relate to the human scale

El nuevo pabellón es una ampliación de tres plantas del Pabellón 1 a lo largo del Riehenring, que cruza la parte sur de la Messeplatz. Este elemento clave desde el punto de vista de la arquitectura y el planeamiento urbano es un edificio abierto, iluminado desde arriba. Teniendo en cuenta la amplia variedad de usos y actividades que tendrá, lo hemos bautizado como Salón de la Ciudad. Además de acoger eventos albergará restaurantes, tiendas, un punto de venta de entradas, etcétera, que podrán estar abiertos cuando no se celebren ferias. Es una zona pública cubierta, quizá comparable a una estación de ferrocarril o a un mercado, materializada con un lenguaje moderno y que animará la Messeplatz con la mezcla de público internacional y local, los visitantes que acudan a las ferias y un ambiente callejero. Este pabellón abierto no sólo marcará la entrada al recinto ferial, sino que se convertirá en un punto neurálgico de Clarastrasse, la principal calle comercial de Kleinbasel.

The new hall is a three-storey extension of Hall 1 alongside the Riehenring which bridges the south part of the Messeplatz. The key architectural and urban planning element is an open hall, illuminated from above. In view of the wide range of uses and activities that are to take place here, we have named new the hall the City Lounge. It will be used for events and features restaurants, shops, ticket corner, etc. that will also be open at times when there is no exhibition. It is a covered public area, perhaps comparable to a railway station concourse or indoor market, realized in a modern design language. It is intended that the mix of international and local public, exhibition visitors and street culture will significantly enliven the Messeplatz. The open hall therefore not only marks the entrance to the fairs, but is also intended to become a focal point of public life on the Clarastrasse, the main shopping street in Kleinbasel.

Durante el otoño, el pabellón parcialmente cubierto creará una atmósfera fascinante, con pequeños corredores o espacios protegidos de las inclemencias del tiempo.
During the autumn fair, the partially covered hall will create a fascinating atmosphere, offering smaller aisles or booths protection from the elements.

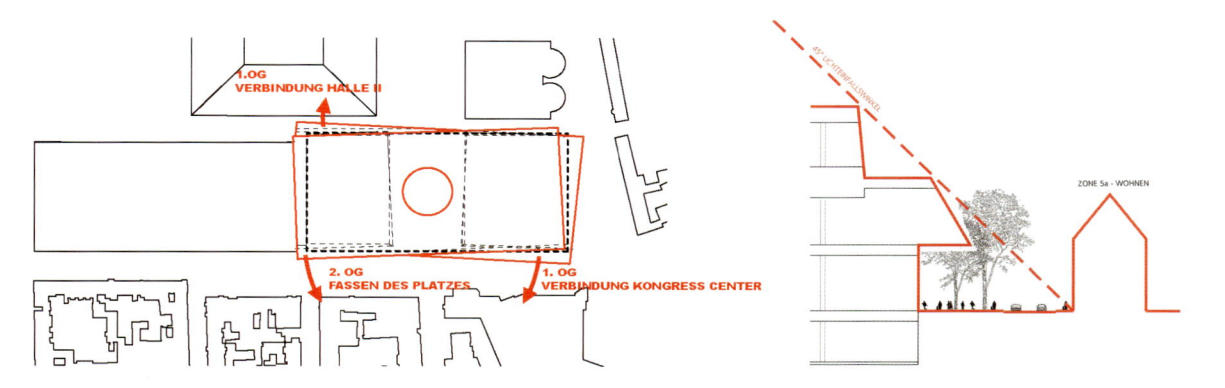

Paso 2. Desplazar niveles en planta
Step 2. Shift levels in plan

Paso 3. Inclinar los planos de fachada para permitir la entrada de la luz a los edificios vecinos
Step 3. Twist facade planes to allow natural light to reach the adjacent buildings

El nuevo pabellón apenas interferirá en los usos de la actual plaza; por ejemplo, todas las actividades que actualmente se celebran en este lugar podrán continuar teniendo lugar allí en el futuro. Lo que cambiará son las proporciones de la Messeplatz. El rectángulo alargado que más o menos se topa con Clarastrasse sin una delimitación clara se convertirá en una auténtica plaza. El nuevo pabellón crea una secuencia clara, perfectamente definida y fácil de seguir entre los elementos urbanos de Clarastrasse, El Salón de la Ciudad, la Messeplatz y Rosentalanlage.

The new hall will scarcely encroach upon the publicly used area of the present plaza, i.e. all activities that currently take place on the site can continue to do so in the future. What will change, though, are the proportions of the Messeplatz. The elongated rectangle which more or less runs into the Clarastrasse without any noticeable demarcation will almost become a square. The new hall creates a clearly demarcated, easy-to-follow sequence beween Clarastrasse/City Lounge/Messeplatz/Rosentalanlage.

La Messeplatz es un recinto peatonal y ciclista. Junto con Rosentalanlage se convertirá en la zona central exterior del distrito de la Feria, que es también un barrio que cuenta con una gran zona residencial. La calle que se abrirá entre el nuevo pabellón y el aparcamiento de varias plantas existente procura un nexo peatonal entre la Messeplatz y la zona residencial adyacente que conforman las calles de Riehenstrasse / Peter Rot-Strasse en dirección este. Se crea además una nueva conexión este-oeste a través de la plaza, integrando precisamente la Messeplatz en el barrio y reactivando toda esta zona.
The Messeplatz is a pedestrian and cyclist precinct. Together with the Rosentalanlage, it will become the central external area of the Messe district which is also a large residential area. A new 'lane' between the new hall and existing multi-storey car park provides pedestrians with a link between the Messeplatz and the adjacent residential area (Riehenstrasse / Peter Rot-Strasse) to the east. In a way, this new lane is a continuation of Isteinerstrasse. A new east-west connection is therefore created across the plaza, integrating the Messeplatz into the quarter and enlivening the area.

Idealmente, los pabellones expositivos deben ser tan espaciosos como sea posible, de forma rectangular, con grandes luces y techos en torno a 10 metros de altura.
Ideally, exhibition halls should be as spacious as possible, rectangular in layout with wide spans and ceiling heights of around 10 m.

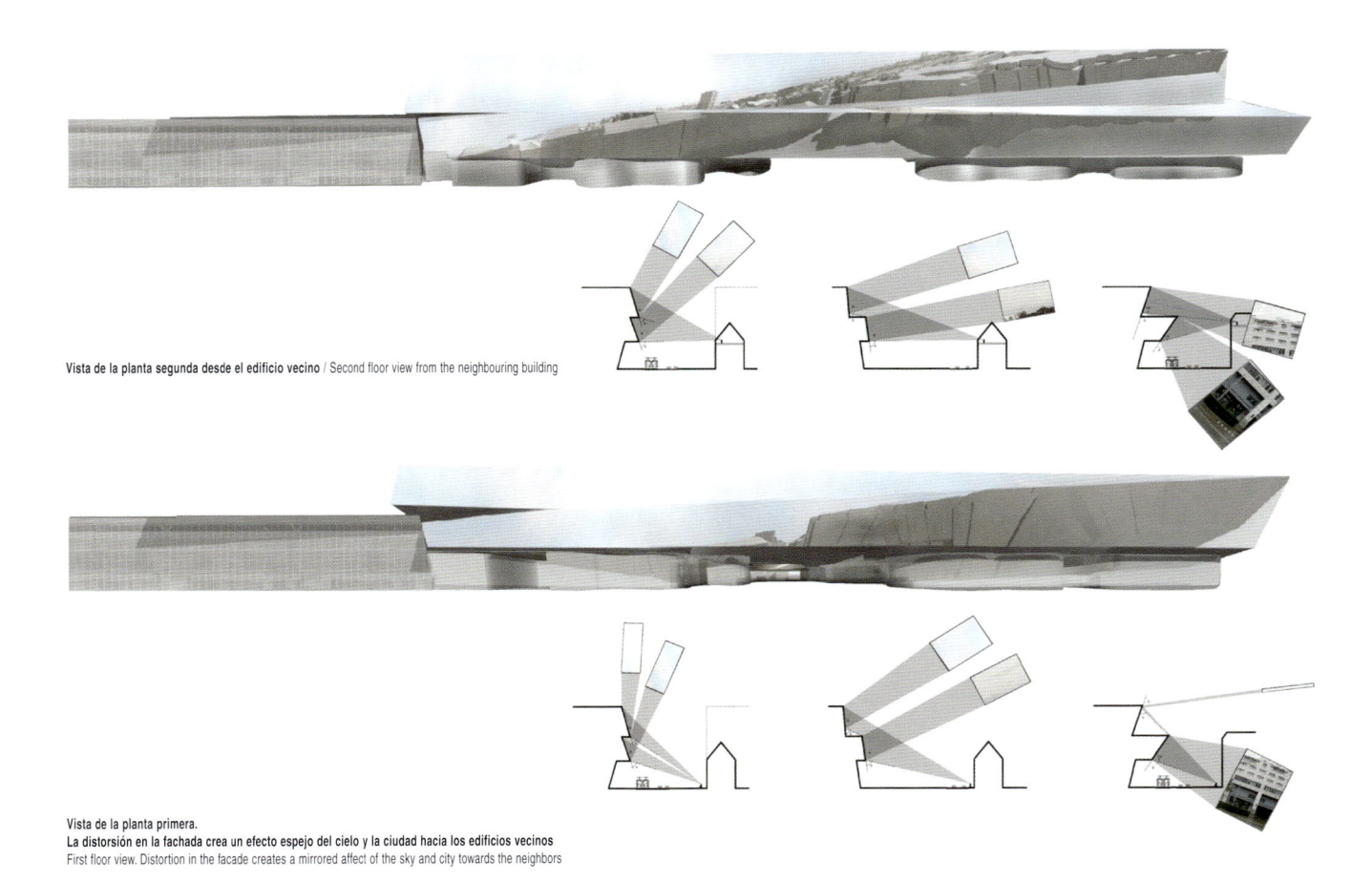

Vista de la planta segunda desde el edificio vecino / Second floor view from the neighbouring building

Vista de la planta primera.
La distorsión en la fachada crea un efecto espejo del cielo y la ciudad hacia los edificios vecinos
First floor view. Distortion in the facade creates a mirrored affect of the sky and city towards the neighbors

Vista desde la avenida Riehenring / Riehenring view

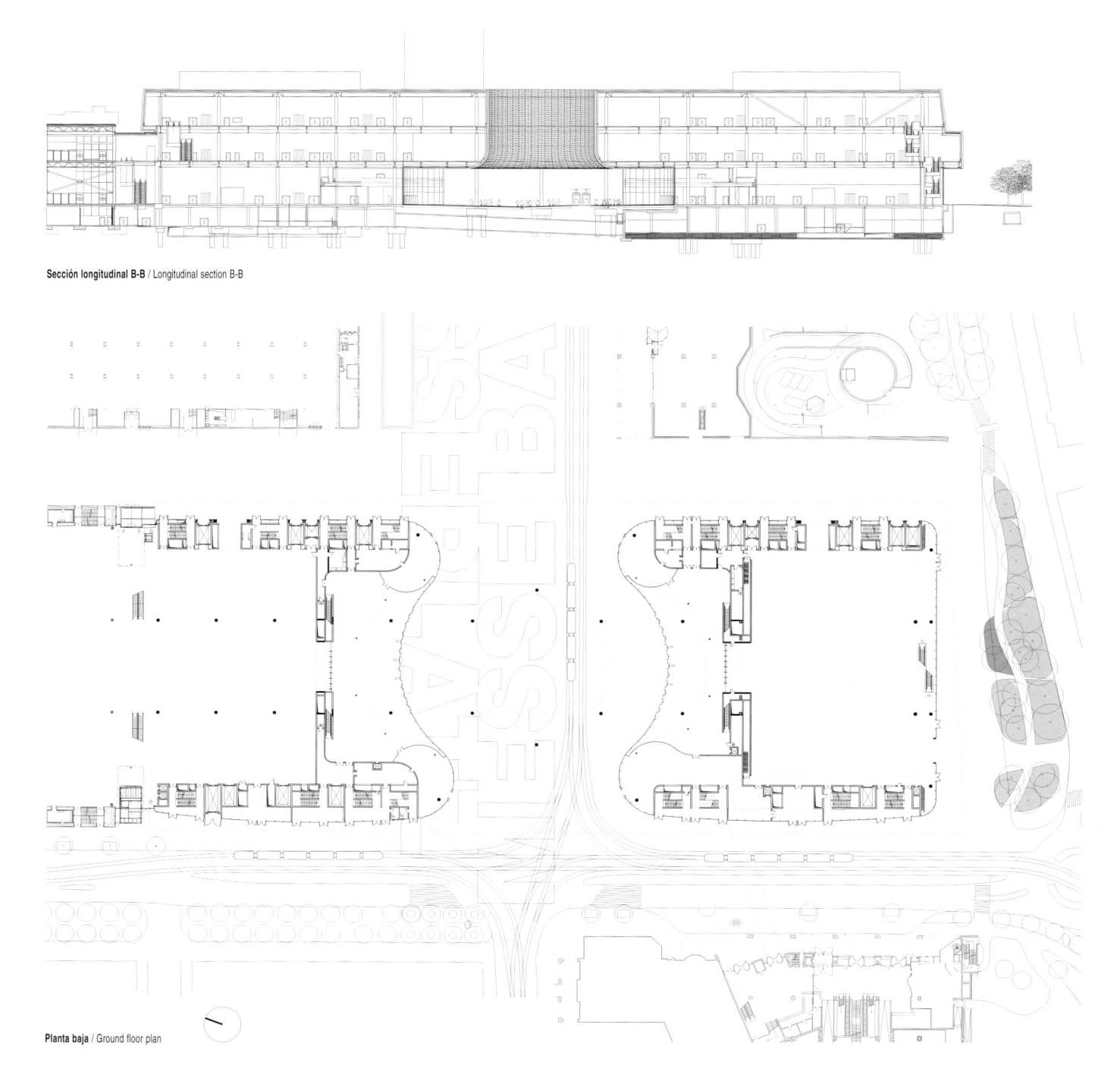

Sección longitudinal B-B / Longitudinal section B-B

Planta baja / Ground floor plan

Sólo así pueden garantizarse la flexibilidad y versatilidad que requieren los montajes. En los últimos años se ha incrementado aun más la demanda de espacios de este
Only then can the flexibility and versatility required for exhibition purposes be guaranteed. In recent years the demand for such generous spaces has increased
tipo, y un ejemplo de ello particularmente obvio es el Salón Internacional de Relojería y Joyería.
even more. The example of the Baselworld international exhibition makes this particularly obvious.

En el interior, los pabellones se animan con las instalaciones específicas, los objetos expuestos y los visitantes, de modo que no es preciso abordar la cuestión de la arqui-
On the inside, exhibition halls are animated by the individual exhibitors' stands, the goods on display and the visitors, so the question of the exhibition hall archi-
tectura de estos contenedores. La arquitectura sólo se entrevé en las zonas públicas y únicamente debe ser una interfaz con el paisaje urbano que va a crearse. Tal vez lo
tecture need not be broached. Architecture is only glimpsed in public areas and stairways and only there can an interface with the further public urban landscape
que mejor ilustre todo esto sea el gran patio redondo del Pabellón 2 con su enorme reloj. Lamentablemente, ese patio sólo es accesible si se celebran ferias; y es sin duda
be created. The best illustration of this is the round courtyard in Hall 2 with the big clock. Regrettably, this courtyard is only accessible during exhibitions— it is
una de las zonas públicas más atractivas de Basilea en junio, durante la Art Basel, y uno de los lugares de encuentro que mejor funcionan en toda Suiza. El Salón de la
undoubtedly one of the most attractive public areas and during Art Basel in June certainly one of the most successful urban meeting points in Switzerland. The City
Ciudad puede considerarse como un intento de transformar en exterior y mantener abierta todo el año la arquitectura volcada al interior del patio redondo.
Lounge can also be regarded as an attempt to turn the inward-looking architecture of the round courtyard towards the outside and to keep it open all year round.

Contemplados desde fuera, los pabellones parecen sólo un gran montón de cajas. Apenas precisan ventanas ni otro tipo de diferenciaciones arquitectónicas por razones
Viewed from the outside, the halls are really nothing more than a huge stack of boxes. They require practically no windows and architectural distinctions are
de la flexibilidad que deben ofrecer, y por ello suelen ser gigantescos contenedores con monótonas fachadas de ladrillo, como en el caso del Pabellón 2, o de vidrio, como
impractical as these restrict interior flexibility. This results in architecture generally composed of vast, monotonous brick facades as in the case of Hall 2 or glass
sucede en el Pabellón 1. Para evitar esa reiteración queremos plantear un nuevo enfoque del Pabellón 1.
for Hall 1. This is why we want to use a new, different approach for the new Hall 1 to avoid this repetitive sameness.

Planta segunda / Second floor plan

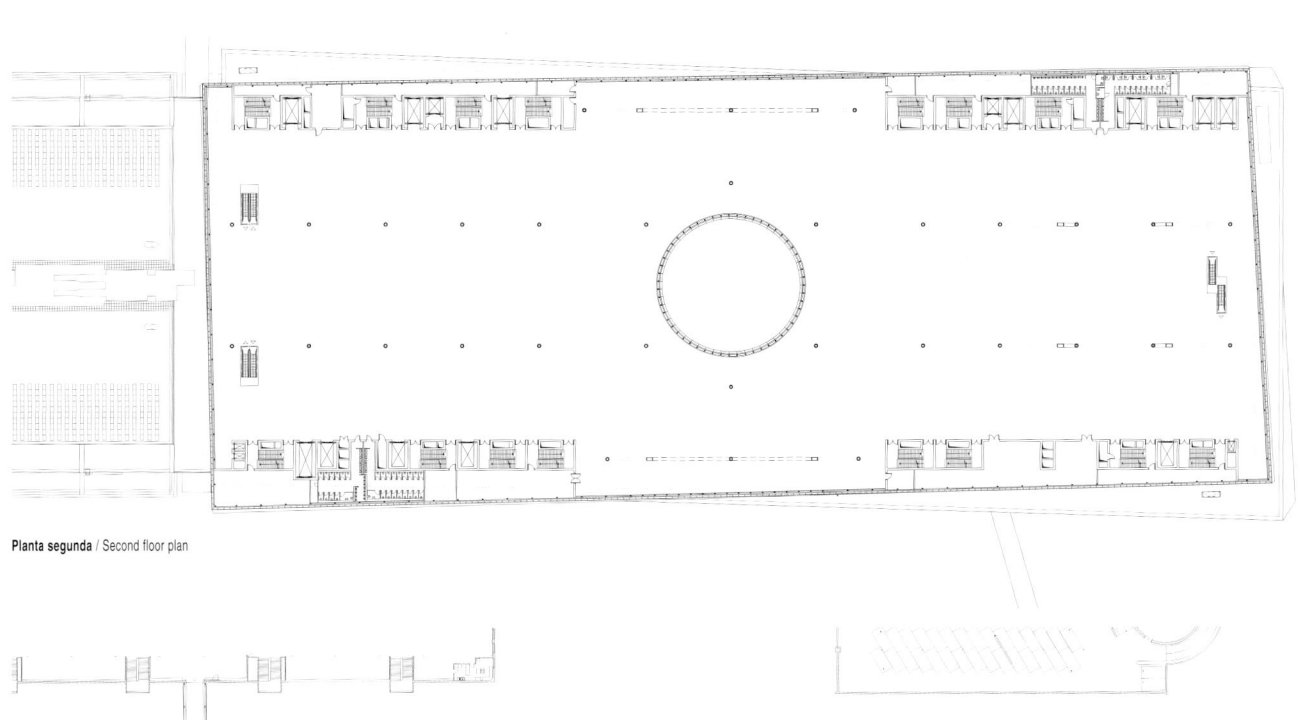

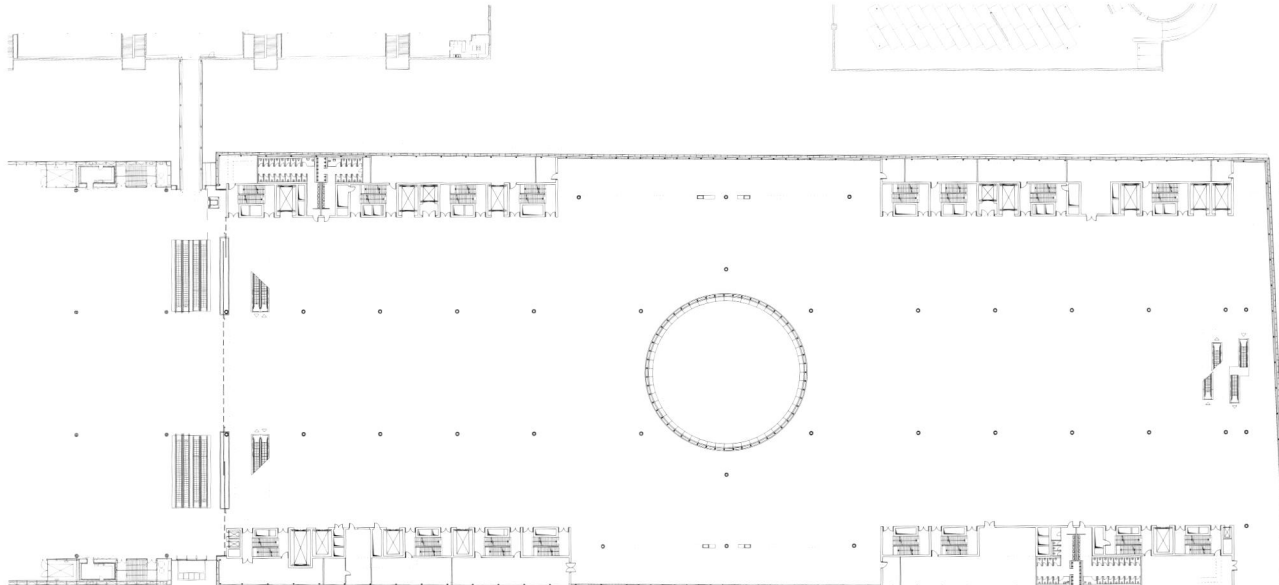

Planta primera / First floor plan

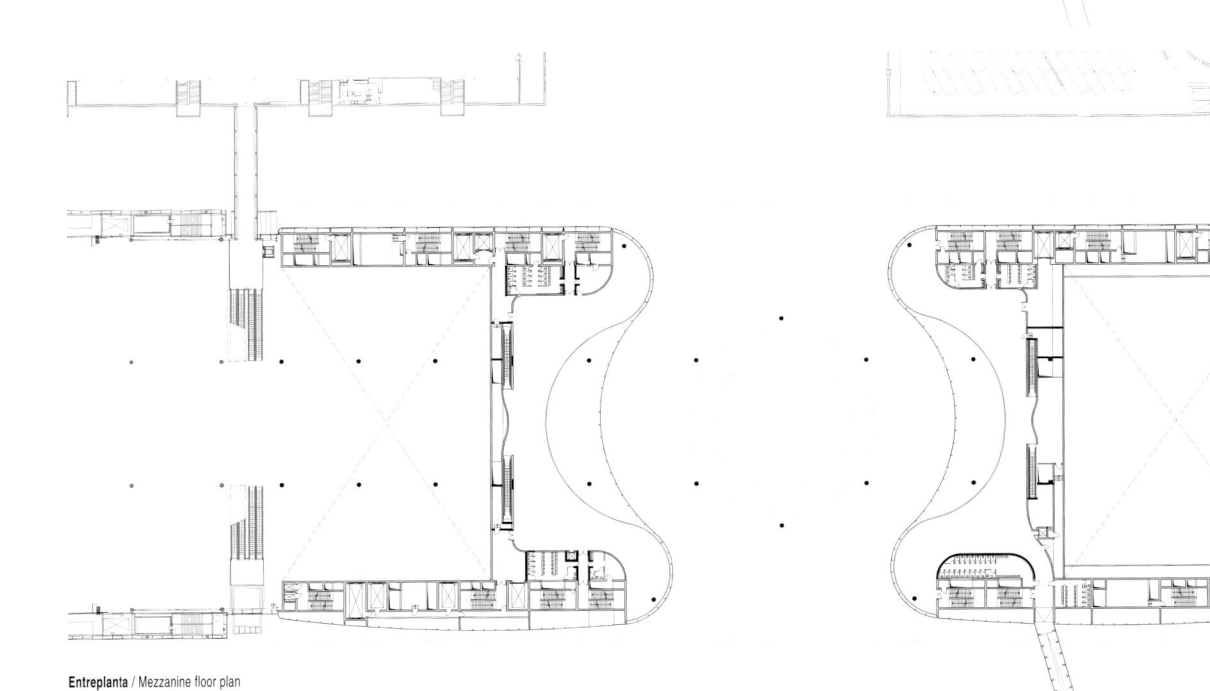

Entreplanta / Mezzanine floor plan

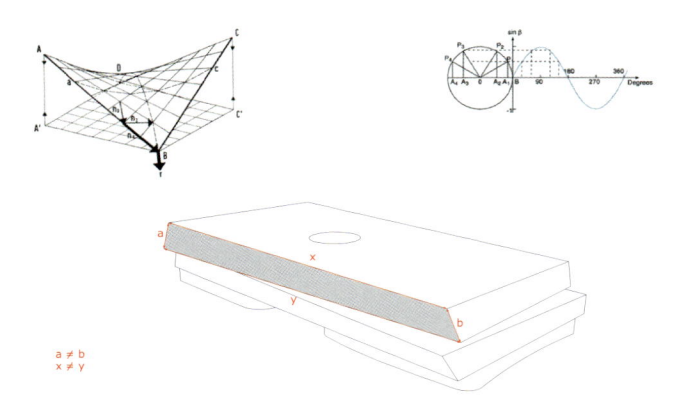

Superficies de fachada (paraboloides hiperbólicos) / Façade surfaces (hyperbolic paraboloids)

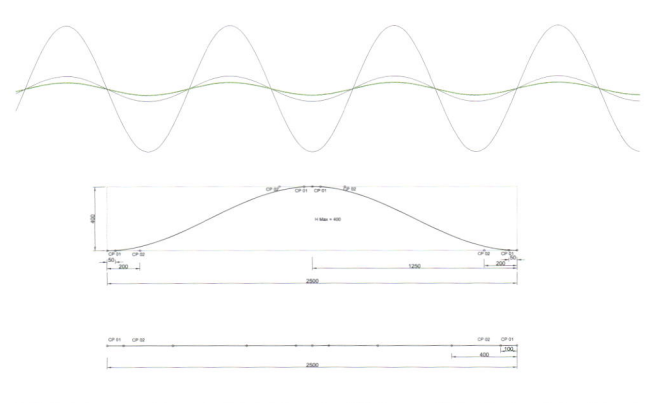

Definición de la curvatura de los paneles de fachada (curva sinusoidal) / Curvature definition of façade panels (sinusoidal curve)

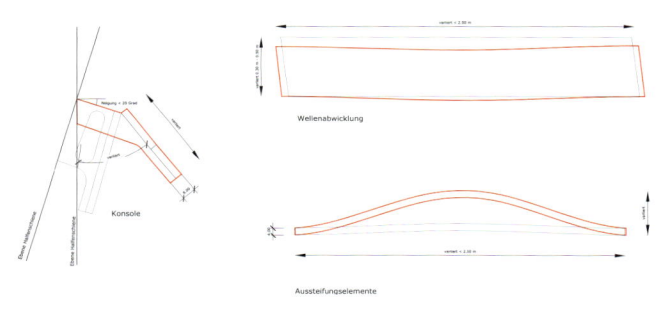

Desarrollo de paneles de fachada / Development of the façade panels

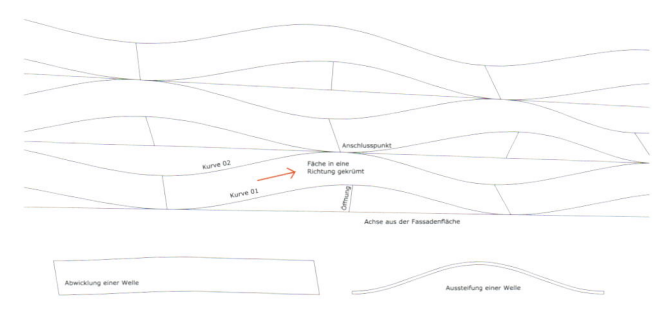

Definición de la superficie de los paneles de fachada / Surface definition of the façade panels

El nuevo Pabellón 1 tendrá tres niveles expositivos, el inferior de los cuales a la altura de la calle y en línea con la plaza para permitir de forma natural las ideas y venidas
The new Hall 1 will feature three exhibition levels, the bottom one being at street level in line with the square, permitting a natural, casual coming-and-going.
del público. La conexión directa con la calle y las zonas públicas es particularmente importante porque la planta baja no sólo conduce al existente Pabellón 1 y al anterior
The direct link to the street and public area is particularly important because the ground floor not only leads to the existing Hall 1 and former Hall 3 but also to
Pabellón 3, sino también a una sala de conciertos y espectáculos para 2.500 personas y a una serie de selectas tiendas, bares y restaurantes.
the event and concert hall for 2500 spectators and a number of selected shops, bars and other restaurants.

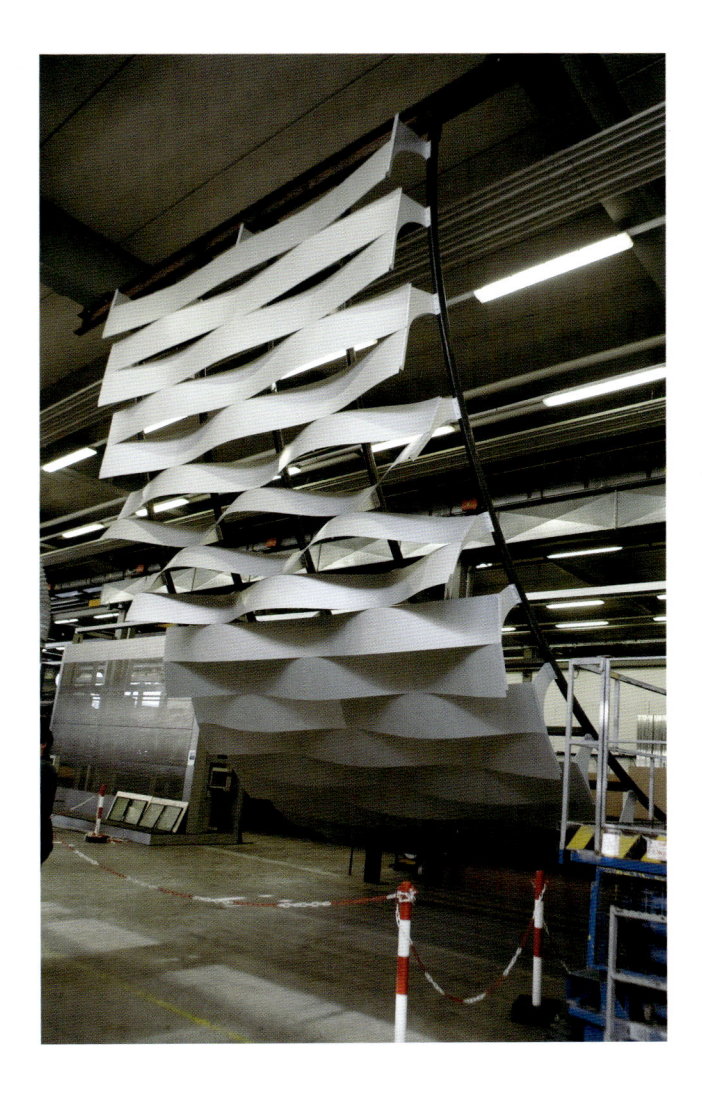

El dinámico movimiento de la fachada en planta baja sintoniza con los flujos de gente y la correspodiente cantidad de espacio requerido tanto para la parada del tranvía
The dynamic sweep of the facade on the ground floor reacts to the flow of people and the corresponding amount of space required at the tram stop and in front
como frente a las entradas del centro de exposiciones y la sala de espectáculos. La planta baja del nuevo pabellón tendrá grandes extensiones de vidrio para crear trans-
of entrances to the exhibition centre and event hall. The ground-floor part of the new hall will be mainly designed in large expanses of glass to create spatial
parencia espacial. Creemos que es preciso y eficaz para conseguir la pretendida apertura del pabellón a la vida urbana. Después de todo, esta revitalización y aceptación
transparency. We thought this both necessary and practical in order to achieve the aspired opening of the hall complex and the enlivening of public urban life.
del nuevo emplazamiento son cruciales para el éxito a largo plazo de la idea de 'Ferial en la ciudad'.
After all, this vitalisation and acceptance of the new location in the city are crucial to the long-term success of the 'Messezentrum in the city' concept.

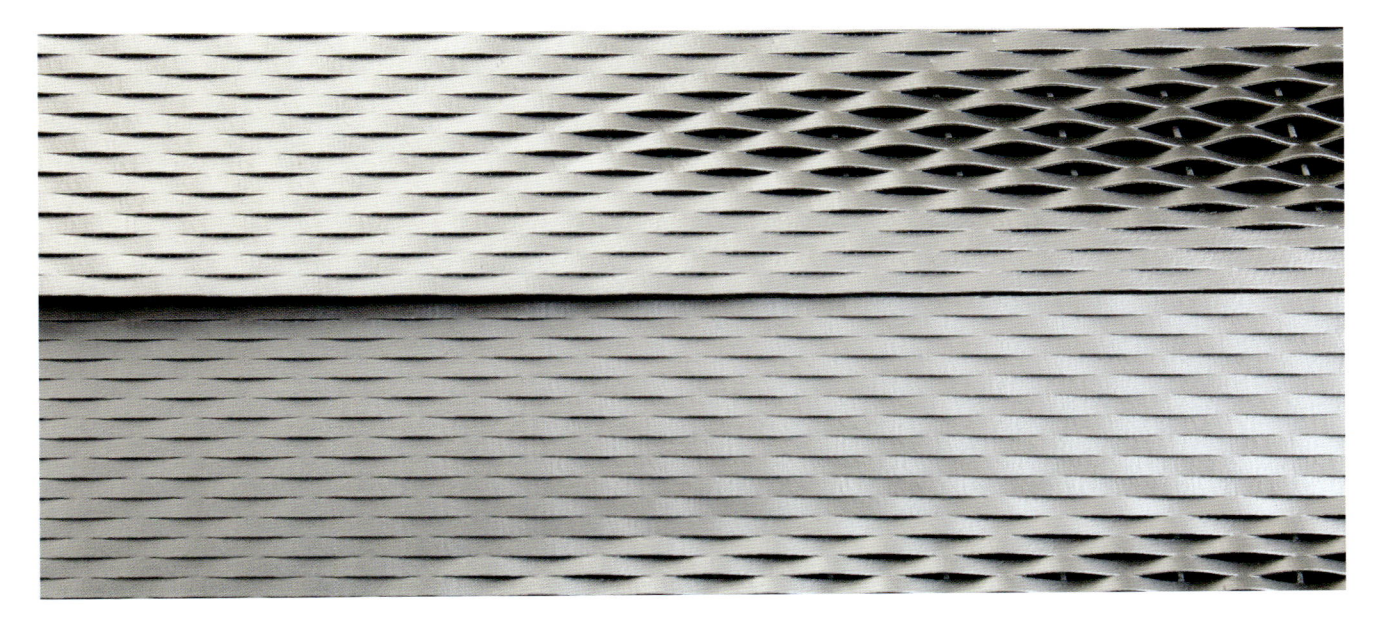

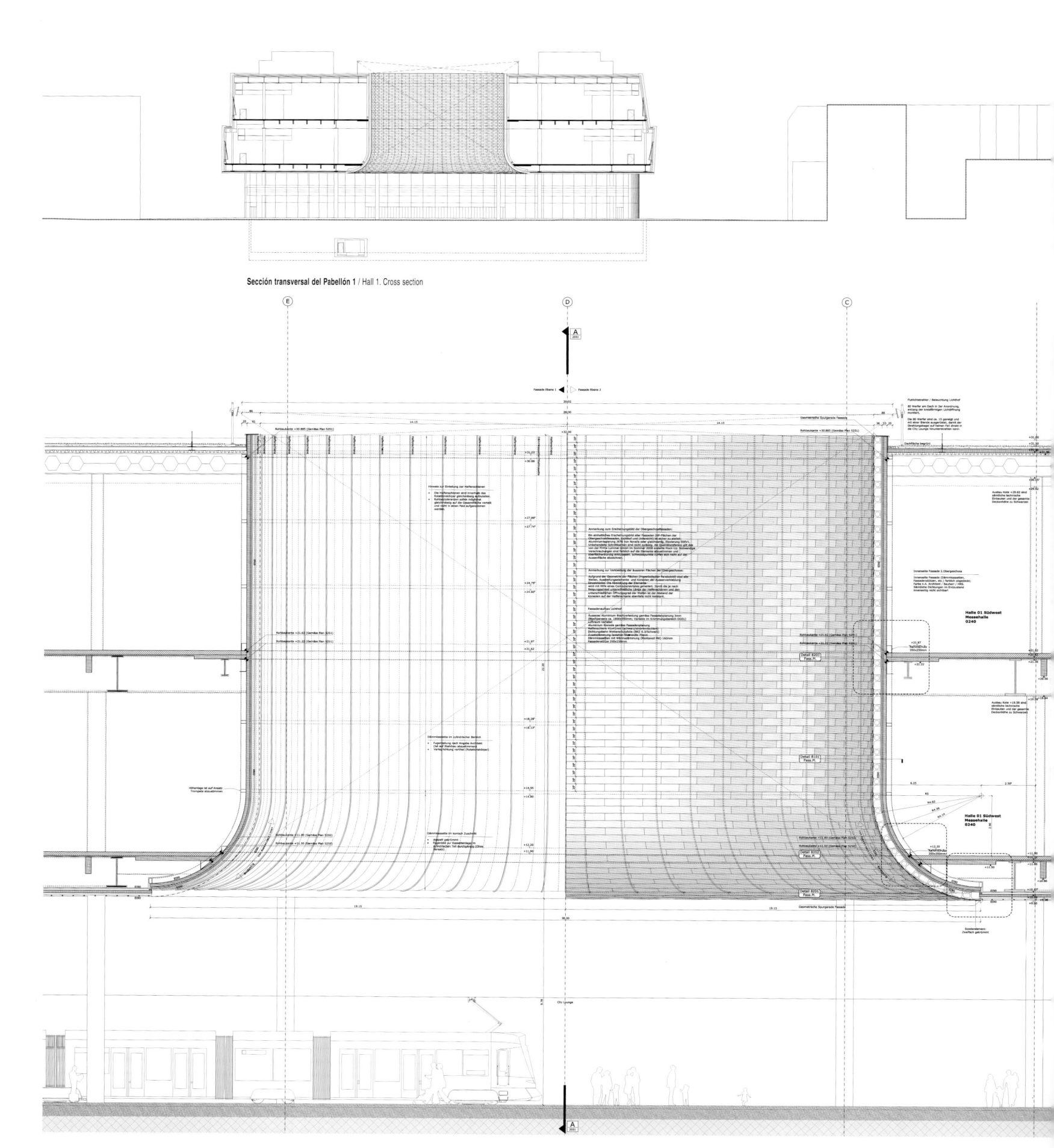

Sección transversal del Pabellón 1 / Hall 1. Cross section

Sección constructiva del nuevo patio circular del Pabellón 1 / City Lounge section looking South

Se construirán dos plantas sobre la baja acristalada. Pero para evitar el efecto ya mencionado de 'cajas apiladas', hemos compensado esos dos niveles superiores para
Two storeys will top the glassed in ground floor. To avoid the 'stacked box' effect we mentioned, we have offset the upper two storeys so that they are perceived
que se perciban como cuerpos independientes, y es que efectivamente lo son.
as separate entities, which indeed they are!
Así, el nuevo pabellón consta de tres partes diferenciadas, una sobre otra, que se proyectan de diferente forma sobre la calle para responder a distintas condiciones urba-
The new hall therefore consists of three individual entities, one over the other, projecting over the street area by varying degrees, allowing them to respond to
nas. Visto desde Riehenring, la Messeplatz y Riehenstrasse, es decir, desde todos lados, el nuevo edificio ofrece una imagen diferente desde cada perspectiva, evitando
different urban conditions. Seen from the Riehenring, from the Messeplatz and from Riehenstrasse, i.e. from all sides, the new building takes on a different aspect
así la uniformidad en las fachadas. Esta variación arquitectónica se refuerza aún más con la vibración en las superficies de la fachada.
every time and thus avoids the monotony of uniform facade lines. This architectural variation is further reinforced by twisting bands in the facade surfaces.
No se trata únicamente de un elemento decorativo, sino un medio intencionado de respetar la entrada de luz natural en las propiedades vecinas.
This is not just a decorative element but an intentional means of respecting the natural fall of light on adjacent properties.
En contraste con la transparencia de la planta baja, las superiores son cerradas. En zonas puntuales, fundamentalmente públicas y donde se ubican restaurantes sobre el
In contrast to the transparent ground floor the top storeys are of a closed design. In individual areas, primarily in social areas or restaurants above the City Lounge,
Salón de la Ciudad, hay elementos de vidrio que seleccionan determinadas vistas de la ciudad.
transparent glass elements will provide specific views of the city.

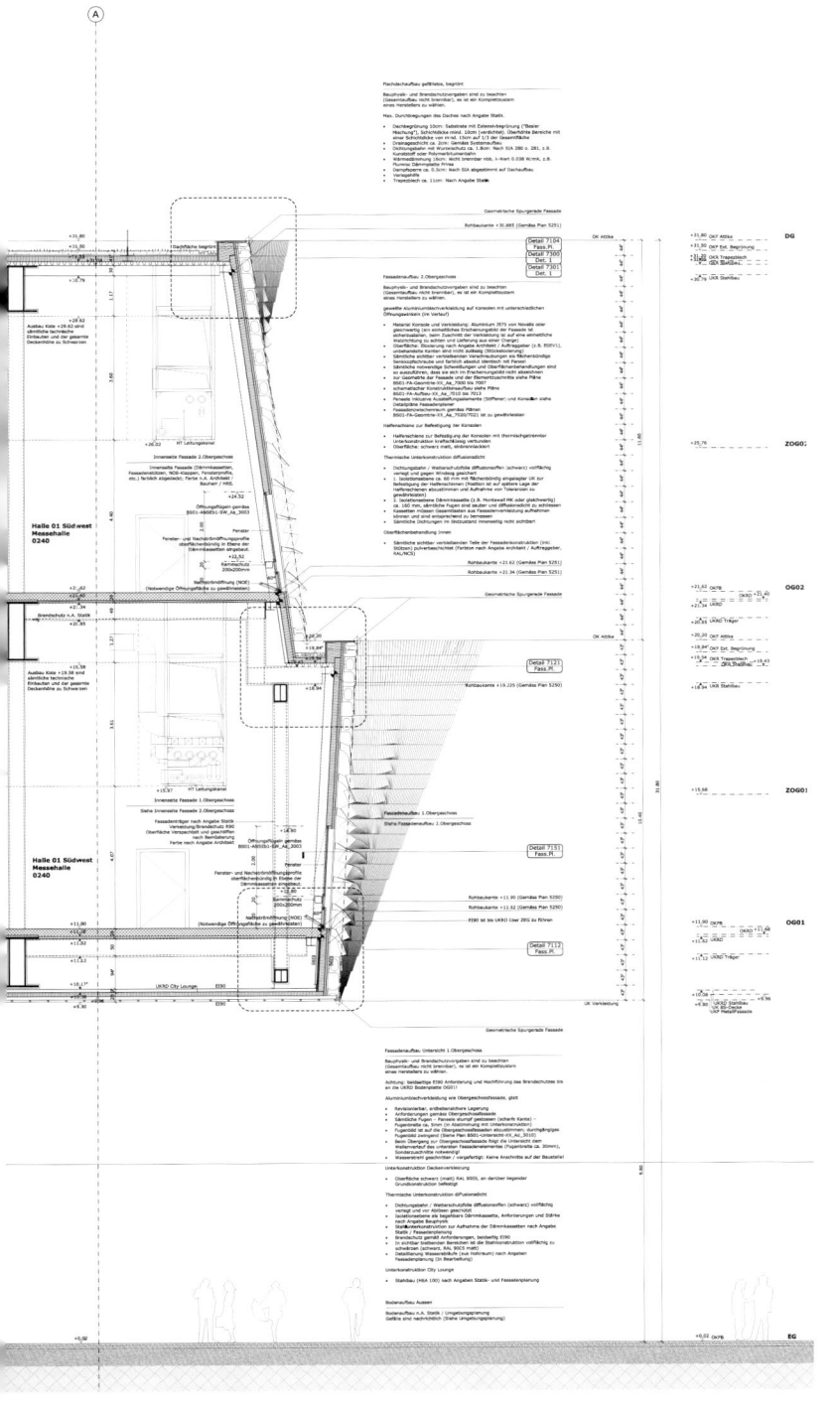

Sección constructiva de fachada del Pabellón 1 / Facade building section of Hall 1

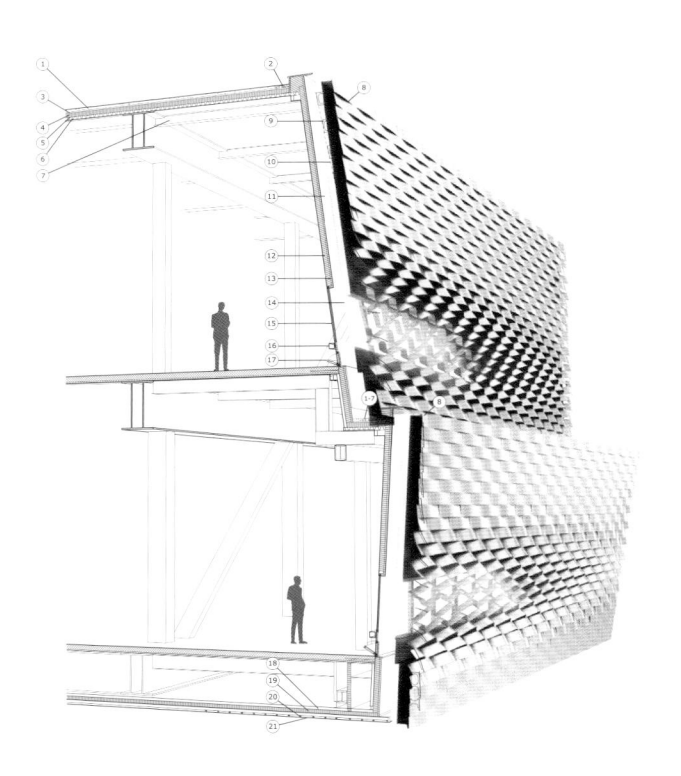

CUBIERTA PLANA: NIVELES PRIMERO Y SEGUNDO
1. Capa de sustrato con vegetación, espesor mínimo de 10cm. Áreas elevadas con espesor mínimo de 15cm para 1/3 de la superficie total
2. Capa de drenaje ca. 2cm
3. Membrana impermeable con protección anti-raíces
4. Aislamiento
5. Barrera anit-humedad
6. Capa de cimentación
7. Cubierta metálica

FACHADA: NIVELES SUPERIORES
8. Paneles exteriores de planchas de aluminio 3mm
9. Ménsula de aluminio
10. Riel de instalación 41x41mm
11. Membrana impermeable
12. Aislamiento secundario de lana de roca 60mm
13. Cassette de aislamiento térmico primario 160mm
14. Pilar de fachada
15. Ventana
16. Salpicadero 200x200cm
17. Hueco de ventilación

CORNISA EN PLANTA PRIMERA
18. HEA 100
19. Panel ignifugo EI90 120mm
20. Ménsula de aluminio
21. Paneles exteriores de planchas de aluminio 3mm

FLAT ROOF BUILD-UP: FIRST AND SECOND LEVELS
1. Substratum bed with extensive landscaping, layer thickness of 10cm minimum. Raised areas with a thickness of 15cm minimum for 1/3 of the total area
2. Drainage layer ca. 2cm
3. Waterproofing membrane with root protection
4. Insulation
5. Moisture barrier
6. Foundation help layer
7. Metal decking

FACADE BUILD-UP: UPPER LEVELS
8. Exterior aluminium sheet panelling 3mm
9. Aluminium bracket
10. Mounting rail 41x41mm
11. Waterproofing membrane
12. Secondary rockwool insulation 60mm
13. Primary thermal insulation cassette 160mm
14. Facade column
15. Window
16. Fender 200x200mm
17. Exhaust ventilation hatch

FIRST LEVEL SOFFIT BUILD-UP
18. HEA 100
19. EI90 Fire resistant panel 120mm
20. Aluminium mounting bracket
21. Exterior aluminium sheet panelling 3mm

Estadio Nacional para los Juegos Olímpicos de 2008
National Stadium, The Main Stadium for the 2008 Olympic Games

Pekín, China
Beijing, China 2002 2008

Concurso Primer Premio
Competition First Prize

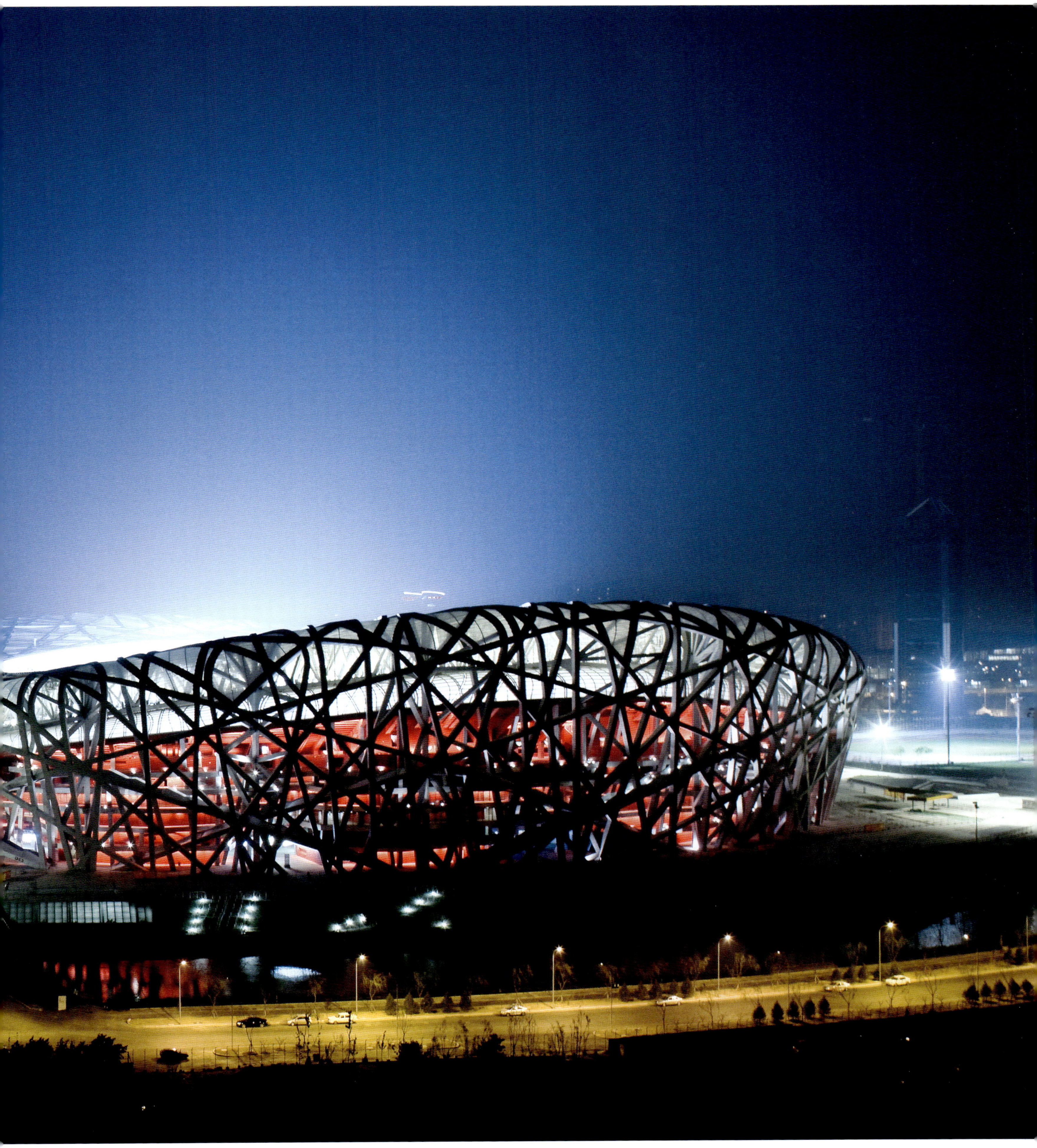

El Estadio Nacional, cuya posición venía definida desde el plan general, se sitúa en una suave elevación que ocupa el centro del Parque Olímpico, al norte de Pekín. Todas las decisiones urbanas y arquitectónicas comenzaron a tomarse en la propuesta de concurso y se implementaron después, en el proyecto de construcción. Lo más importante era obtener un tipo de arquitectura que continuase siendo funcional tras los Juegos de 2008; o, en otras palabras, crear un nuevo tipo de enclave urbano capaz de generar vida y actividad a su alrededor en esta zona de la capital china. Curiosamente, los propios ciudadanos bautizaron el estadio como 'el nido' desde las primeras etapas del proyecto, haciéndolo así esencialmente suyo cuando aún sólo era una forma dibujada sobre papel.

The National Stadium is situated on a gentle rise in the centre of the Olympic complex to the north of Beijing. Its location is predefined by the master plan. All other urban and architectural decisions were initiated by our competition project and subsequently implemented in our construction project. Our most important principle throughout has been to develop an architecture that will continue to be functional following the Games in 2008, in other words, to create a new kind of urban site that will attract and generate public life in this part of Beijing. Significantly, the Chinese themselves nicknamed the stadium 'Bird's Nest' in the very early stages of the project, thereby essentially assimilating it as their own, before it had even left the drawing board.

Desde lejos, el estadio parece un gigantesco recipiente colectivo, un cuenco cuyo ondulante perímetro se hace eco del movimiento de las rampas de circulación que se encuentran en su interior. Desde esta perspectiva distante puede apreciarse no sólo la forma redondeada del edificio, sino también la retícula de su estructura portante, que rodea el edificio al tiempo que parece penetrarlo. Pero esa forma geométrica que en la lejanía parece unitaria y claramente delimitada, va desdibujándose al ir contemplándola más de cerca hasta llegar a escindirse en partes independientes que ofrecen la imagen de una caótica maraña de pilares, vigas y escaleras, casi como si de un gran bosque artificial se tratara.

From the distance, the stadium looks like a gigantic collective shape, like a vessel whose undulating rim echoes the rising and falling ramps for spectators inside the stadium. From this distant perspective, one can clearly distinguish not only the rounded shape of the building but also the grid of the load-bearing structure, which encases the building, but also appears to penetrate it. What is seen from afar as a geometrically clear-cut and rational overall configuration of lines, evaporates the closer one comes, finally separating into huge separate components. The components look like a chaotic thicket of supports, beams and stairs, almost like an artificial forest.

En este espacio piranesiano, la gente se reúne y disfruta de restaurantes, bares, hoteles y tiendas, o pasea por las plataformas y caminos de acceso que se entrecruzan en horizontal y diagonal. Todo ese espacio que rodea el interior del estadio es al mismo tiempo fachada, estructura, ornamento y ámbito público; es el vínculo entre la ciudad exterior y el recinto deportivo propiamente dicho, y es a su vez un enclave urbano autónomo. Precisamente ahí reside el auténtico potencial del proyecto, que busca ser algo más que el escenario de un único acontecimiento deportivo.

In this Piranesian space, people get together in restaurants, bars, hotels and shops, or on the platforms and the criss-crossing horizontal, diagonal and vertical paths of access. This space, surrounding the interior of the stadium, is façade, structure, decoration and public space all in one. It is the link between the city outside and the interior of the stadium and is, at the same time, an autonomous, urban site. Herein lies the real potential of the project: it aims to be more than an Olympic sports arena for one single, admittedly unique occasion.

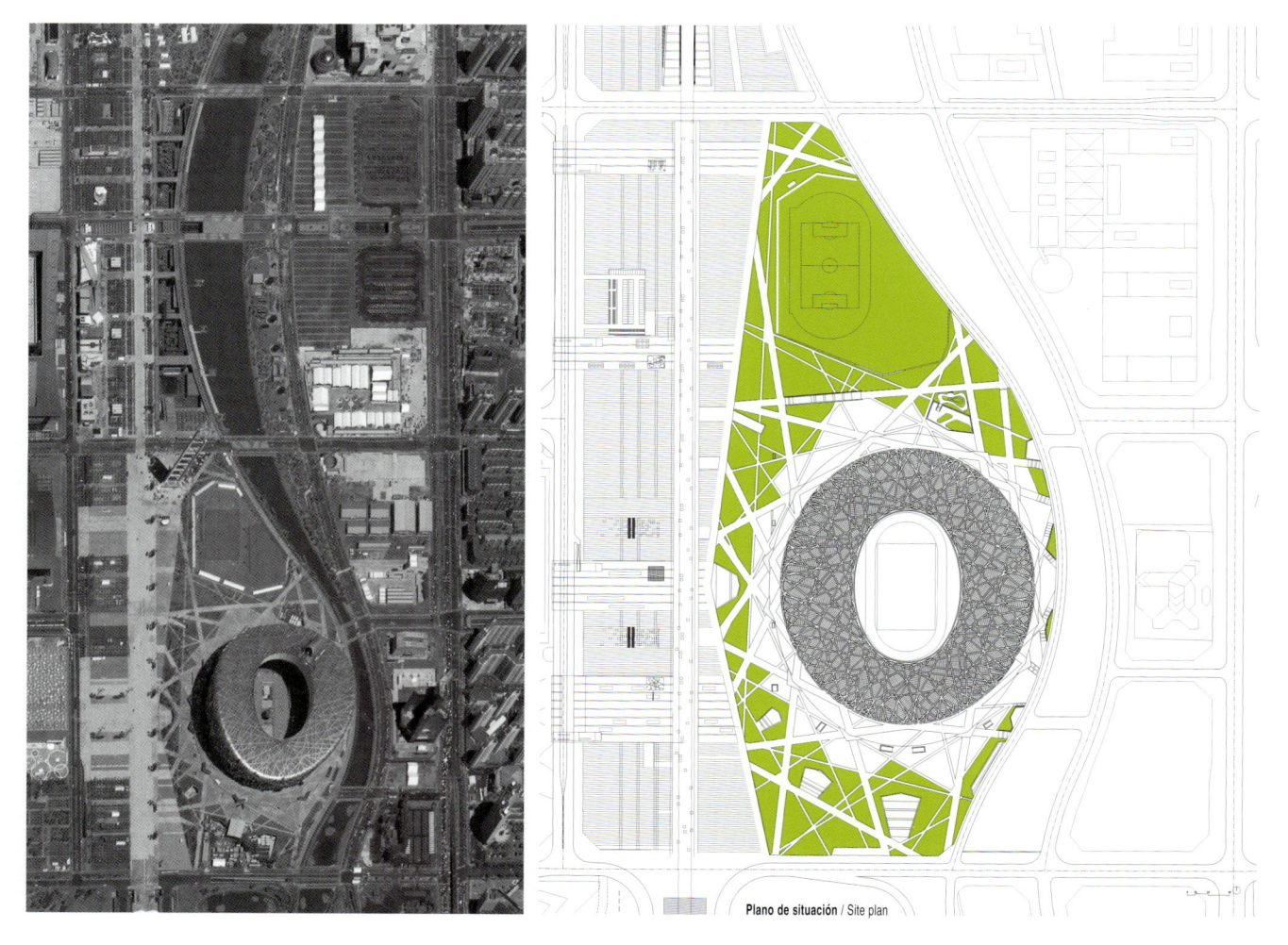

Plano de situación / Site plan

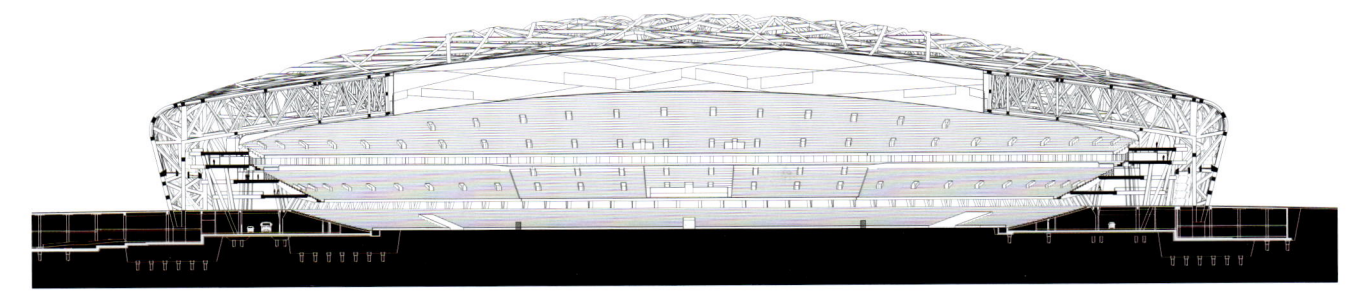

Sección longitudinal 1-1' Norte-Sur / Longitudinal section 1-1' North-South

La zona intermedia entre interior y exterior ofrece la oportunidad de crear un nuevo tipo de espacio urbano público, y más teniendo en cuenta que los ciudadanos de
This area between inside and outside affords the opportunity to create a new kind of urban and public place— even more so in view of the fact that people in
Pekín saben disfrutar de la vida en la calle y son experimentados usuarios de los ámbitos colectivos. Deporte, juegos, conciertos y otras actividades son los usos pre-
Beijing love public life and are experienced users of public space. Sports, games, later rock concerts and other activities will, of course, dominate the use of
dominantes del interior, mientras que el nuevo parque en el plinto sugiere la estancia relajada. La auténtica novedad del proyecto es sin duda ese espacio de transición
the interior, while the new park on the plinth will invite people to stop a while and relax; the really novel feature of the project is clearly the transitional space
entre interior y exterior que invita a la gente a usarlo, a recorrerlo y a reunirse, disfrutando de la compañía de sus semejantes.
between interior and exterior. This is the space that will inspire people to move about, to be together and to enjoy each other's company.

Como un árbol y sus raíces, las geometrías del plinto y el estadio confluyen en un único elemento. El flujo peatonal al recinto se canaliza a través de una retícula homo-
The geometries of the plinth and stadium merge into one element, like a tree and its roots. Pedestrians flow on a lattice of smooth slate walkways that extend
génea de caminos de pizarra, diseñados como prolongación de la estructura del estadio. Los espacios entre ellos se ocupan con elementos de recreo: jardines rehundi-
from the structure of the stadium. The spaces between provide amenities for the stadium visitor: sunken gardens, stone squares, bamboo groves, mineral
dos, plazoletas de piedra, plantaciones de bambú, elevaciones minerales del terreno y huecos en el propio plinto. Suavemente, casi de forma imperceptible, el suelo de la
hillscapes, and openings into the plinth itself. Gently, almost imperceptibly, the ground of the city rises and forms a plinth for the stadium. The entrance to the
ciudad se eleva y da forma al plinto del estadio, cuya entrada está también ligeramente elevada para proporcionar una vista panorámica de todo el parque olímpico.
stadium is therefore slightly raised, providing a panorama of the entire Olympic complex.

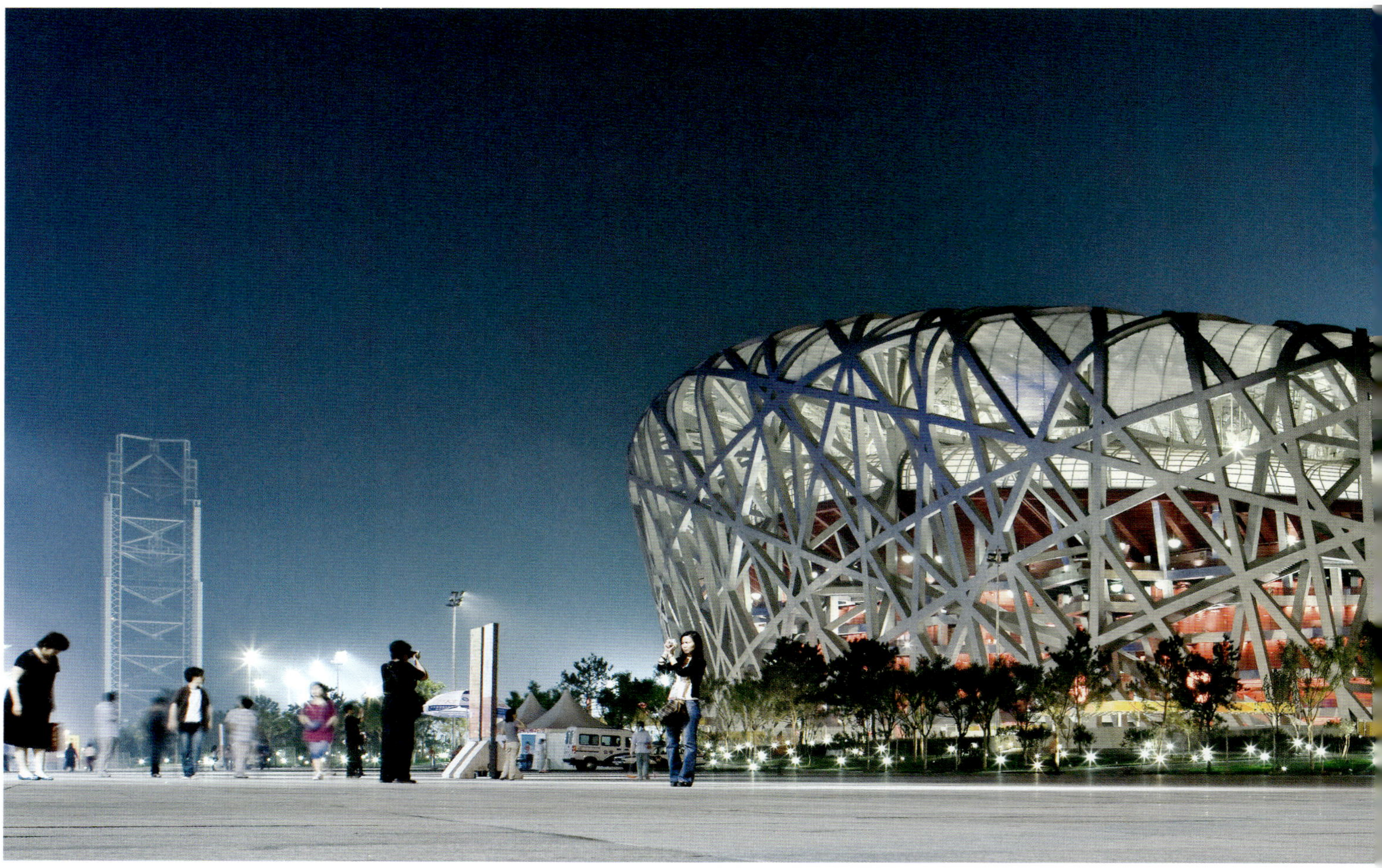

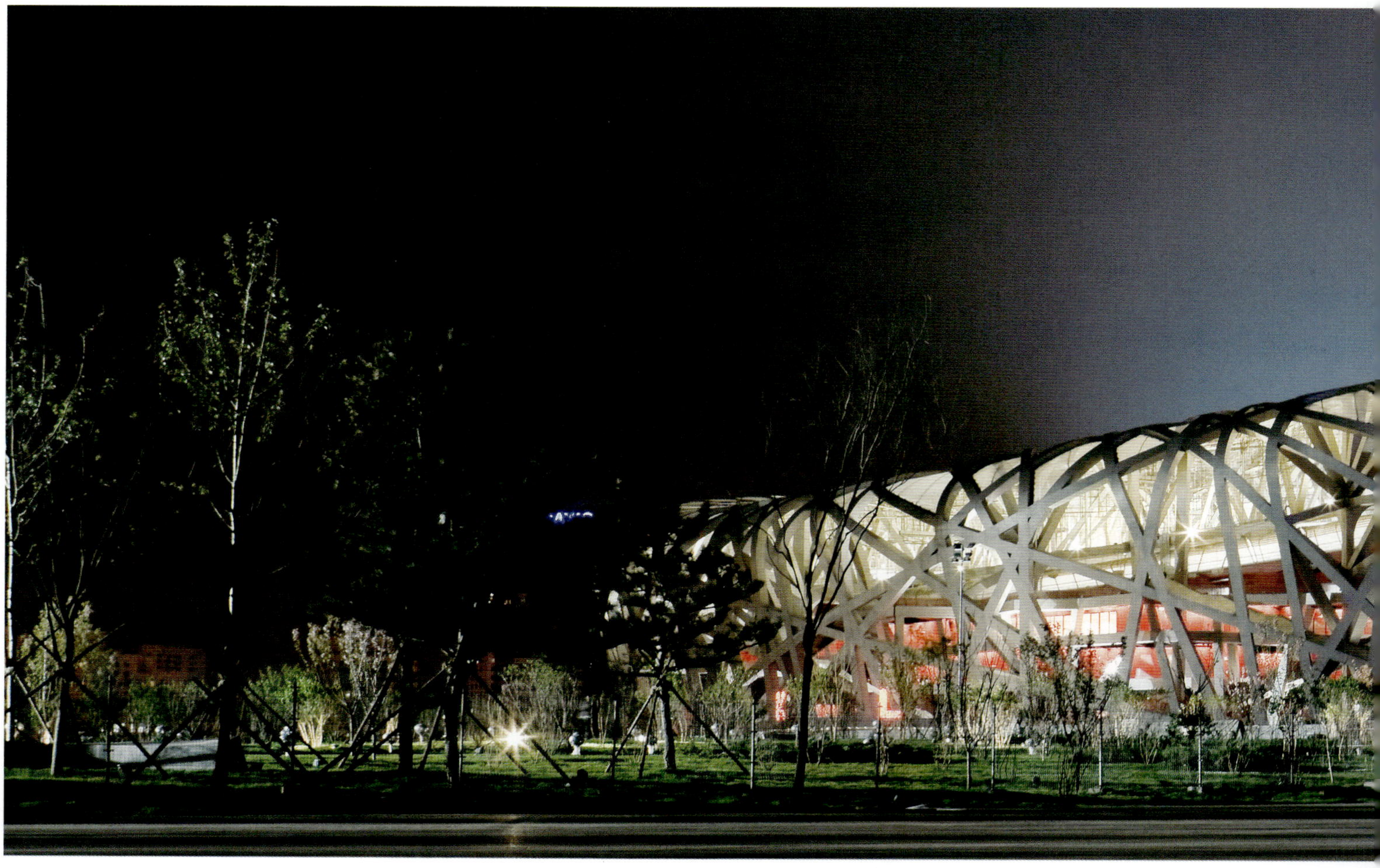

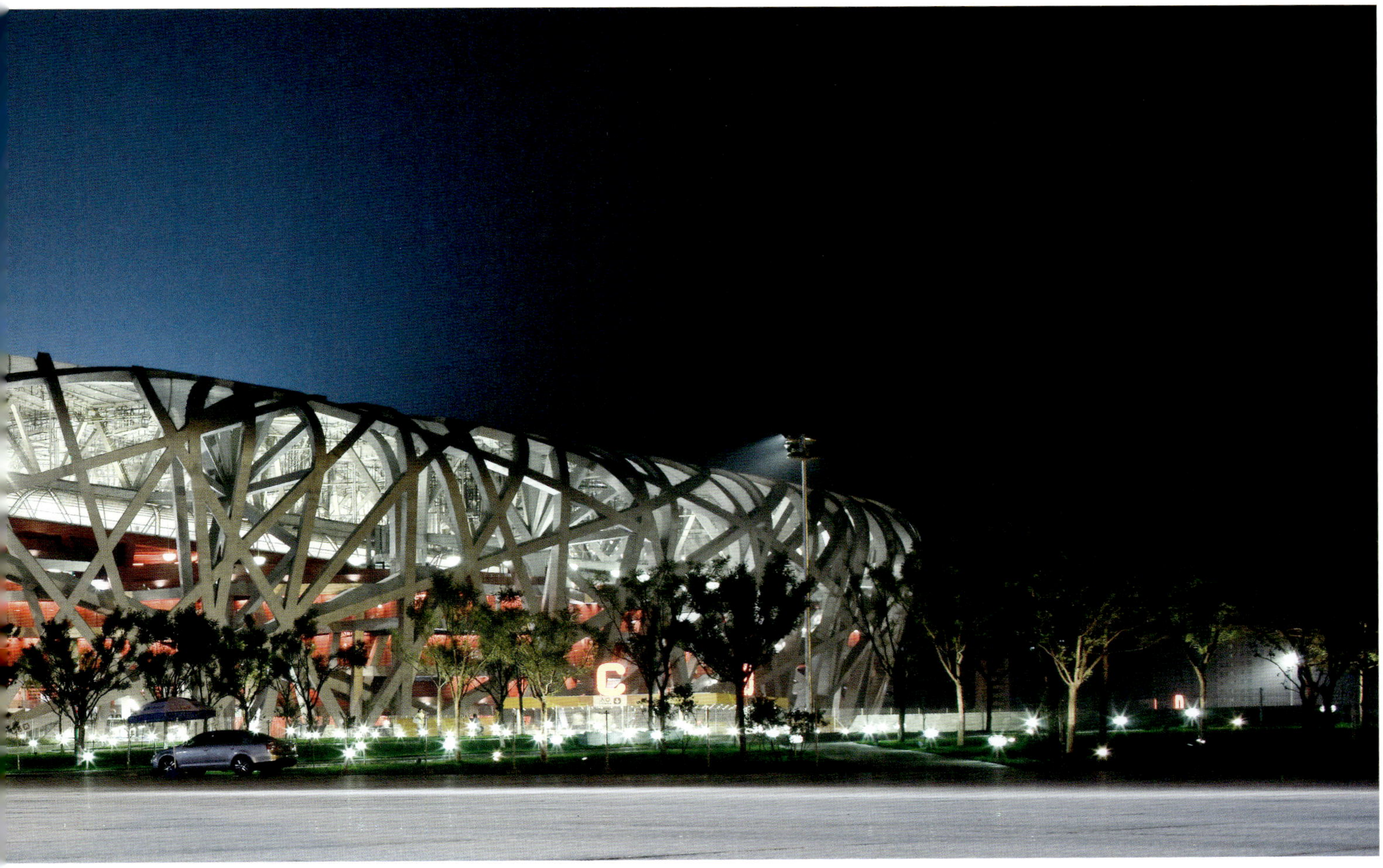

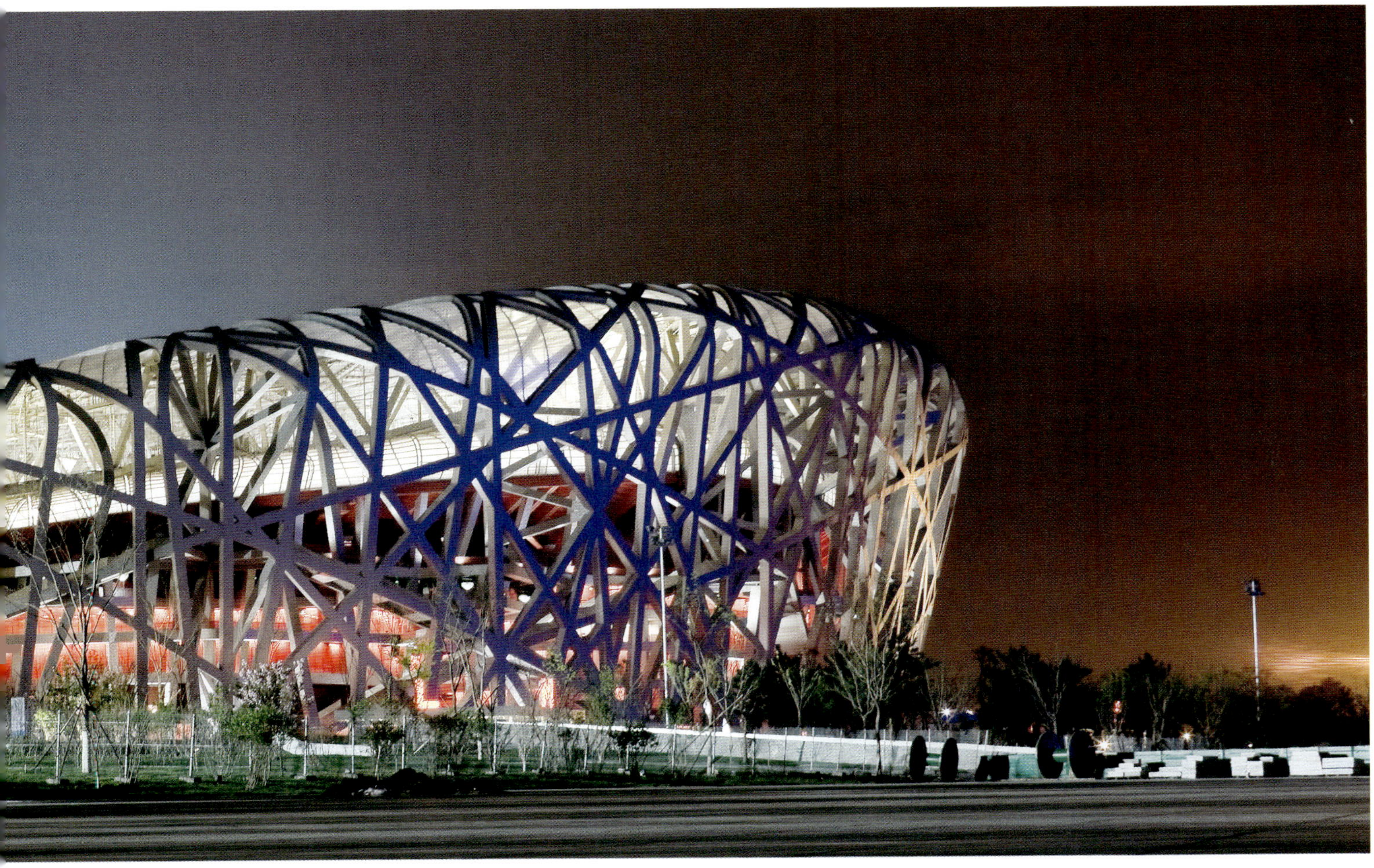

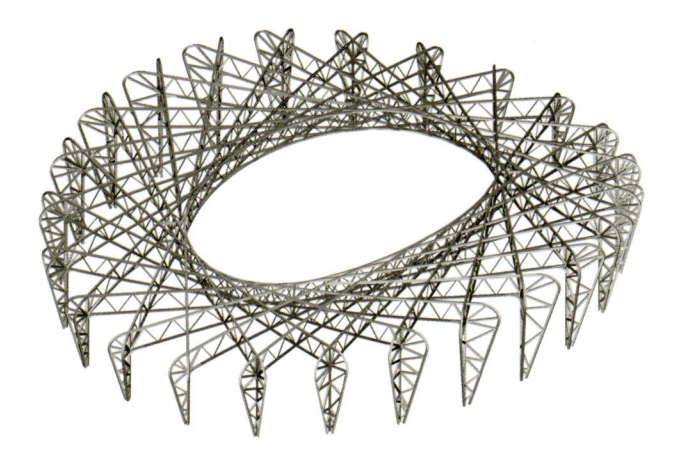

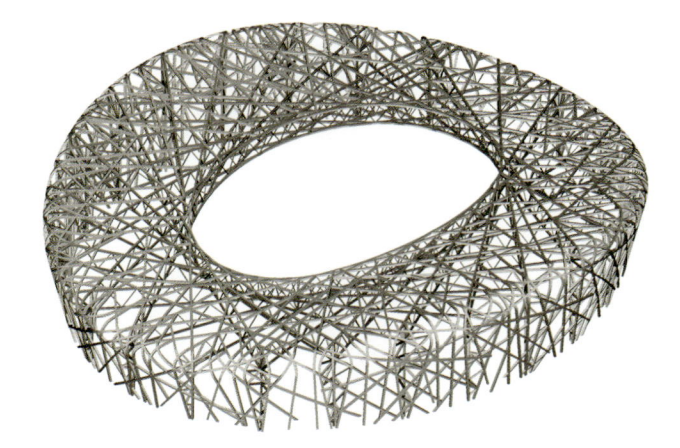

Estructura primaria (izquierda). Estructura primaria y secundaria (derecha)
Primary structure (left). Primary and secondary structure (right)

ESTRUCTURA = FACHADA = CUBIERTA = ESPACIO
STRUCTURE = FAÇADE = ROOF = SPACE

El efecto espacial del estadio es novedoso y radical, al tiempo que simple y de una inmediatez casi arcaica. Su imagen es puramente estructural: fachada y estructura son idénticas. Los elementos portantes se sustentan entre sí y convergen en una suerte de retícula en la cual se integran fachadas, escaleras, cuenco y cubierta. Para procurar protección frente a las inclemencias climatológicas, el entramado de la cubierta se rellena de una membrana translúcida, un equivalente a los materiales blandos que los pájaros utilizan para cerrar los huecos entre las ramas entretejidas de sus nidos.

The spatial effect of the stadium is novel and radical, and yet simple and of an almost archaic immediacy. Its appearance is pure structure. Façade and structure are identical. The structural elements mutually support each other and converge into a spatial grid-like formation, in which façades, stairs, bowl structure and roof are integrated. To make the roof weatherproof the spaces in the structure of the stadium are filled with a translucent membrane, just as birds stuff the spaces between the woven twigs of their nests with a soft filler.

Como todas las instalaciones —restaurantes, tiendas, salas, etcétera— son unidades independientes, es perfectamente posible materializarlas sin necesidad de construir una fachada sólida y cerrada, lo que permite la ventilación natural del estadio y constituye la principal apuesta sostenible del proyecto.

Since all of the facilities —restaurants, suites, shops and restrooms— are self-contained units, it is largely possible to do without a solid, enclosed façade. This allows natural ventilation of the stadium, which is the most important aspect of the stadium's sustainable design.

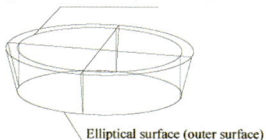

Superficie interior y exterior de la fachada de la cubierta
Inner and outer surface of the facade of the roof

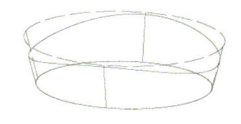

Superficie exterior de estructura de cubierta
Outer surface of the roof structure

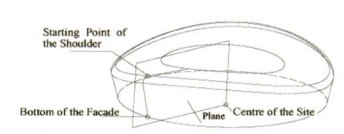

Colocación de pilares cercha y elementos secundarios de fachada
Erection of the truss columns and façade secondaries

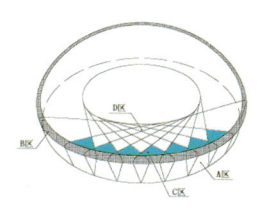

Colocación de cerchas primarias
Erection of the primary trusses

Método de posicionamiento de la estructura secundaria de cubierta
Positioning method for the secondary structure of the roof

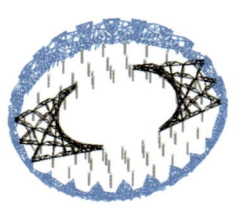

Posicionamiento del eje y distribución de las estructuras primarias
Positioning the axis and zoning of the primary structures

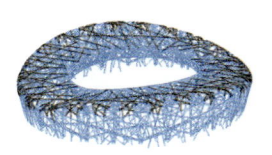

Colocación de elementos secundarios de remate
Erection of the top secondaries

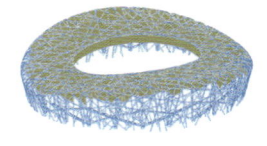

Colocación de estructura de cubrición
Erection of cladding structure

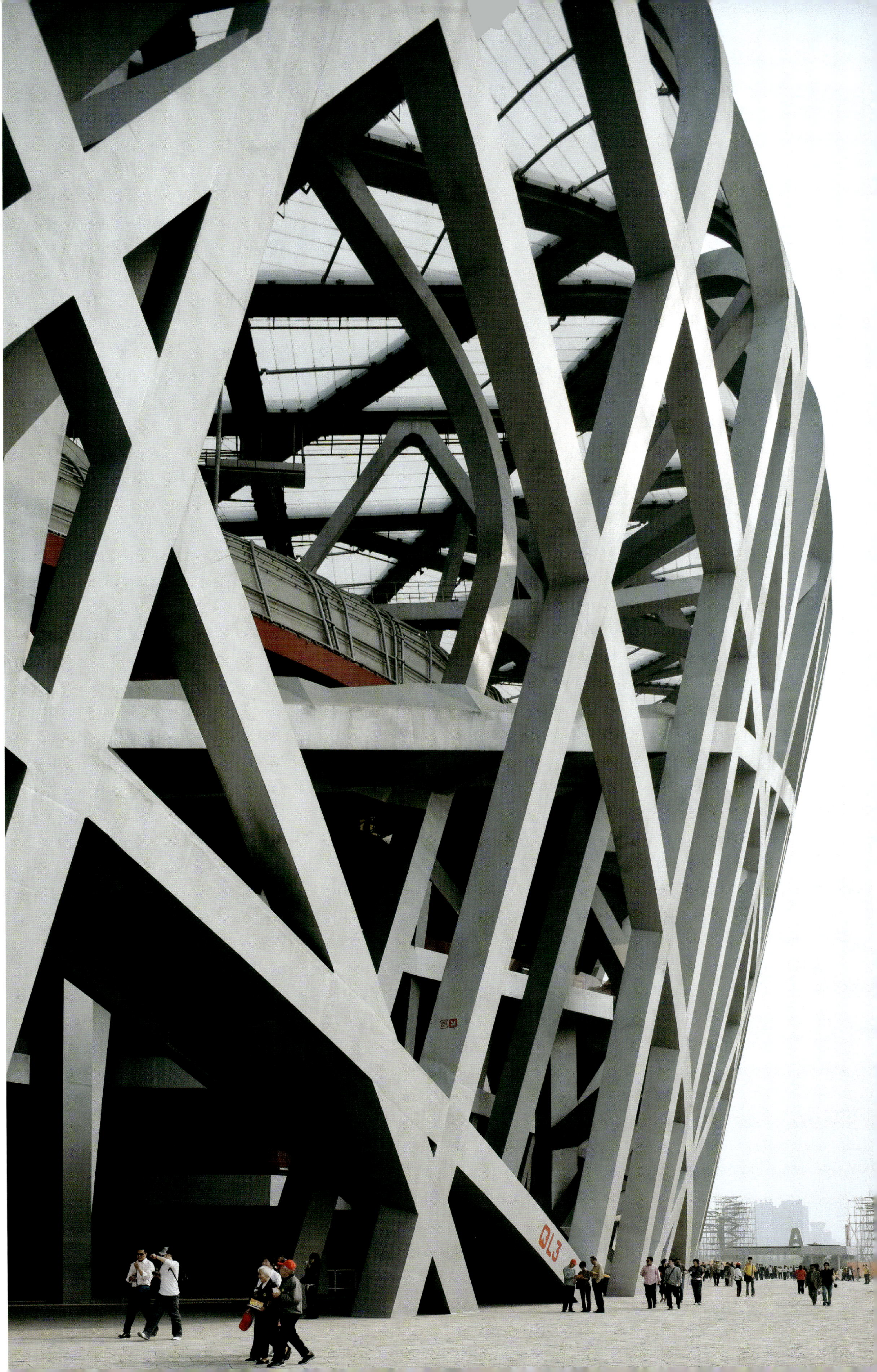
QL3

Planta nivel 0 / Floor level 0

1	Acceso vip
2	Área comercial
3	Vestíbulo hotel
4	Zona de calentamiento interior
5	Aparcamiento
6	Control antidopaje
7	Centro médico
8	Eventos
9	Área de prensa
10	Zona mixta
11	Explanada
12	Núcleo de servicios
13	Control de entradas
14	Restaurante

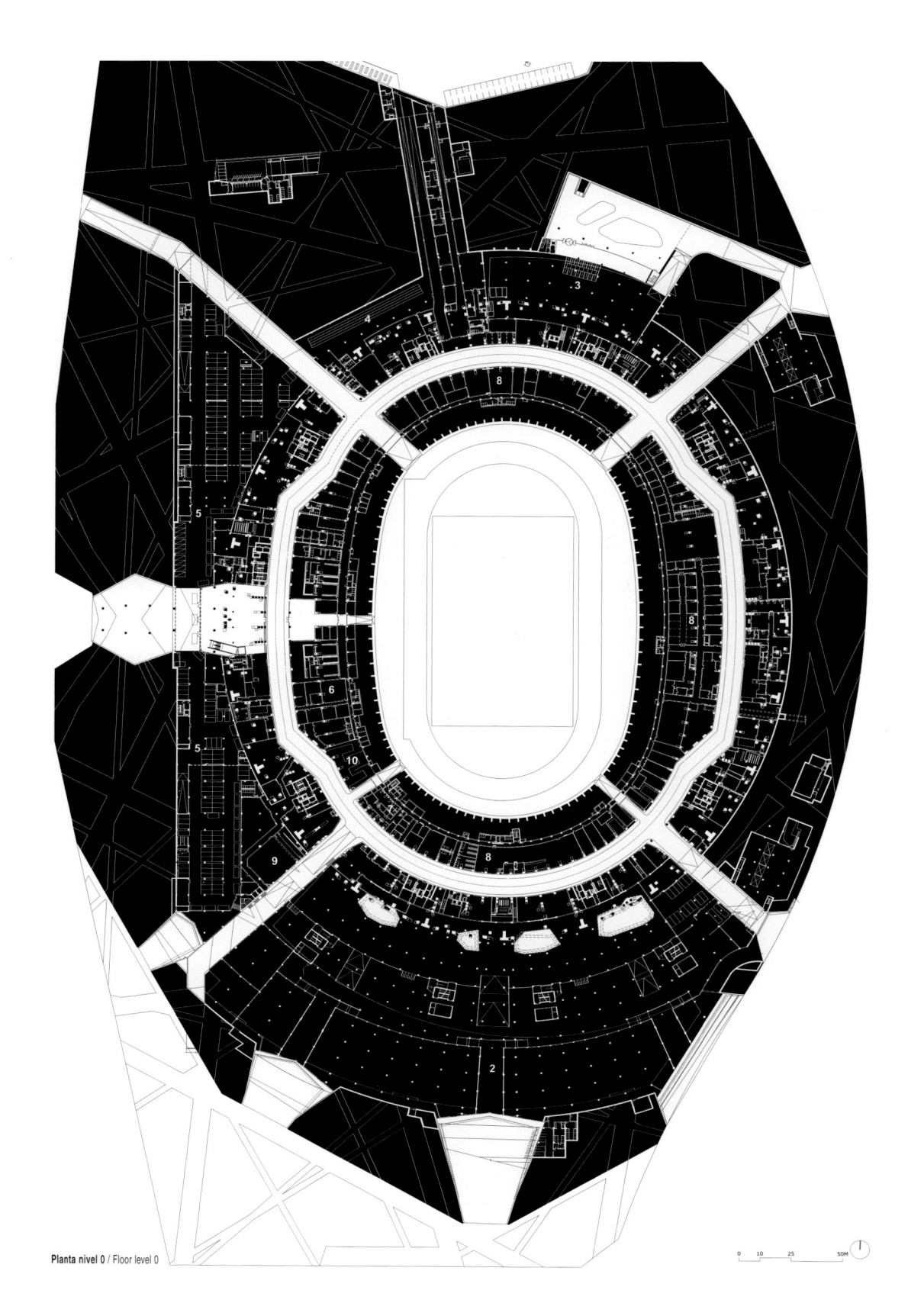

1	Vip entrance
2	Commercial area
3	Hotel lobby
4	Indoor warming up area
5	Parking
6	Post competition control
7	Medical center
8	Venue operation
9	Press center
10	Mixed zone
11	Concourse
12	Service core
13	Ticket control
14	Restaurant

EL CUENCO
THE BOWL

El estadio se ha concebido como un gran recipiente colectivo, que produce una impresión distintiva e inequívoca; tanto desde lejos como cuando se contempla de cerca.
The stadium is conceived as a large collective vessel, which makes a distinctive and unmistakable impression both when it is seen from a distance and from
En el interior, una forma similar a la de un cuenco sirve para generar el entusiasmo colectivo y predisponer favorablemente el ánimo de los deportistas. Las gradas son
close up. Inside the stadium, an evenly constructed bowl-like shape serves to generate crowd excitement and drive athletes to outstanding performances. To
prácticamente continuas y el techo acústico oculta la estructura para no distorsionar esa imagen homogénea y centrar la atención tanto sobre el público como sobre los
create a smooth and homogeneous appearance, the stands have minimal interruption and the acoustic ceiling hides the structure in order to focus attention on
acontecimientos que se celebran en el campo. La multitud da forma a la arquitectura.
the spectators and the events on the field. The human crowd forms the architecture.

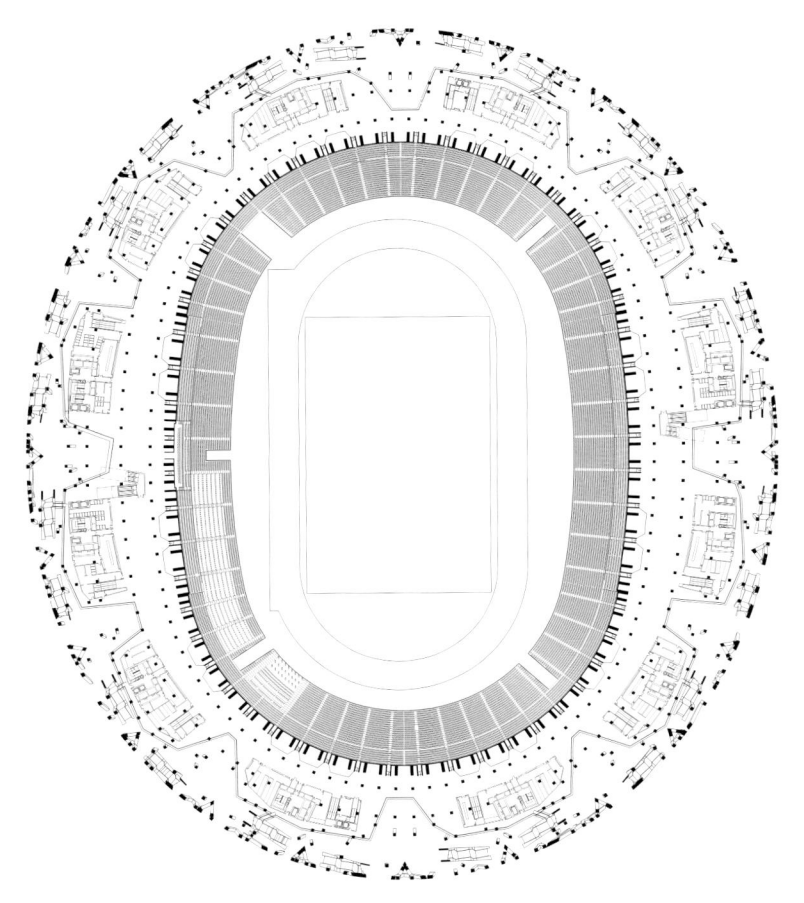

Planta nivel 2 / Floor level 2

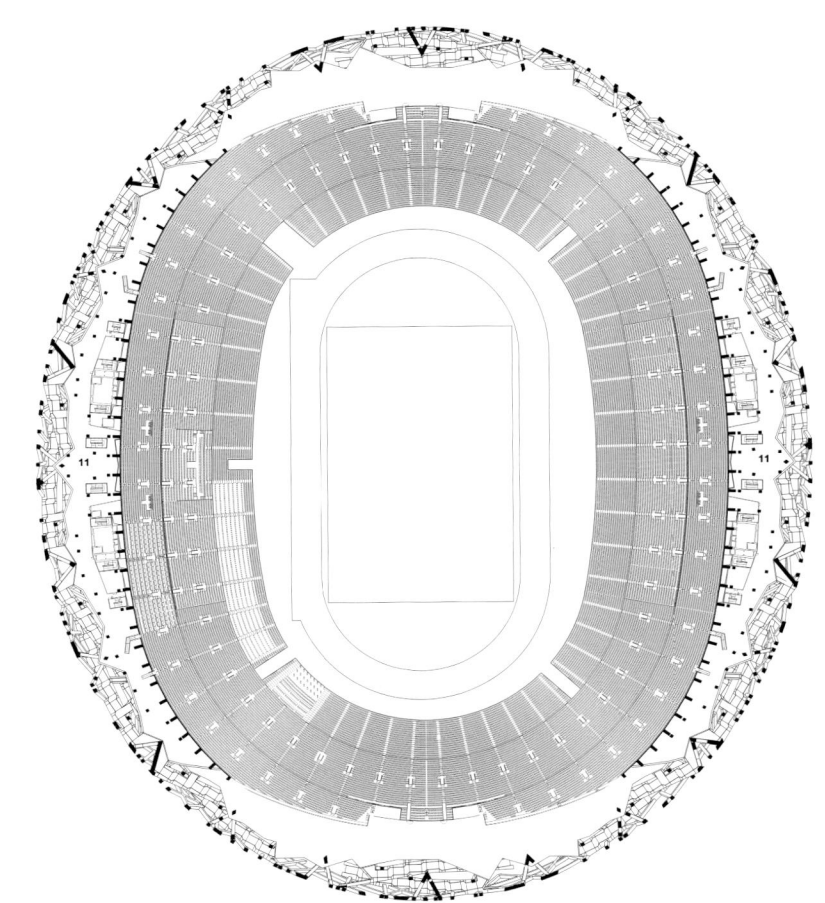

Planta nivel 7 / Floor level 7

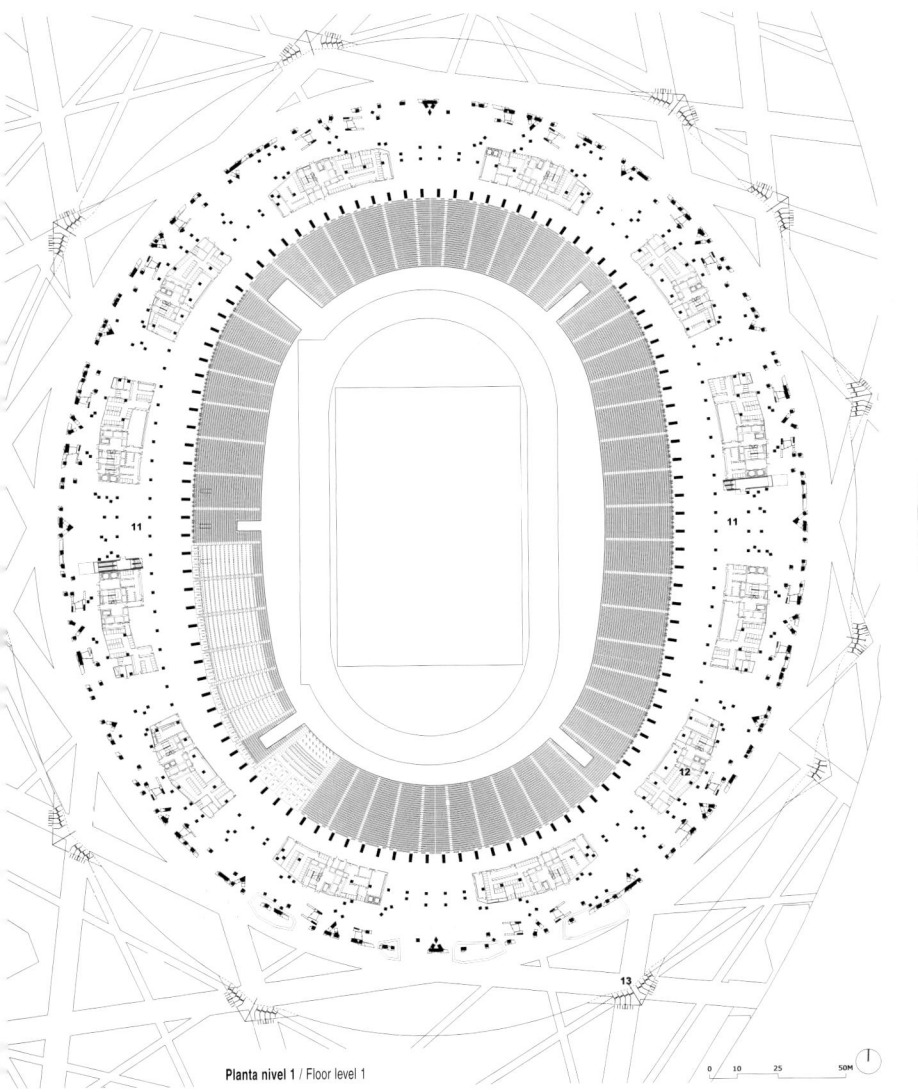

Planta nivel 1 / Floor level 1

Planta nivel 3 / Floor level 3

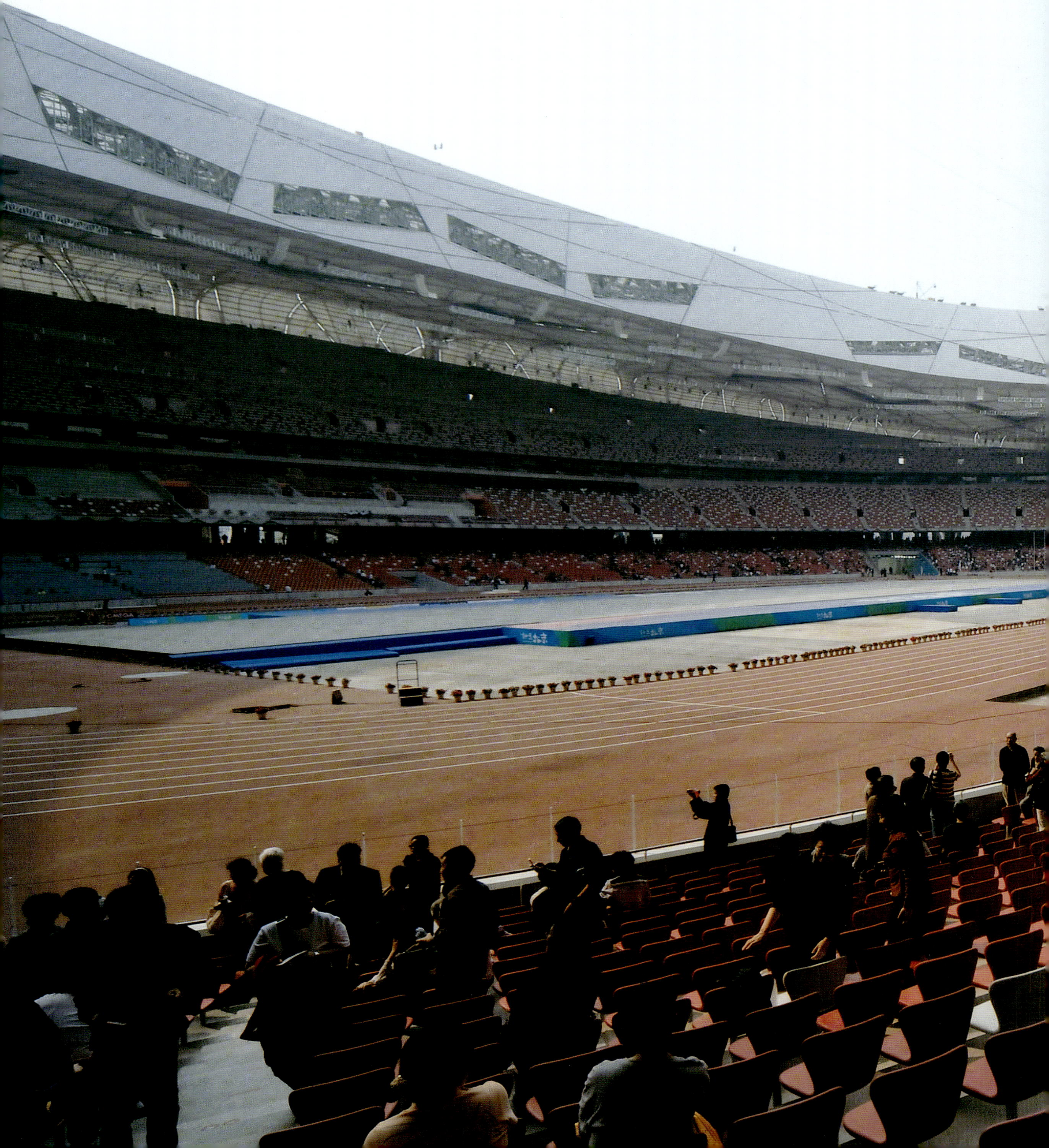

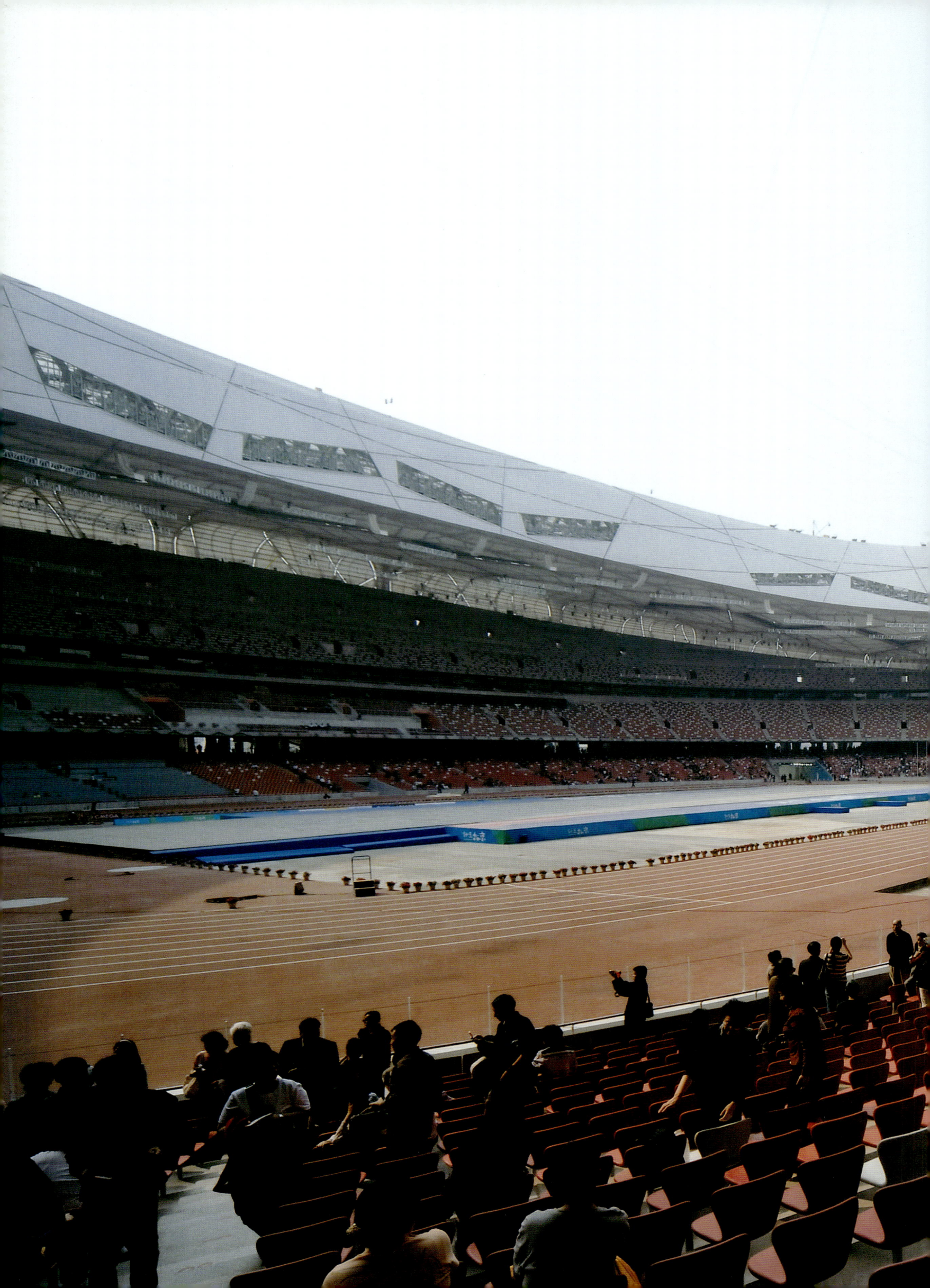

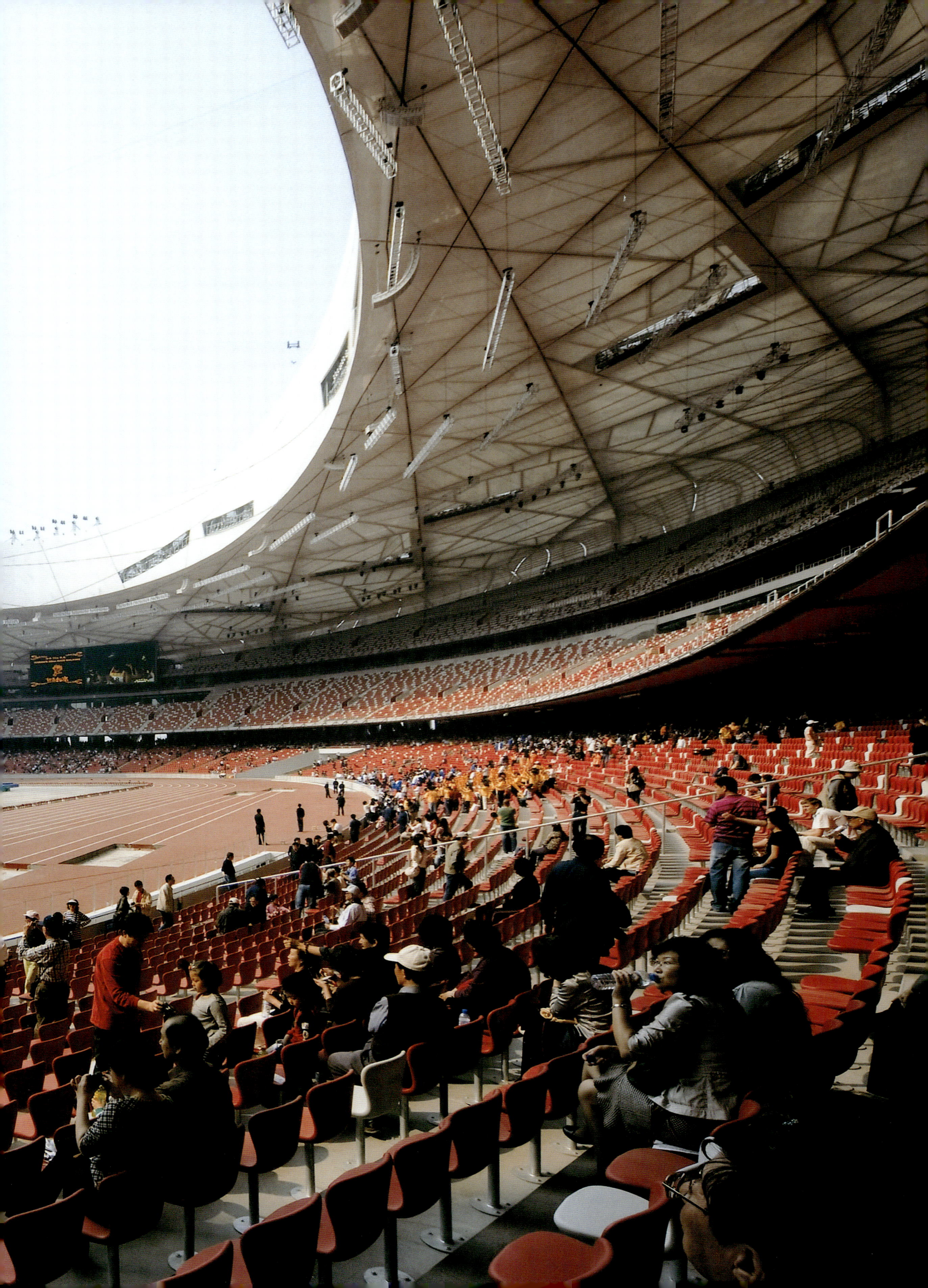

Sección transversal 2-2' Este-Oeste / Cross section 2-2' East-West

Planta nivel 1 / Floor level 1

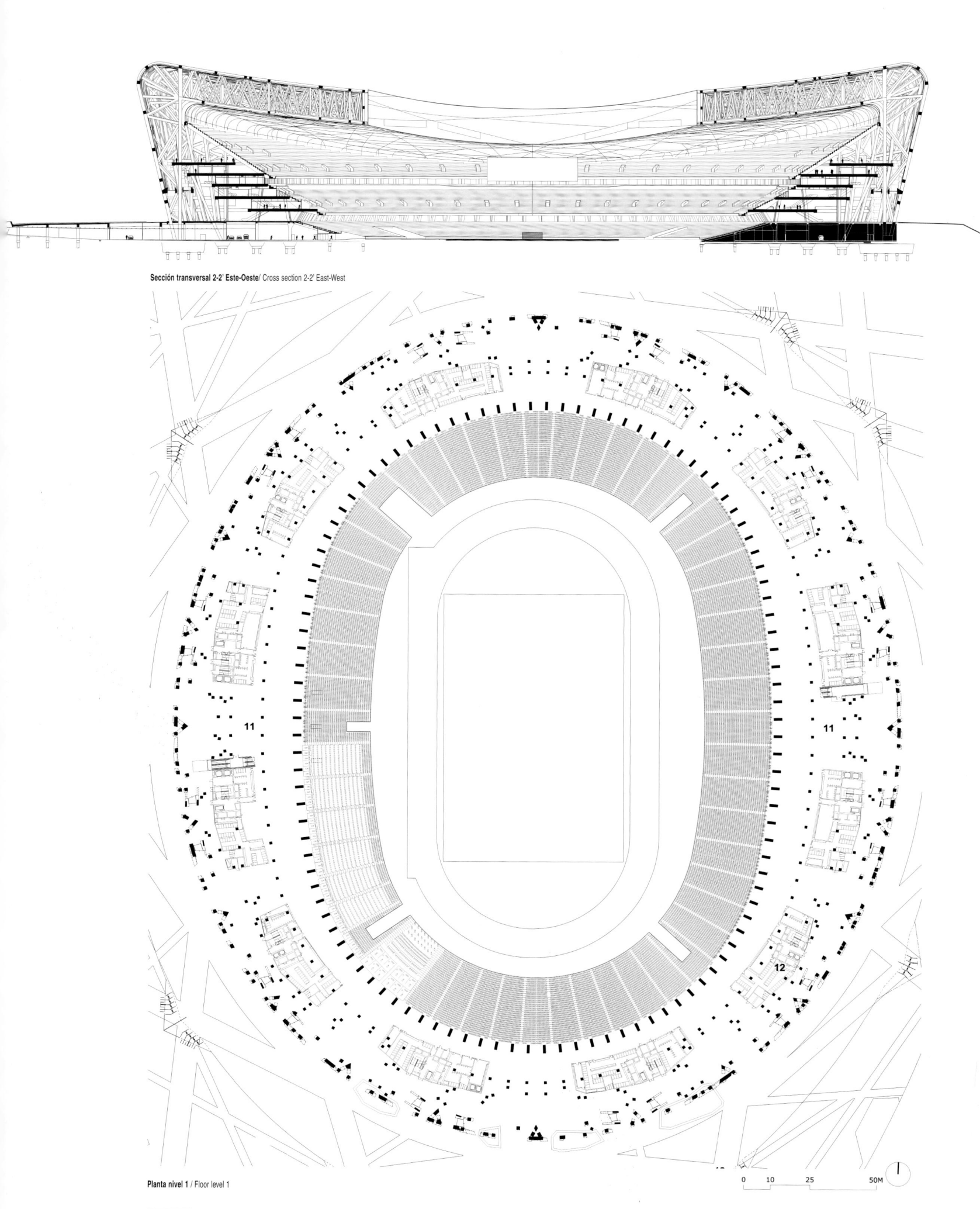

138

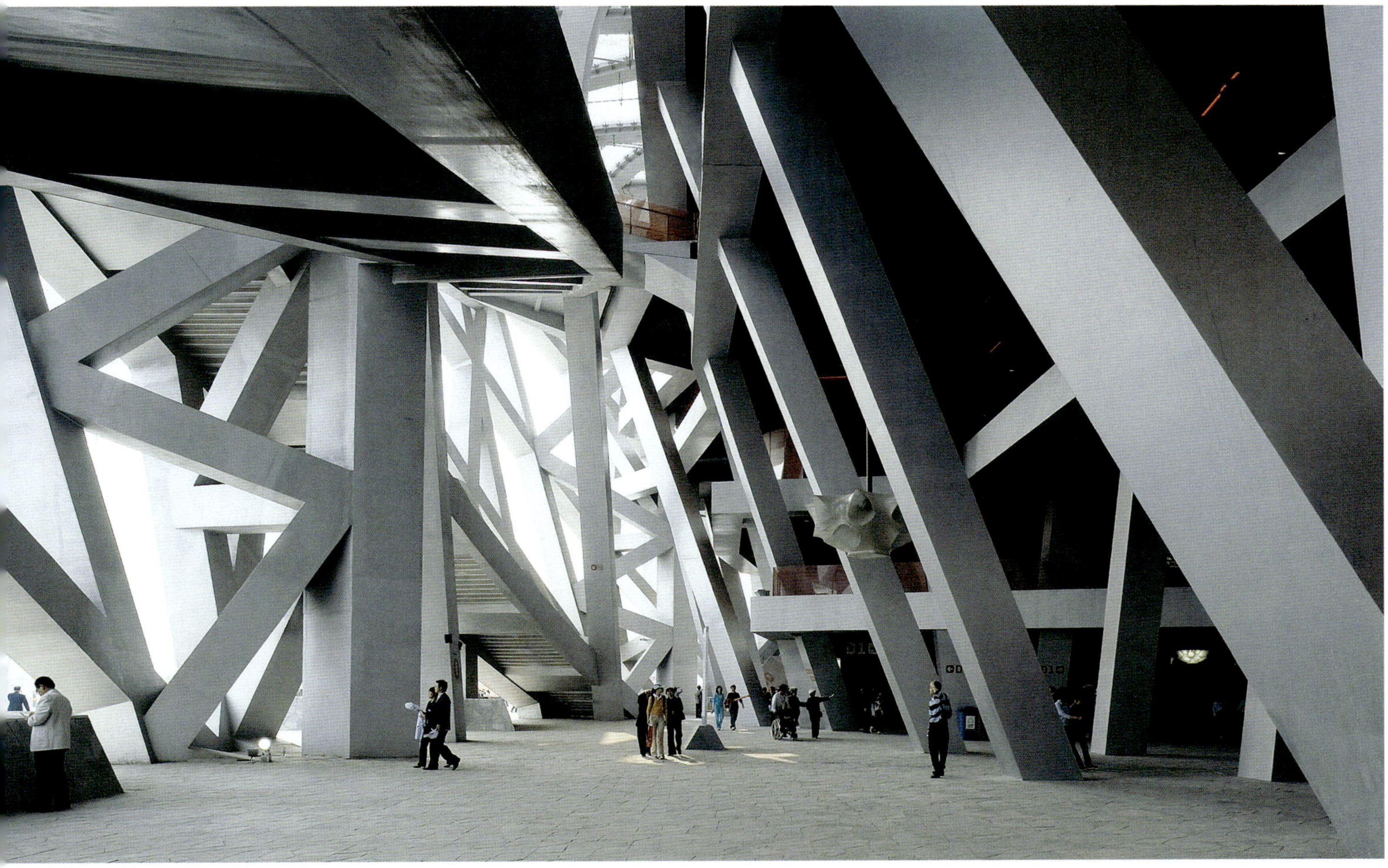

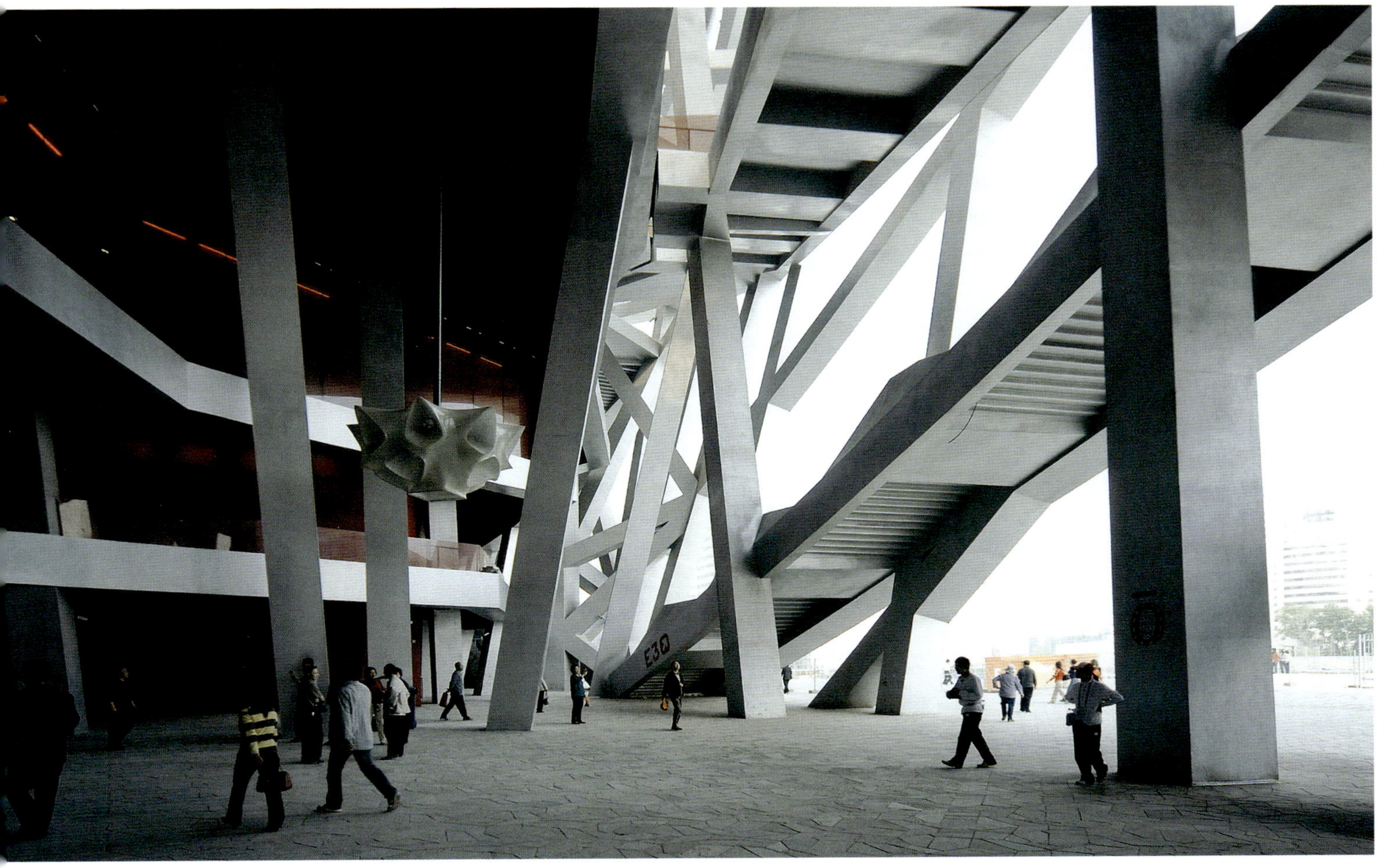

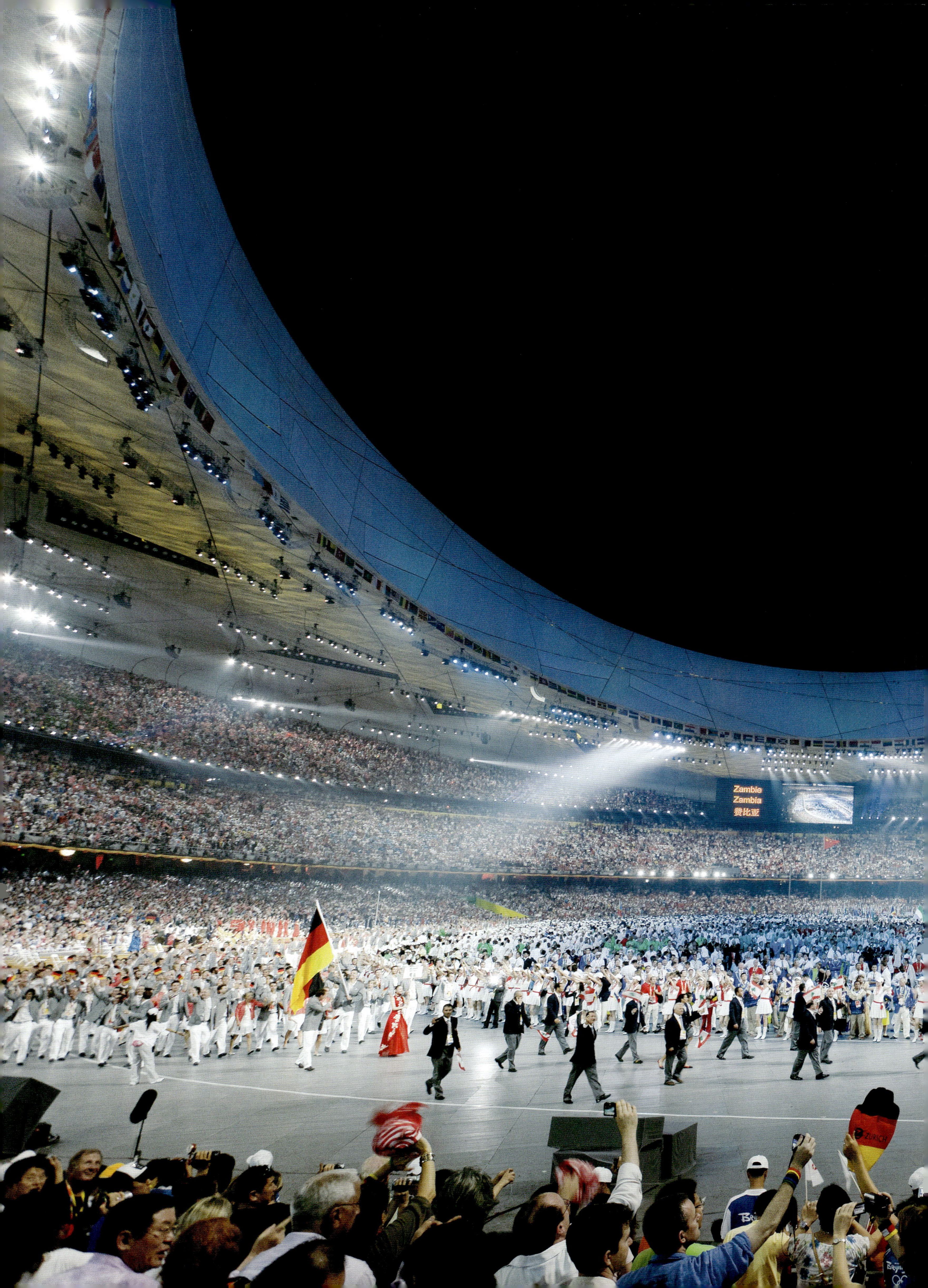
Zambie
Zambia
赞比亚

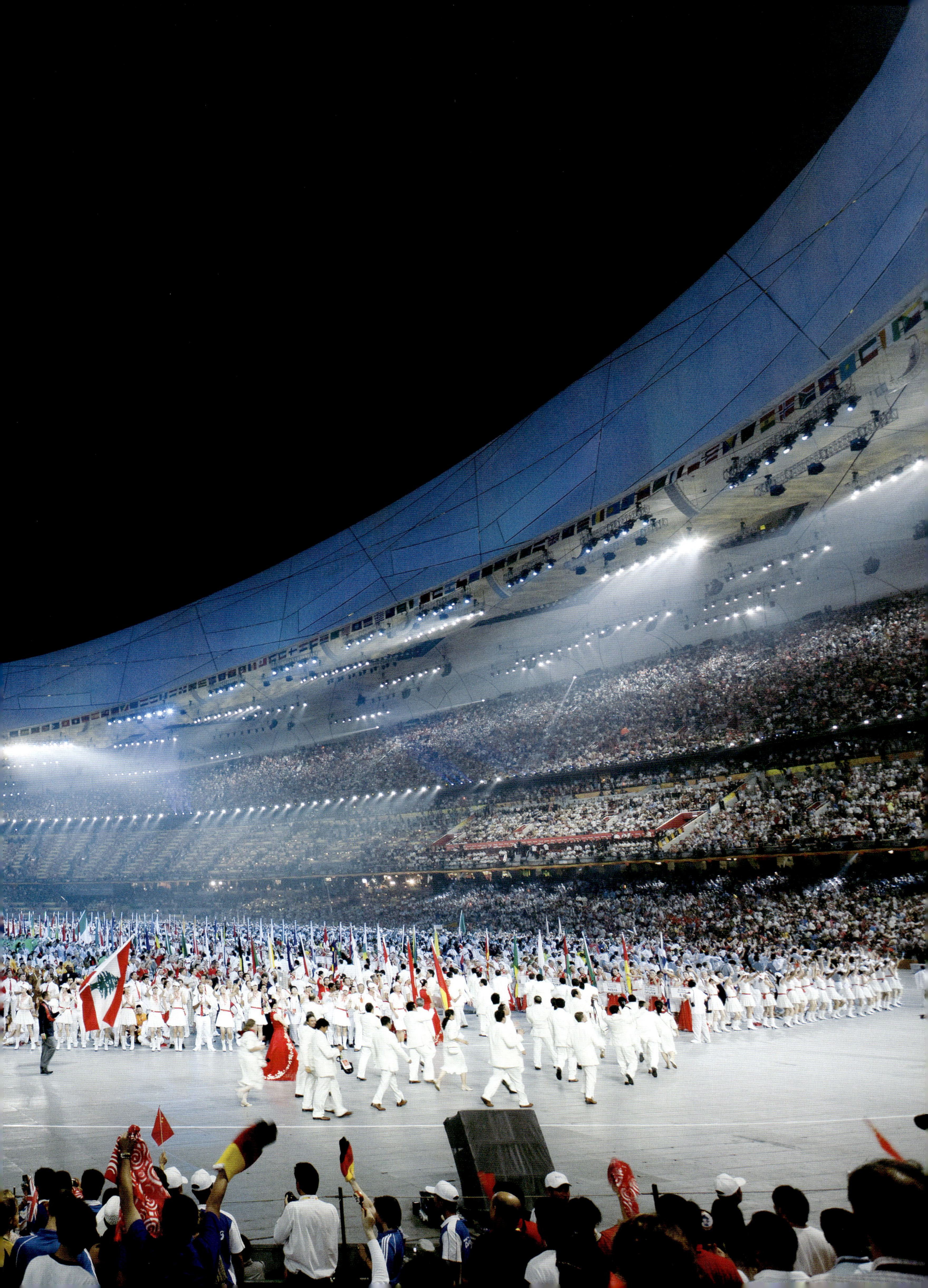

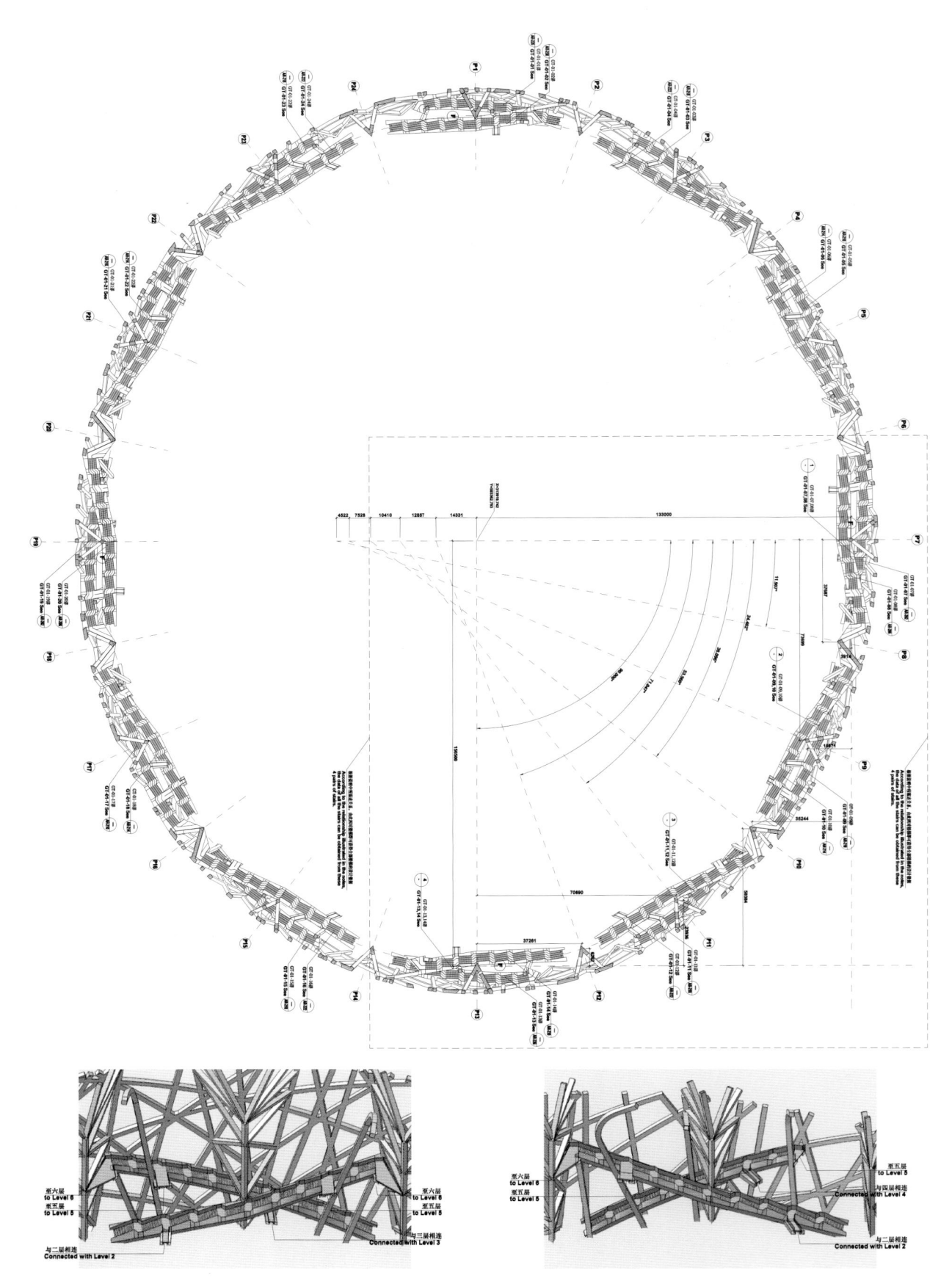

Axonométrica del nudo: GT-01-07,08 / GT-01-07,08 Axonometric view

Axonométrica del nudo: GT-01-11,12 / GT-01-11,12 Axonometric view

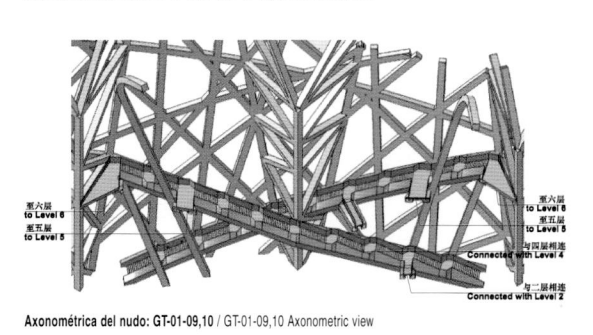

Axonométrica del nudo: GT-01-09,10 / GT-01-09,10 Axonometric view

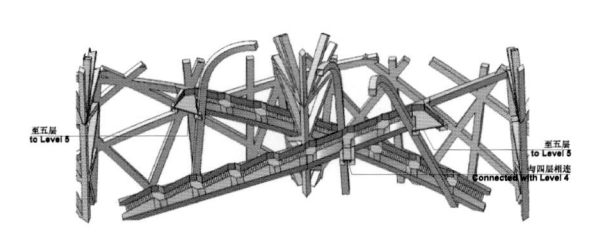

Axonométrica del nudo: GT-01-13,14 / GT-01-13,14 Axonometric view

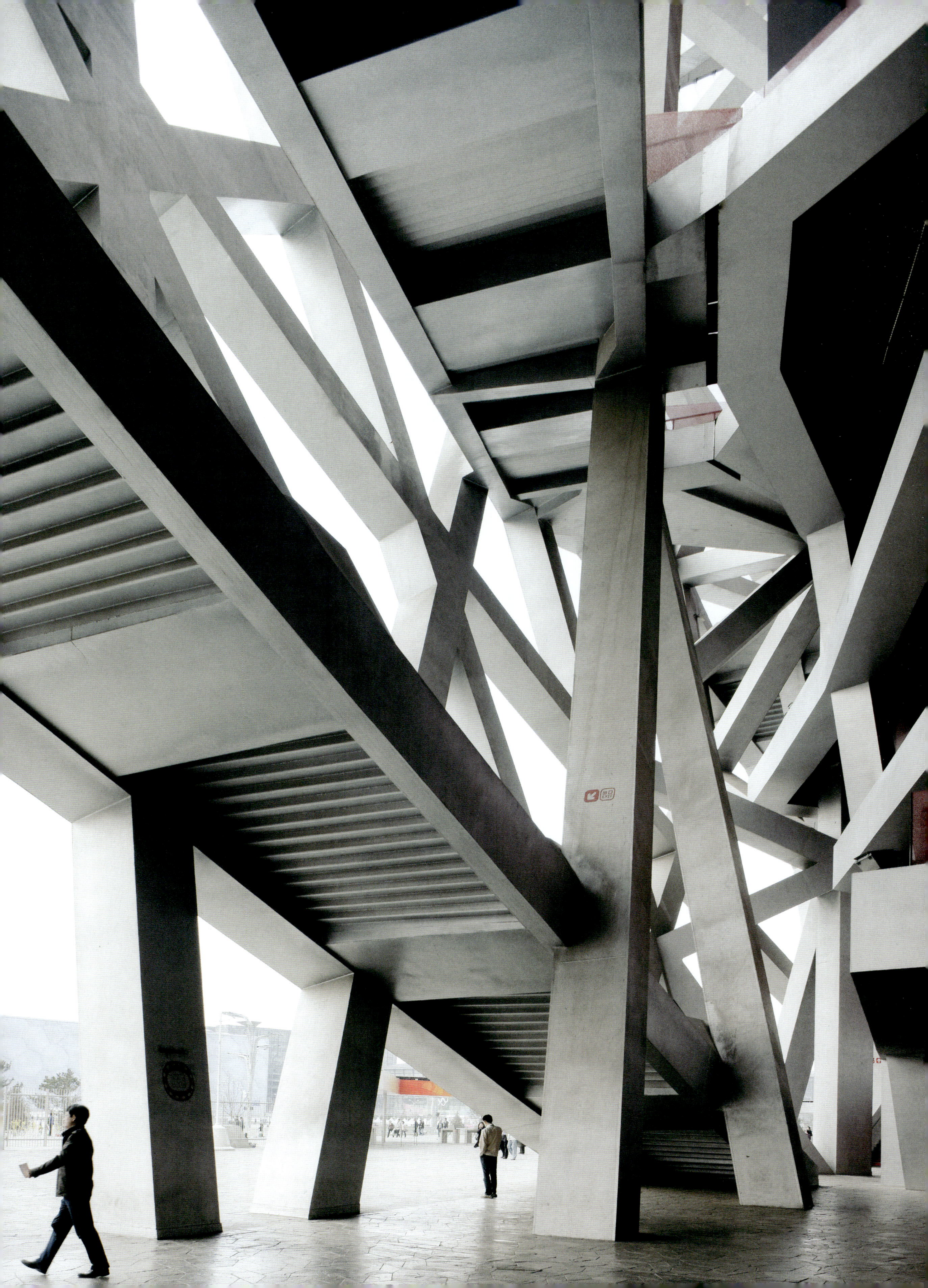

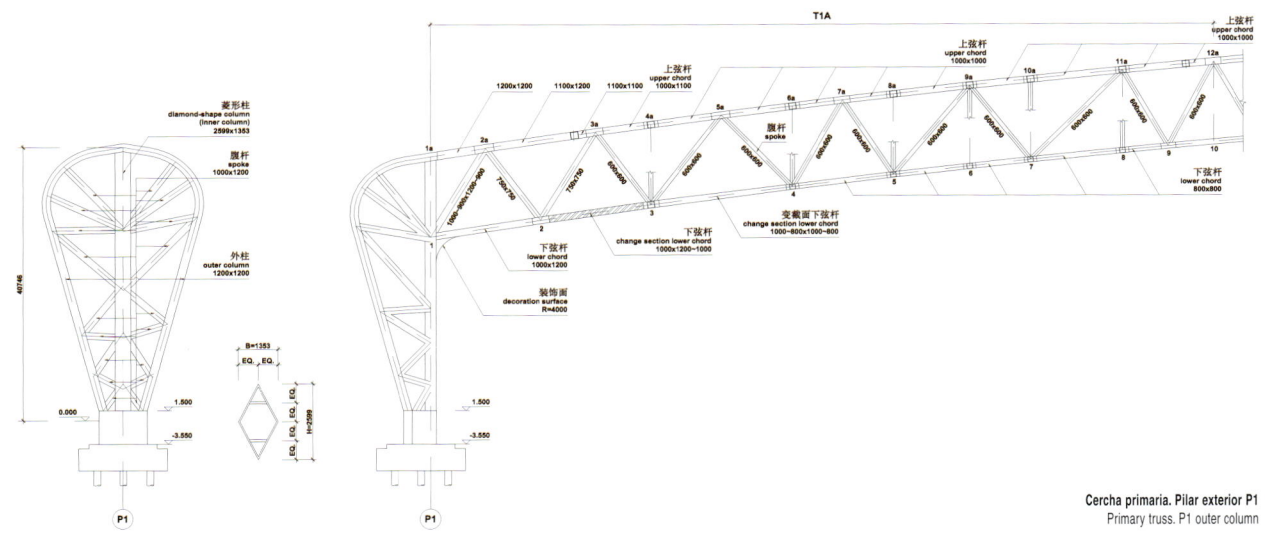

Cercha primaria. Pilar exterior P1
Primary truss. P1 outer column

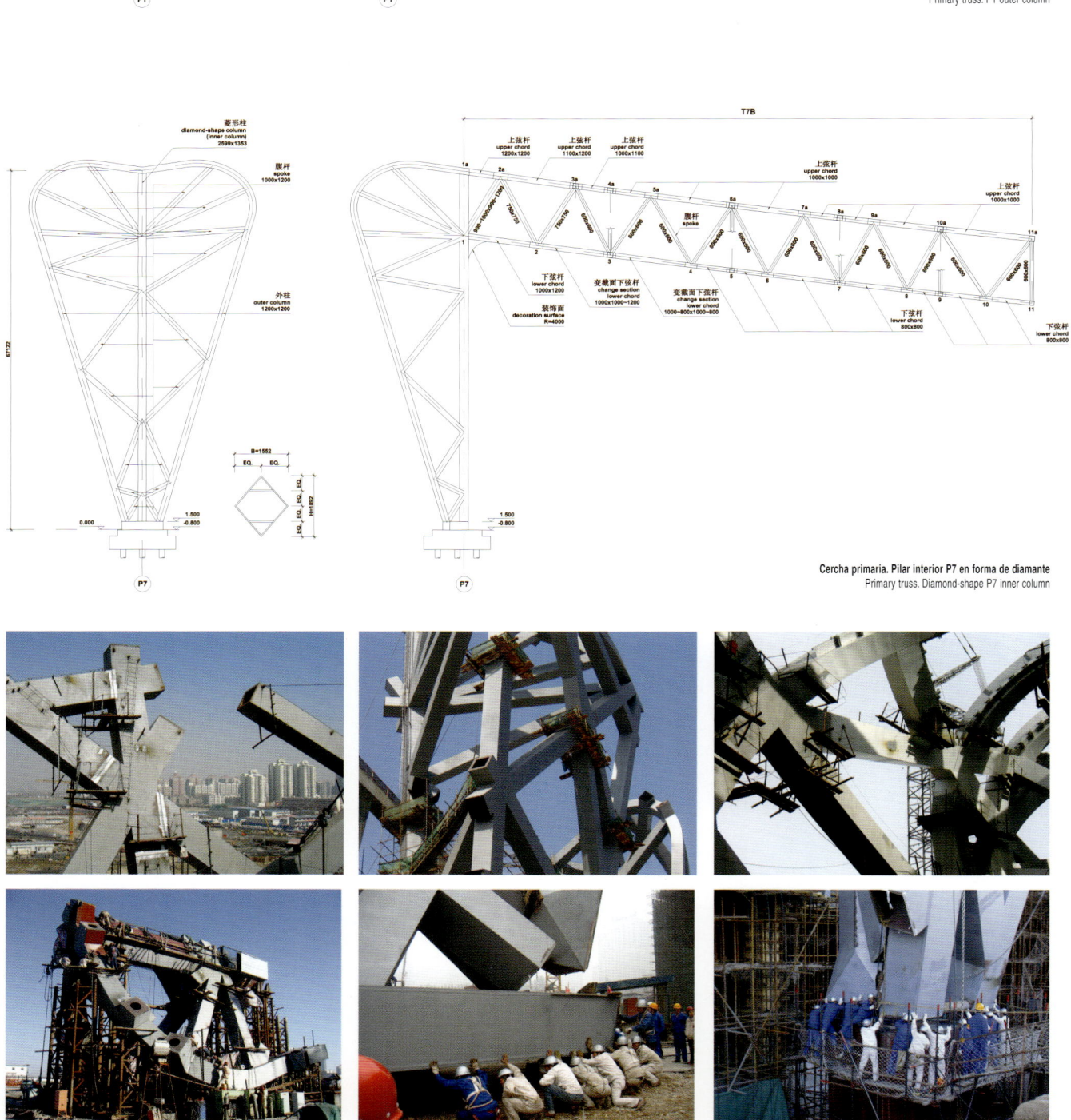

Cercha primaria. Pilar interior P7 en forma de diamante
Primary truss. Diamond-shape P7 inner column

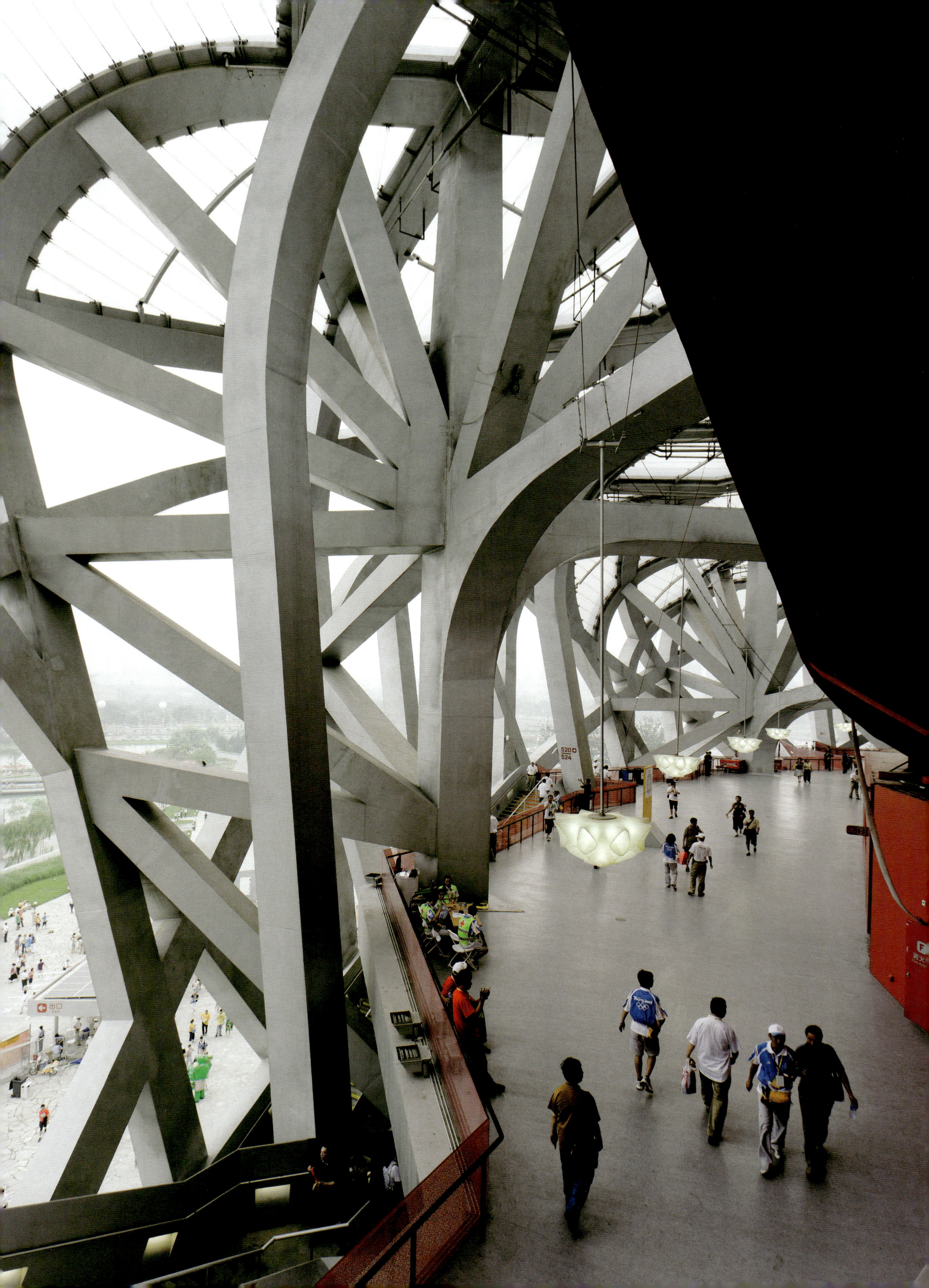
出口
520
524

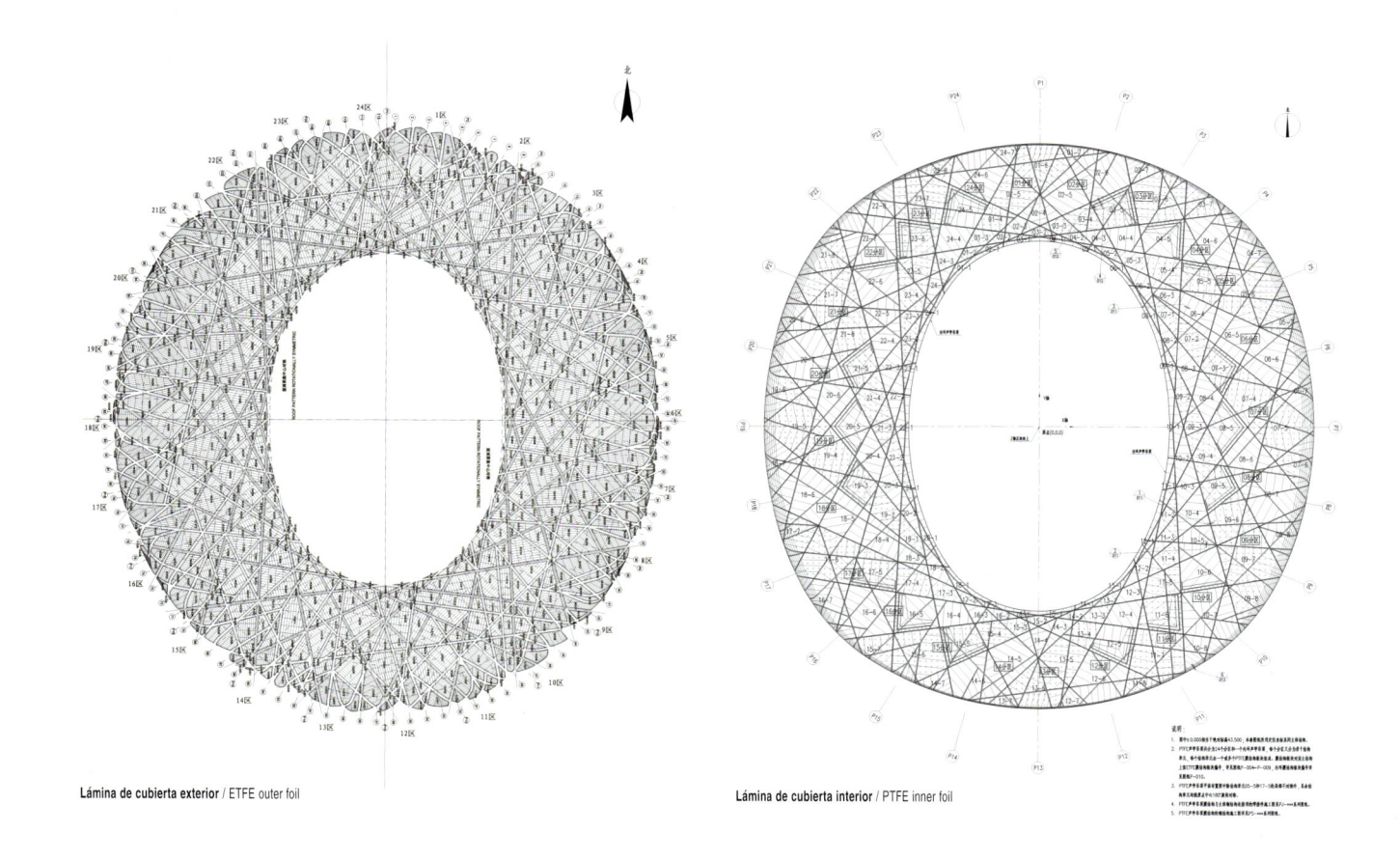

Lámina de cubierta exterior / ETFE outer foil

Lámina de cubierta interior / PTFE inner foil

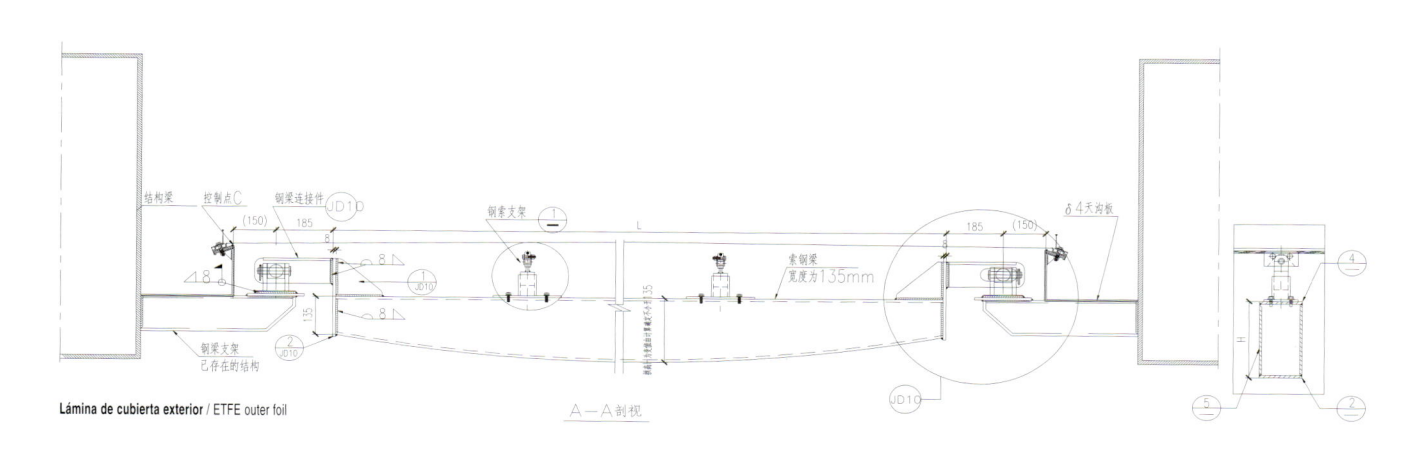

Lámina de cubierta exterior / ETFE outer foil

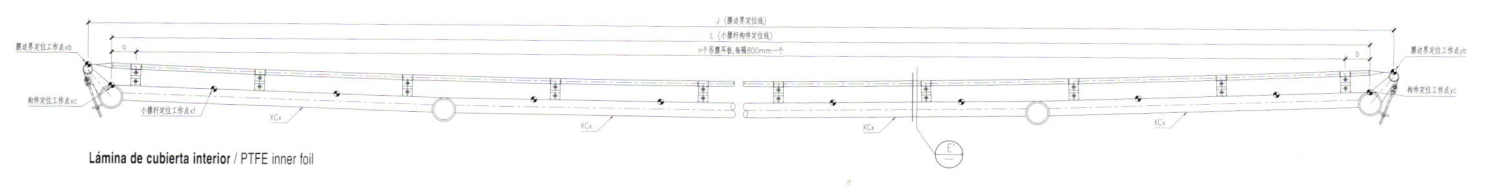

Lámina de cubierta interior / PTFE inner foil

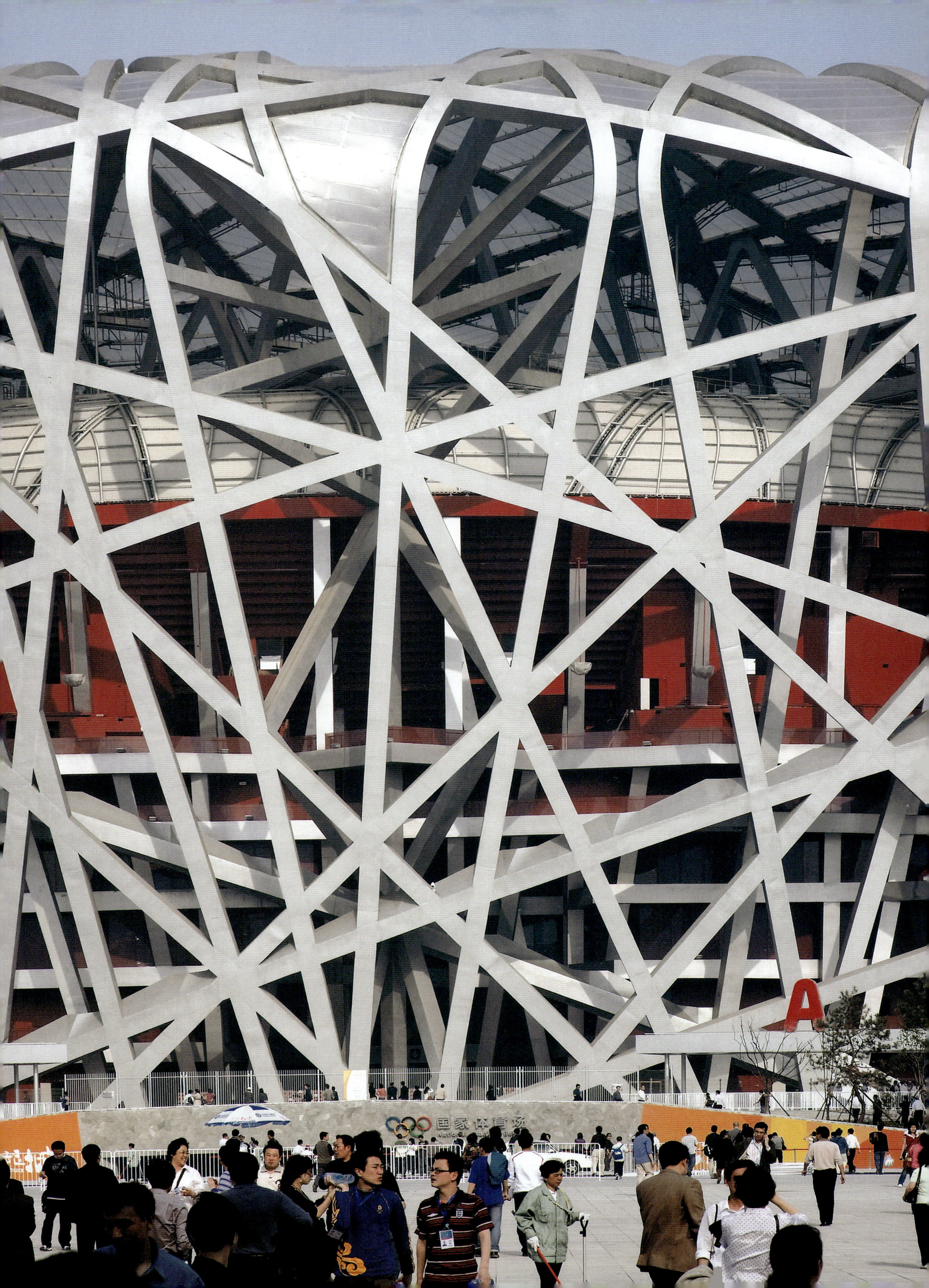
A
国家体育场

ElbphilharmonieKonzerte
2010/2011
Abos & Tickets 040 357 666 66
BMW. HAUPTPARTNER DER ELBPHILHARMONIE.

ELBPHILHARMONIE, HAMBURGO ELBPHILHARMONIE, HAMBURG   HAMBURGO, ALEMANIA
HAMBURG, GERMANY   2003-

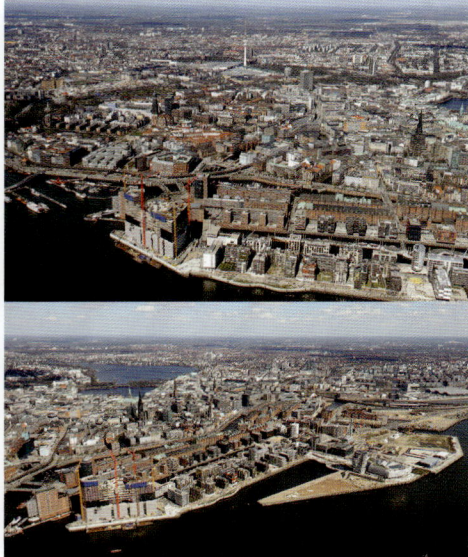

Emplazamiento / Location

Situación en HafenCity / Location in the midst of HafenCity

Kaispeicher A, 1966, Werner Kallmorgen. Base del nuevo edificio / Base of the new building

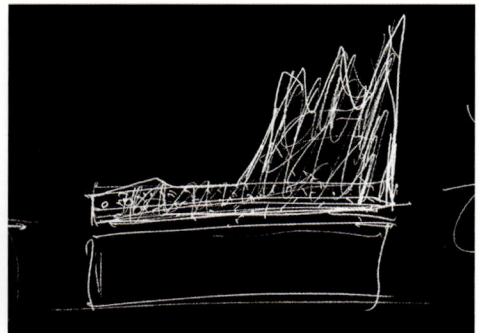

Croquis conceptual / Conceptual croquis

La Elbphilharmonie situada en el Kaispeicher, en medio del Hafencity de Hamburgo, identifica un lugar que los habitantes de la ciudad conocían pero que no era verdadera-
The Elbphilharmonie on the Kaispeicher in the midst of Hamburg's HafenCity marks a location that was known to the public but not really accessible. In the future
mente accesible. Pronto se convertirá en un nuevo centro social, cultural y vital no sólo para la gente de Hamburgo sino también para los visitantes de todo el mundo. El Kaispeicher
it will become a new center of social, cultural and daily life not only for the people of Hamburg but for visitors from all over the world. The Kaispeicher A was still
A estuvo en uso como almacén de cacao hasta finales del siglo pasado. Esta sólida y pesada construcción tendrá ahora un nuevo uso: acogerá la Filarmónica de Hamburgo.
in use as a warehouse until the end of the last century. This solid and weighty construction will now be put to new use: it will support the Philharmonic. Our inter-
Nuestro interés en el almacén no sólo radica en su inexplotado potencial estructural, sino también en su arquitectura. El robusto y casi hostil edificio del Kaispeicher propor-
est in the warehouse lies not only in its unexploited structural potential but also in its architecture. The robust, almost aloof architecture of the Kaispeicher provides
ciona unos sorprendentes cimientos para la nueva Filarmónica. Parece formar parte del paisaje y aún no tanto de la ciudad, que ahora se está extendiendo para ocupar este
a surprisingly ideal foundation for the new Philharmonic hall. It seems to be part of the landscape and not yet really part of the city, which is now spreading out to
área. Los almacenes portuarios del siglo XIX adoptaron el vocabulario urbano de las fachadas de la ciudad histórica, pero no así el edificio del Kaispeicher A. Pese a la elec-
include the area. The harbor warehouses of the 19th century adopted the urban vocabulary of the city's historical façades— but not the Kaispeicher A. Despite the
ción, acorde con el contexto, del adrillo como material constructivo, las fachadas de este macizo y potente almacén son sorprendentemente radicales y abstractas.
contextual choice of bricks as a building material, the façades of this massive and mighty warehouse are strikingly radical and abstract.

Antiguo edificio Kaispeicher, 1929, que fue demolido durante la guerra / Archaic Kaispeicher Building, 1929, which was demolished during the war

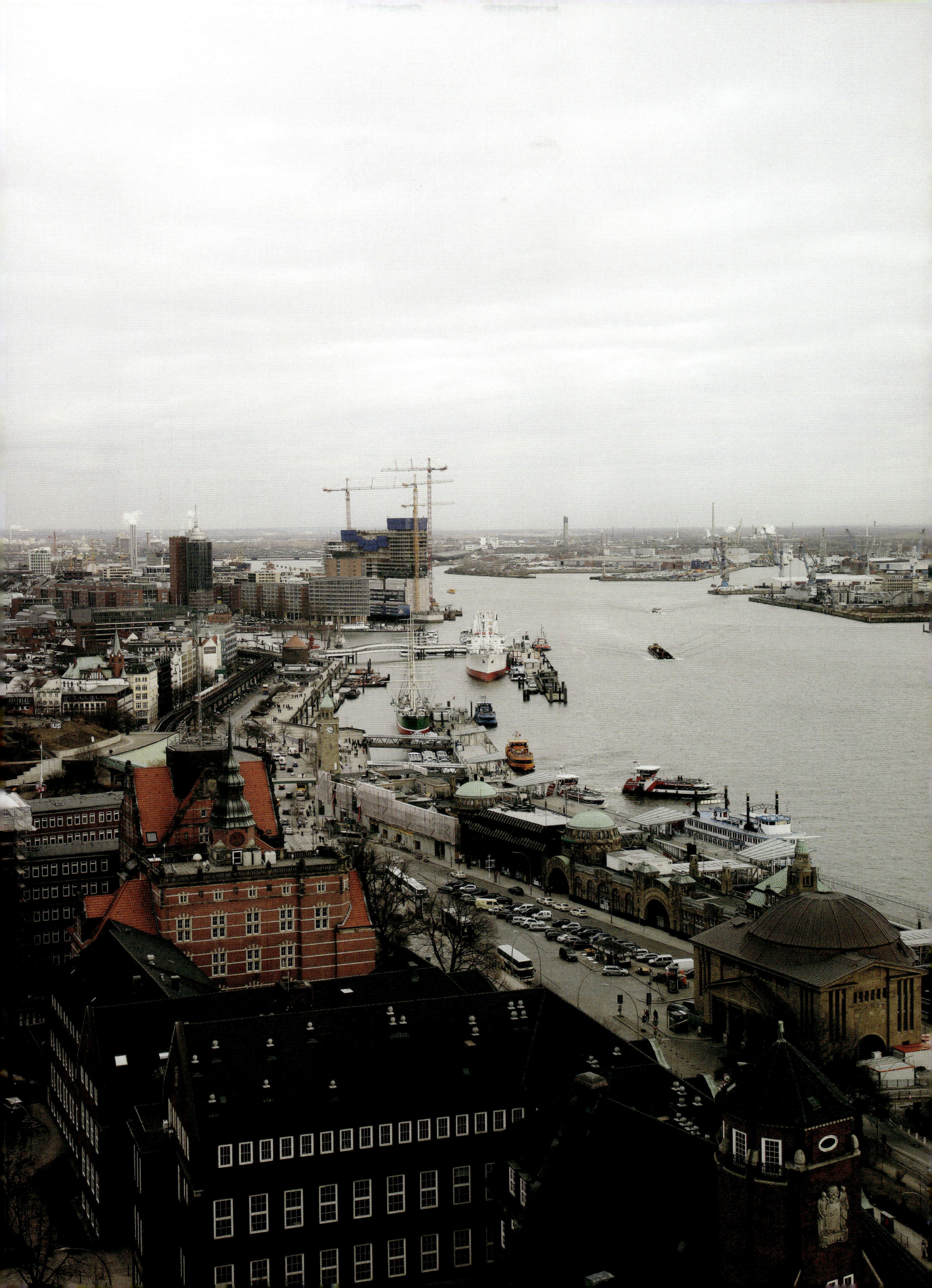

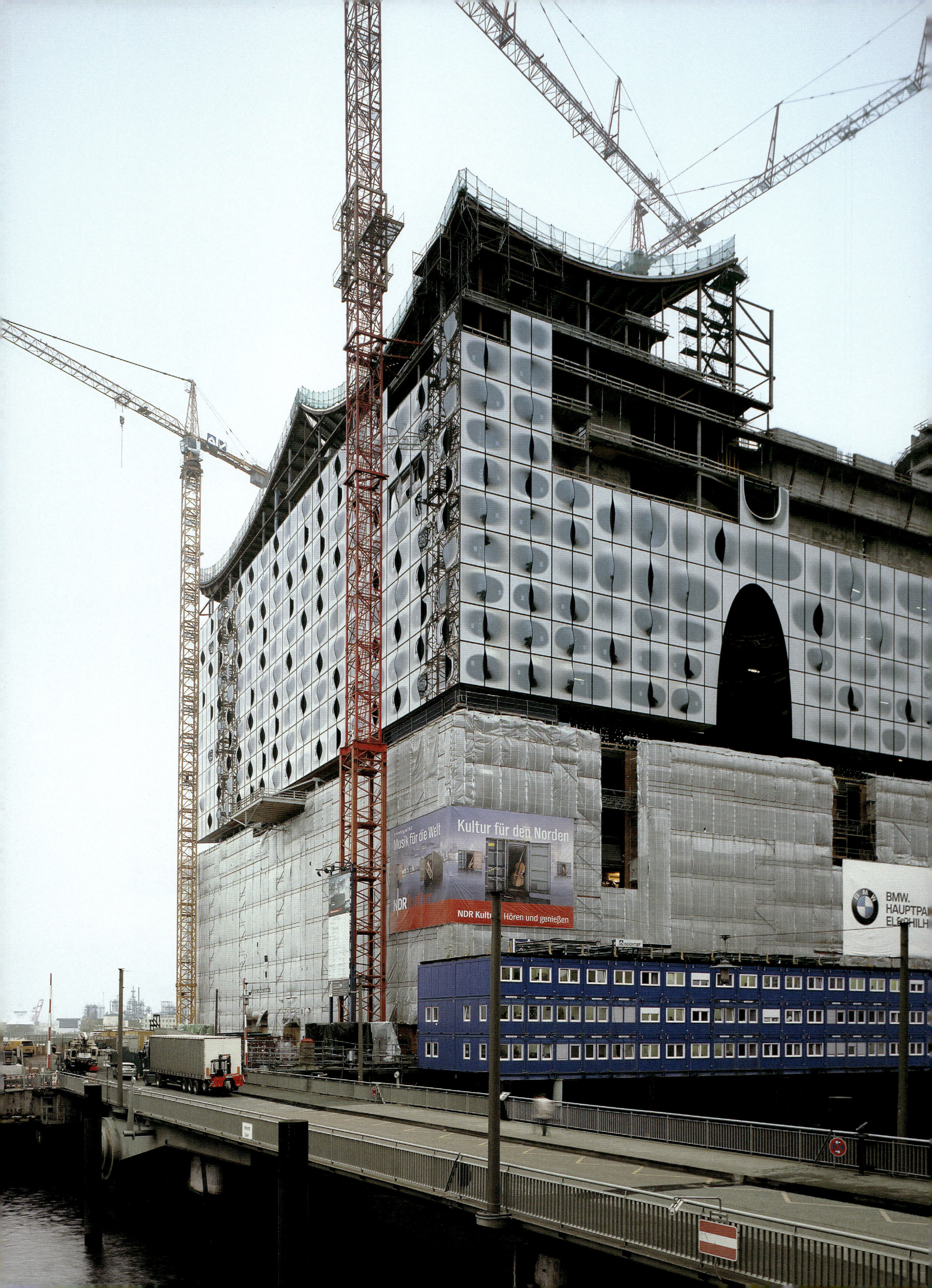

Elbphilharmonie Konzerte
2010/2011

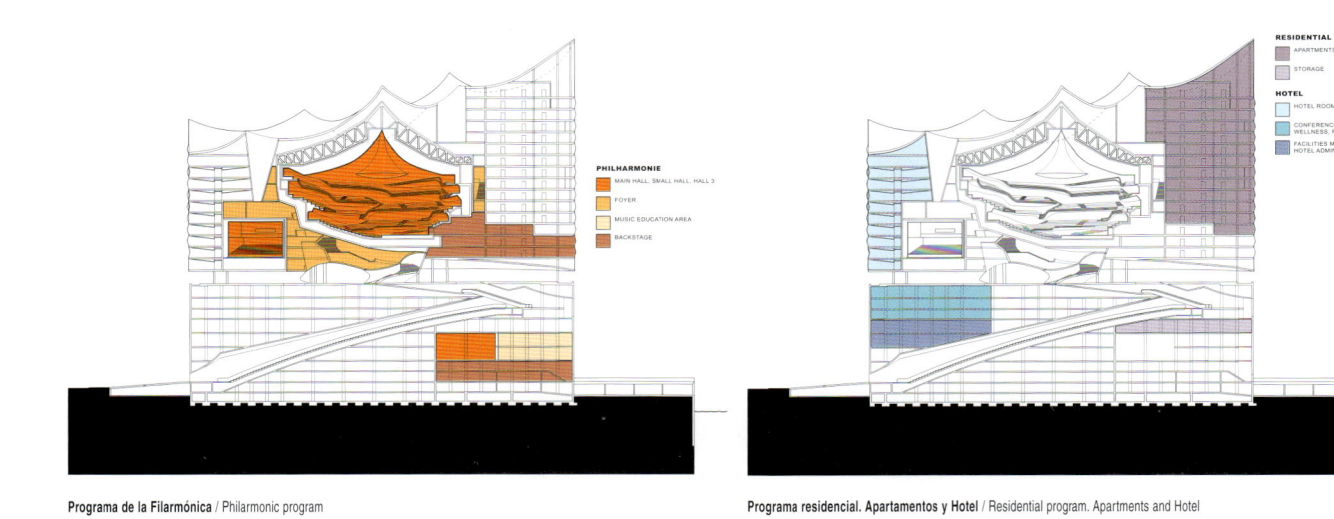

Programa de la Filarmónica / Philarmonic program

Programa residencial. Apartamentos y Hotel / Residential program. Apartments and Hotel

El nuevo edificio ha sido concebido como extrusión de la forma del Kaispeicher. Aunque se levanta sobre el bloque de ladrillo del viejo edificio según una planta baja idéntica, las partes superior e inferior de la nueva estructura son fundamentalmente diferentes de la tranquila y sencilla forma del almacén que tienen debajo: la extensa, ondulante curvatura de la cubierta alcanza una altura total de 110 metros en la Kaispitze (la punta de la península), descendiendo hacia el extremo este, donde es unos 30 metros más baja.

The new building has been extruded from the shape of the Kaispeicher. While rising above the brick block of the older building with an identical ground plan, the top and bottom of the new structure are fundamentally different from the calm and simple form of the warehouse below: the broad, undulating shape of the roof rises to a total height of 110 m at the Kaispitze (the tip of the peninsula), sloping down to the eastern end, where the roof is 30 m lower.

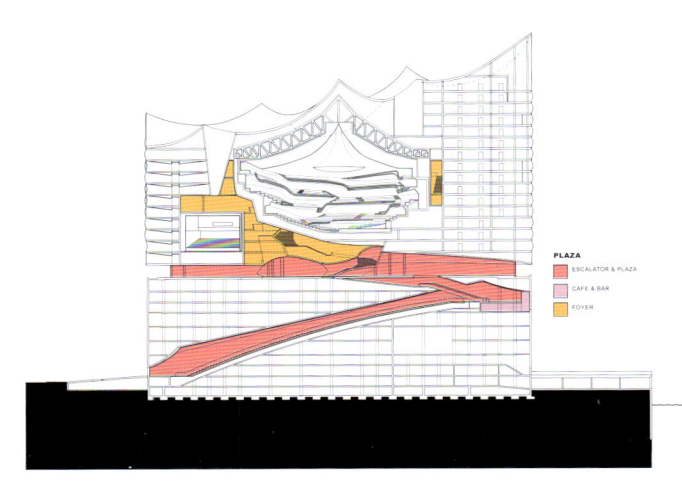

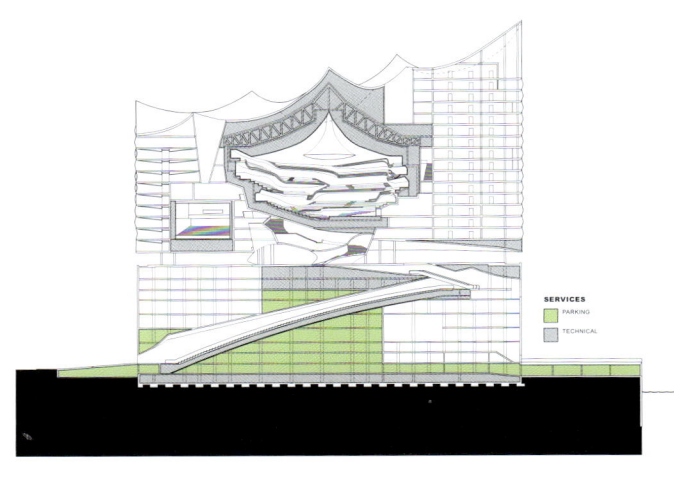

Programa de accesos públicos. Plaza / Public accesses program. Plaza

Programa de servicios / Service program

La parte inferior de la nueva estructura, sobre la cubierta del almacén, es una plaza viva y animada, dividida en zonas definidas por diferentes tipos de bóvedas con distintos grados de curvatura. Un corte en la fachada, en forma de arco, ofrece vistas del cielo y perspectivas espectaculares y escenográficas del río Elba y del centro de Hamburgo. El profundo retranqueo hacia el interior del edificio, y sobre la plaza —formado por paneles de vidrio curvo, alguno de los cuales seccionado y abierto— permite vistas de los vestíbulos situados a diferentes niveles.

The bottom of the new structure, on top of the warehouse, is a lively animated plaza, divided into zones defined by expansive vaulting, ranging from flat to very steep. An arch cut into the side wall affords views of the sky and spectacular, theatrical vistas across the river Elbe river and downtown Hamburg. A deep recess consisting on parts of curved panels, some of them cut open, cuts into the building above the plaza and provide views of the foyers on several levels.

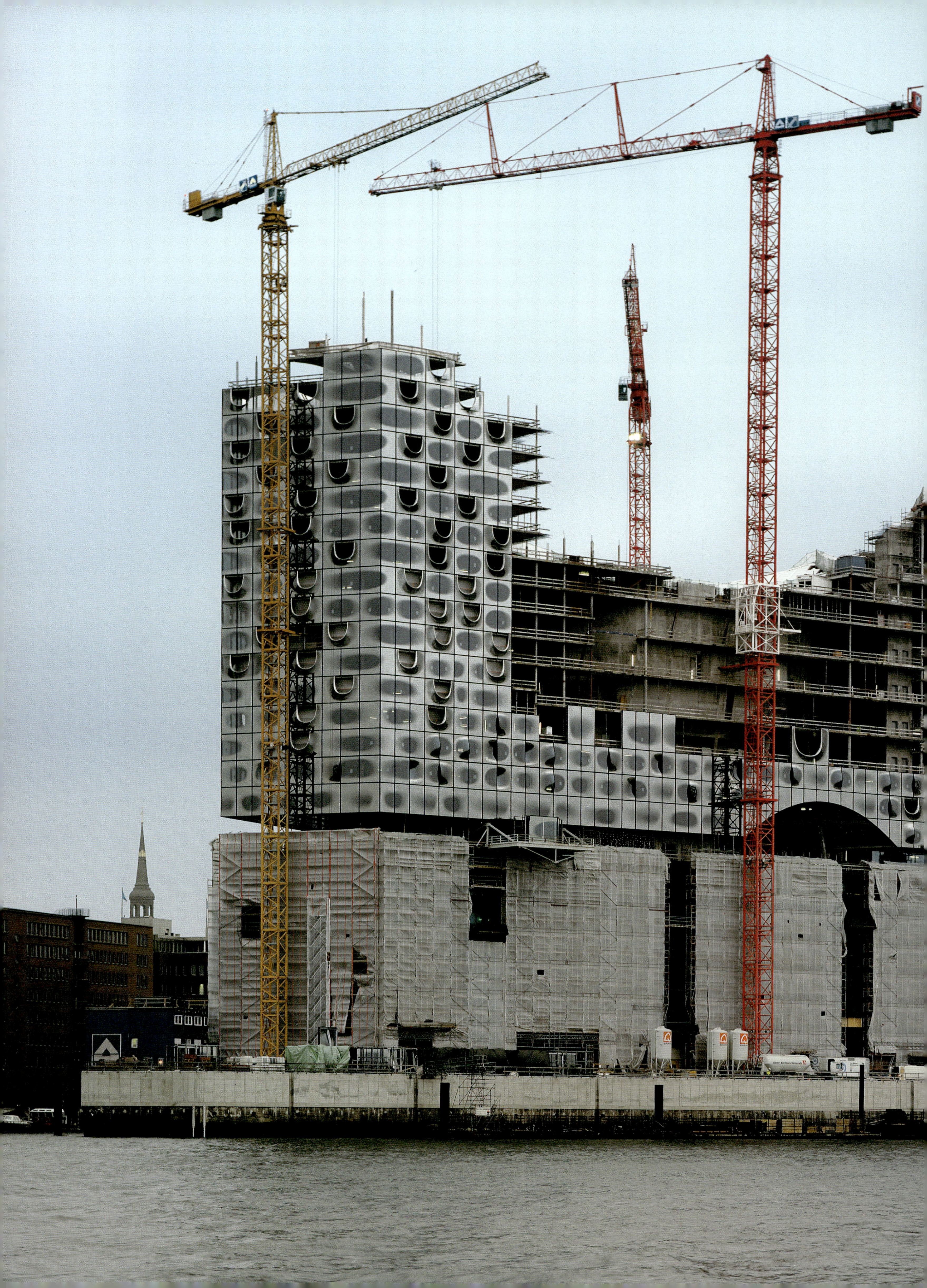

En contraste con la estoica fachada de ladrillo del Kaispeicher, el edificio de la Filarmónica, revestido de paneles de vidrio (curvado y cortado en algunas areas para ofrecer ventilación natural) de distintas formas y curvaturas, se asemeja a una iridiscente forma cristalizada, cuyo aspecto va cambiando a medida que captura y combina los reflejos procedentes del cielo, el agua y la ciudad. El acceso principal al Kaispeicher se sitúa en el lado este. Curvándose ligeramente cuando llega a la plaza, la gran escalera mecánica que sirve de acceso a la Filarmónica no se percibe en su totalidad desde el inicio hasta su final. Es una experiencia espacial en sí misma, transportando al público a través de todo el almacén, pasando por una gran ventana panorámica y trasladando el espíritu de las escaleras escenográficas de las salas de conciertos de fin de siglo a un lenguaje contemporáneo. Al llegar a la parte superior, el público desembarca en una espaciosa terraza, una nueva plaza que domina la ciudad. Encaramada en la cima del Kaispeicher, este área funciona como un gigantesco vínculo entre los dos elementos de la estructura y como un nuevo espacio público de acceso a los vestíbulos de la nueva sala de conciertos. El diseño de Elbphilharmonie es claramente un proyecto del siglo XXI, que hubiera sido inconcebible antes de ahora. Lo que se ha mantenido respecto de la tradición anterior es la idea fundamental de sala filarmónica como espacio donde la orquesta y el director se encuentran en medio del público, y donde la arquitectura y la disposición de las filas de asientos están en función de la lógica de la percepción acústica y visual de la música, de los intérpretes y de la audiencia. Aquí, sin embargo, esa lógica compositiva lleva a otra conclusión: las filas de asientos se extienden hacia arriba y se disuelven en un espacio singular compuesto de asientos, paredes y techo. La compleja geometría de la sala aúna fluidez orgánica y una configuración incisiva, más estática. Elevándose verticalmente casi como una tienda de campaña, la sala de conciertos tiene capacidad para 2.150 personas, que se acomodan para disfrutar los placeres de interpretar y escuchar música. Su imagen descollante define el volumen del edificio como un todo y, en la misma medida, se refleja en su silueta. Como un hito visible desde la lejanía, la Filarmónica proporcionará un nuevo acento a una ciudad concebida horizontalmente, simbolizando la irrupción de Hamburgo en el nuevo territorio de la zona portuaria a lo largo de las orillas del río Elba.

In contrast to the stoic brick façade of the Kaispeicher, the Philharmonic, clad in panels of glass (curved and cut in some areas to provide natural ventilation), looks like an iridiscent crystal, whose appearance keeps changing as it captures and combines reflections from the sky, the water and the city. The main entrance to the Kaispeicher lies to the east. Curving slightly as it leads to the plaza, the elongated escalator that provides access cannot be seen in full from one end to the other. It is a spatial experience in itself, transporting users through the entire warehouse, passing a large panorama window and translating the spirit of the sweeping staircases in fin de siècle concert halls into a contemporary idiom. Upon reaching the top of the Kaispeicher, visitors step onto a spacious terrace, a new plaza high above the city. Perched on top of the Kaispeicher it is like a gigantic joint between the two elements of the structure and creates a new space for public use that also provides access to the foyers of the new concert hall. The design of Elbphilharmonie is clearly a 21st century project that would have been inconceivable before. What has been retained is the fundamental idea of the Philharmonic as a space where orchestra and conductor are located in the midst of the audience and where the architecture and the arrangement of the tiers take their cue from the logic of the acoustic and visual perception of music, performers and audience. Here, however, that logic leads to another conclusion: as the tiers reach upward and dissolve into a singular space composed of tiers, walls and ceiling. The complex geometry of the hall unites organic flow with incisive, more static shapes. Rising vertically almost like a tent, the concert hall seats 2150 people to enjoy the pleasures of making and listening to music. Its towering shape defines the structure of the entire volume of the building and is correspondingly reflected in the silhouette of the building as a whole. As a landmark visible from afar, the Elbphilharmonie will lend the horizontally oriented city an entirely new accent, symbolizing Hamburg's foray into the new territory of the harbor area along the shores of the Elbe.

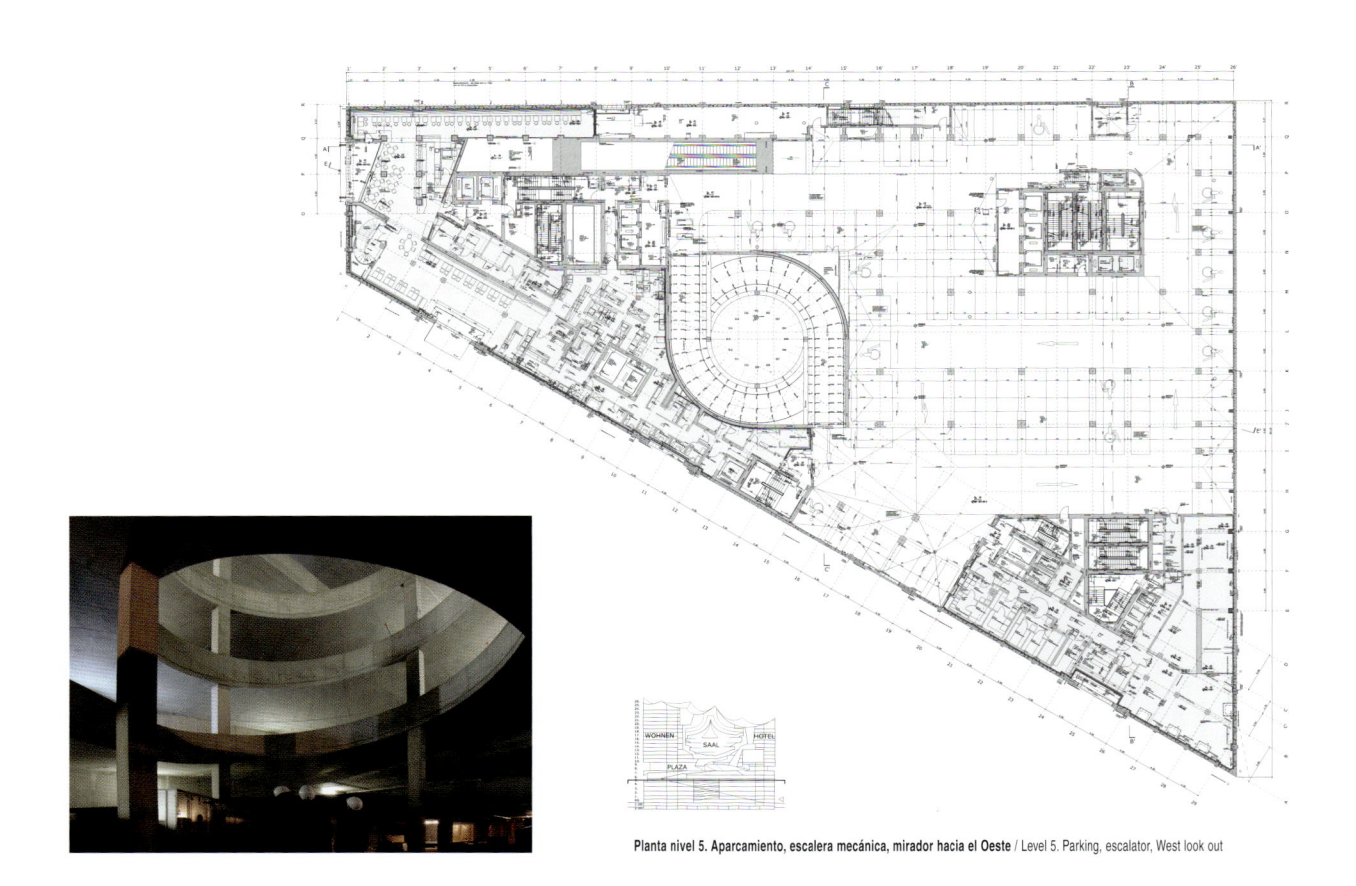

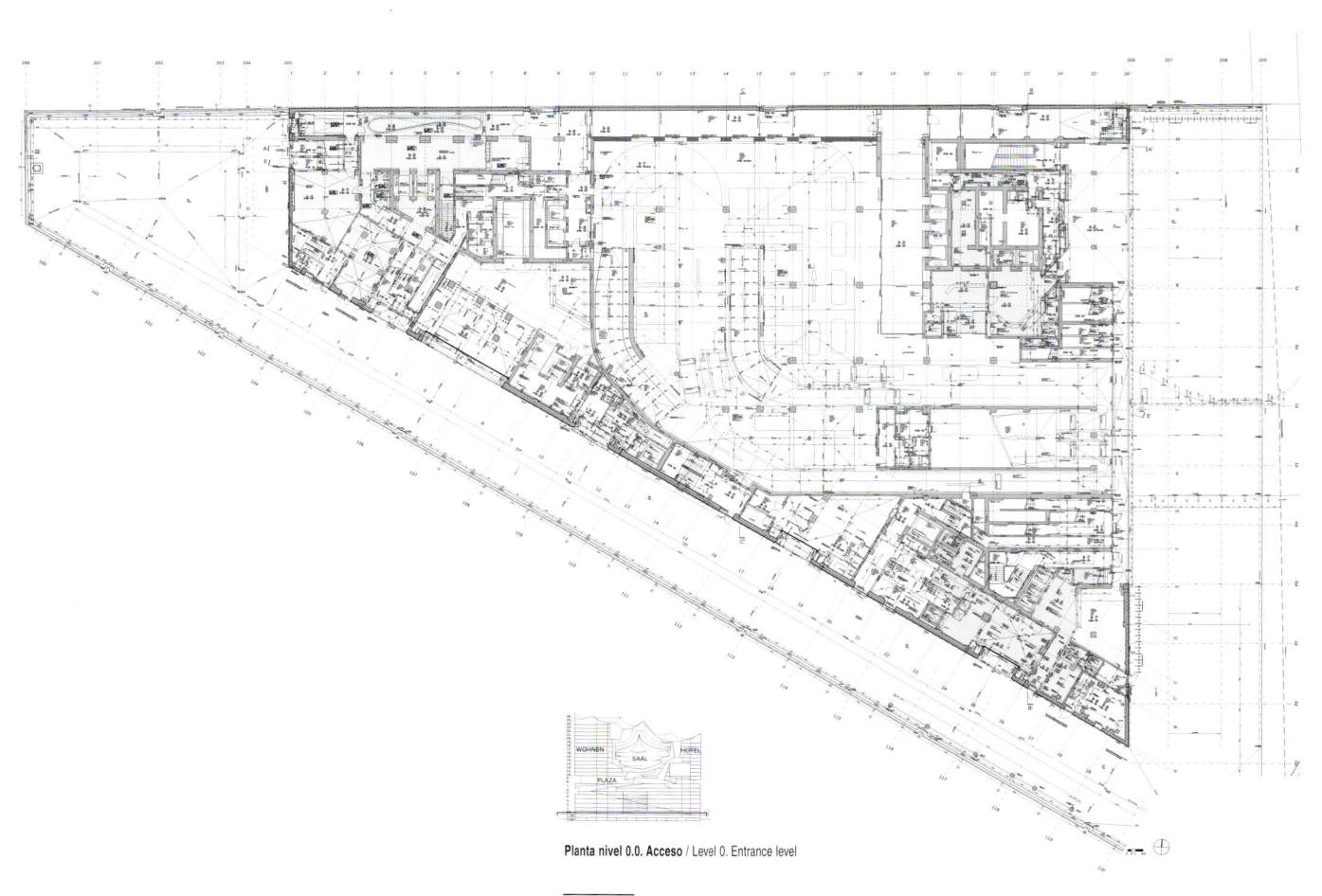

Planta nivel 5. Aparcamiento, escalera mecánica, mirador hacia el Oeste / Level 5. Parking, escalator, West look out

Planta nivel 0.0. Acceso / Level 0. Entrance level

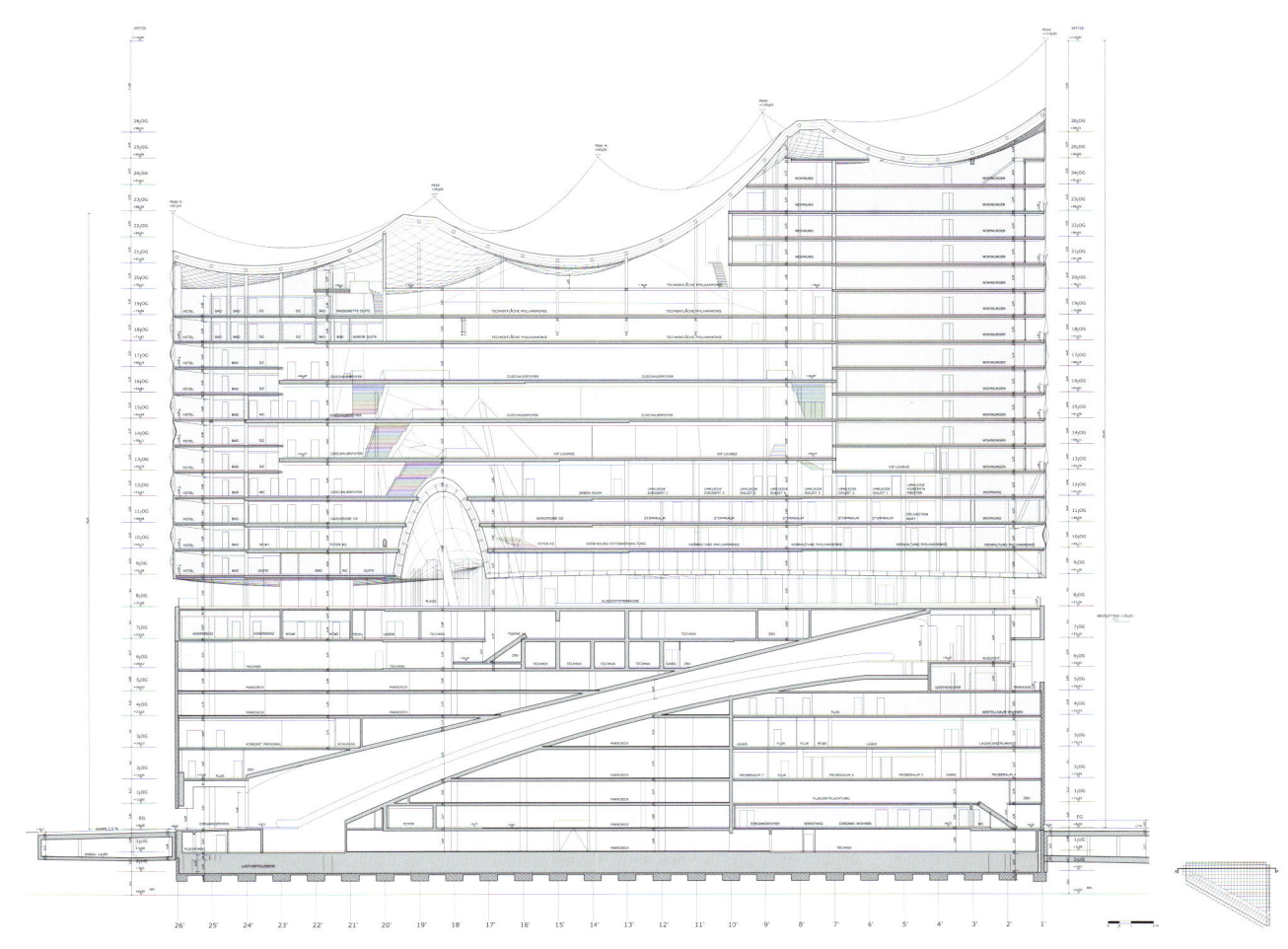

Sección longitudinal A-A / Longitudinal section A-A

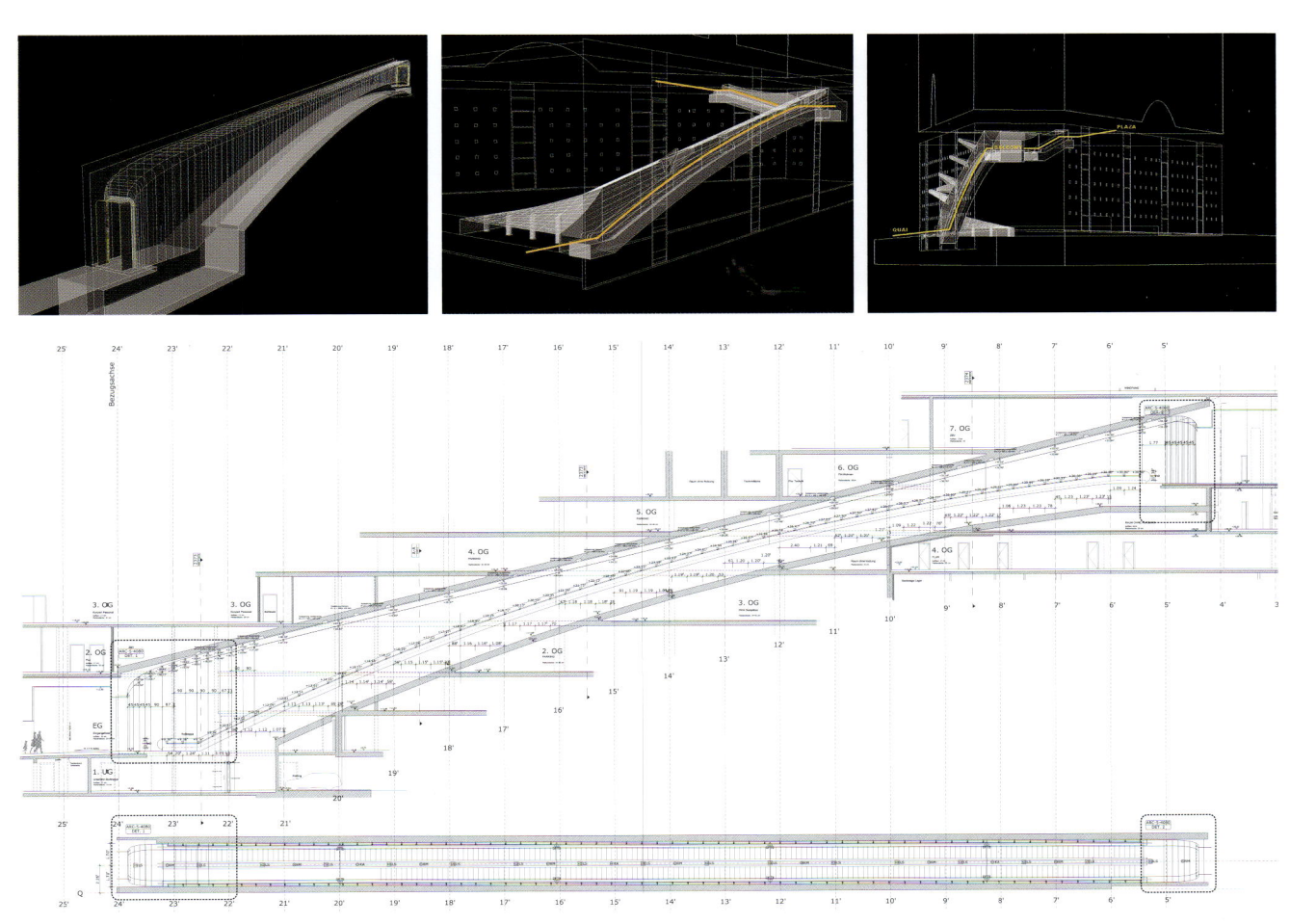

Secciones horizontal y vertical longitudinal de la escalera mecánica / Escalator. Longitudinal horizontal and vertical sections

Planta nivel 8. Plaza / Level 8. Plaza

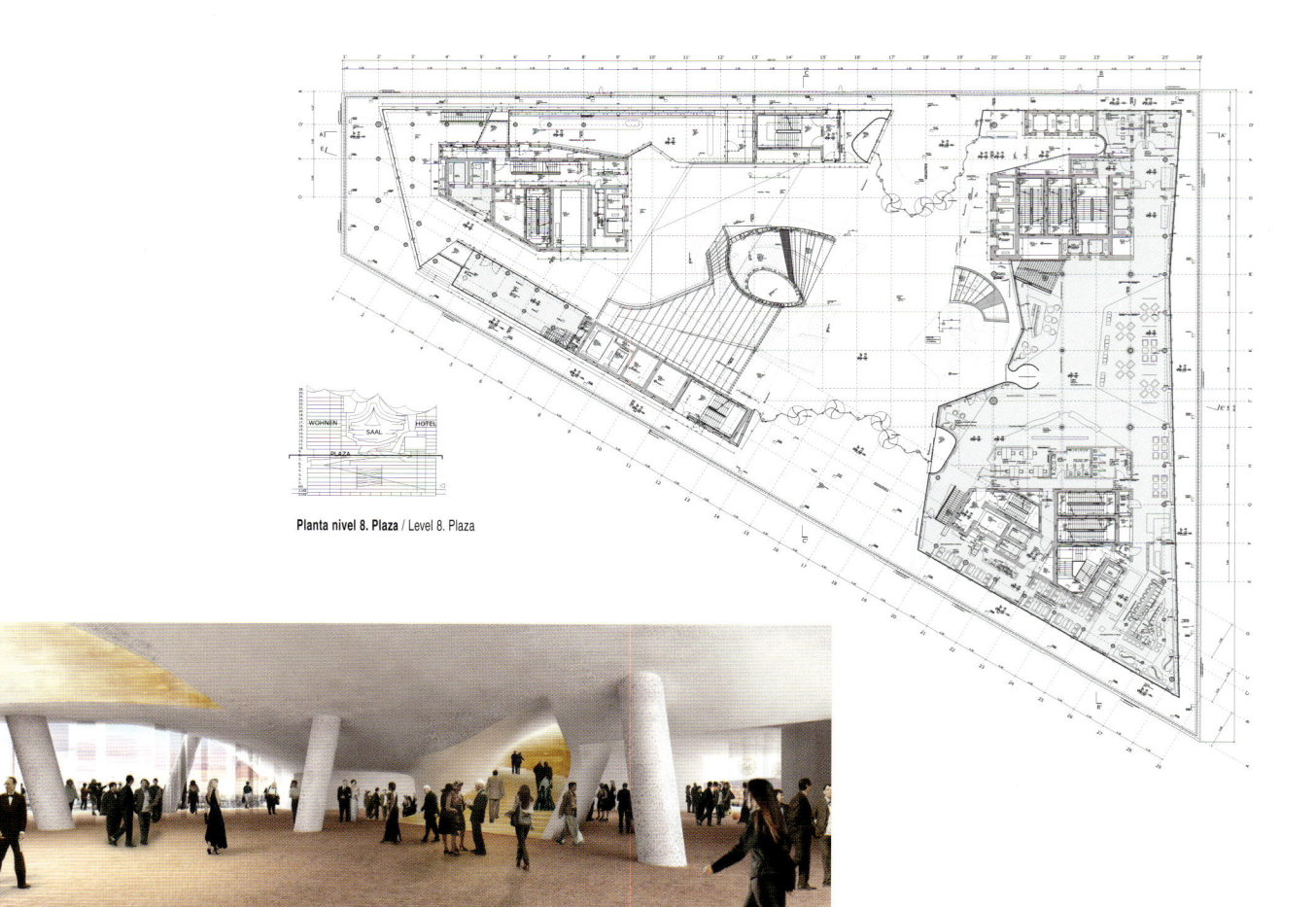

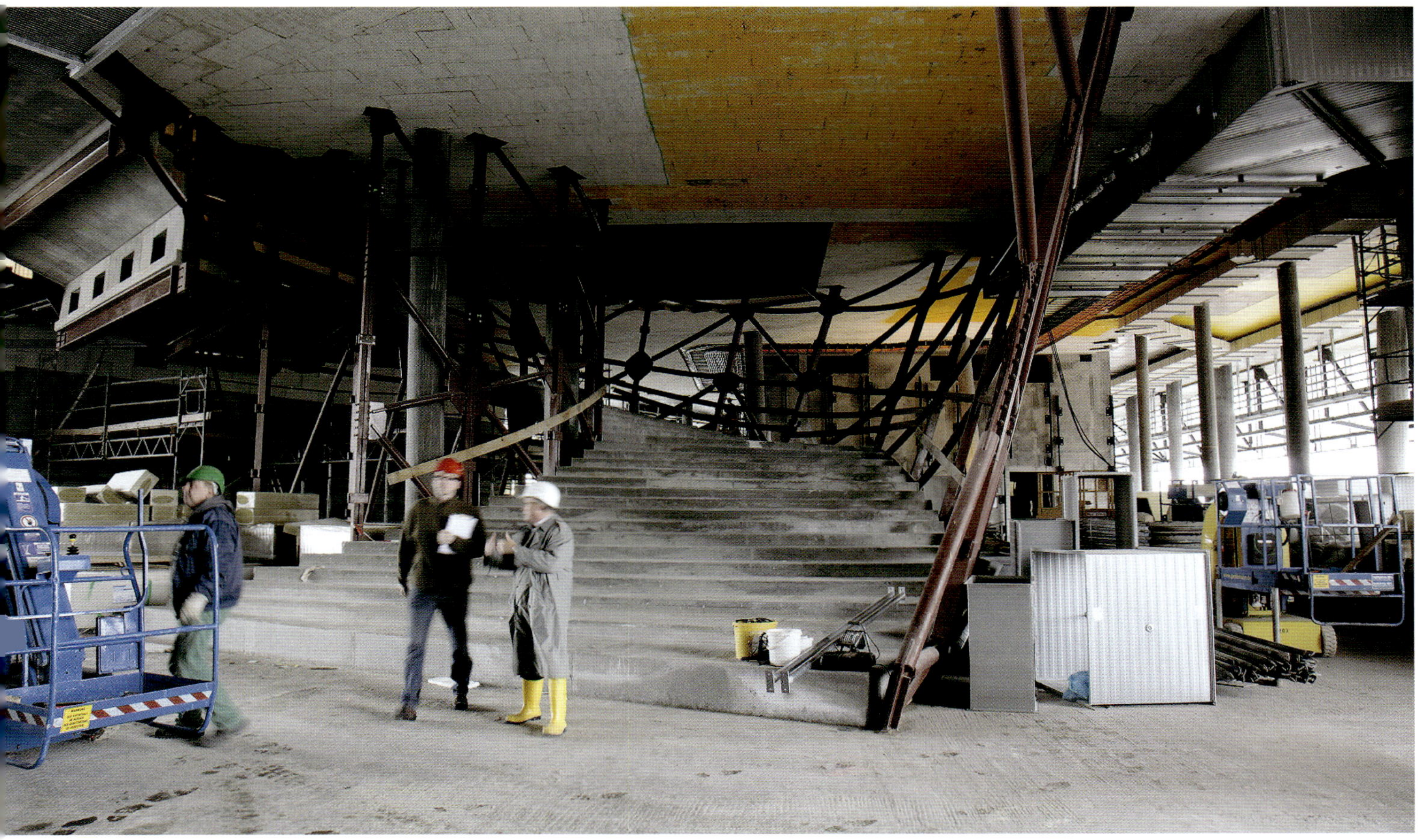

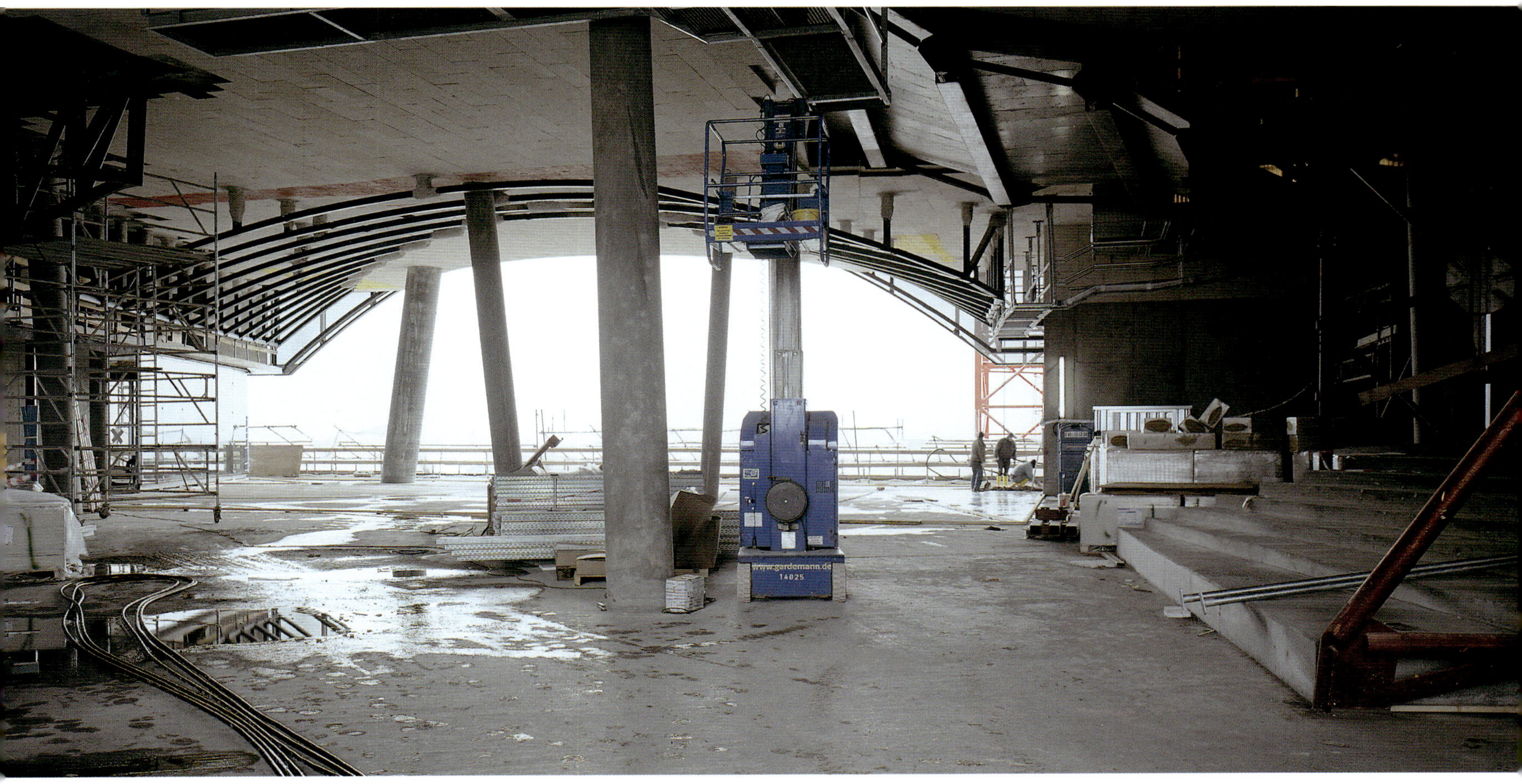
www.gardemann.de
14025

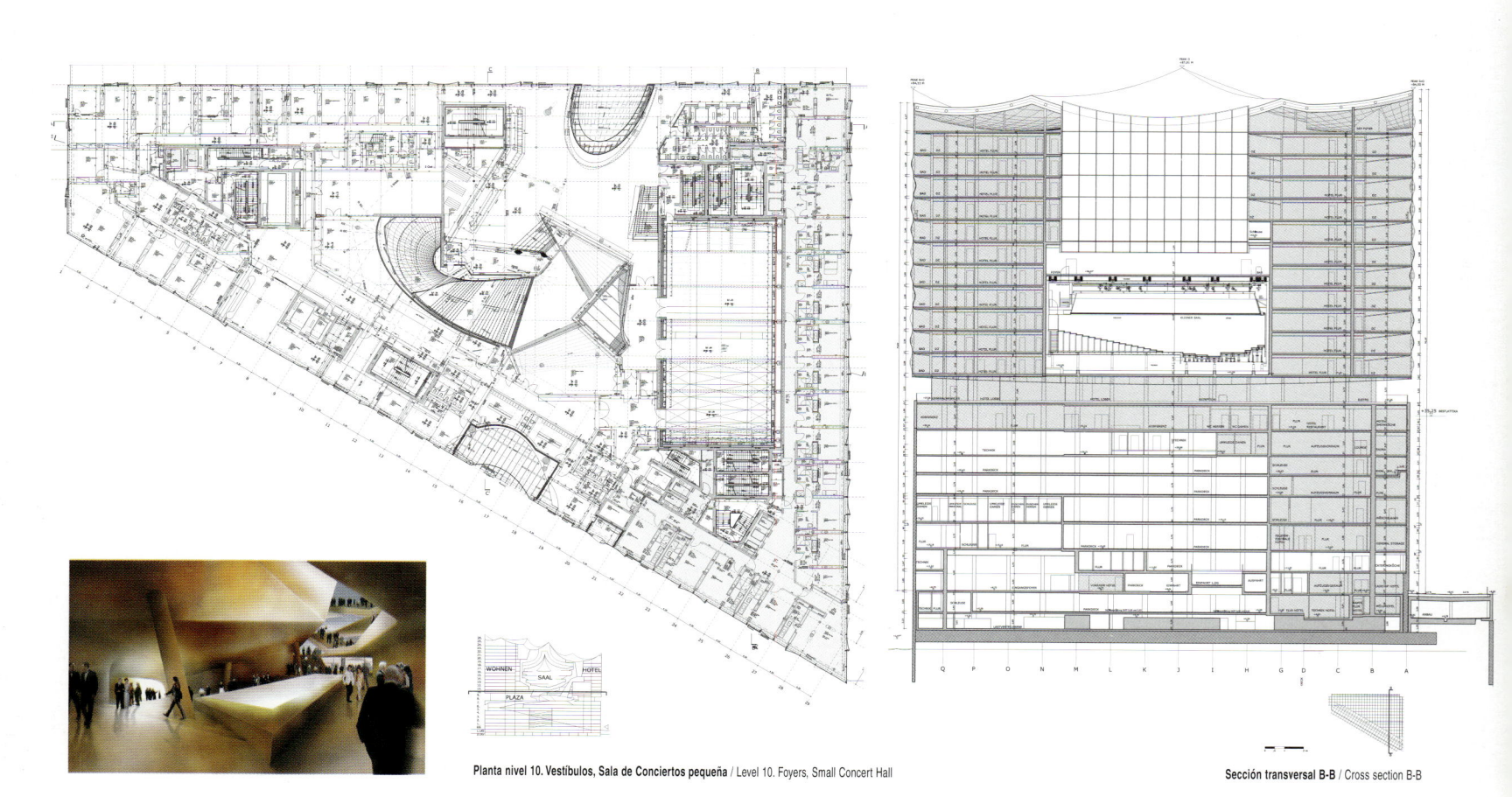

Planta nivel 10. Vestíbulos, Sala de Conciertos pequeña / Level 10. Foyers, Small Concert Hall

Sección transversal B-B / Cross section B-B

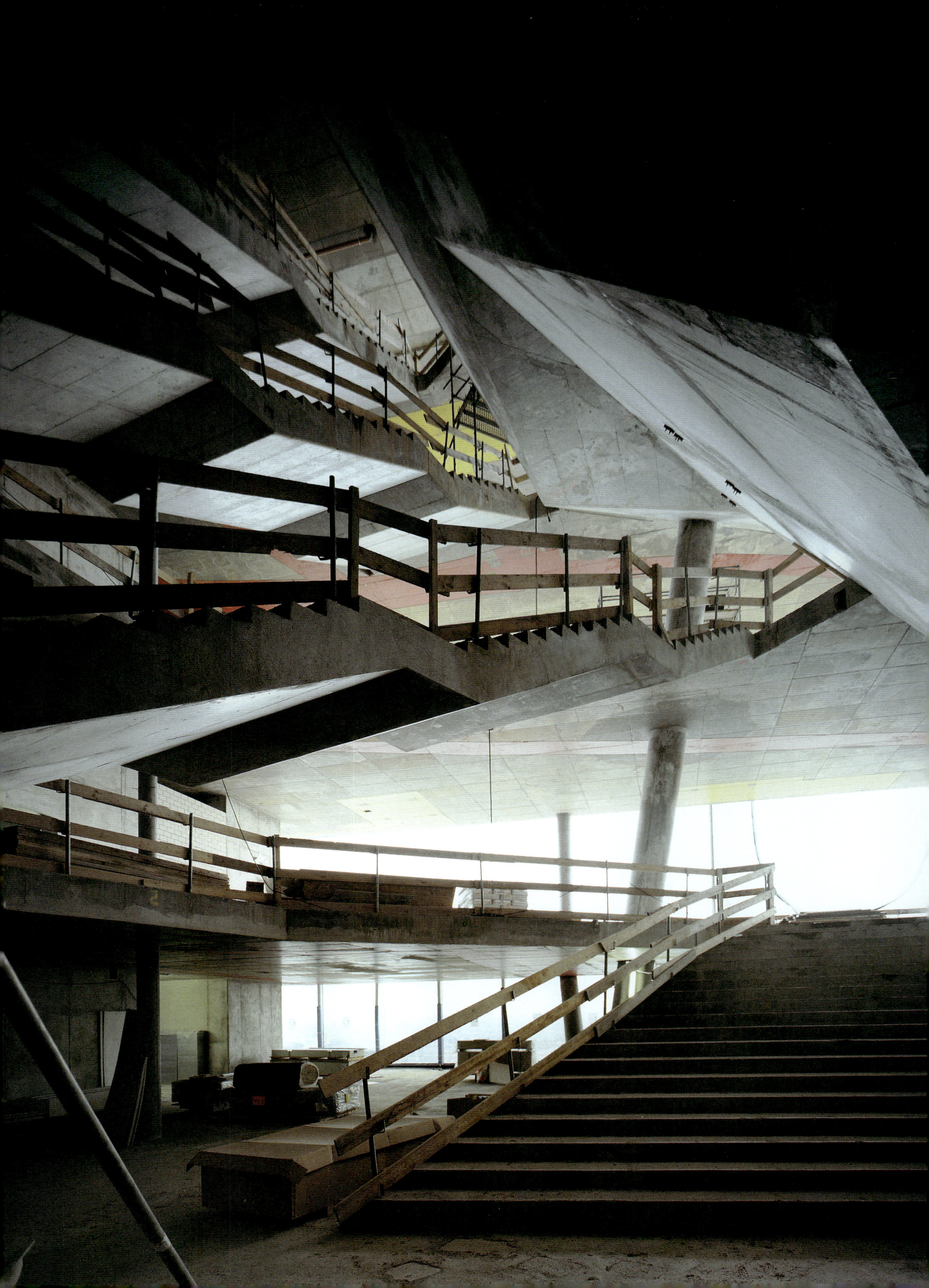

LEVEL 15
FOYER MAIN HALL

LEVEL 12
FOYER MAIN HALL

LEVEL 11
FOYER MAIN HALL

LEVEL 10
ACCESS MAIN HALL
ACCESS SMALL HALL

LEVEL 09
ACCESS MAIN HALL
ACCESS SMALL HALL

LEVEL 08 - PLAZA
ACCESS MAIN HALL
ACCESS SMALL HALL

Circulaciones y accesos a los distintos niveles de la Sala Filarmónica
Circulations and accesses to the different levels of the Philarmonic Hall

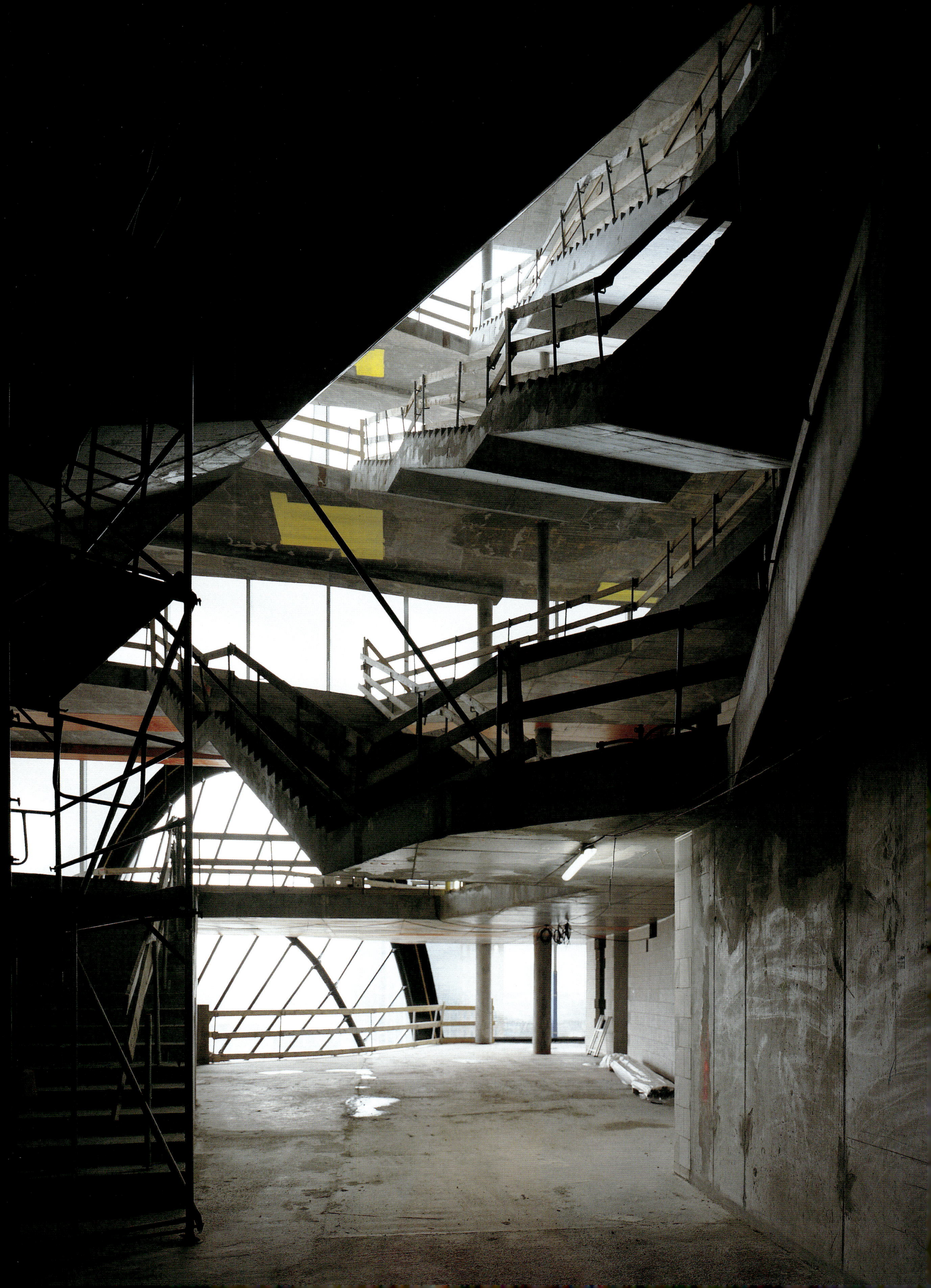

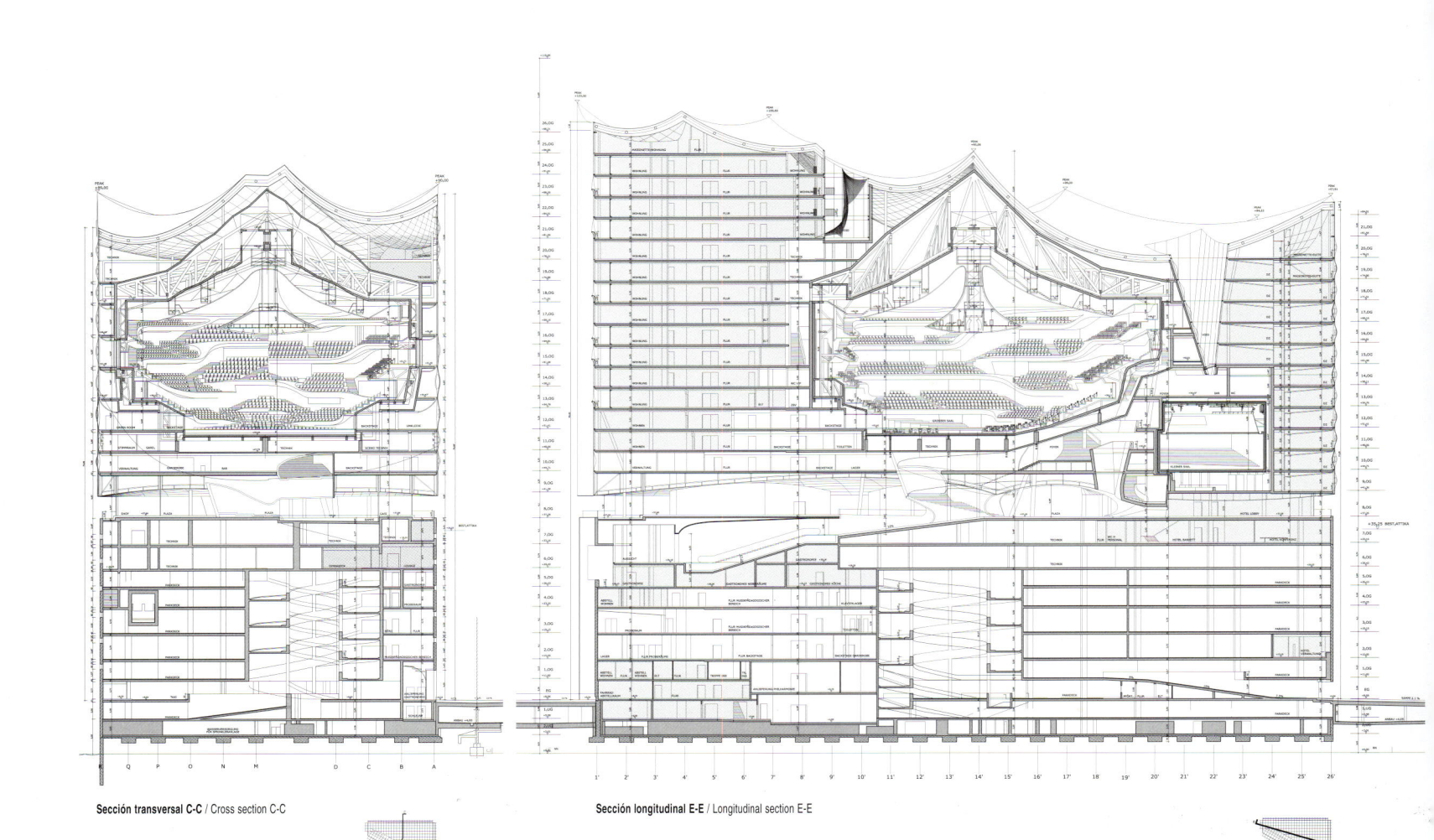

Sección transversal C-C / Cross section C-C

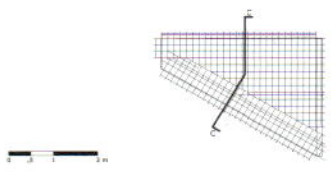

Sección longitudinal E-E / Longitudinal section E-E

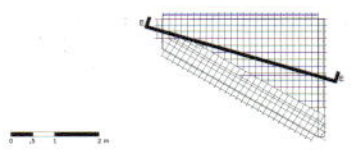

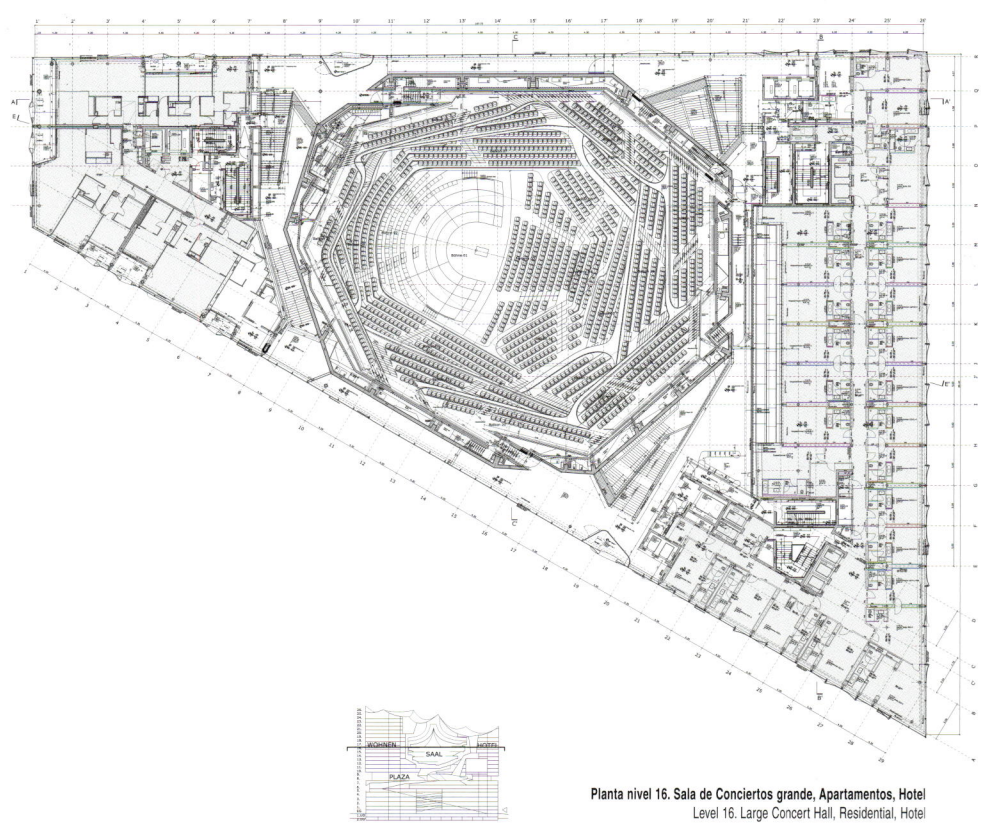

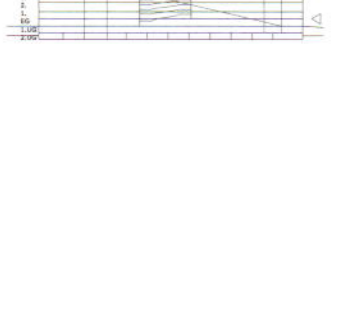

Planta nivel 16. Sala de Conciertos grande, Apartamentos, Hotel
Level 16. Large Concert Hall, Residential, Hotel

↑ **Infografía del interior de la Sala grande**
Computer rendering of the interior of the Large Concert Hall

→→ **Octubre 2010. Estado de la obra con parte de la estructura auxiliar (temporal) para la construcción de la cubierta**
October 2010. Working site with part of the supporting (temporal) structure for the build up of the roof

↓ **Vista del estado de la obra en Marzo de 2010**
Working site in March 2010

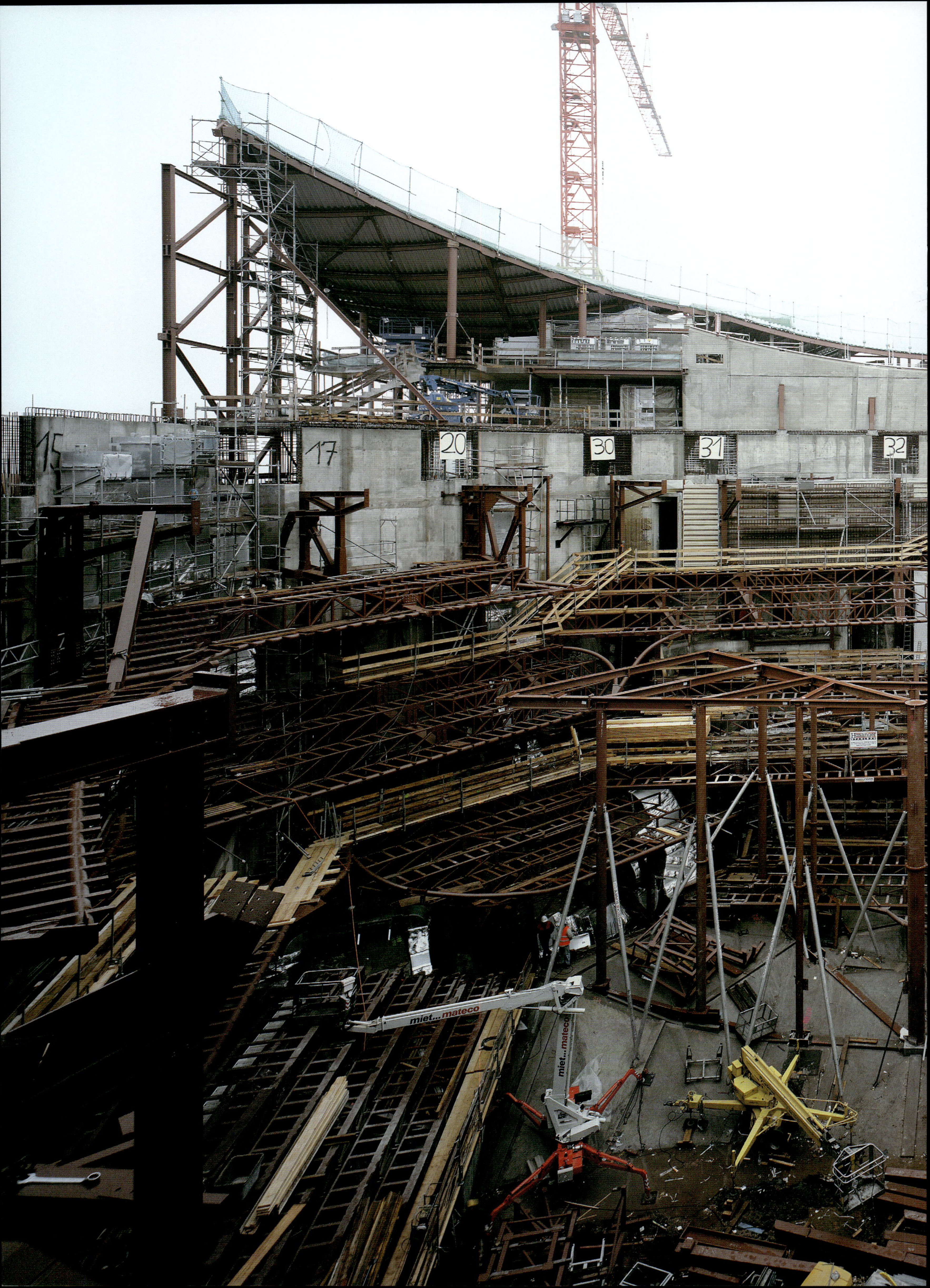
15
17
20
30
31
32
miet...mateco
miet...mateco

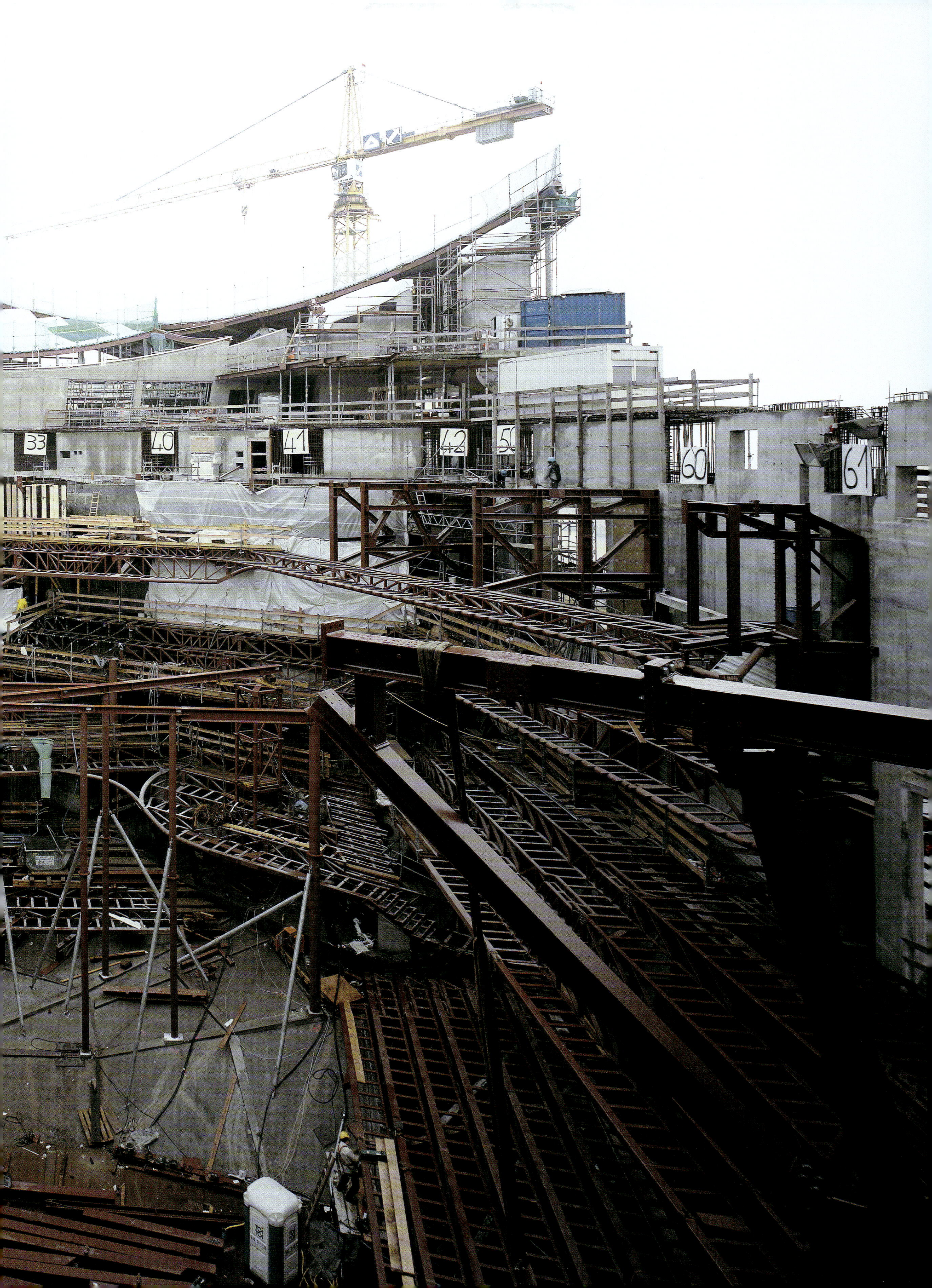
33
40
41
42
50
60
61

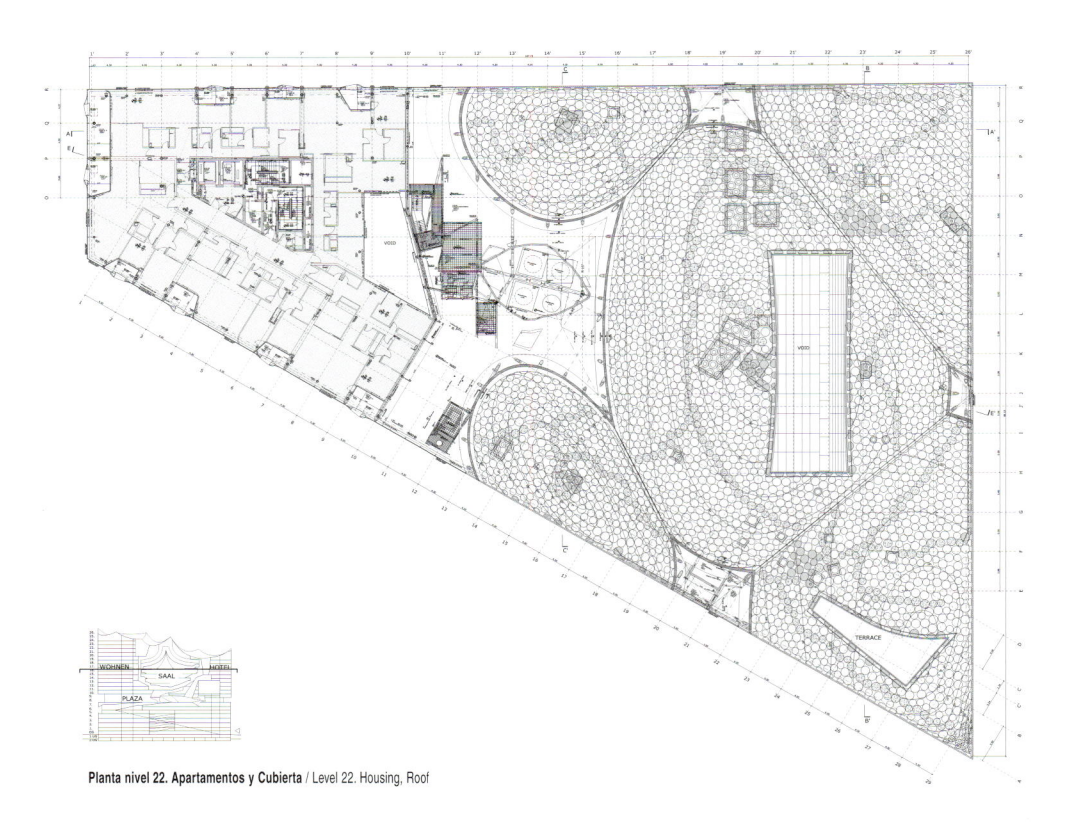

Planta nivel 22. Apartamentos y Cubierta / Level 22. Housing, Roof

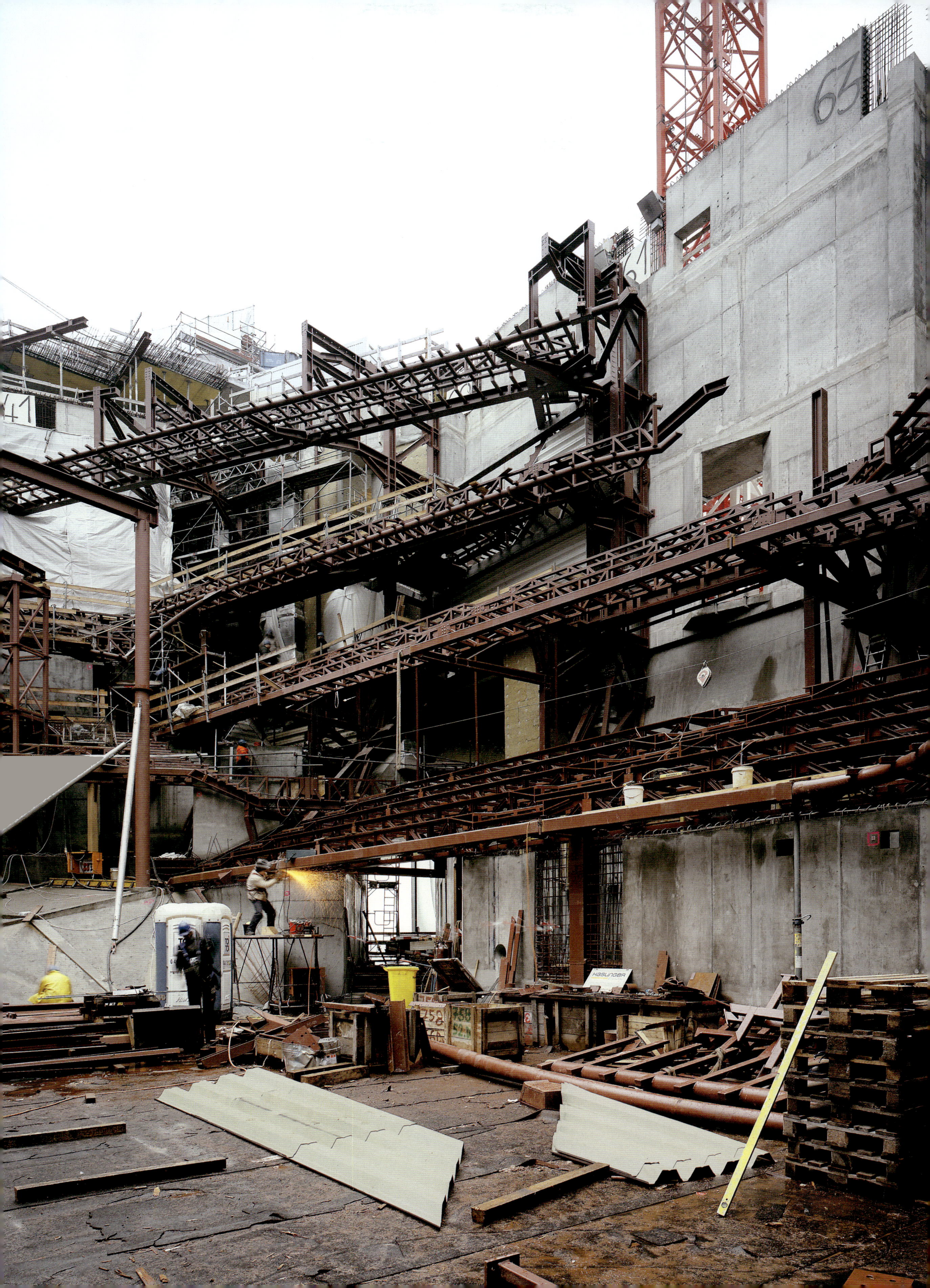
63

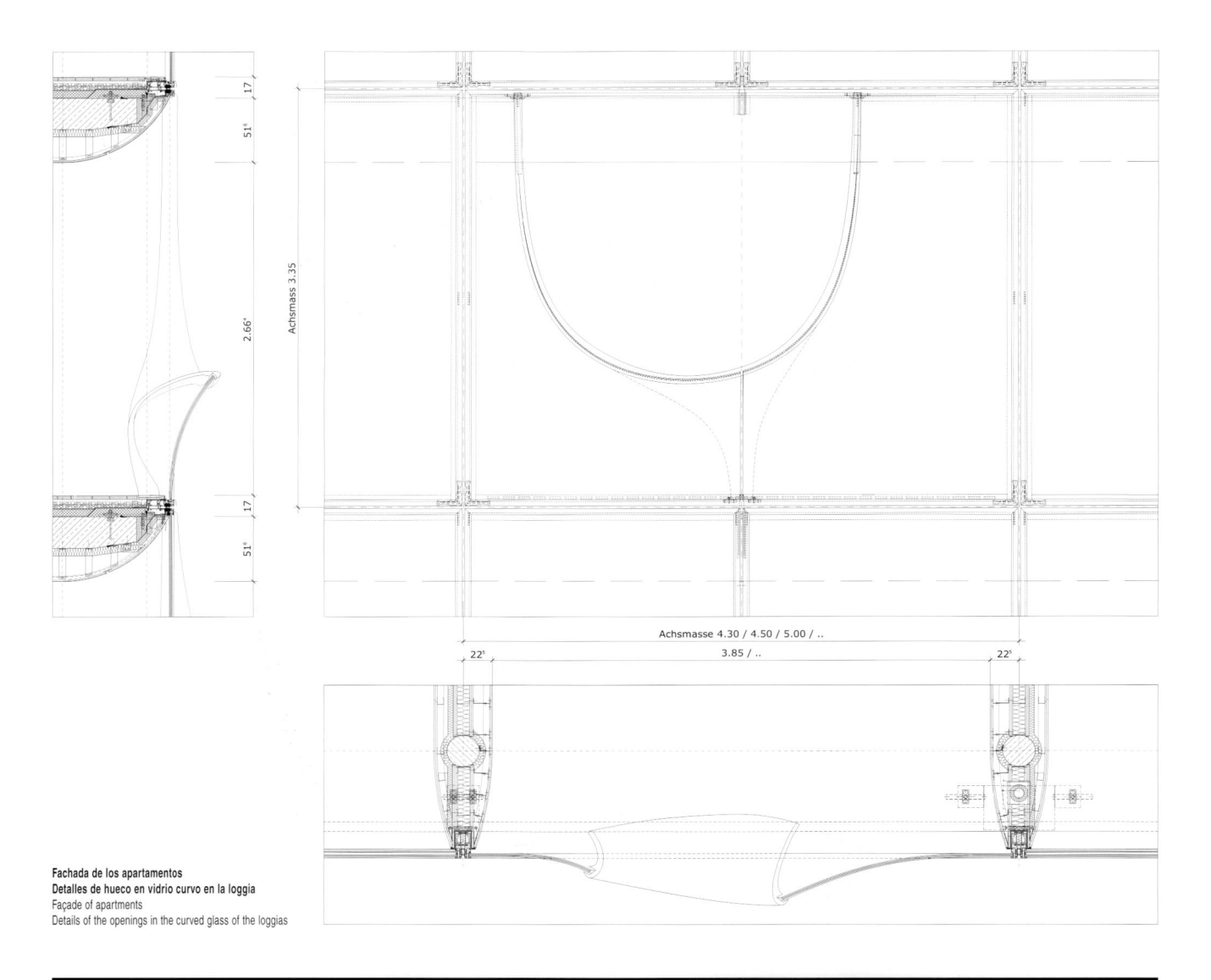

Fachada de los apartamentos
Detalles de hueco en vidrio curvo en la loggia
Façade of apartments
Details of the openings in the curved glass of the loggias

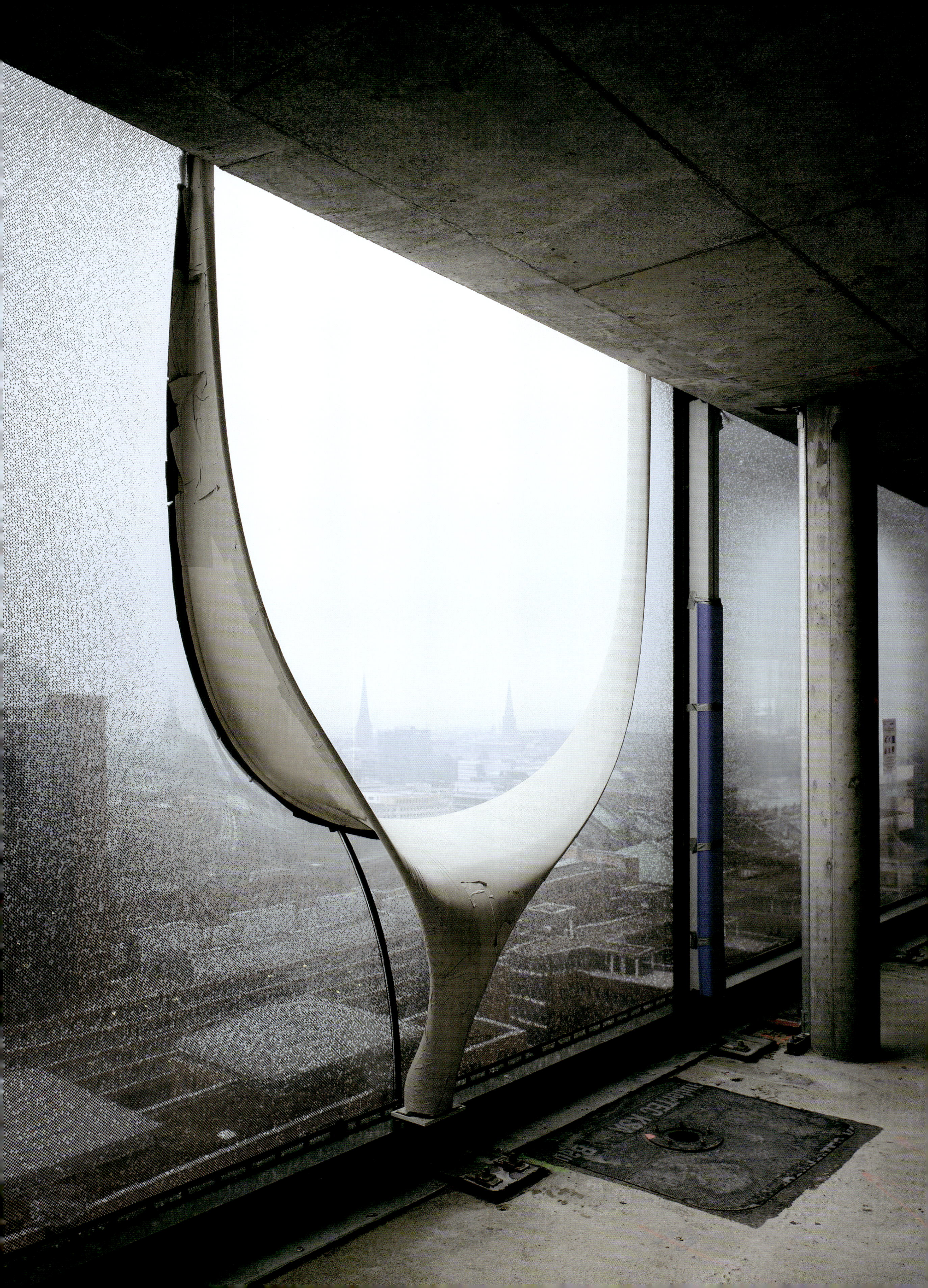

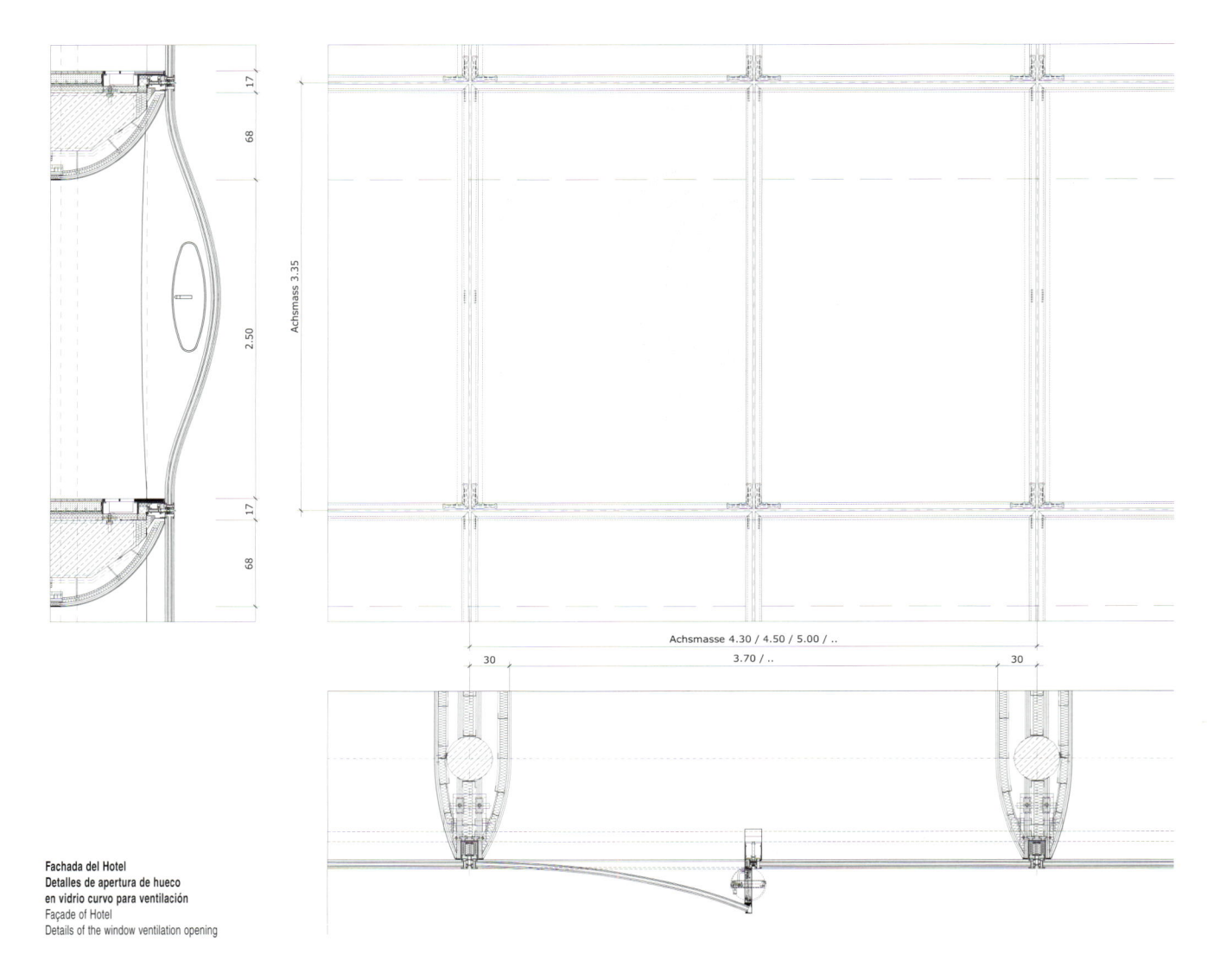

Fachada del Hotel
Detalles de apertura de hueco en vidrio curvo para ventilación
Façade of Hotel
Details of the window ventilation opening

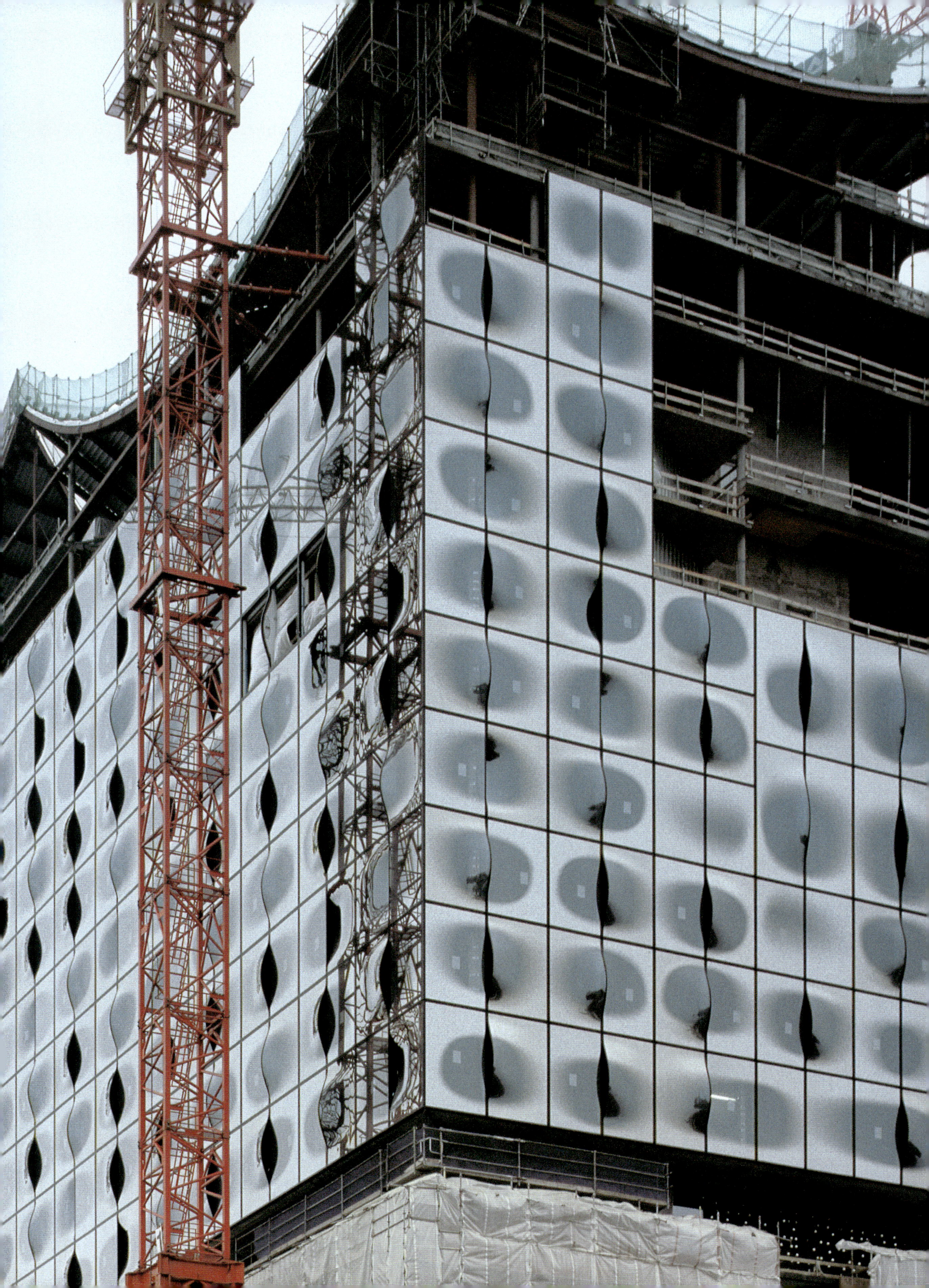

Karlsruhe D
Mulhouse F
Basel
Basel-St.Jakob
Delémont
St.Jakob

TORRE ST. JAKOB BASILEA, SUIZA
ST. JAKOB TOWER BASEL, SWITZERLAND 2003 2008

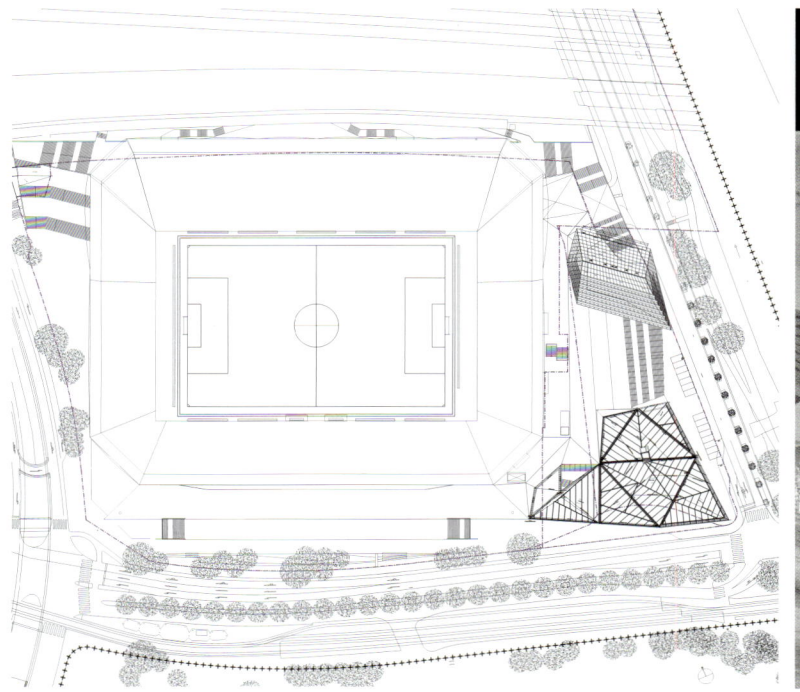

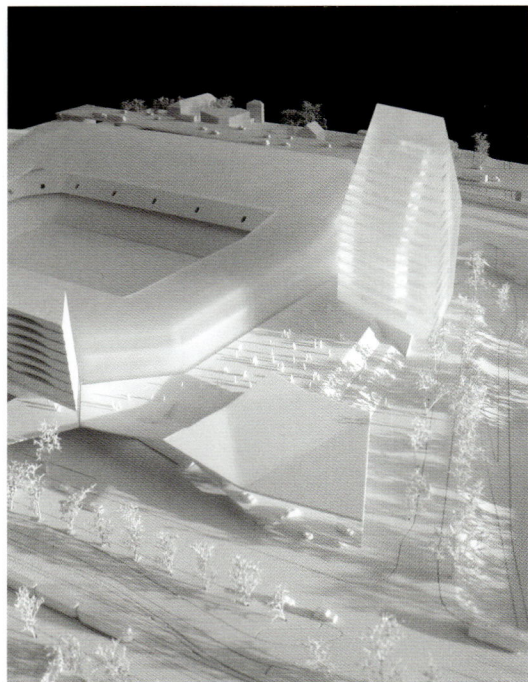

Plano de situación de la Torre St. Jakob junto al nuevo showroom de Mercedes-Benz y el Estadio del F.C. Basel
Site plan of St. Jakob Tower adjacent to the new Mercedes-Benz showroom and the F.C. Basel Stadium

El proyecto de la Torre St. Jakob convierte su emplazamiento en un vibrante foco urbano. A modo de 'edificio-puerta', marca un significativo punto de entrada a la ciudad
The St. Jakob Tower scheme provides its setting with a vibrant urbanistic focus. In the manner of a 'gateway building, it marks a key entrance point into Basel
de Basilea y actúa como reclamo visual para los conductores de la cercana autovía.
and is a particular eye-catcher for drivers on the nearby motorway.
El nuevo showroom de Mercedes Benz encaja fácilmente en la zona que media entre el recinto deportivo y de eventos St. Jakob y la ribera del río Birs. El edificio para Mercedes-
The new Mercedes-Benz Showroom slots easily into the urban terrain between the St. Jakob sports and events venue and the Birs riverscape. The Mercedes-
Benz se ha concebido como un cuerpo abierto y transparente, cuyos muros y cubierta surgen de la plataforma. Los espacios de exposición para vehículos nuevos y de
Benz facility is designed as an open, transparent structure, whose walls and roof slab grow out of the platform. The showroom spaces for new and second-hand
segunda mano se extienden por tres niveles conectados mediante rampas. La plataforma elevada (6,10 metros sobre el nivel perimetral del estadio), como las instalacio-
cars span three levels linked by ramps. The elevated platform (6.10 m above stadium perimeter level), like the existing facility, is a key pedestrian circulation
nes existentes, es un núcleo de circulación fundamental, un lugar para ver y ser visto, desdoblándose también como escenario para futuros eventos. Situada en la cara
hub —a place to see and be seen— while also doubling up as a venue for future events. Located on the eastern front (looking towards Muttenz), it is modelled
este (mirando hacia Muttenz), se ha modelado como una topografía artificial que delimita las instalaciones deportivas y para visitantes al tiempo que crea una suave tran-
as an artificial topography marking off the sports and visitor facilities while also creating a smooth transition to the revitalized Birs riverside area.
sición hacia la zona regenerada de la ribera del Birs.

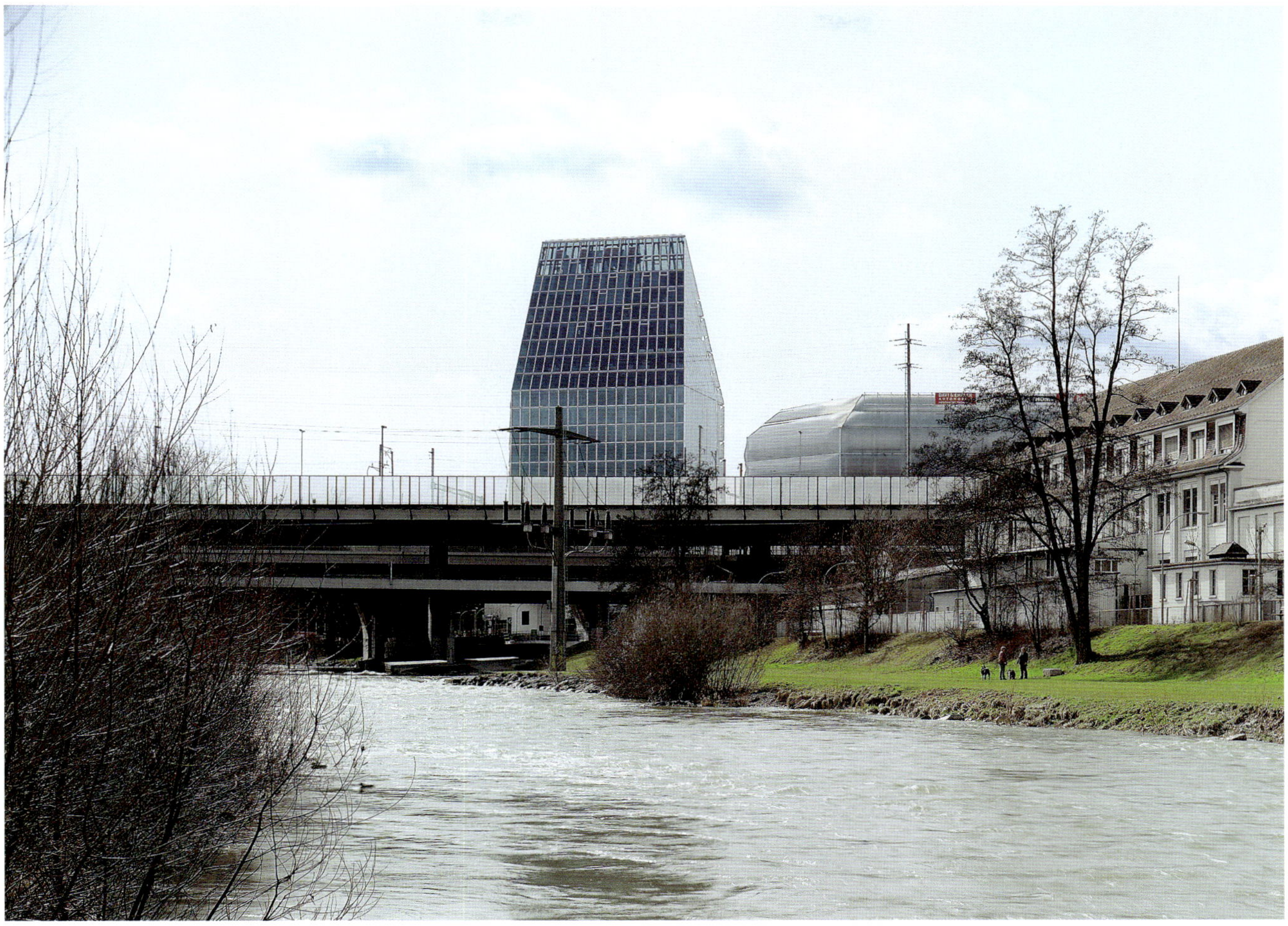

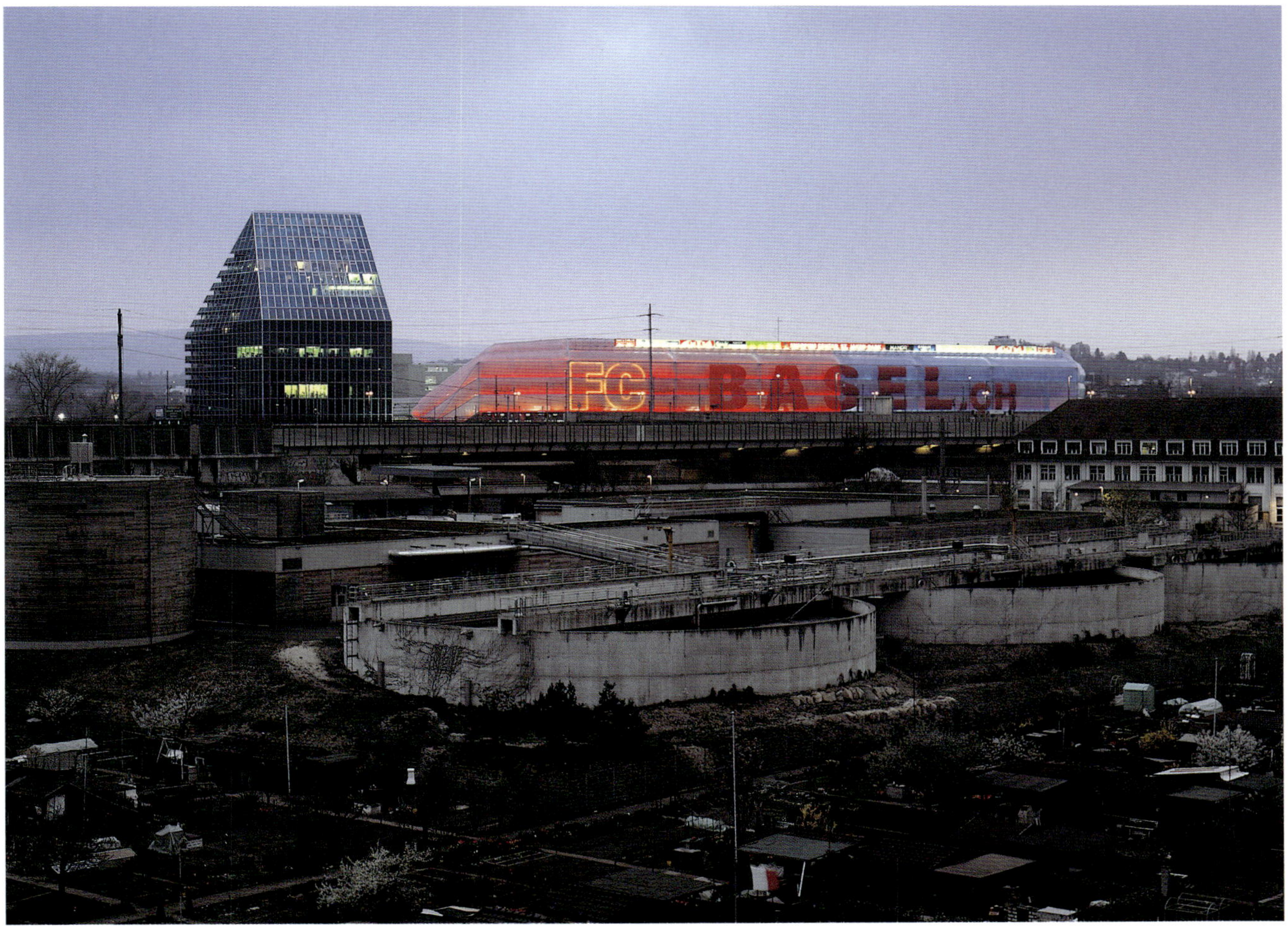
FC BASEL.CH

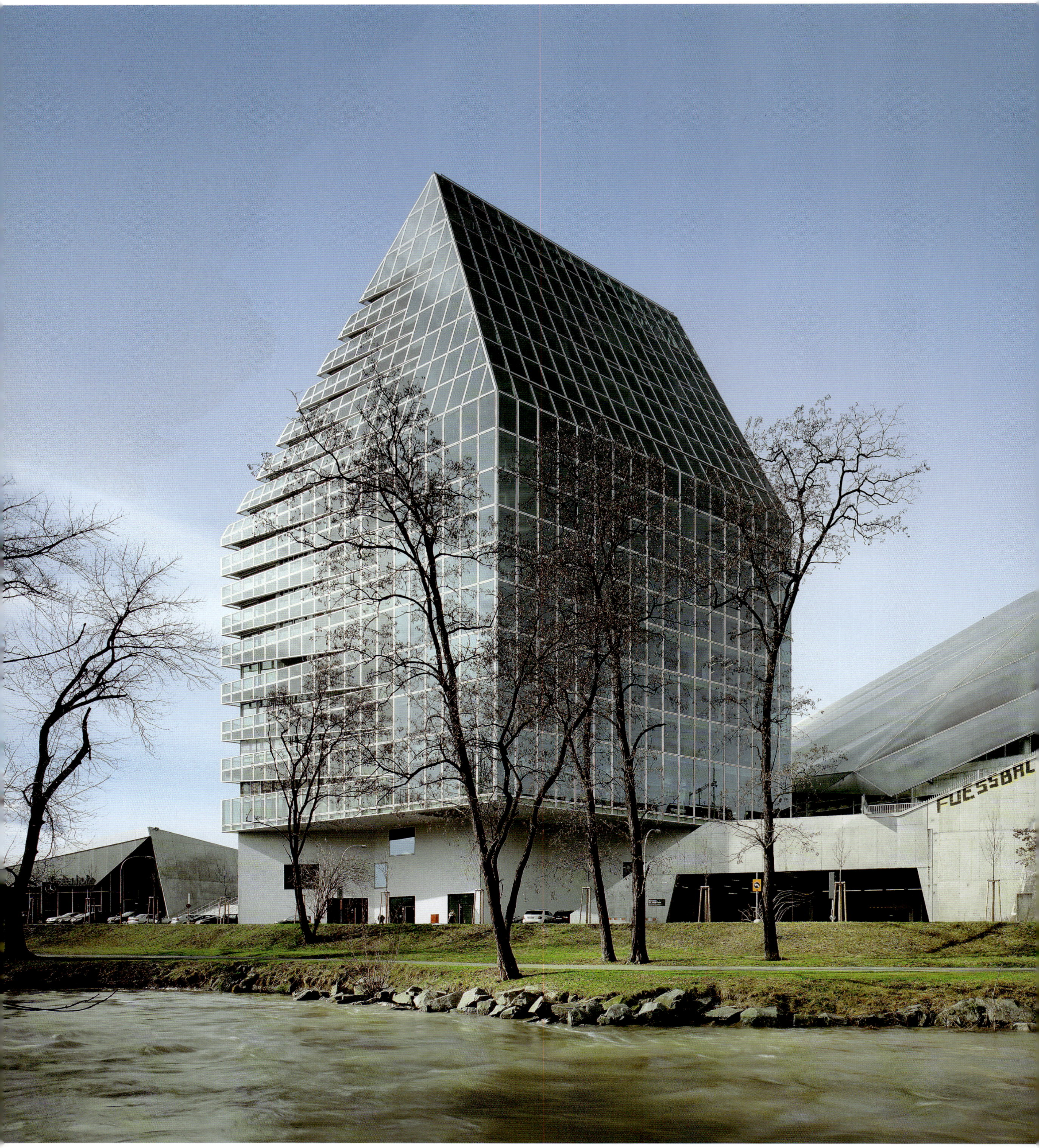

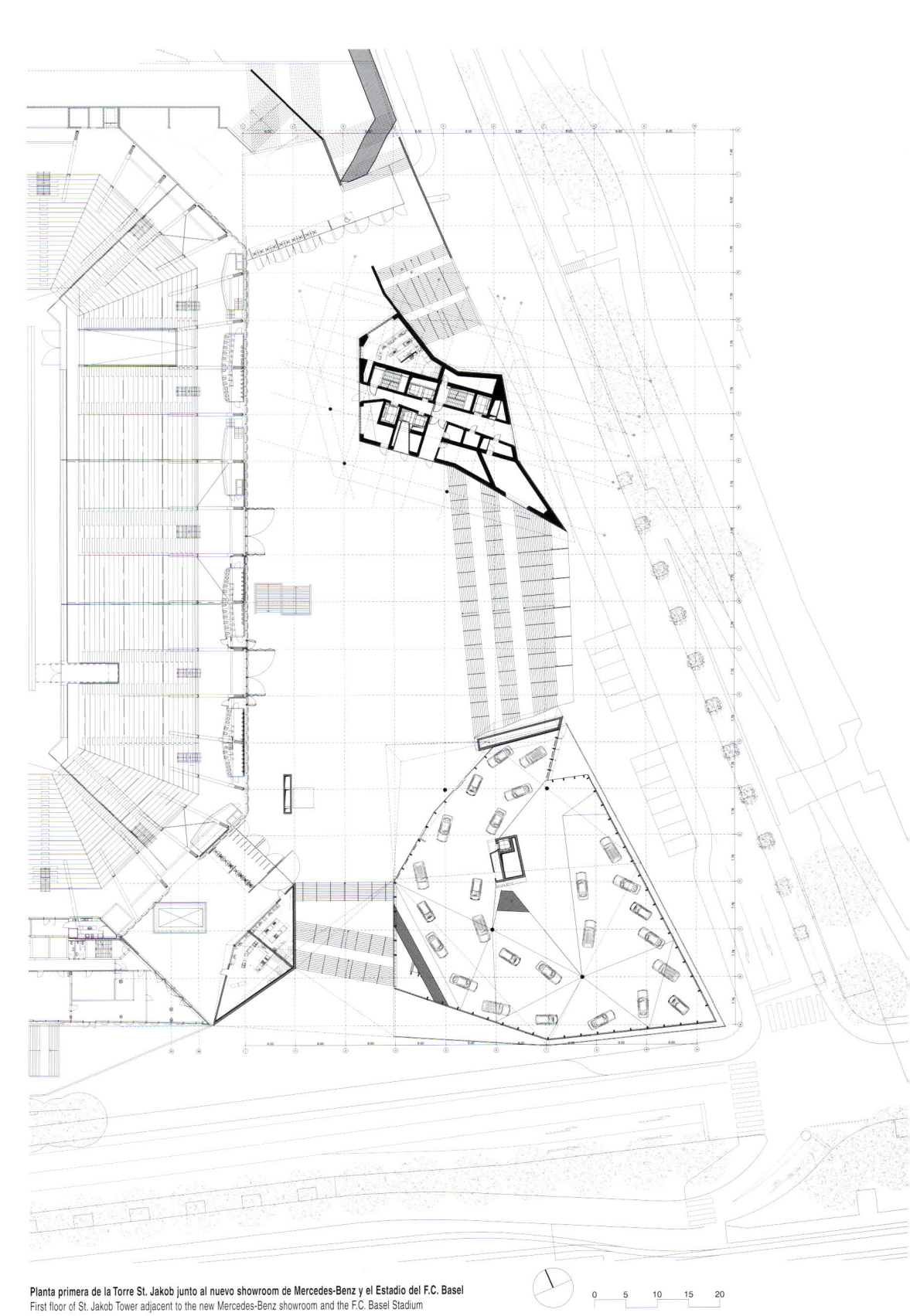

Planta primera de la Torre St. Jakob junto al nuevo showroom de Mercedes-Benz y el Estadio del F.C. Basel
First floor of St. Jakob Tower adjacent to the new Mercedes-Benz showroom and the F.C. Basel Stadium

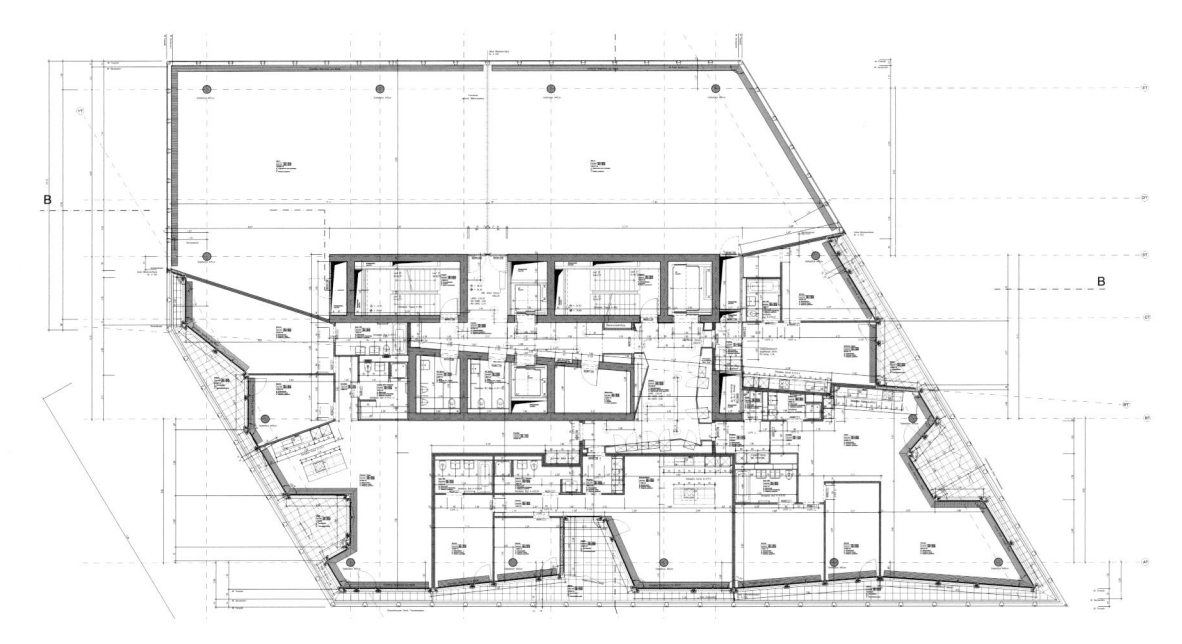

Planta novena / Ninth floor plan

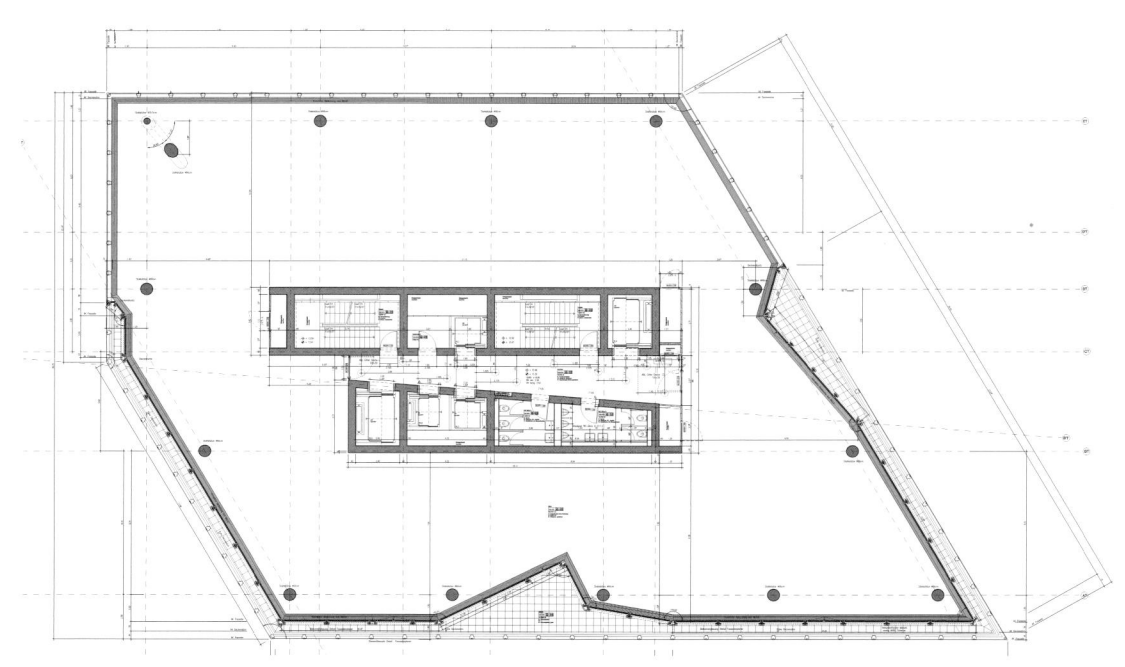

Planta tercera / Third floor plan

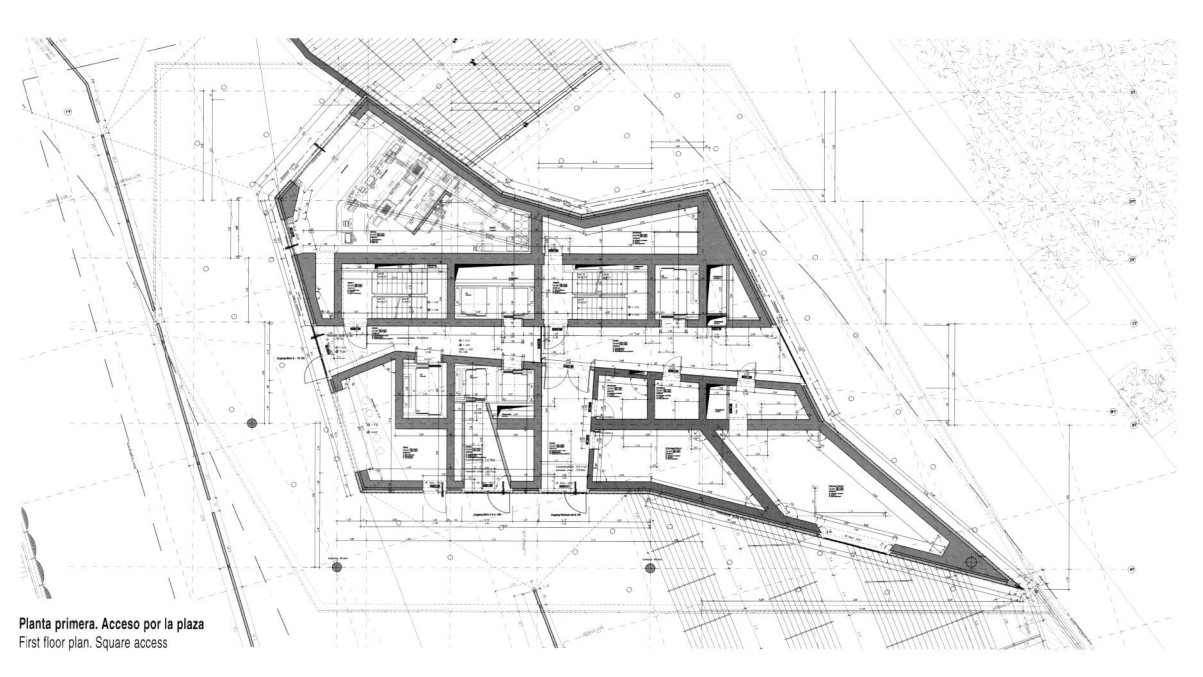

Planta primera. Acceso por la plaza
First floor plan. Square access

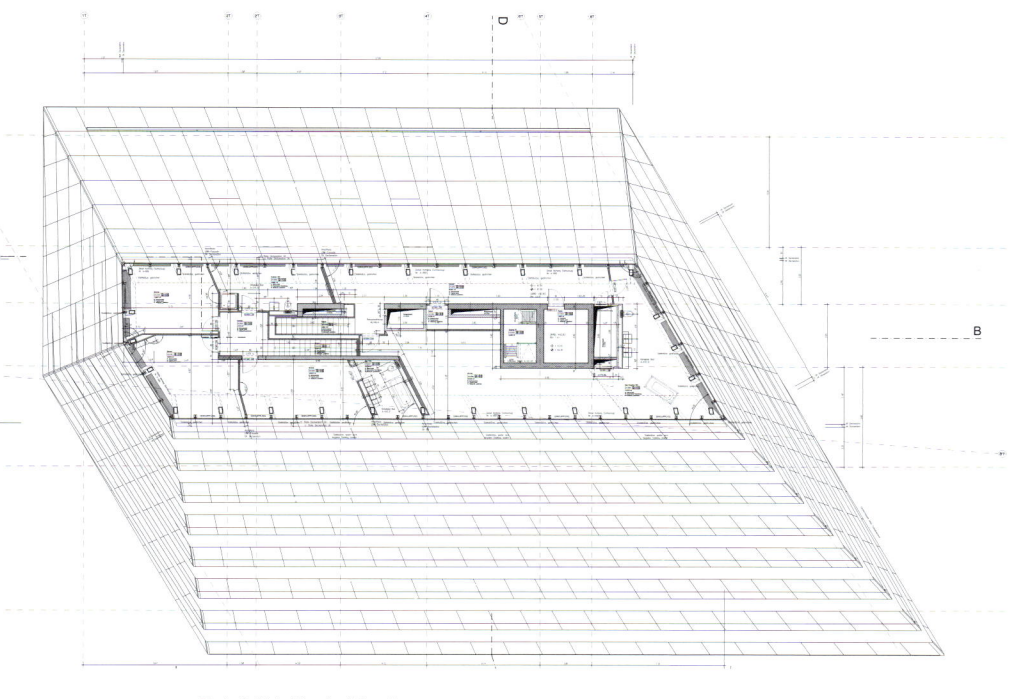

Planta diecisiete / Seventeenth floor plan

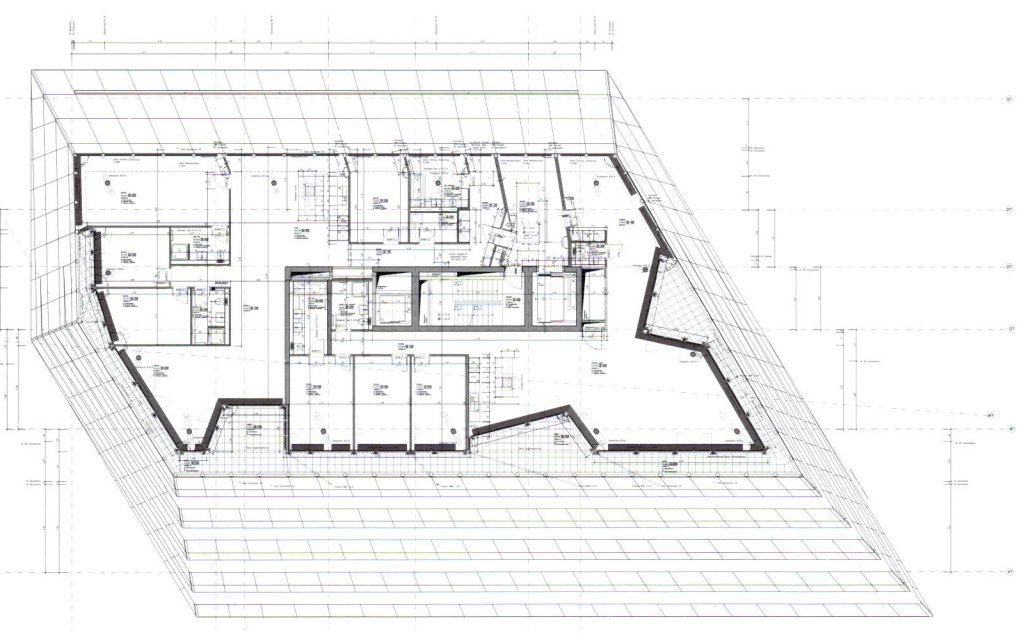

Planta catorce / Fourteenth floor plan

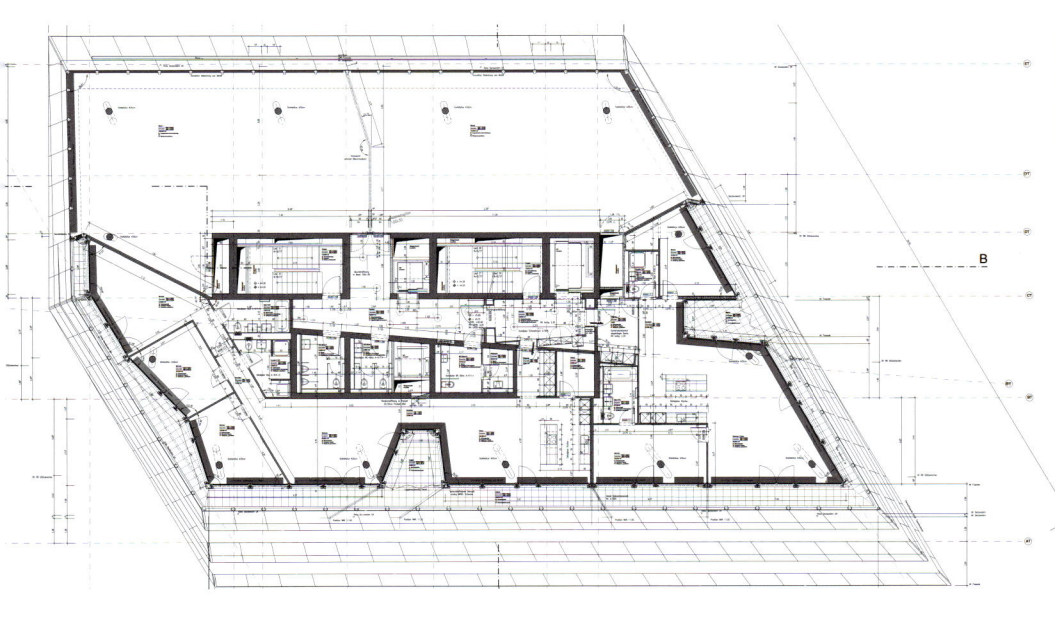

Planta doce / Twelfth floor plan

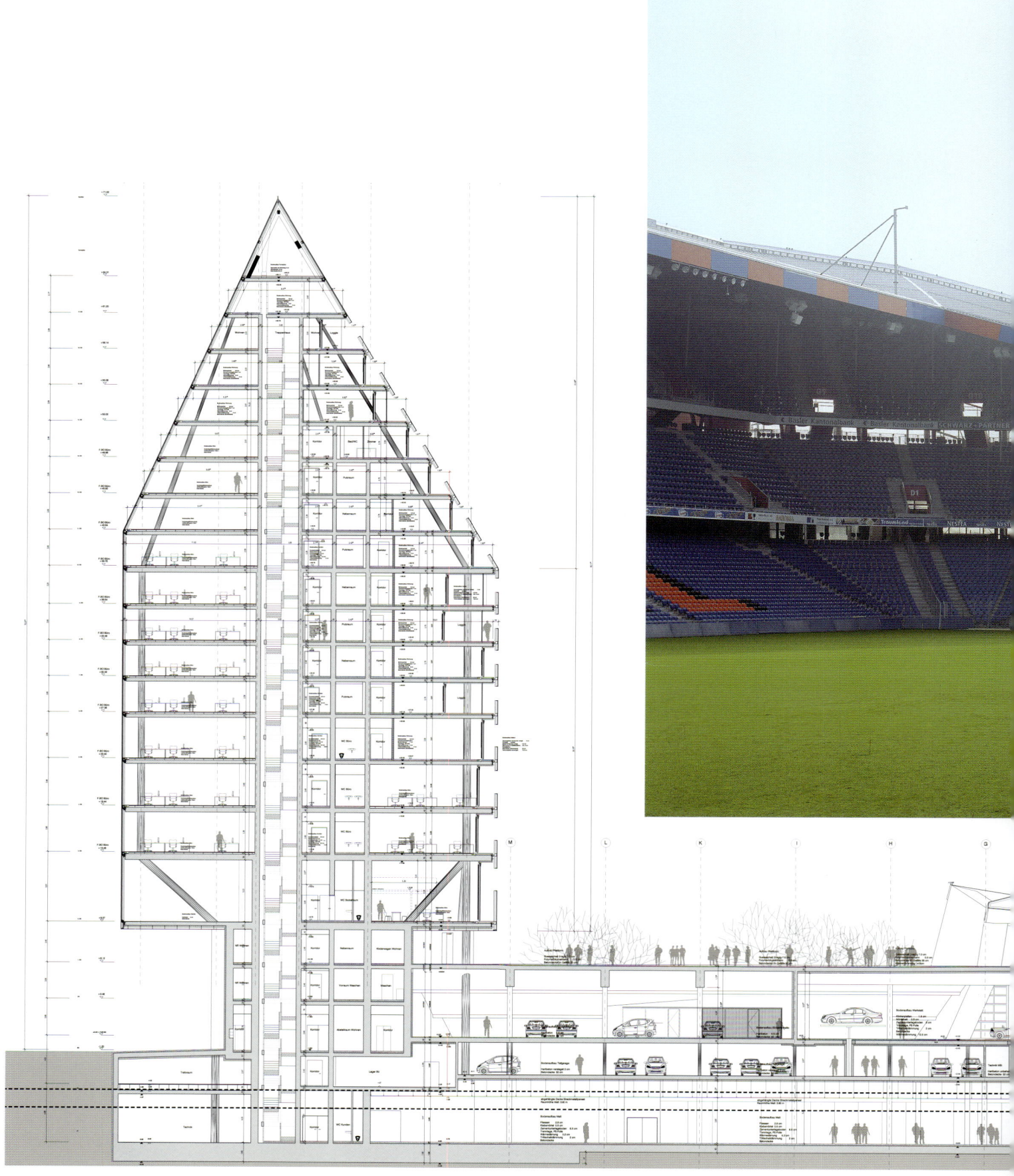

Detalle de sección transversal D-D / Detail of cross section D-D

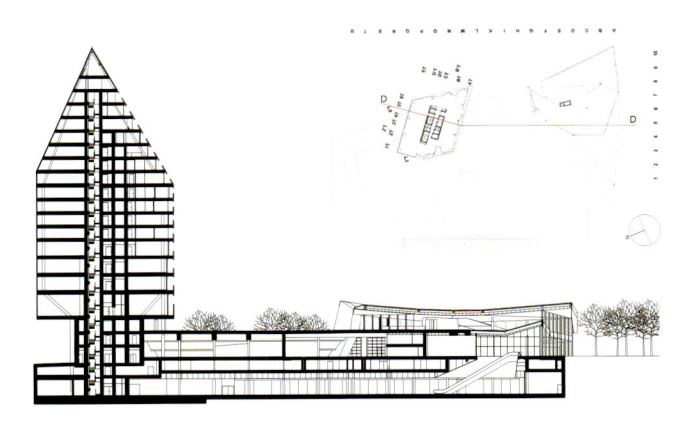

Sección transversal D-D / Cross section D-D

El volumen de la torre responde a las particularidades de su ubicación, los tipos de ocupación, los ejes visuales y las condiciones de sombra. El edificio alberga viviendas, principalmente en la fachada sur y en las plantas más elevadas, además de oficinas y alojamientos para el sector servicios en la cara norte. La torre se percibe como un cuerpo cristalino con un frente de capas de balcones a los que vuelcan las viviendas. Por razones de control acústico (la autopista y vías ferroviarias), la fachada norte se ha diseñado como un rotundo paño homogéneo.

The tower's massing responds to the particular features of the location, the occupancy types, visual axes and shading situation. The building houses apartments, mainly on the southern elevation and upper tower levels, together with service-sector accommodation on the northern front. The tower reads as a crystalline glass volume fronted by layers of balconies serving the apartments. For reasons of noise control (motorway and railway lines), the northern elevation is designed as a blank, unbroken facade.

SUELO DE APARTAMENTOS	
Tarima de roble 10mm	
Mortero de nivelación 70 mm	
Película de polietileno	
Aislamiento 70 mm	
Losa de hormigón reforzado 300 mm	
Yeso acústico 15mm	
SUELO DE TERRAZA	
Bloque de cemento de pavimentación 30mm	
Lecho de arena fina	
Membrana de impermeabilización	
Aislamiento PU (Poliuretano) 80mm	
Barrera de vapor	
Losa de hormigón reforzado 300mm	
Aislamiento 100m	
Panel acústico 25mm	

FLOOR BUILD-UP APARTMENTS
- Oak Parquet (Flooring) 10mm
- Levelling Mortar 70 mm
- Polyethylene film
- Insulation 70 mm
- Reinforced Concrete Slab 300 mm
- Acoustic Plaster 15mm

FLOOR BUILD-UP TERRACE
- Paving Cement block 30mm
- Fine Sand Bedding
- Waterproofing Membrane
- Insulation PU (Polyurethane) 80mm
- Vapour Barrier
- Reinforced Concrete Slab 300 mm
- Insulation 100m
- Acoustic Panel 25 mm

DETALLE A
1. Doble acristalamiento
2. Bloque de cemento de pavimentación 3cm
3. Lecho de arena fina
4. Perfil de acero
5. Cubrejuntas
6. Perfil de canalización
7. Perfil de fachada
8. Perfil de fijación fachada
9. Revestimiento de acero inoxidable
10. Ángulo de acero para carpintería
11. Perfil con junta de expansión de 3cm
12. Toldo

DETALLE B
1. Doble acristalamiento
2. Bloque de cemento de pavimentación 3cm
3. Lecho de arena fina
4. Perfil de acero
5. Cubrejuntas
6. Taco de madera
7. Perfil de canalización
8. Perfil de fachada
9. Perfil de fijación fachada
10. Hoja de aluminio con pintura en polvo
11. Aislamiento
12. Panel acústico
13. Perfil de acero inoxidable

DETALLE C
1. Ventana de madera pintada
2. Riel para toldo
3. Cubrejuntas
4. Membrana de aislamiento
5. Hueco para radiador
6. Cuña de poliuretano
7. Perfil de acero inoxidable

DETAIL A
1. Double Glazing
2. Paving Cement Block 3cm
3. Fine Sand Bedding
4. Steel angle
5. Cap Flashing
6. Water Channeling Profile
7. Facade profile
8. Fixing Profile for Facade
9. Stainless Steel Cladding
10. Steel angle for Window Frame
11. Profile with 3cm Expansion Joint
12. Sunshade

DETAIL B
1. Double glazing
2. Paving Cement Block 3cm
3. Fine Sand Bedding
4. Steel Angle
5. Cap Flashing
6. Wood Blocking
7. Water Channeling Profile
8. Facade Profile
9. Fixing Profile for Facade
10. Powder-Coated Aluminium Sheet
11. Insulation
12. Acoustic Panel
13. Stainless Steel Profile

DETAIL C
1. Wood Window Painted
2. Rail for Sunshade
3. Base Flashing
4. Waterproofing Membrane
5. Recessed Radiator Trough
6. Polyurethane Wedge
7. Stainless Steel Profile

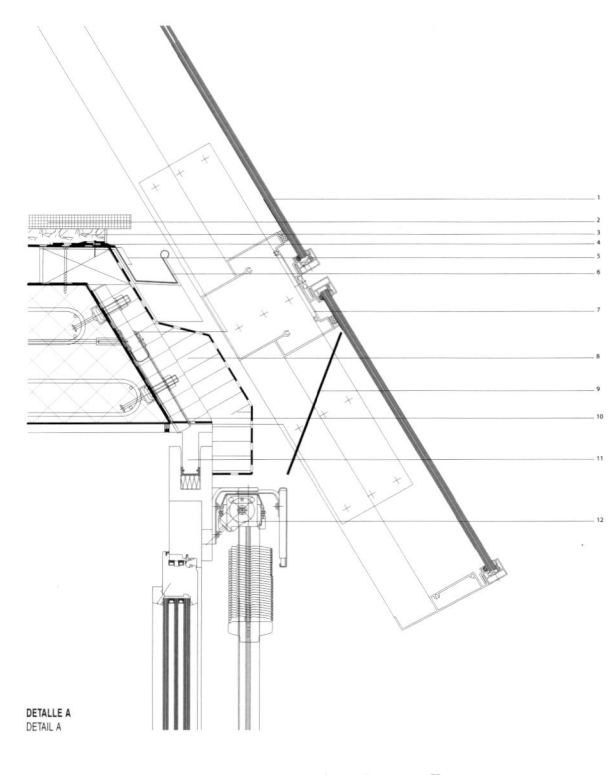

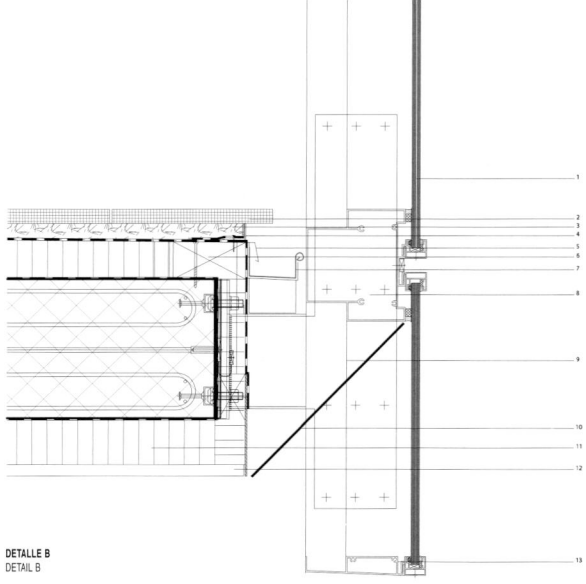

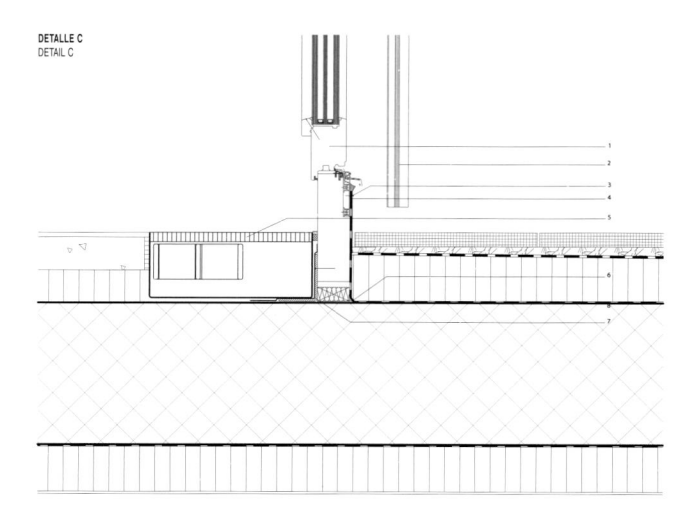

Detalle de sección / Section detail

Detalles de encuentros de fachada / Facade details

DETALLE A / DETAIL A

DETALLE B / DETAIL B

DETALLE C / DETAIL C

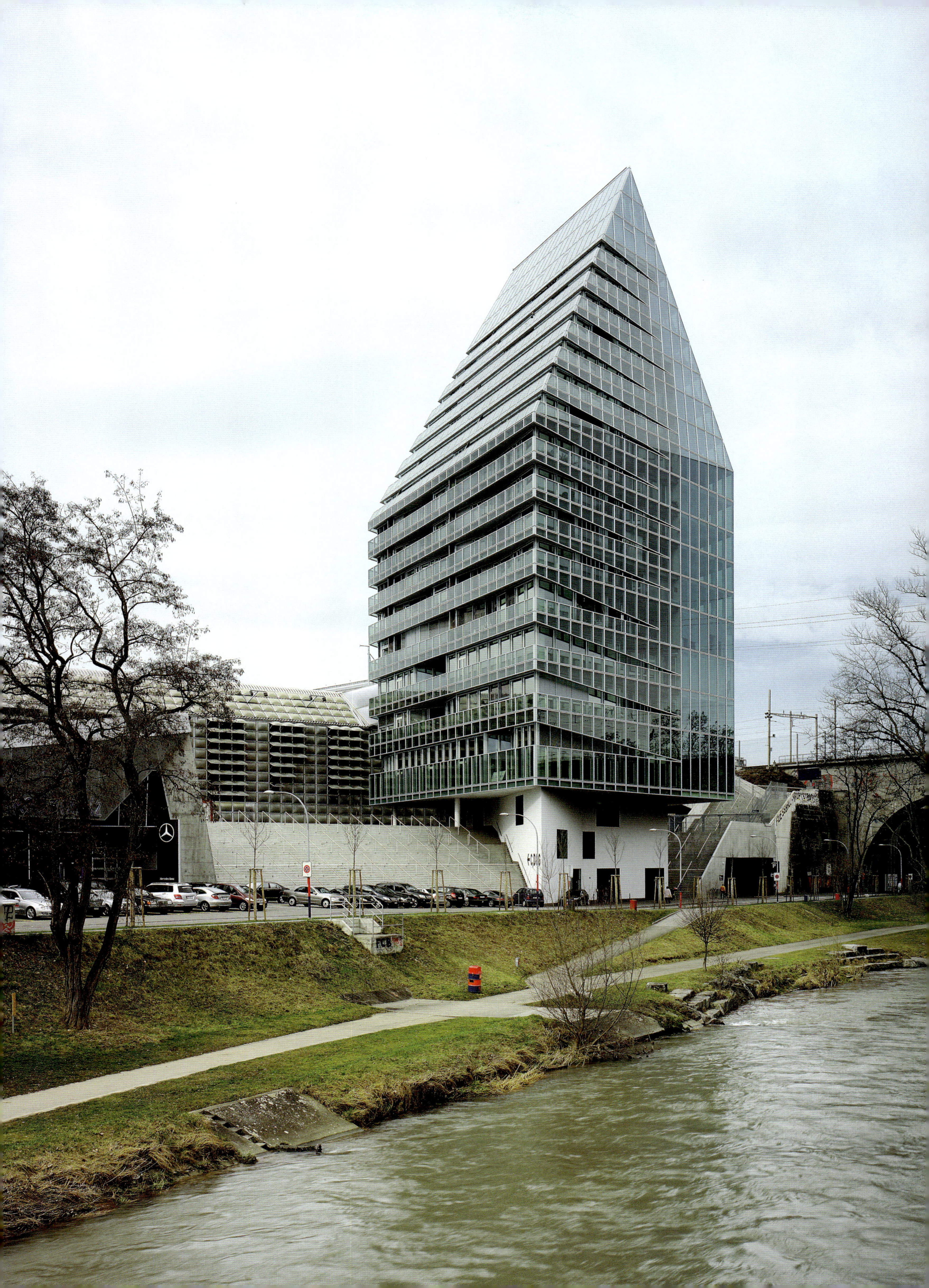

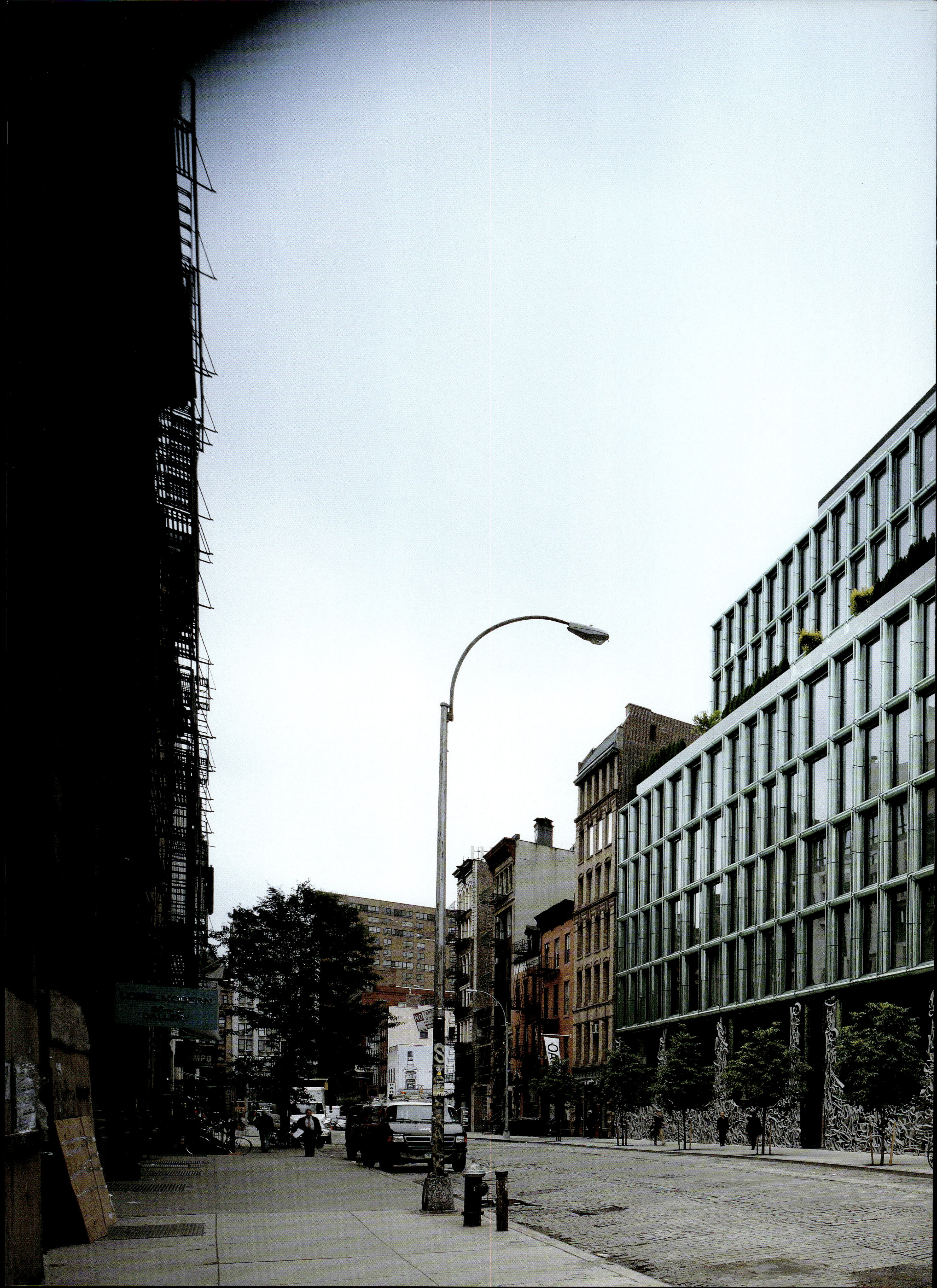

EDIFICIO DE APARTAMENTOS EN 40 BOND NUEVA YORK, EEUU
40 BOND, APARTMENT BUILDING NEW YORK, NEW YORK, USA 2004 2007

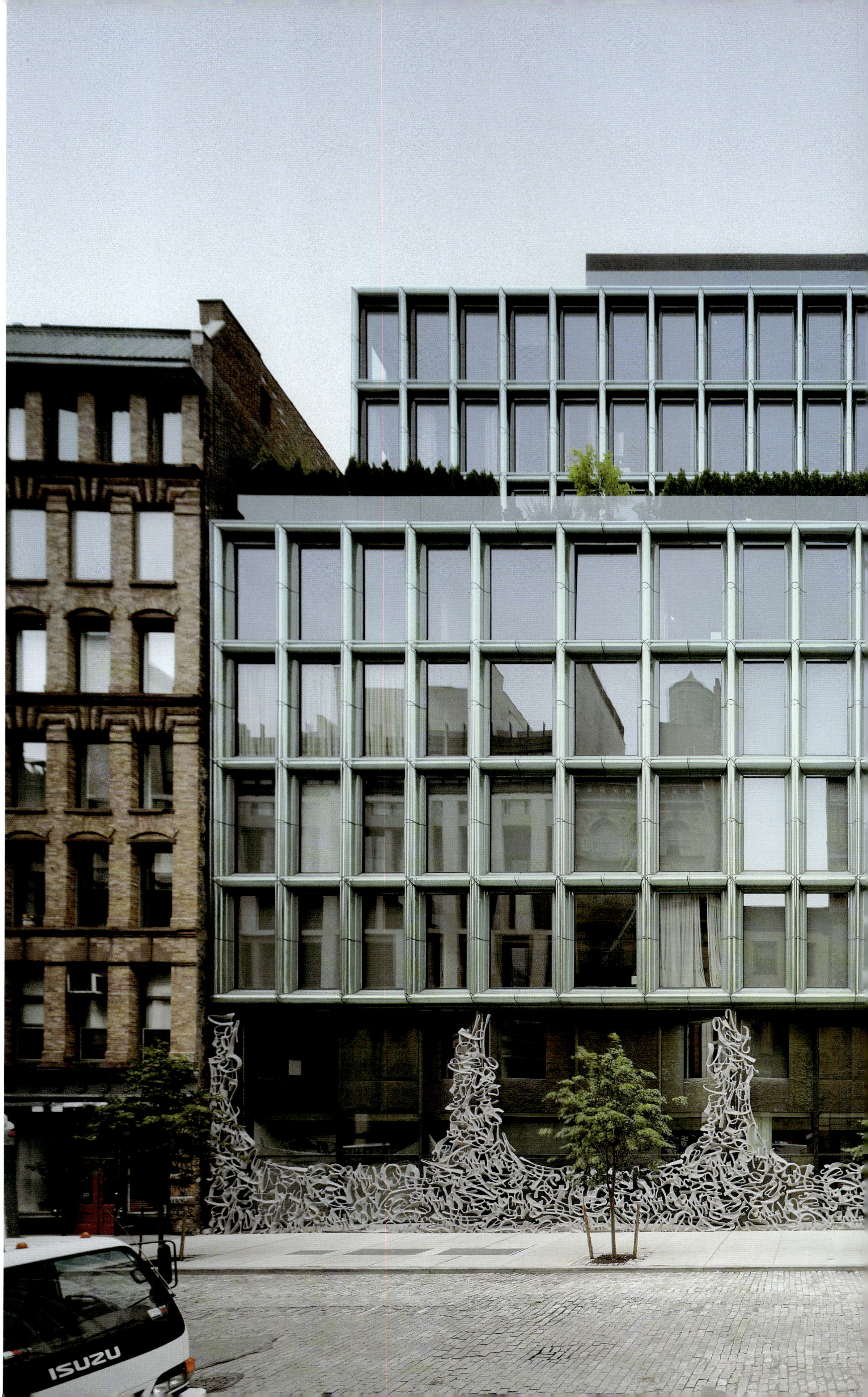
ISUZU

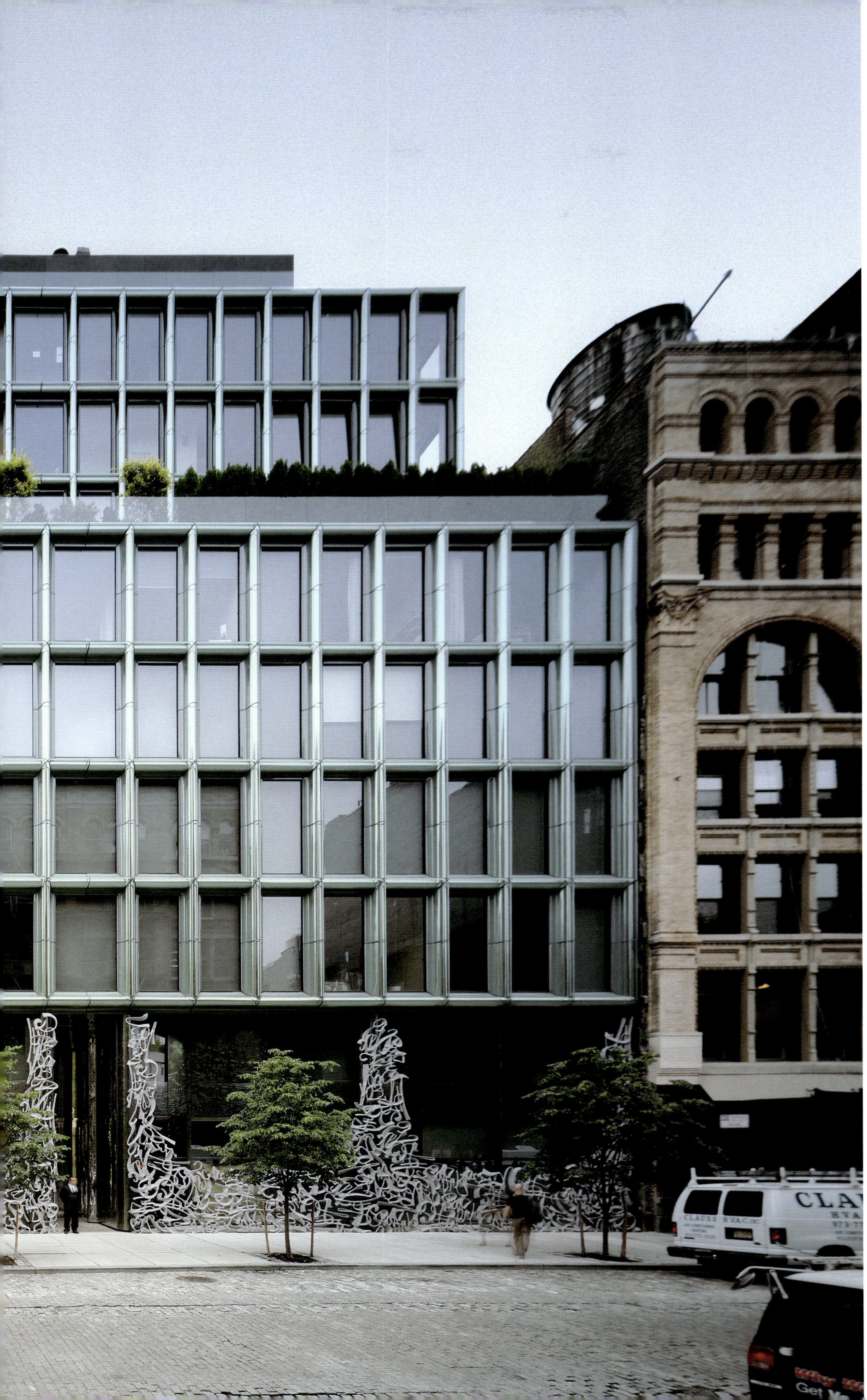

El emplazamiento ocupa cinco estrechos solares típicos de Nueva York y se localiza en Bond Street, una calle relativamente estrecha con adoquines en el corazón del NoHo
The site, which occupies five typical narrow New York lots is located on Bond Street, a relatively wide street with cobblestones in the heart of NoHo. It is embed-
(el barrio de Manhattan al norte de la calle Houston). Lo rodean casas con fachadas de arenisca, almacenes y lofts, cuyas escalas y proporciones son muy distintas.
ded in brownstones, warehouses and lofts, which vary significantly in scale and proportion.
La zona de Bond Street fue a comienzos del siglo XVIII uno de los barrios más exclusivos de Nueva York, con sus mansiones y casas en hilera de elegantes fachadas de
The Bond Street area was one of NY's most exclusive residential neighborhoods at the beginning of the 18th century. Prominent families lived in elegant brick
ladrillo y mármol ocupadas por las familias socialmente mejor situadas. Pero en la década de 1840 perdió parte de su atractivo residencial en favor de la Quinta Avenida,
and marble-faced row houses and mansions. The area lost its glamour in the 1840s when Fifth Avenue became more desirable and commercial buildings began
y las casas empezaron a ser reemplazadas por edificios comerciales. La diversidad de construcciones del NoHo —la mezcla en sus calles de los usos residencial e indus-
to replace row houses. The diversity of buildings in NoHo, the mix of residential and industrial buildings, reflects the economic, social and technological trans-
trial— refleja la transformación económica, social y técnica de Nueva York en el siglo XIX.
formation of New York in the 19th century.

El marco de desarrollo del proyecto estaba ya establecido cuando el estudio se implicó en él. El programa y la volumetría del edificio se habían negociado con las autori-
When we became involved with the project, the framework for the site had already been established. The building's use, mass and volume had been negotiated
dades municipales durante varios años. La tarea pendiente era diseñar 28 unidades residenciales según criterios estrictamente definidos. Nuestra idea fue apilar dos tipo-
with the City over several years. The task was to develop a design for 28 condominiums within strictly defined criteria. Our idea was to stack two distinct typolo-
logías diferentes: casas unifamiliares y apartamentos.
gies for living— the townhouse and the apartment block.
Las cinco casas recuperan la escala de las parcelas originales. Cada una de ellas tiene un porche de entrada retranqueado que da a Bond Street y un jardín trasero. El por-
The five townhouses reintroduce the scale of the original lots. Each townhouse has a recessed entrance porch across its street frontage and a garden to the
che queda separado de la calle por una verja de aluminio fundido, que actúa al mismo tiempo como barrera física y como pantalla visual.
rear. The porch is separated from the street by a cast aluminium gate, which acts as a physical barrier as well as a visual screen.

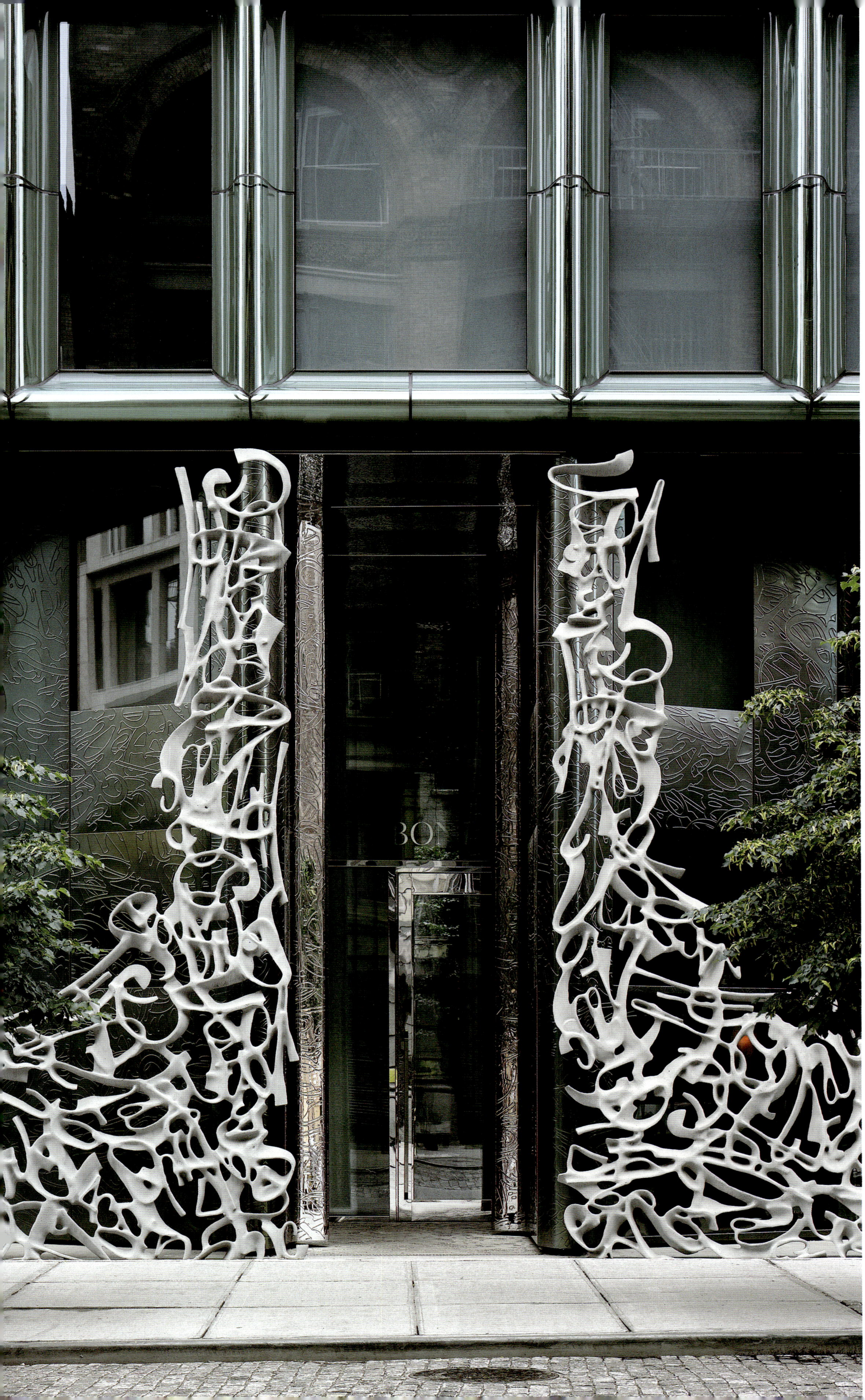

Acceso privado desde la calle, en planta baja / Private street accesss, on ground floor

Buzones (Sala de espera), en planta baja / Mailboxes (Sitting area), on ground floor

Para su realización se ha partido de un collage de motivos graffiteros, trasladados a la tercera dimensión con la ayuda de un programa informático. El espesor de los 'trazos' se definió en función del material y del proceso de vaciado. El programa informático optimizó la densidad y la distribución de los mismos teniendo en cuenta los requerimientos estructurales de la verja. El vestíbulo de entrada al conjunto residencial es una estrecha hendidura de doble altura que se sitúa entre las casas tercera y cuarta y conecta la calle con un pequeño jardín trasero comunitario.

The gate is a collage of graffiti tags, which have been translated into the third dimension with the help of a computer. The thickness of the strokes is defined according to material and thickness requirements of the casting process. The computer program optimises the density and distribution of the tags according to the structural requirements of the gate. The entrance lobby for the condominiums, a narrow, double-height cut, sits between townhouses Three and Four and connects the street with a small communal garden at the back.

El bloque de apartamentos se sitúa sobre las casas en forma de ménsula de un extremo a otro del solar. Se trata de una reinvención de los edificios de fundición típicos del NoHo y el Soho. La estructura del edificio se traslada hacia la cara exterior, siguiendo la retícula de los grandes huecos de suelo a techo. Esto proporciona profundidad a la fachada y libera el interior de pilares. Forjados y pilares se revisten de vidrio suavemente curvado, que envuelven la estructura y permiten que pueda leerse como continuación de las hojas de las ventanas. Por una parte el edificio muestra su esqueleto y sus huesos; y por otra, éstos se funden con la superficie de vidrio de los ventanales y se disuelven en un juego de transparencias, luz y reflejos. El color del conjunto es el color del vidrio, con sus numerosos matices verdosos que varían en función de la luz, el punto de vista, el espesor y las capas en las que se dispone.

The apartment block is stacked above the townhouses and forms a bracket across the entire width of the site. Its design is a reinvention of the cast-iron building found through NoHo and SoHo. The structure of the building is pushed to the exterior and follows the grid of the large floor-to-ceiling window bays. This introduces a depth to the facade on the exterior and liberates the interior from freestanding columns. Slab and column are clad with gently curved glass covers, which wrap over the structure and can be read as a continuation of the windowpanes. On the one hand the skeleton and bones of the building are expressed, on the other they melt into the glass surface of the window bays and dissolve in a play of translucency, light and reflection. The colour of the building is the colour of glass, with its many shades of green, which depend on light, viewing angle, thickness and layering of the glass.

En el interior, muchos de los baños principales tienen generosas ventanas y se organizan en espacios estrechos y altos, reminiscentes de los solares neoyorquinos. Lavabos, duchas y bañeras se empotran parcialmente en las paredes para crear nichos de intimidad. La separación de las zonas secas y húmedas, y la selección de madera y corian como acabado de cada una de ellas enfatiza y mejora su uso específico.

In the interior, many of the master bathrooms have large windows to the exterior and are organised in narrow and tall bays, reminiscent of the New York lot. Sinks, shower and bathtub are partly embedded in the walls to create intimate, embracing niches. The separation of dry and wet areas and the selection of wood and corian as the finish for each emphasise and enhance the specific use.

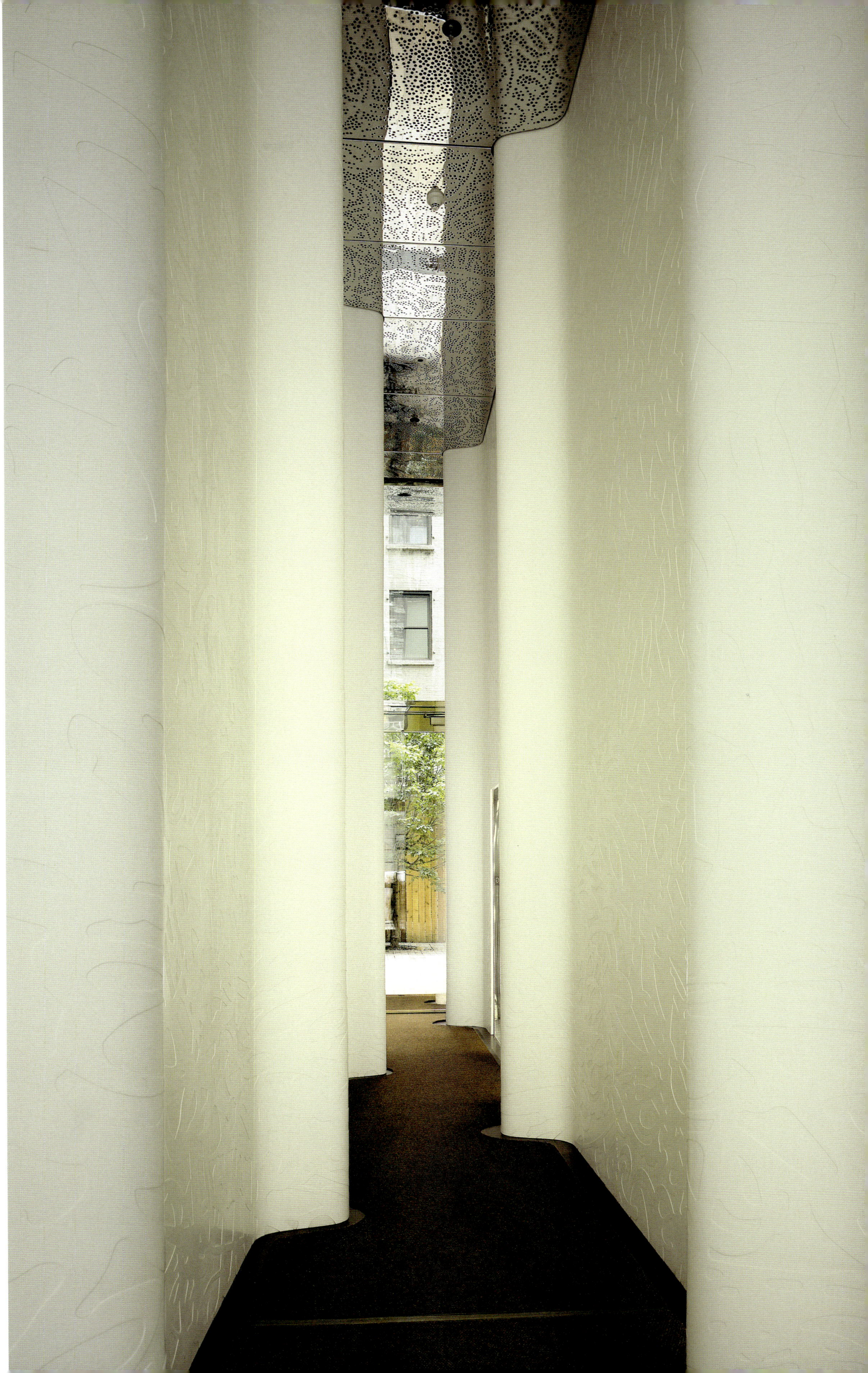

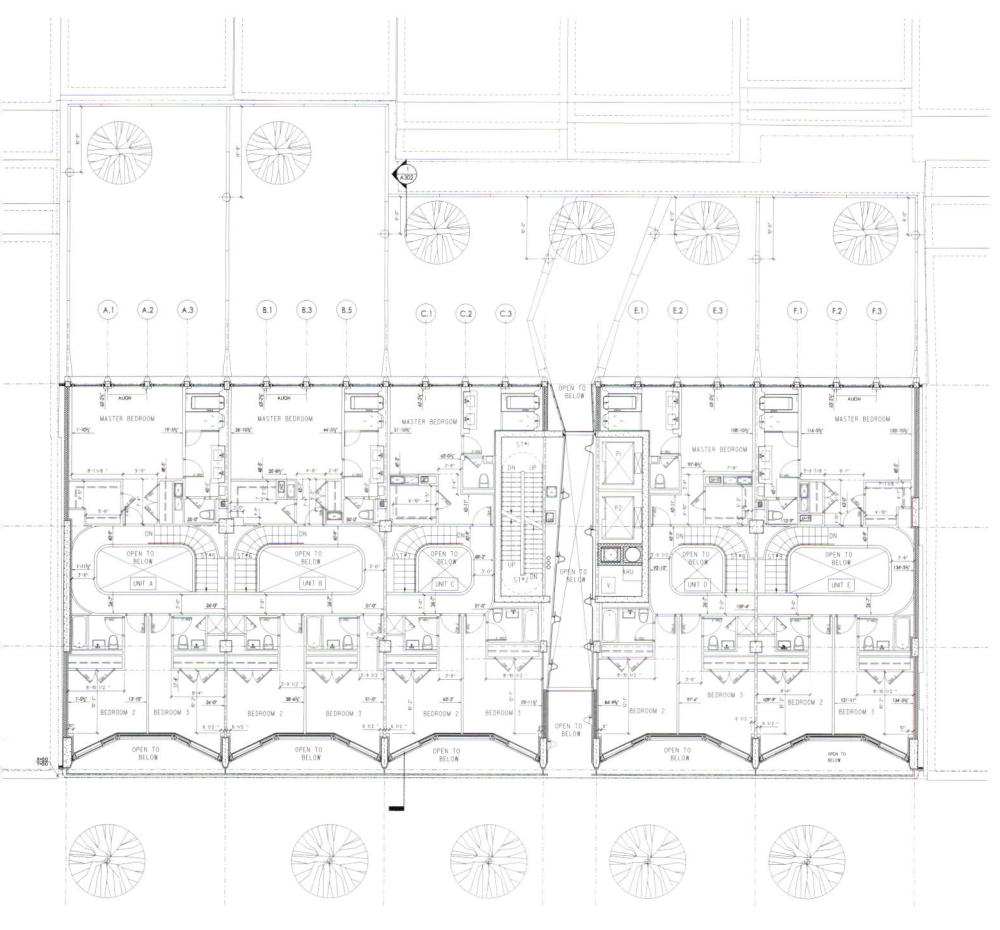

Planta primera / First floor plan

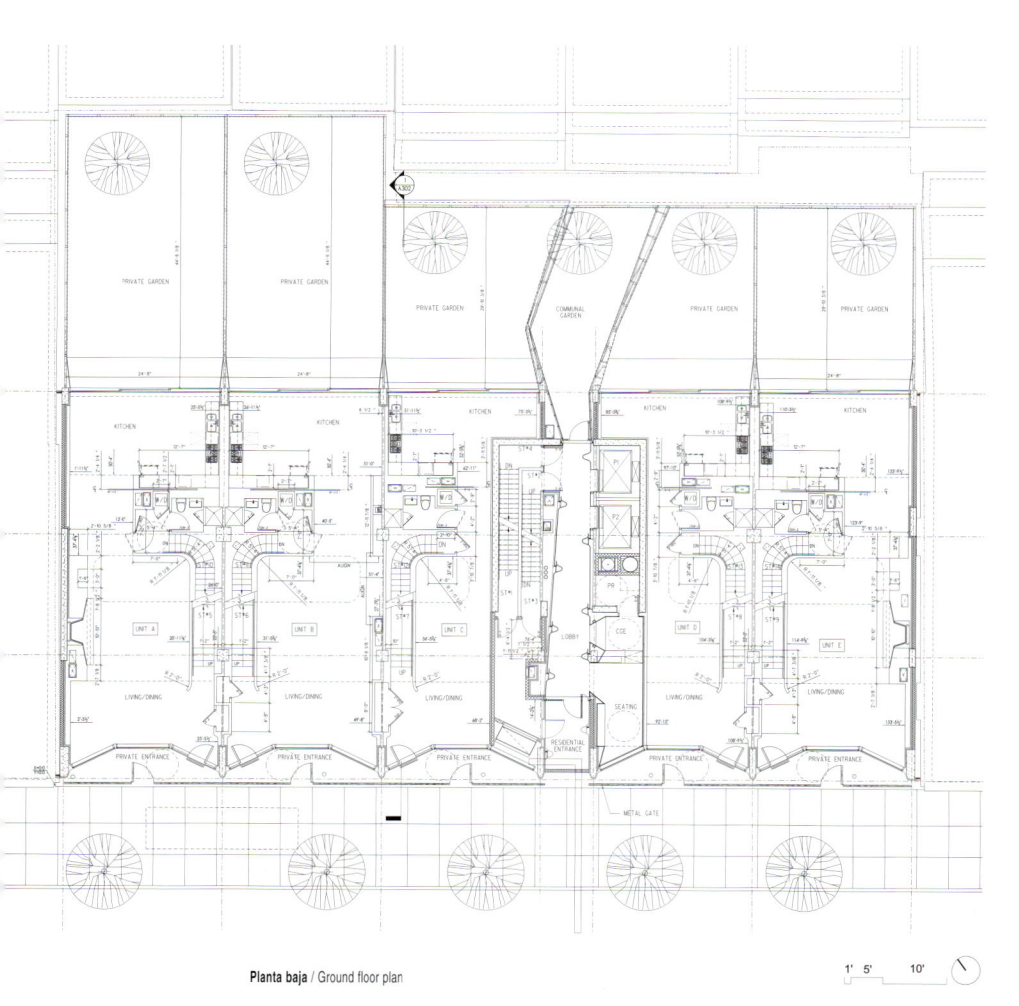

Planta baja / Ground floor plan

1' 5' 10'

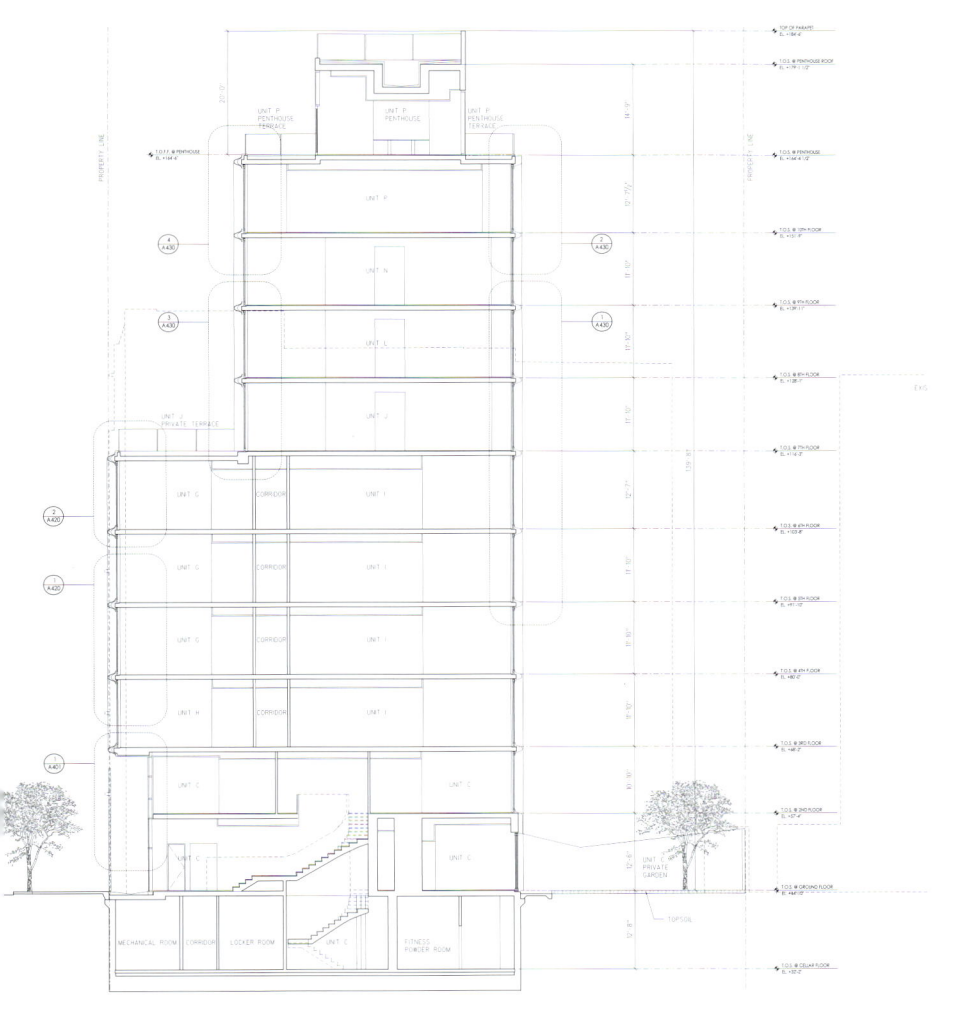

Sección transversal / Cross section

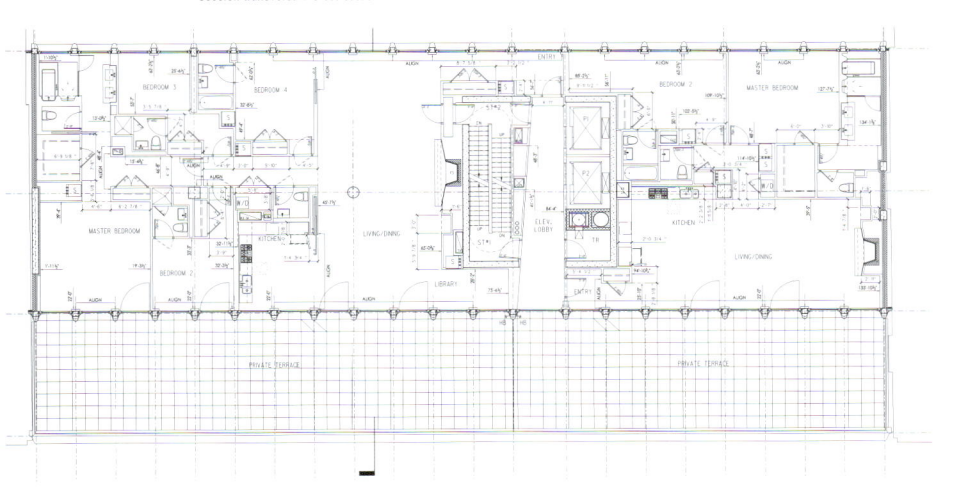

Planta séptima / Seventh floor plan

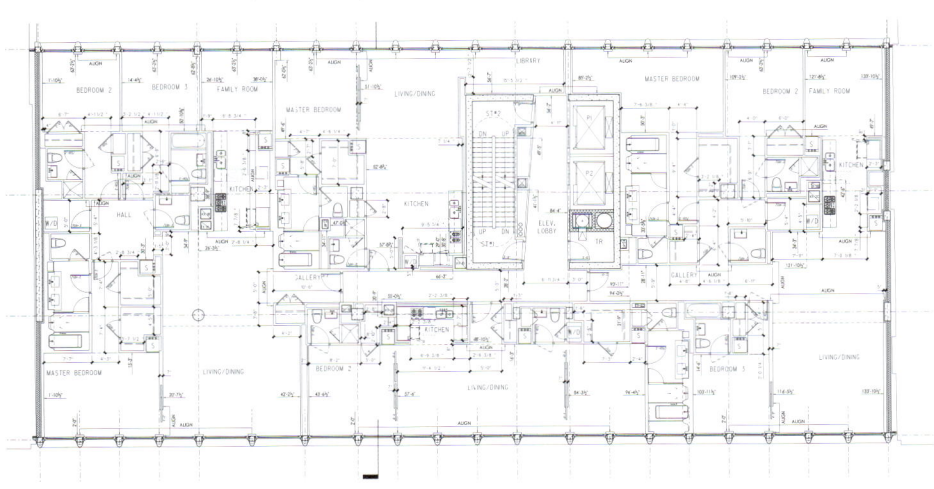

Planta tercera / Third floor plan

197

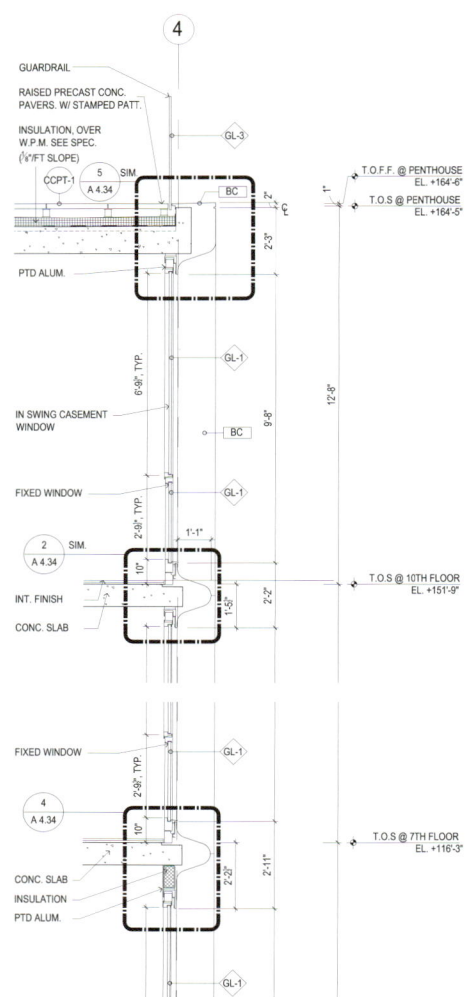

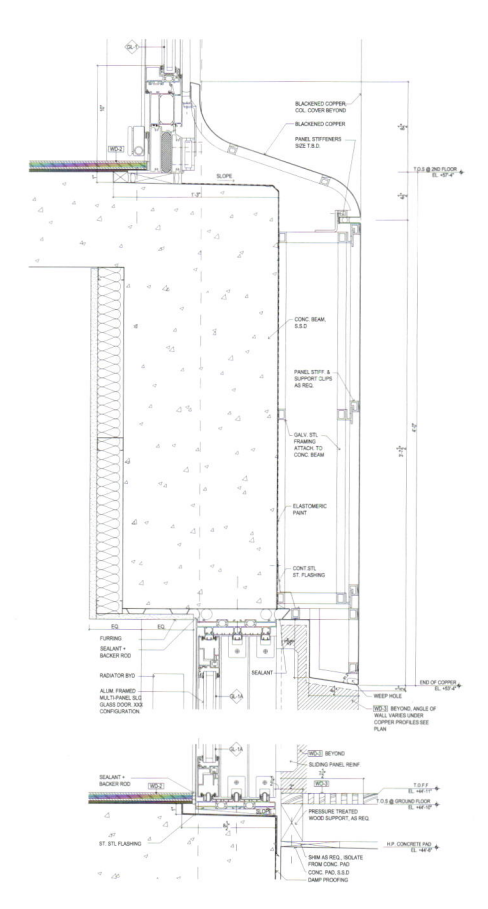

Fachada Norte a patio. Sección constructiva. Detalles
North courtyard facade. Enlarged section. Details

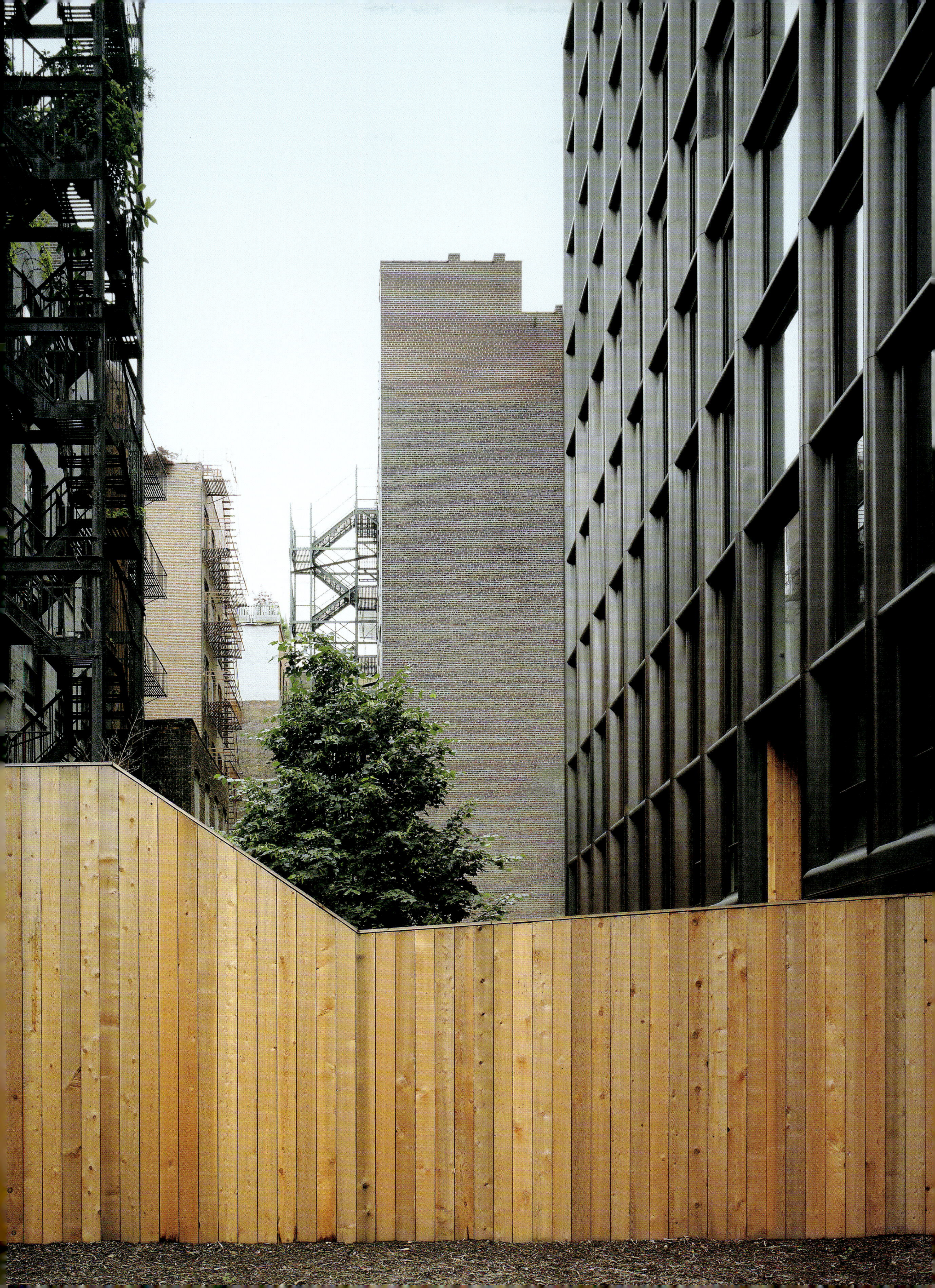

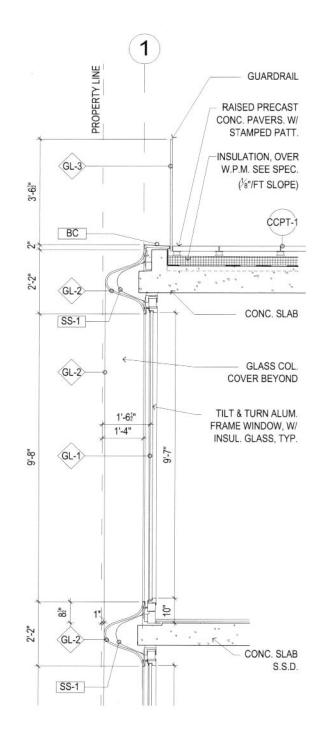

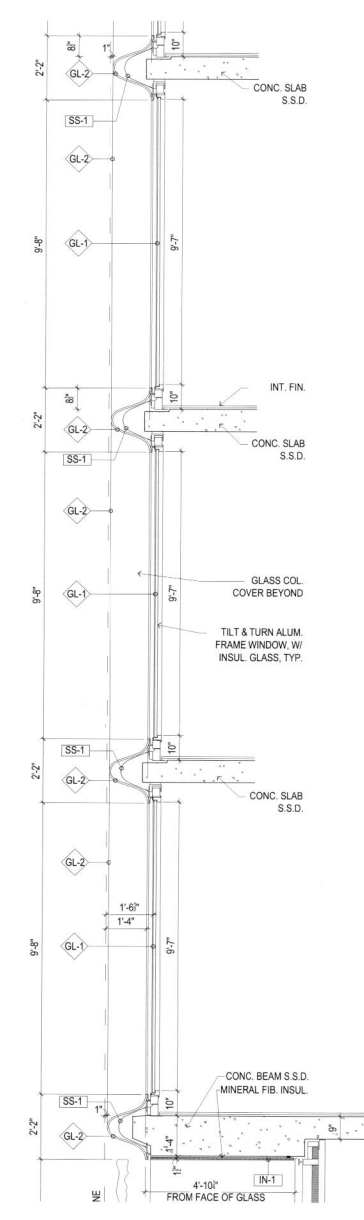

Fachada Sur (a calle Bond Street). Sección constructiva
Bond Street South facade. Enlarged section

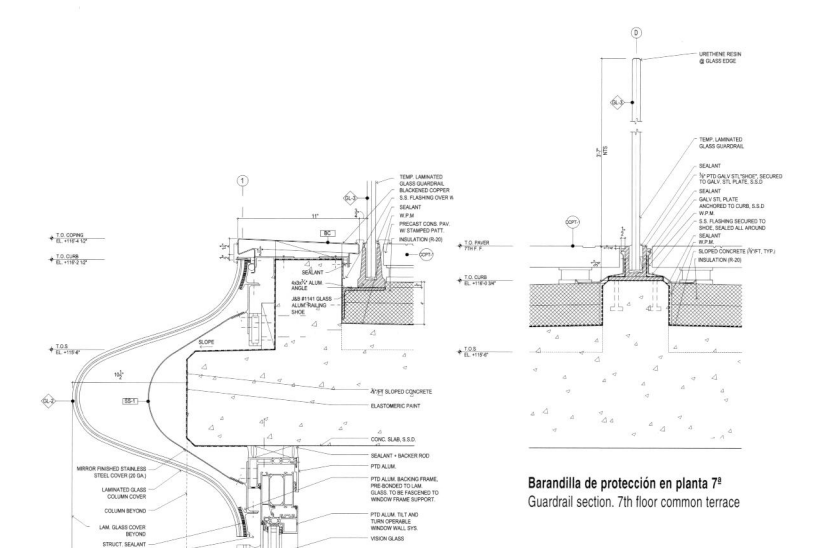

Revestimiento de fachada planta 7ª / Glass cover section. 7th floor

Barandilla de protección en planta 7ª
Guardrail section. 7th floor common terrace

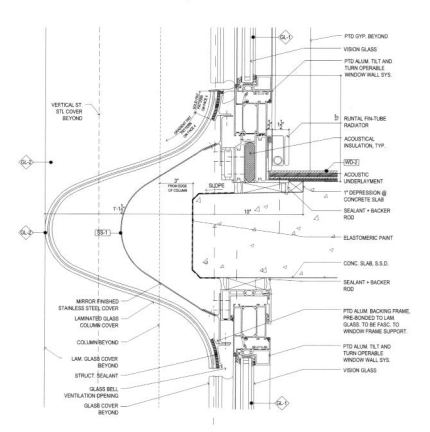

Revestimiento tipo de fachada. Sección / Typical glass cover detail. Section

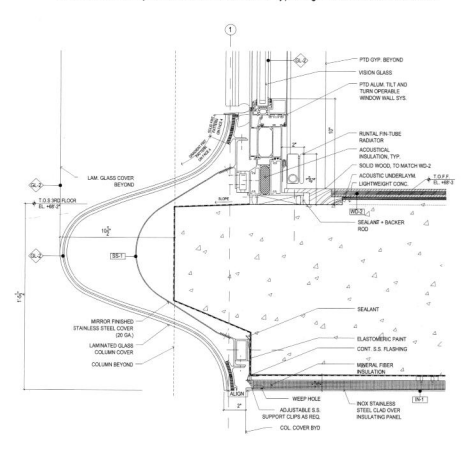

Revestimiento de fachada planta 3ª / Glass cover section. 3rd floor

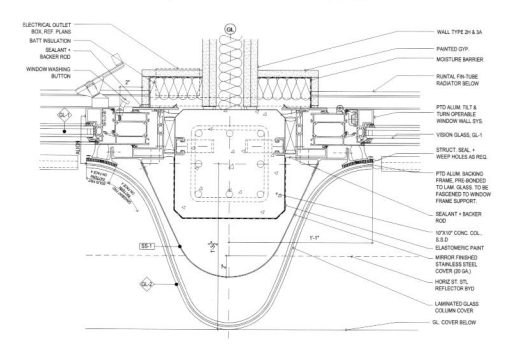

Revestimiento tipo de fachada. Planta / Typical glass cover detail. Plan

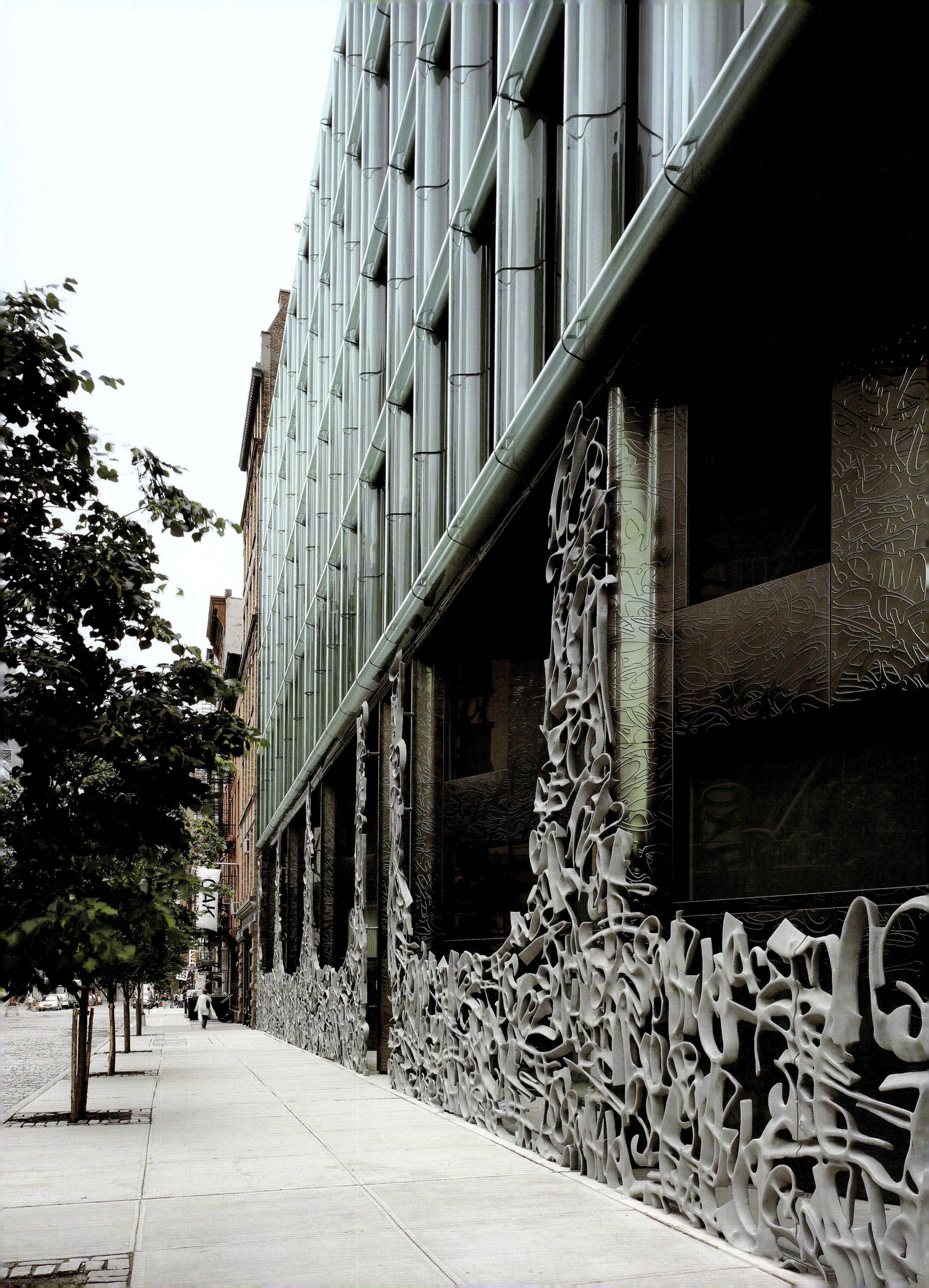

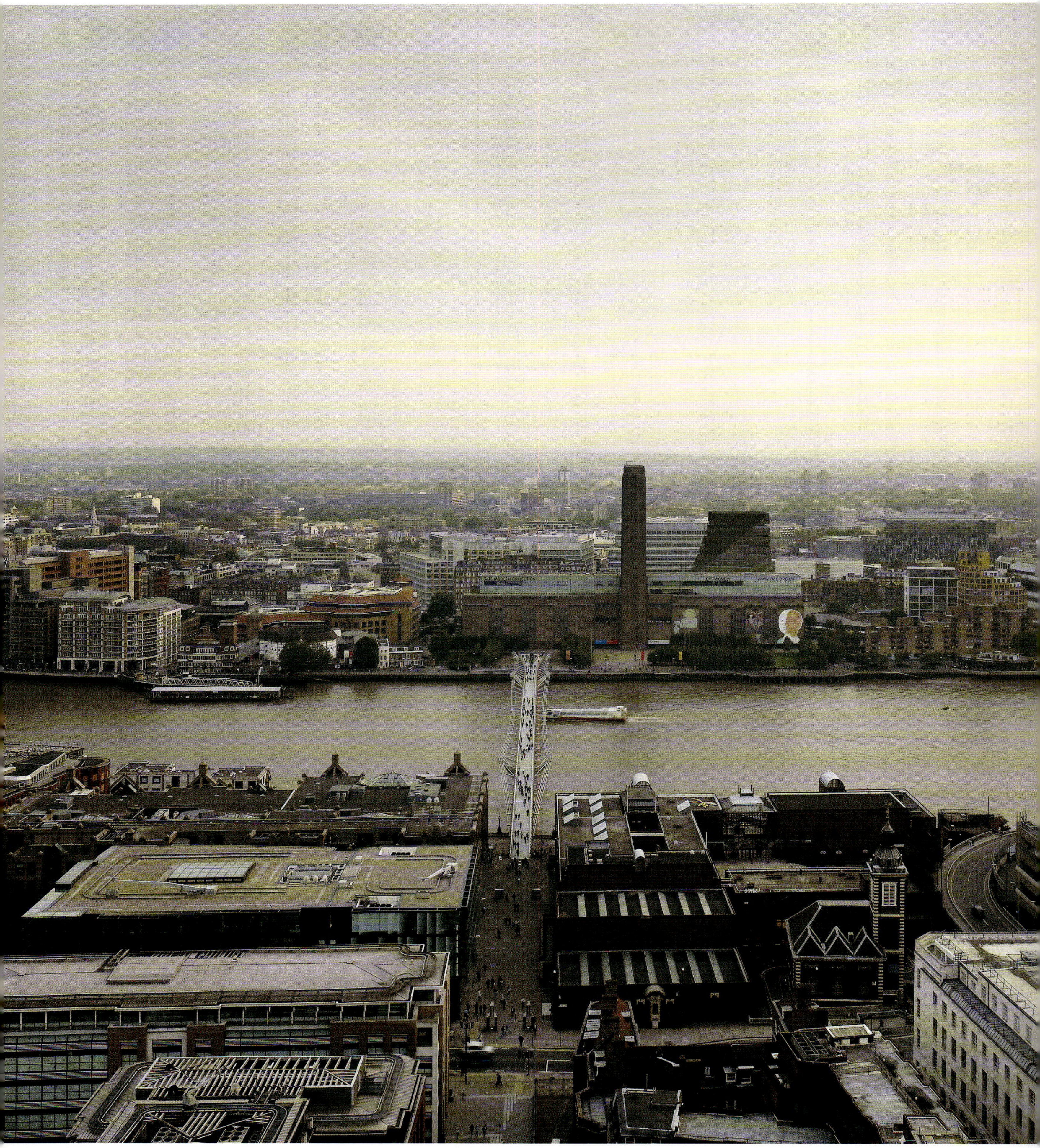

Transformación de la Tate Modern
Transforming Tate Modern

LONDRES, REINO UNIDO
LONDON, UNITED KINGDOM 2005-

Plano de situación / Site plan

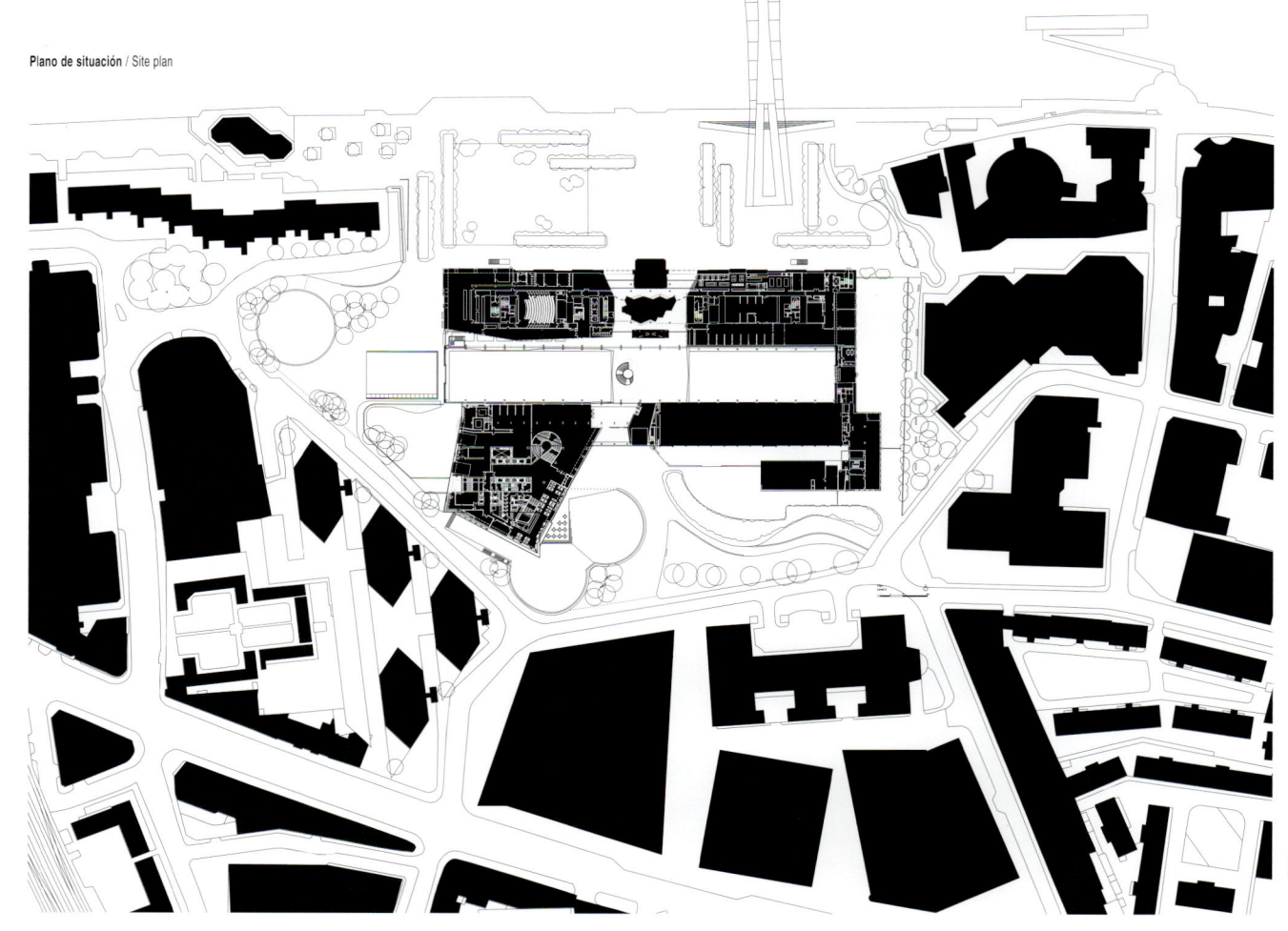

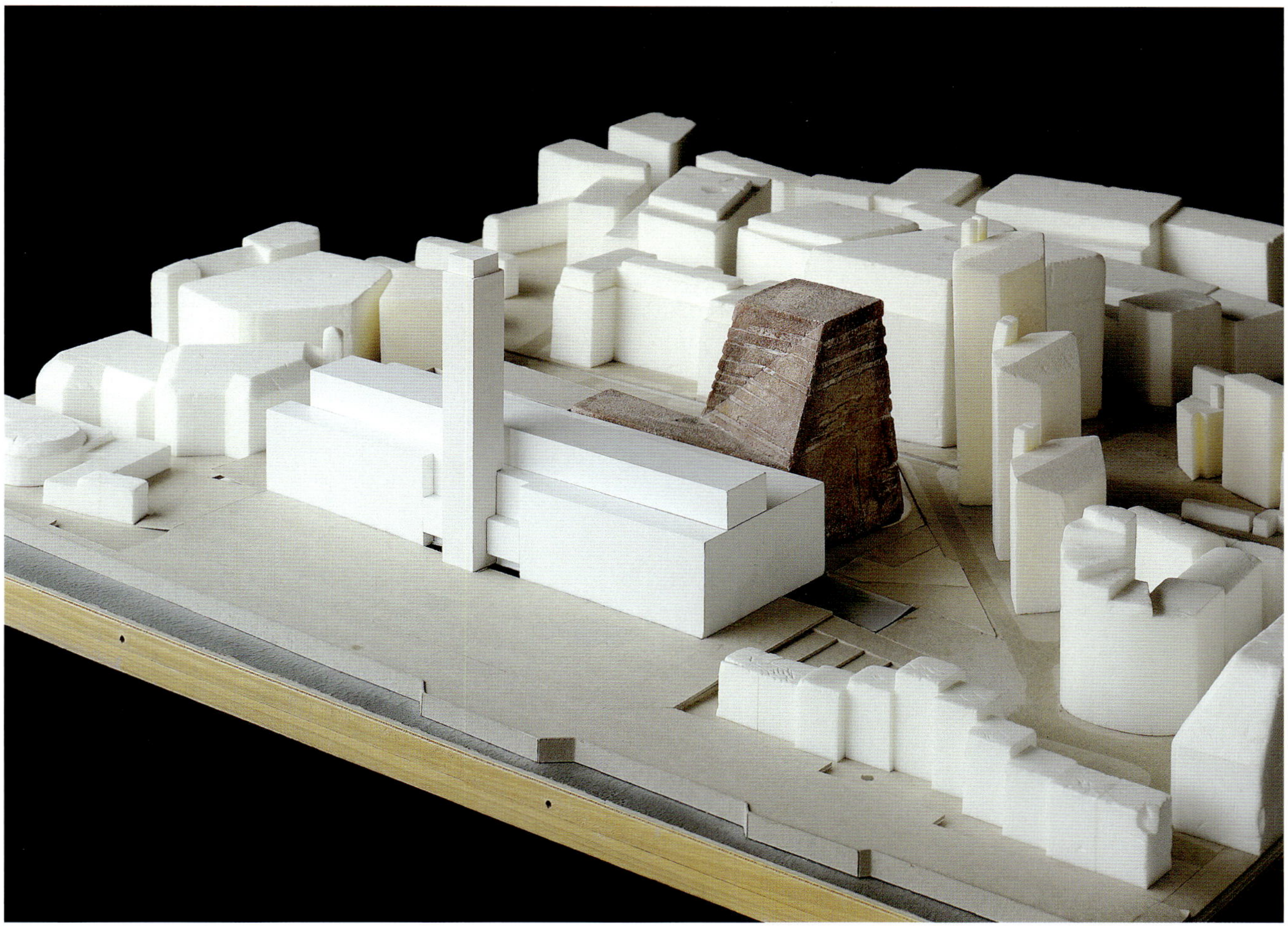

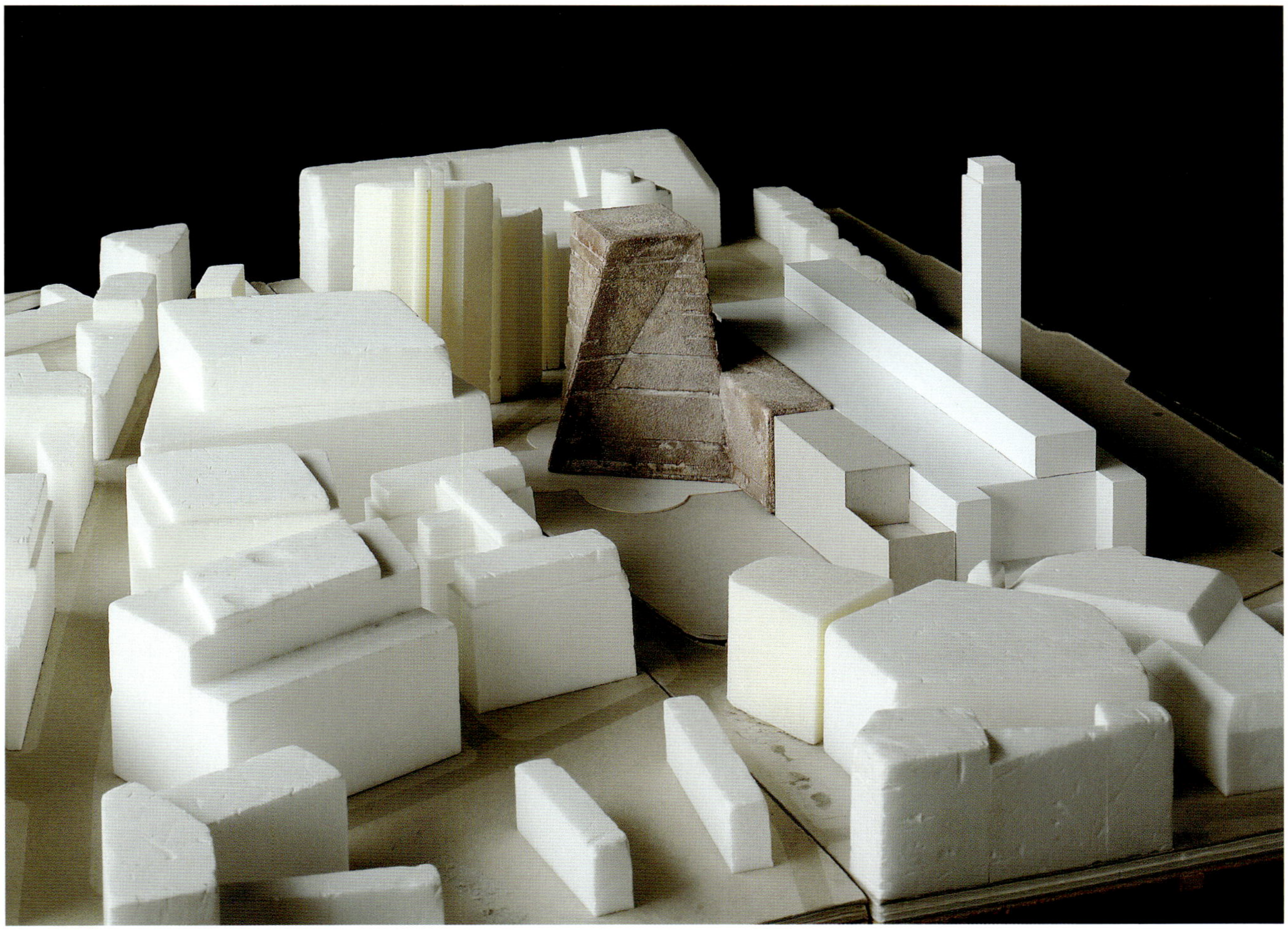

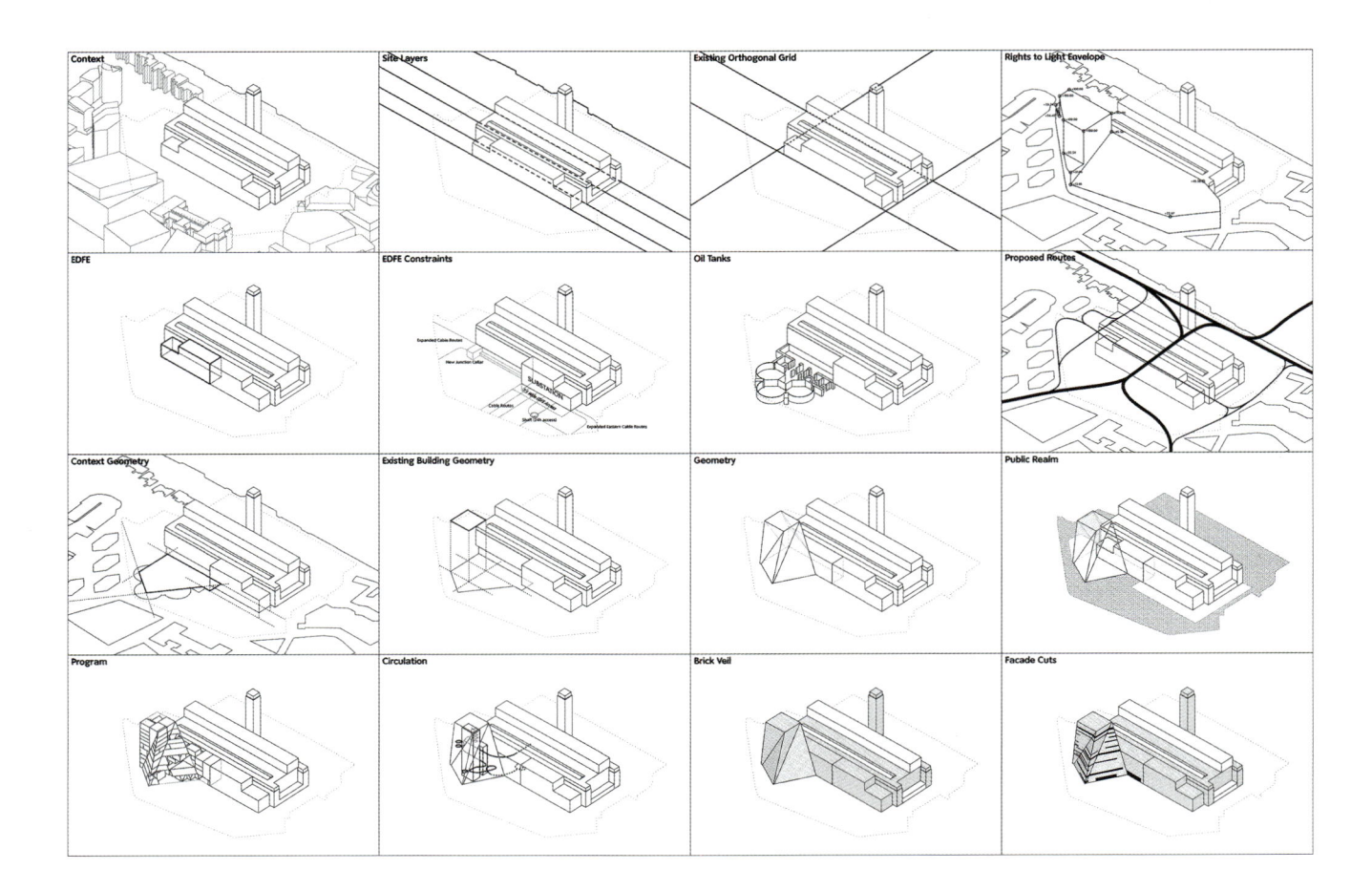

La Tate Modern ha cambiado Londres desde su apertura en el año 2000. El impacto que tuvo sobre el diseño urbano y el desarrollo de la orilla sur del Támesis y Southwark
Tate Modern has changed London since 2000. The impact it has had on urban design and the development of the South Bank and Southwark, has been as sub-
ha sido tan determinante como el protagonismo que ha tenido en la vida artística, cultural y social de la ciudad.
stantial as its influence on the city's artistic, cultural and social life.
El nuevo desarrollo añadirá otra dimensión decisiva a la arquitectura y al entorno de esta zona y al de áreas vecinas. Con el nuevo acceso sur y la conexión directa norte-
The new development will add another decisive dimension to the architecture and environment of this quarter and beyond. With a new entrance to the South,
sur —que permitirá a la gente ir desde el Támesis y a través de la Sala de Turbinas del edificio existente hasta una nueva plaza situada al sur, en Summer Street, y desde
and a direct north-south passage, taking people from the Thames through the existing building and the Turbine Hall out to a new city plaza to the south on Sumner
allí a Southwark— el nuevo proyecto para la Tate conectará el distrito de Southwark con el río y contribuirá a crear más y mejores espacios públicos.
Street and from there on to Southwark, the development will connect Southwark with the Thames and provide much improved open, public space.

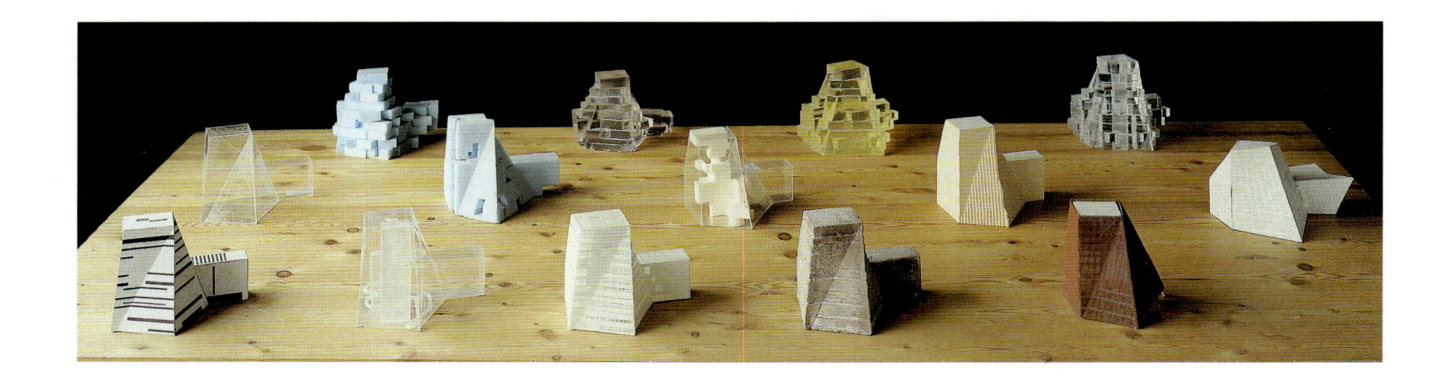

La Tate Modern es el museo de arte contemporáneo más visitado del mundo. En esta siguiente etapa se trata de establecer un nuevo modelo de museo de arte que integre
Tate Modern is the world's most visited museum of modern art. In its next stage of development the vision is to establish a new model for museums of modern and
plenamente la función de exhibición con los objetivos de índole social y pedagógica, fortaleciendo los vínculos entre la institución, el barrio y la ciudad. En estrecha cola-
contemporary art, by fully integrating the display, learning and social functions of the museum, strengthening links between the museum, its locality and the city. In
boración con la Tate, se ha abierto un camino de actuación a través de la jungla de numerosos e insólitos parámetros que deben tenerse en cuenta. Las líneas de conexión
close collaboration with the Tate, we carved a path through the jungle of unusually numerous parameters that must be taken into account. The resulting paths and
resultantes han ido adquiriendo forma y condensándose en una forma piramidal generada desde las geometrías combinadas del contexto urbano y el edificio existente.
connecting lines, gradually acquired shape, condensing into a pyramidal form generated from the combined geometries of the site context and existing building.

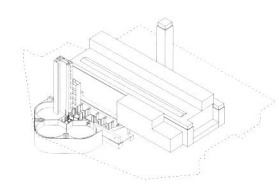

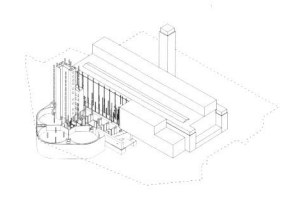

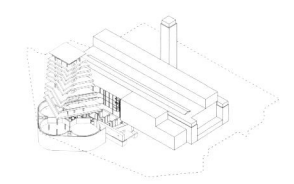

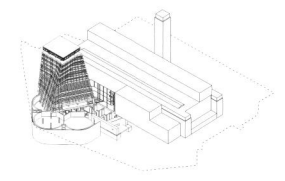

Diagramas de la estructura: tanques de combustible y núcleo, pilares, estructura de forjados, pilares y vigas de fachada / Structure diagrams: oil tanks and core, columns, floor structure, façade columns and beams

Los imponentes tanques de combustible subterráneos y en forma de trébol constituyen el núcleo del proyecto y el punto de partida del nuevo edificio. Cuando transformamos la antigua central eléctrica en museo excavamos la Sala de Turbinas para convertir sus vastas dimensiones en una realidad tangible. Ahora, los tanques son los cimientos del nuevo edificio que surge y se eleva a partir de la estructura que tiene debajo. Pero esos tanques no son sólo unos cimientos físicos, sino también el punto de partida de enfoques artísticos e intelectuales distintos acerca de cuáles son las necesidades de un museo contemporáneo en los albores del siglo XXI. Estos enfoques requieren variedad de espacios expositivos, tanto de pequeño como de gran formato, así como el 'hallazgo' de otros espacios menos convencionales para el desarrollo de programas formativos.

The clovershaped dramatic subterranean oil tanks are at the heart of these plans and they are a point of departure for the new building. When we converted the power station we dug out the Turbine Hall in order to turn the vast physical dimensions of the existing structure into a tangible reality. Here, the Oil Tanks form the foundation of the building as the new volume develops and rises out of the structure below. They are not merely the physical foundation of the new building, but also the starting point for intellectual and curatorial approaches which have changed to meet the needs of a contemporary museum. These approaches require a range of gallery spaces, both larger and smaller, along with 'As Found' spaces of less conventional shape, and better facilities for the gallery's learning programmes.

Tanques antiguos reconvertidos en salas de exposición / Oil tanks as found Gallery

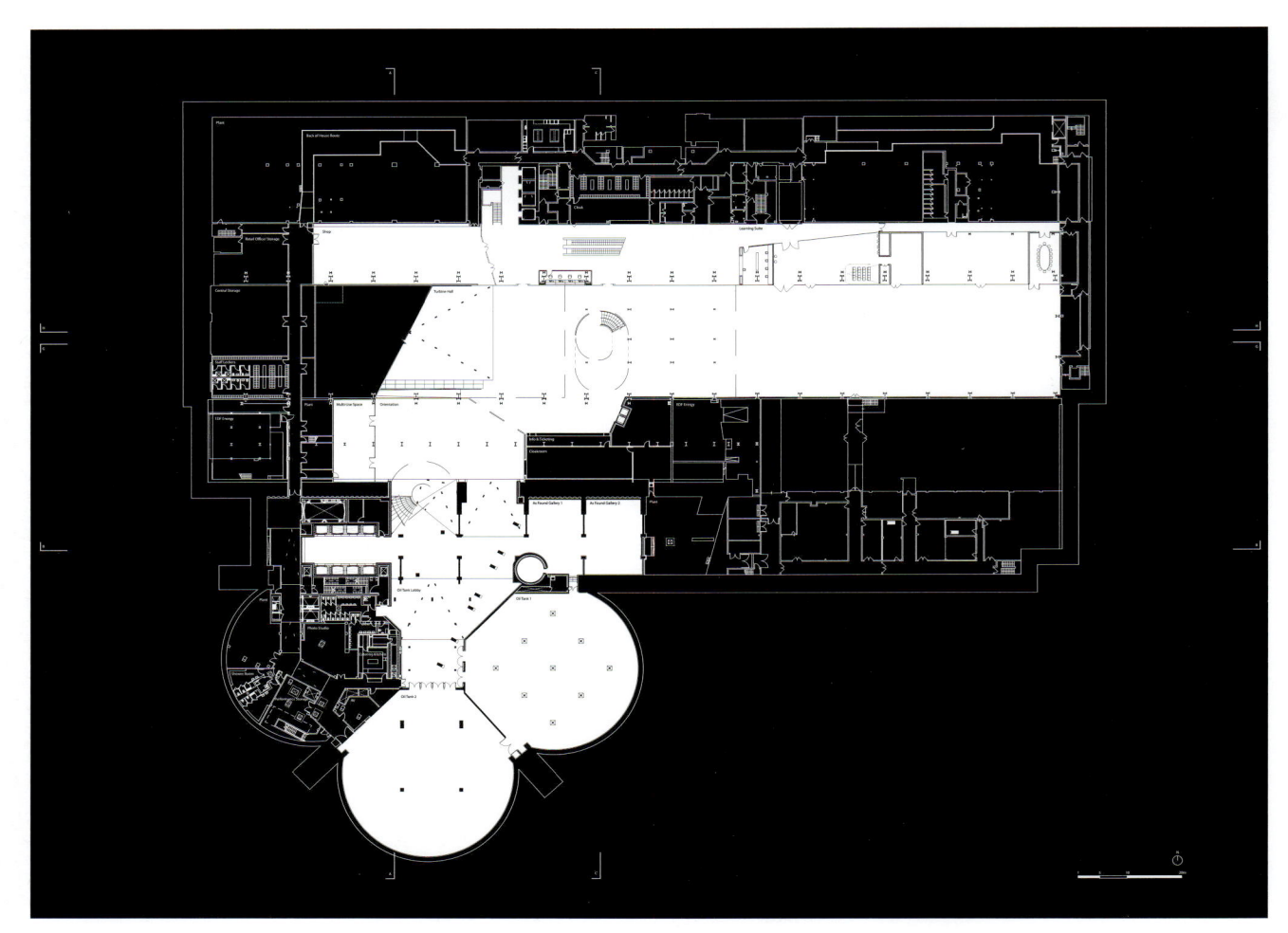

Planta semisótano / Plan level 1

Al tiempo que duplica el espacio expositivo, la Tate Modern 2 ofrecerá una colección heterogénea de espacios públicos dedicados al solaz y la reflexión, a la acción, al aprendizaje colectivo y al estudio individual. Esos espacios se despliegan en el edificio, vinculados entre sí por un generoso sistema de circulación pública. La orientación vertical de estos espacios es tan clara como evidente es la configuración horizontal de la primera fase de la Tate Modern. Además, parecía importante para el edificio que fuese visible desde el norte. Conforme uno se aproxima a la Tate desde el río, puede verse cómo surge por detrás de la central eléctrica sin competir con la icónica chimenea.

As well as doubling the gallery space, Tate Modern 2 will create a diverse collection of public spaces dedicated to relaxation and reflection, making and doing, group learning and private study. These spaces are spread over the building and linked by a generous public circulation. The vertical orientation of these spaces is clear in the same way that a horizontal orientation is evident in the first phase of the Tate Modern. At the same time we felt it was important for the building to be visible from The North. As one approaches Tate Modern from the river, it can be seen rising behind the power station without competing with the iconic chimney.

Sala de Turbinas con nuevo puente en el nivel 5 y reconversión de la escalera en el puente del nivel 2 / Turbine Hall with new level 5 bridge and level 2 bridge stair renovation

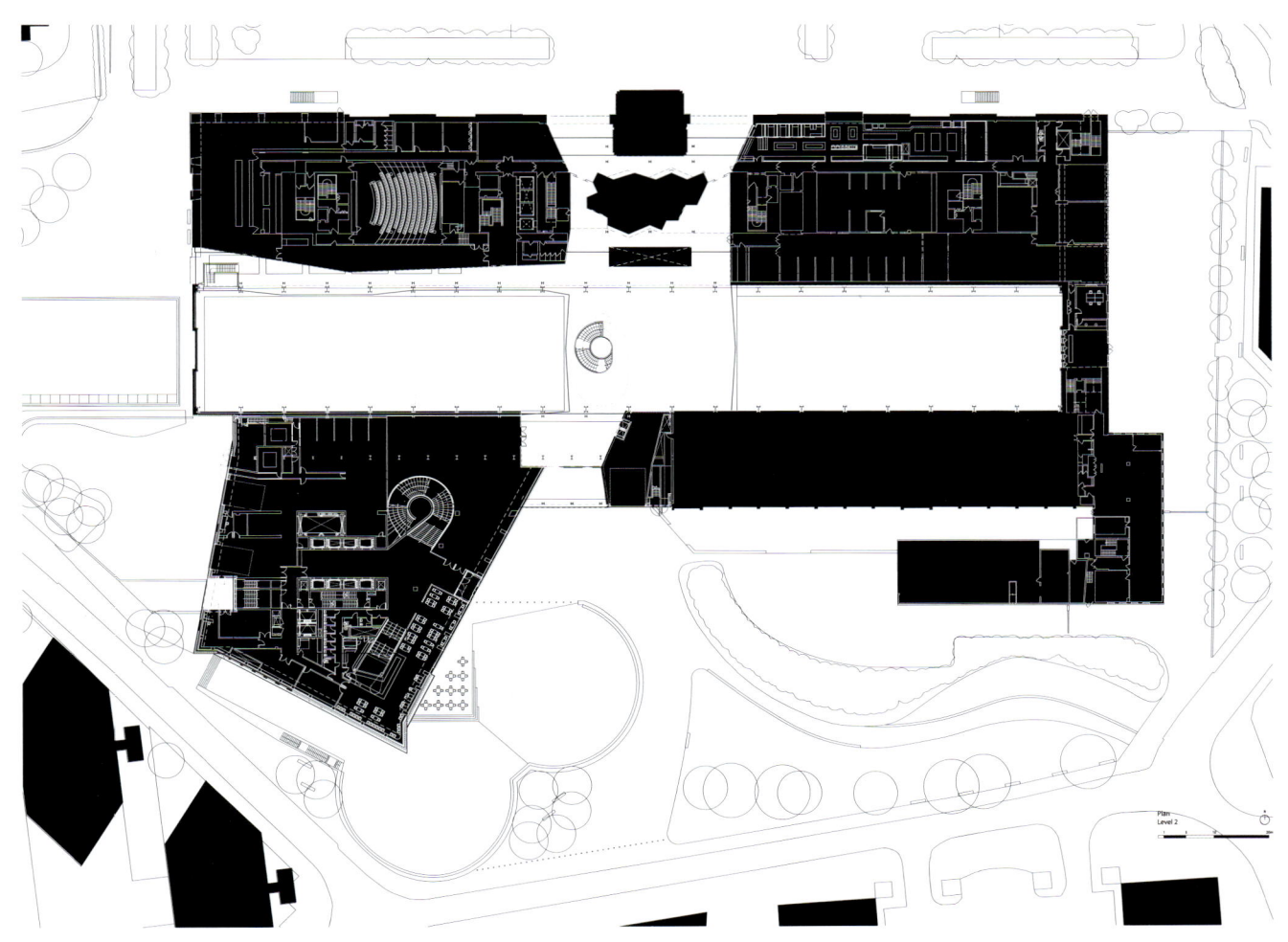

Planta baja / Plan evel 2

Integrar el nuevo edificio en lo existente, así como en el horizonte de la ciudad, y garantizar la orientación de los visitantes dentro y fuera, han sido objetivos fundamentales del proyecto. Se ha buscado que la combinación de elementos de la Tate Modern, antiguos y modernos, se manifestase como un todo, que sus partes coincidiesen y funcionasen como un único organismo. Utilizando la misma paleta base de ladrillos y aparejo pero en una forma radicalmente nueva, se creó una pantalla de ladrillo perforado a través de la cual se filtra la luz durante el día, y que hace resplandecer el edificio por la noche.
Integrating the new building into the existing has been fundamental to the project, as well as integrating it into the skyline of the city and ensuring that visitors both inside and out could orient themselves. We wanted the combined elements of Tate Modern, old and new, to be expressed as a whole, to have them come together and function as a single organism. Using the same base palette of bricks and brickwork in a radical new way, we created a perforated brick screen through which light filters in the day and through which the building will glow at night.

Planta segunda / Plan level 4

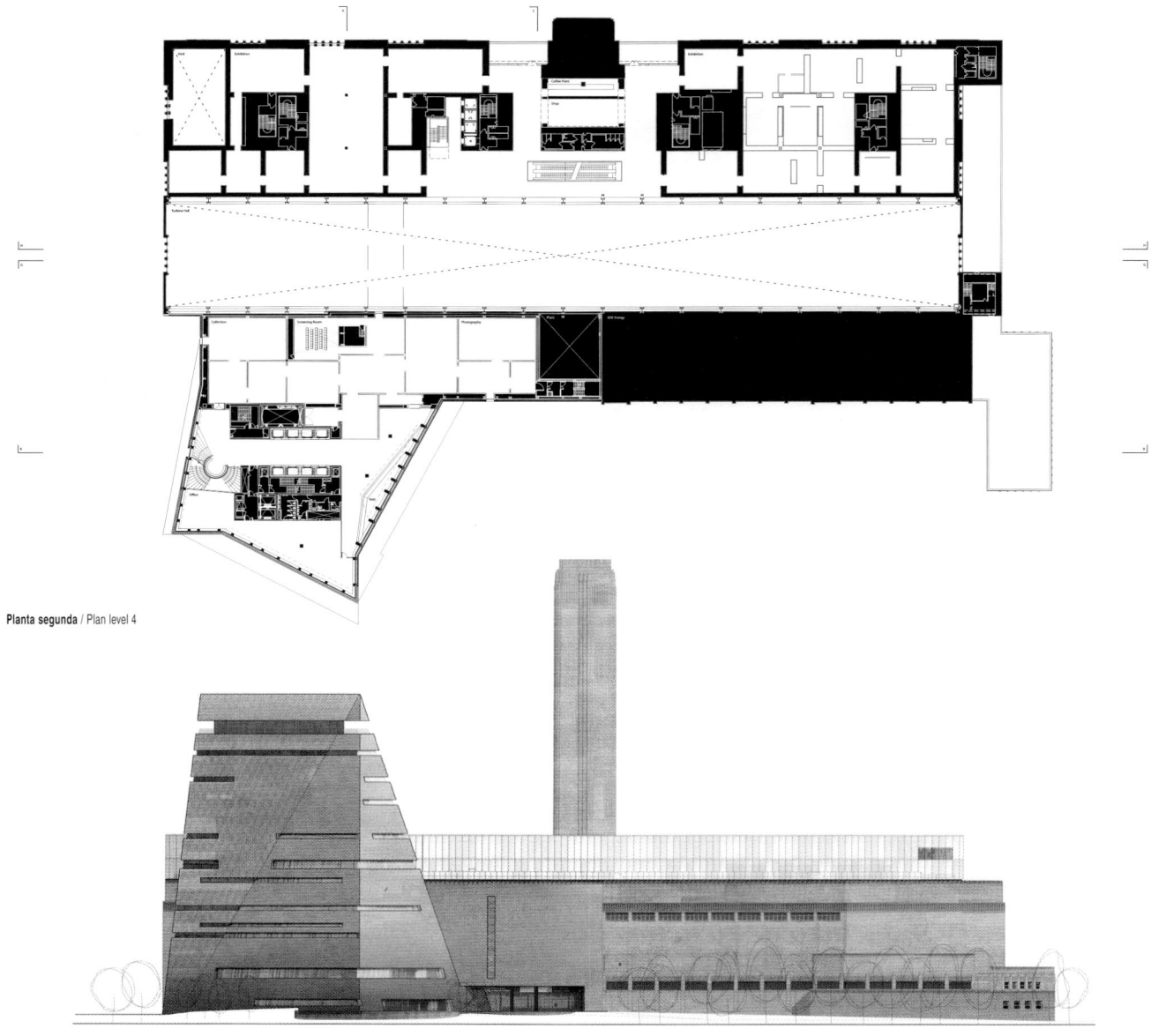

Alzado Sur / South elevation

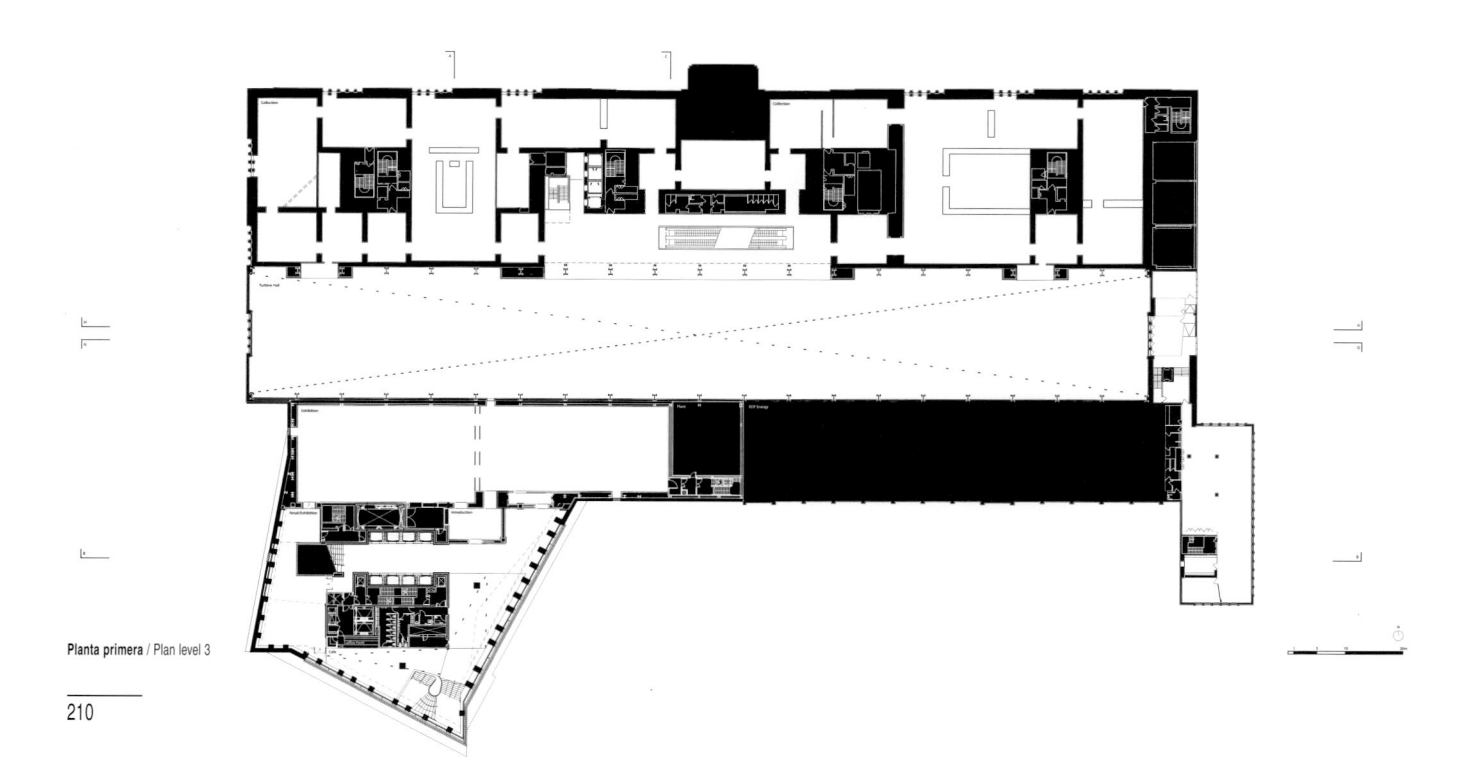

Planta primera / Plan level 3

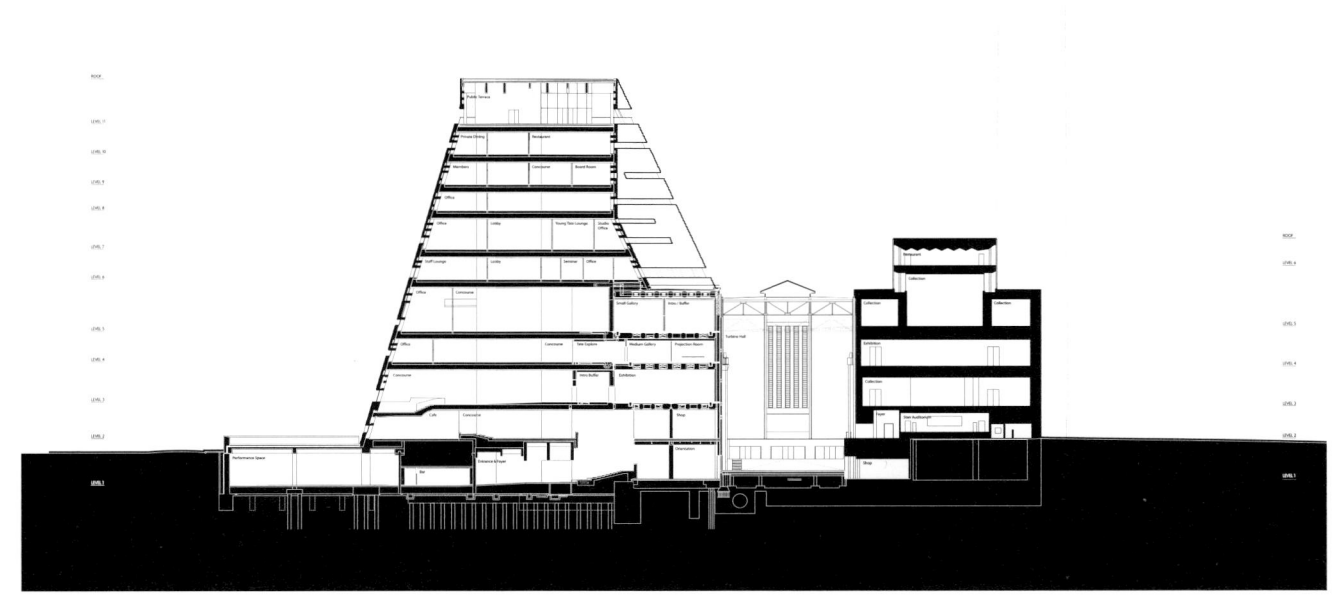

Sección transversal A / Cross section A

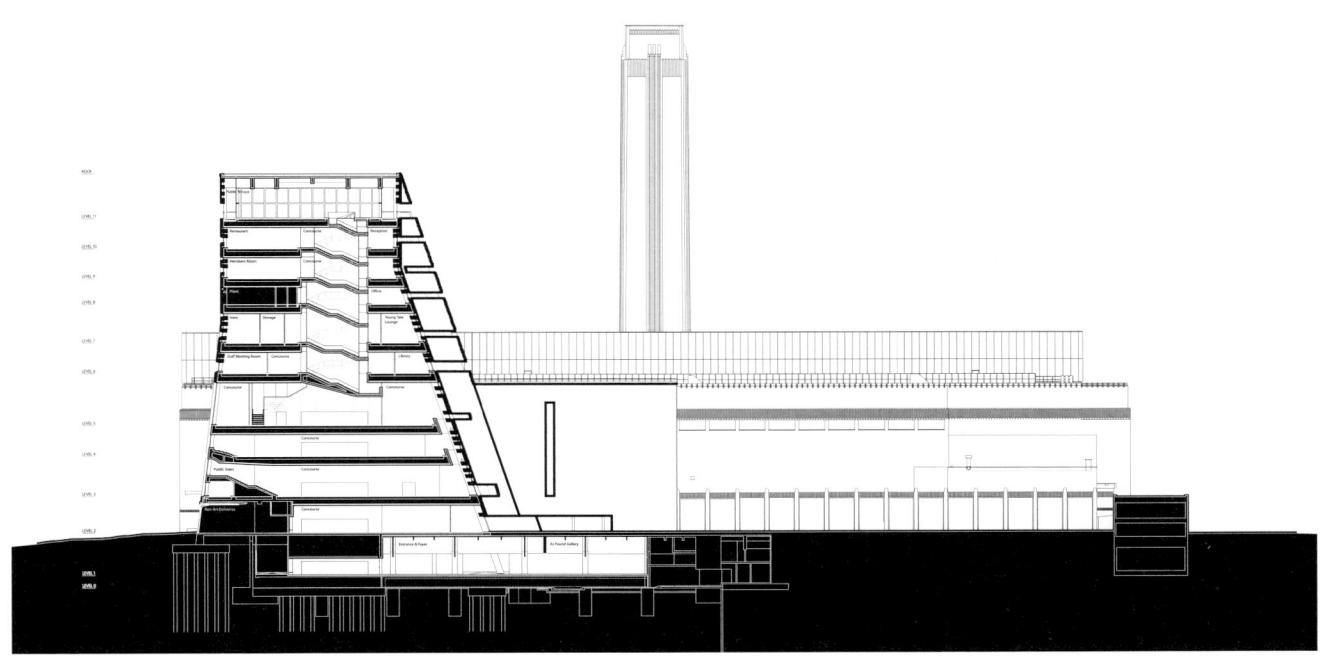

Sección longitudinal B / Longitudinal section B

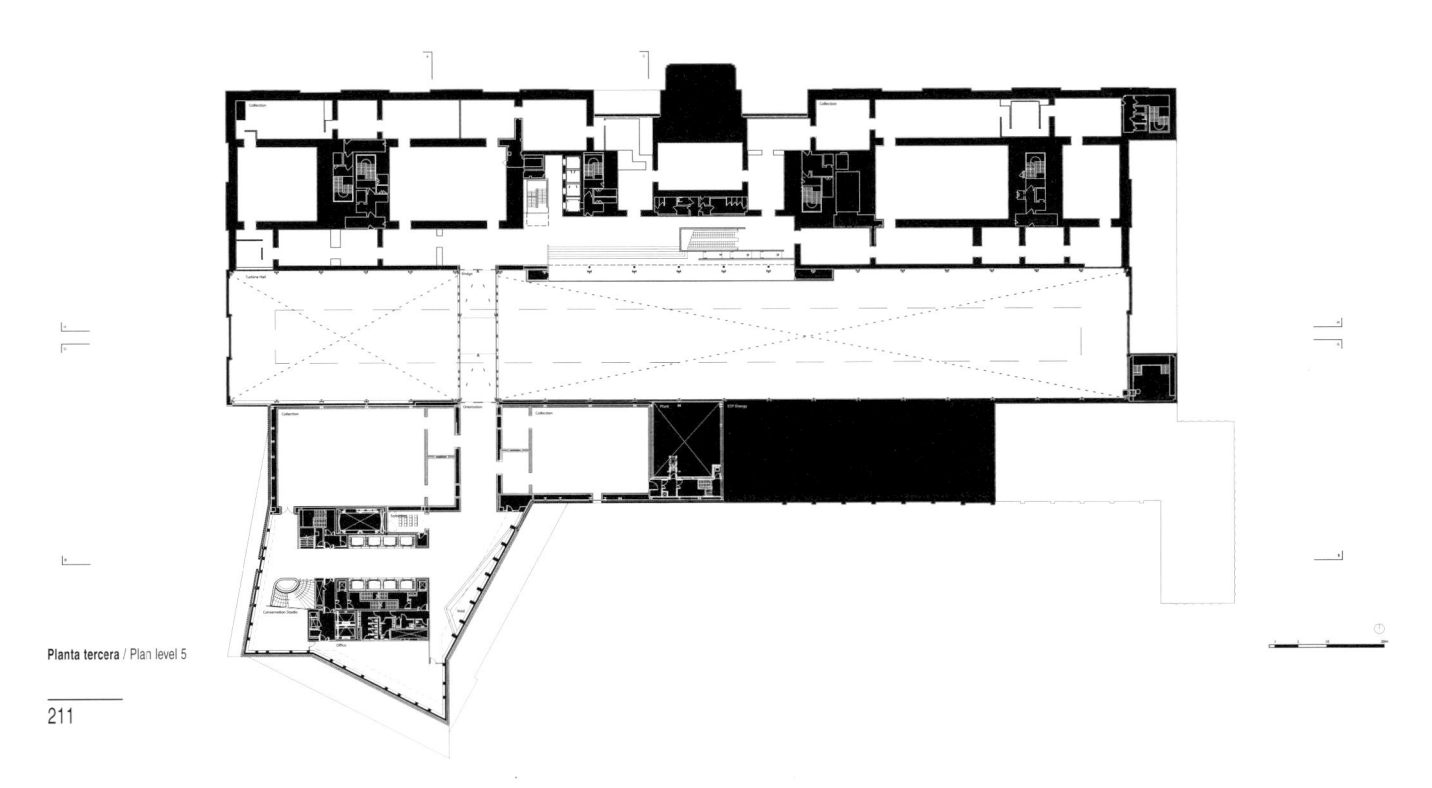

Planta tercera / Plan level 5

211

Planta sexta
Plan level 8

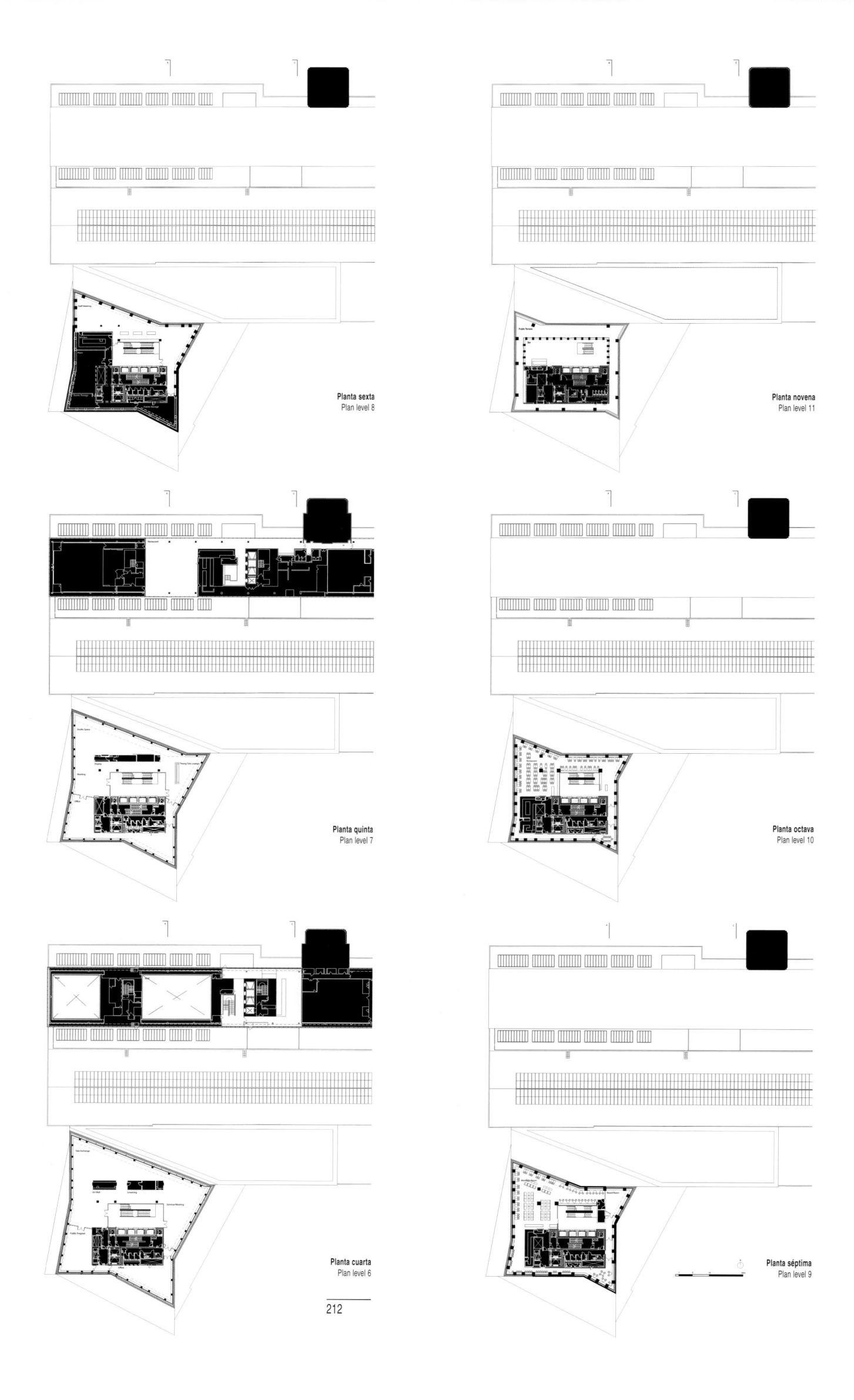

Planta novena
Plan level 11

Planta quinta
Plan level 7

Planta octava
Plan level 10

Planta cuarta
Plan level 6

Planta séptima
Plan level 9

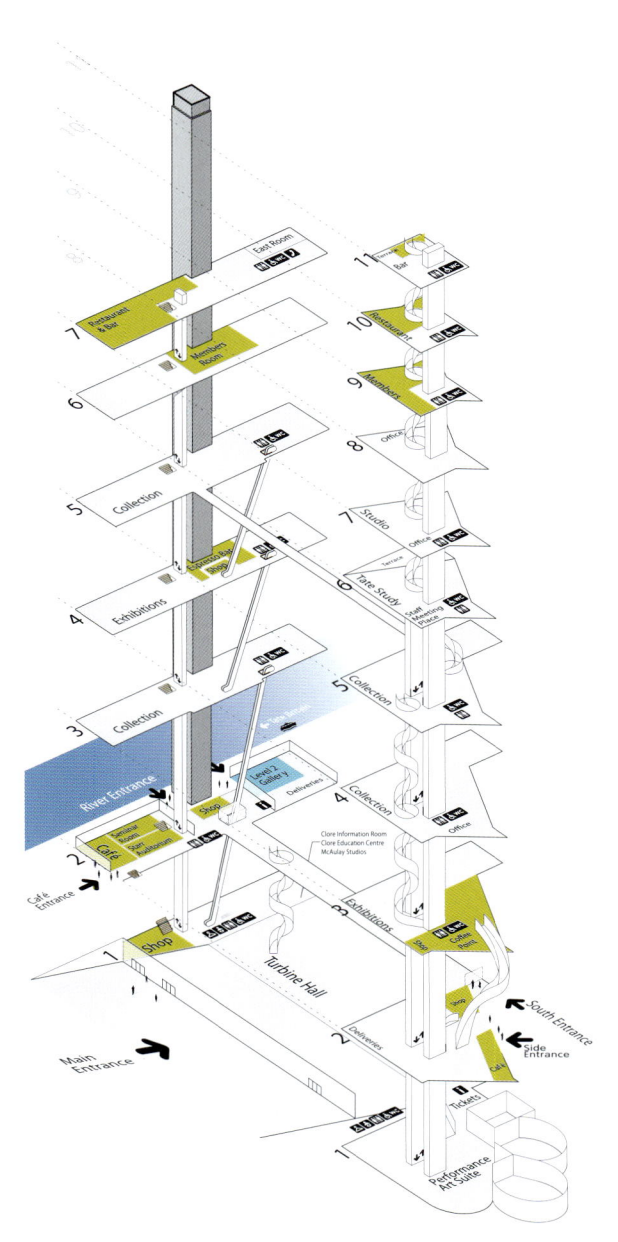

Diagrama de circulaciones / Circulation diagram

Planta tercera / Level 5

Planta tercera / Level 5

Planta segunda / Level 4

Planta primera / Level 3

Planta semisótano / Level 1

Planta primera / Level 3

Planta semisótano / Level 1. Turbina Hall bridge

Planta semisótano a planta baja / Level 1 to 2

El aparejo de ladrillo también tiene en cuenta los planos inclinados del volumen, escalonándose para aproximarse a la geometría pura. Con estas dos sencillas acciones, textura y perforación, el aparejo de ladrillo deja de ser sólido y masivo para transformarse en un velo que cubre el esqueleto de hormigón del nuevo edificio. La fachada cambia de apariencia en función del punto de vista; no sólo desde la transparencia a la opacidad, sin también en diseño y orientación.

The brickwork also reacts to the inclined faces of the form by stepping to approximate the pure geometry. With both of these simple actions, texture and perforation, the brickwork is transformed from a solid and massive material to a veil that covers the concrete skeleton of the new building. The façade changes in appearance depending on the observer's point of view, not just from transparent to opaque, but also in pattern and orientation.

Planta tercera / Level 5. Collection

Planta quinta / Level 7. Tate Studio

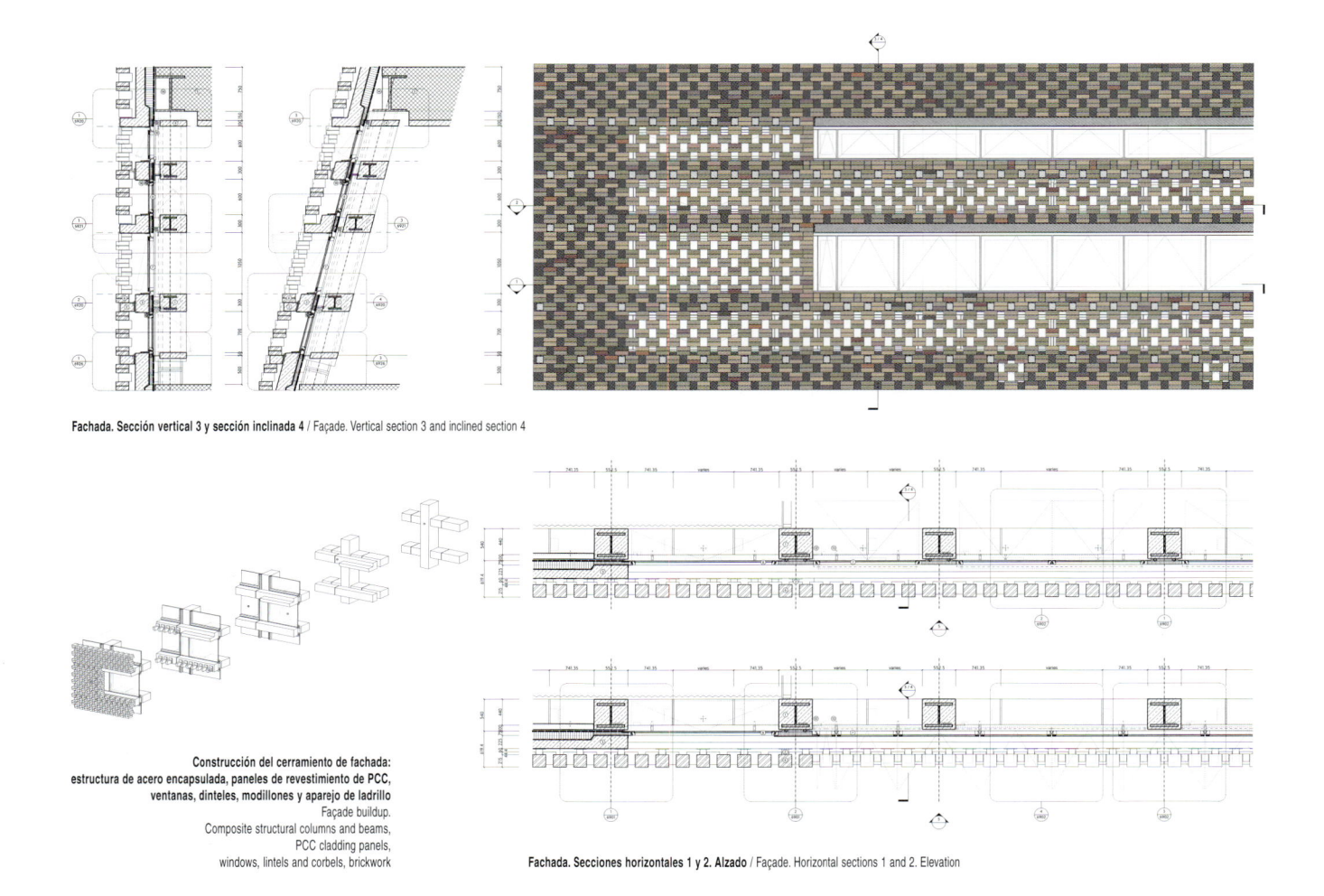

Fachada. Sección vertical 3 y sección inclinada 4 / Façade. Vertical section 3 and inclined section 4

Construcción del cerramiento de fachada:
estructura de acero encapsulada, paneles de revestimiento de PCC,
ventanas, dinteles, modillones y aparejo de ladrillo
Façade buildup.
Composite structural columns and beams,
PCC cladding panels,
windows, lintels and corbels, brickwork

Fachada. Secciones horizontales 1 y 2. Alzado / Façade. Horizontal sections 1 and 2. Elevation

Esta envolvente continua de aparejo de ladrillo perforado se interrumpe con la inclusión de cortes horizontales para permitir vistas del exterior y procurar luz y venti-
This continuous wrap of perforated brickwork is broken through the introduction of horizontal cuts to allow for views out and to provide for daylight and nat-
lación naturales a los espacios interiores. La posición de esos 'cortes' está en relación directa con la distribución interna y el programa del edificio.
ural ventilation to the internal spaces. The location of these 'cuts' is in direct relation to the internal programming and planning of the building.
El resultado es una nueva pero simbiótica lectura, diferente y singular en el horizonte de la ciudad de Londres.
The result is a new yet symbiotic reading that is distinct and unique along the skyline of London.

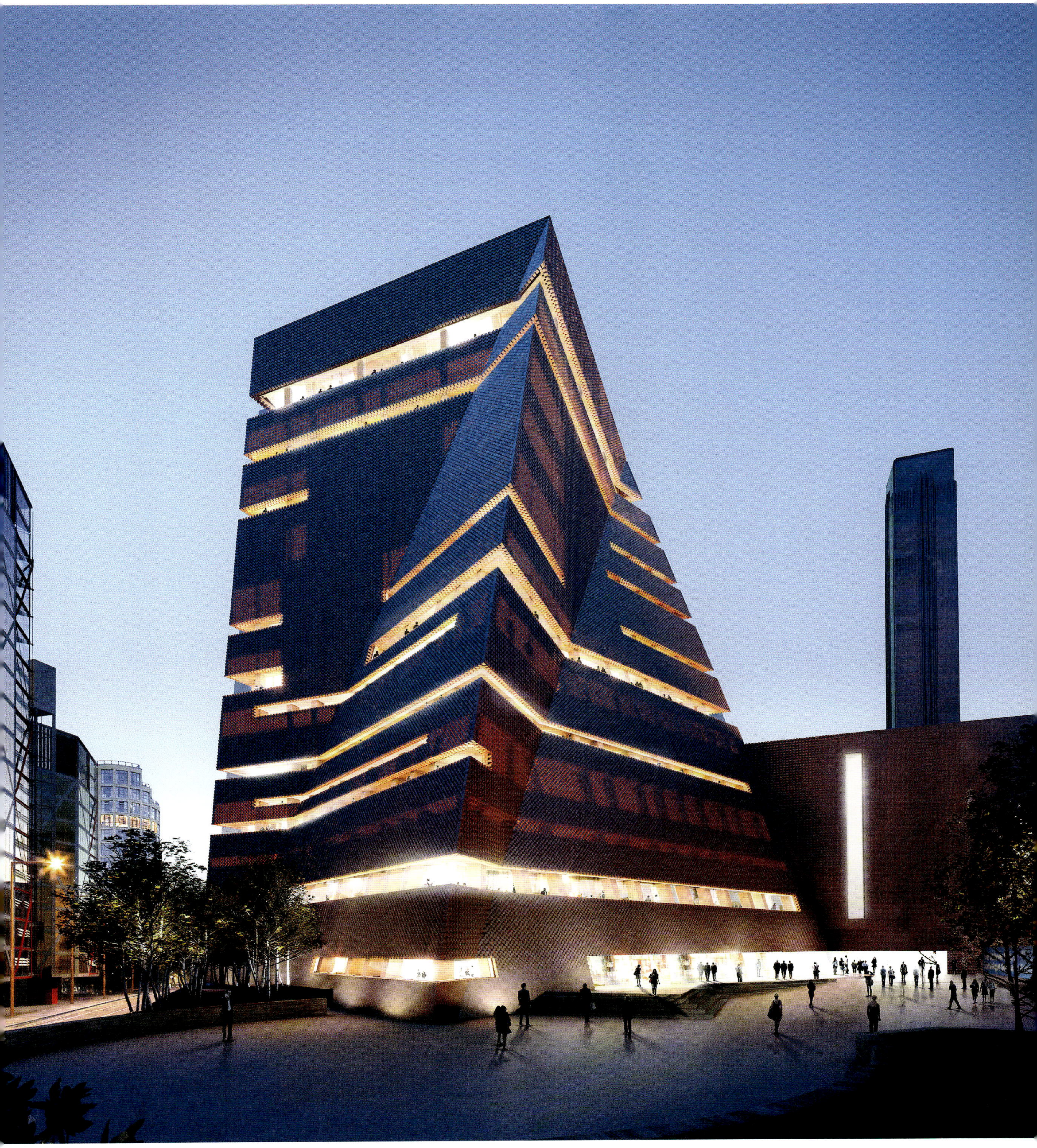

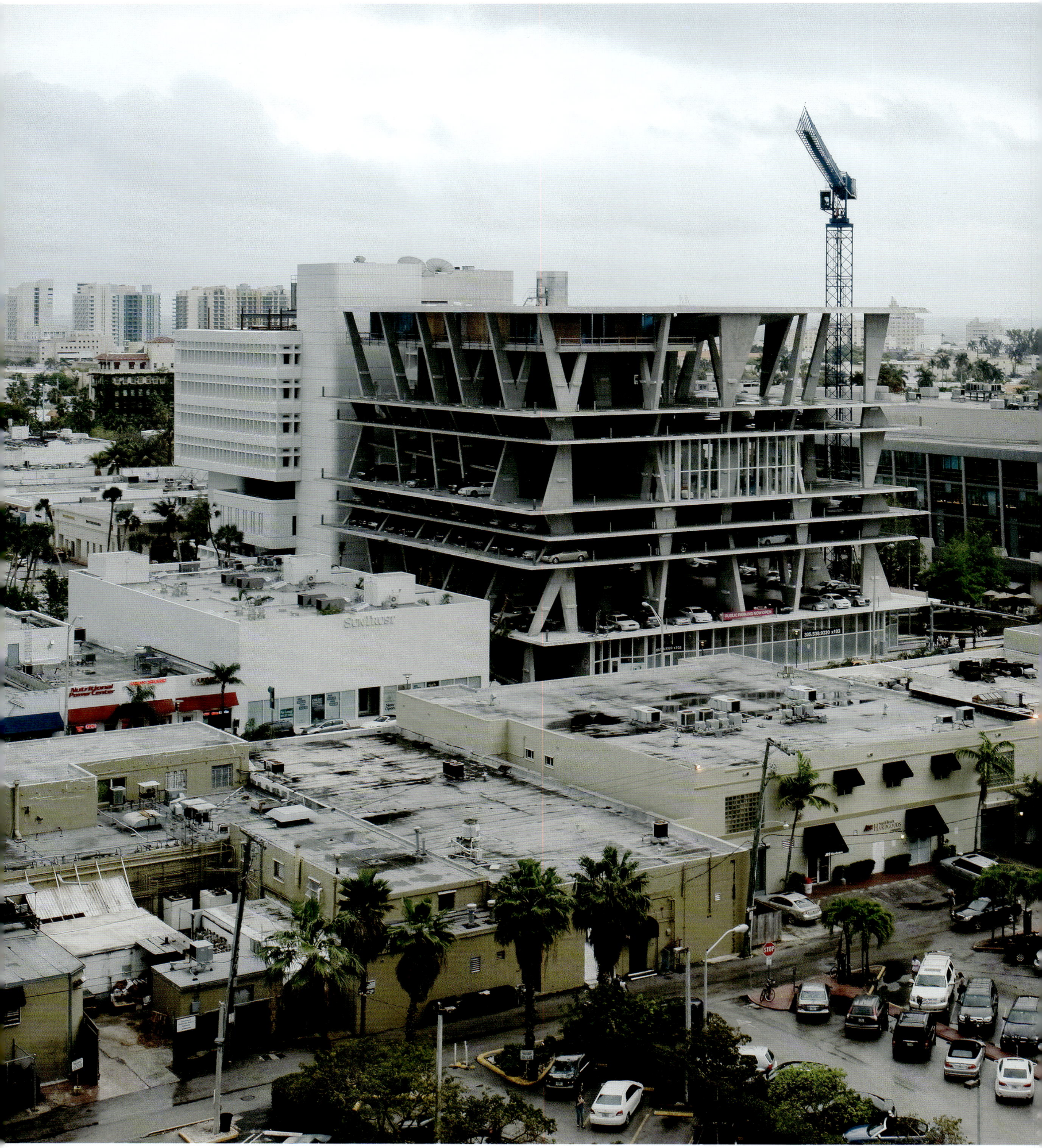

1111 Lincoln Road

1111 Lincoln Road Miami, Florida, USA 2005 2010

EEUU

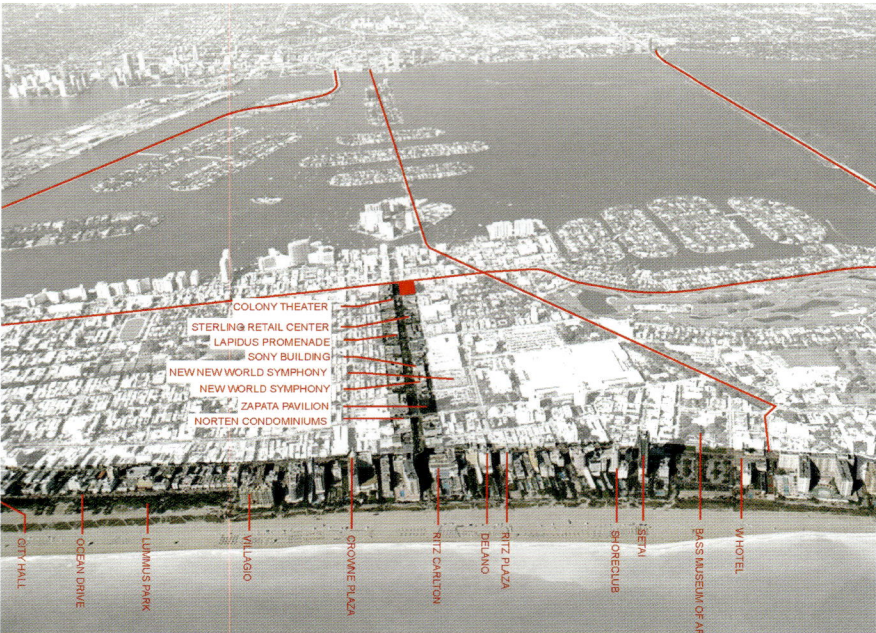

Emplazamiento. Miami Beach / Location. Miami Beach

Hitos urbanos y zonas peatonales de Miami Beach / Miami Beach landmarks and pedestrian zones

El proyecto denominado 1111 de Lincoln Road, en Miami Beach, contempla cuatro actuaciones diferentes. Un edificio existente, que pertenecía al banco SunTrust, que se renueva tras su desocupación por parte de la entidad financiera y se reubica en la misma manzana. El nuevo edificio de aparcamientos, tiendas y apartamentos, que se adosa al primero. Un nuevo cuerpo de dos plantas, que albergan las oficinas bancarias del SunTrust en planta baja, y otras cuatro viviendas que dan a Alton Road en la planta superior, con un callejón ajardinado y espacio de aparcamiento a sus espaldas.

The mixed use development called 1111 Lincoln Road in Miami Beach comprises four different parcels. An existing building, the former SunTrust building, is renewed since the bank has left the building to be accommodated around the corner. A mixed use structure for parking, retail and a private residence becomes attached to the Suntrust building. A two-story building with the relocated bank on the ground floor and four residences on the upper floor faces Alton Road, with a landscaped alley and surface parking lot behind it.

Un aparcamiento es una dotación de carácter público donde, como en una estación de tren o un aeropuerto, la gente cambia de un medio de transporte a otro. Lincoln Road Mall ofrece una rica experiencia urbana; se trata de una avenida comercial de carácter peatonal donde hay numerosos bares y pequeños restaurantes abiertos en cualquier época del año y durante todo el día, bajo los árboles o las estrellas.

A car park is a public facility, like a train station or an airport, where people change from one mode of transportation to another. Lincoln Road Mall is a very alive, urban experience, a pedestrian shopping street where small-scale restaurants and bars serve their customers day and night, all year round, under lush trees and stars.

El solar anterior separaba Lincoln Rd. de Alton Rd. / Previous site separated Lincoln Rd. from Alton Rd.

El proyecto 1111 extiende Lincoln Rd. hacia Alton Rd. / 1111 development extends Lincoln Rd. to Alton Rd.

El 1111 se ha concebido como lugar donde dejar el coche para dirigirse a Lincoln Road Mall, ir al cine o a nadar en el océano. Construir otro aparcamiento estándar sobre una base comercial, con una fachada que esconde la fealdad de lo que está almacenado en su interior y con un ático retranqueado como remate no habría satisfecho los requerimientos urbanos del emplazamiento. Considerando las posibilidades del proyecto, las autoridades de Miami Beach apostaron valientemente por hacer más alta esa esquina, pero sin que hubiese más superficie construida. La altura extra se aprovecha para obtener techos más altos, más aire, vistas panorámicas y una mejor imagen del edificio.

1111 is a new place for people to leave their cars so they can hang out on Lincoln Road Mall, go see a movie or have a swim in the ocean. To create another standard parking structure on a retail base, with a facade that hides the ugliness of what is being stored inside, and a recessed penthouse on top would not have answered the urban requirements of this place. Seeing the potential of the project, Miami Beach authorities courageously approved more height on this corner, but not more FAR. The additional height granted is used for higher ceilings, more air, panoramic views and better looks at the structure.

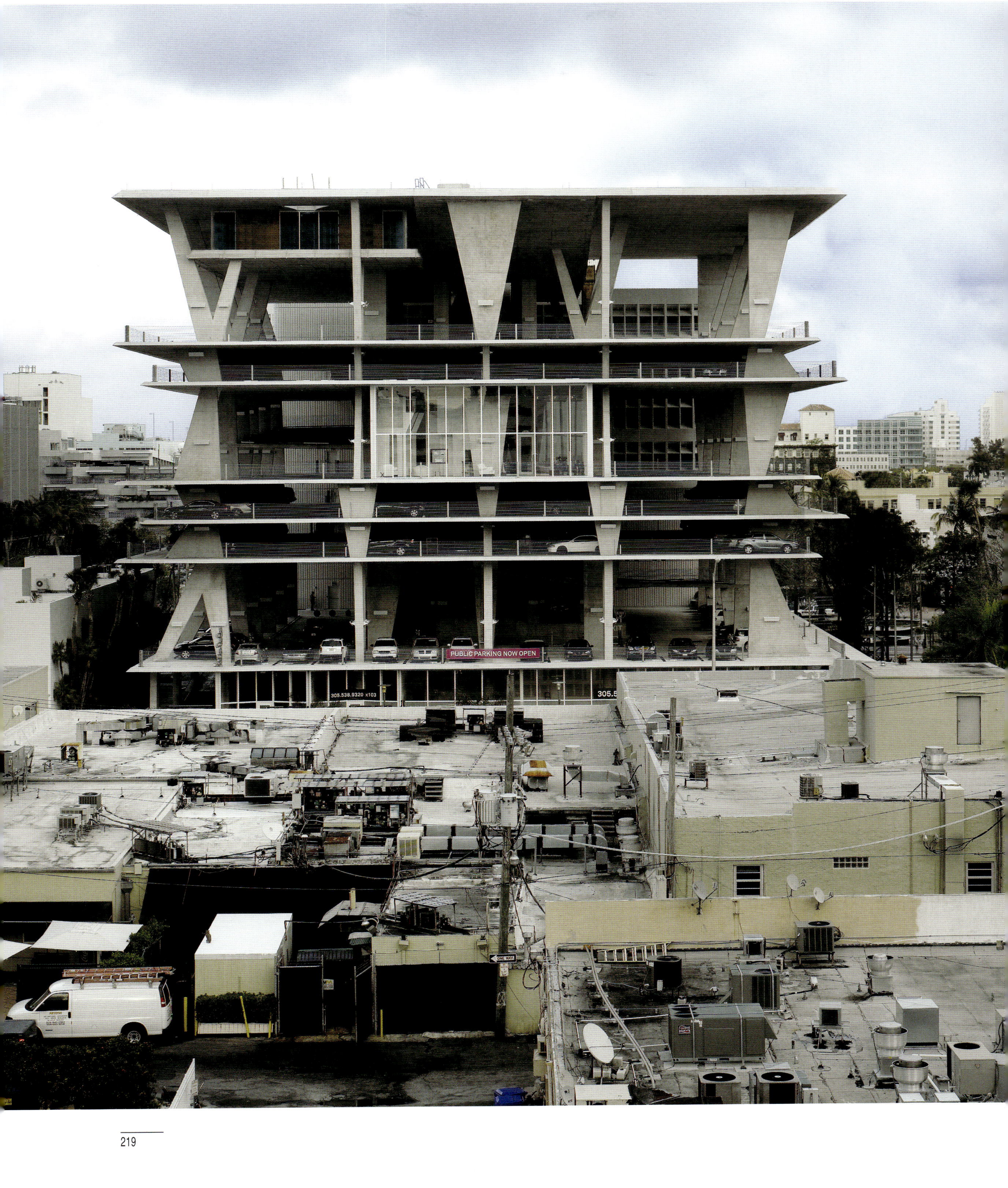

Volumen permitido según el planeamiento urbano / Development allowed per original zoning rules

Volumen propuesto como alternativa al planeamiento urbano / Proposed development alternative to zoning rules

El carácter de Lincoln Road fue la primera inspiración para la arquitectura del edificio de aparcamientos; la otra, su conexión con la masiva y cerrada sede del SunTrust. El garaje es un edificio de hormigón abierto y blanco. Las alturas de techo varían para acoger otros programas complementarios al aparcamiento, temporalmente o de forma estable. Un espacio comercial y una residencia privada se sitúan en las plantas superiores, y el resto puede usarse para la celebración de fiestas, sesiones fotográficas, o como escenario de películas, desfiles de moda, conciertos y otras actividades sociales y comerciales, ofreciendo espectaculares vistas como telón de fondo para el escenario. La escalera abierta y escultórica situada en el centro del aparcamiento convierte la circulación de los usuarios en una experiencia panorámica y ceremonial, como también lo es moverse por el edificio en coche. La residencia privada que se aloja en una entreplanta de la parte superior se extiende a través de terrazas; está plegada en la estructura pero protegida por abundante jardinería. Las terrazas permiten también cruzar a la cubierta del edificio existente.

The nature of Lincoln Road was the one source of inspiration for the architecture of the car park, its being connected to the massive, closed SunTrust office building the other. The garage is a fully open concrete structure. Ceiling heights vary between standard parking height and double or even triple height, in order to accommodate other programs, permanently as well as temporarily. A retail unit and a private residence are located on the upper levels, and the structure can be used for parties, photo or film shoots, fashion shows, concerts or other social or commercial activities, offering amazing views as the backdrop for the stage. An unenclosed, sculptural stair in the center of the building makes pedestrian circulation in the garage a panoramic, ceremonial experience, as is moving through the building in a car. The private residence that is nested on a mezzanine of the top floor of the car park spills out to terraces; it is folded into the structure yet screened by excessive landscaping. The terraces also bridge across to the roof of the existing building.

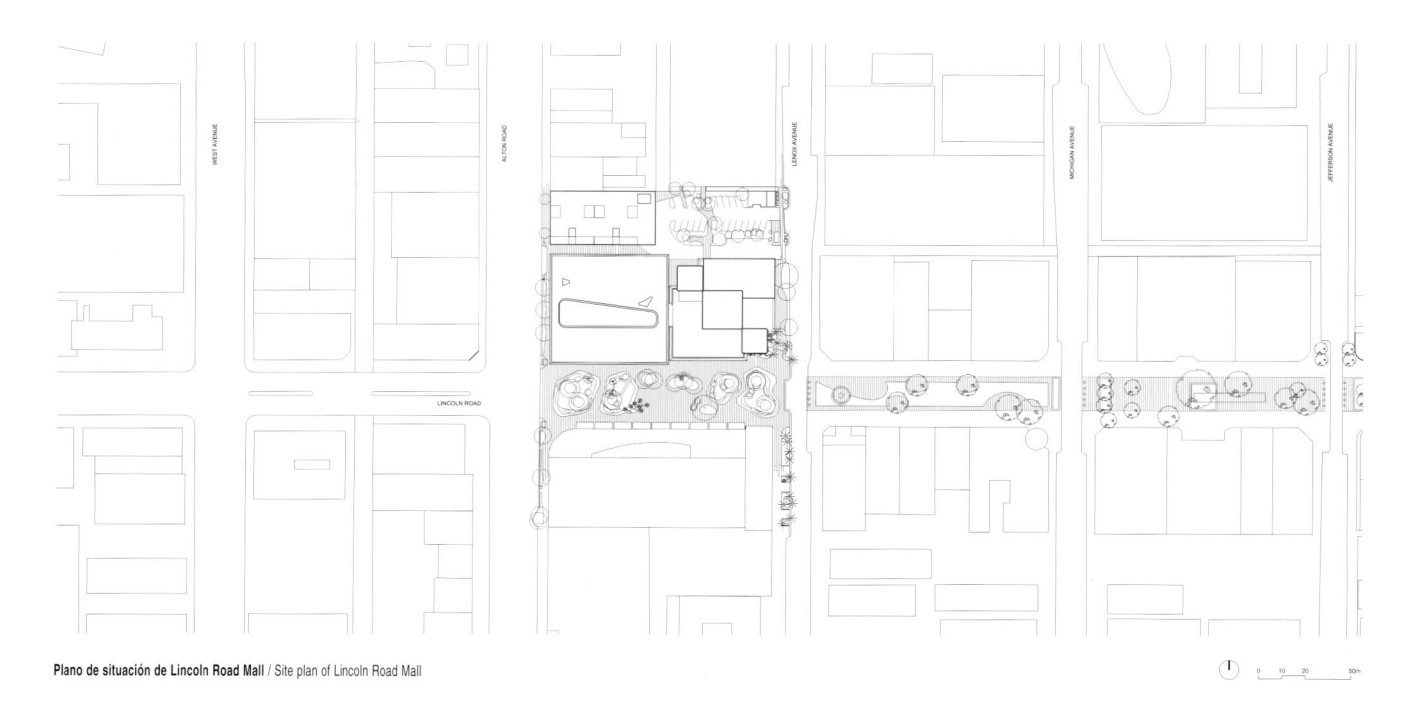

Plano de situación de Lincoln Road Mall / Site plan of Lincoln Road Mall

La estructura es la arquitectura de edificio. El garaje está hecho a partir de una familia de losas de hormigón utilizadas como forjados, pilares y rampas. La ubicación y forma de estos elementos resulta de la serie de fuerzas que actúan sobre cada uno, del complejo solapamiento de factores como el lugar y los requerimientos del código de edificación, combinados con el programa y con la aspiración de integrarse en Lincoln Road Mall y convertirse en el comienzo del paseo en la esquina de Alton Road.

The structure is the architecture. The car park is an organism made up of a family of concrete slabs, deployed as floor plates, columns and ramps. The location and form of these elements result from a series of forces acting upon each other, a complex overlapping of site and building code requirements, combined with program choices and the aspiration to both integrate with Lincoln Road Mall and to formulate its beginning at the corner of Alton Road.

Lincoln Road. Alzado Oeste / West elevation

Alton Road. Alzado Norte / North elevation

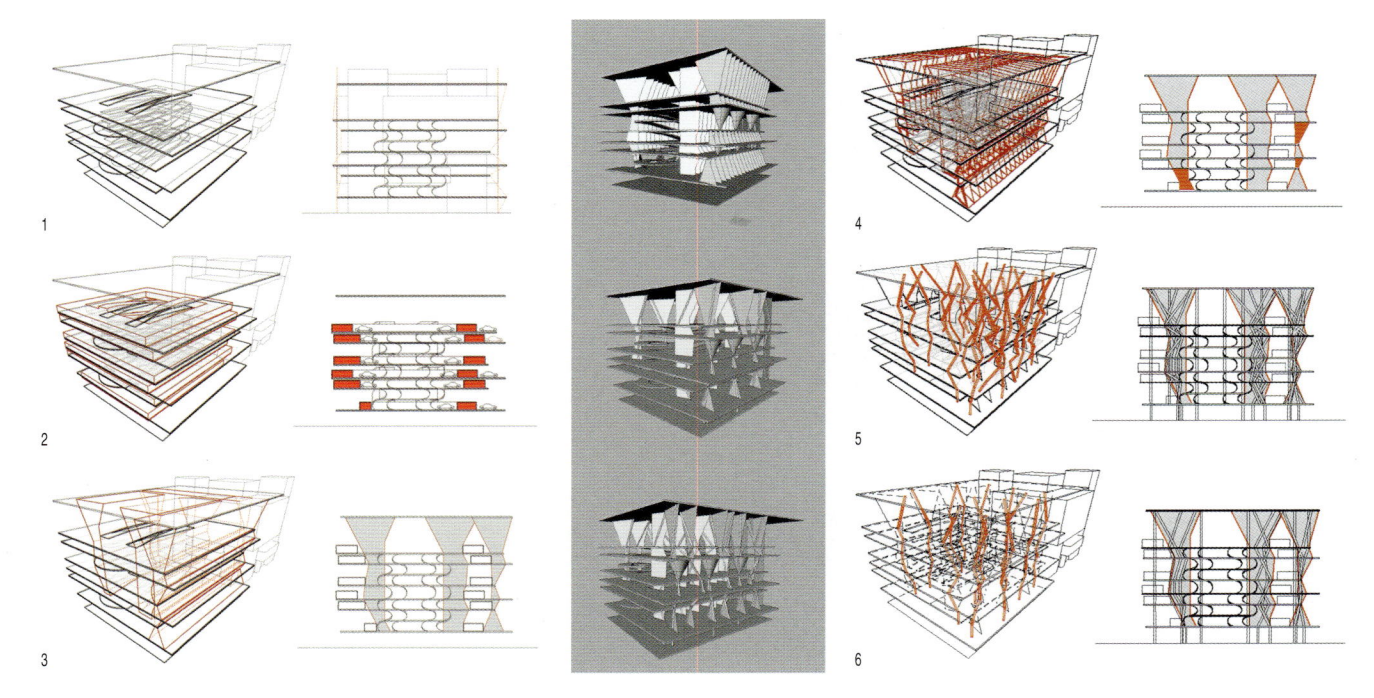

Diagramas estructurales / Structural evolution diagrams

1. Desplazamiento de losas de forjado; 2. Circulación de vehículos; 3. Área restante para estructura; 4. Área estructural dividida por retícula de aparcamiento (las zonas en rojo indican las áreas flexibles); 5. Pilares estructurales potenciales; 6. Estructura reducida para librar el máximo espacio entre apoyos
1. Slab displacement; 2. Car circulation; 3. Remaining area for structure; 4. Structural area divided by parking grid (red areas indicate flexible zones); 5. Potential structural columns; 6. Structure reduced to reflect maximum span

La operación 1111 incluye convertir el compacto y macizo edificio del SunTrust Bank —construido en la década de 1970— en un lugar accesible al público. La losa inferior del garaje atraviesa una gran parte de la planta baja de este edificio para crear una elevada y elegante fachada comercial, enteramente acristalada, a Lincoln Road. La nueva estructura se desliza por debajo y abre el sólido búnker de hormigón para 16 arrendatarios que traerán nuevas marcas a Licoln Road Mall, desde Y3 u Osklen hasta Taschen o Nespresso, desde moda hasta libros pasando por delicatessen. Además, una nueva entrada y una escalera iluminada desde el exterior en una de las torres en esquina del SunTrust indican el camino hacia el restaurante de la cubierta, que ofrece una inmejorable vista de todo el barrio Art Dèco y el horizonte de Miami Beach con el Océano Atlántico como telón de fondo.

1111 includes the transformation of the massive SunTrust Bank building from the 1970s into a publicly accessible place. The lowest floorplate of the car park cuts away a large part of the ground floor of this building, creating a fully glazed, kinked storefront all along Lincoln Road. The new structure slips under and opens up the heavy concrete building for 16 tenants who bring new brands to Lincoln Road Mall, from Y3 to Osklen to Taschen to Nespresso, from clothes to books to coffee and so forth. A new entry and an open, lit staircase in one of the existing corner towers of the SunTrust building indicate the new rooftop restaurant, which offers exquisite views over the Art Deco District and the Miami Beach skyline alongside the Atlantic Ocean.

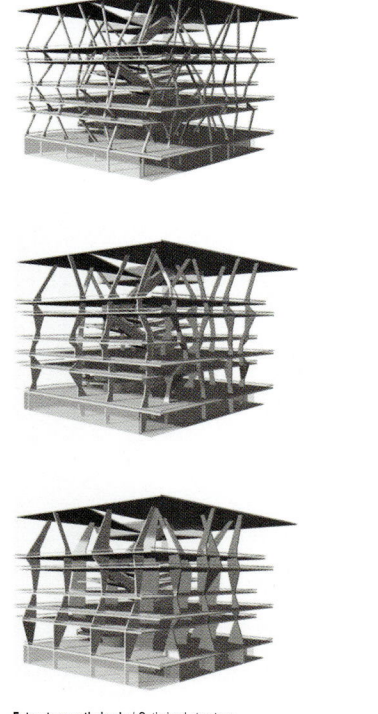

Estructura optimizada / Optimized structure

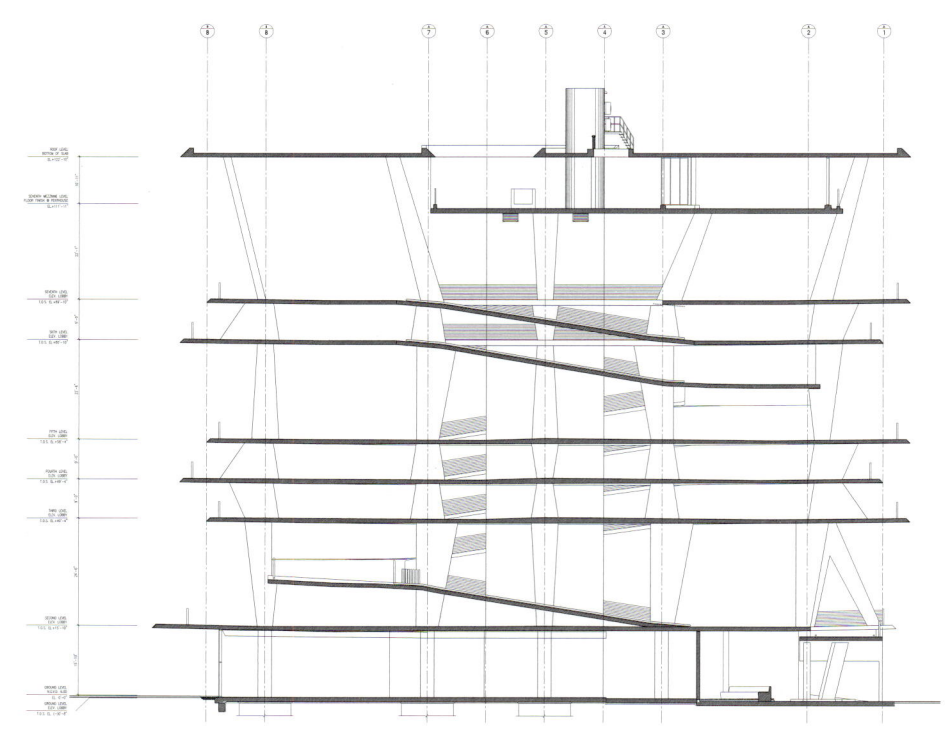

Sección transversal Este-Oeste 626 / Cross section East-West 626

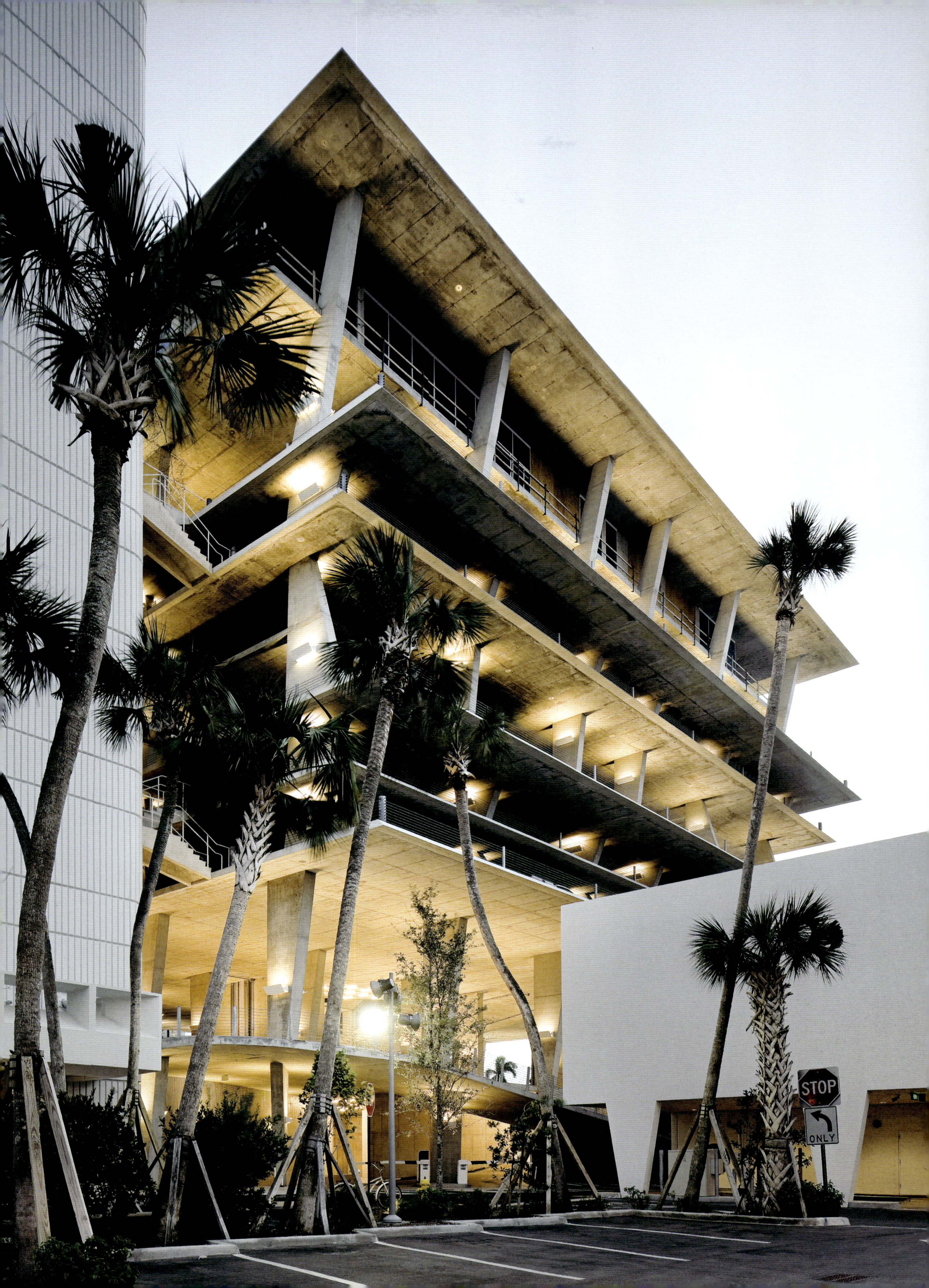
STOP
ONLY

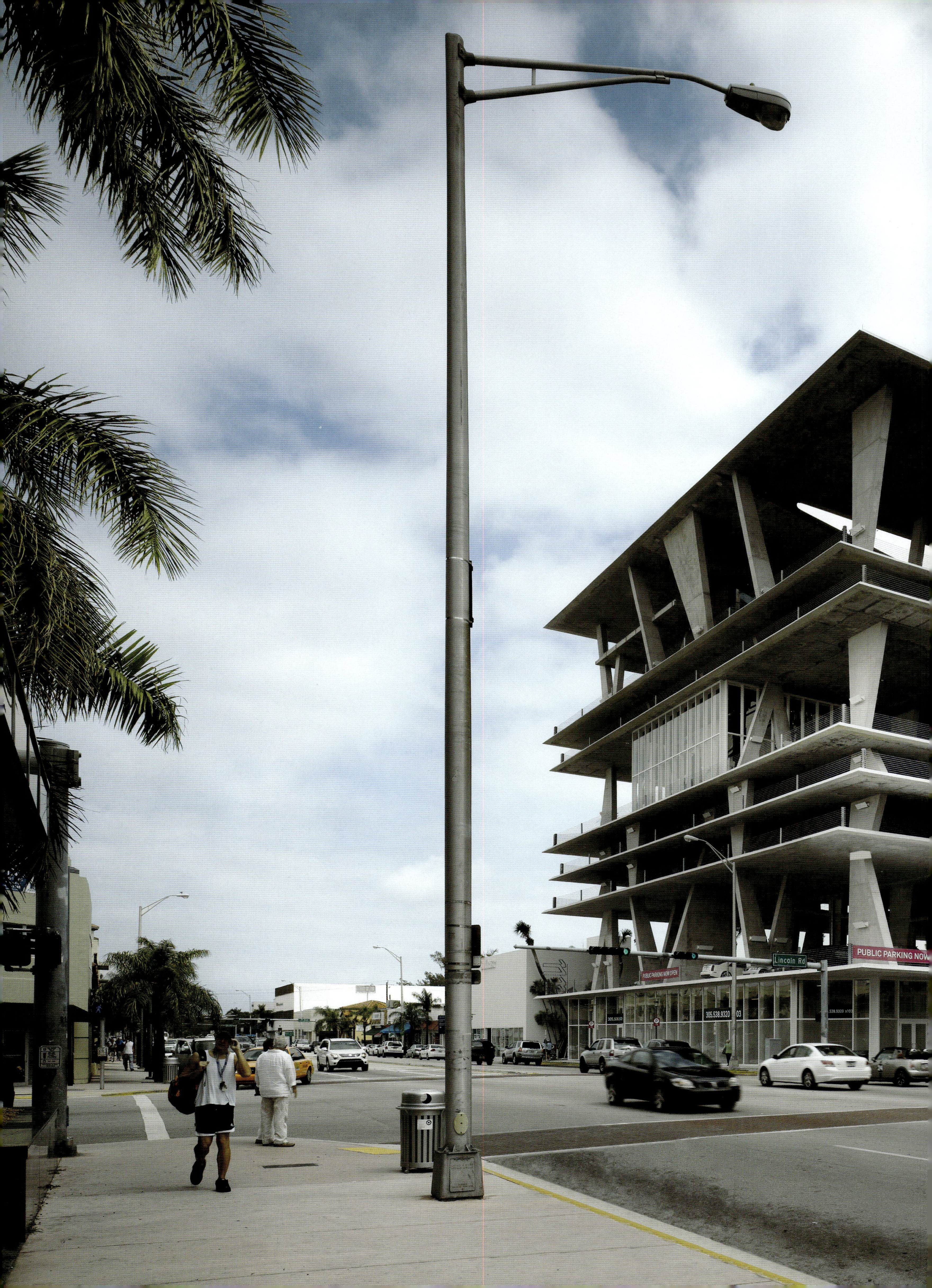
Lincoln Rd
PUBLIC PARKING NOW

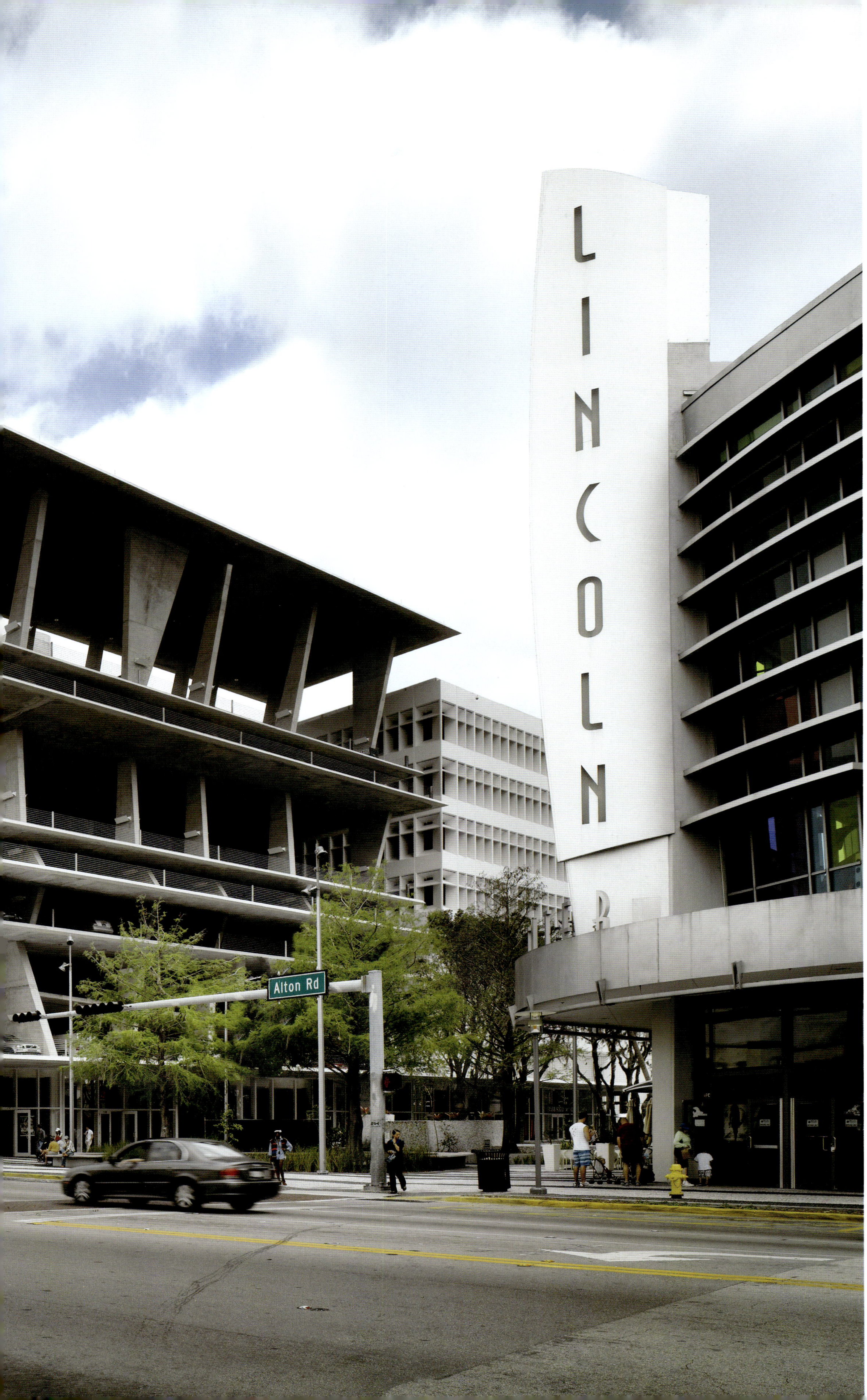
LINCOLN
Alton Rd

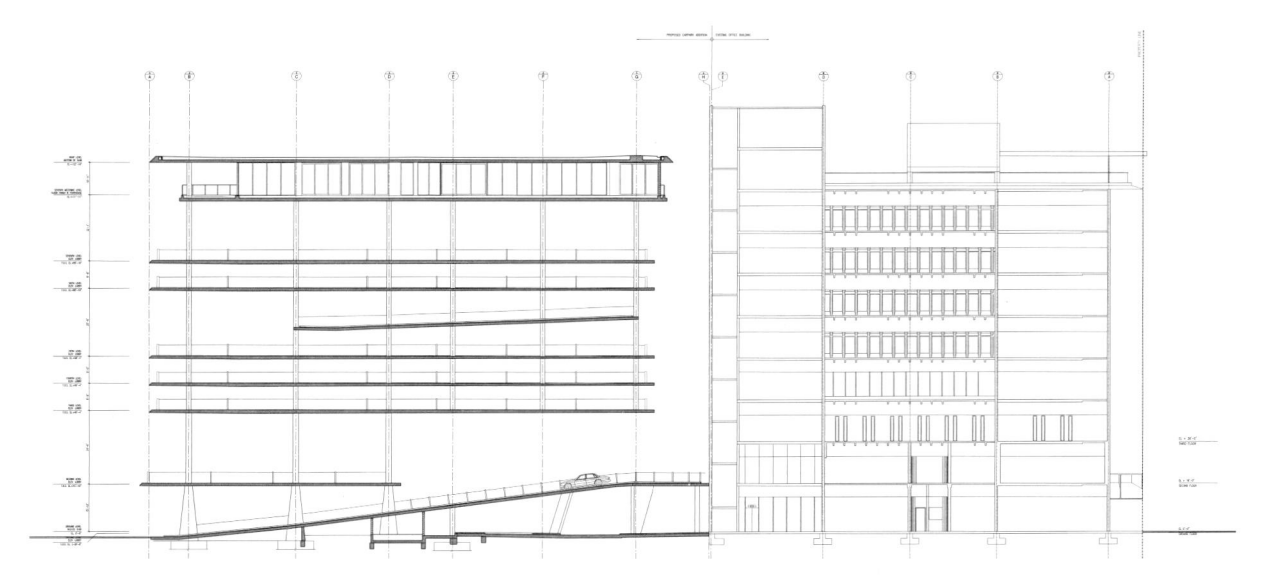

Sección longitudinal Este-Oeste 623 / Longitudinal section East-West 623

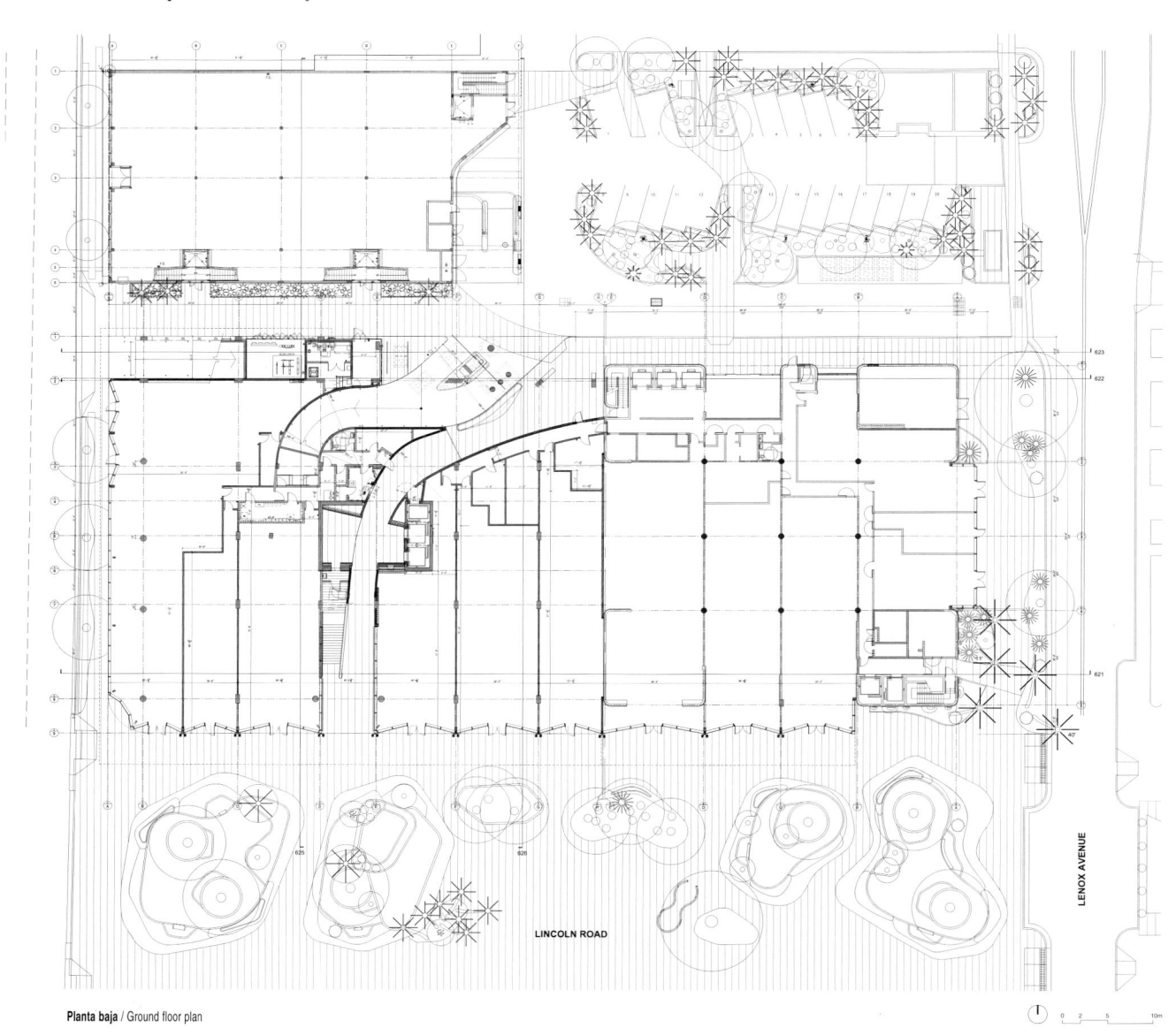

Planta baja / Ground floor plan

El nuevo SunTrust Bank es un tipo de 'arquitectura sin arquitectos'; intenta no ser una declaración arquitectónica hacia Alton Road, justo al lado del ya expresivo aparcamiento. Es un edificio de estuco de dos plantas, con las oficinas bancarias a nivel de calle y cuatro apartamentos introvertidos e idénticos en la planta superior. Como el emplazamiento no tiene vistas que ofrecer, se han abierto dos patios cuidadosamente ajardinados para los apartamentos, y la fachada no muestra otra cosa que las escaleras tras una celosía ornamental blanca.

The new SunTrust Bank is a kind of 'architecture with no architects'— it tries not to make an architectural statement towards Alton Road, next to the rather expressive car park. It is a two-story stucco building with the bank on the ground floor and four identical, introverted houses on the upper floor. As the site has no views to offer, the scenery for the apartments is created by two carefully landscaped courtyards, and the facade expresses nothing more than the stairs behind a white ornamental lattice.

Por último, se ha rediseñado el propio paseo de Lincoln Road Mall entre el 1111 y el cine al otro lado de la calle. Antes de la transformación, esta última manzana estaba abierta al tráfico. La anchura total de la calle se pavimenta con bandas de piedra natural blanca y negra, de fachada a fachada, creando una generosa plaza común con grupos de árboles de edad y tamaño considerable. Se ha limitado el número de restaurantes para mantener una gran zona de espacio público 'libre de comercio'; en lugar de las mesas y sillas de los bares hay bancos y juegos de agua. Un pabellón de vidrio a cargo del artista Dan Graham eleva la categoría de la plaza a otro nivel.

Finally, Lincoln Road Mall itself has been redesigned between 1111 and the cinema across the street. Before the transformation, this last block was still open for automobile traffic. The full width of the street is paved in black and white stripes of natural stone, from façade to façade, creating a generous common plaza with groups of trees of substantial age and size. Restaurants are limited in number in order to keep a large area of 'commerce free' public space— instead of chairs and tables there are benches and water features. A glass pavilion by Dan Graham raises the status of the plaza to yet another level.

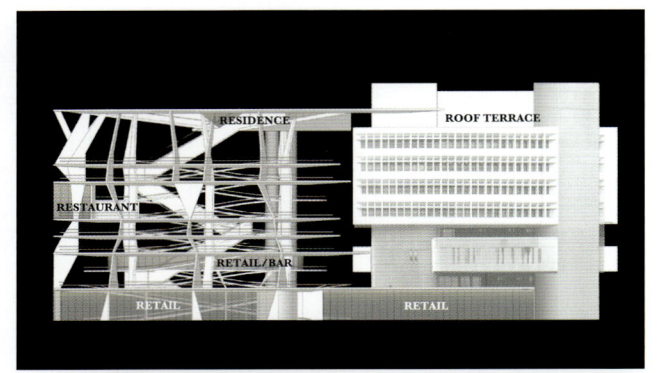

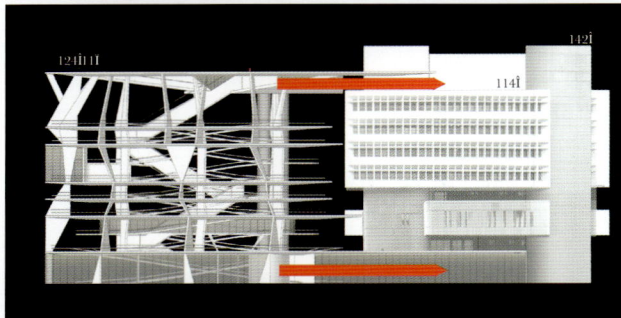

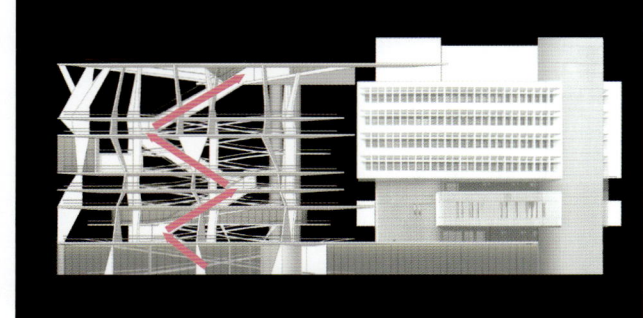

Programa y conexiones entre 1111 Lincoln Road y el edificio SunTrust
Program and connections between 1111 Lincoln Road and SunTrust Building

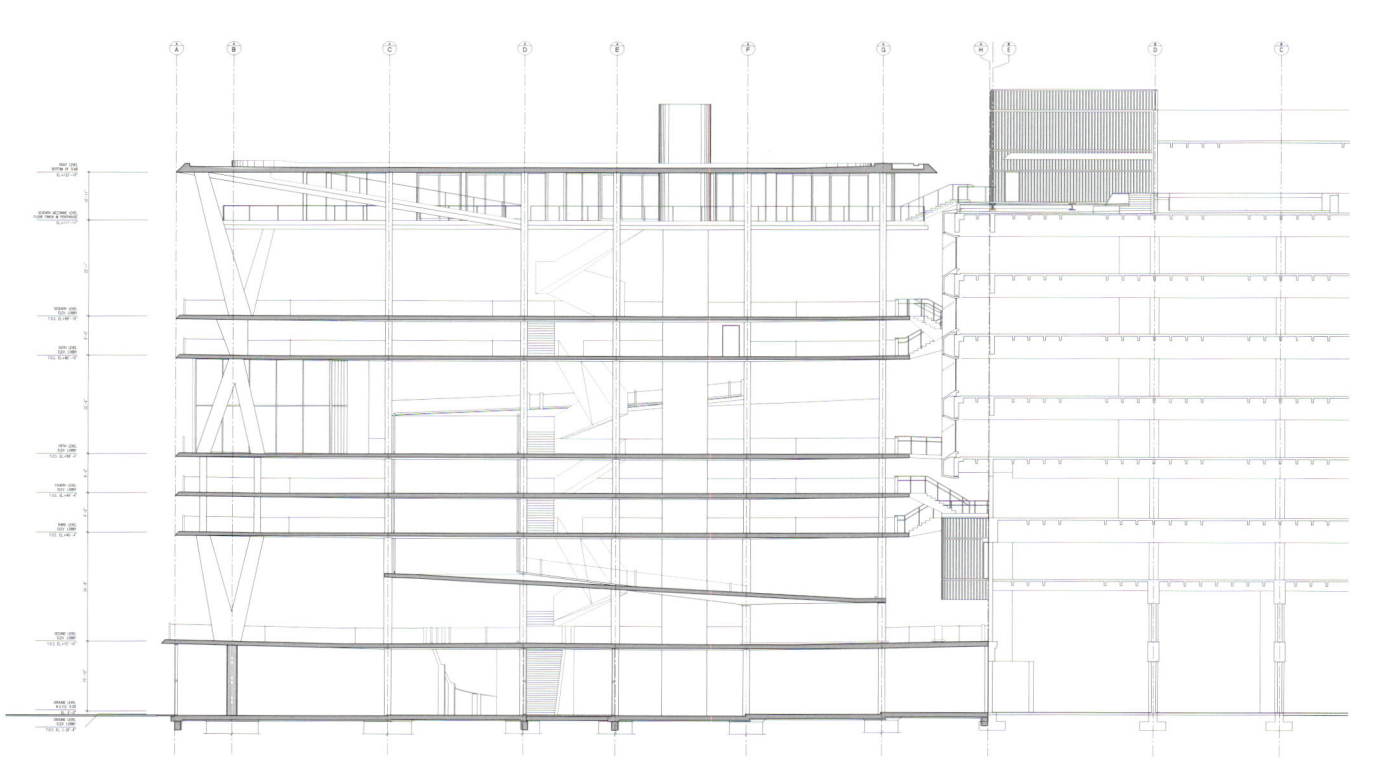

Sección longitudinal Norte-Sur 621 / Longitudinal section North-South 621

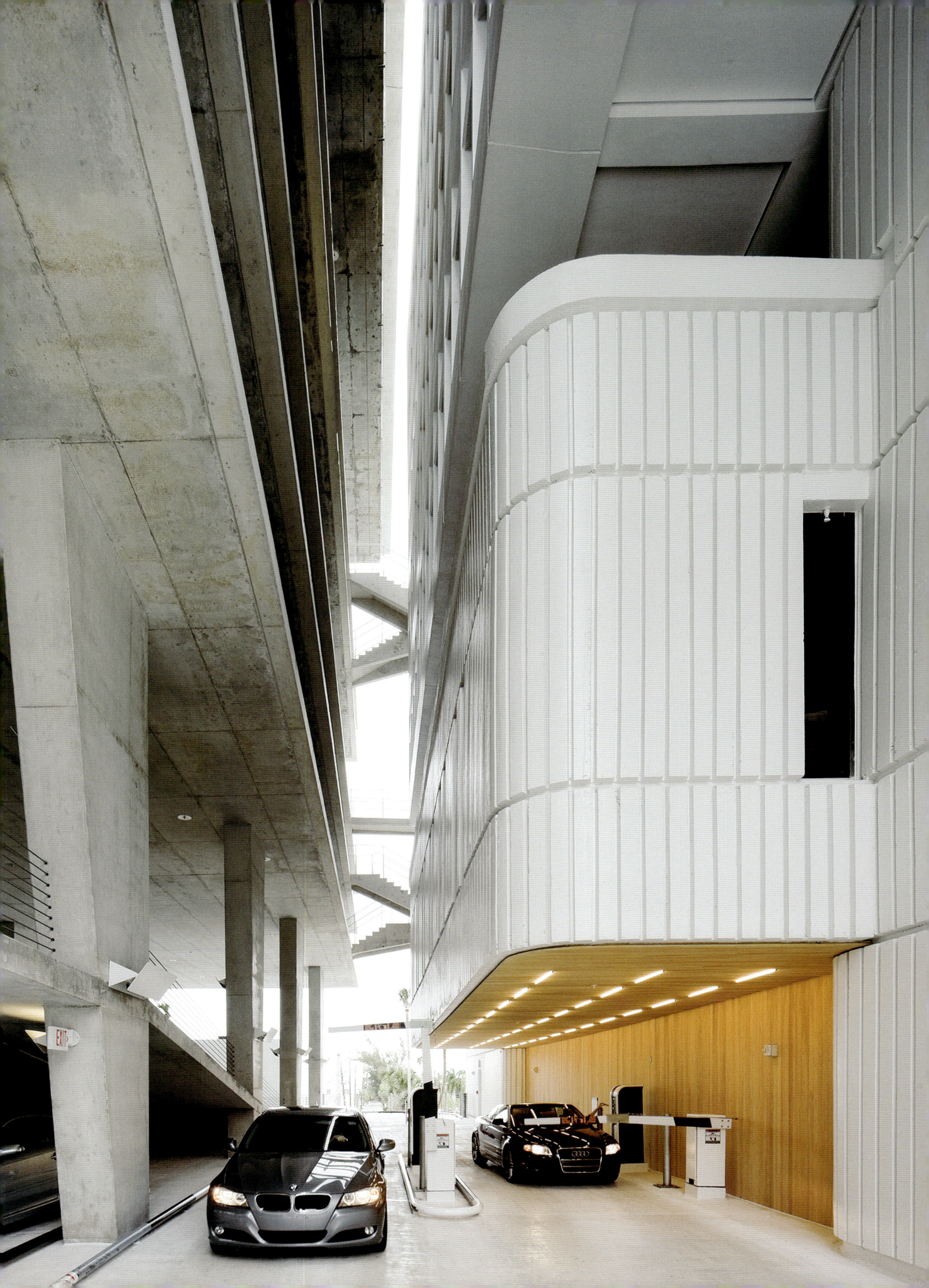
EXIT

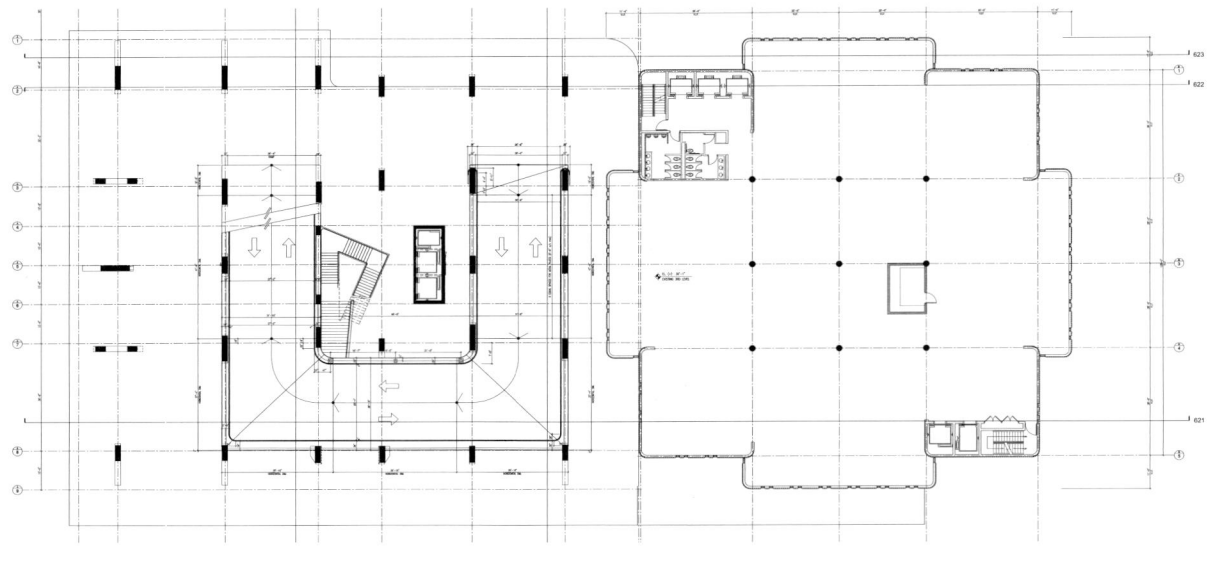

Planta primera-entreplanta / First-mezzanine floor plan

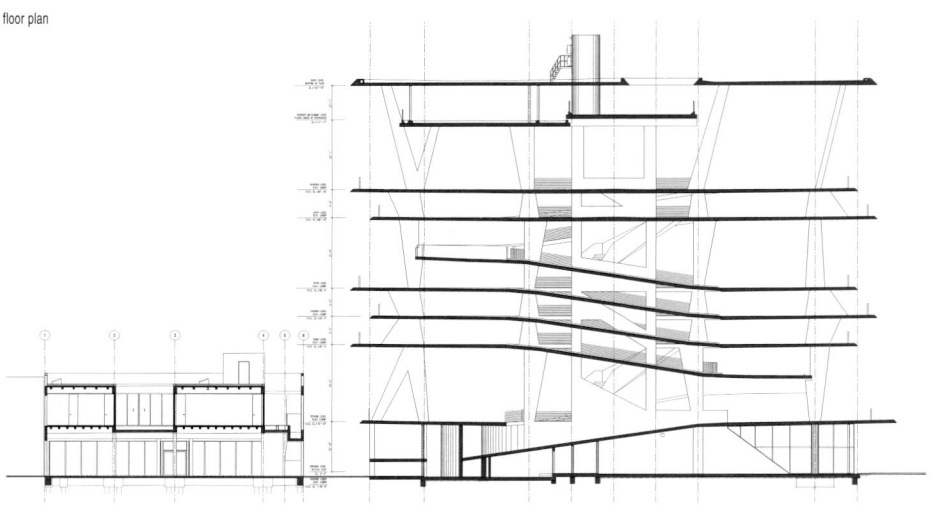

Sección transversal Norte-Sur 625 / Cross section North-South 625

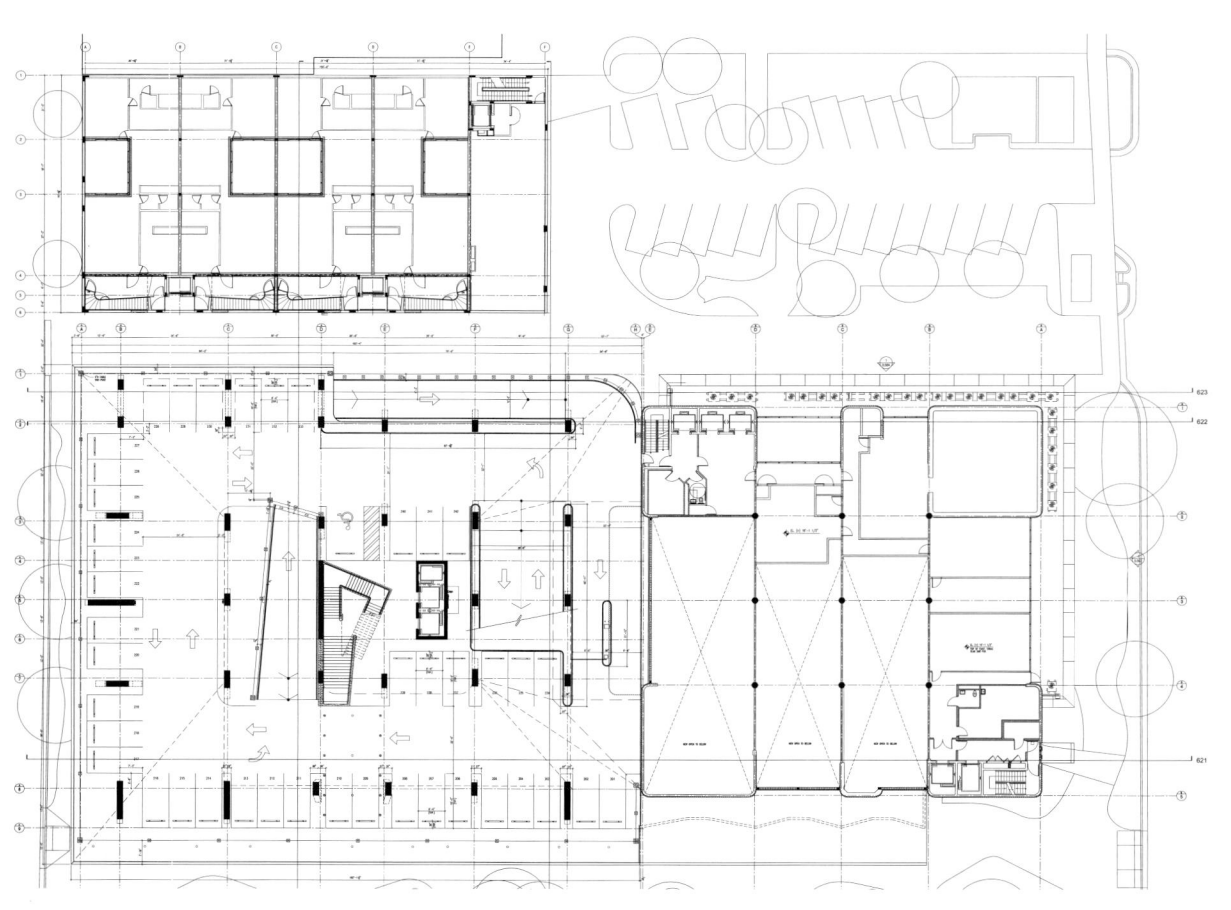

Planta primera / First floor plan

231

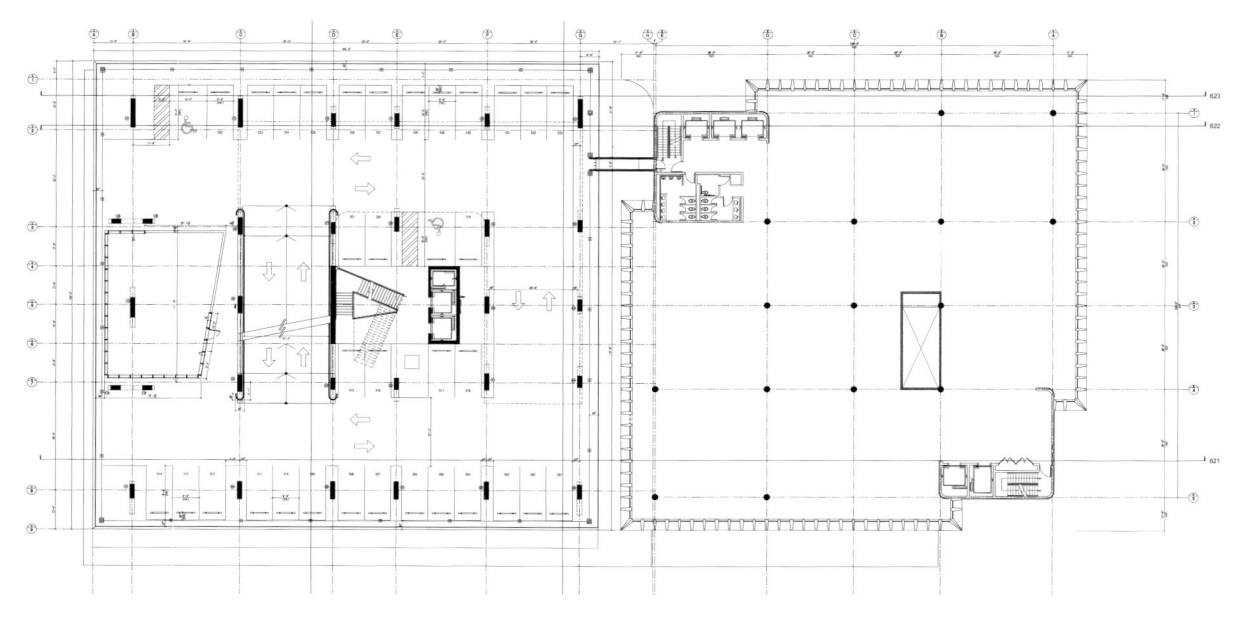

Planta cuarta / Fourth floor plan

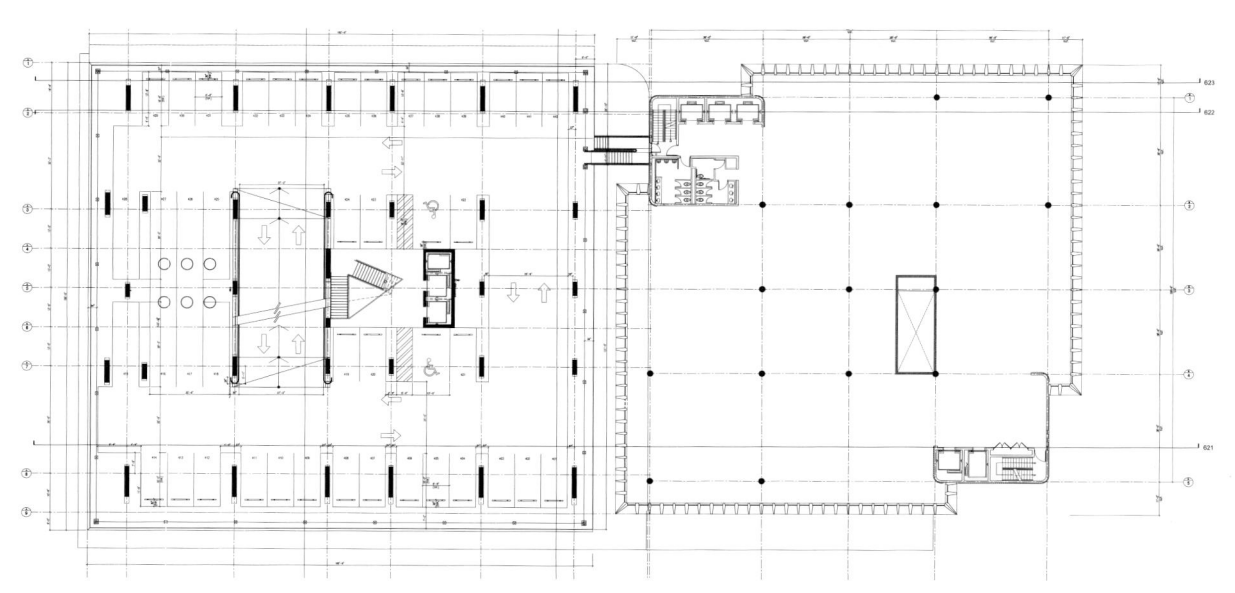

Planta tercera / Third floor plan

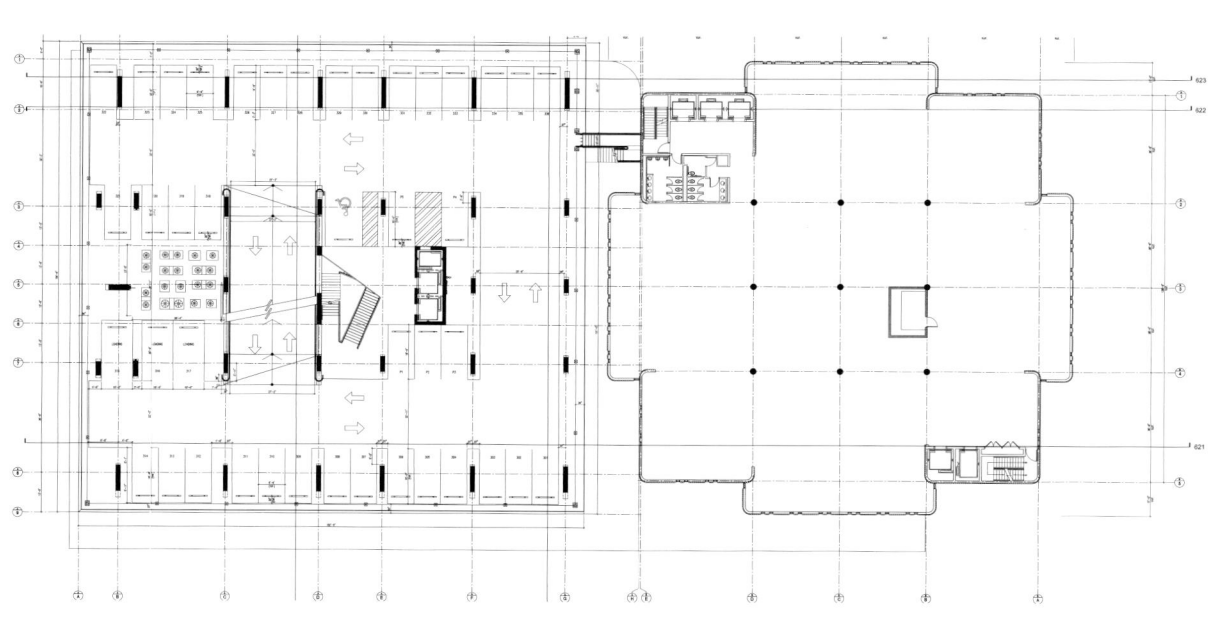

Planta segunda / Second floor plan

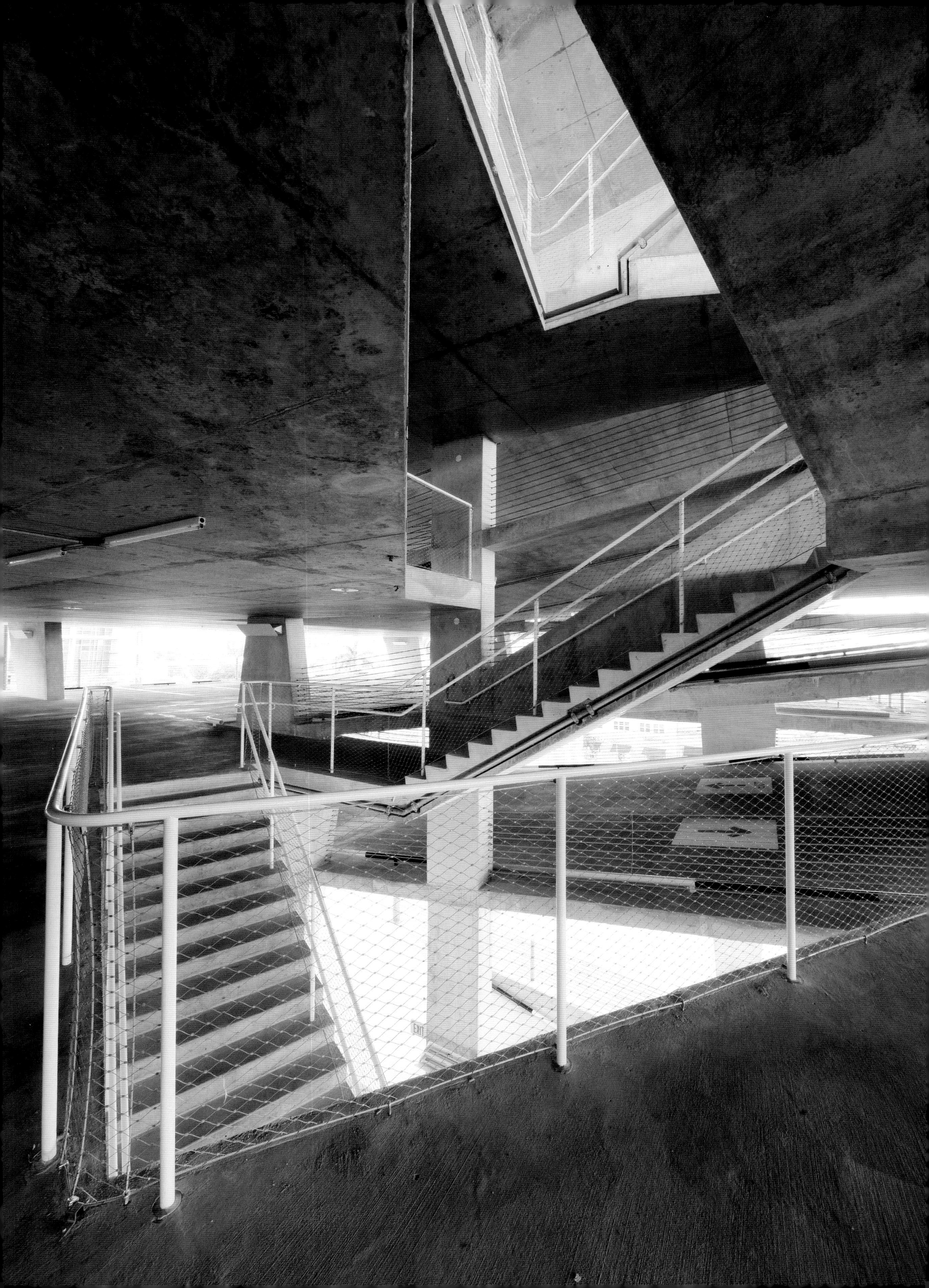
EXIT

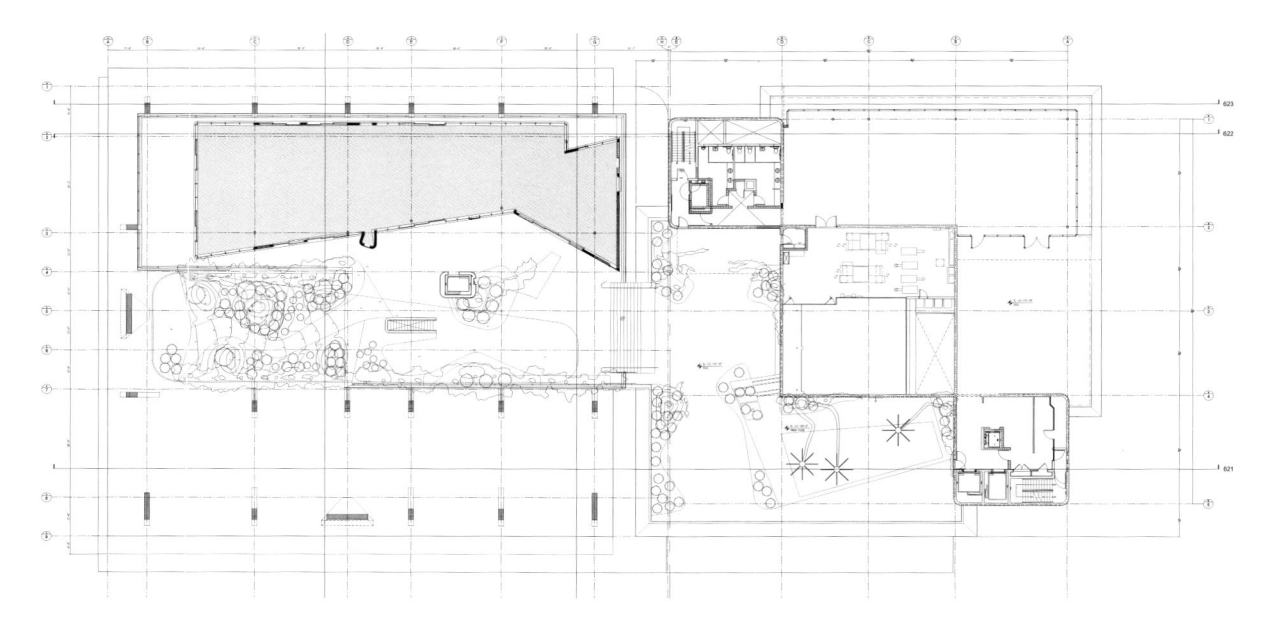

Planta séptima-entreplanta / Seventh-mezzanine floor plan

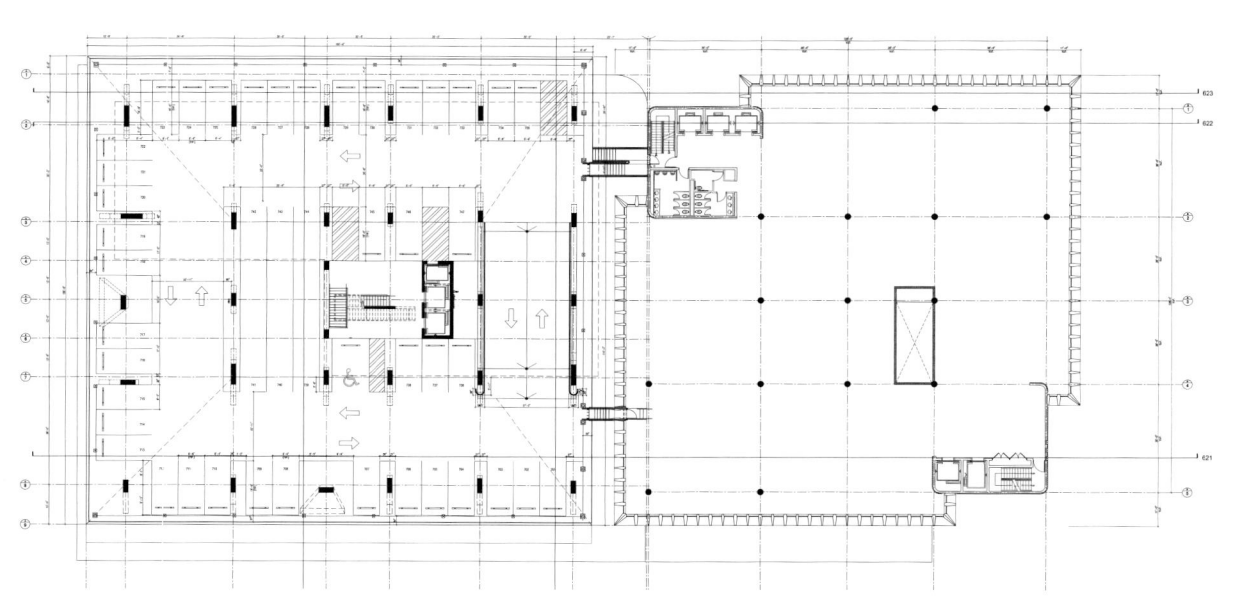

Planta sexta / Sixth floor plan

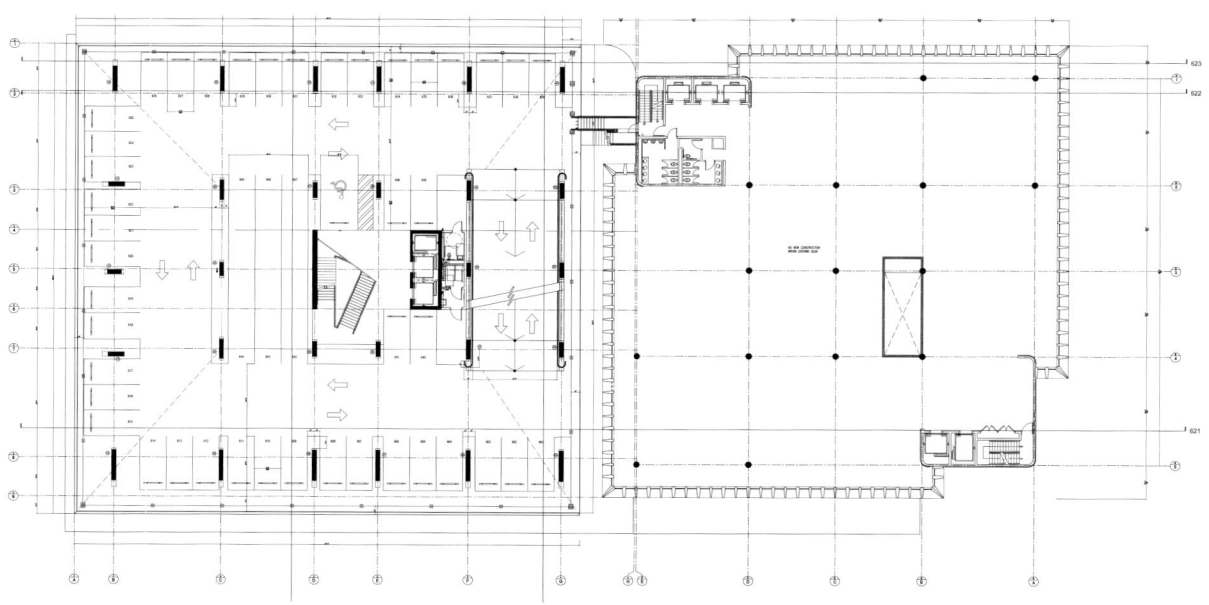

Planta quinta / Fifth floor plan

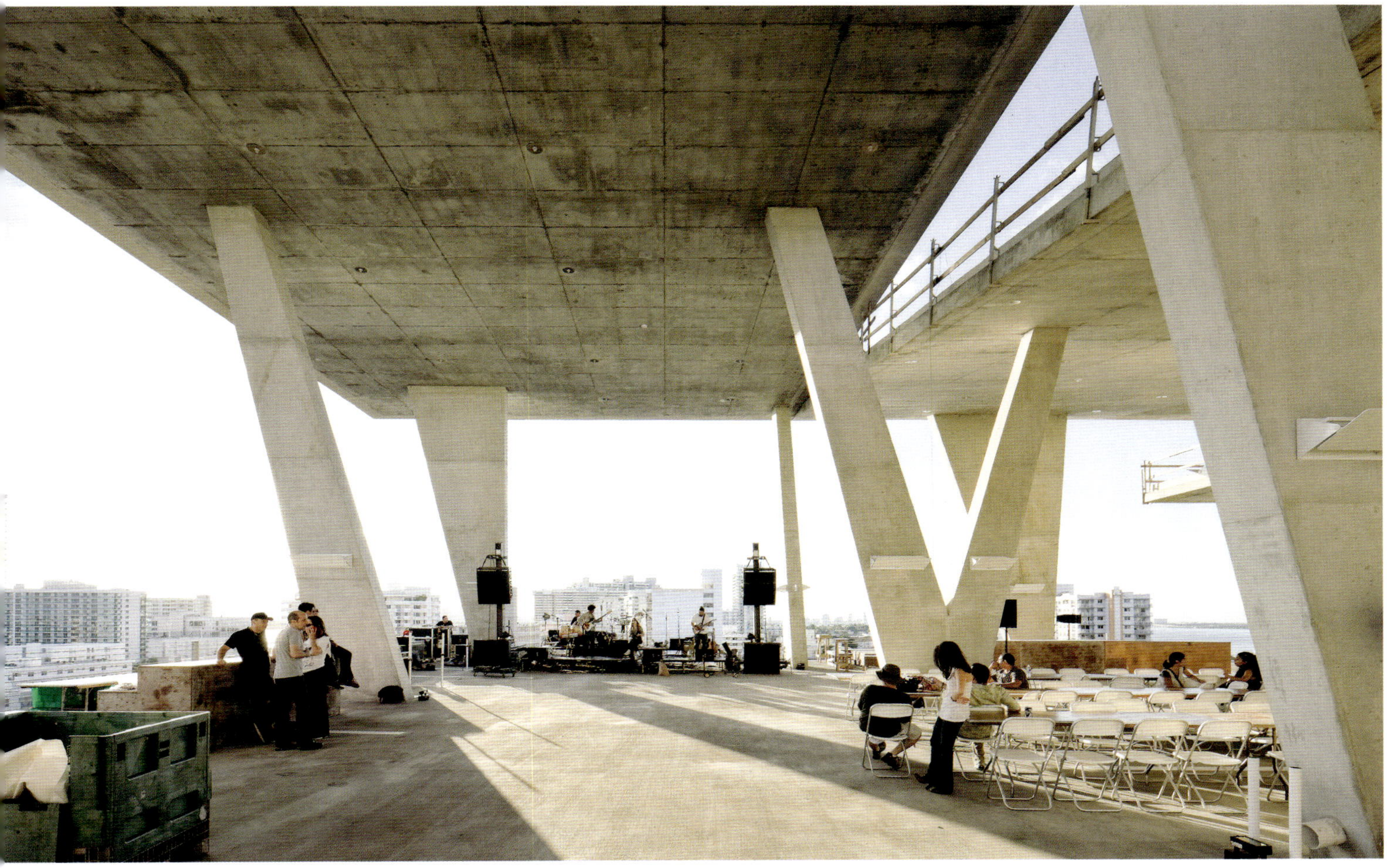

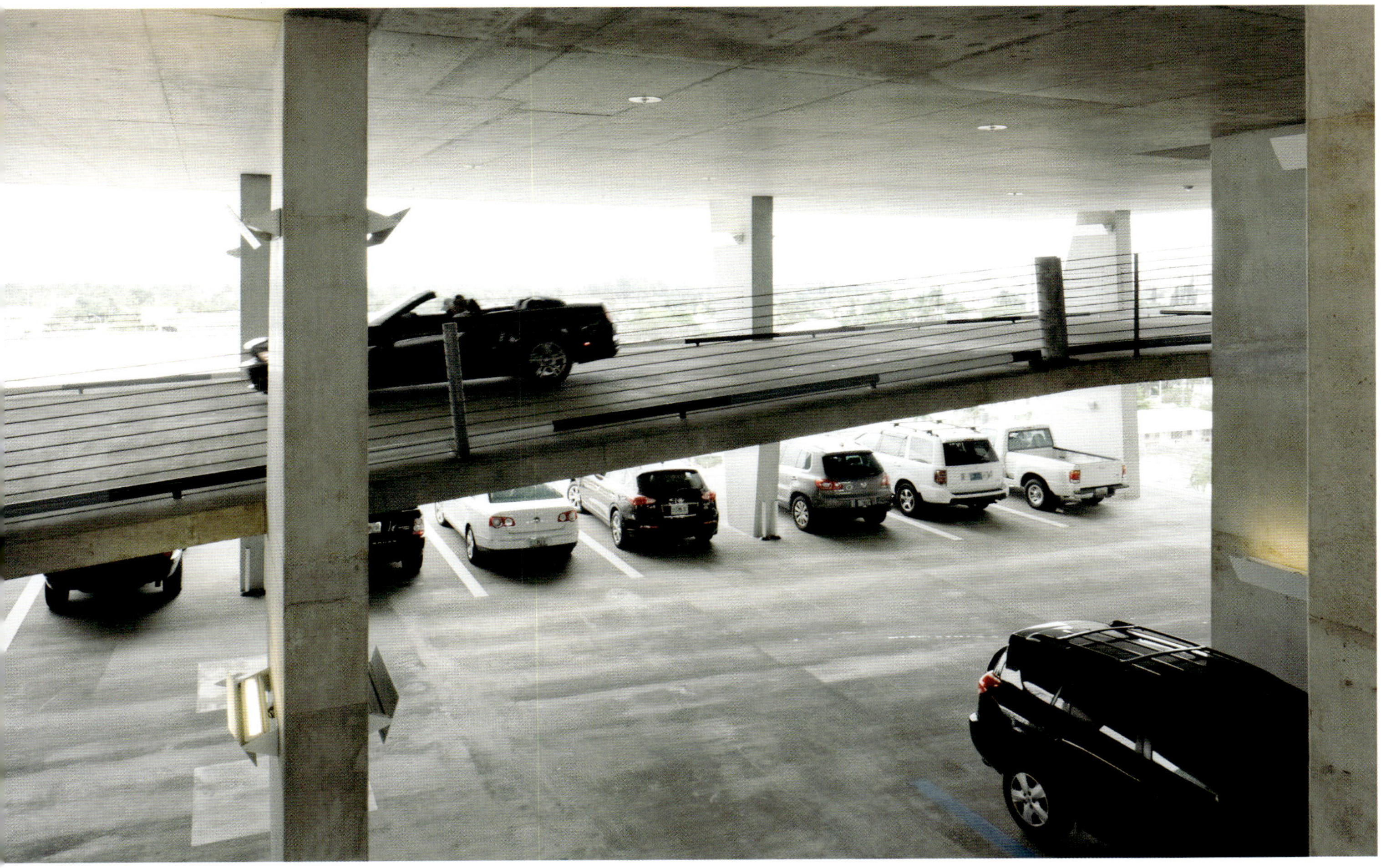

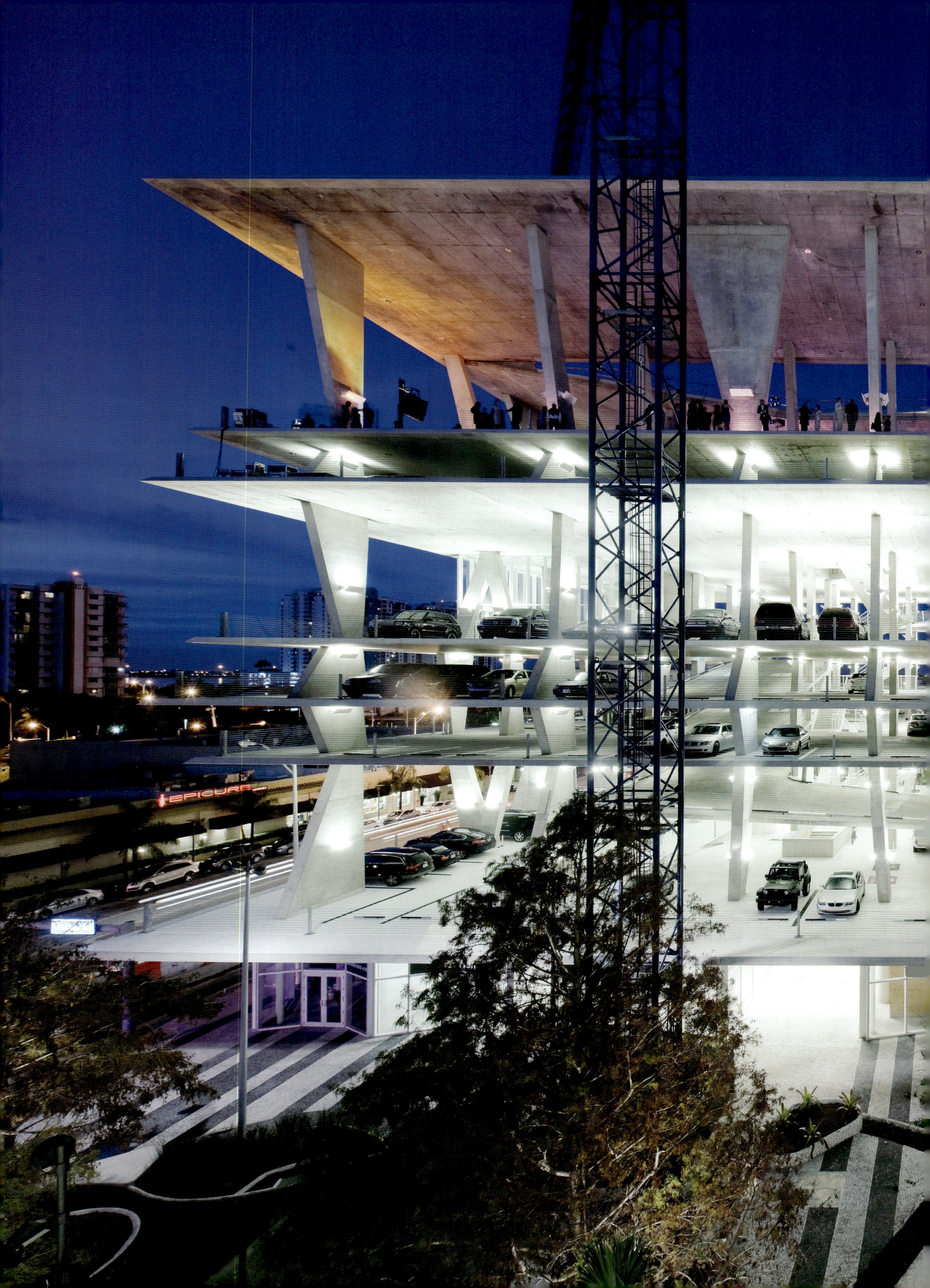

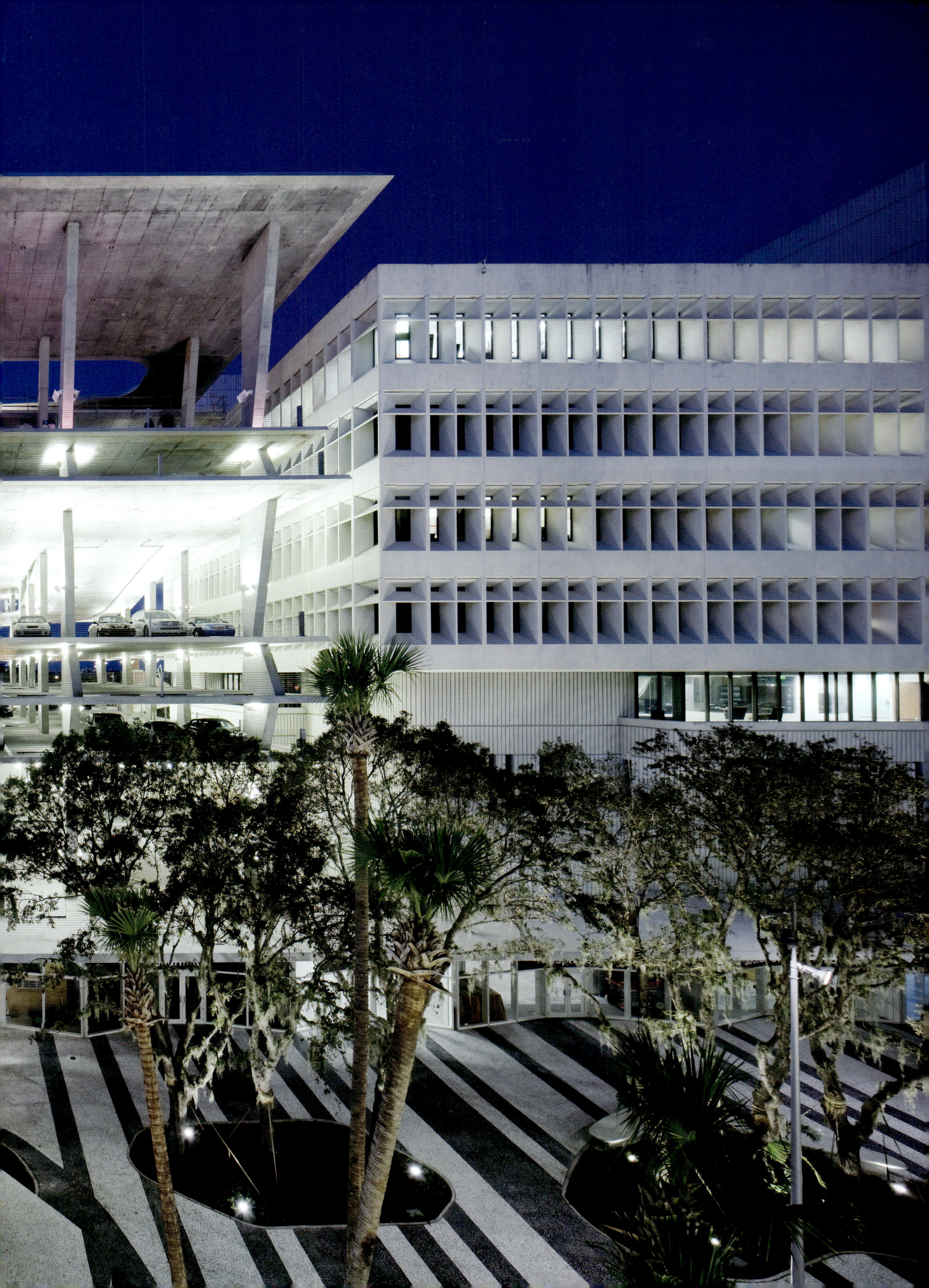

Espacio Goya

ESPACIO GOYA

ESPAÑA
ZARAGOZA, SPAIN 2005-

CONCURSO PRIMER PREMIO
COMPETITION FIRST PRIZE

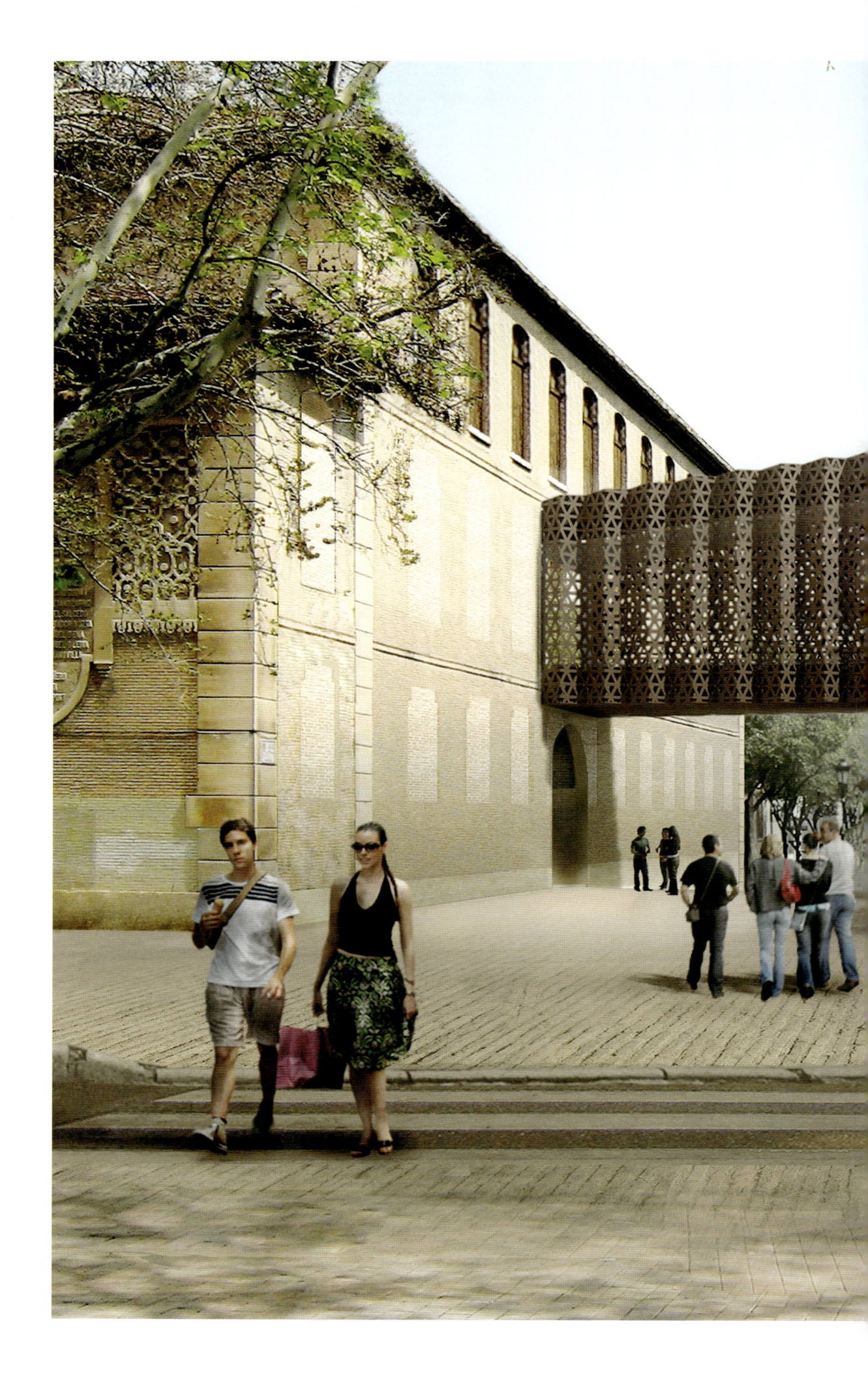

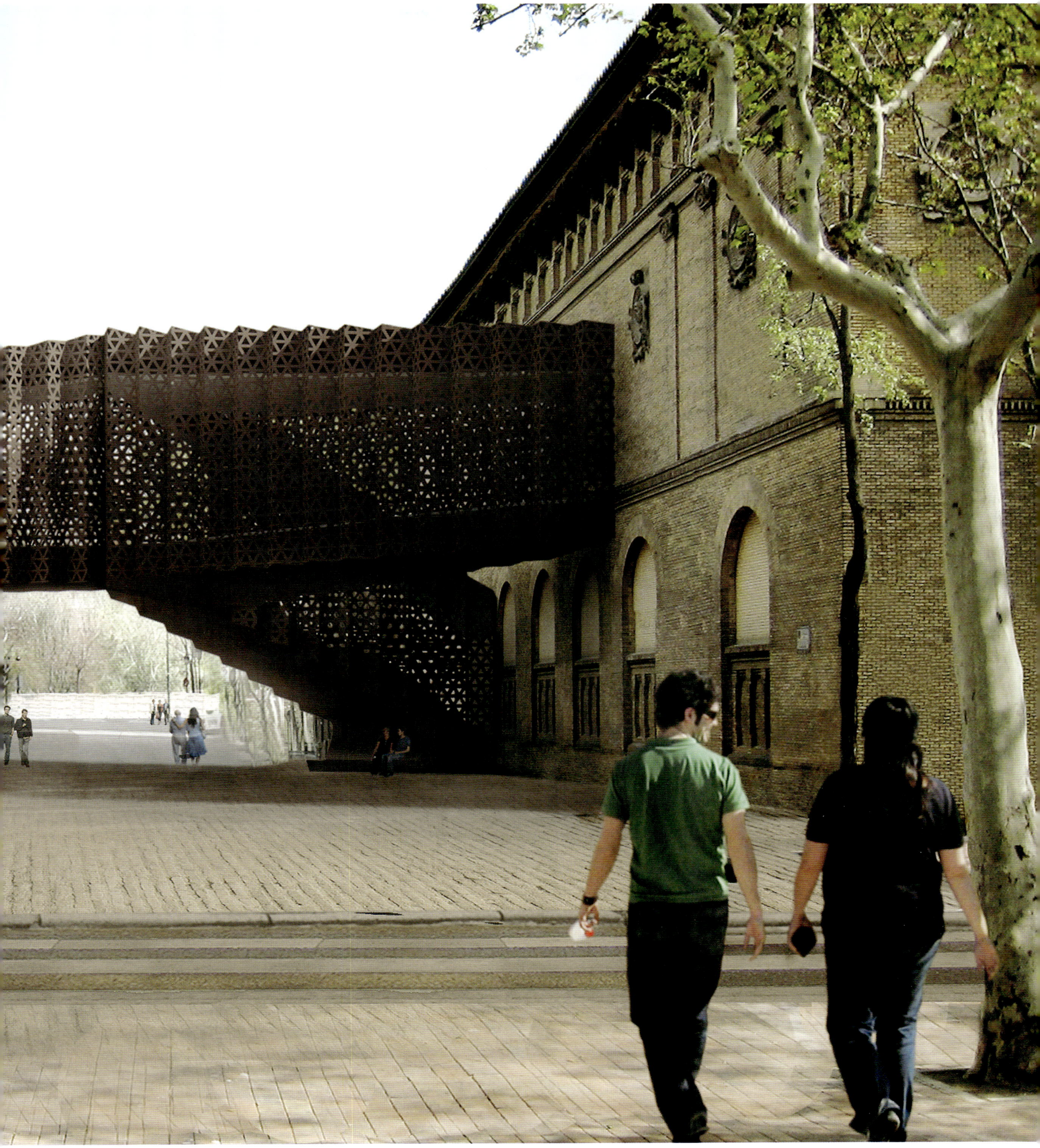

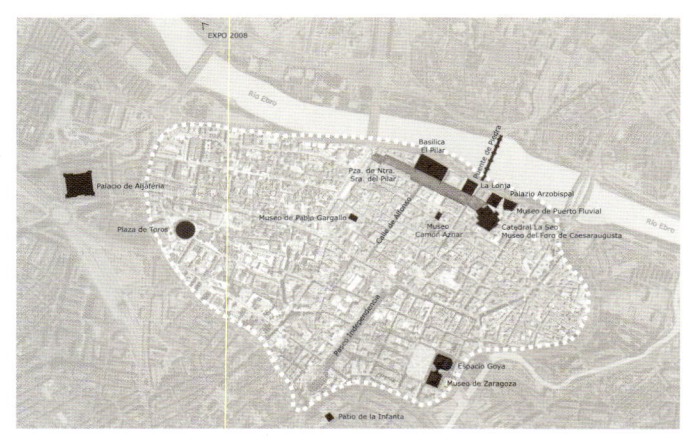

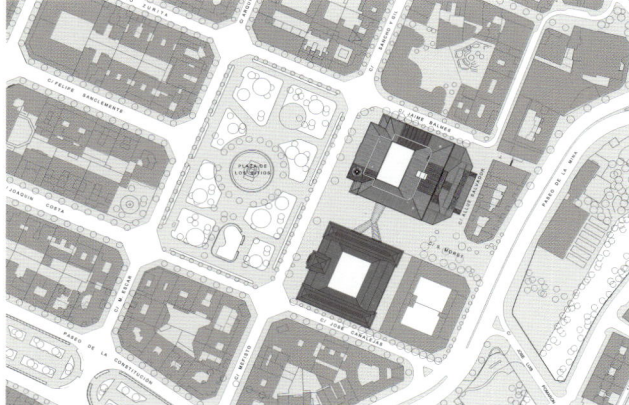

Emplazamiento. Zaragoza. Casco antiguo / Location. Zaragoza. Old town

Plano de situación / Site plan

La colección existente de obras originales de Goya en el Museo de Zaragoza no es de tal dimensión, ni cuantitativa ni cualitativamente, como para crear un nuevo edificio y atraer a un numeroso público a largo plazo. Además, un programa de exposición de arte antiguo y contemporáneo, por muy atractivo que fuera, no presenta razón suficiente para viajar a Zaragoza, sobre todo si se tiene en cuenta la creciente competencia de nuevos museos de diseño singular en España y en otros tantos lugares del mundo.
In both size and historical importance, the Zaragoza Museum collection of works by Goya is not sufficient to fill a new building and attract enough visitors in the long term. In addition, even the most attractive exhibition schedule of old and new art would not in itself be reason enough for people to travel to Zaragoza, given the growing competition of new, exciting high style museums in Spain and in so many other places all over the world.

Por estas razones, se ha dado en primera instancia prioridad a la programación del futuro Espacio Goya. Hemos considerado que, sólo enfocándonos en este aspecto, podríamos abordar una solución arquitectónica novedosa.
We therefore gave initial priority to the programming of the future Espacio Goya. We have chosen to focus on this aspect since it is the only means of discovering a truly new approach to finding an architectural solution.

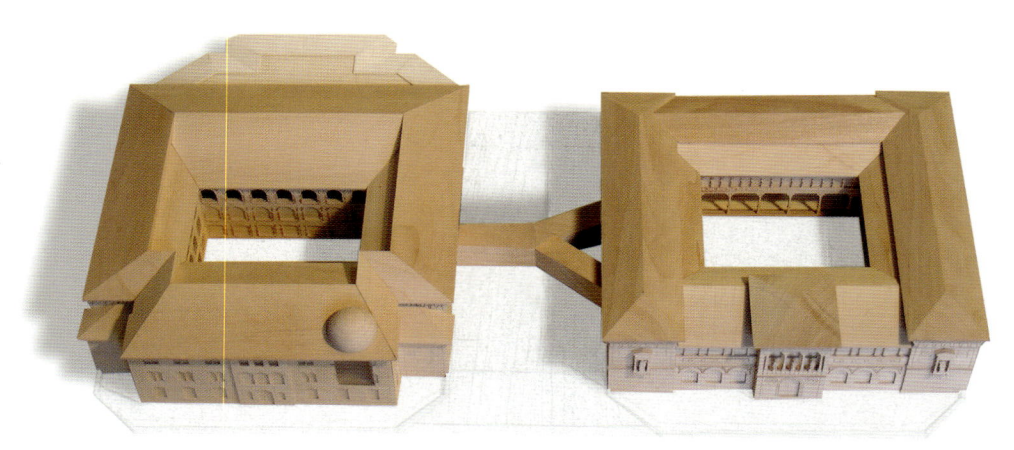

Espacio Goya (antigua Escuela de Artes y Oficios) y Museo de Zaragoza / Espacio Goya (former Arts and Crafts School) and Museum of Zaragoza

Basándonos en nuestra experiencia en otros proyectos de museos y espacios expositivos y sobre todo, en nuestras colaboraciones con diversos artistas, sabemos que para garantizar el éxito del Espacio Goya, este debe integrar arquitectura y obra de arte para formar un conjunto concebible única y exclusivamente en y para Zaragoza. Hoy en día, es difícil hablar de un lugar auténtico en el contexto museístico. Sin embargo, buscamos esta idea aparentemente anticuada de autenticidad ligada a la concepción de un lugar que una inseparablemente programa y arquitectura. Por ende, hemos desarrollado un concepto para una arquitectura que no se satisfaga actuando como mero contenedor para el arte.
On the basis of our experience with museums and exhibition venues, and especially our collaboration with artists themselves, we realise that a successful Espacio Goya must unite architecture, artwork and location to form a distinctive, unique whole that is possible only in and for Zaragoza. It has become increasingly difficult to speak of an authentic place especially with respect to museums. Nonetheless, it is the almost old-fashioned idea of authenticity that underlies the understanding of a place to which we aspire: a place in which programme and architecture are inseparably linked. We therefore worked out an architectural concept for the museum that goes beyond functioning as a container for art.

Intentamos crear un diálogo inquieto entre la arquitectura y el arte, teniendo en cuenta la relación entre la construcción preexistente con la añadida así como entre el arte antiguo y el nuevo; arte de Goya y arte sobre Goya. Nuestro concepto arquitectónico y museístico para el Espacio Goya enfatiza cuestiones fundamentales y emergentes en la arquitectura y el arte de hoy, tratando tanto la realidad y la simulación como los procesos perceptivos relacionados con estos aspectos. Pero, sobre todo, la propuesta fomenta un reencuentro con Goya y demuestra su relevancia aun viva en nuestros días, permitiendo experimentar algunas de sus obras clave desde una nueva mirada.
We aimed to establish an exciting and dynamic interplay between architecture and art, addressing the relationship between existing and added architecture, as well as old and new art: art by Goya and art about Goya. Our architectural and curatorial proposal for the Espacio Goya foregrounds the urgent and vital issues that confront architecture and art today: issuing both reality and simulation and their related processes of perception. Above all, the proposal allows a new encounter with Goya; it underscores the extraordinary and enduring influence exerted by this artist, by bringing to life some of his key works and placing them in an entirely different light.

El principal elemento de nuestro concepto arquitectónico y museístico es un grupo de cuatro *Anchor Rooms* (Salas Ancla) que irrumpen en la arquitectura de la Escuela y que penetran el edificio existente como bloques erráticos. De manera similar a la Catedral de Carlos V construida dentro de la Mezquita de Córdoba, la incorporación de las cuatro salas supone en esencia un acto violento, porque destruye parte del edificio e interrumpe su continuidad histórica y la configuración espacial. Pero precisamente por ello también es un acto de liberación, ya que abre numerosas perspectivas nuevas y añade una significante dimensión al concepto historicista del edificio de la Escuela, construida como el Museo de Zaragoza para la Exposición Hispano-Francesa en 1908 en una mezcla de estilos regionalistas.

The principal element of our architectural and curatorial concept is a group of four Anchor Rooms that break into the existing building like erratic blocks. Similar to the cathedral built into the Mezquita in Cordoba by Carlos V in the 16th century, the insertion of the four Anchor Rooms is essentially a violent act because it destroys part of the building, and disrupts its historical continuity and spatial configurations. However, it is also a liberating act because it opens up a number of new perspectives and adds a substantial dimension to the historicist concept underlying the Escuela, constructed as the Zaragoza Museum in a mixture of regional styles for the 1908 Spanish-French Exposition.

Grupo de cuatro Salas Ancla
Group of four Anchor Rooms

Iglesia de la Cartuja Aula Dei, vista interior
Iglesia de la Cartuja Aula Dei, vista interior
Iglesia de la Cartuja Aula Dei. Reconstrucción de planta.
Iglesia de la Cartuja Aula Dei. Reconstrucción de sección.

San Antonio de la Florida, vista interior
San Antonio de la Florida, vista interior de la cúpula
San Antonio de la Florida, planta de la Nave central
San Antonio de la Florida, sección de la Nave central

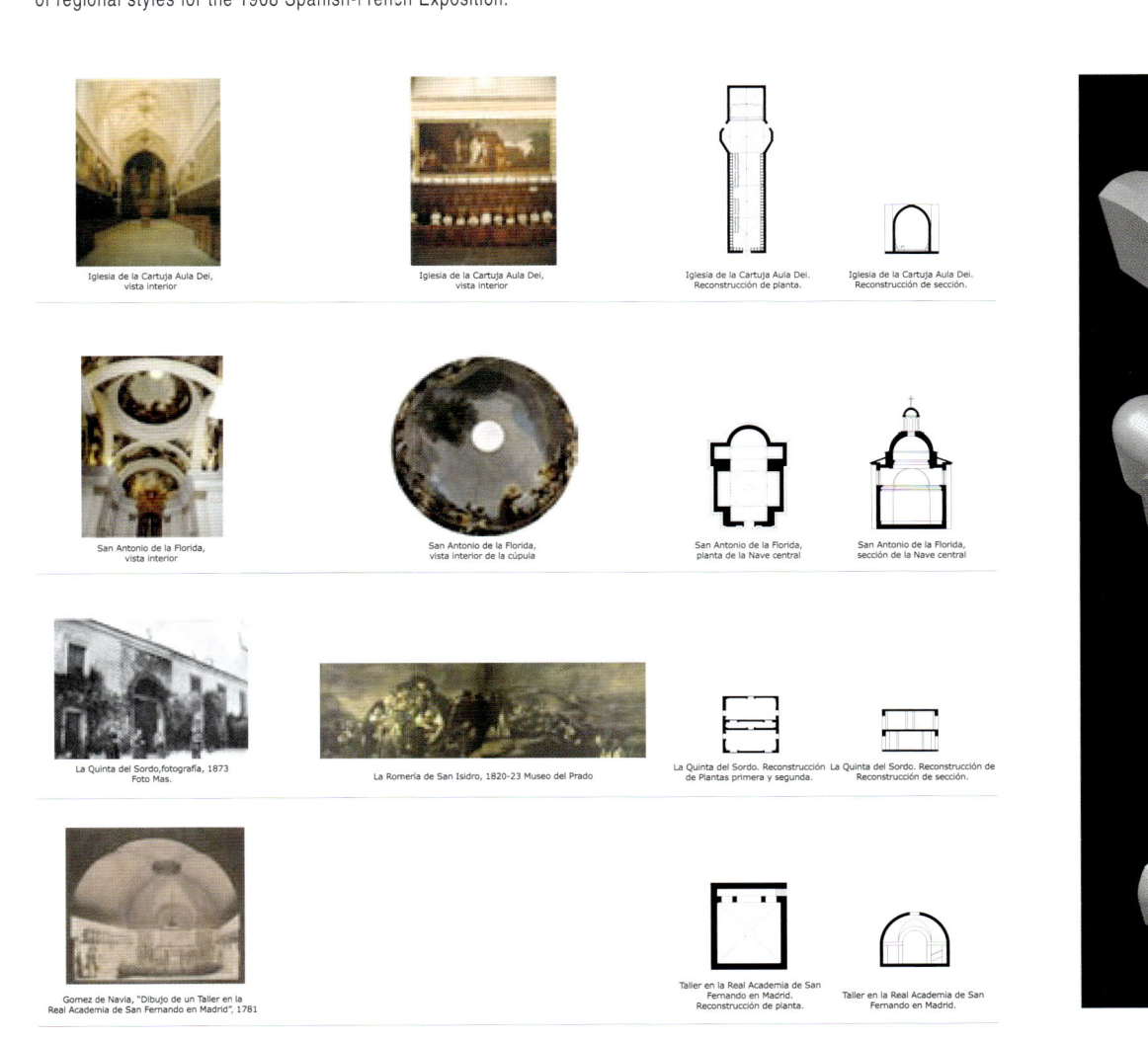

La Quinta del Sordo, fotografía, 1873 Foto Mas.
La Romería de San Isidro, 1820-23 Museo del Prado
La Quinta del Sordo. Reconstrucción de Plantas primera y segunda.
La Quinta del Sordo. Reconstrucción de Reconstrucción de sección.

Gomez de Navia, "Dibujo de un Taller en la Real Academia de San Fernando en Madrid", 1781
Taller en la Real Academia de San Fernando en Madrid. Reconstrucción de planta.
Taller en la Real Academia de San Fernando en Madrid.

Las cuatro *Anchor Rooms* corresponden a las reconstrucciones de cuatro espacios interiores para los cuales Goya creó obras in situ: la iglesia de la Cartuja Aula Dei, la capilla de San Antonio de la Florida, la Quinta del Sordo y la Real Academia, en la cual enseñó Goya. En estos espacios junto con los otros cinco lugares situados en los alrededores de Zaragoza que albergan obras de Goya, el futuro visitante podrá experimentar inmediatamente, en sus dimensiones originales, en una sola ciudad y nada más que aquí casi todas las salas pintadas por Goya. Las cuatro *Anchor Rooms* no exhibirán sus obras originales, pero las dimensiones y proporciones crearán una experiencia física equiparable a la de los escenarios reproducidos. Las *Anchor Rooms* renuncian al estucado y al adorno; todas ellas están construidas sólida y homogéneamente en ladrillo gris claro, liso y sin juntas, igual que las fachadas existentes de la Escuela y del Museo. De este modo, se puede crear una unión sin costuras entre la intrusión espacial y los edificios preexistentes. El discreto ladrillo gris claro sirve de fondo ideal para obras de arte antiguo y contemporáneo y evoca también las célebres arquitecturas de posguerra, como por ejemplo, la Glyptothek y la Alte Pinakothek de Munich. Es más, las *Anchor Rooms* son salas de exposición amplias dotadas de una variedad que les permiten albergar distintos tipos de instalaciones artísticas y que complementan adecuadamente la serie de espacios algo estereotípicos de la Escuela.

The four Anchor Rooms represent the reconstruction of interiors for which Goya created in situ works: the Aula Dei Charterhouse, the San Antonio de la Florida Chapel, the Quinta del Sordo and the Real Academia, in which Goya taught. In these spaces, in conjunction with another five sites around Zaragoza in which in situ works by Goya are located, it is here and only here that future visitors will have the opportunity to experience in full-scale almost all of the rooms ever painted by Goya. The Anchor Rooms will not contain the original works, but their size and proportion will create a physical experience that matches the original locations. Furthermore, they will do without stucco and decoration and they are all built of the same solid and smooth, light grey brick as used for the façades of the Escuela and the Museum. This establishes a complete and seamless connection between the intruding spaces and the existing buildings. The discreet light grey brick is an ideal background for both old and contemporary works of art. It also recalls famous structures reconstructed after the war, such as the Glyptothek or the Alte Pinakothek in Munich. Moreover, the Anchor Rooms are generously sized exhibition galleries that allow for all kinds of art installations and form a meaningful complement to the somewhat stereotypical sequence of existing rooms in the Escuela.

Las *Anchor Rooms*, con sus dimensiones y geometrías específicas, dan ritmo al itinerario de los visitantes del Espacio Goya. Forman una topografía específica dentro de la sencilla tipología de edificio-patio de la Escuela. En los amplios pasillos que comunican los *Anchor Rooms* se expondrá material documental sobre los cuatro espacios originales, tal como fotografías, dibujos, planos y textos. Las *Anchor Rooms* no se definen sólo espacialmente como un grupo específico y distinguible de salas sino también en virtud de su contenido y potencial para los comisarios.

The Anchor Rooms, with their specific dimensions and geometries, lend rhythm to the visitor's tour of the Espacio Goya. They form a specific topography within the Escuela's simple courtyard typology. Documentary material on each of the four original sites – photographs, drawings, maps and texts – will be placed in the broad hallways that connect them. The Anchor Rooms are specific and distinctive, not only in spatial terms but also in view of their content and their curatorial potential.

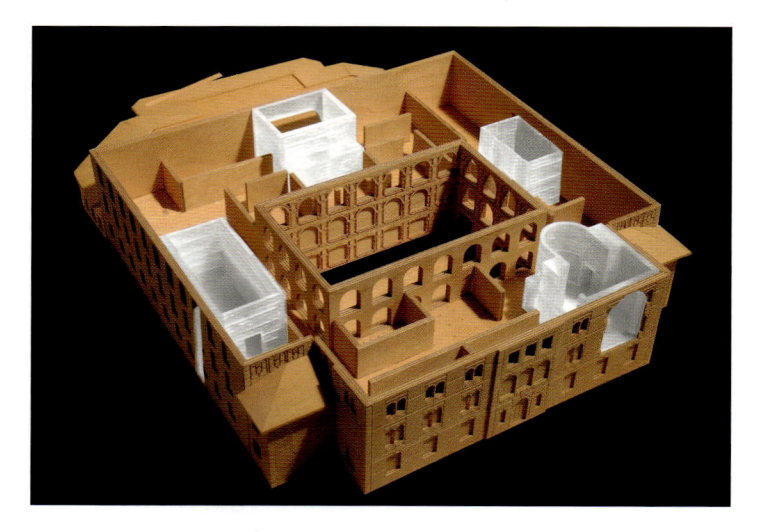

Salas Ancla / Anchor Rooms

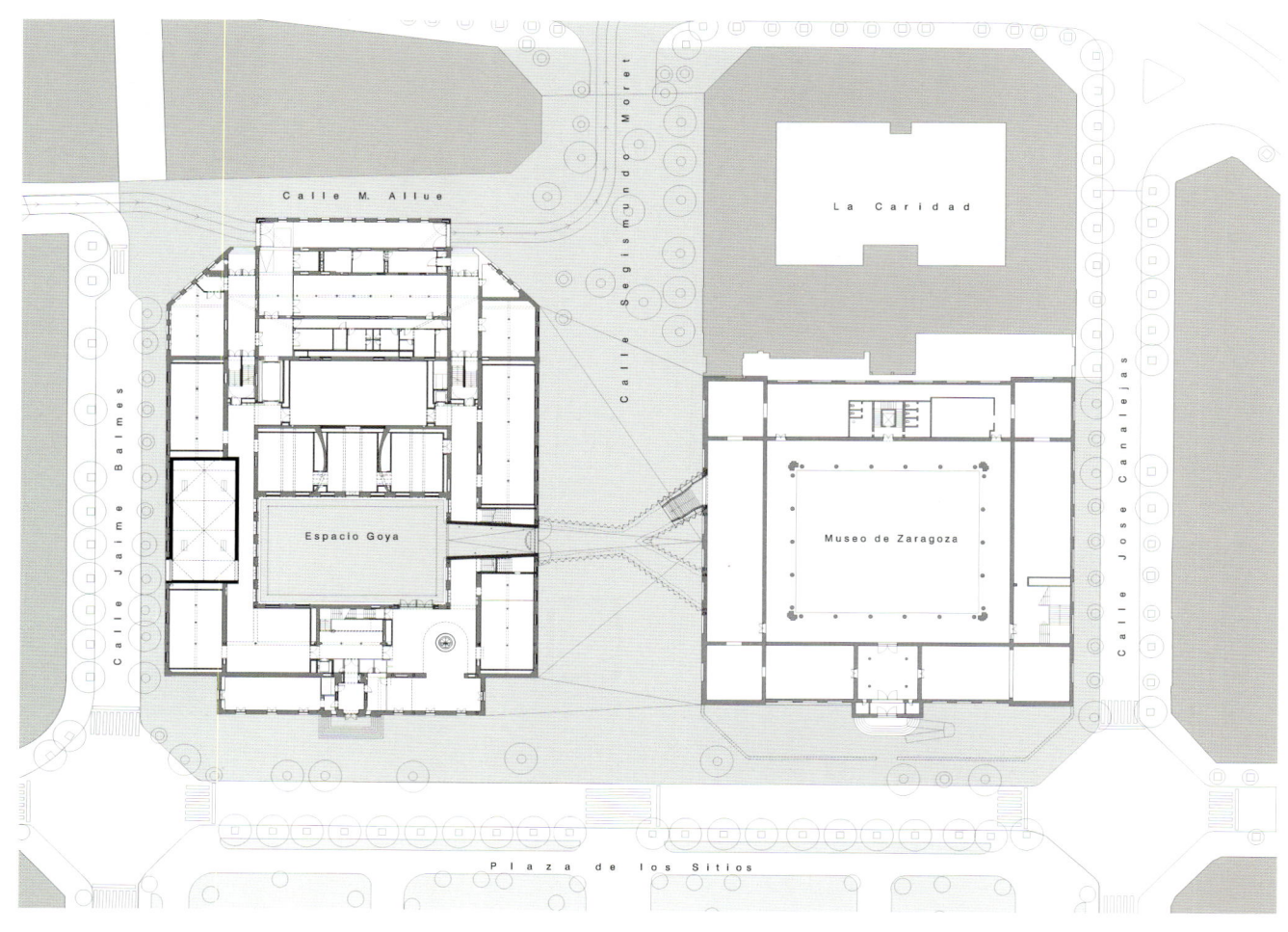

Plano de situación en planta baja / Site plan on ground floor

Constituyen lugares que revitalizan la experiencia de los originales ausentes de Goya. Estas fabulosas obras serán replanteadas mediante una selección de piezas de arte contemporáneo. Existen ya varios artistas que han vinculado parte de su trabajo con la obra de Goya, como por ejemplo los hermanos Chapman o Bruce Nauman. Sin embargo, en lugar de adquirir obras finalizadas, sería incluso más interesante el encargo a artistas de la producción de piezas que se relacionen de manera directa con las obras in situ ausentes en las cuatro *Anchor Rooms*. Las diferentes estrategias y técnicas artísticas como el arte new media, fotografía, vídeo, instalación y escultura, pueden hacer de esta serie de obras contemporáneas sobre Goya un nuevo elemento destacado del futuro Espacio Goya.

As exhibition galleries, they are designed to revitalize the experience of Goya's absent originals. These magnificent works will be brought to life in and through contemporary art. Today's artists, like the Chapman Brothers or Bruce Nauman, have already addressed the work of this master. However, rather than acquiring works already completed, it would be even more interesting to commission artists to produce a direct response to the absent in situ works in the four Anchor Rooms. The wide range of artistic strategies and methods, such as new media art, photography, video, installation art or sculpture, could make such a group of works on Goya a new highlight within the future Espacio Goya.

Patio Espacio Goya / Courtyard Espacio Goya

Patio Museo de Zaragoza / Zaragoza Museum courtyard

Las demás medidas de remodelación que proponemos para la Escuela son sencillas y pragmáticas. Se pueden llevar a cabo dentro del plazo de tiempo fijado y su discreción arquitectónica fortalece el concepto de las *Anchor Rooms*. Las intervenciones principales serán la liberación del Patio de los cuerpos añadidos y la Gran Escalera, elemento de conexión entre los dos edificios y las distintas exposiciones.

The other modifications that we propose for the Escuela are simple and pragmatic. They can be implemented in the prescribed period of time and their architectural understatement reinforces the concept of the Anchor Rooms. The main operations involve releasing the courtyard from the annexed volumes and the Grand Staircase, used as a link between the two buildings and the various exhibitions.

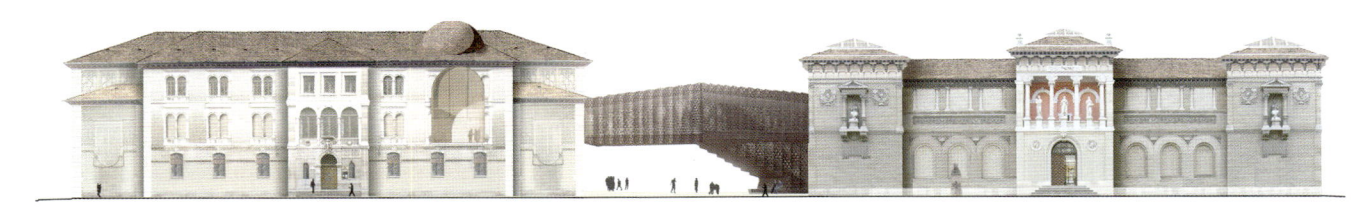

Alzado Noroeste a Plaza de los Sitios / Northwest elevation, Plaza de los Sitios

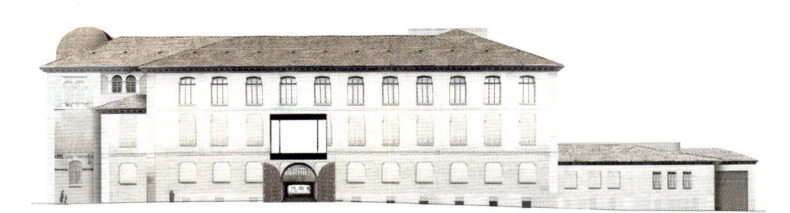

Alzado Suroeste a calle Moret / Southwest elevation. Calle Moret

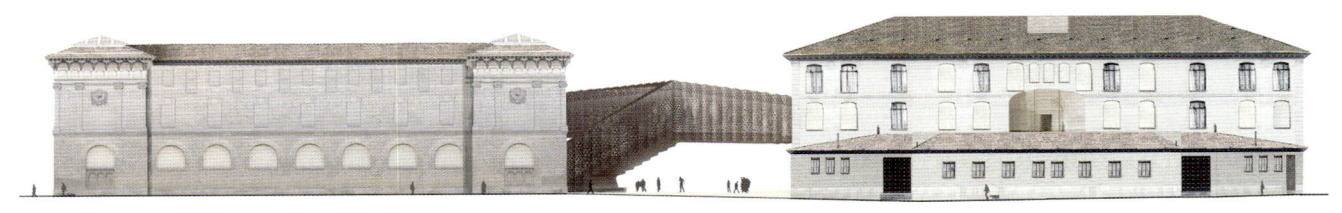

Alzado a Callejón de la Caridad / Callejón de la Caridad elevation

La única pieza de arquitectura nueva que se añade en la fase actual es una gran escalera, un elemento típicamente representativo en los museos. La Gran Escalera, no se halla ni en la Escuela de Artes y Oficios ni el el Museo, sino que comunica ambos en diversos sentidos, convirtiéndose en el punto de enfoque del conjunto. Este nudo se convertirá en el estandarte de la renovación del Museo de Zaragoza y, al mismo tiempo, en el indicador de un nuevo acceso al complejo museístico. Hemos decidido proporcionar a ambos edificios entradas propias e independientes, pero bajo la Gran Escalera se focaliza el acceso principal del pasaje hacia el patio interior de la antigua Escuela de Artes y Oficios. Hemos tomado esta decisión tras observar demasiados vestíbulos sobredimensionados y acristalados en los grandes museos.

The only new, additional piece of architecture that we propose for the present phase is a large stair, a typical, representative element of museums. This Grand Stair, is placed neither in the Escuela de Artes y Oficios nor in the Museum, but instead connects the two in many different ways, forming a focal point of the entire complex. This staircase will be the sign and symbol of the renewal of the Museum of Zaragoza as well as signalling access as a new shared entrance. We decided to give the buildings independent entrances, but also focalize the main entrance from the passage to the courtyard of the former Arts and Crafts School beneath the Grand Staircase. We reached this decision after having seen enough oversized glazed foyers in major museums.

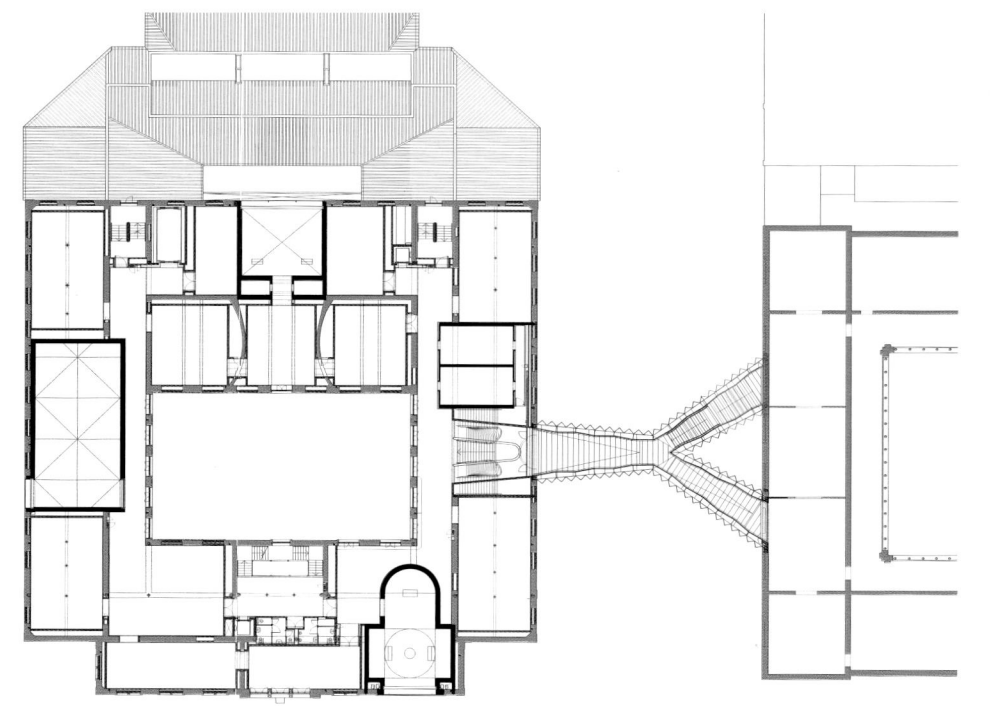

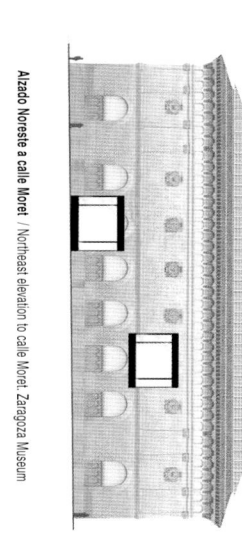

Planta primera / First floor plan

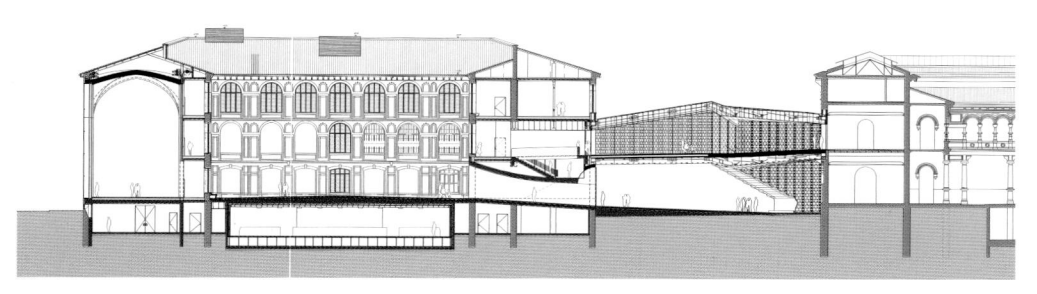

Alzado Noreste a calle Moret / Northeast elevation to calle Moret. Zaragoza Museum

Sección transversal / Cross section

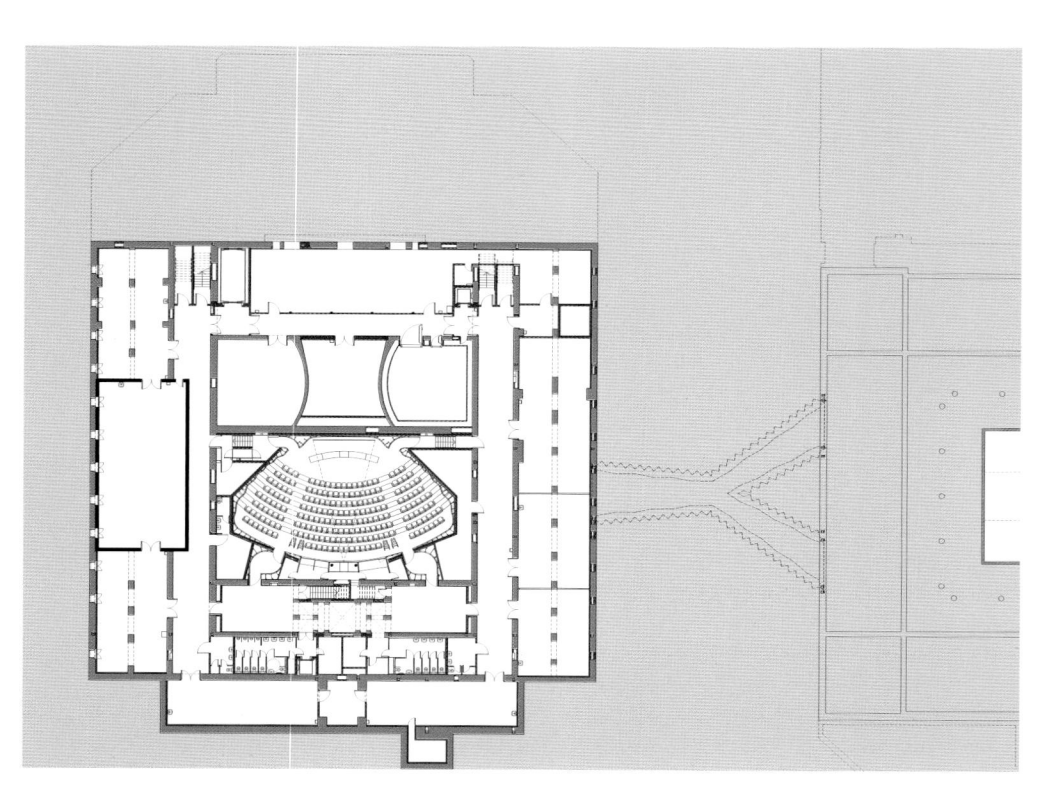

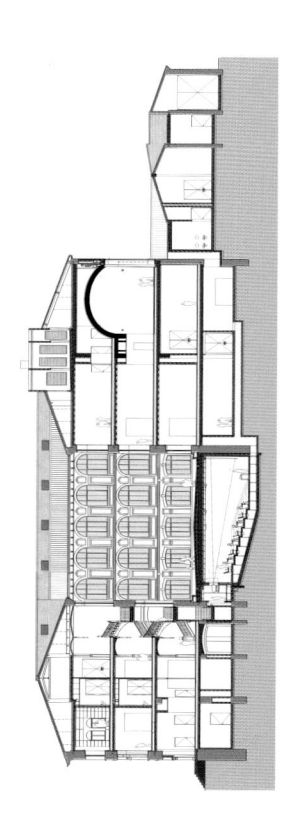

Planta sótano / Basement floor plan

Sección longitudinal / Longitudinal section

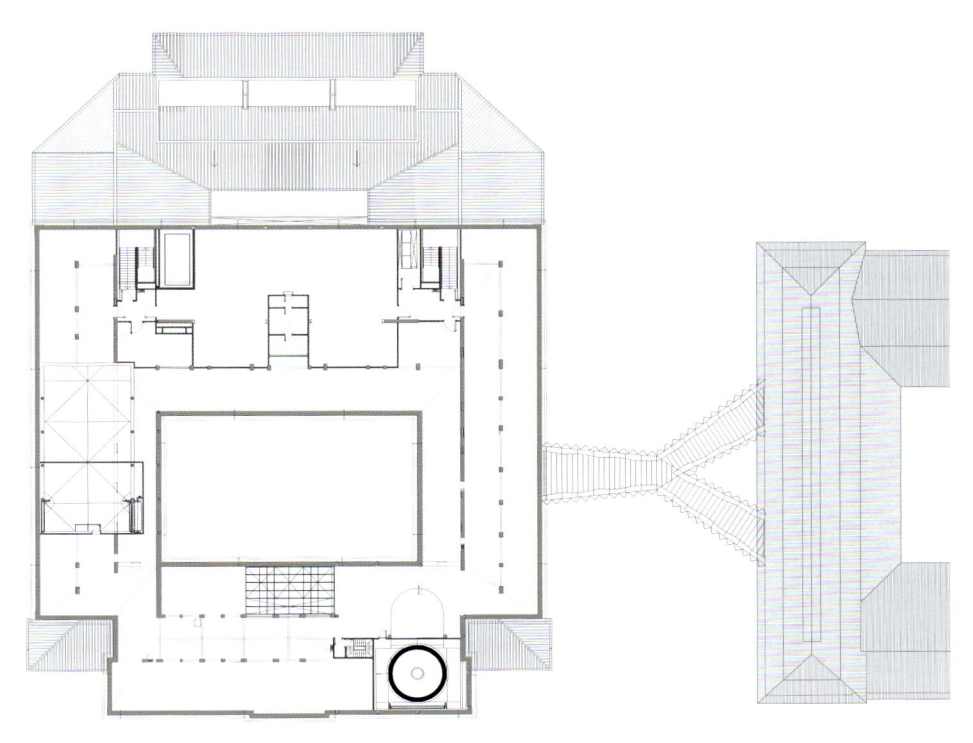

Planta tercera / Third floor plan

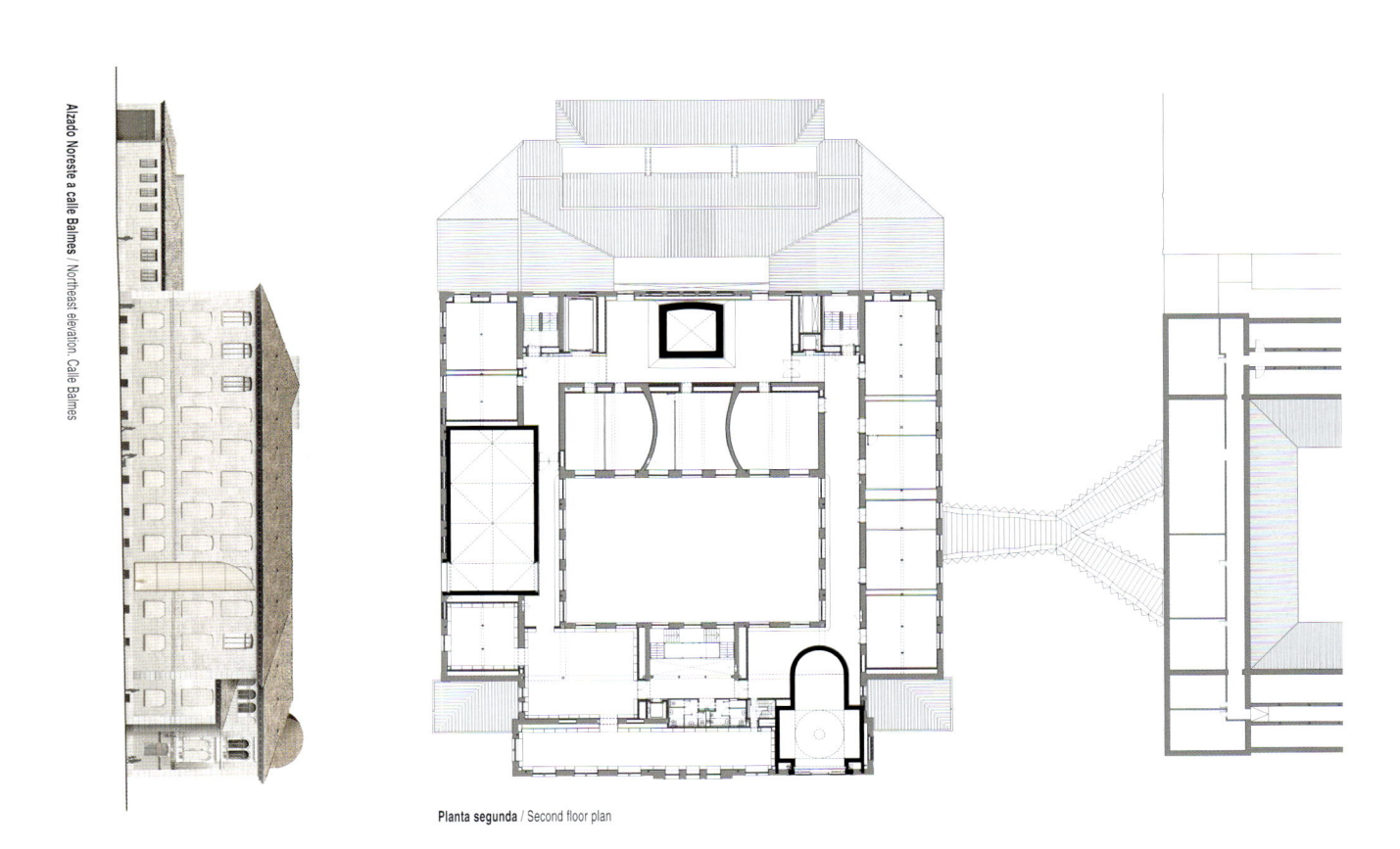

Alzado Noreste a calle Balmes / Northeast elevation, Calle Balmes

Planta segunda / Second floor plan

Se demolerán cuerpos añadidos al edificio en su atrio interior, con lo cual se redescubrirá la tipología original de edificio-patio. La organización de la planta se centra, de
Additions that have been made in the courtyard will be removed to reveal the original courtyard typology of the building. The floor plan will be centred on this
manera clásica, alrededor de este patio y con ello se restablece el equilibrio original de los dos edificios construidos simultáneamente.
courtyard in classical fashion, by means of which the originally balanced twin arrangement of the two contemporaneously erected buildings will be restored.
El acceso al nuevo espacio es a través de un pasaje central que conecta el patio del museo con la calle Moret; esta conexión se entiende como un gesto urbanístico que
The entrance to this new space will be via a central corridor that links the museum's courtyard to Calle Moret. This connection is regarded as a planning ges-
activa el uso del patio interior.
ture to encourage the courtyard's usage.

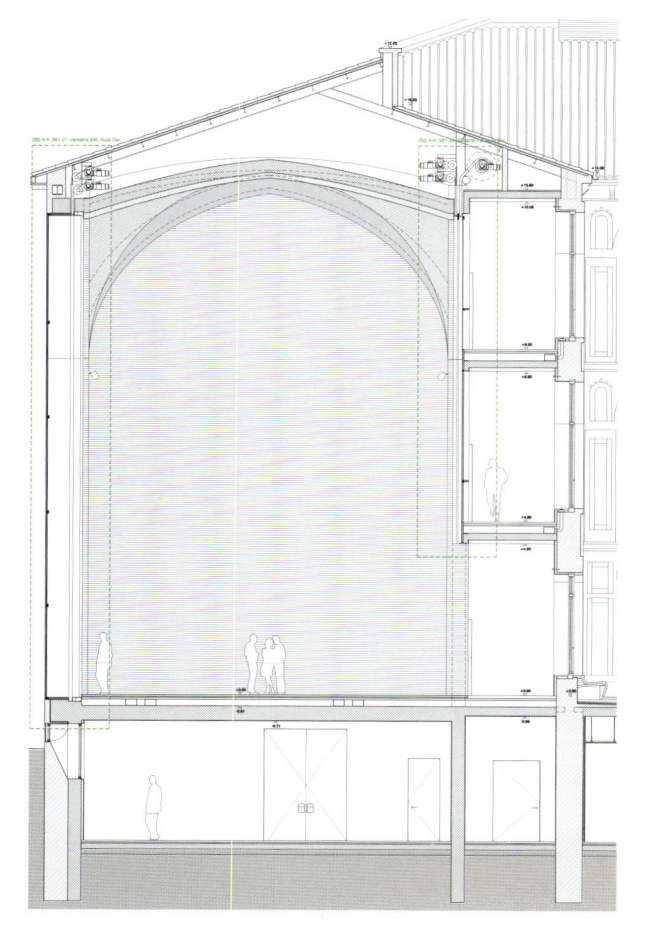

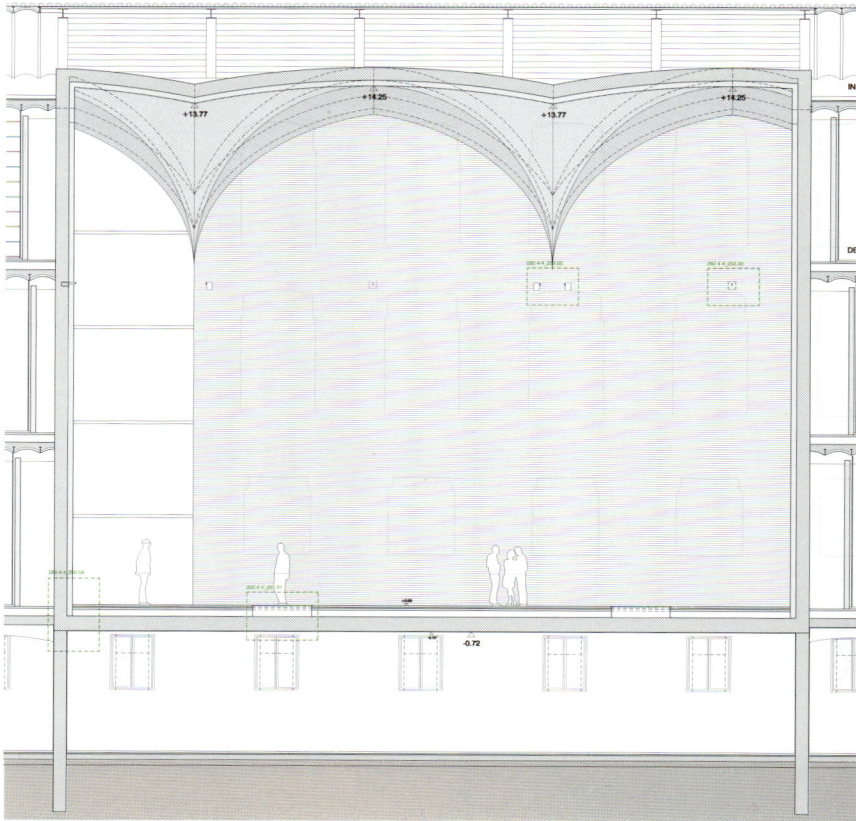

Secciones transversales de la *Anchor Room* a la calle Balmes / Anchor Room overlooking calle Balmes. Cross sections

Por el contrario, la Calle Moret peatonalizada se convertirá en un espacio público percibido en conexión con el Museo que se extiende al patio interior; un lugar que
The traffic-free Calle Moret will become an area that the public will perceive in conjunction with the museum, by spreading into the interior courtyard; a place that
podrá ser utilizado para actuaciones, conciertos o cultura urbana. Por la noche, la Plaza se iluminará con la luz que desde el interior se filtrará a través del pasaje así
can be used for performances, concerts or street culture. At night, the light streaming out of the interior will illuminate the Plaza, filtered through the passage as
como de la Gran Escalera que parecerá un tejado sólido pero a la vez flotante e iluminado.
well as thorugh the Grand Staircase, which will seem like a solid yet floating illuminated roof.
La estructura de acero del edificio tiene unas luces de cuatro metros aproximadamente, una retícula bastante estrecha para salas de exposición.
The steel structure of the building has a span of about four metres, which is a relatively close grid for exhibition spaces.

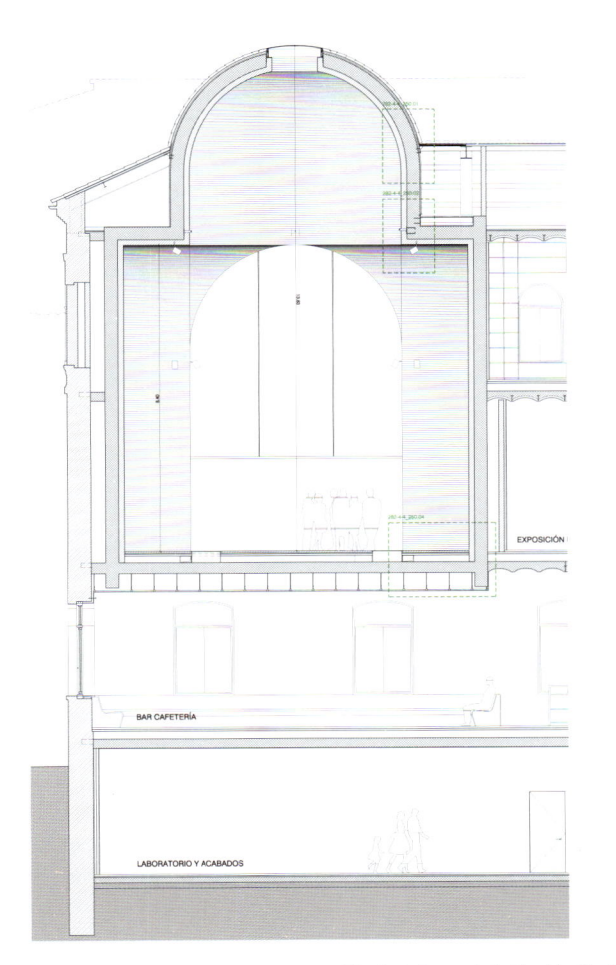

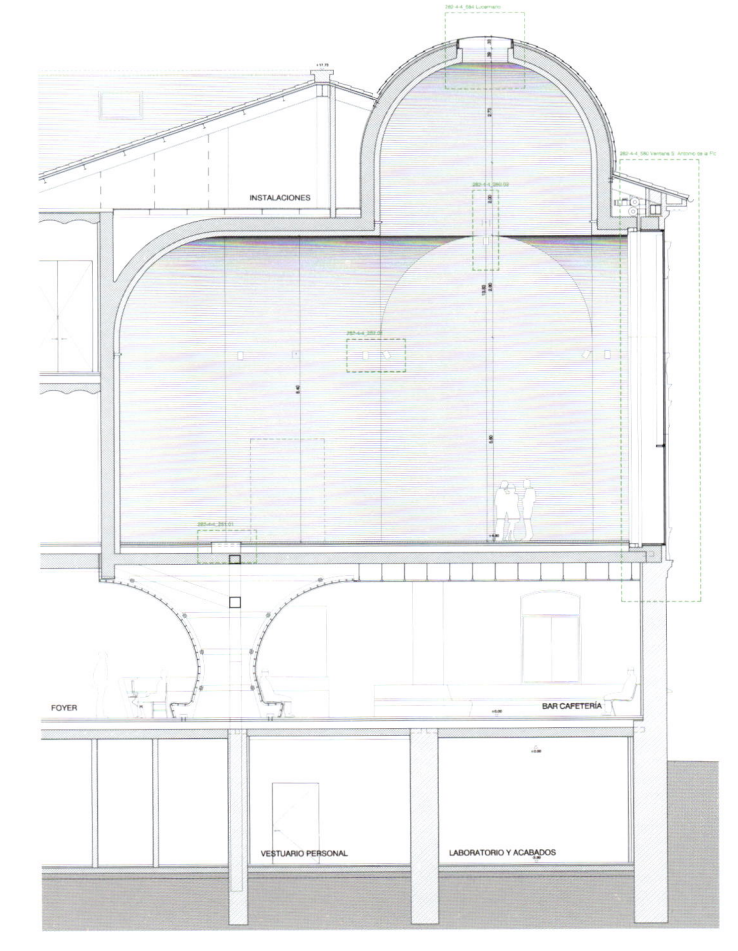

Secciones transversales de la *Anchor Room* a Plaza de los Sitios / Anchor Room overlooking Plaza de los Sitios. Cross sections

Por ello, prevemos una distribución de salas más amplias. Se plantea sustituir algunos pilares por vigas de mayor luz y transfiriendo así la carga sobre los muros por-
We therefore propose a permanent sequence of larger galleries. Instead of freestanding supports, crossbeams can be used to transfer the load to the walls as
tantes. Las vigas situadas por debajo del suelo de la planta baja y por encima del techo de la primera planta generan cavidades donde se ubicarán las instalaciones mecá-
needed. Placed underneath the ground floor and above the first floor, they would form voids also used for mechanical and electrical installations. In the exhibi-
nicas y eléctricas del edificio. Esto se haría con el objeto de conservar la sutil estructura de las bóvedas en los techos de las salas de exposición en vez de camuflarlas
tion spaces we are leaving the ceilings open to preserve their beautiful vaulting instead of providing suspended ceilings.
con falsos techos. De este modo, se confiere autenticidad a las salas.
This also lends the exhibition galleries authenticity.

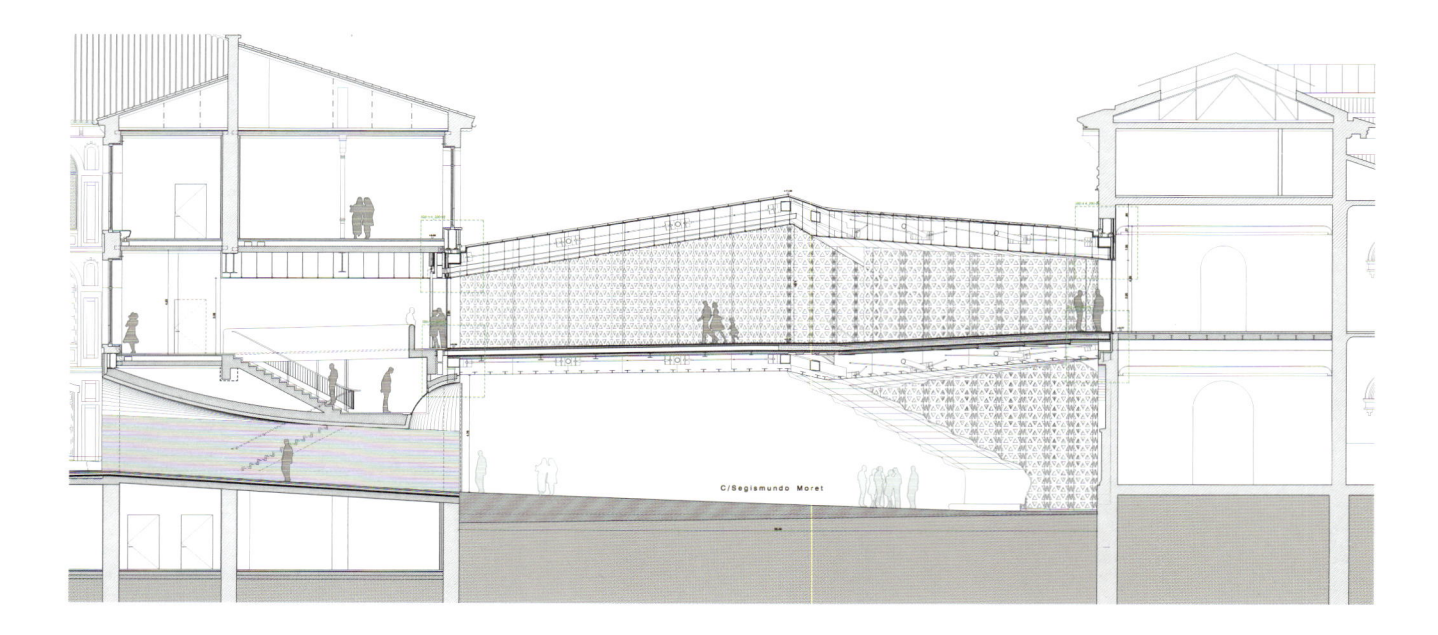

Los techos estructurales constituyen, además, una buena medida para integrar las rejillas de ventilación y los elementos de iluminación, entre otros. Las paredes y los
Structural ceilings are, moreover, a good means of visually background ventilation outlets, lighting elements and similar features. The walls and the ceilings in
techos de estas salas de exposición generales estarán pintadas y serán de textura lisas, el suelo será de madera. Somos conscientes de que espacios con una organiza-
these exhibition spaces are finished and painted, the floors are made of wood. We are fully aware that entirely open-plan areas free of intermediate supports
ción de planta totalmente abierta, amplias y sin ningún soporte serían ideales para exposiciones temporales pues permiten máxima flexibilidad y podrían ser subdivididas
would be ideal for temporary exhibitions since they are more flexible and can be subdivided as required.
según las condiciones específicas en cada caso. Normalmente este sería nuestro procedimiento al diseñar museos nuevos. Sin embargo bajo la premura de tiempo y dadas
That is our usual approach in designing new museums. In this case, however, given the character of the existing building and the timeline, major reconstruction
las características del edificio existente consideramos que tal intervención en la estructura no es realista desde un punto de vista económico y temporal.
of that kind is unrealistic regarding both scheduling and budget.

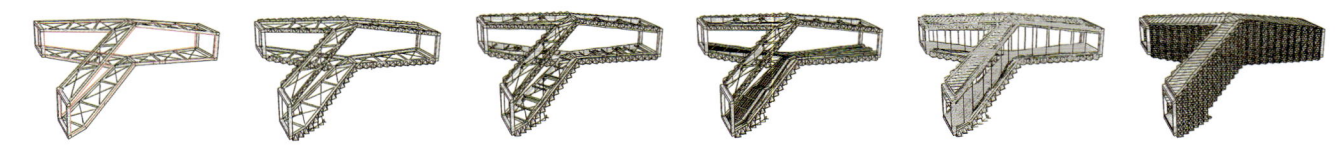

Las maravillosas ventanas situadas hacia el patio interior establecerán para el visitante una relación hacia lo exterior y le proporcionarán orientación. En las plantas
The magnificent windows facing the inner courtyard will establish a connection to the outside and help to orient visitors. On the exhibition floors the existing windows
expositivas se tapiarán las ventanas existentes. Los comisarios artísticos desean minimizar la cantidad de luz lateral y evitar la luz solar directa en la sala. Tanto más
will be walled up. Curators usually prefer as little lateral light as possible in order to maximize wall space and eliminate direct sunlight. In addition, this measure enhances
se impone esta actuación, cuanto acentúa las nuevas grandes aperturas de las *Anchor Rooms* en la fachada. Añadiendo una mayor complejidad a las fachadas histori-
the effect of the large new openings of the Anchor Rooms, giving the historicist façades a greater sense of complexity. These openings have a classical geometry,
cistas. Ya que, por un lado estas aperturas son de geometría clásica pero a la vez son muy contemporáneas debido a que niegan la estructura de las fachadas existen-
but at the same time they are very contemporary, denying the structure of the existing facades and becoming direct projections of the museum's interior.
tes y se convierten en proyecciones directas del interior del Museo.

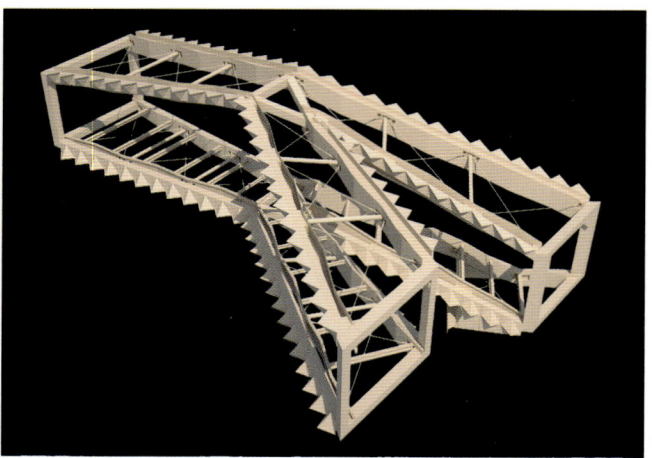

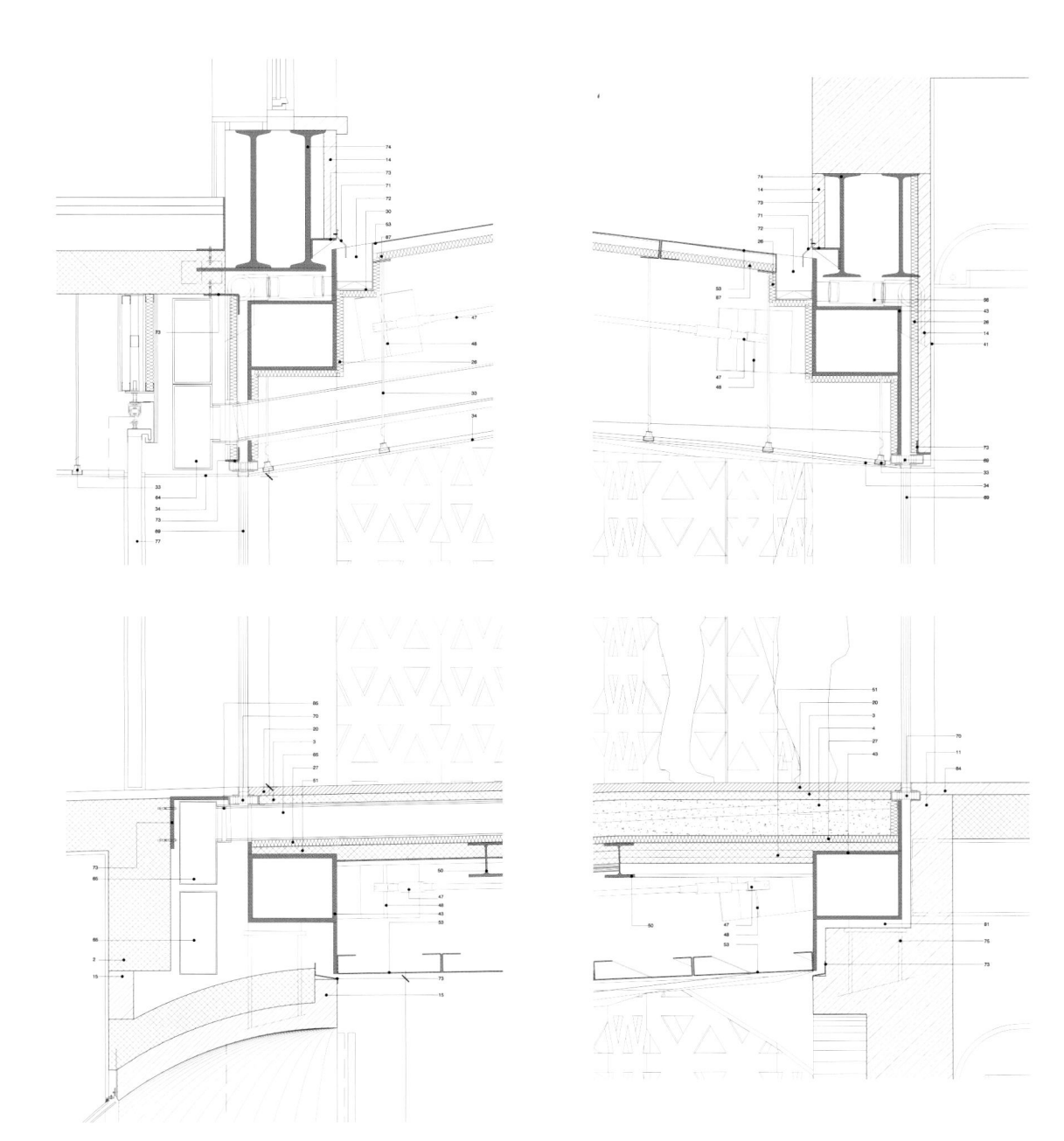

Puente. Detalles de secciones verticales / Bridge. Vertical section details

2 Hormigón armado
3 Losa hormigón armado 50mm
4 Relleno de hormigón ligero 210mm
11 Muro existente de ladrillo (30x15x5)
12 Ladrillo perforado (28x14x9)
14 Tabique de ladrillo 70m'n
15 Ladrillo manual visto (30x14x5) exterior, según muestra aprobada por E.D.
20 Pavimento continuo (pcr definir) 50mm
23 Perfil estructural de acero
24 Perfil estructural de acero con pintura ignífuga
26 Lana de roca 40mm (70kg/m3)
27 Aislamiento térmico po liestireno extruido 30mm
32 Subestructura acero galvanizado 48/70/90mm, retícula 60x60
33 Subestructura acero galvanizado para falso techo, retícula 60x60
34 Placa de cartón yeso 12.5mm, 1 hoja / 2 hojas (alta dureza)
35 Placa de cartón yeso 12.5mm, 1 hoja / 2 hojas (hihdrófugas)
41 Enlucido de yeso 15mm, pintado
43 Cordón estructural, tubo 400x400/400x500 e=20
44 Conjunto estructural con triángulo de base e=20, pletina vertical e=20 y pirámide e=12
45 Celosía estructural e=20, corte numérico con plasma, según patrón aprobado por E.D.
46 Tubo estructural d=200mm, e=9mm
47 Tirante MKT 480 M30 o similar
48 Conector cordon con chapa e=15mm
49 Chapa lateral e=10mm
50 Perfil estructural de acero correa forjado
51 Forjado con encofrado perdido de chapa perfilada e=8mm canto total 120mm
52 Angular metálico con huecos climatización, remate suelo
53 Chapa de acero e=5mm, anchura paneles ~ 600mm doblado lateralmente 2 x 100 mm
54 Tapa canalón longitudinal de chapa perforada
56 Tapa de acero e=10mm con rigidizador
57 Tapa paso para colocación vidrios
58 Angular metálico con huecos climatización, remate falso techo
59 Chapa metálica
60 Carpintería inferior acristalamiento
61 Carpintería superior acristalamiento
62 Vidrio laminar 10mm+10mm extraclaro
63 Pasamanos
64 Conducto climatización impulsion con difusores conectados por tubos flexibles
65 Conducto climatización retorno
67 Banda de neopreno estanca
68 Bajante aguas pluviales d=100mm con conector flexible (dilatación) y aislamiento d=110
69 Junta de dilatación lateral/superior
70 Junta de dilatación suelo
71 Perfil metálico contra el agua
72 Canalón transversal
73 Angular metálico
74 Perfil metálico formación hueco en fachada
75 Pilar metálico apoyo gran escalera
76 Puerta acceso de mantenimiento fachada
77 Puerta corredera anti-incendios
78 Chapa metálica jambas
81 Apoyo de neopreno sobre pilar metálico
82 Luminaria
83 Conector vidrio - celosía
84 Acabado según pavimento existente en el Museo
85 Conexión flexible conductos de climatización
86 Perfil metálico L 70.7
87 Panel de cartón yeso con lana de roca de total 60mm

2 Reinforced concrete
3 50mm reinforced concrete slab
4 210mm lightweight concrete backfill
11 Existing brick wall (30x15x5)
12 Air brick (28x14x9)
14 70mm brick partition
15 Handmade face brick (30x14x5) outside, as per approved sample
20 Continuous paving (to be defined) 50mm
23 Structural steel shape
24 Structural steel shape with fireproof paint
26 40mm Rockwool (70kg/m3)
27 30mm extruded polystyrene thermal insulation
32 Galvanized steel substructure, 48/70/90mm, 60x60 grid
33 Galvanized steel substructure for drop ceiling, 60x60 grid
34 12.5mm plasterboard, 1 sheet / 2 sheets (hardened)
35 12.5mm plasterboard, 1 sheet / 2 sheets (waterproof)
41 15mm plaster coat, painted
43 Structural strip 400x400/400x500 pipe t= 20
44 Structural unit including triangular base t = 20, vertical strip t=20 and pyramid t = 12
45 Structural lattice t = 20, cut using digital plasma as per approved pattern
46 Structural pipe d = 200mm, t = 9mm
47 MKT 480 M30 or similar strainer
48 Connector strip with sheeting t = 15mm
49 Lateral sheeting t = 10mm
50 Structural steel shape for slab brace belt
51 Floor slab with embedded sheet metal formwork t = 8mm 120mm total depth
52 Metal angle with apertures for climate control ground level finish
53 Steel plate t = 5mm ~ 600mm wide panels, bent laterally 2 x 100 mm
54 Perforated sheeting for longitudinal gutter cover
56 Steel cover t = 10mm with stiffener
57 Gap cover for window placement
58 Metal angle with apertures for climate control, drop ceiling finish
59 Sheet metal
60 Lower window frames
61 Upper window frames
62 10mm+10mm laminated water glass
63 Handrails
64 HVAC duct, output sprays connected by flexible pipe
65 HVAC return duct
67 Waterproof neoprene strip
68 Rainwater downpipe d = 100mm with flexible connector (dilation) and insulation d = 110
69 Expansion joint side / top
70 Floor expansion joint
71 Metal water-resistant shape
72 Transversal gutter
73 Metal angle
74 Metal shape to form facade fenestration
75 Metal column to support main staircase
76 Entrance door facade maintenance
77 Fire-proof sliding door
78 Sheet metal jamb s
81 Neoprene prop on steel column
82 Skylight
83 Glass – lattice connector
84 Finish as per existing museum floor
85 Flexible connection 85 conditioning ducts
86 Metal angle 70.7
87 Plasterboard panel with Rockwool, total 60mm

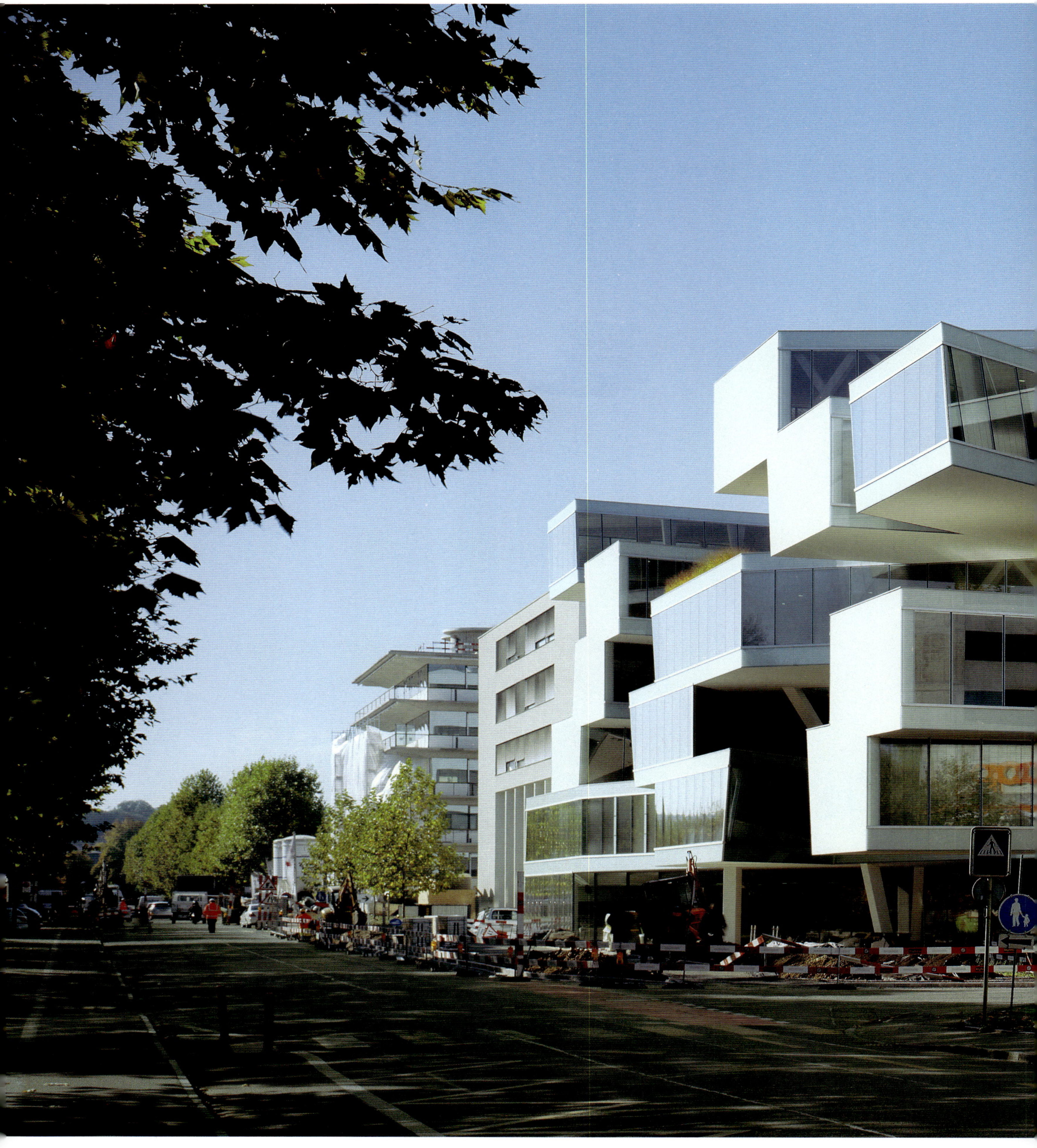

CENTRO EMPRESARIAL ACTELION

ACTELION BUSINESS CENTER

SUIZA
ALLSCHWIL, SWITZERLAND 2005 2010

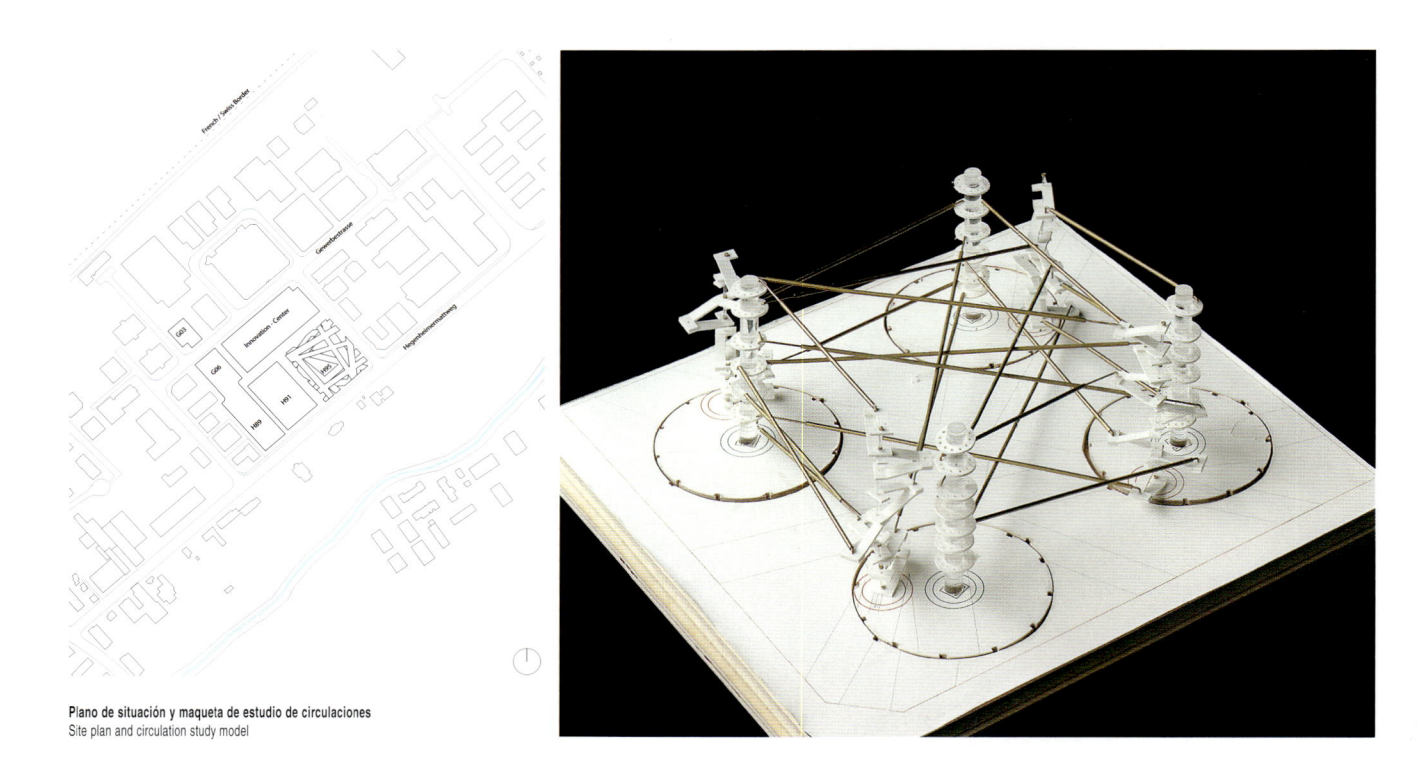

Plano de situación y maqueta de estudio de circulaciones
Site plan and circulation study model

En contraste con un entorno denso y caracterizado por la rigidez formal de sus construcciones, la sede del nuevo Centro Empresarial Actelion es un edificio abierto, defi-
In contrast to the densely built-up surroundings with rigidly defined shapes, the new Actelion Business Centre building is an open structure comprising beam-
nido por cuerpos en voladizo apilados unos sobre otros y cuya imagen cambia dependiendo del punto de vista. Los espacios entre esos elementos en voladizo facilitan
like elements, stacked on top of one another, which change their appearance depending on the angle from which they are viewed. The spaces between the beam
las conexiones visuales tanto hacia dentro del propio edificio como desde el interior hacia los laboratorios contiguos y los edificios de oficinas y campos deportivos que
structures allow for visual connections inward and outward to the adjacent laboratories, nearby office buildings and sports fields. The apparently random arrange-
se encuentran en las inmediaciones. La aparentemente caprichosa disposición de estos cuerpos no sólo procura perspectivas insólitas, sino también terrazas y patios de
ment of the office beams not only provides unusual views within and to the outside, but also terraces and courtyards in lots of different sizes and qualities are
distintos tamaños y diferente ambientación donde los empleados pueden runirse de manera informal o programada, trabajar o tomarse un descanso.
available to employees for work, breaks, meetings and planned or unplanned meetings.

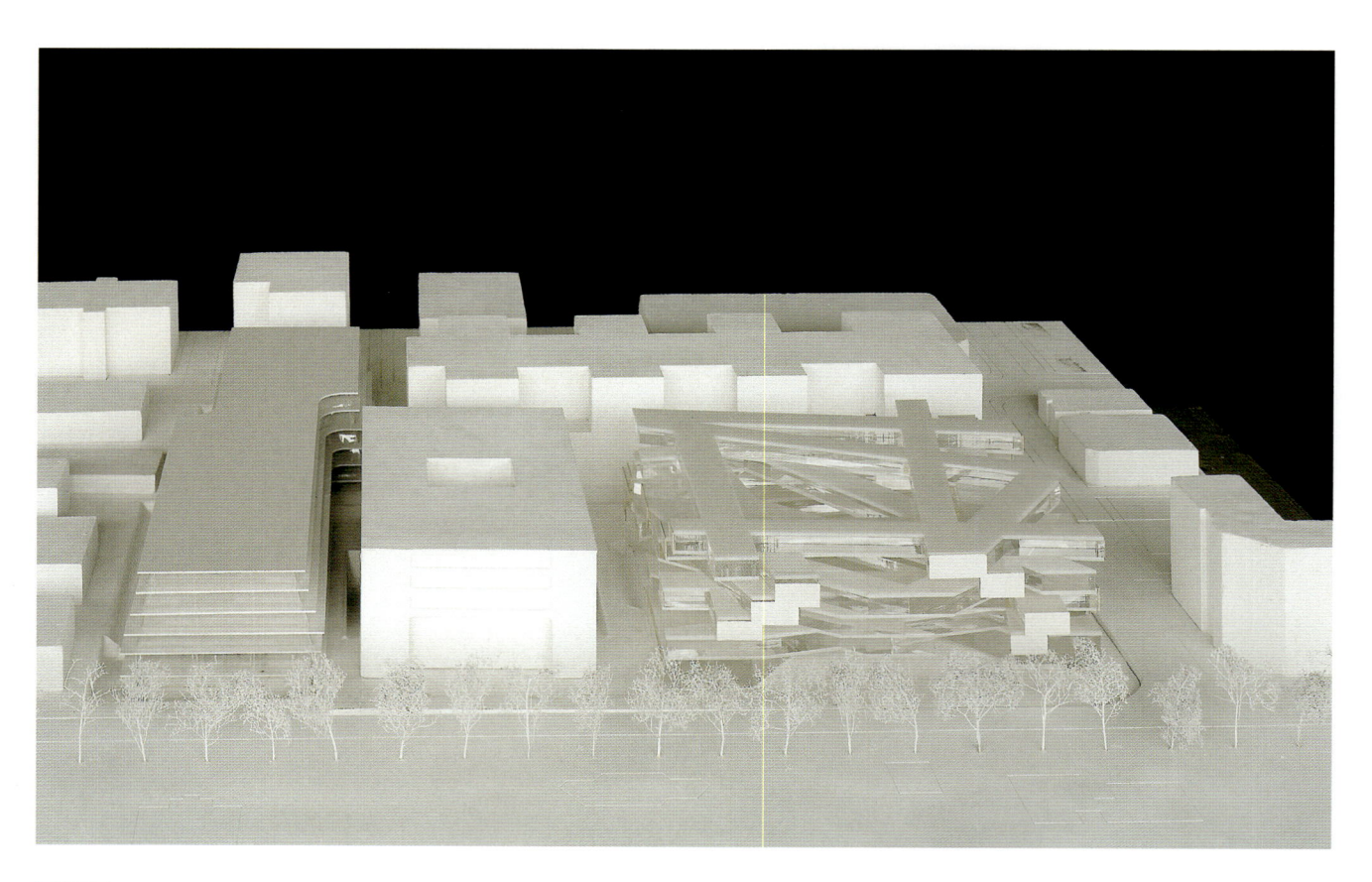

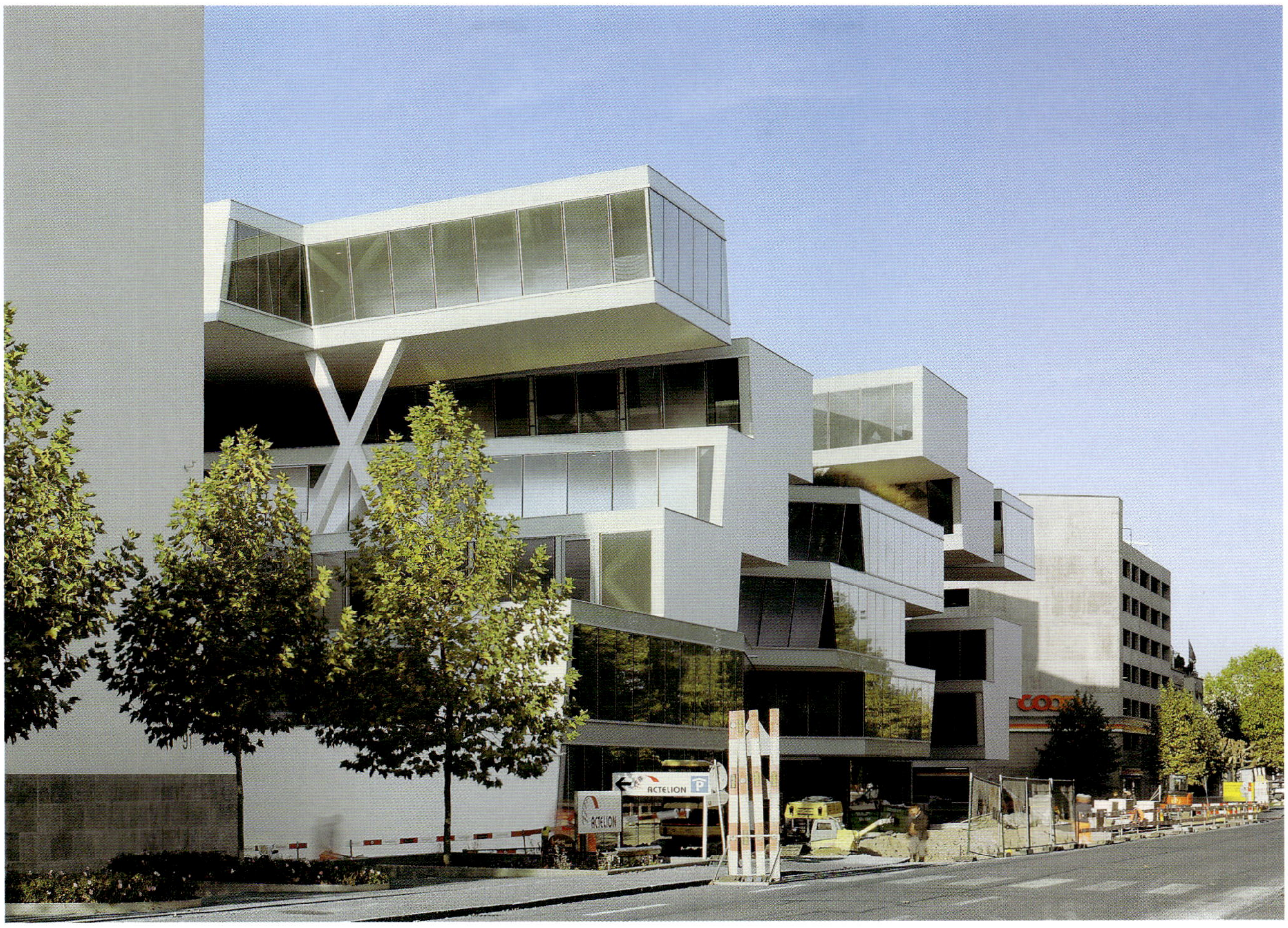
ACTELION

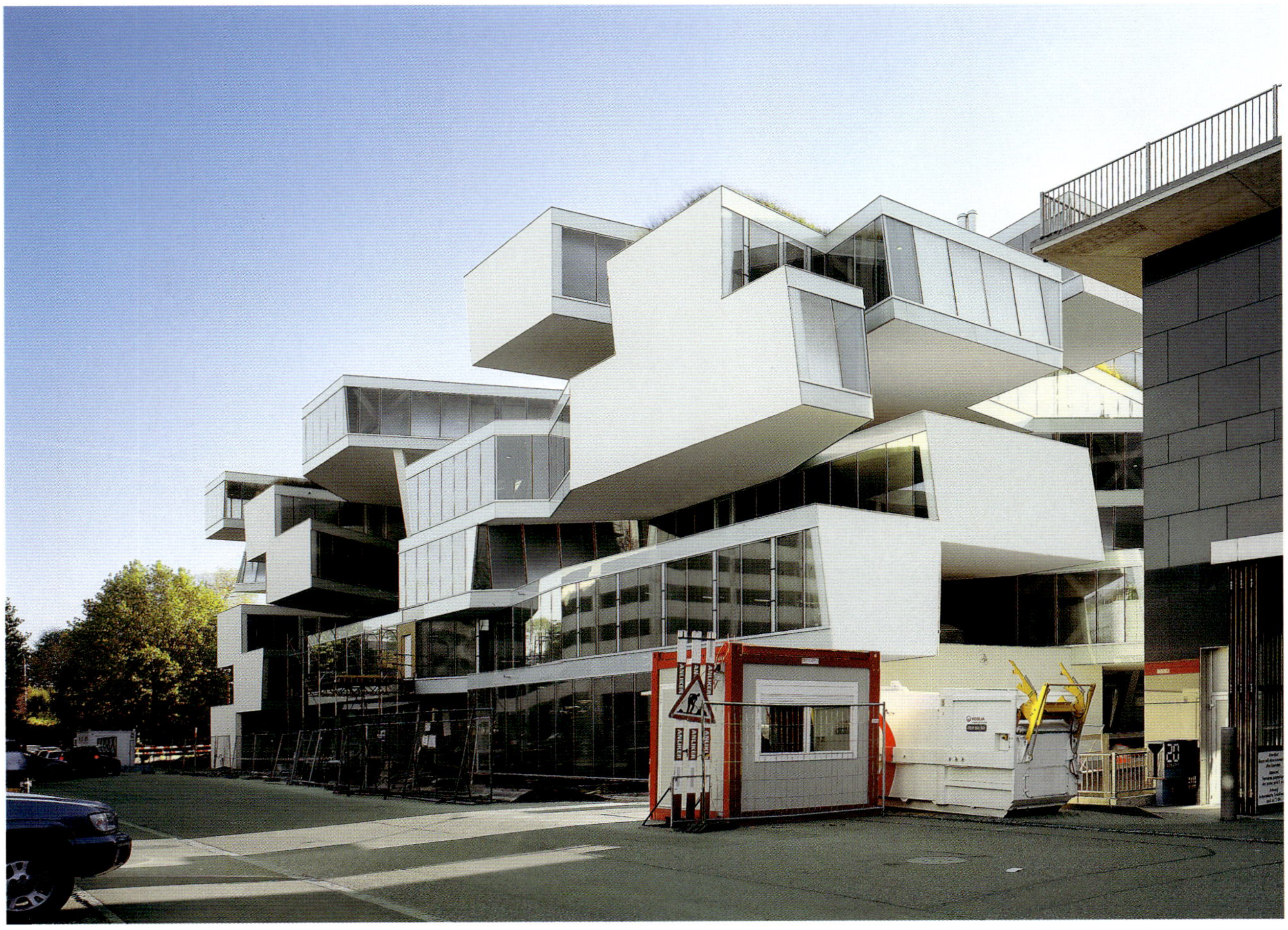

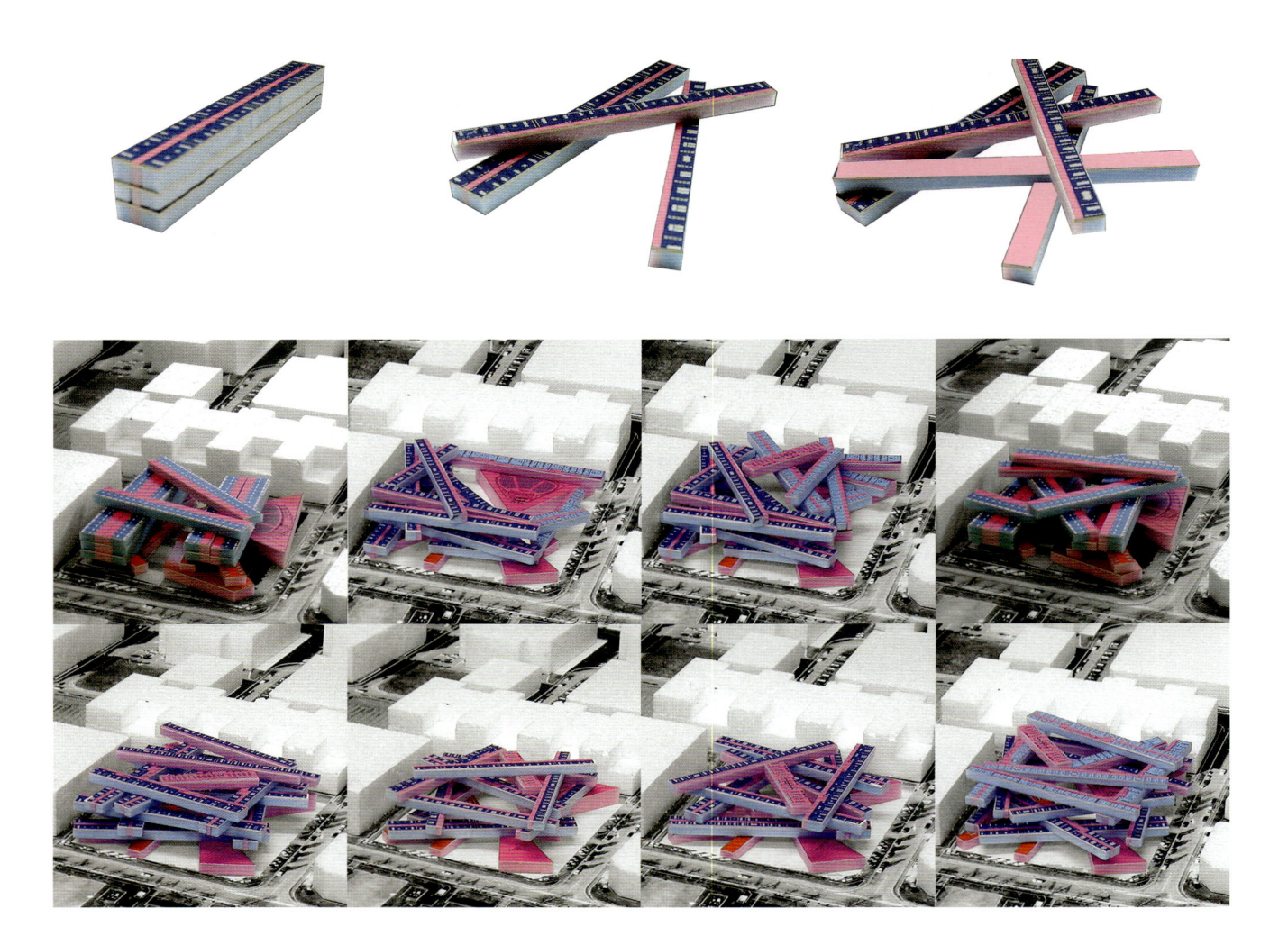

Los espacios de trabajo se configuran en bloques lineales, con un abundante aporte de luz solar en las plantas superiores. La distribución modular y las zonas libres de pilares satisfacen la demanda de variedad tipológica y de tamaño de las oficinas. En las intersecciones de los cuerpos en voladizo se sitúan salas de reuniones y estancia para fomentar la comunicación interdepartamental de la compañía. El restaurante y la cafetería, un auditorio, las instalaciones de servicio y las zonas exteriores en planta baja son partes complementarias del programa accesibles al público general.

The office workplaces are arranged in linear pods, exposed to a plentiful supply of daylight in the upper storeys. The modular layout and column-free areas satisfy the needs of various office typologies and differently sized offices. Meeting rooms and lounge-style areas are situated at the intersections of beams to increase interdepartmental communication within the company. Additional functions such as a restaurant, café, auditorium, service facilities and outdoor areas on the ground floor are accessible to the public.

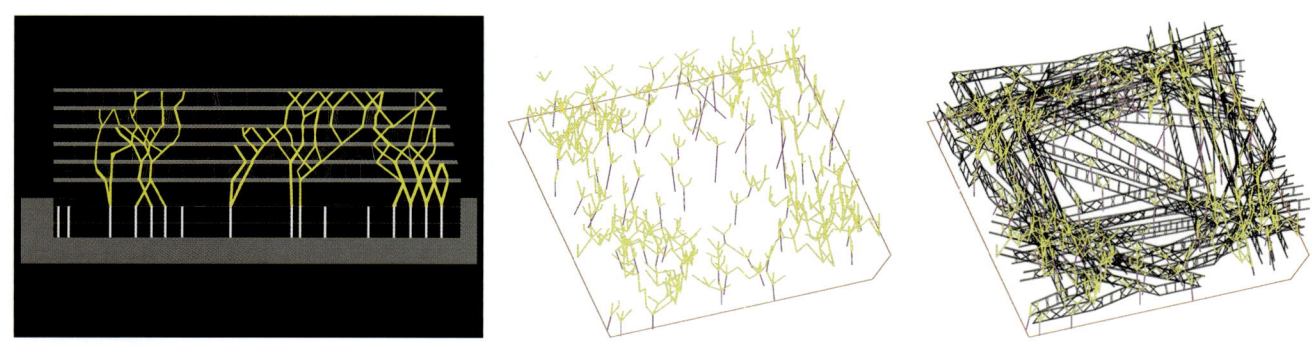

Concepto estructural / Structural concept

Un principio de actuación nítido y un concepto estructural igualmente claro definen y organizan la disposición de los bloques de oficinas y simplifican el acceso y la orientación en un espacio complejo. Los trabajadores y el público en general comparten el vestíbulo central en planta baja, de modo que se garantiza el acceso controlado a las oficinas de los niveles superiores. Cuatro núcleos de comunicación vertical sirven a estas oficinas y garantizan la mejor evacuación del edificio en caso de incendio.

A clearly defined development principle and clear structural concept define and organise the layout of the office pods and simplify accessibility and orientation in the complex space. All employees and visitors access the ground floor by a central foyer so that controlled admission to the offices on the upper floors is ensured. Four vertical access cores with stairways and lifts serve the office floors and offer safe escape routes in the event of fire.

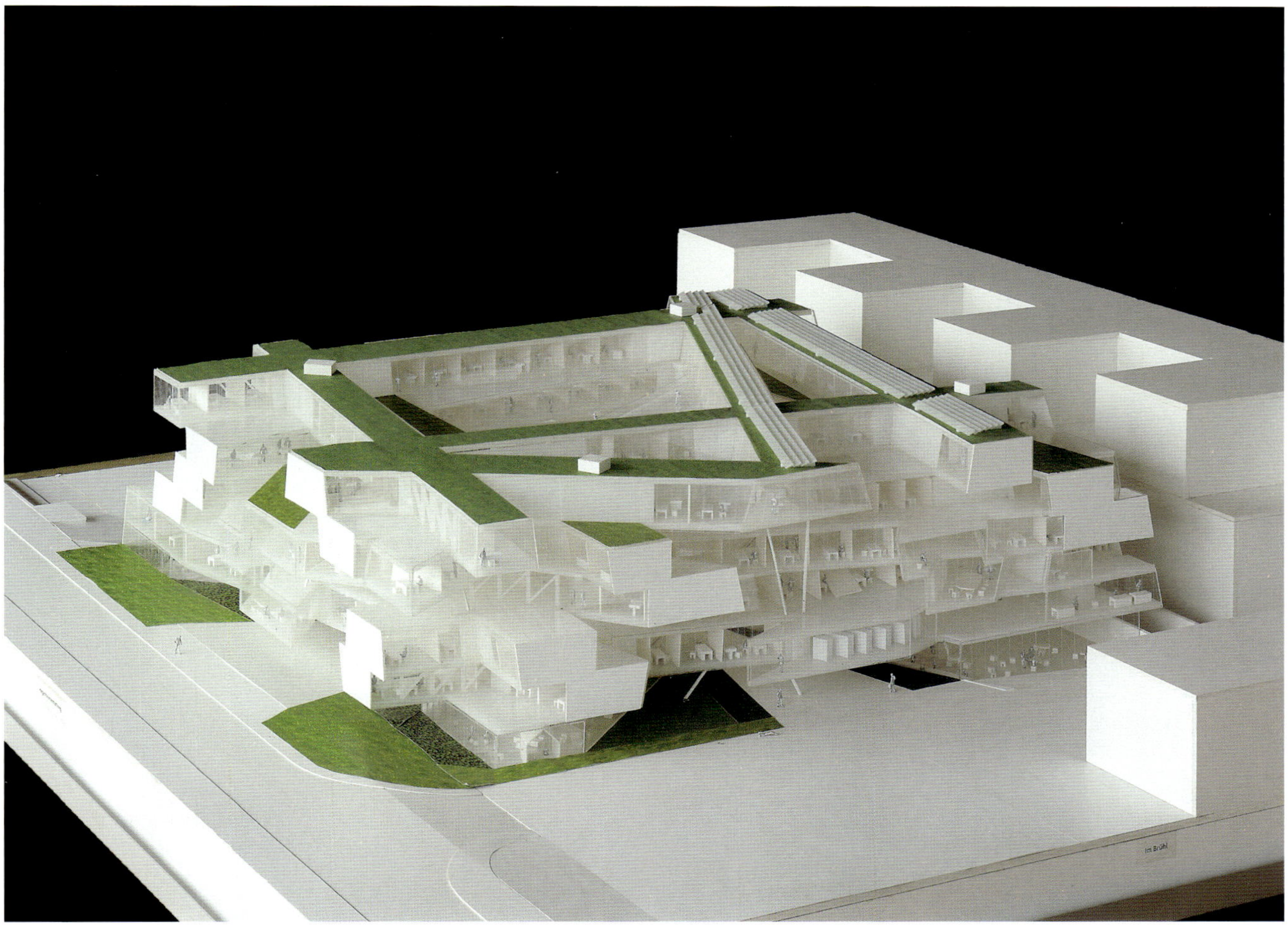

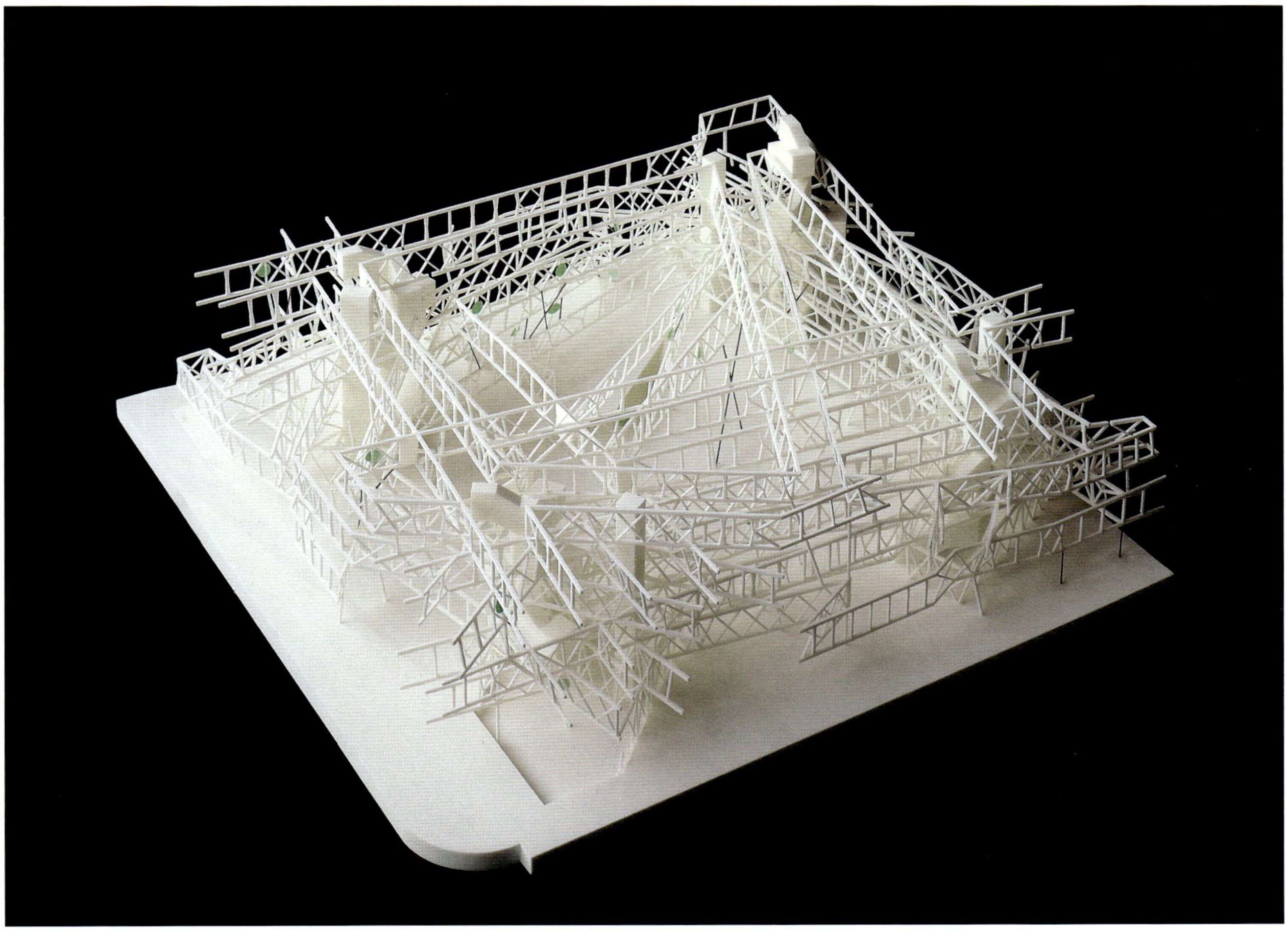

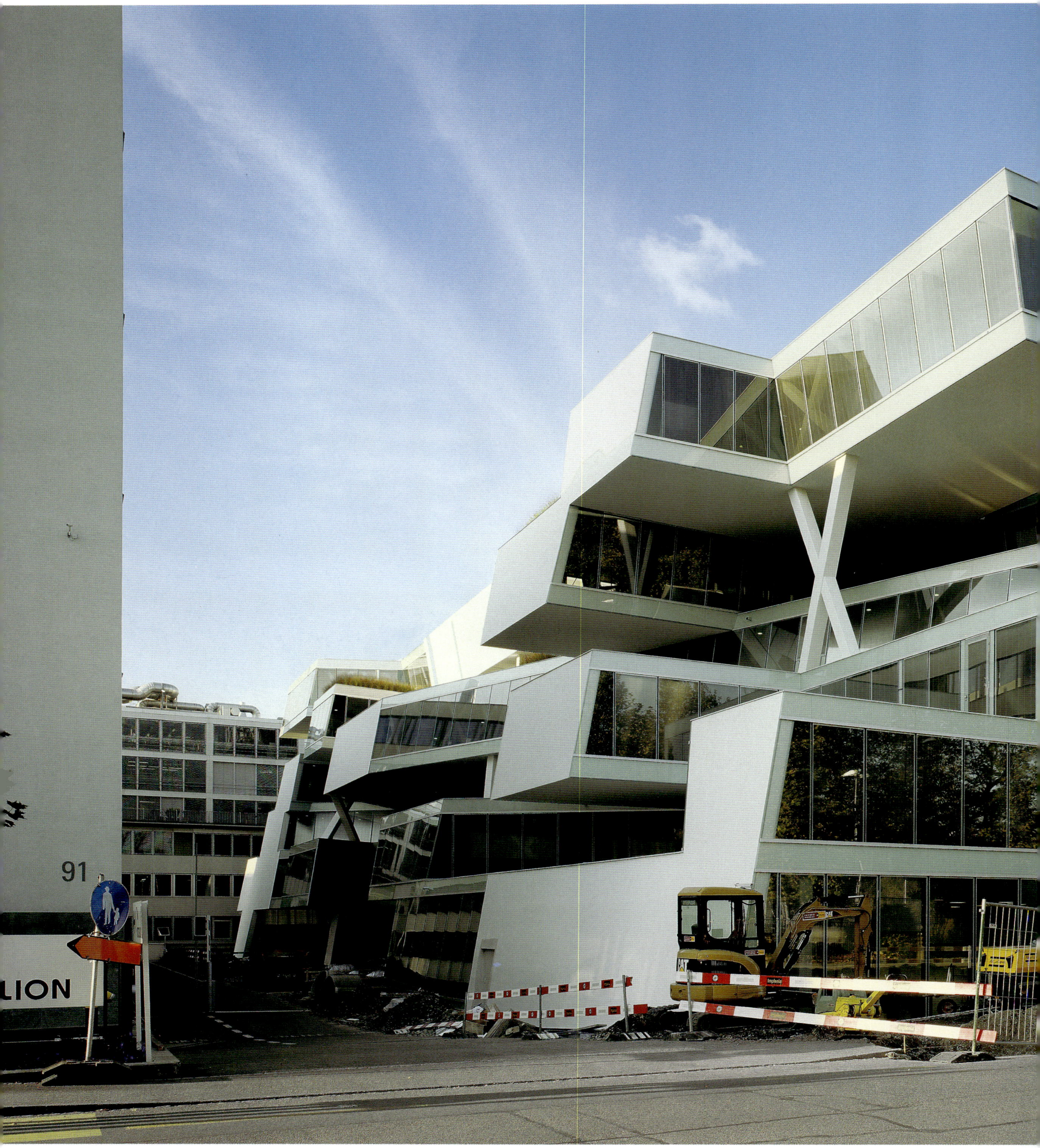
91
LION

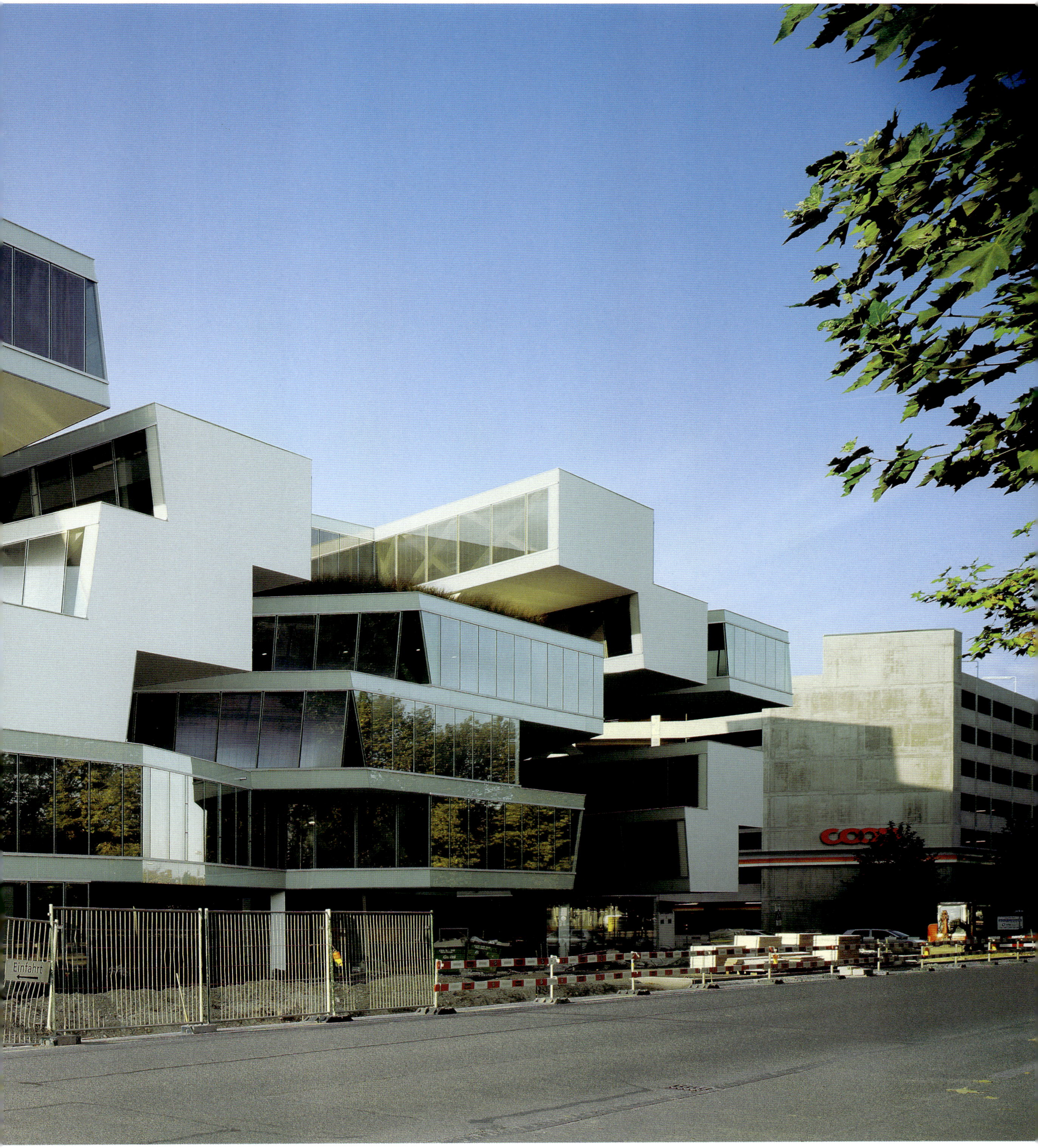
Einfahrt

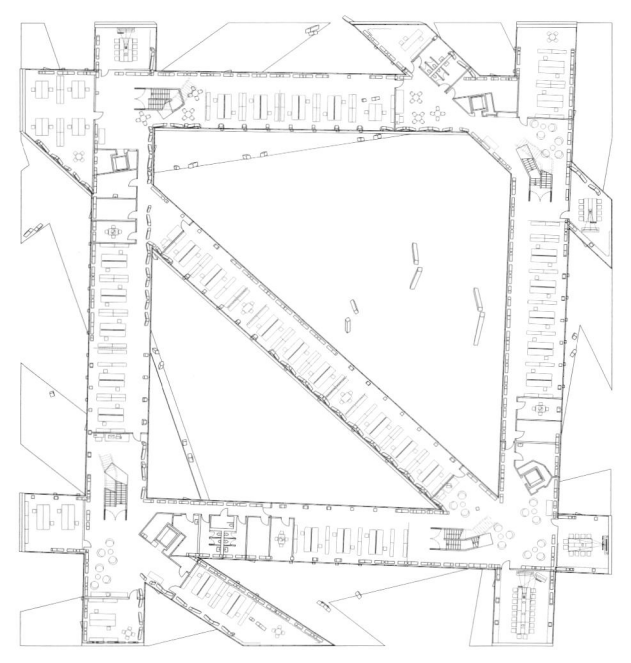

Planta segunda / Second floor plan

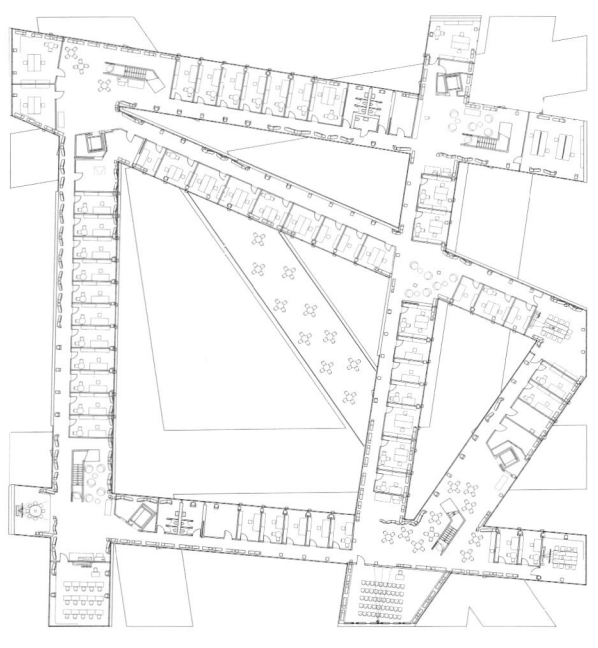

Planta quinta / Fifth floor plan

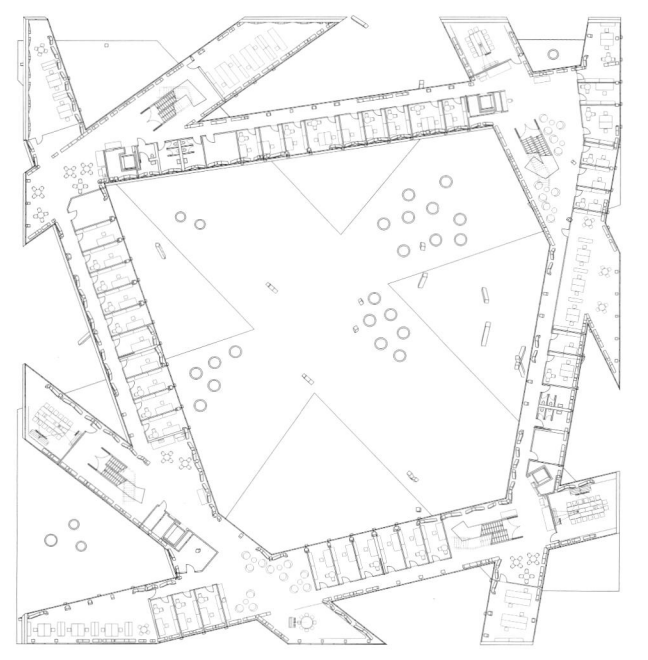

Planta primera / First floor plan

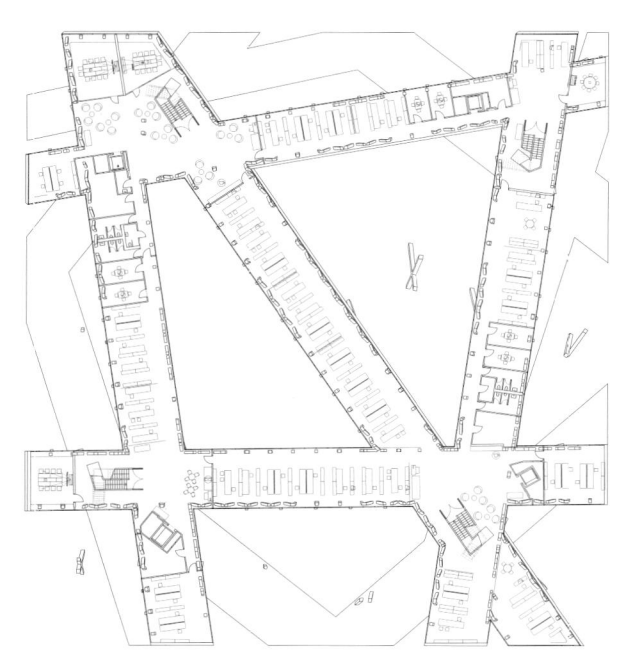

Planta cuarta / Fourth floor plan

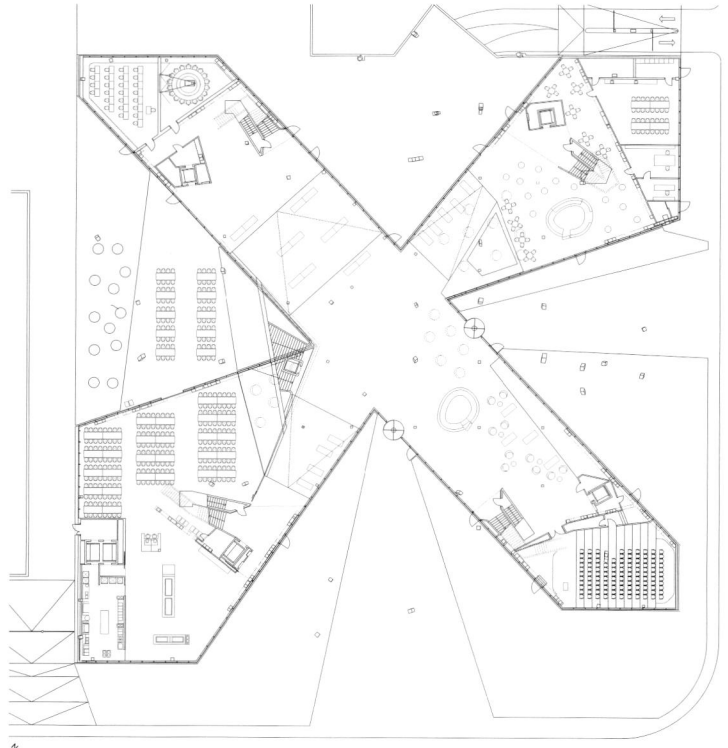

Planta baja / Ground floor plan

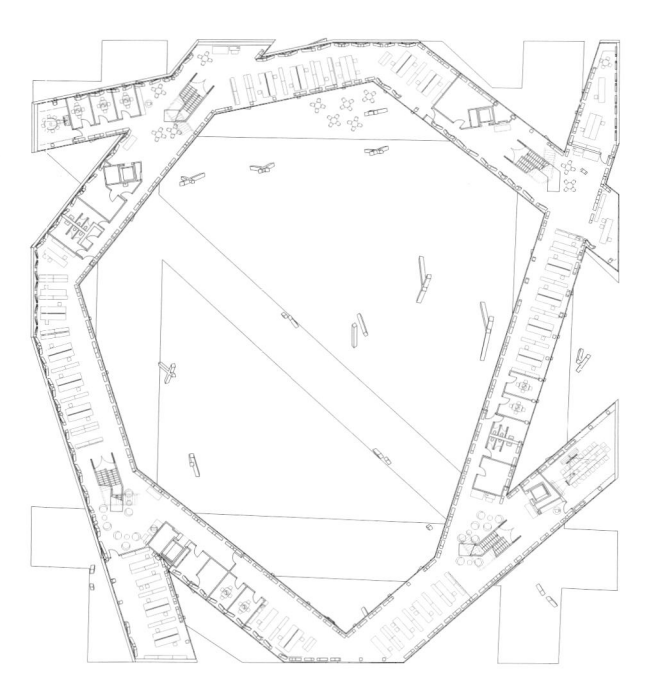

Planta tercera / Third floor plan

259

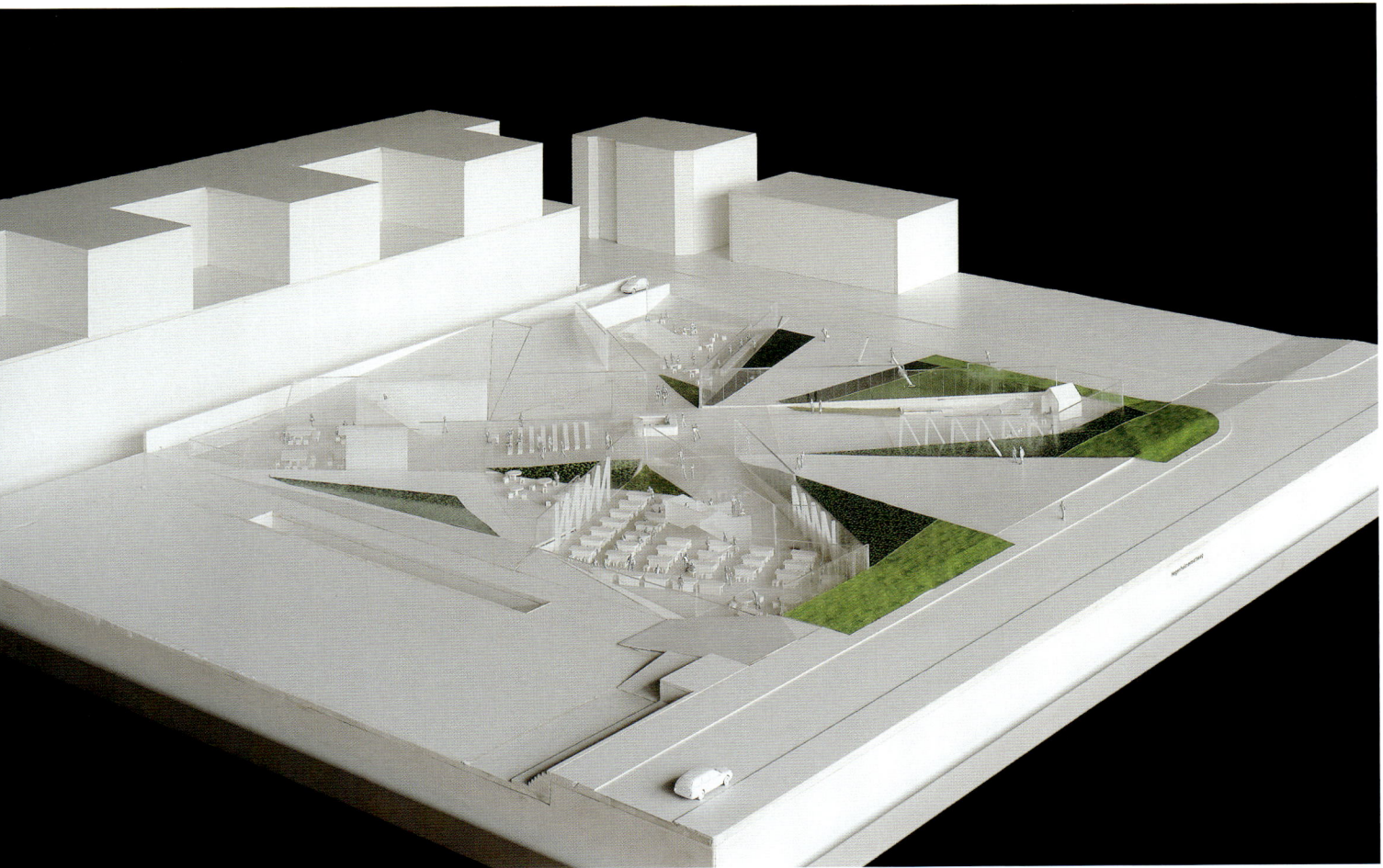

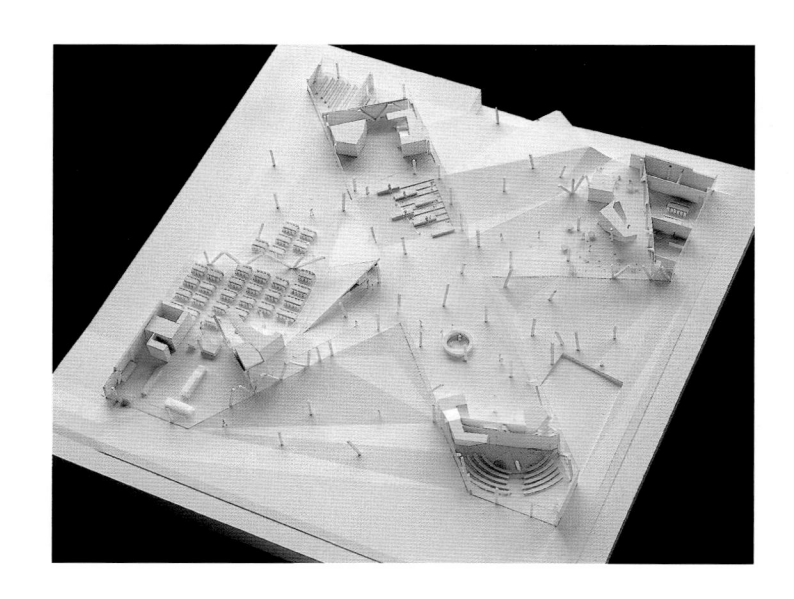

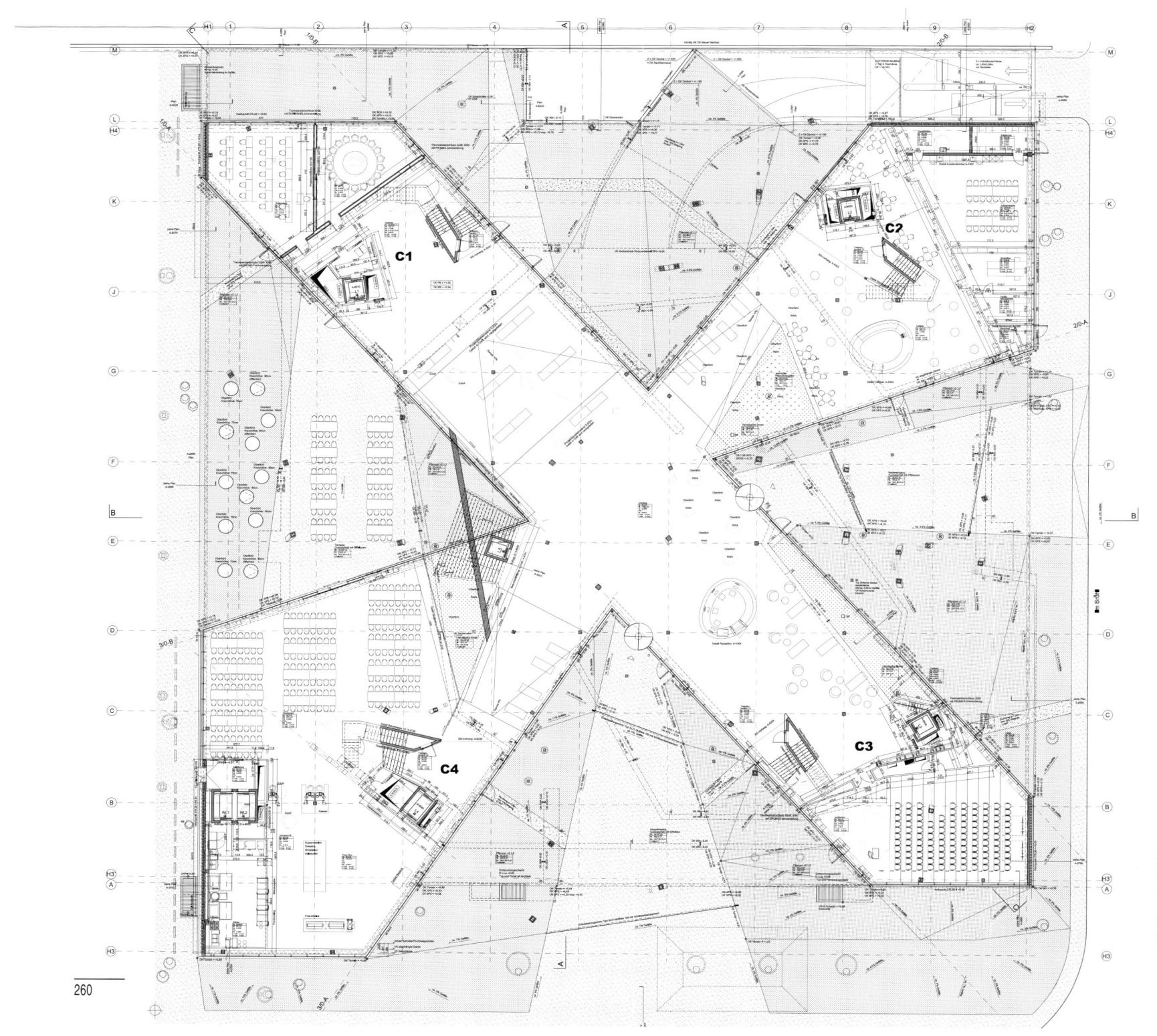

Planta baja / Ground floor plan

Sección transversal B-B / Cross section B-B

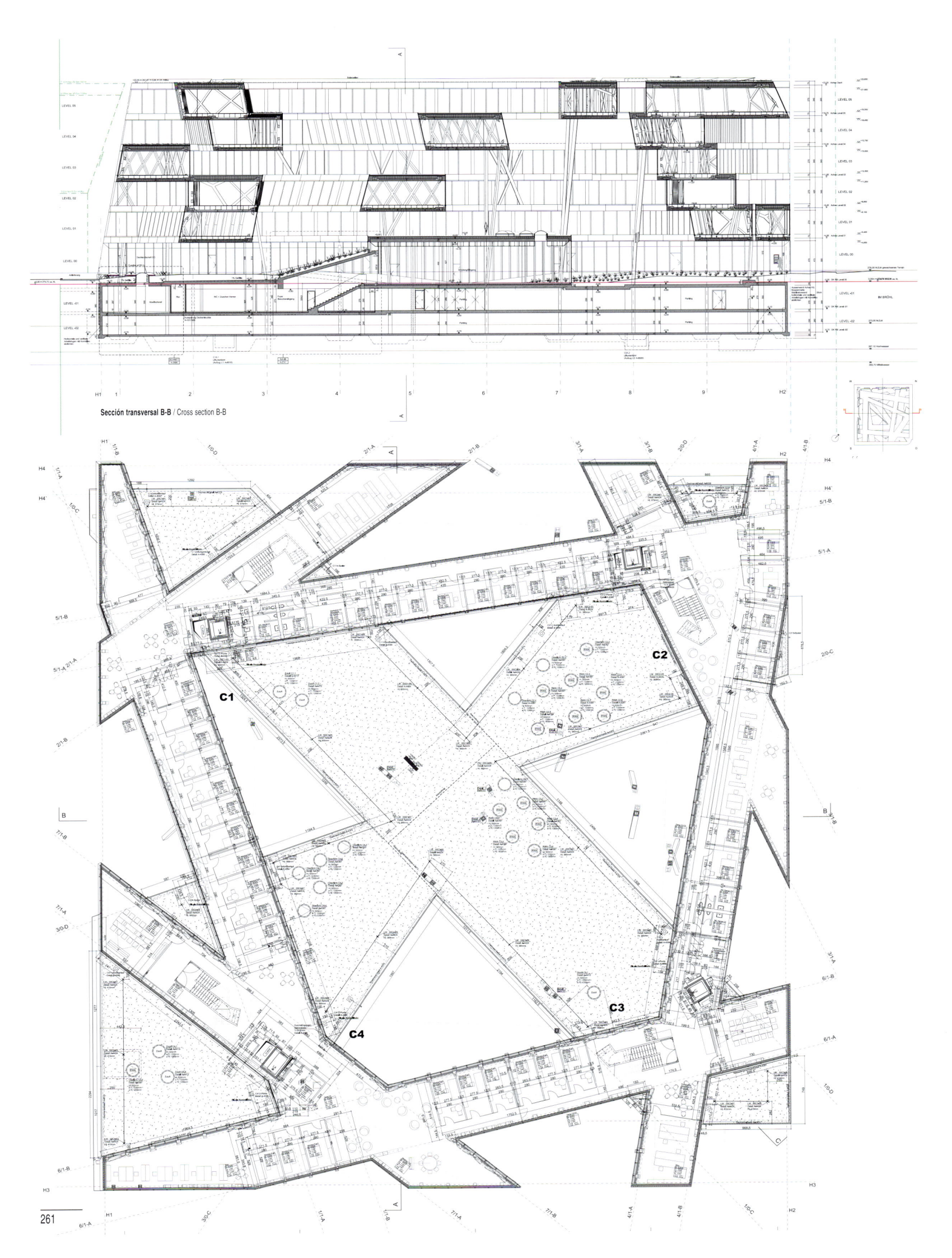

Planta primera / First floor plan

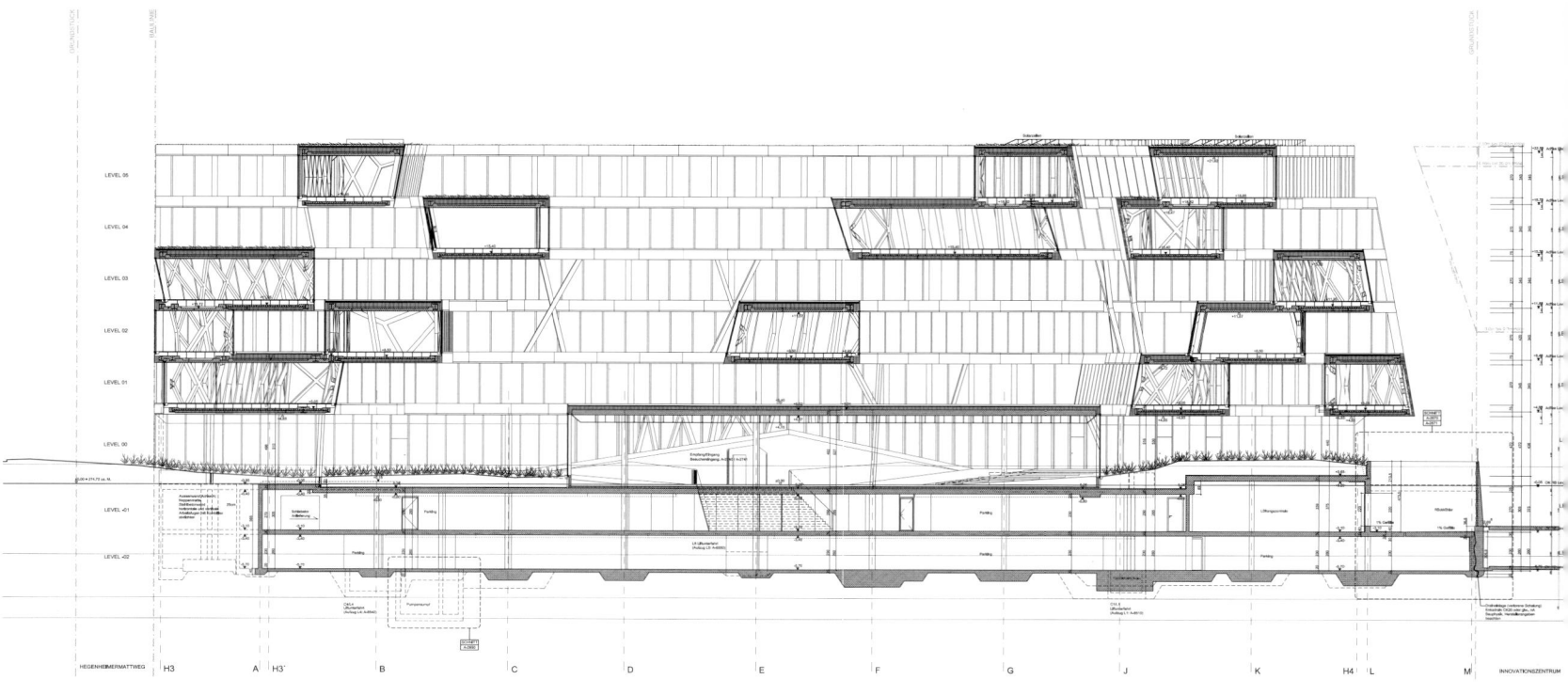

Sección longitudinal A-A / Longitudinal section A-A

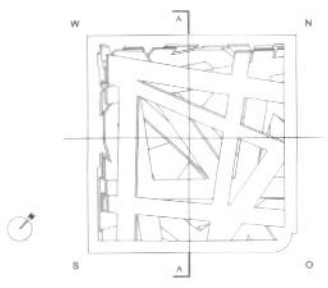

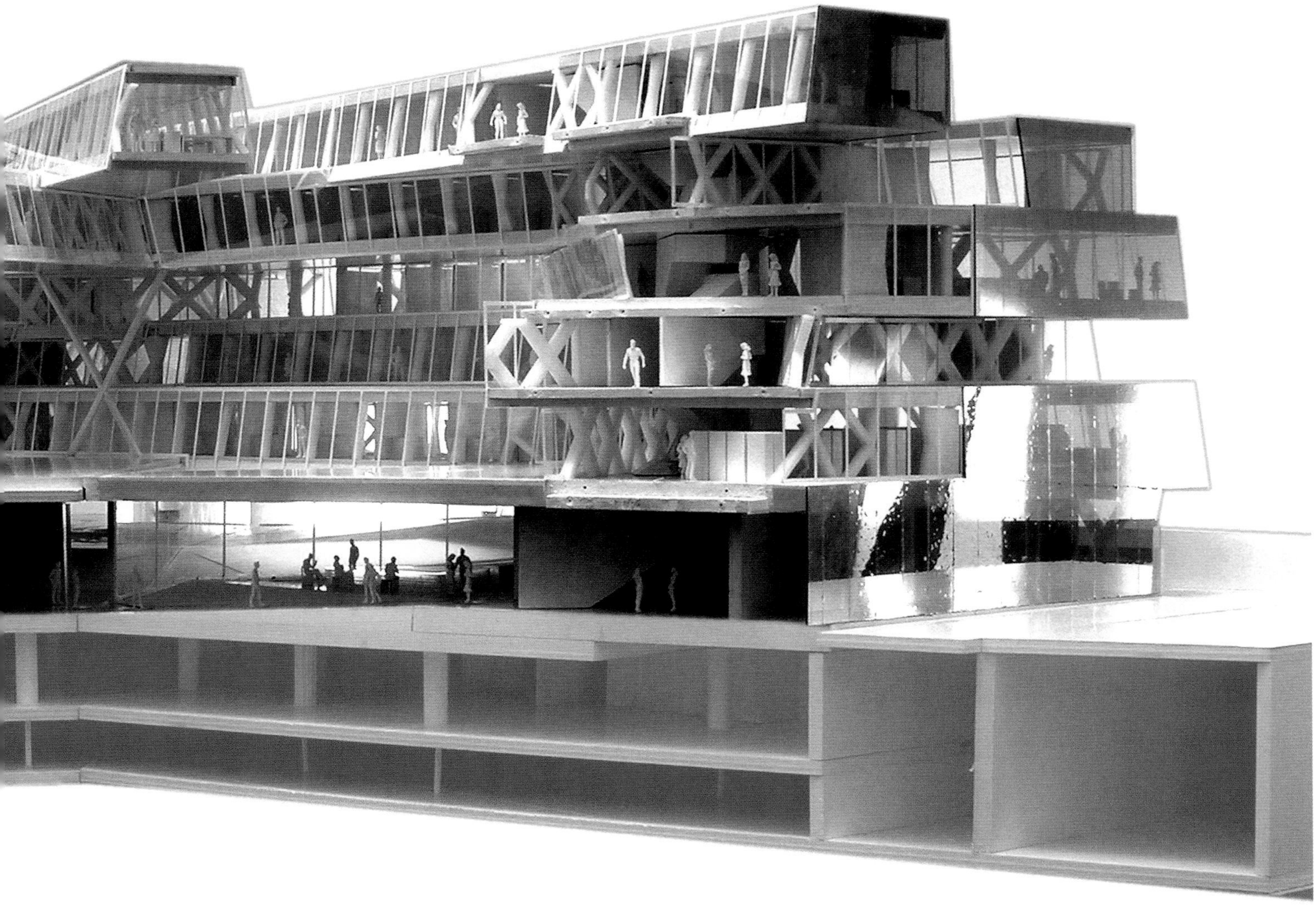

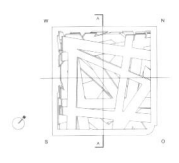

264

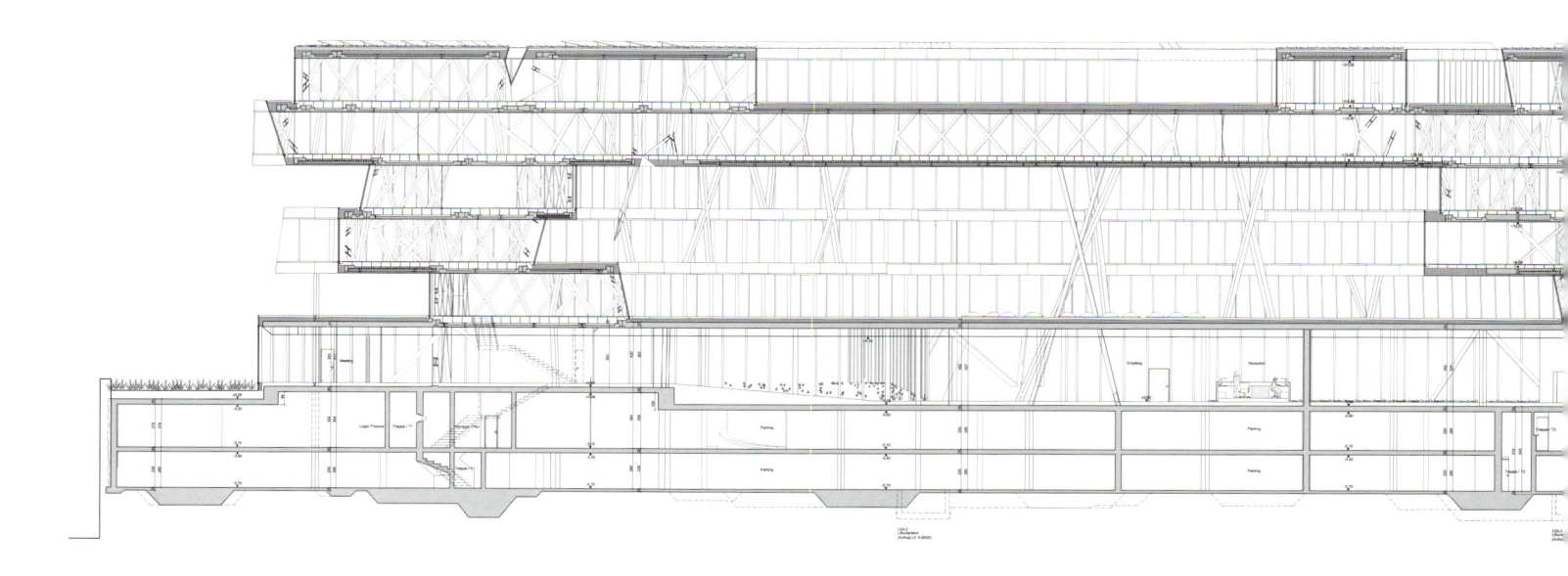

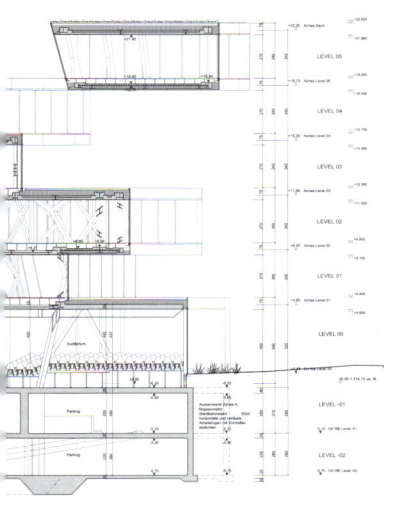

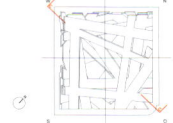

Sección diagonal C-C / Diagonal section C-C

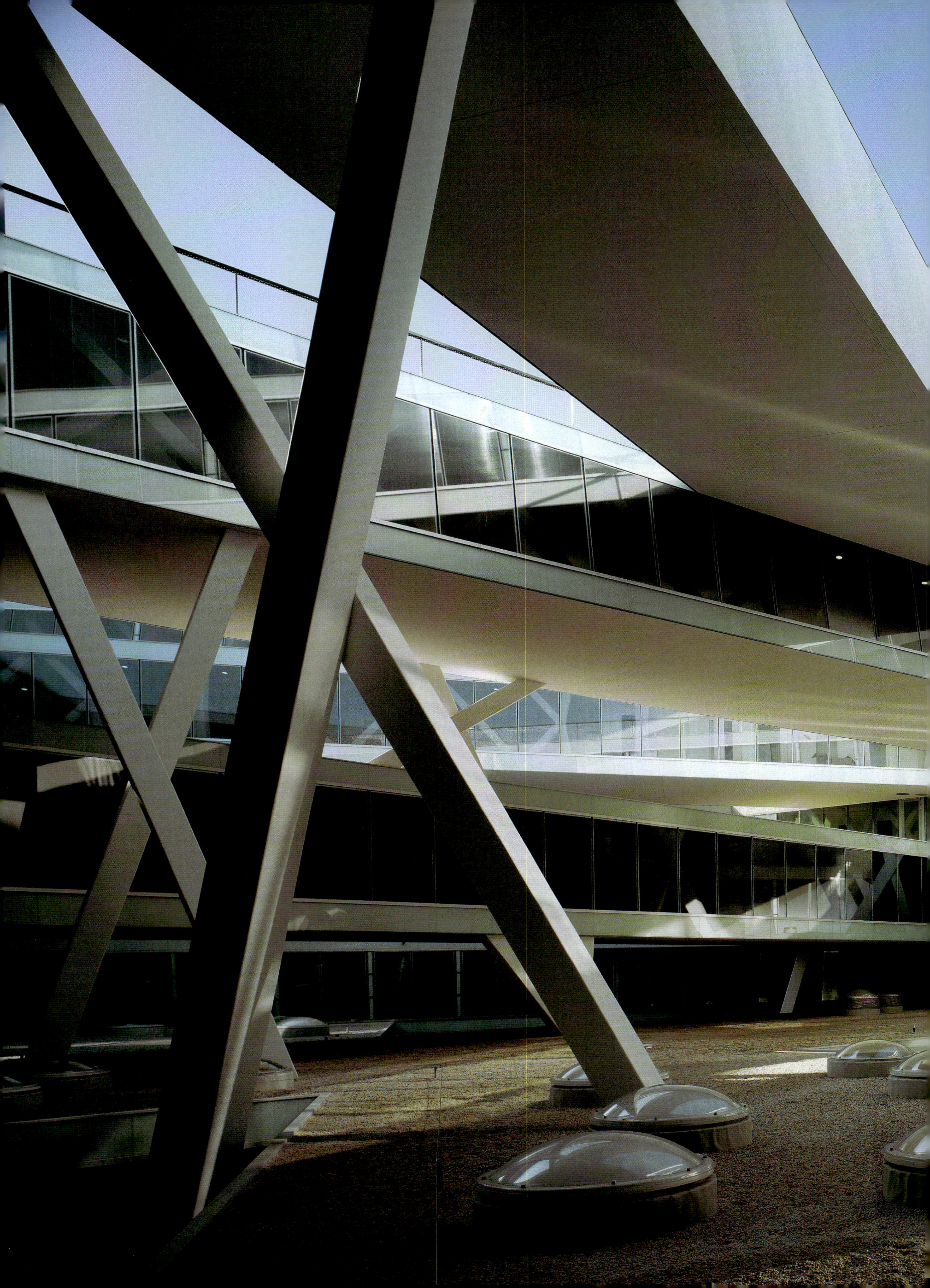

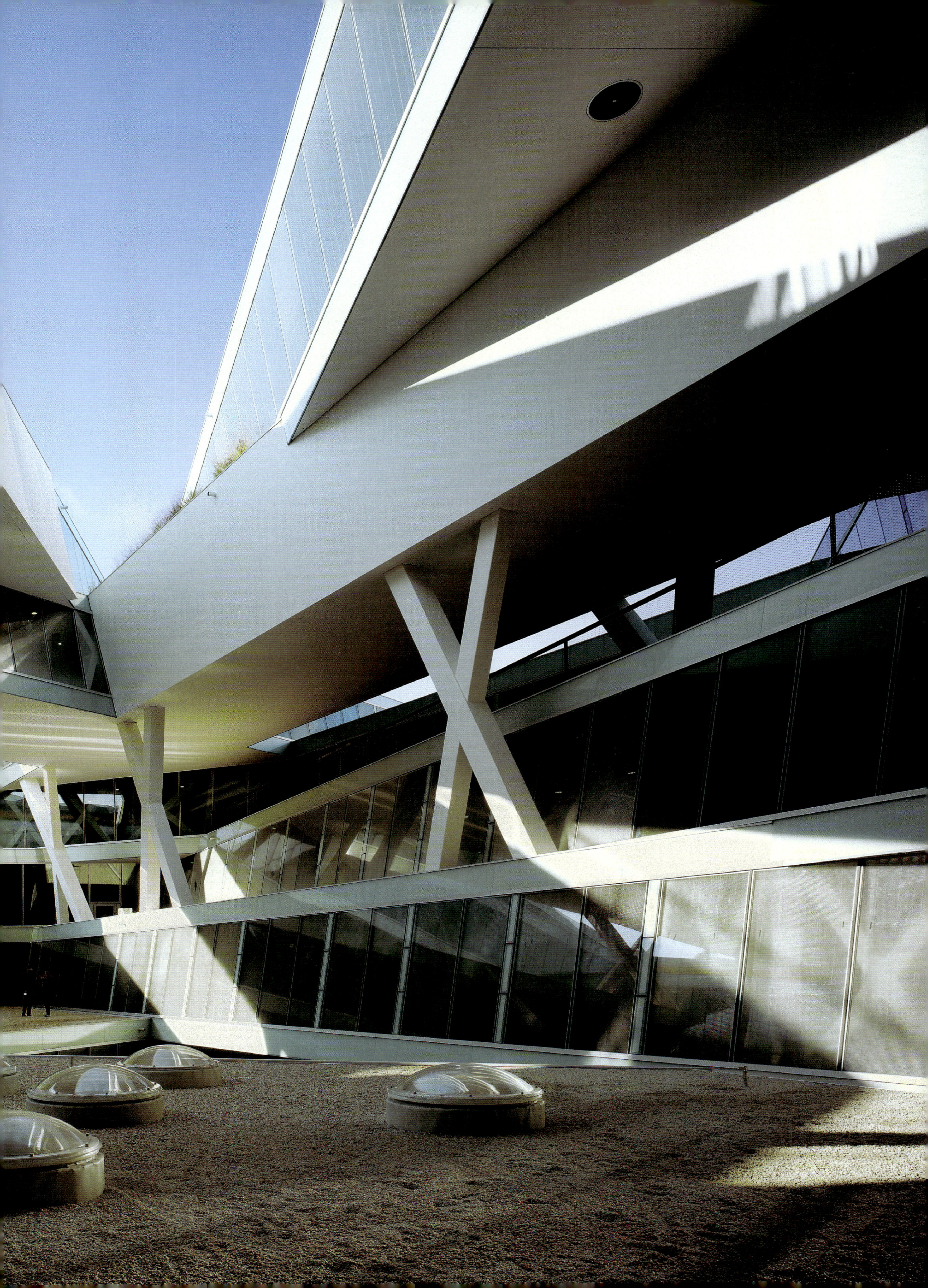

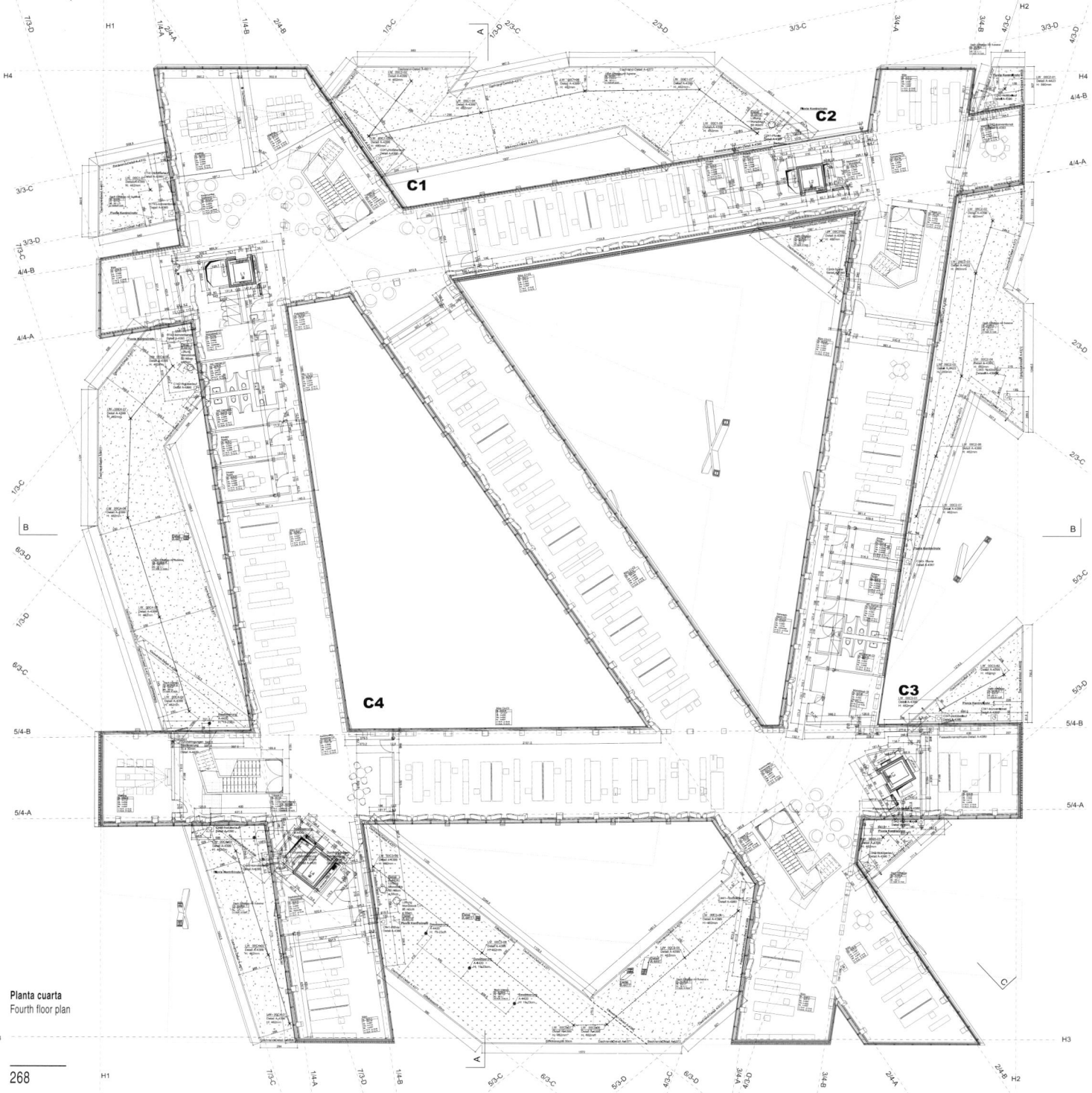

Planta cuarta
Fourth floor plan

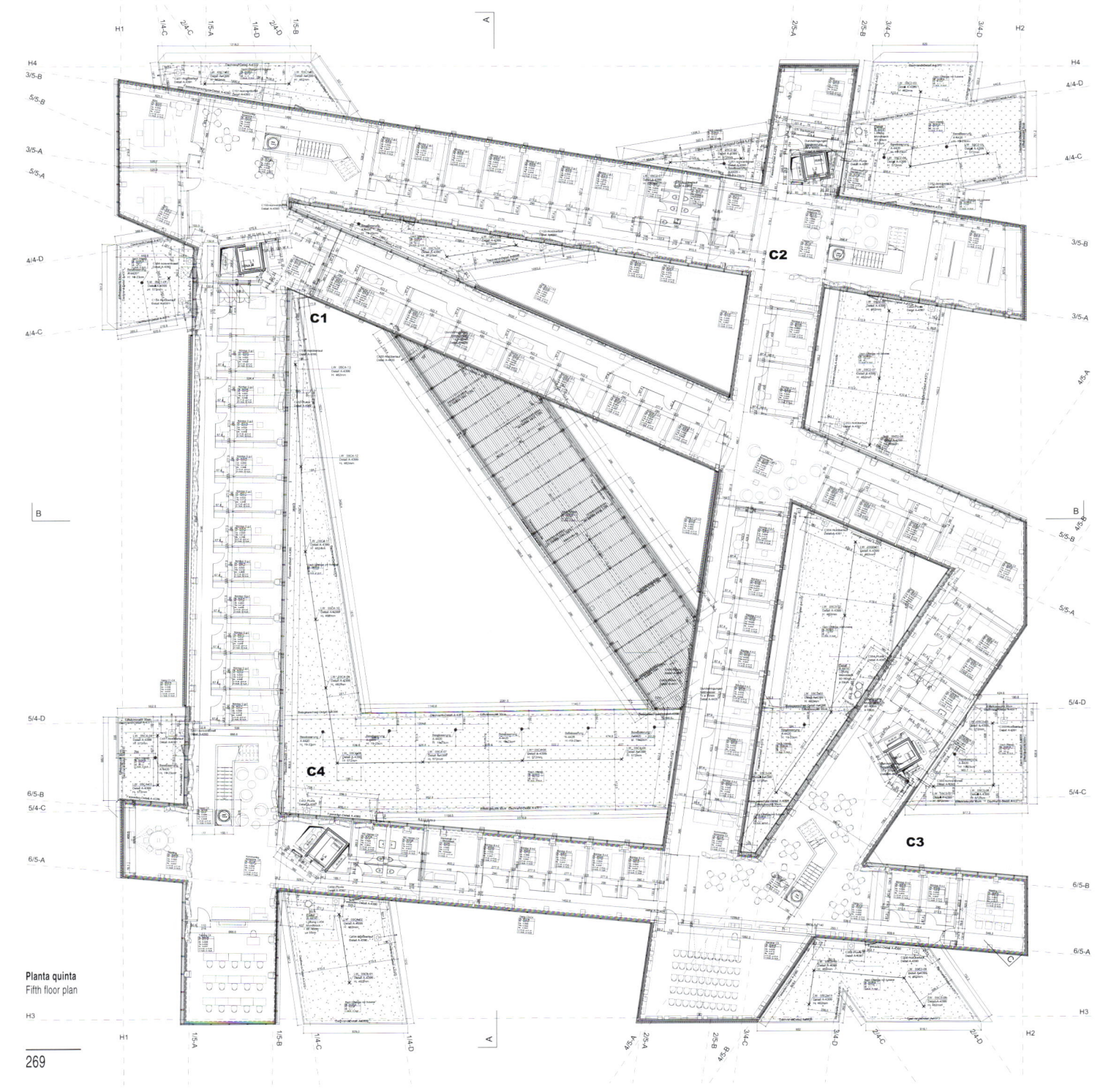

Planta quinta
Fifth floor plan

Fachwerkträger 1-4-a Pos.280-283　　Schnitt A-A

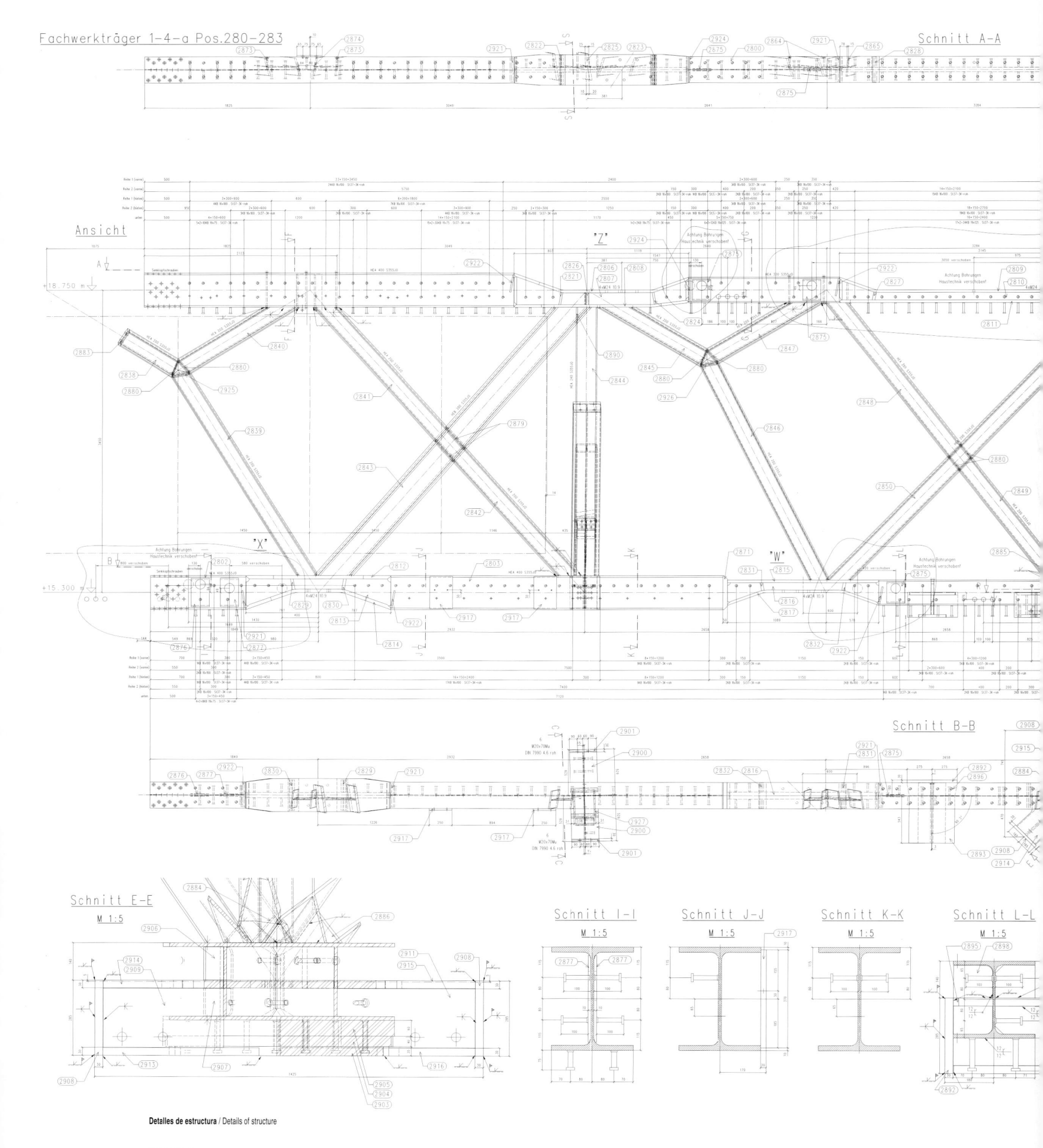

Ansicht

Schnitt B-B

Schnitt E-E　M 1:5

Schnitt I-I　M 1:5

Schnitt J-J　M 1:5

Schnitt K-K　M 1:5

Schnitt L-L　M 1:5

Detalles de estructura / Details of structure

Schnitt F-F M 1:5

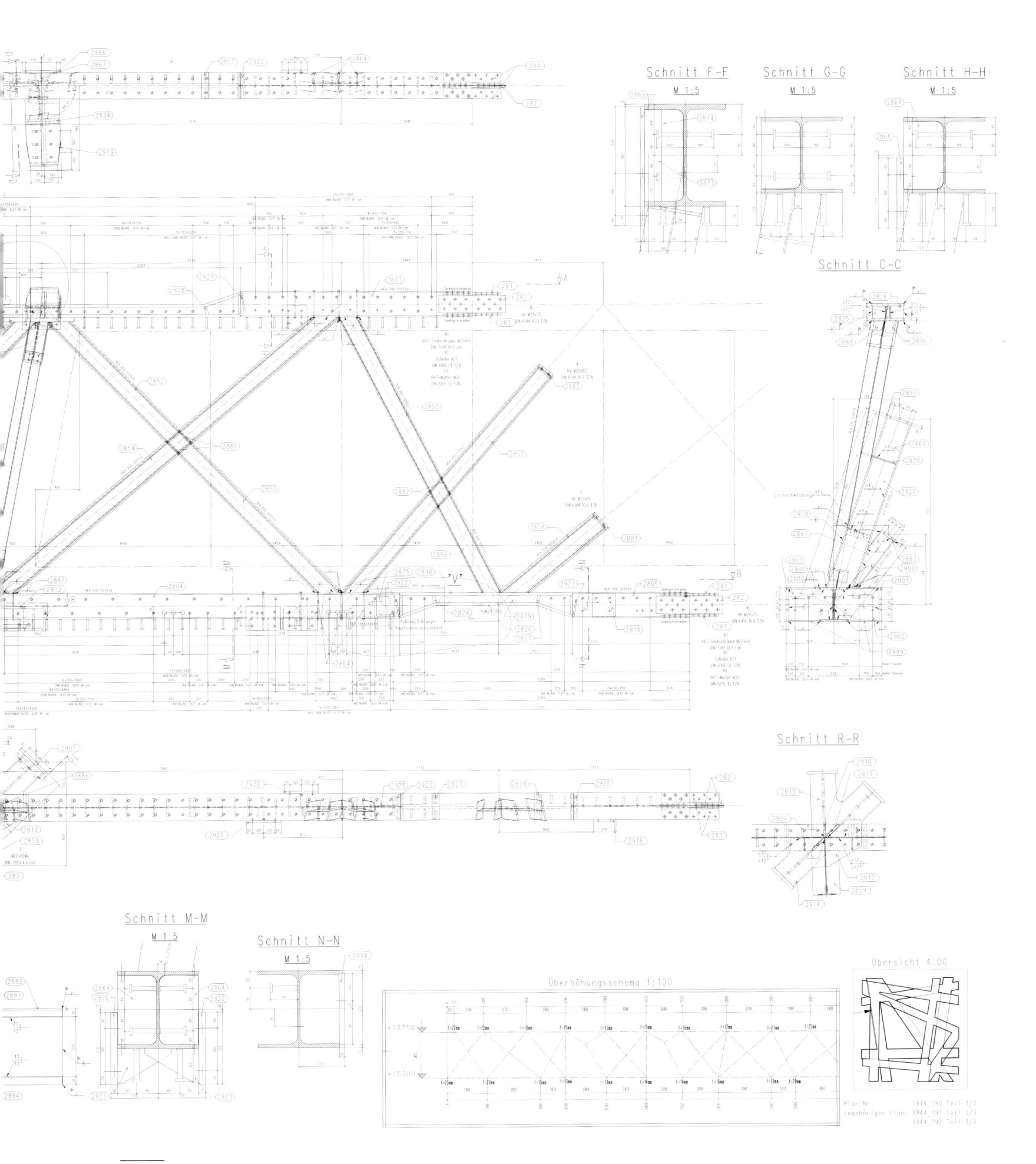

Schnitt G-G M 1:5

Schnitt H-H M 1:5

Schnitt C-C

Schnitt R-R

Schnitt M-M M 1:5

Schnitt N-N M 1:5

Überhöhungsschema 1:100

Übersicht 4.OG

Plan Nr.: 1944_190 Teil 1/3
zugehöriger Plan: 1944_191 Teil 2/3
1944_192 Teil 3/3

Detalle de sección
Section detail

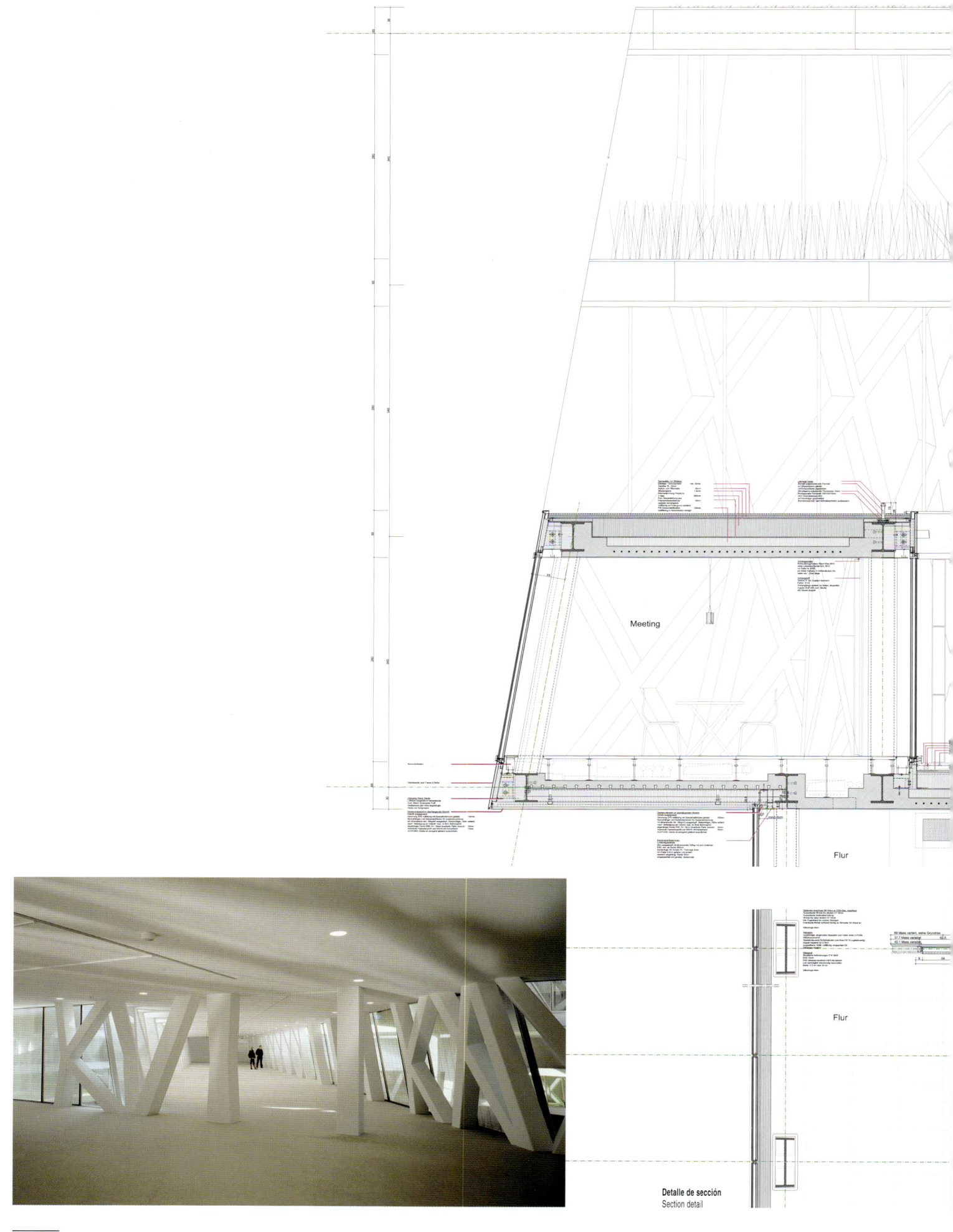

Büro Flur

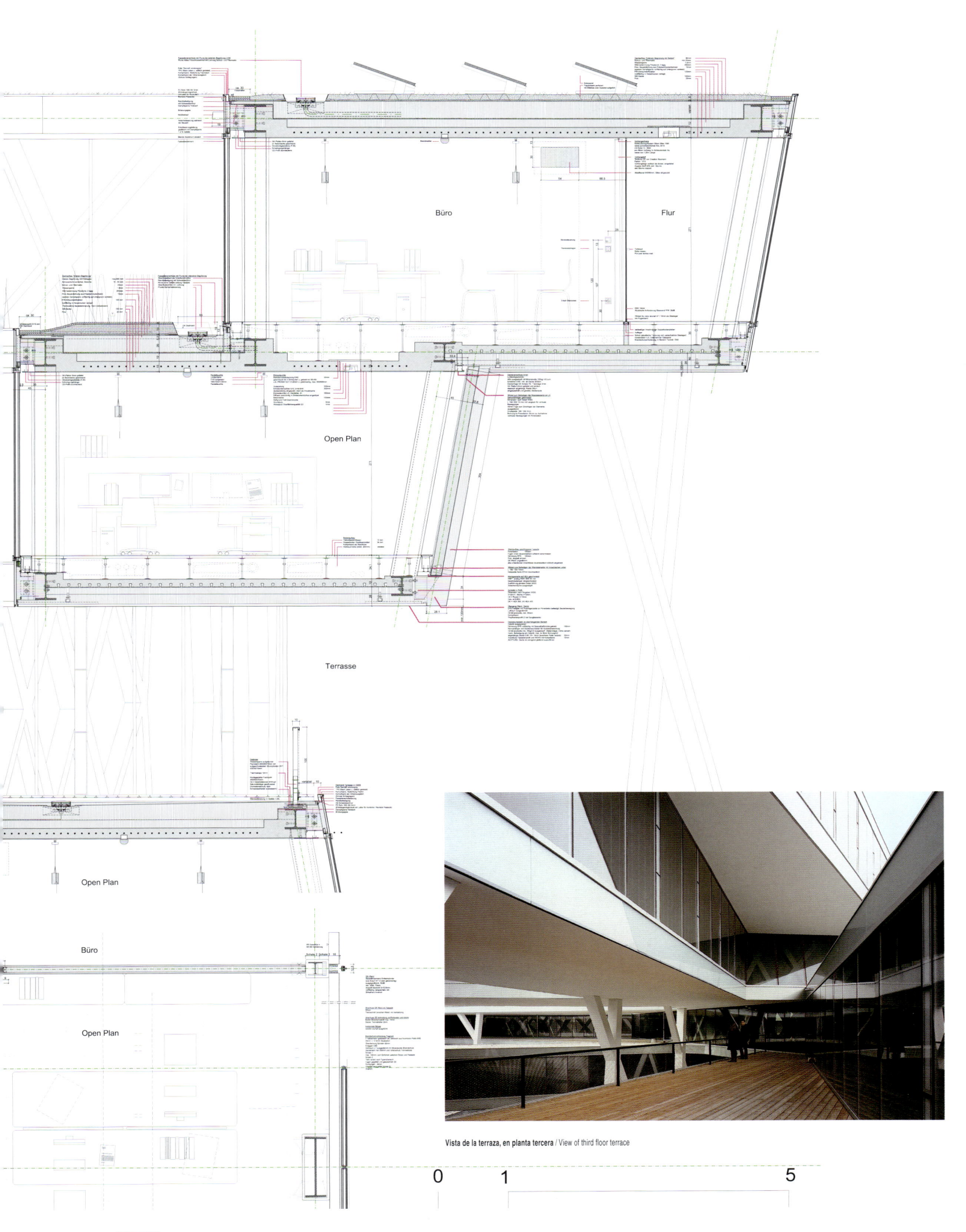

Open Plan

Terrasse

Open Plan

Büro

Open Plan

Vista de la terraza, en planta tercera / View of third floor terrace

0 1 5

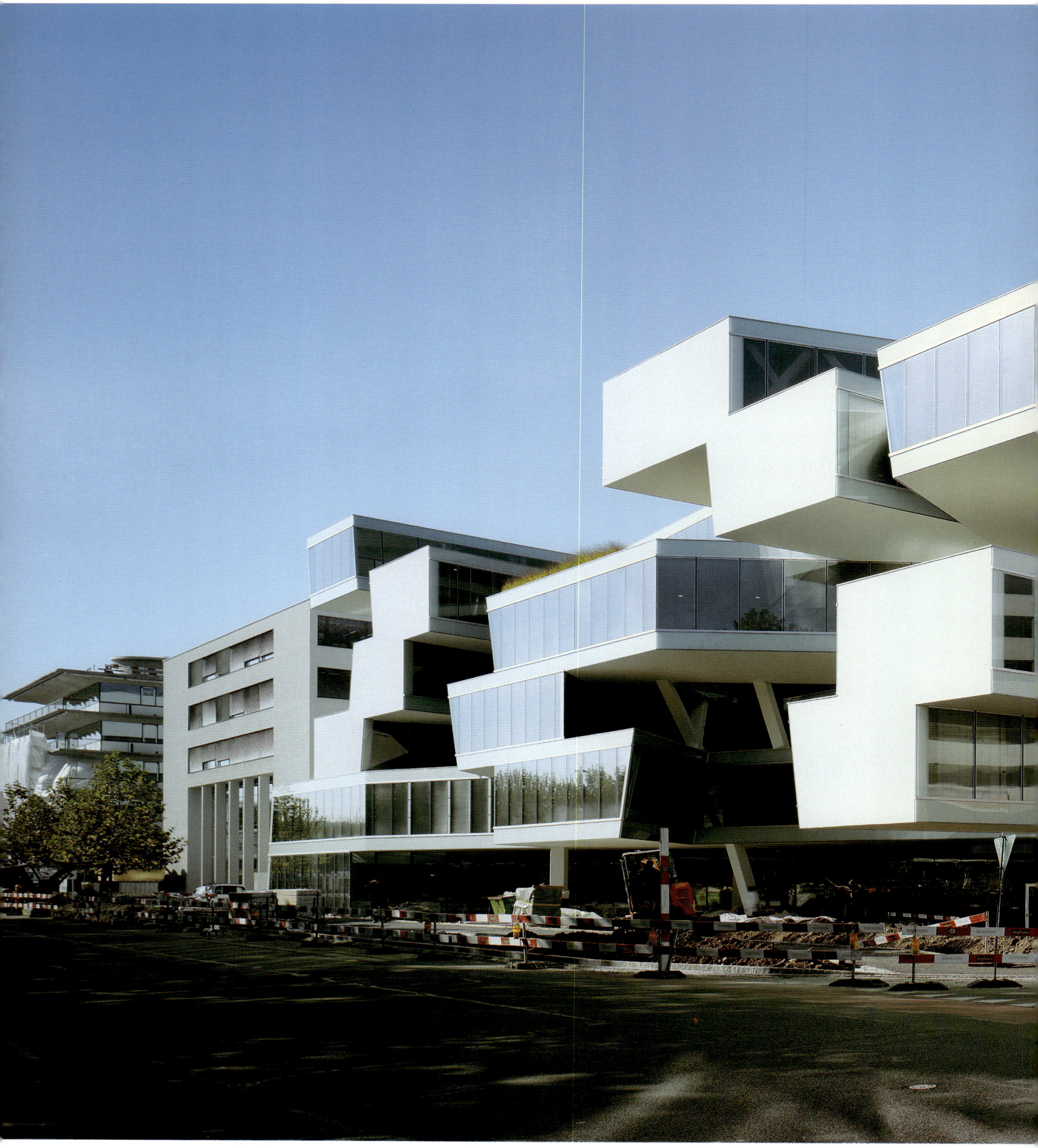

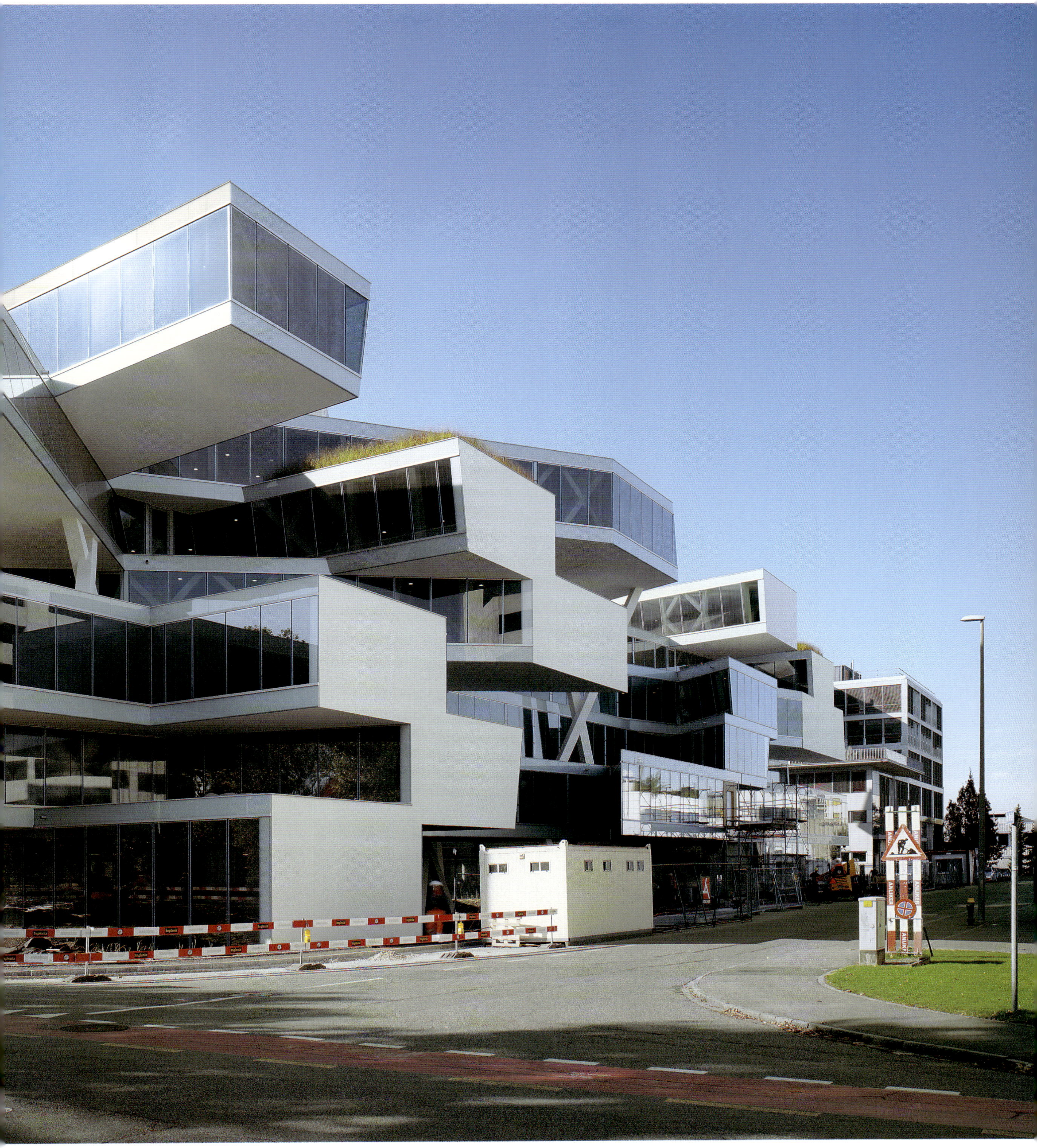

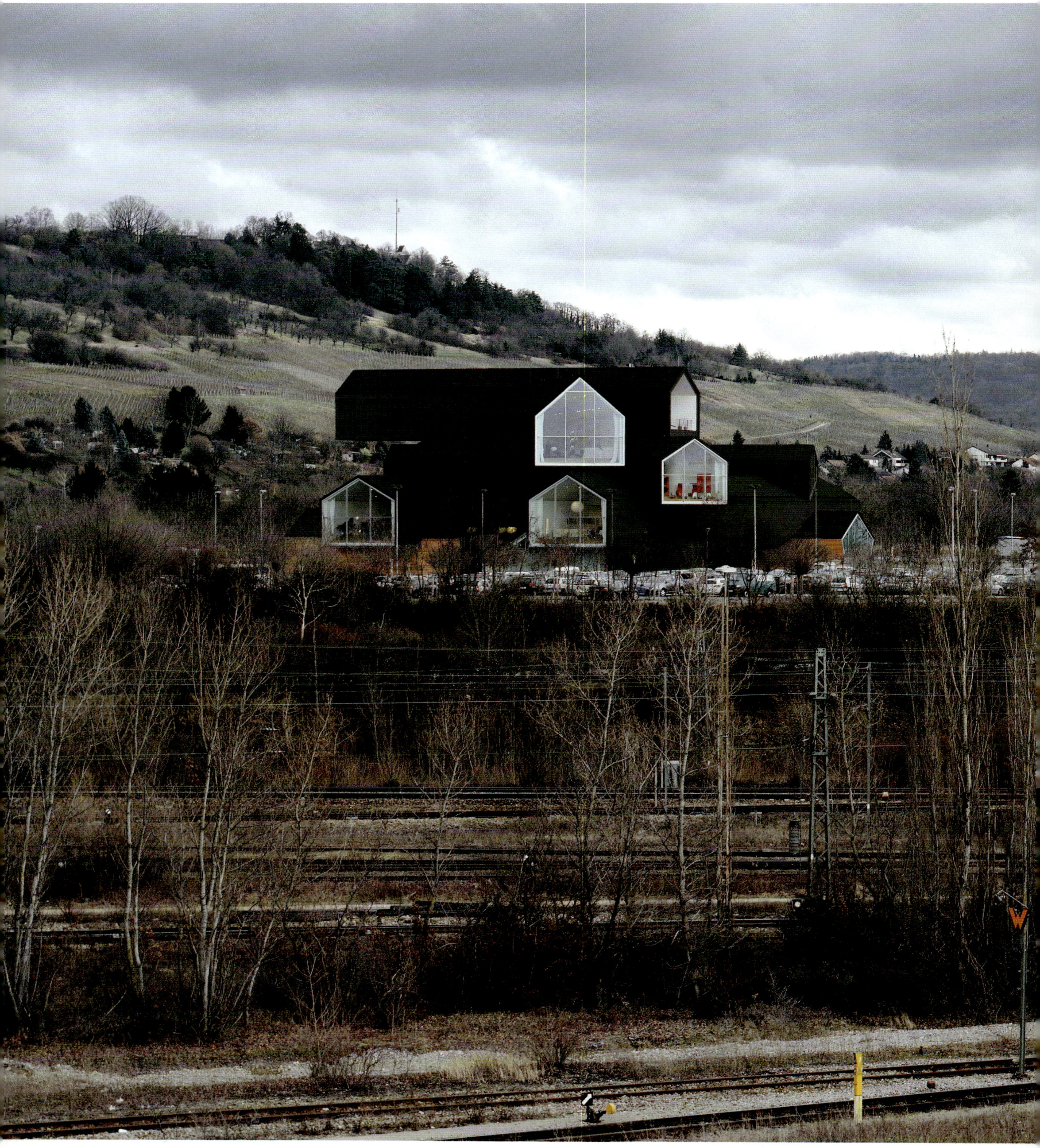

VitraHaus

VitraHaus Vitra Campus, Weil am Rhein, Germany 2005 2009
Alemania

1	**VitraHaus**, Herzog & de Meuron, 2010
2	**Edificio de Fábrica** / Factory Building, SANAA, 2010
3	**Parada de Autobuses** / Bus Stop, Jasper Morrison, 2006
4	**Edificio de Fábrica** / Factory Building, Alvaro Siza, 1994
5	**Estación de Bomberos** / Fire Station, Zaha Hadid, 1993
6	**Pabellón de Conferencias** / Conference Pavilion, Tadao Ando, 1993
7	**Museo de Diseño Vitra** / Vitra Design Museum, Frank Gehry, 1989
8	**Edificio de Fábrica** / Factory Building, Frank Gehry, 1989
9	**Puerta de Acceso** / Gate, Frank Gehry, 1989
10,11	**Edificios de Fábrica** / Factory Buildings, NIcholas Grimshaw, 1981/1987
12	**Cúpula** / Dome, Richard Buckminister Fuller, 1978/2000
13	**Gasolinera** / Petrol Station, Jean Prouvé, 1953/2003

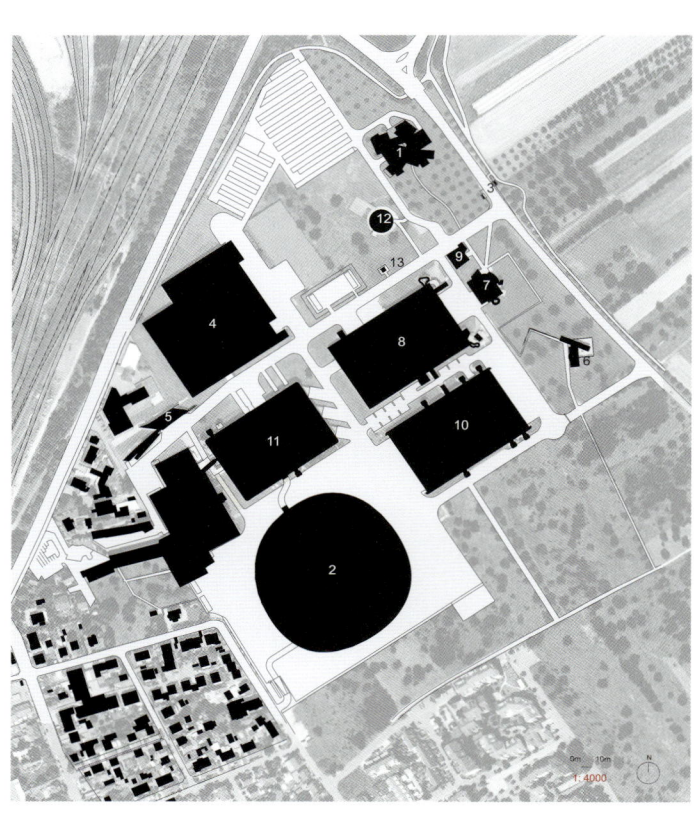

Plano de situación del campus de Vitra / Vitra Campus. Site plan

En los últimos años Vitra ha adquirido una amplia colección de muebles y objetos para el hogar. Dada la cantidad y variedad de piezas de distintos diseñadores, se decidió construir un edificio de exposiciones para mostrarlas al público. El proyecto debía contemplar asimismo un espacio específico para llevar a cabo muestras de partes de la colección, o incluso para ser usado como ampliación del propio Museo Vitra. Una tienda, una cafetería abierta al exterior y una sala de conferencias completan el programa.

Over the past few years Vitra has aquired a wide-ranging Home Collection. The quantity and variety of objects by many different designers led to the idea of building a showroom to present the items to the public. There would also be additional space to be used as an exhibition venue for selected parts of the collection or even as an extension of the Vitra Museum itself. A shop, a cafe linked to the outside and conference rooms complete the program.

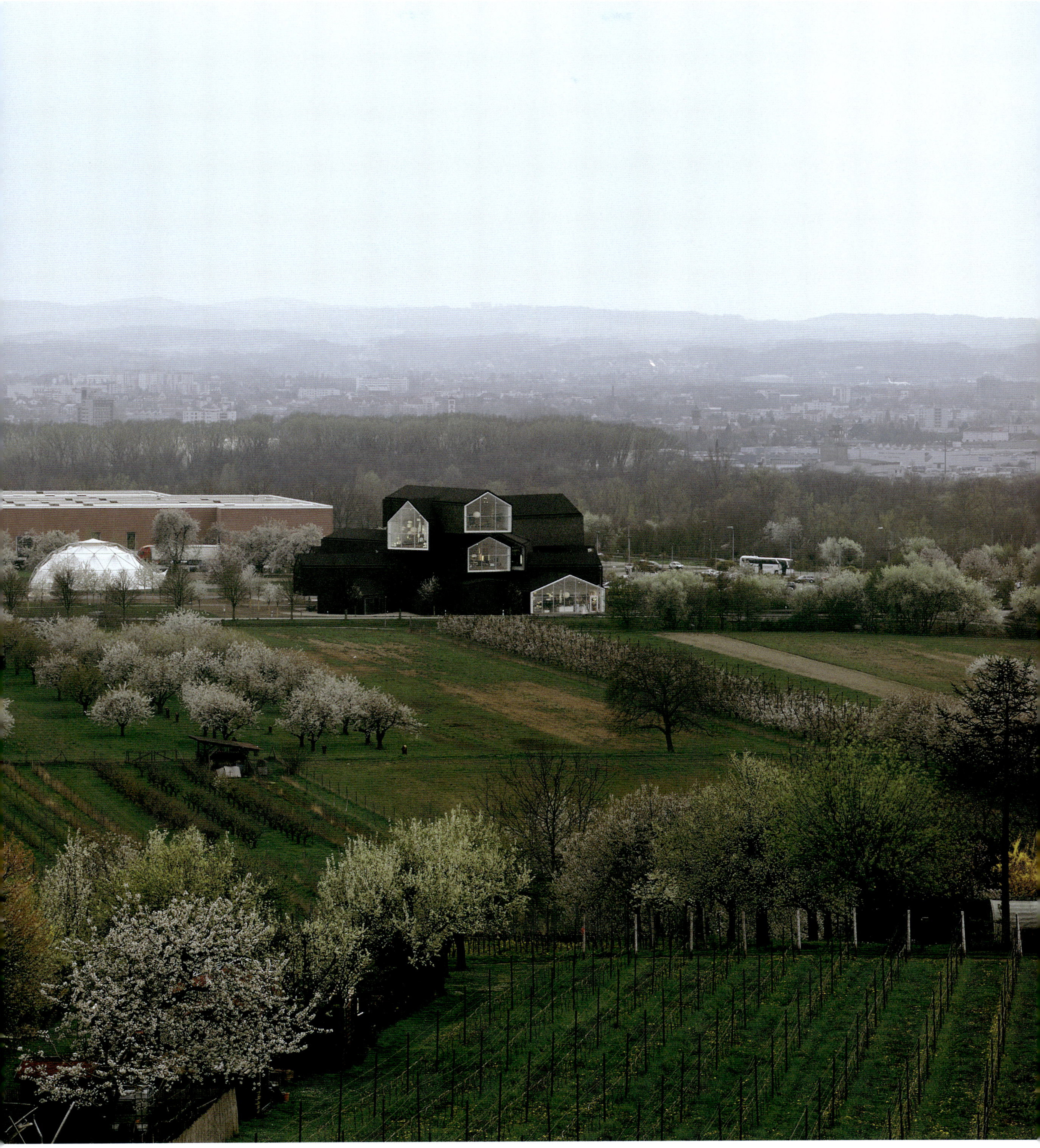

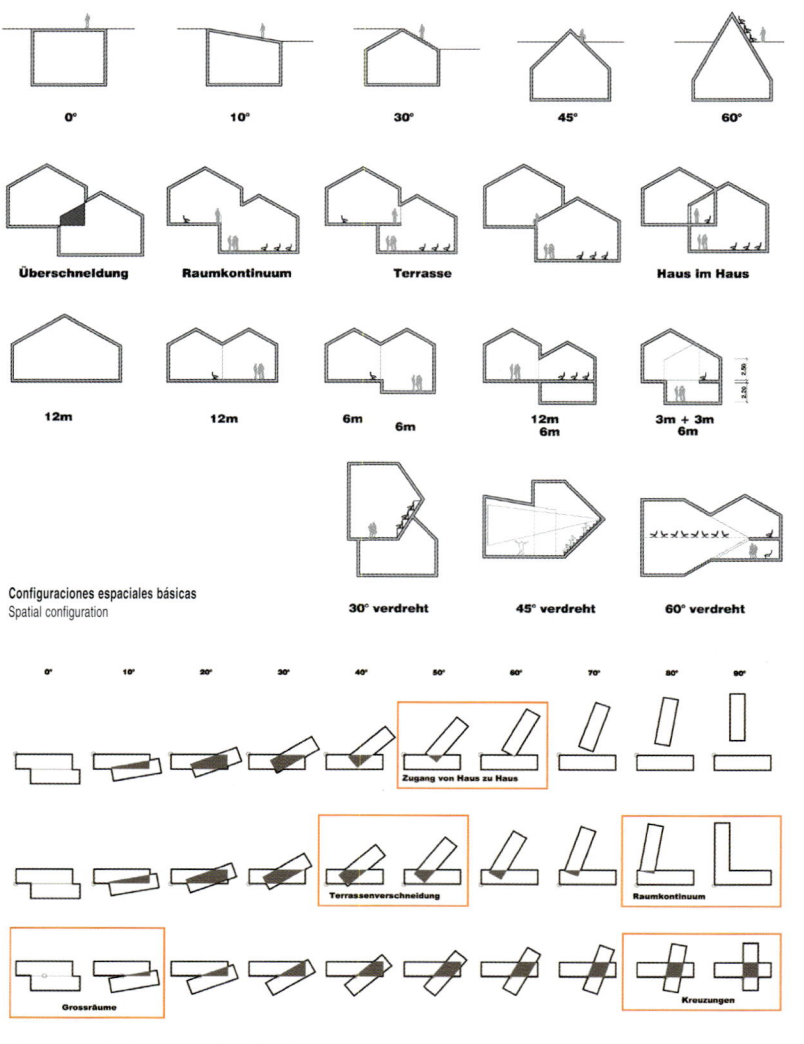

Configuraciones espaciales básicas / Spatial configuration

Interacción espacial en los encuentros / Spatial interaction at junctions

La 'VitraHaus' es una traducción directa de la casa tradicional con cubierta a dos aguas que se encuentra en las inmediaciones del campus de Vitra y, de hecho, en todo el mundo. Los productos que van a exhibirse aquí están concebidos principalmente para el hogar y por ello no debían presentarse en el escenario neutral de una sala de exposiciones o un museo convencional, sino más bien en un ambiente apropiado a sus características y uso.

The 'VitraHaus' is a direct, architectural rendition of the ur-type of house, as found in the immediate vicinity of Vitra and, indeed, all over the world. The products that will be on display are designed primarily for the private home and, as such, should not be presented in the neutral atmosphere of the conventional hall or museum but rather in an environment suited to their character and use.

Mediante procedimientos característicos de la producción industrial como el apilamiento, la extrusión y el prensado, las sencillas formas de las casas se convierten en complejas configuraciones espaciales donde confluyen el interior y el exterior. El interior se ha diseñado como una secuencia espacial con sorprendentes transiciones y vistas de los alrededores.

By stacking, extruding and pressing —mechanical procedures used in industrial production— simply shaped houses become complex configurations in space, where outside and inside merge. The interior is designed as a spatial sequence with surprising transitions and views of the landscape.

El paisaje en toda su variedad —las idílicas montañas de Tüllinger, la amplia extensión de las vías del ferrocarril y la llanura urbanizada del Rin— fue el incentivo para proyectar un edificio eminentemente vertical. En contraste con otros edificios del Campus Vitra, uno de los aspectos esenciales que debían contemplarse aquí era la permeabilidad entre interior y exterior.

The landscape in all its variety —the idyllic Tüllinger Hills, the broad expanse of the railroad tracks, and the urbanized plane of the Rhine— was the incentive to design a building that concentrates on the vertical. In contrast to the other buildings on the Vitra Campus, an essential component of the design involved drawing the outdoors inside.

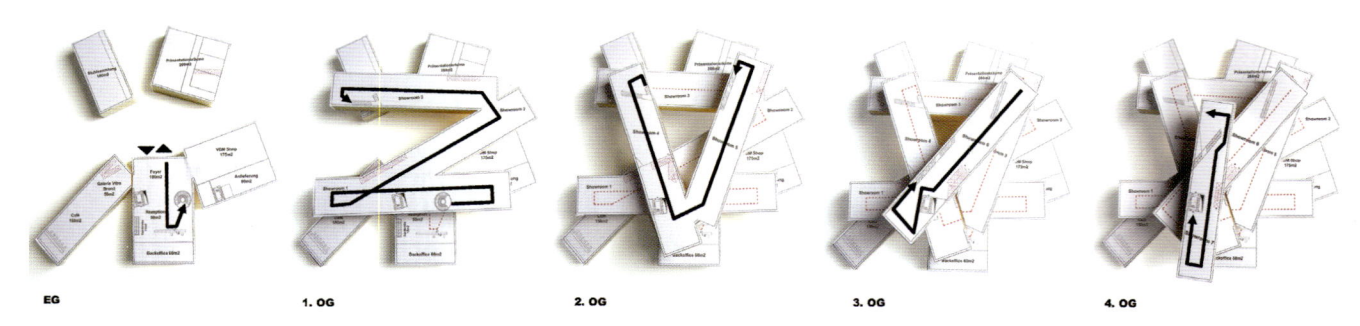

Esquema básico de circulaciones / Circulation model

La previsión de un incremento en el número de visitantes —incluidos escolares y otros grupos— dictó prestar una atención especial a las zonas de entrada, de espera a cubierto y de estancia, con su correspondiente mobiliario.

The anticipated increase in visitors —not only individuals but also many schools and other groups— gave added importance to benches, niches, covered waiting zones and entries.

Esos espacios para el descanso, la espera y la contemplación están troquelados o recortados en la forma de las casas mediante simples manipulaciones mecánicas. Dada la gran cantidad de objetos a contemplar en el interior, todas estas zonas están concebidas como parte integral de la arquitectura y no como objetos en sí mismos.

These areas for sitting, standing, waiting, and looking are stamped or cut out of the shape of the houses through simple mechanical manipulations. Given the large number of design objects on view inside, all of these areas are conceived as an integral part of the architecture and not as self-contained objects.

Sección 1 / Section 1

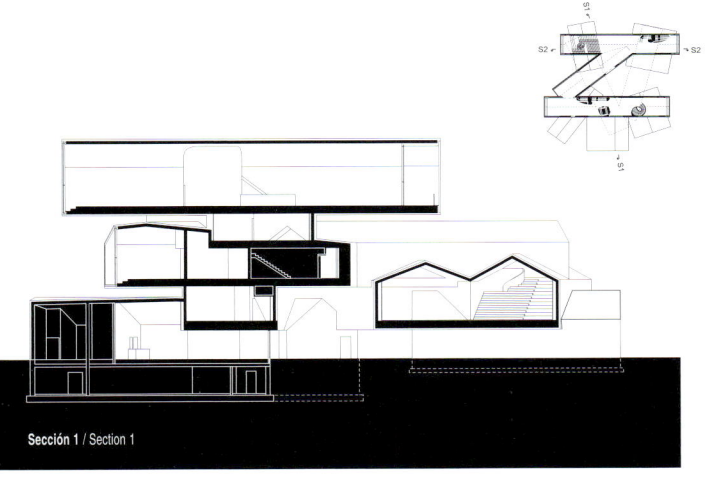

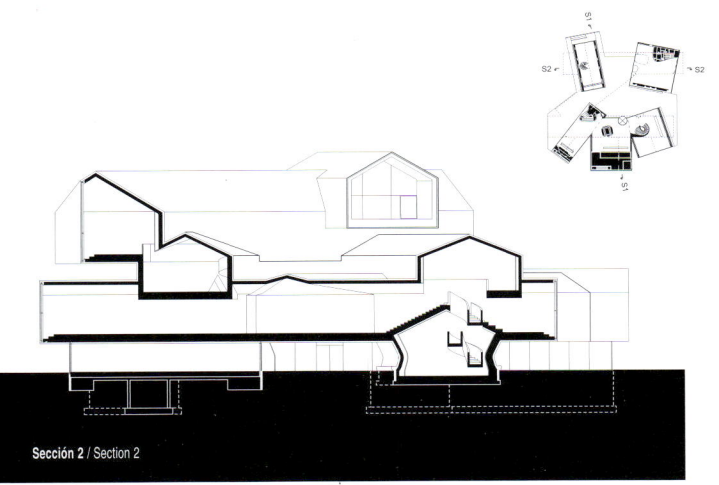

Sección 2 / Section 2

Vista Sur / South view

Vista Oeste / West view

Vista Norte / North view

Vista Este / East view

281

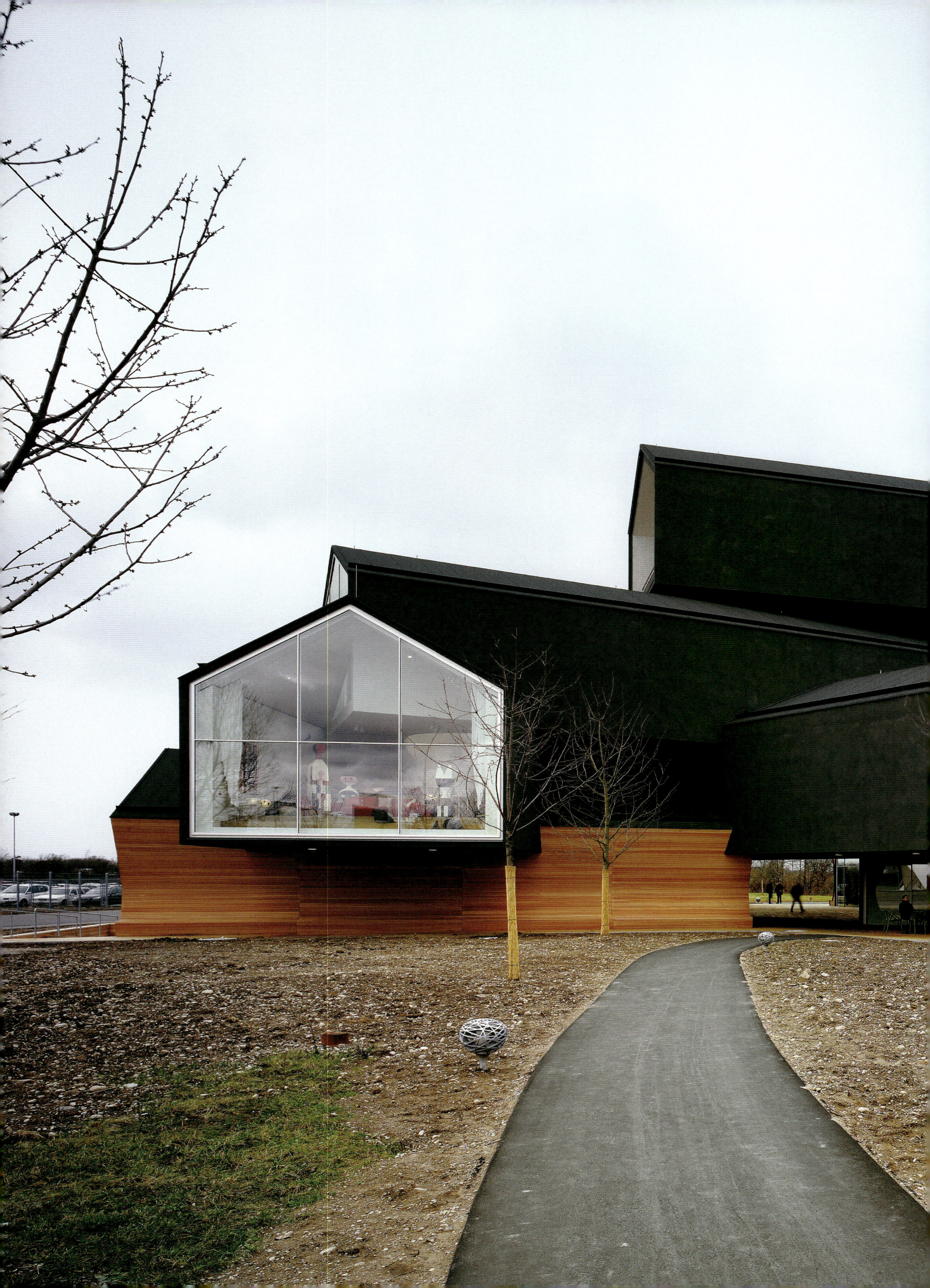

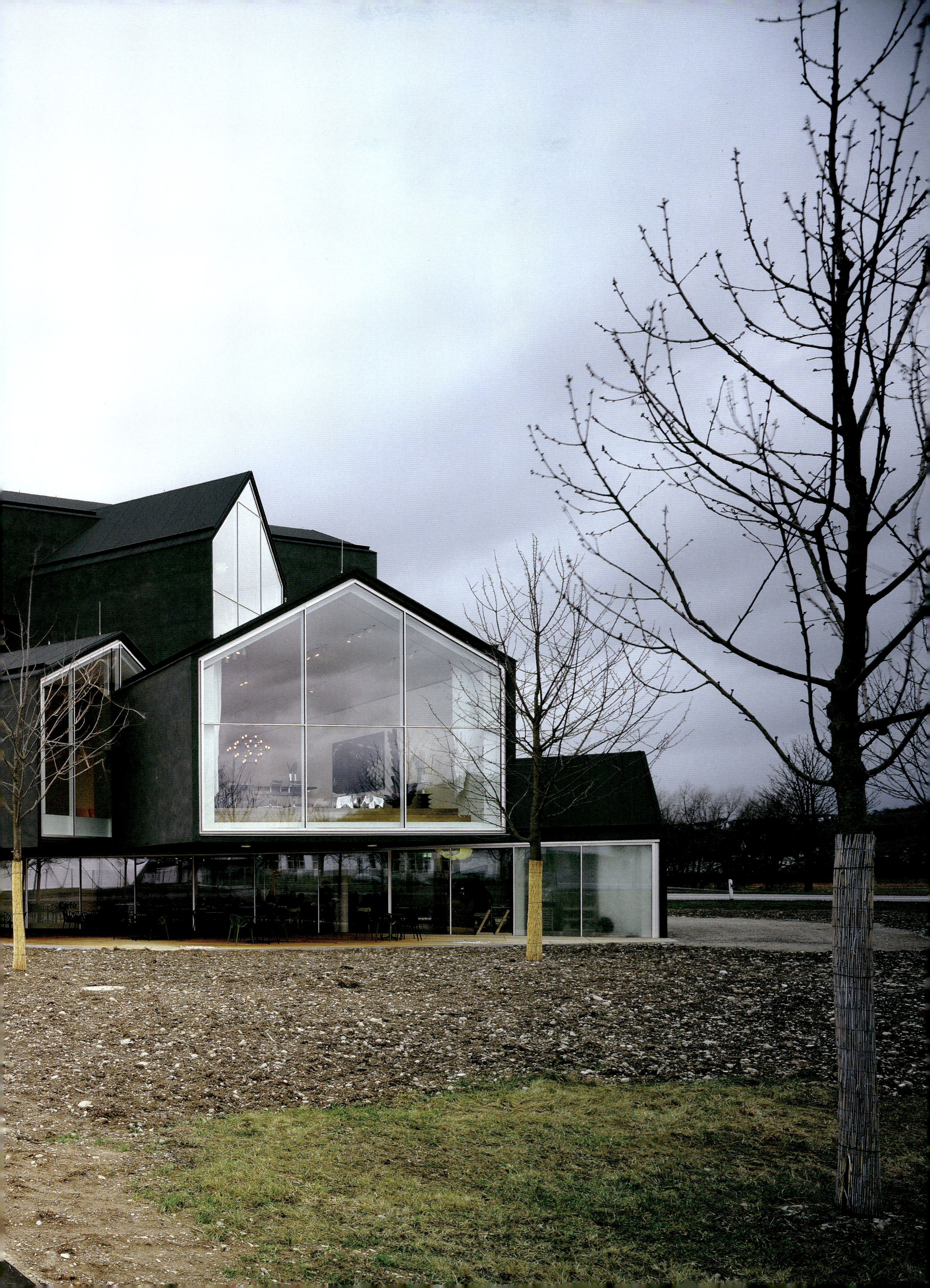

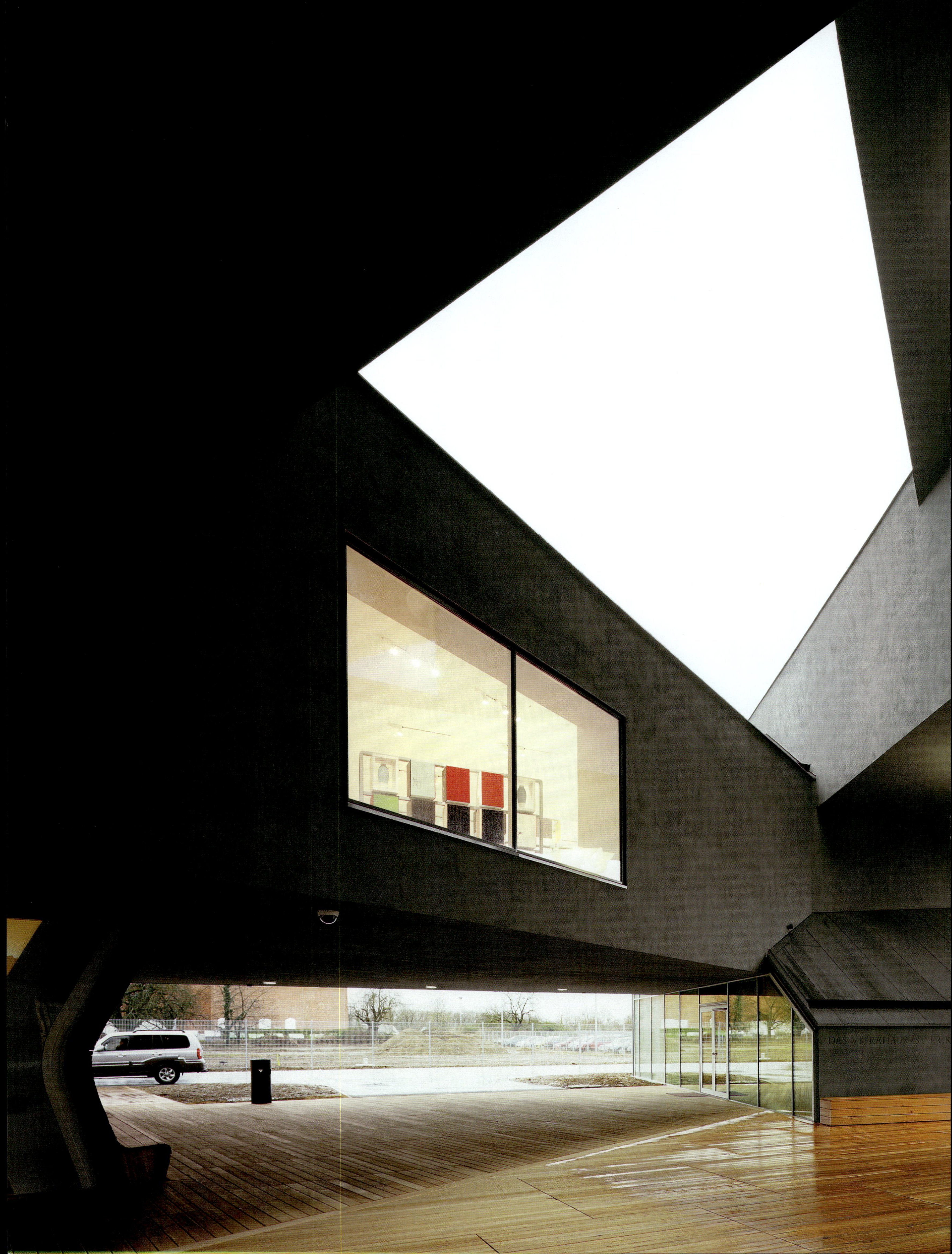
DAS VITRAHAUS IST

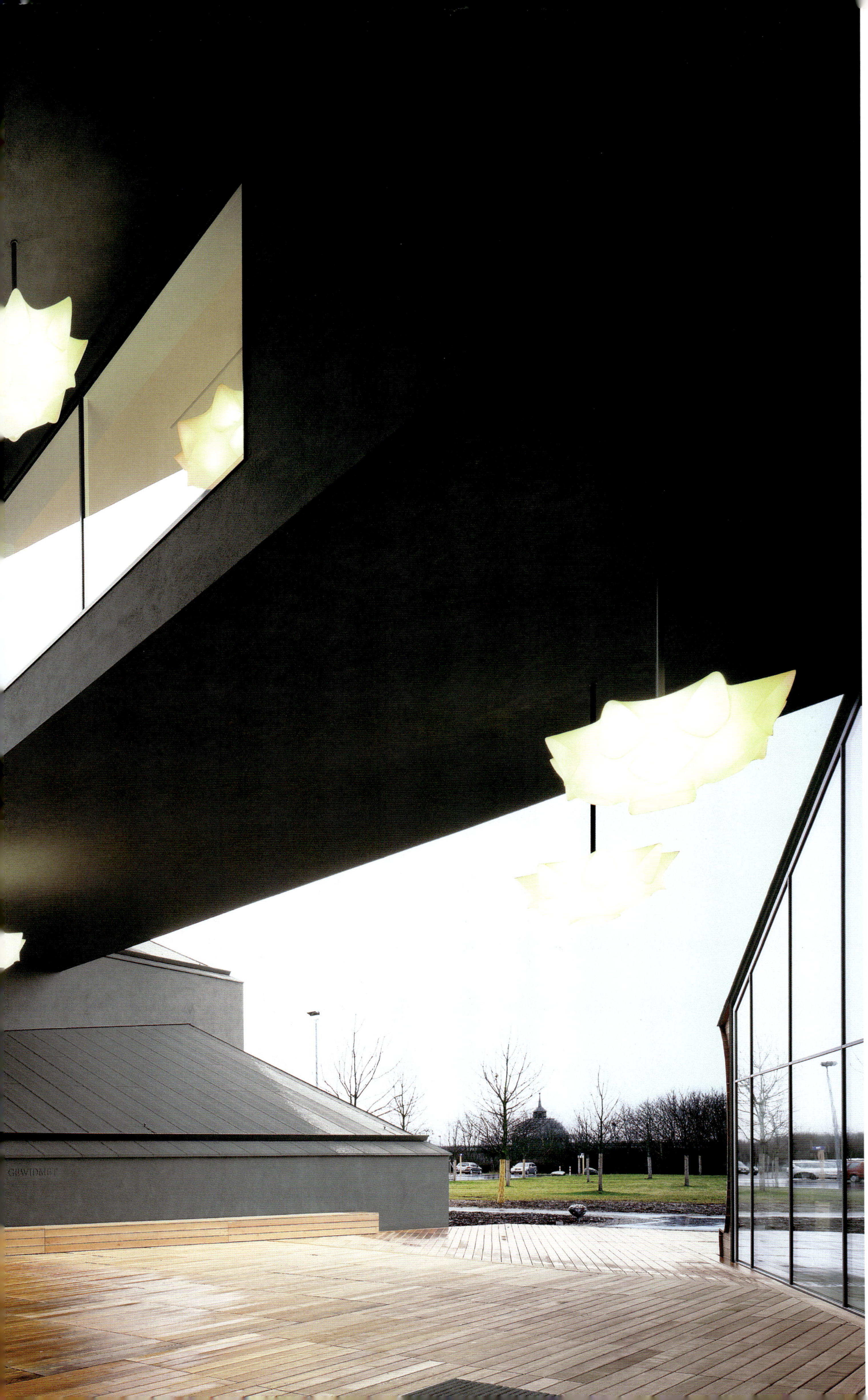

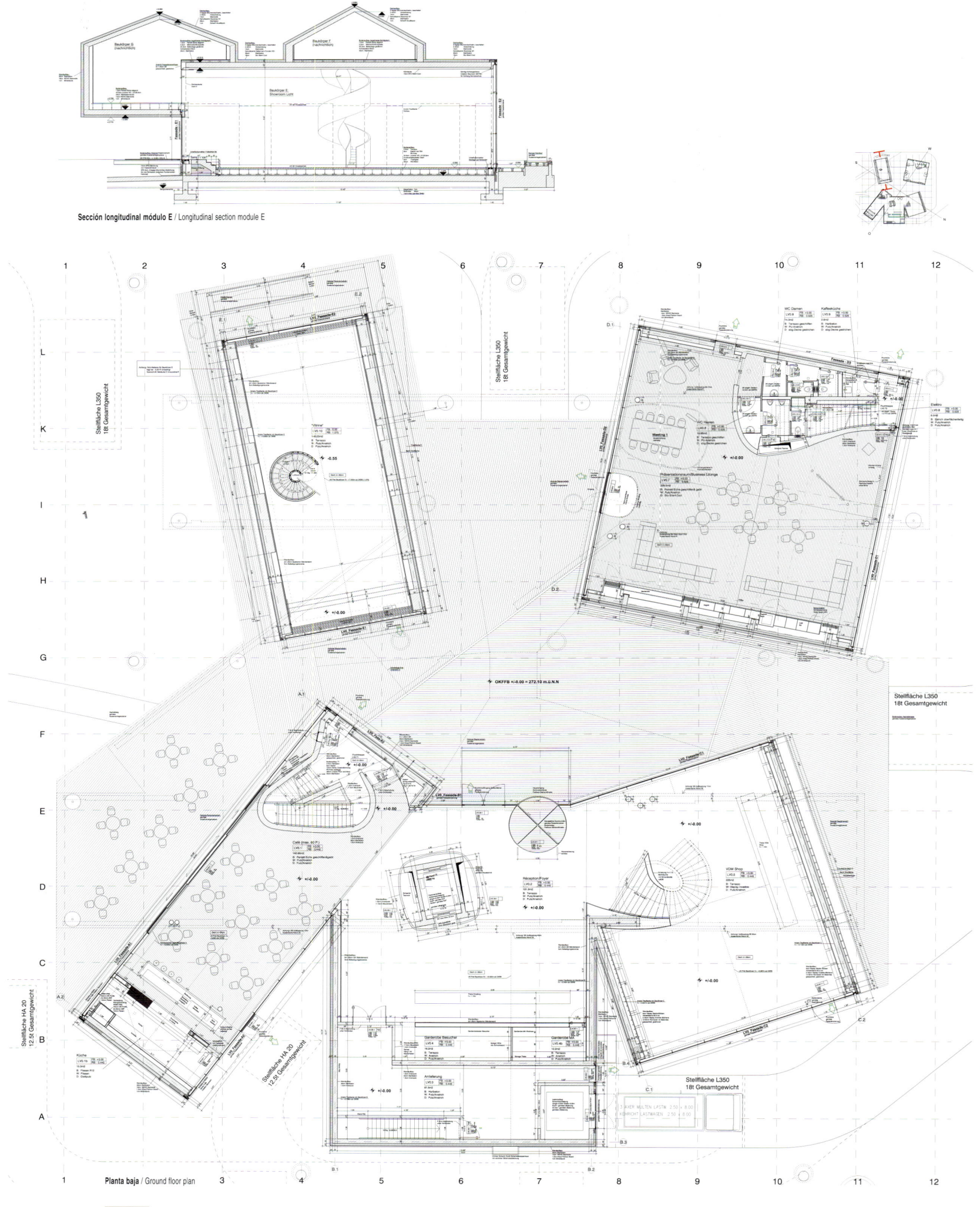

Sección longitudinal módulo E / Longitudinal section module E

Planta baja / Ground floor plan

Dos vistas del módulo E, en planta baja / Two views of module E, on ground floor

287

Vista desde la recepción (módulo B), hacia la tienda (módulo C), en planta baja / View from reception (module B), looking towards store (module C), on ground floor

Vista desde la tienda (módulo C), hacia el acceso principal, en planta baja / View from store (module C), looking towards main entrance, on ground floor

Terraza exterior de la Cafetería / Terrace outside Cafe

Vista desde recepción (módulo B) hacia la cafetería (módulo A), en planta baja / View from reception (module B) looking towards cafe (module A), on ground floor

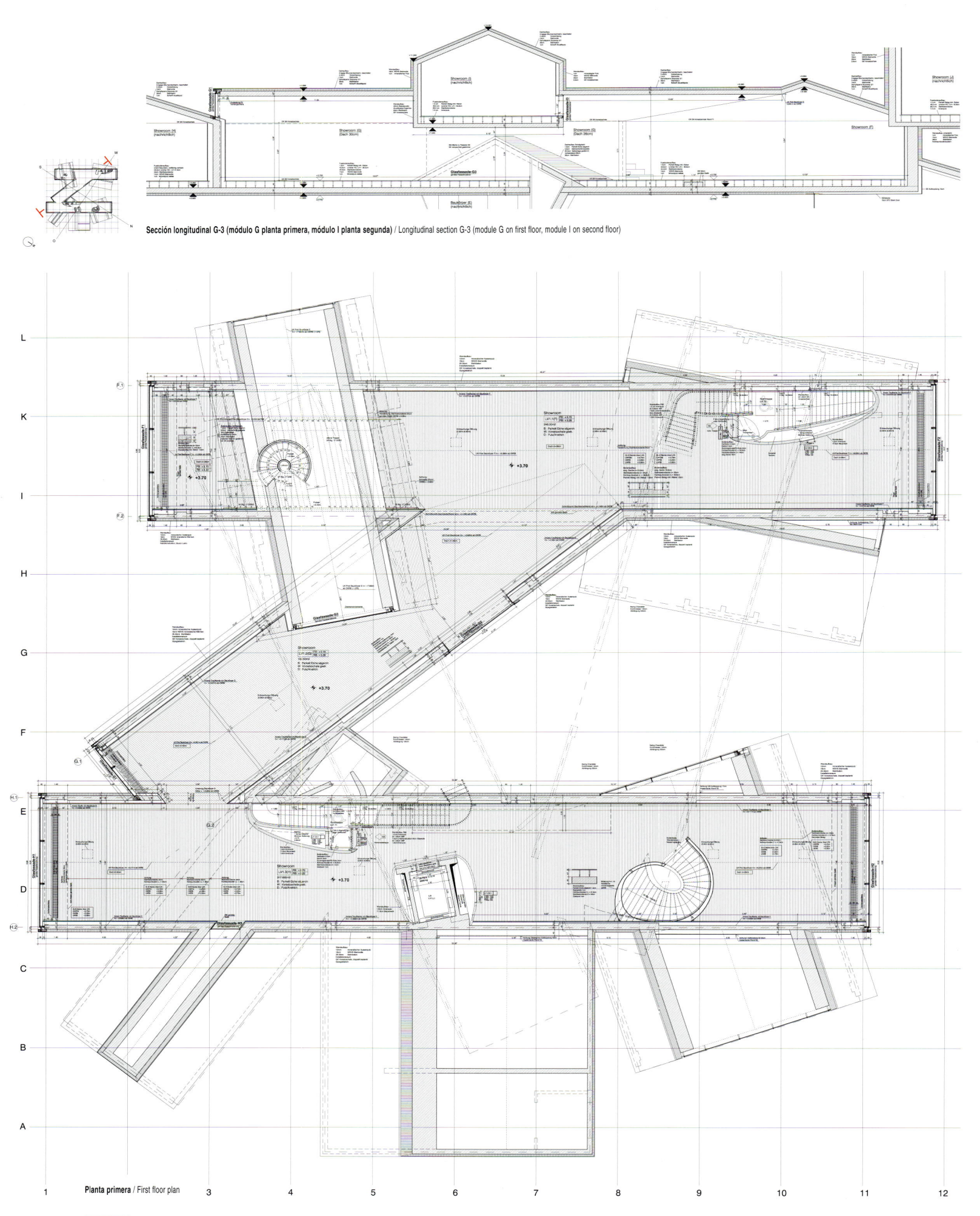

Sección longitudinal G-3 (módulo G planta primera, módulo I planta segunda) / Longitudinal section G-3 (module G on first floor, module I on second floor)

Planta primera / First floor plan

Intersección módulos G y F en planta primera / Connection of modules G and F on first floor

Módulo G en planta primera / Module G on first floor

291

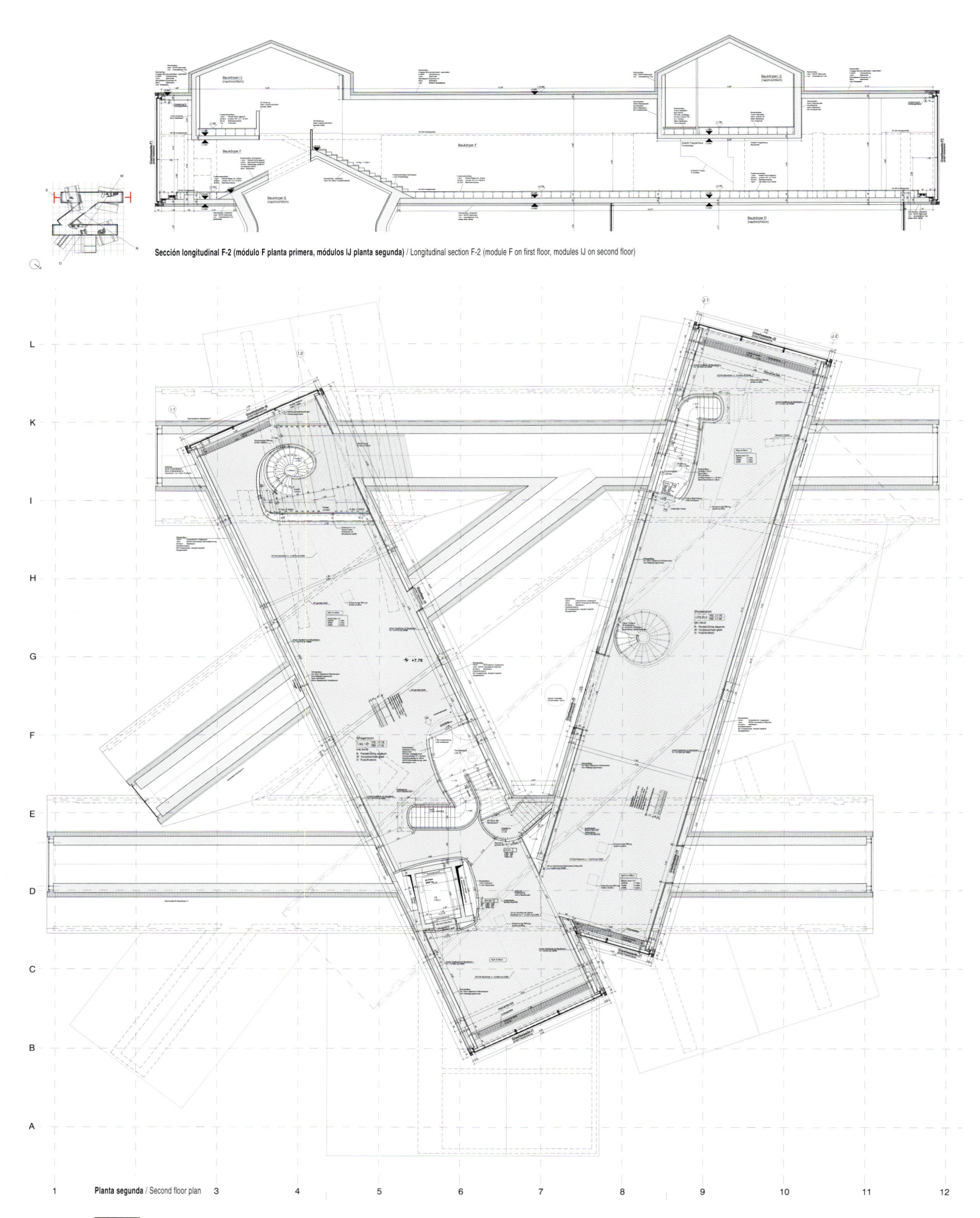

Sección longitudinal F-2 (módulo F planta primera, módulos IJ planta segunda) / Longitudinal section F-2 (module F on first floor, modules IJ on second floor)

Planta segunda / Second floor plan

Intersección módulos I y J en planta segunda / Connection of modules I and J on second floor

Intersección módulos I y F en planta segunda / Connection of modules I and F on second floor

Intersección módulos J y K, plantas segunda y tercera / Connection of modules J and K, second and third floors

Intersección módulos J y K, desde la planta tercera, hacia el Oeste / Connection of modules J and K from third floor, looking West

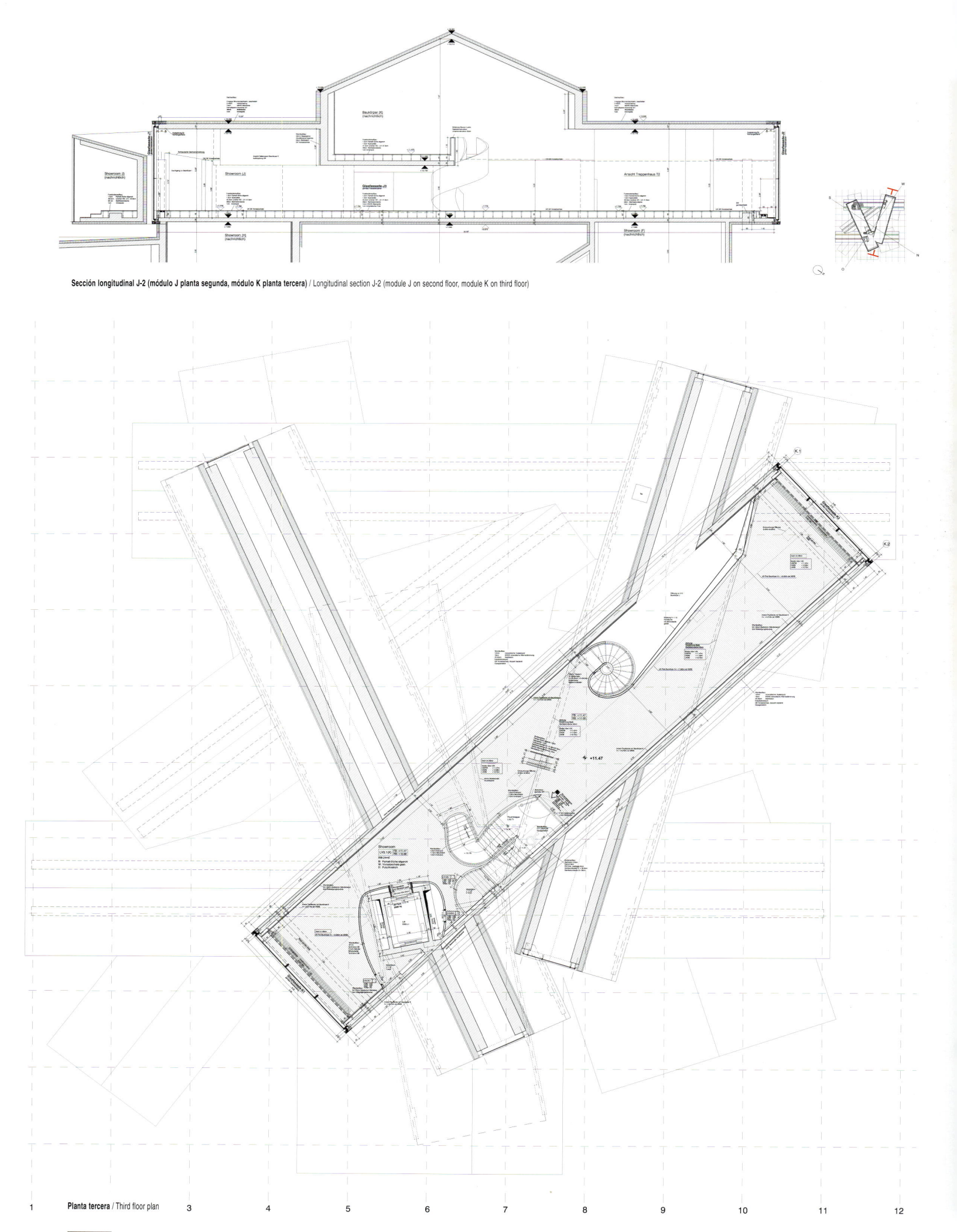

Sección longitudinal J-2 (módulo J planta segunda, módulo K planta tercera) / Longitudinal section J-2 (module J on second floor, module K on third floor)

Planta tercera / Third floor plan

Vista del módulo K, en planta tercera, hacia el Este / View of module K, on third floor, looking East

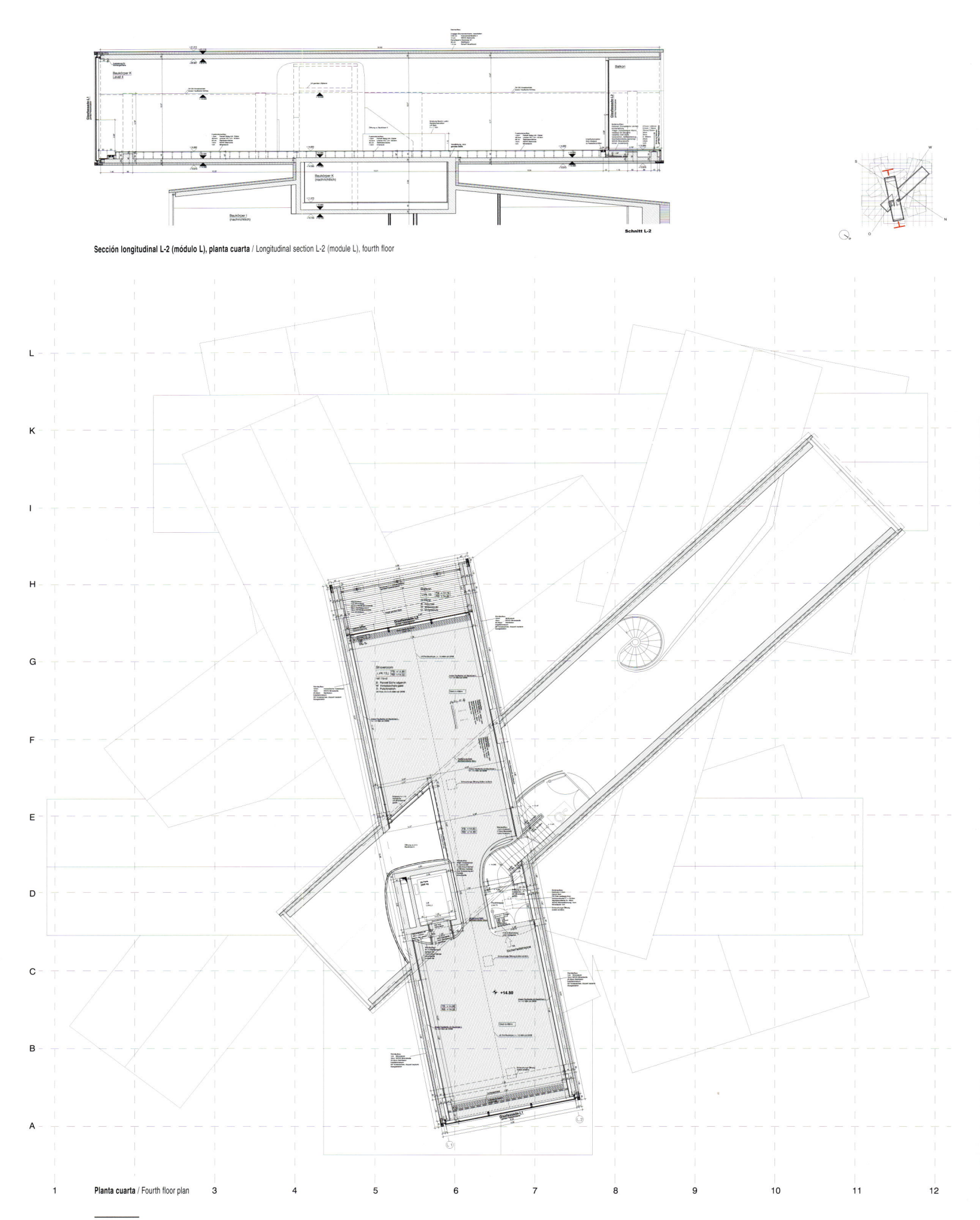

Sección longitudinal L-2 (módulo L), planta cuarta / Longitudinal section L-2 (module L), fourth floor

Planta cuarta / Fourth floor plan

299

Dos vistas del módulo L en planta cuarta, hacia el Nordeste / Two views of module L on fourth floor, looking Northeast

Schnitt 1

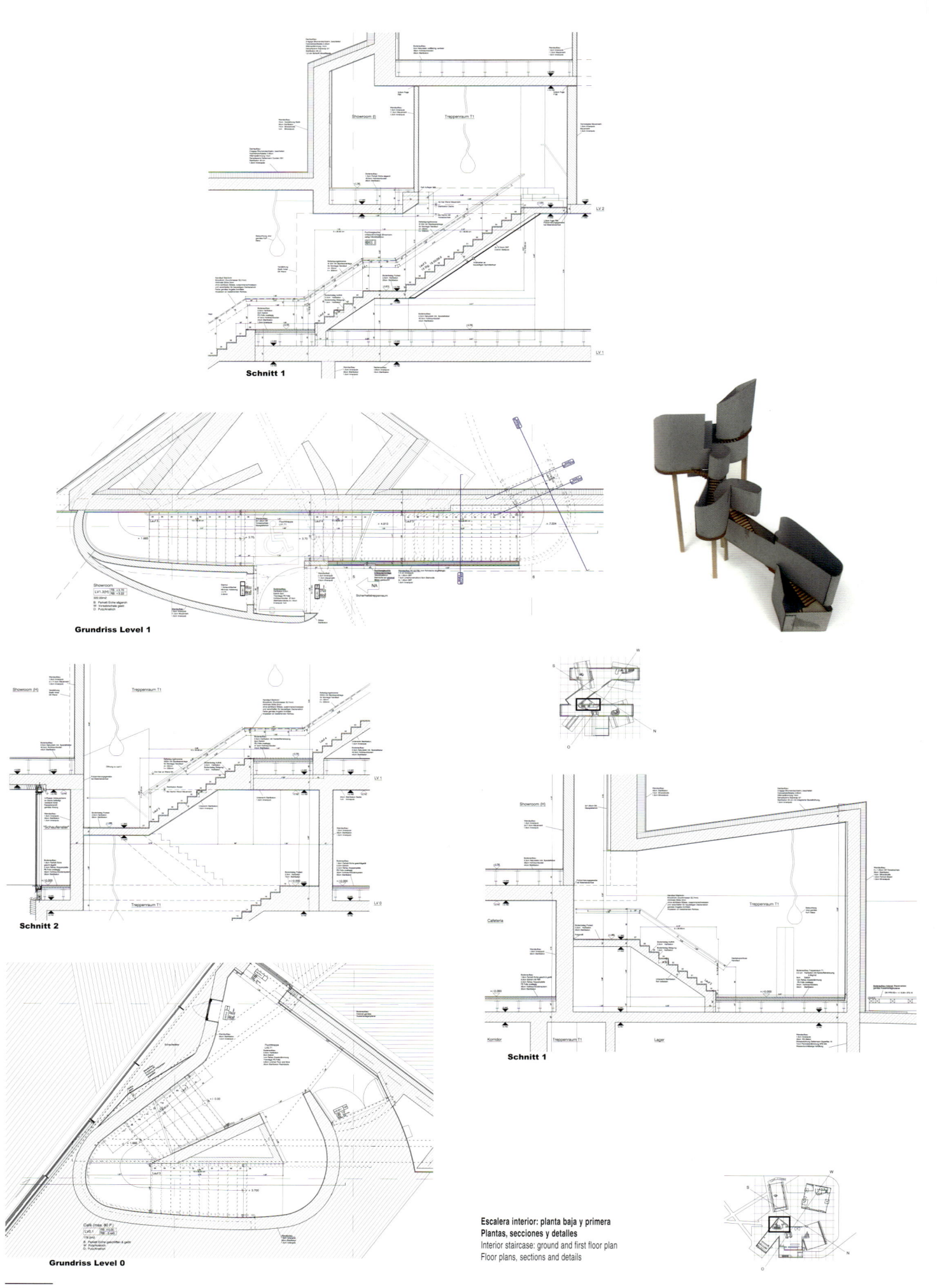

Grundriss Level 1

Schnitt 2

Schnitt 1

Grundriss Level 0

Escalera interior: planta baja y primera
Plantas, secciones y detalles
Interior staircase: ground and first floor plan
Floor plans, sections and details

Grundriss Level 4

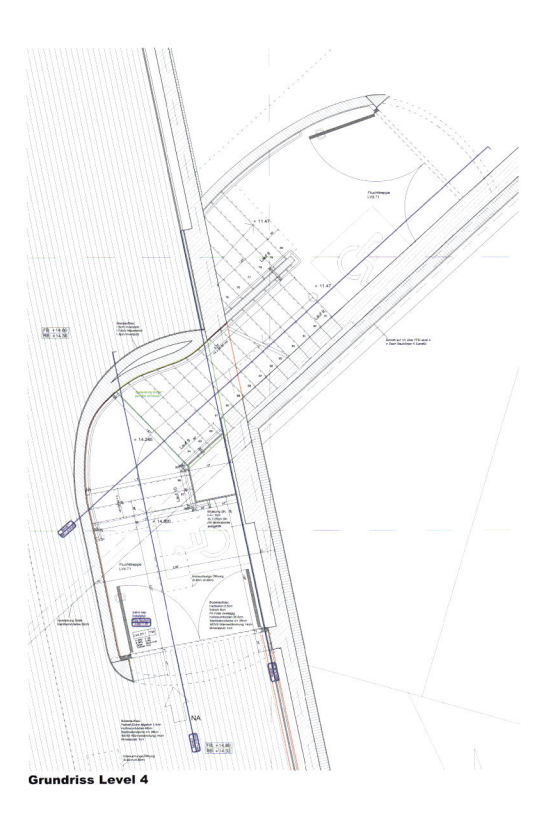

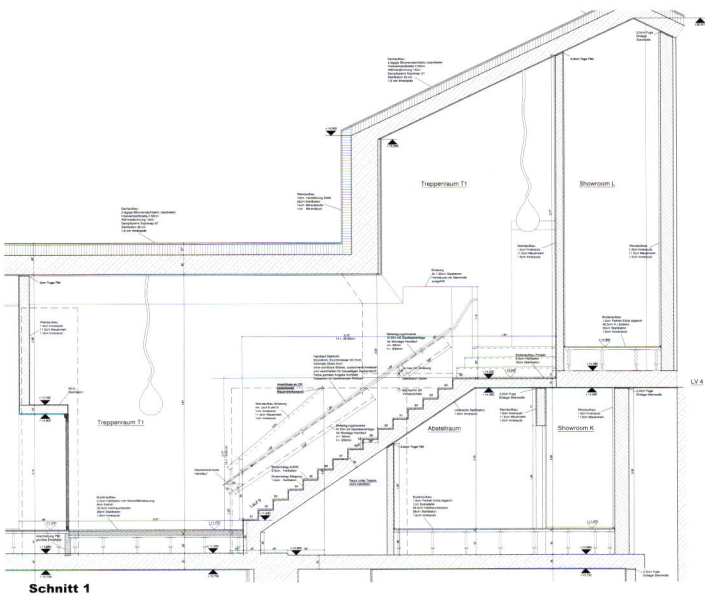

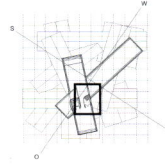

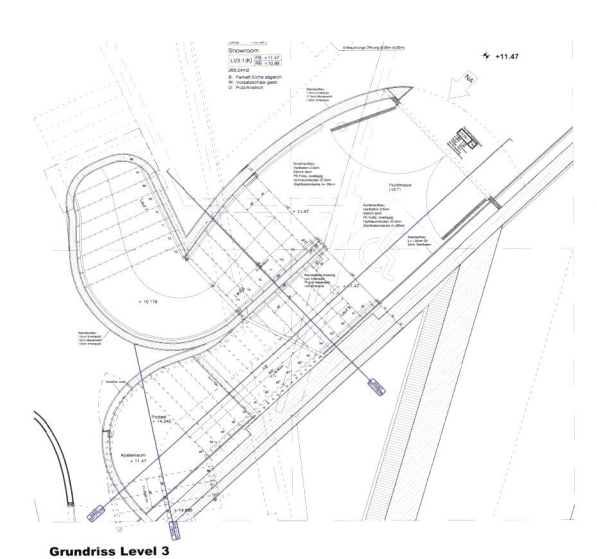

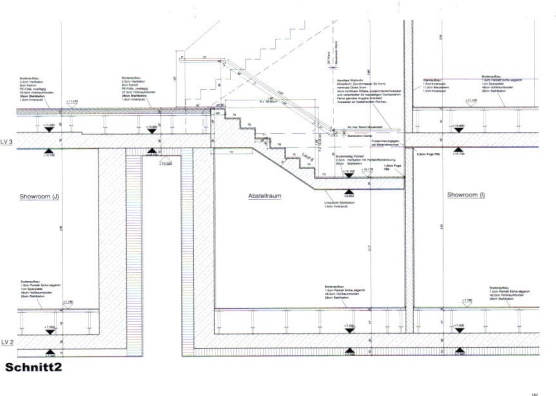

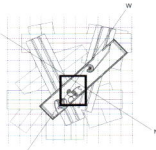

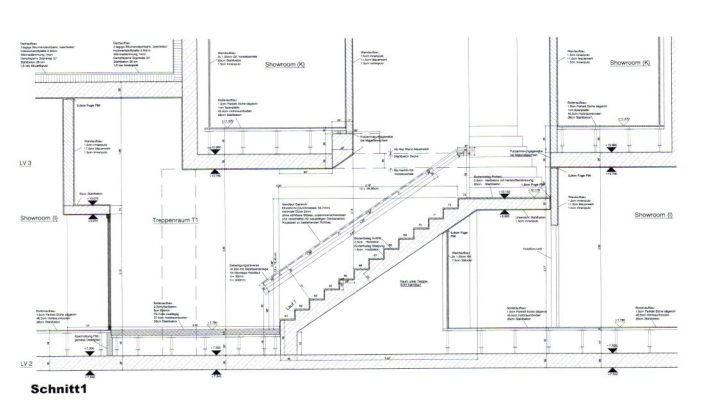

Schnitt 1

Grundriss Level 3

Schnitt 2

Grundriss Level 2

Schnitt 1

Escalera interior: plantas segunda, tercera y cuarta
Plantas, secciones y detalles
Interior staircase: second, third and fourth floor plan
Floor plans, sections and details

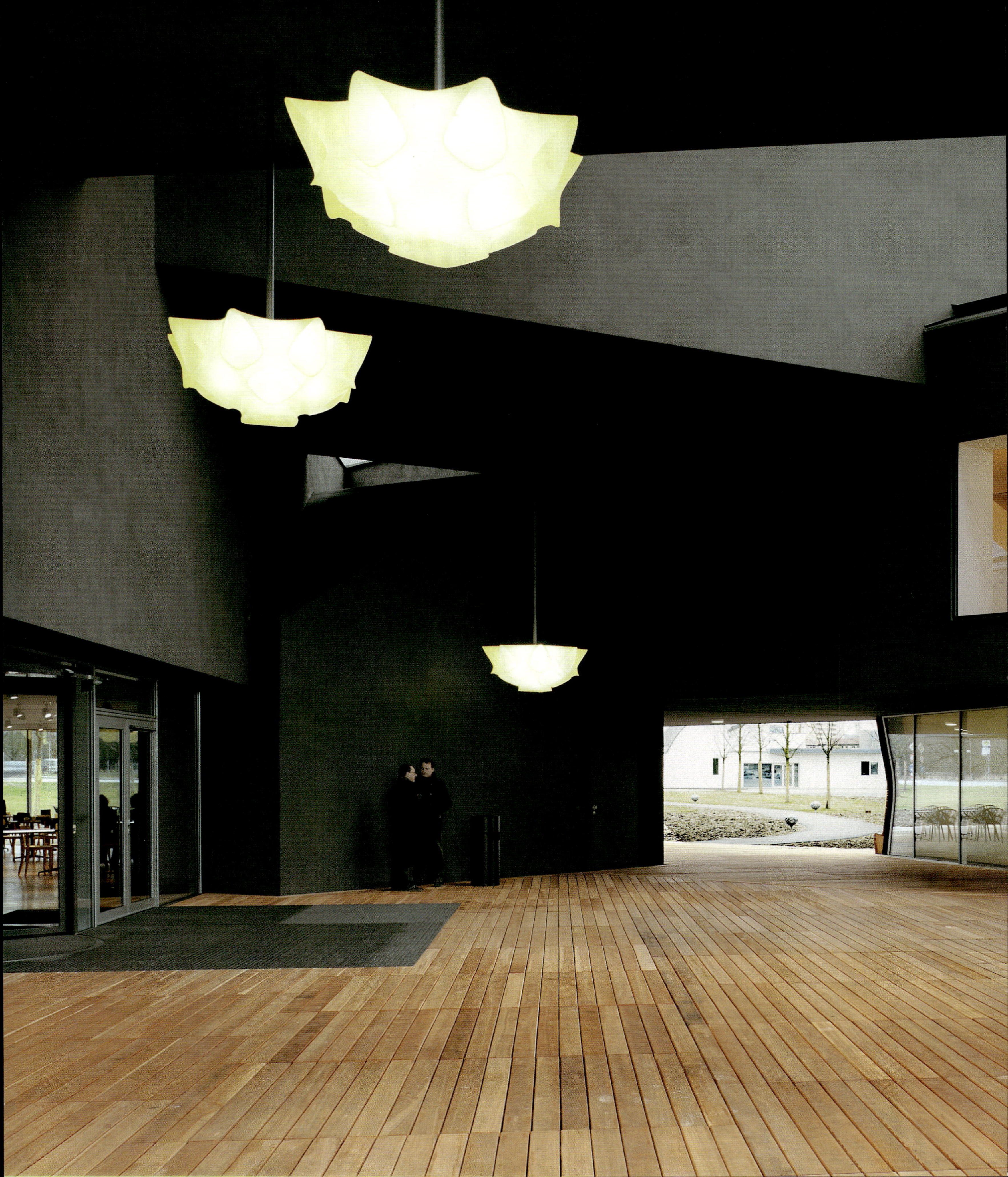

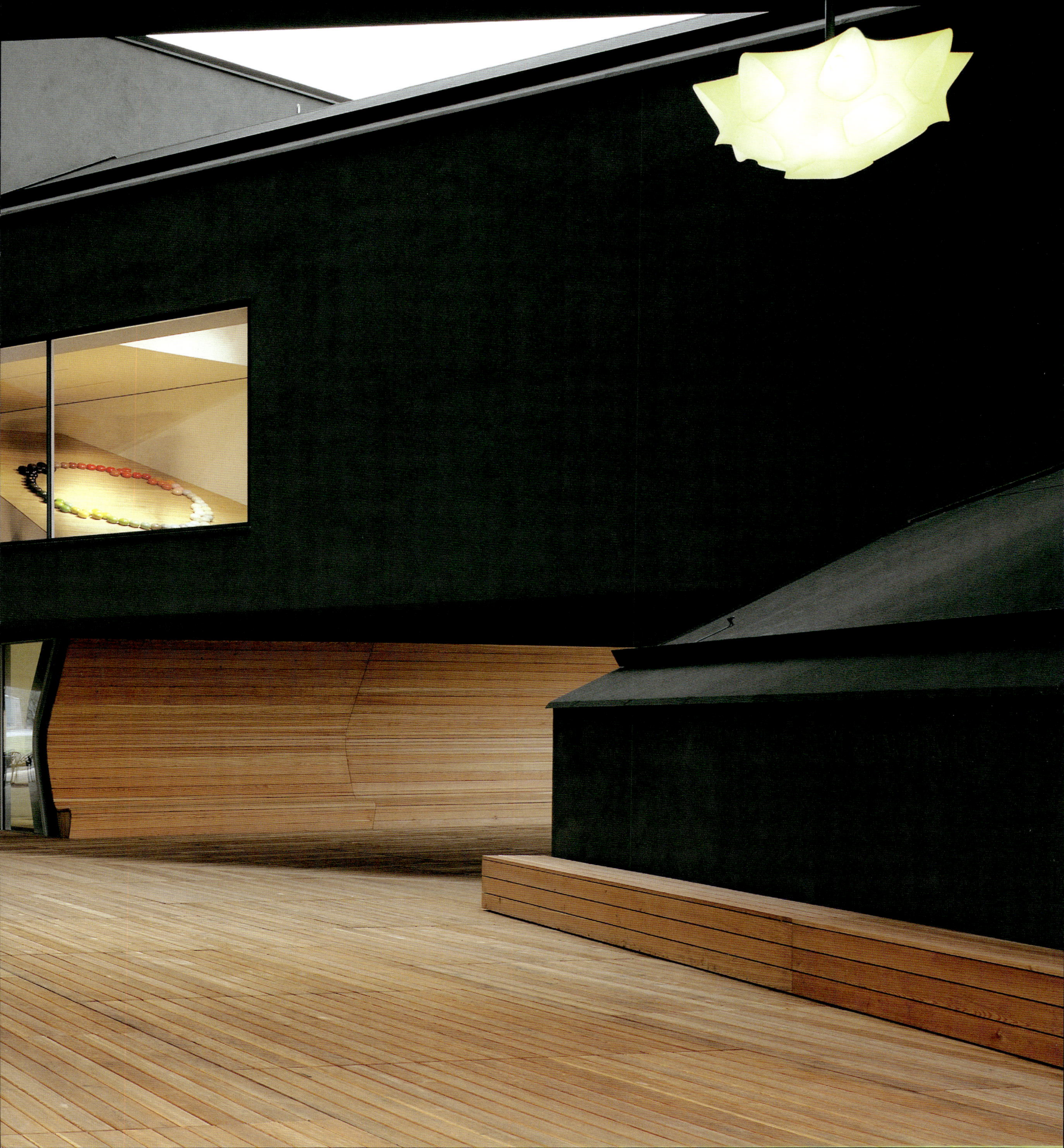

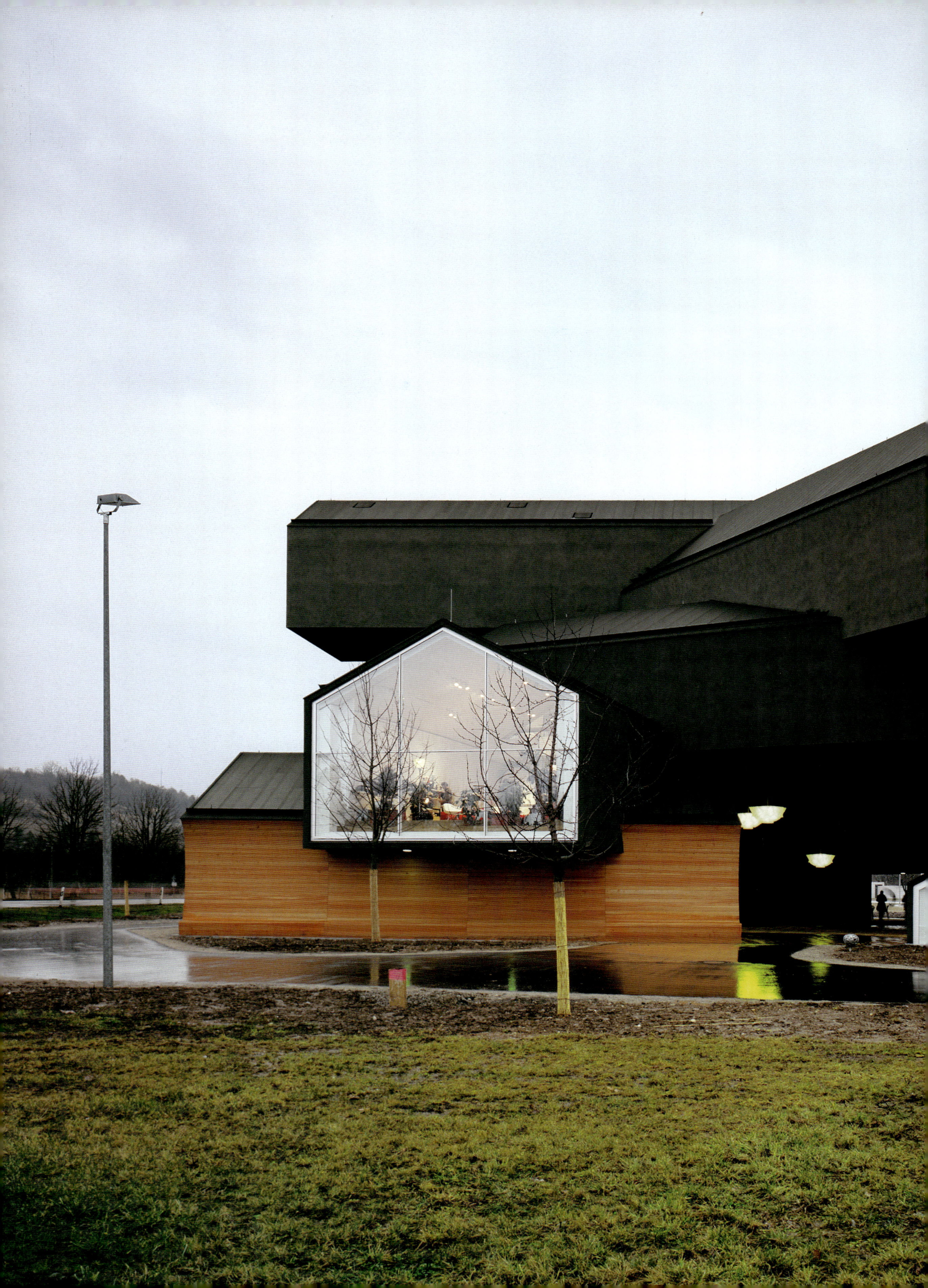

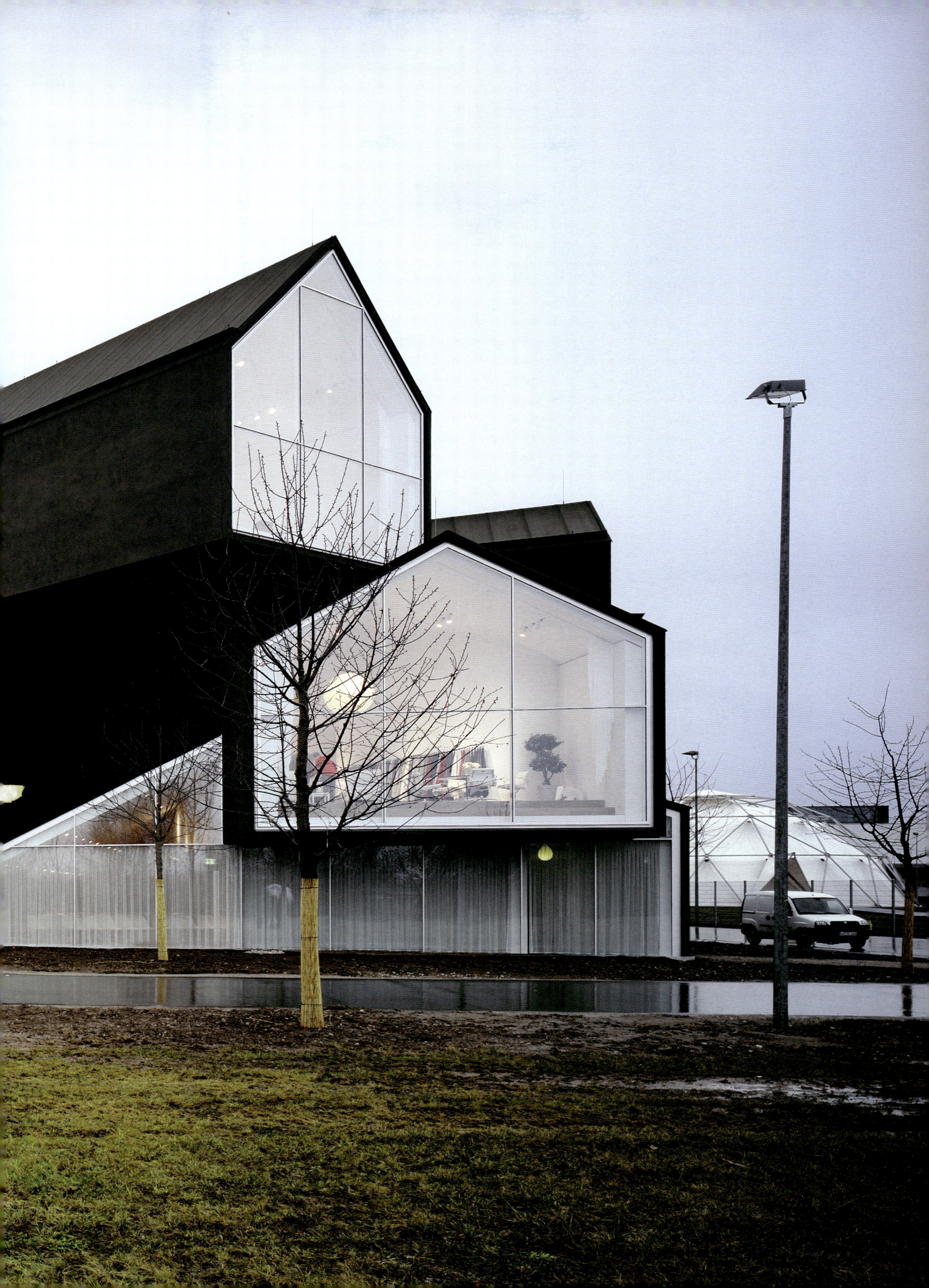

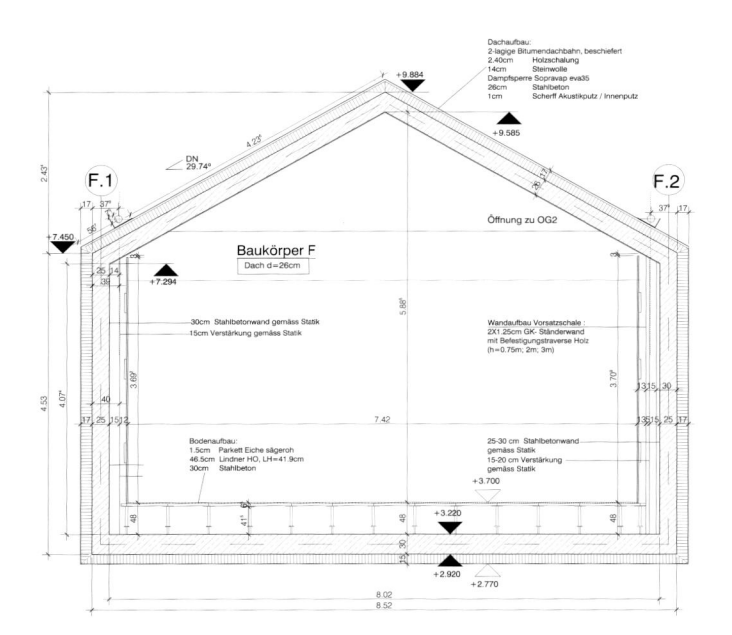

Sección transversal módulo F / Module F. Cross section

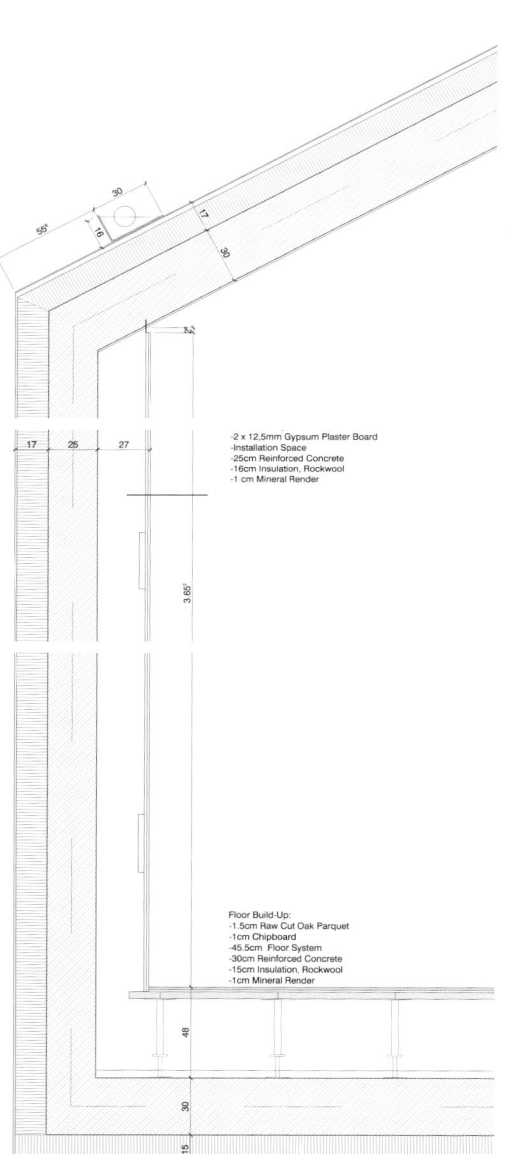

Detalles del módulo F
Module F details

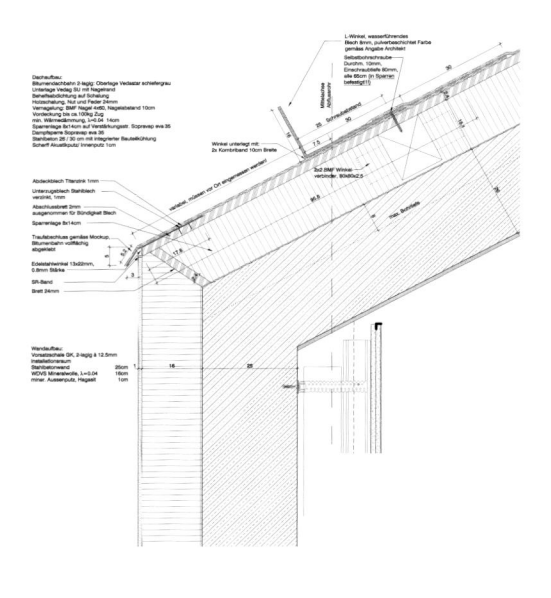

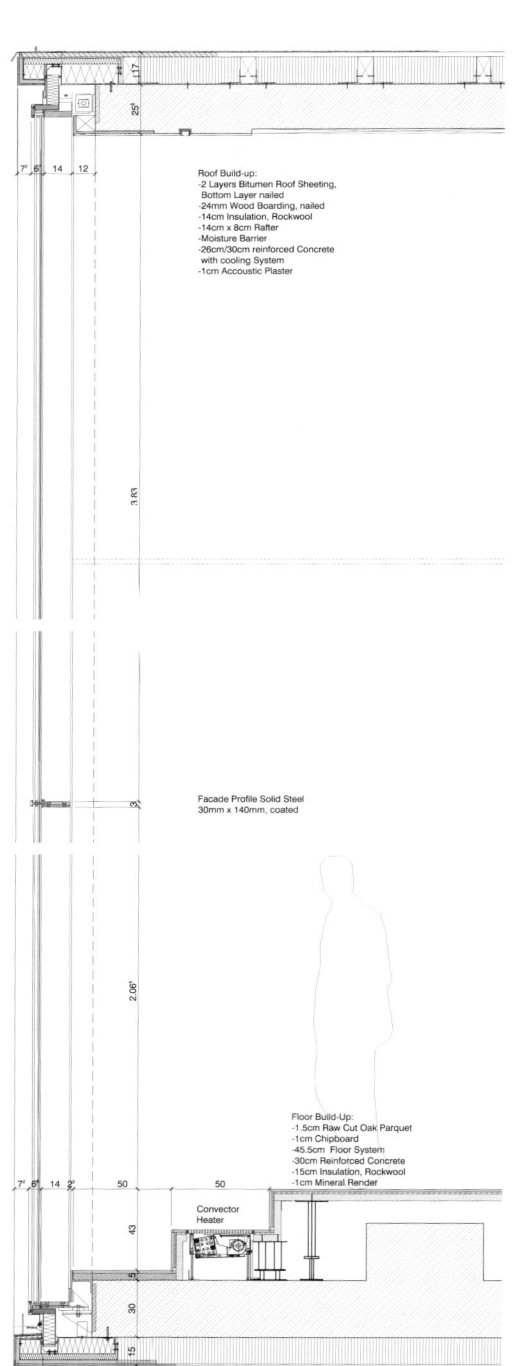

Roof Build-up:
- 2 Layers Bitumen Roof Sheeting, Bottom Layer nailed
- 24mm Wood Boarding, nailed
- 14cm Insulation, Rockwool
- 14cm x 8cm Rafter
- Moisture Barrier
- 26cm/30cm reinforced Concrete with cooling System
- 1cm Accoustic Plaster

- 2 x 12,5mm Gypsum Plaster Board
- Installation Space
- 25cm Reinforced Concrete
- 16cm Insulation, Rockwool
- 1 cm Mineral Render

Facade Profile Solid Steel
30mm x 140mm, coated

Floor Build-Up:
- 1.5cm Raw Cut Oak Parquet
- 1cm Chipboard
- 45.5cm Floor System
- 30cm Reinforced Concrete
- 15cm Insulation, Rockwool
- 1cm Mineral Render

Floor Build-Up:
- 1.5cm Raw Cut Oak Parquet
- 1cm Chipboard
- 45.5cm Floor System
- 30cm Reinforced Concrete
- 15cm Insulation, Rockwool
- 1cm Mineral Render

Convector Heater

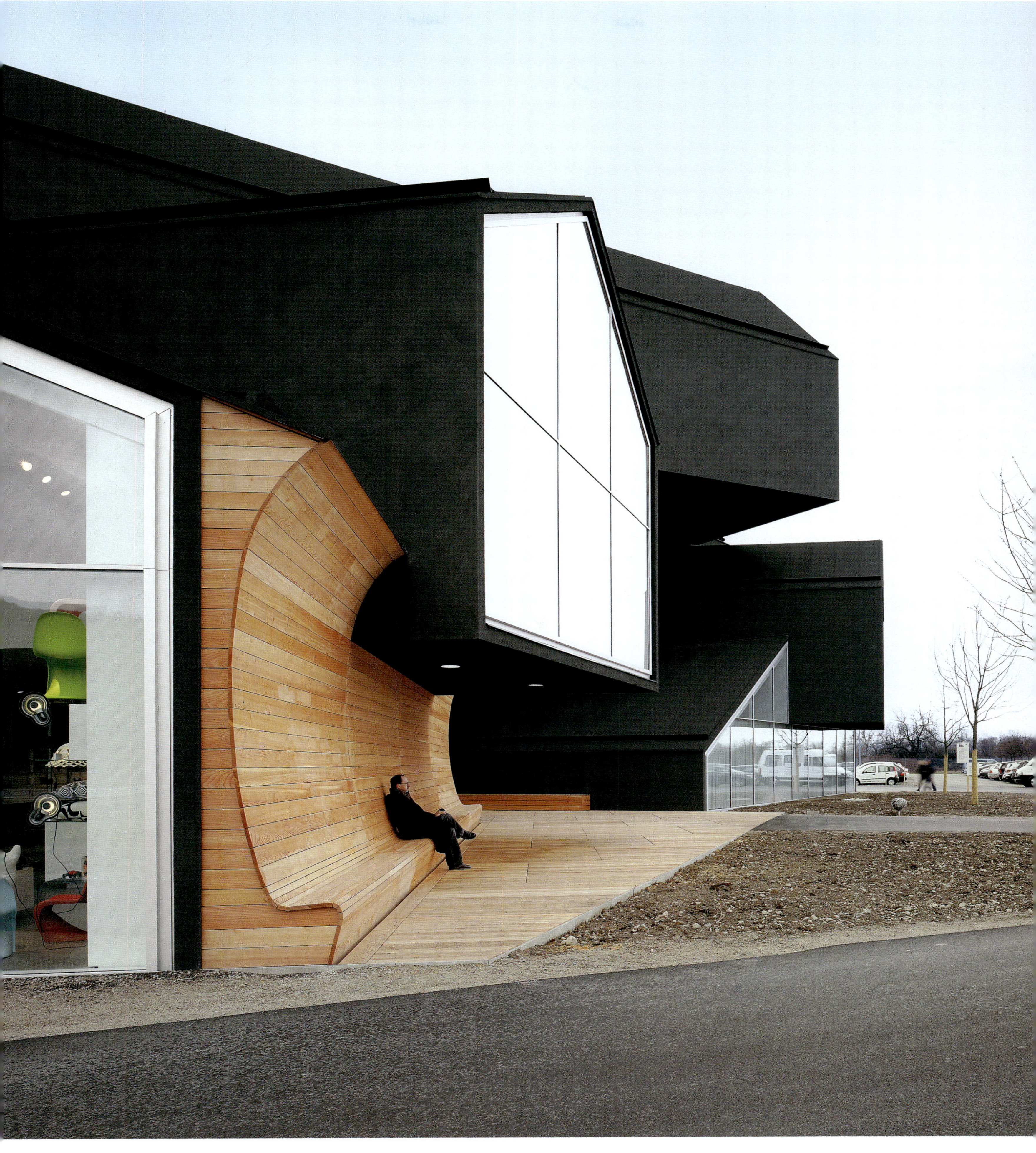

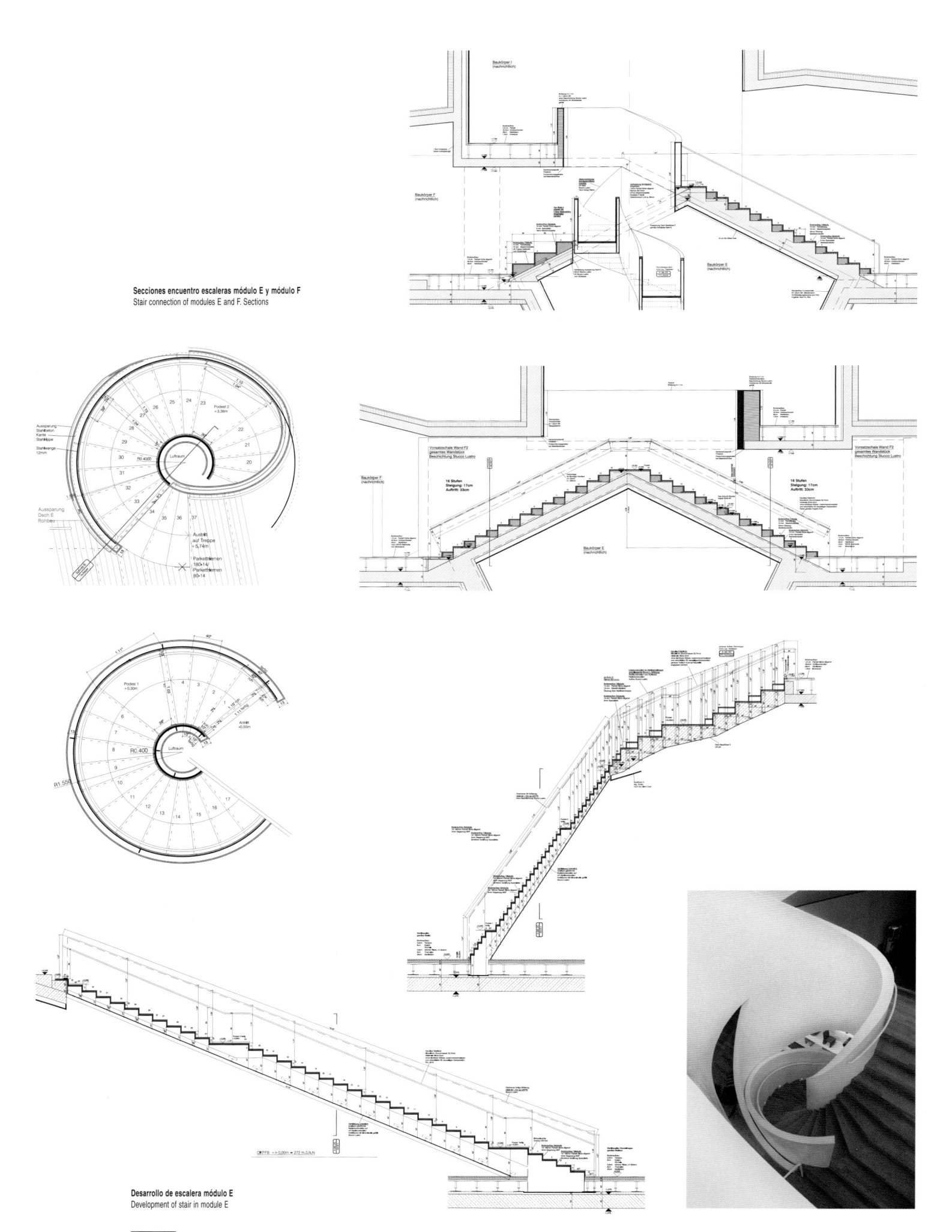

Secciones encuentro escaleras módulo E y módulo F
Stair connection of modules E and F. Sections

Desarrollo de escalera módulo E
Development of stair in module E

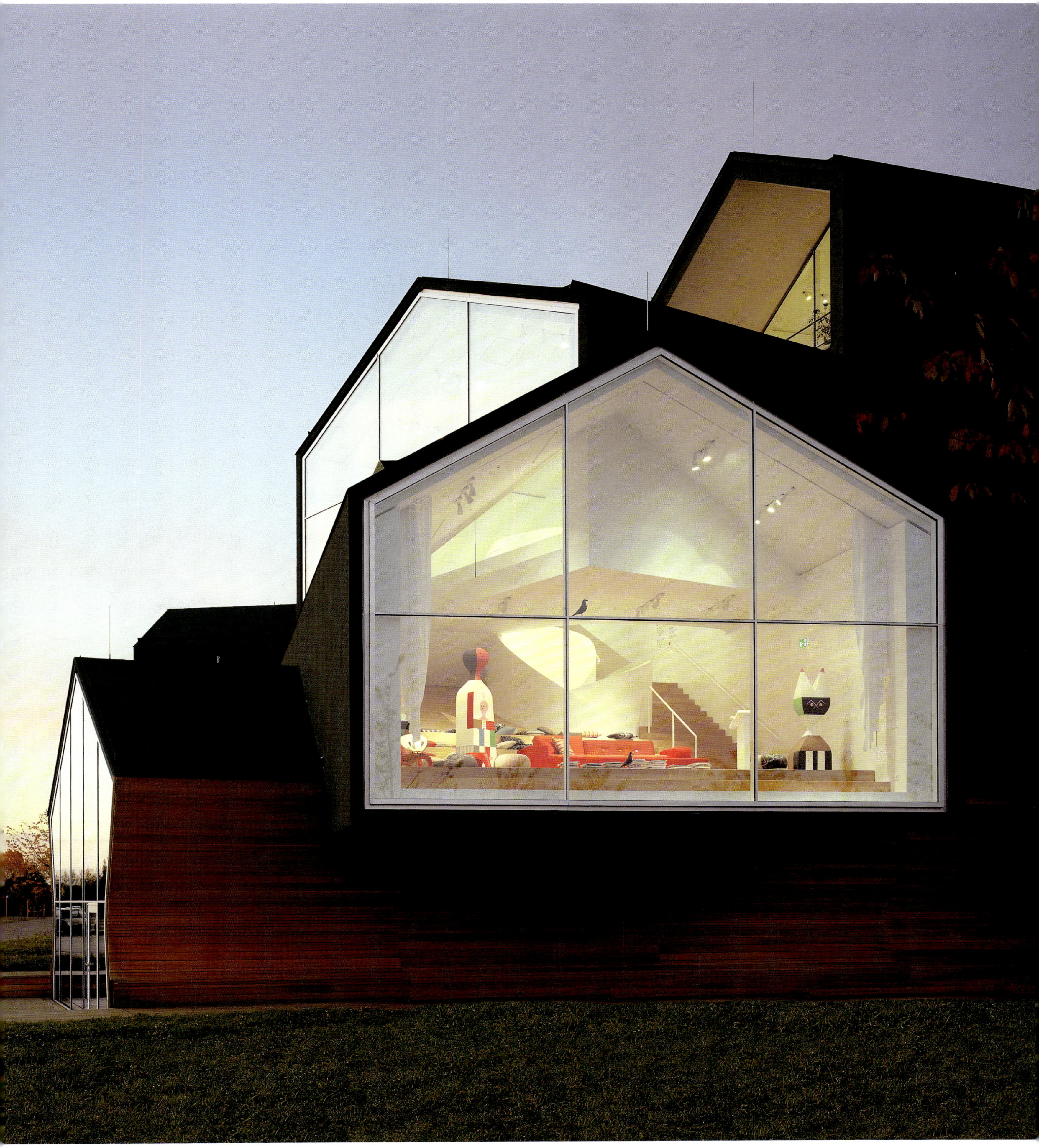

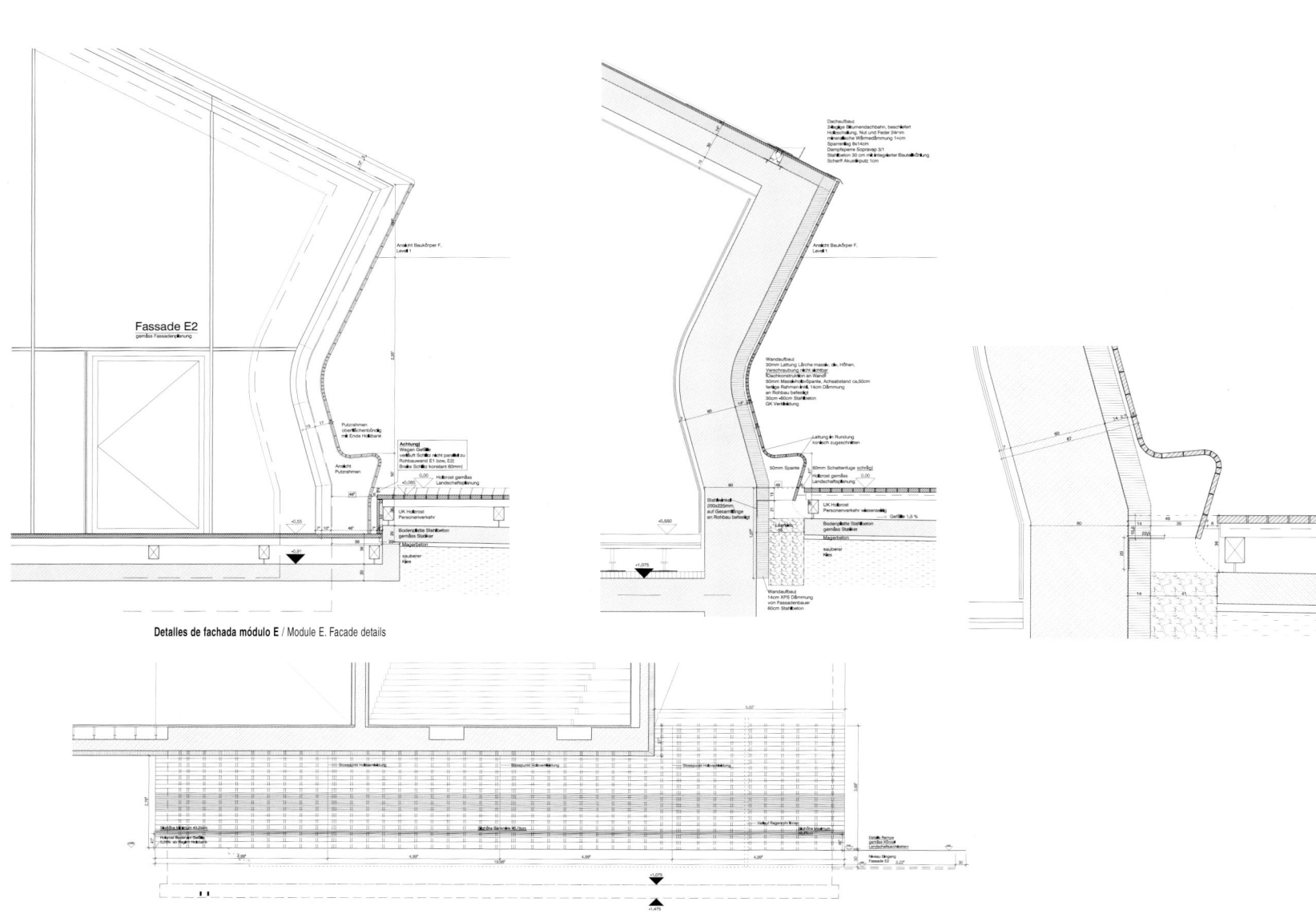

Detalles de fachada módulo E / Module E. Facade details

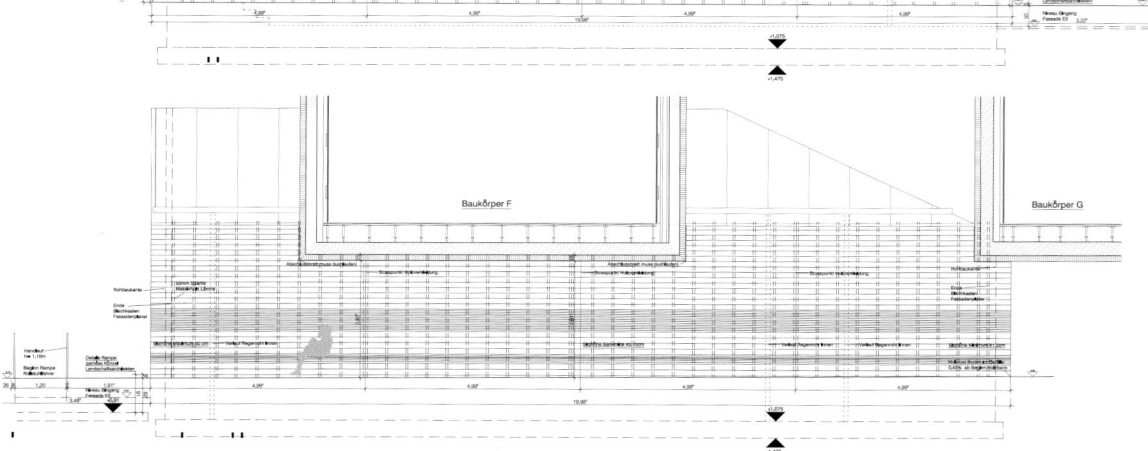

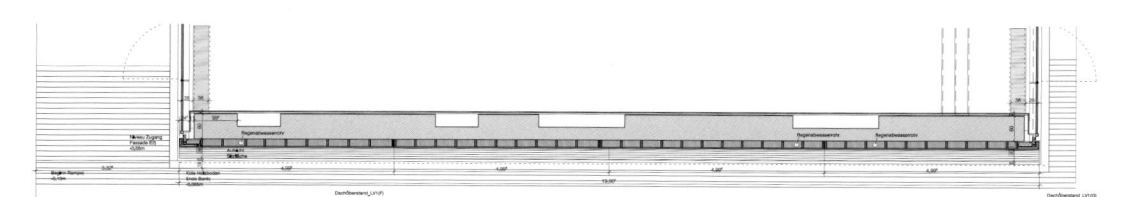

Planta y sección en detalle del módulo E / Module E. Plan and section details

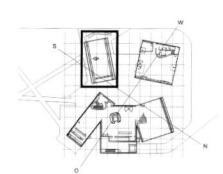

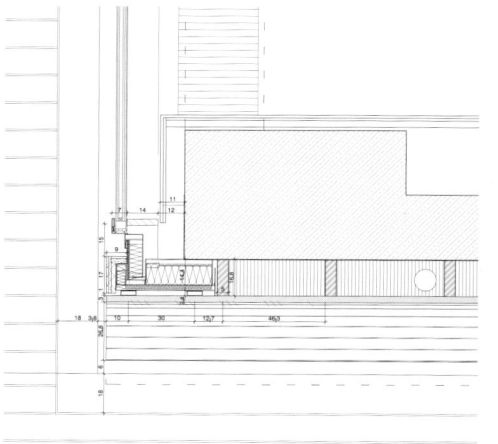

Detalles de banco en fachada curva de módulo E / Details of bench on module E curved facade

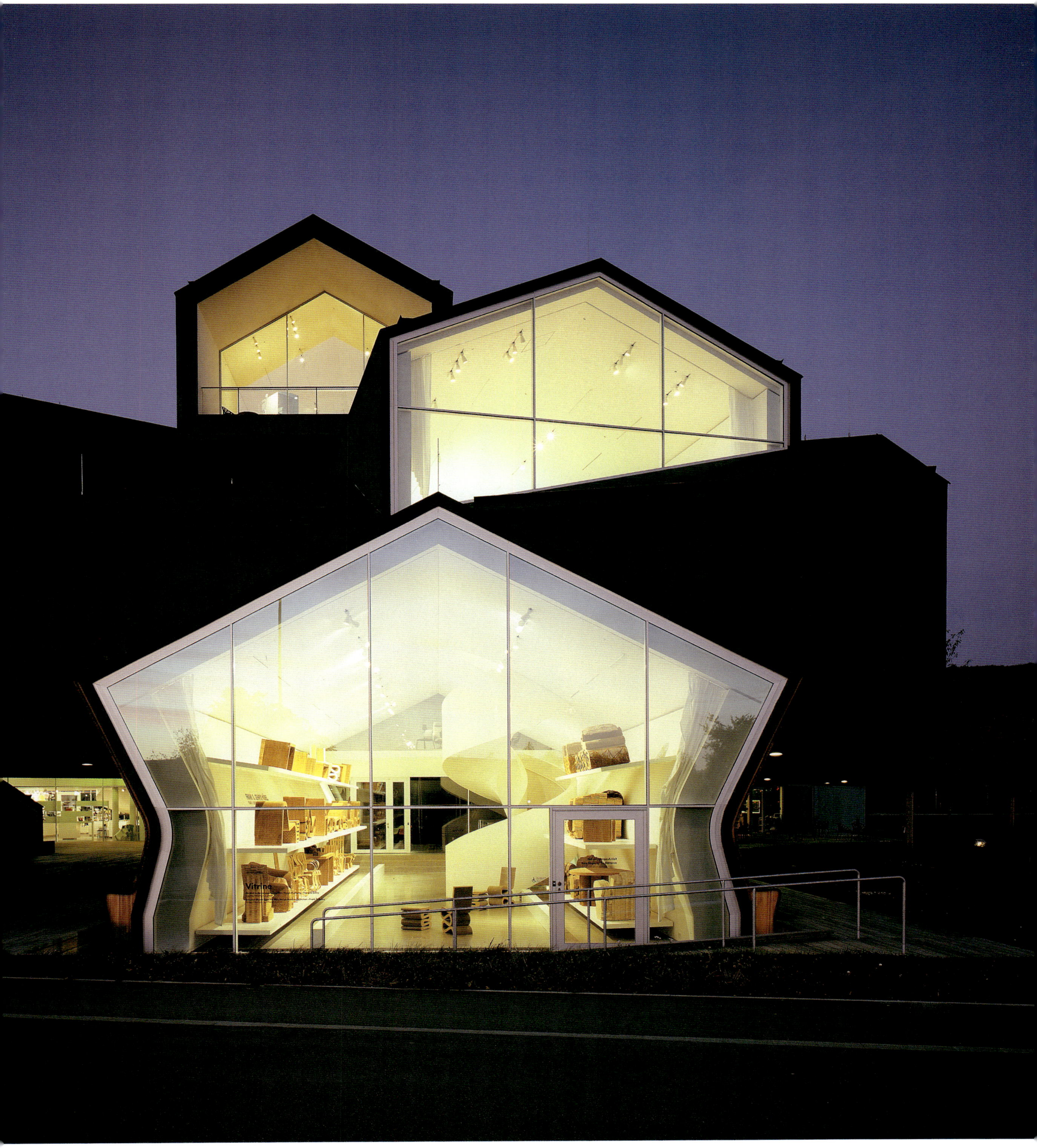

56 Leonard Street

56 Leonard Street

EEUU
NEW YORK, NEW YORK, USA 2006-

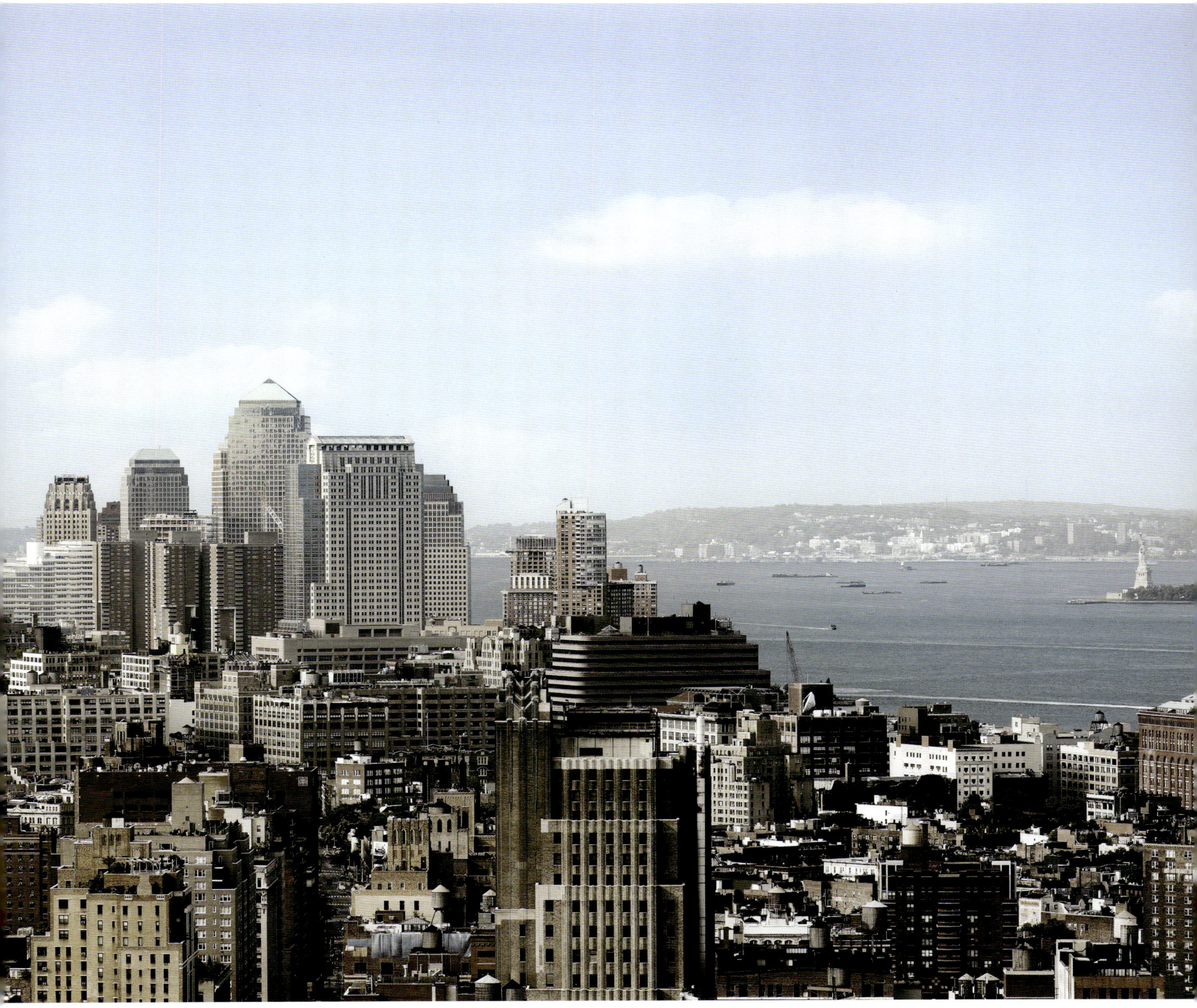

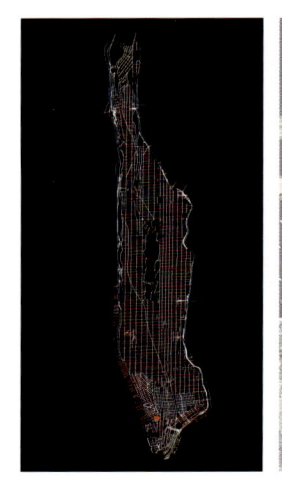

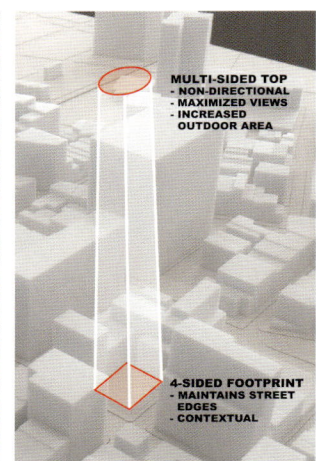

New York. Isla de Manhattan / Manhattan island   Tribeca. Emplazamiento. Tipologías urbanas del entorno / Location. Surrounding urban typologies   Geometría / Geometry

El rascacielos es un ingrediente fundamental de la ciudad contemporánea. Sin embargo, las torres han llegado a definirse únicamente por su altura, convirtiéndose en edificios casi anónimos desde el punto de vista tipológico. Las actuales torres de viviendas ofrecen una agrupación adecuada de las unidades residenciales, pero a menudo no alcanzan a plantear una alternativa desde el punto de vista de la creación de otros entornos de vida. La multiplicación de unidades dentro de simples formas extruidas produce edificios repetitivos y anónimos, carentes de cualidades arquitectónicas, a pesar de las increíbles densidades que alcanzan. Para quienes viven en tales torres, esta experiencia igualadora y reiterativa puede resultar bastante desagradable. El 56 de Leonard Street es un manifiesto contra el anonimato y la reiteración que representan las torres del pasado más reciente. Su ambición es alcanzar, a pesar de su tamaño, un carácter único y propio, quizás incluso íntimo.

The high-rise tower is an important ingredient within the contemporary city. However, towers have come to be defined solely by their height and, as a type, they have become anonymous. Typical residential towers, while successful in aggregating the living unit, often fail to improve upon the living environment. The multiplication of units within simple extruded shapes produces repetitive and anonymous structures with no extra benefits or architectural qualities despite the incredible densities they achieve. For those who live in these structures, this experience of sameness and repetition can be relatively unpleasant. 56 Leonard Street acts against this anonymity and repetitiveness, emanating from so many towers of the recent past. Its ambition is to achieve, despite its size, a character that is individual and personal, perhaps even intimate.

El proyecto se ha concebido como un apilamiento de casas individuales, cada una de las cuales es singular e identificable en el conjunto. Una cuidadosa investigación de los métodos de construcción locales reveló la posibilidad de desplazar y variar las losas de forjado para crear esquinas, voladizos y balcones, que procuran, de esa manera, a cada apartamento unas condiciones individuales y diferentes.

The project is conceived as a stack of individual houses, where each house is unique and identifiable within the overall stack. A careful investigation of local construction methods revealed the possibility of shifting and varying floor-slabs to create corners, cantilevers and balconies— all welcome strategies for providing individual and different conditions in each apartment.

Vista de la ciudad / View to Midtown   **Prototipo Casa 22** / Collage with CaseStudy House 22   **Interiores apilados** / Stacked interiors   **Collage** / Slab extension and eroded corner

En la base de la torre, el apilamiento tiene en cuenta la escala y el contexto específico de la calle, mientras que en la cúspide, parece tambalearse y ondular para fundirse
At the base of the tower, the stack reacts to the scale and specific local conditions on the street, while the top staggers and undulates to merge with the sky.
con el cielo. Entre ambos extremos, el movimiento y la variación de los niveles intermedios es más controlado y sutil, como en el fuste de una columna.
In-between, the staggering and variation in the middle-levels is more controlled and subtle, like in a column shaft.

Casa en el cielo / House in the sky

Para romper la tendencia a la repetición y el anonimato de los edificios en altura, el 56 de Leonard Street se ha desarrollado como proyecto desde dentro afuera. El pro-
To break-up the tendency towards repetition and anonymity in high-rise buildings, 56 Leonard Street was developed from the inside-out. The project began with
yecto empieza con las dependencias individuales, tratadas como 'píxeles' y agrupadas planta a planta. Estos píxeles se juntan para articular el volumen y la forma exterior
individual rooms, treating them as 'pixels' grouped together on a floor-by-floor basis. These pixels come together to directly inform the volume and to shape the
de la torre; y desde dentro provocan la sensación de estar inmerso en una serie de grandes miradores.
outside of the tower. From the interior the experience of these pixels is like stepping into a series of large bay-windows.

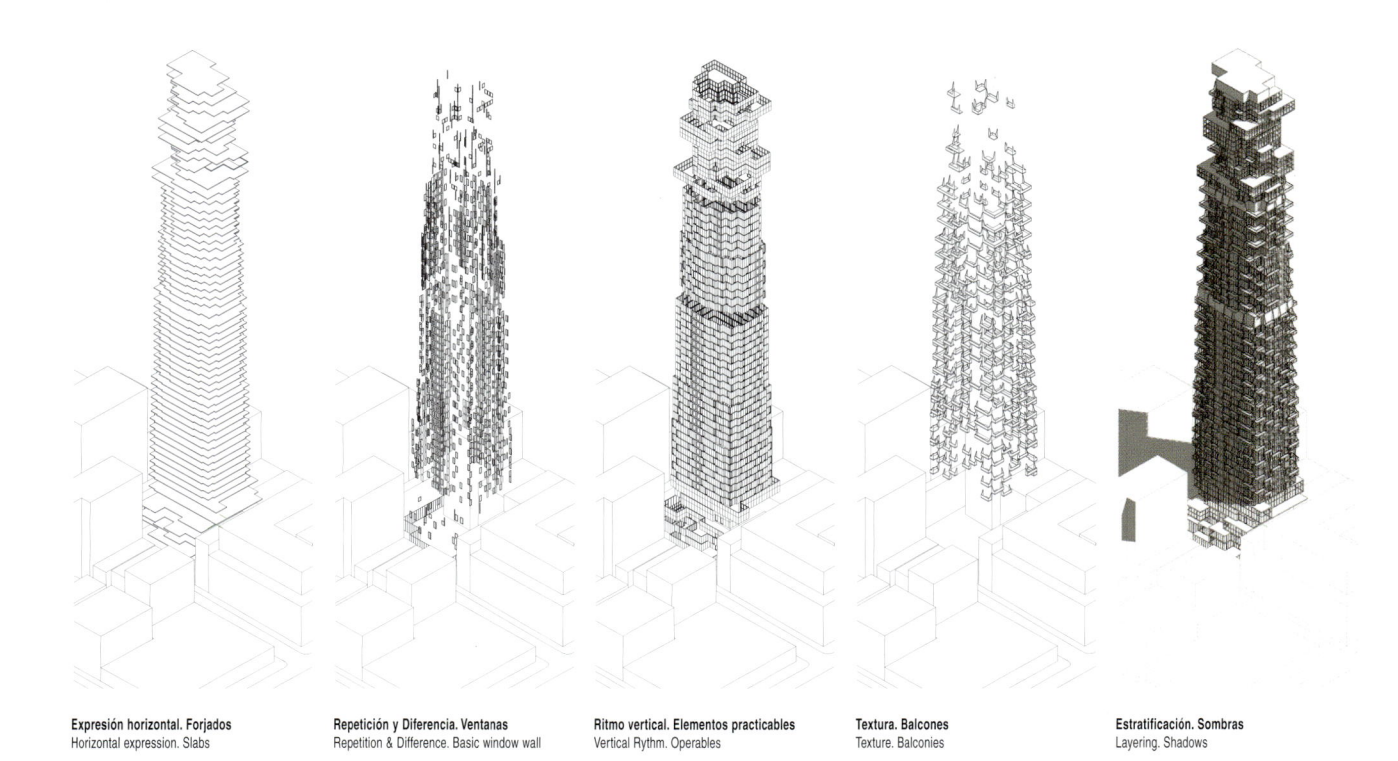

Expresión horizontal. Forjados	Repetición y Diferencia. Ventanas	Ritmo vertical. Elementos practicables	Textura. Balcones	Estratificación. Sombras
Horizontal expression. Slabs	Repetition & Difference. Basic window wall	Vertical Rythm. Operables	Texture. Balconies	Layering. Shadows

La estrategia de 'pixelar' las habitaciones también se adopta para la sección, creando un considerable número de terrazas y balcones proyectados hacia el exterior del cuerpo de la torre. Evitando cuidadosamente invadir la intimidad del apartamento vecino, estos espacios exteriores procuran conexiones visuales entre la gente que comparte el edificio. Juntas, estas casas en el cielo forman un montón cohesionado, una comunidad vertical afín a los barrios neoyorquinos con su característica mezcla equilibrada de proximidad y privacidad.

The strategy of 'pixelating' rooms also happens in section, creating a large number of terraces and projecting balconies. While careful to avoid directly overlooking a neighbouring apartment, these outdoor spaces provide indirect visual links between people —maybe strangers— who share the building. Aggregated together, these houses-in-the-sky, form a cohesive stack, a vertical neighbourhood, somewhat akin to New York's specific neighbourhoods with their distinctive mix of proximity and privacy in equal measure.

El remate de cualquier torre es su elemento más visible, y en el caso de del 56 de Leonard Street es la parte más expresiva del proyecto. Dicha expresividad se deriva directamente de los requerimientos del interior, que alberga diez grandes áticos con espacios al aire libre y generosos ámbitos de estancia. Estas partes del programa con un mayor tamaño se hacen evidentes exteriormente como cuerpos desplazados y en voladizo según su configuración interna y el deseo de obtener determinadas vistas, pero también haciendo más escultórico el remate de la torre.

The top of any tower is its most visible element and, in keeping with this, the top of 56 Leonard Street is the most expressive part of the project. This expressiveness is driven directly by the requirements of the interior, consisting of ten large-scale penthouses with expansive outdoor spaces and spacious living areas. These large program components register on the exterior as large-scale blocks, cantilevering and shifting according to internal configurations and the desire to capture specific views, which ultimately results in the sculptural expression of the top.

Por su parte, la base del edificio tiene en cuenta el carácter especial del barrio de Tribeca, caracterizado por la variedad en la escala de sus edificios, desde pequeñas casas en hilera a edificios industriales de tamaño considerable, y las ubicuas torres del downtown.

Meanwhile, the base of the tower responds to the special character of Tribeca. This is a part of New York characterized by a wide range of building scales - from small townhouses to large industrial blocks and the ubiquitous high-rise buildings of downtown.

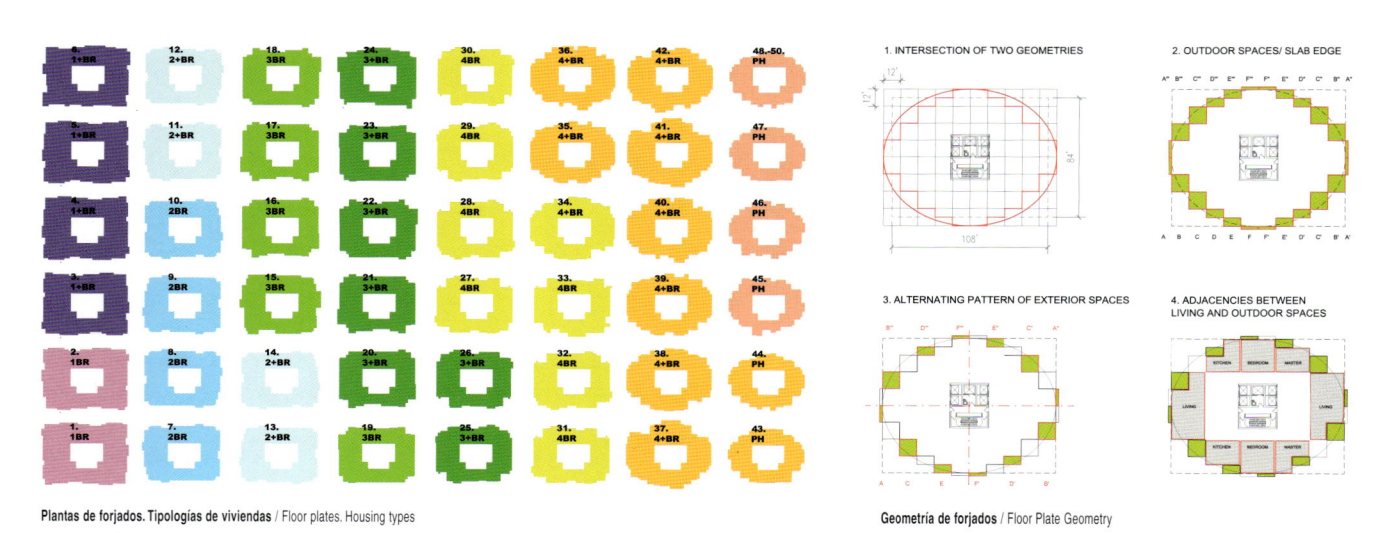

Plantas de forjados. Tipologías de viviendas / Floor plates. Housing types

Geometría de forjados / Floor Plate Geometry

1. INTERSECTION OF TWO GEOMETRIES
2. OUTDOOR SPACES/ SLAB EDGE
3. ALTERNATING PATTERN OF EXTERIOR SPACES
4. ADJACENCIES BETWEEN LIVING AND OUTDOOR SPACES

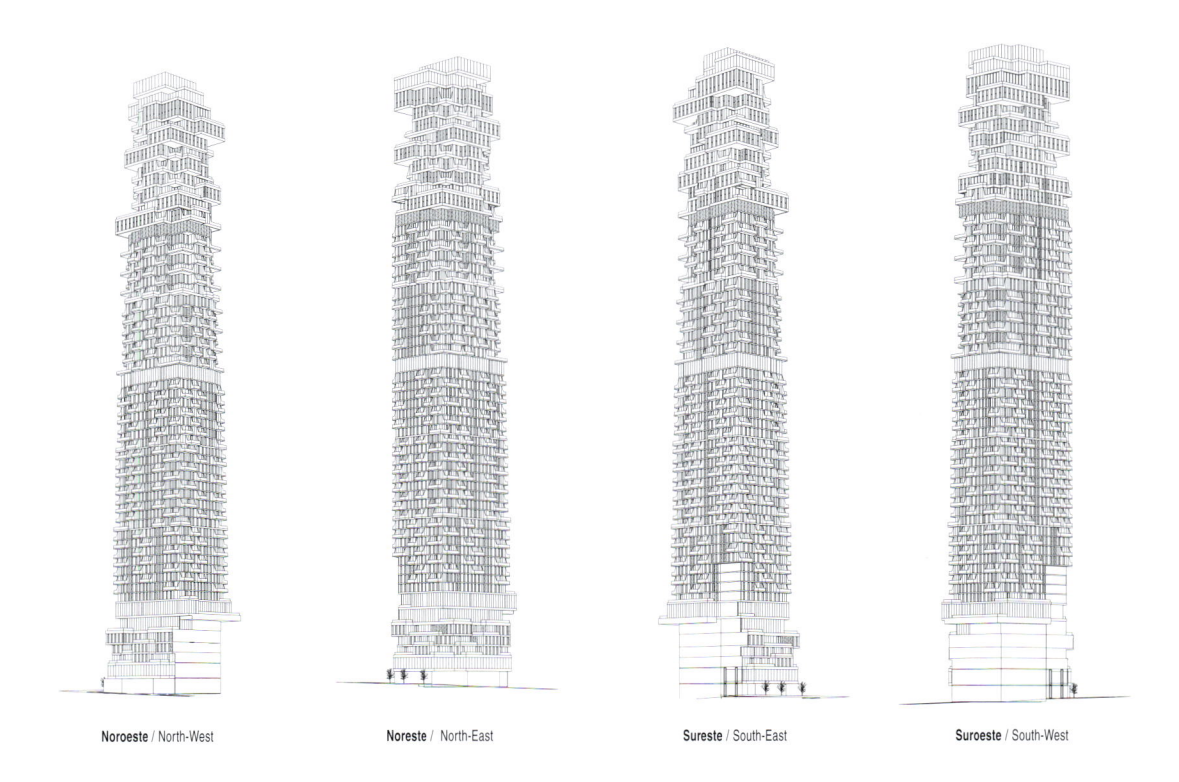

Noroeste / North-West   **Noreste** / North-East   **Sureste** / South-East   **Suroeste** / South-West

Agrupando 'píxeles' de varios tamaños, vestíbulo, aparcamientos y servicios incluidos, la torre refleja e incorpora cada una de esas escalas
By grouping together 'pixels' of various sizes, including lobby, parking decks and housing amenities, the tower reflects and incorpo-
del vecindario. La esquina más prominente del emplazamiento está realzada por una gigantesca escultura de Anish Kapoor, que surgió tras
rates each of these neighborhood scales. The most prominent corner of the site is enlivened by a large-scale public artwork by Anish
entablar con el artista una serie de diálogos y trabajar a partir de globos y fuerzas de compresión. El resultado es una pieza en forma de
Kapoor. This arose from a series of dialogues and provocations, working with the idea of balloons and compressive forces.
gran burbuja de acero inoxidable pulido que parece soportar el peso del edificio y deformarse por su efecto. La escultura reacciona en con-
The result is a sculpture in the form of a large, polished stainless-steel bubble which appears to bear and become deformed by the
tacto con el edificio y viceversa; es una pieza artística especialmente concebida para la torre y el lugar, una forma de marcar la importancia
building's weight. The sculpture reacts to the building and the building reacts in return, creating an artwork specific to the tower and
de la esquina y convertirla en punto de atracción pública.
the site, and that activates this prominent street corner with a public focal point.

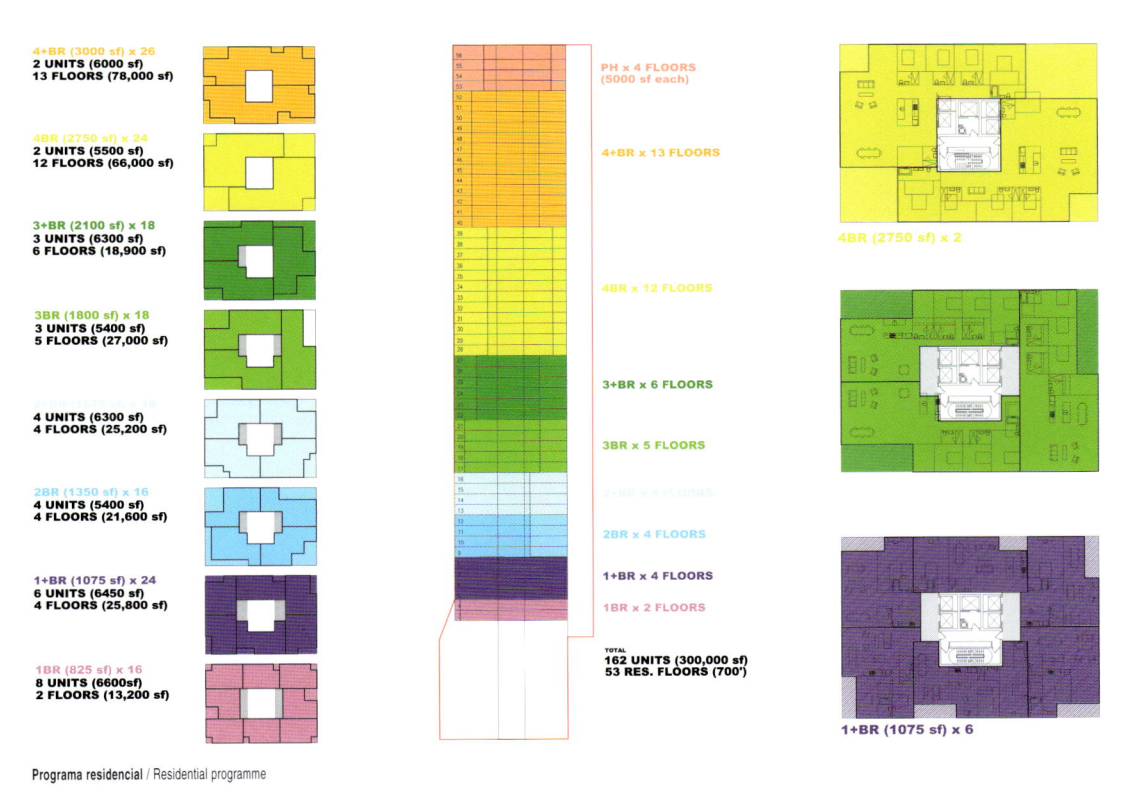

Programa residencial / Residential programme

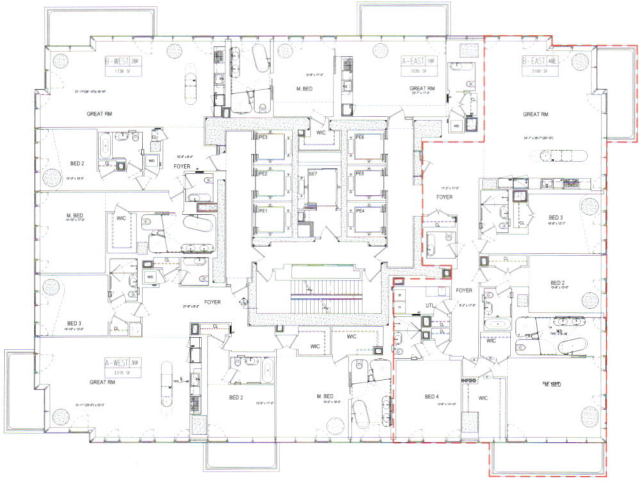

Planta 13 / Floor level 13

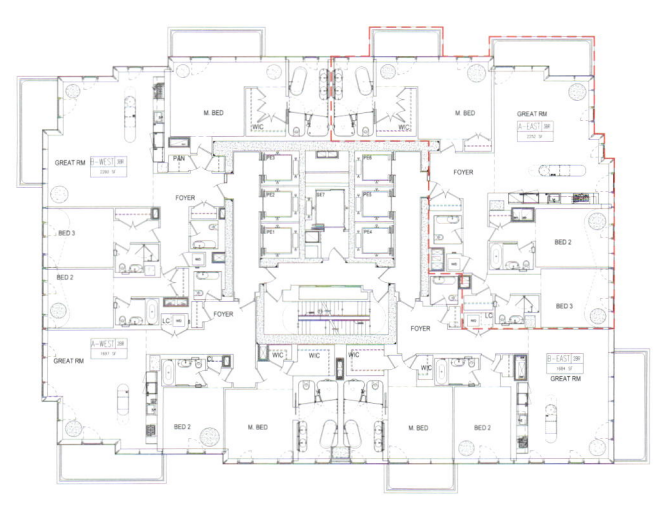

Planta 20 / Floor level 20

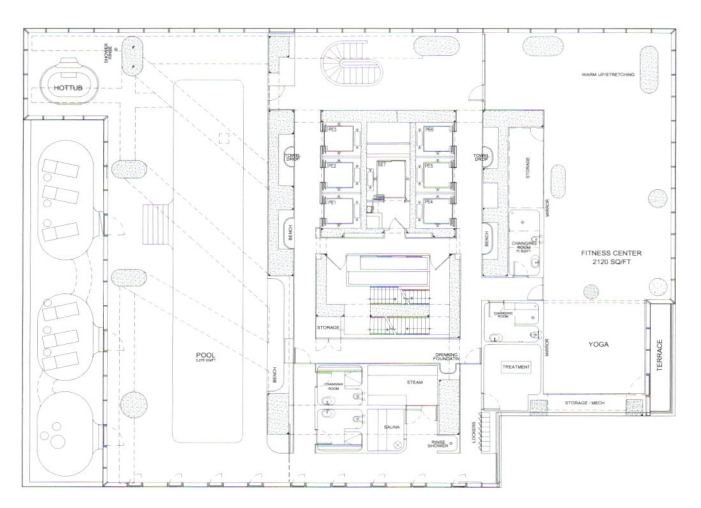

Planta 7 / Floor level 7

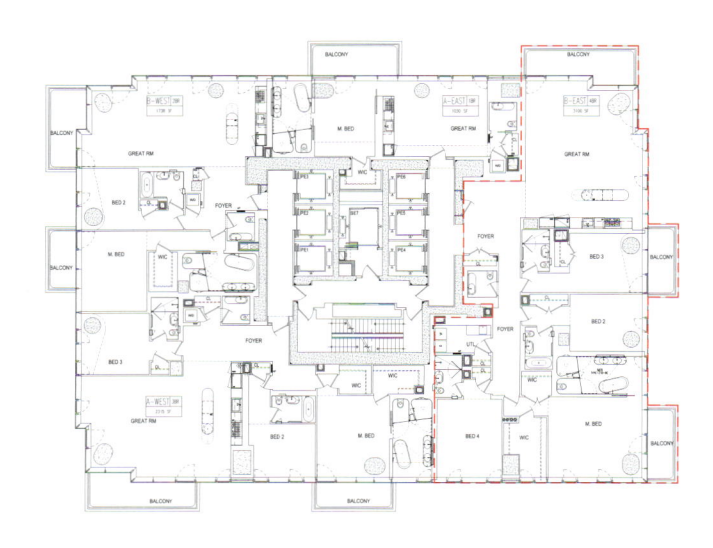

Planta 14 / Floor level 14

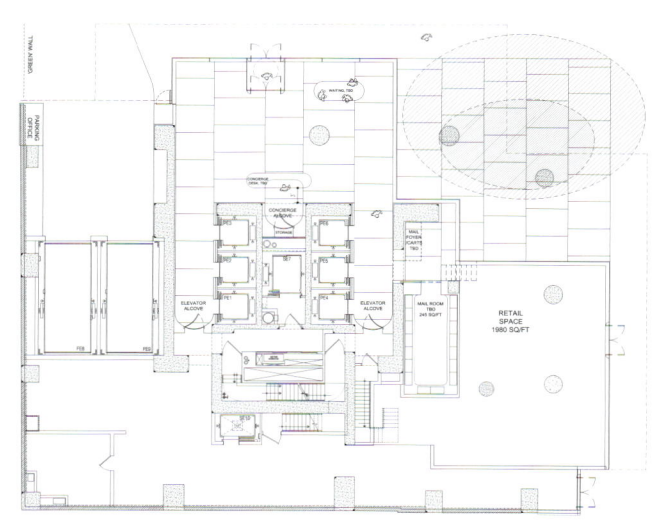

Planta baja / Floor level 1

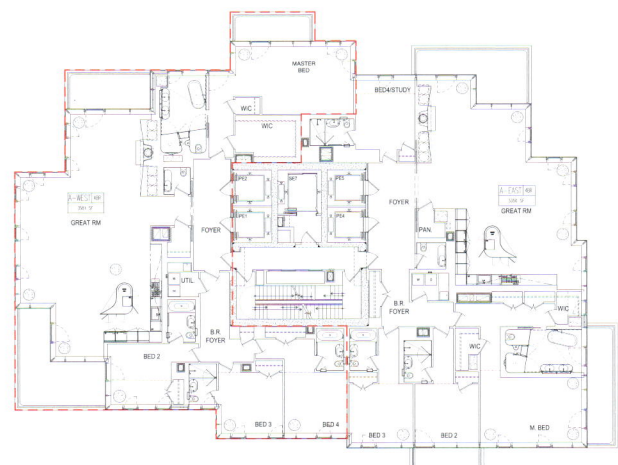

Planta 42 / Floor level 42

Planta 43 / Floor level 43

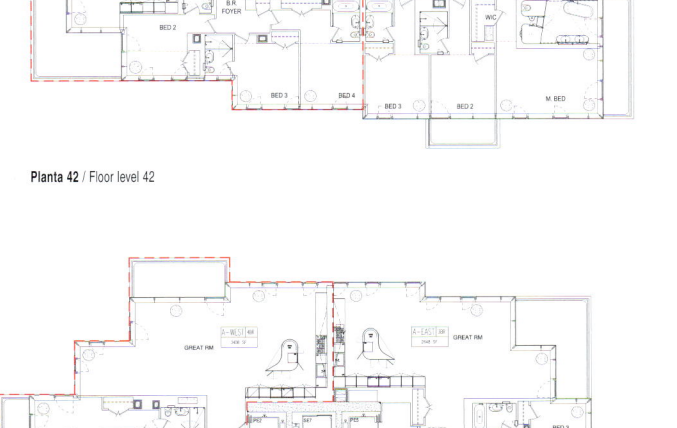

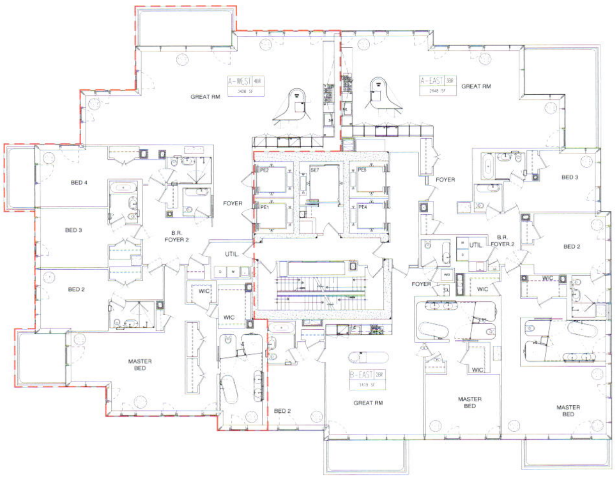

Planta 37 / Floor level 37

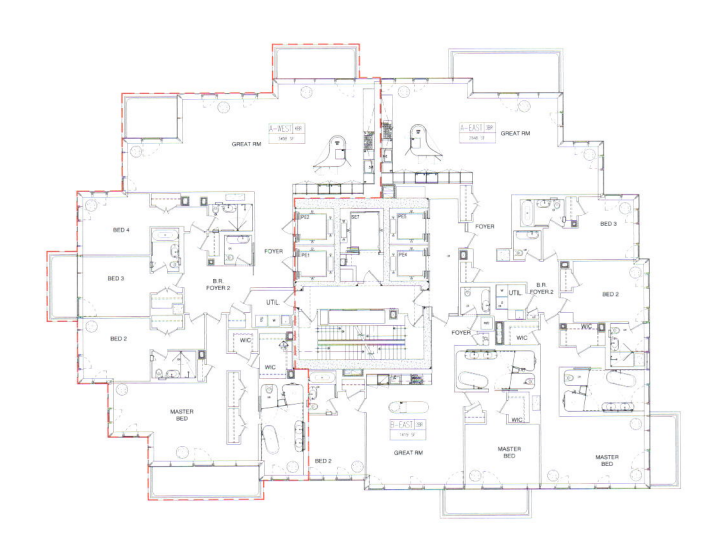

Planta 36 / Floor level 36

Detalle 3 / Detail 3

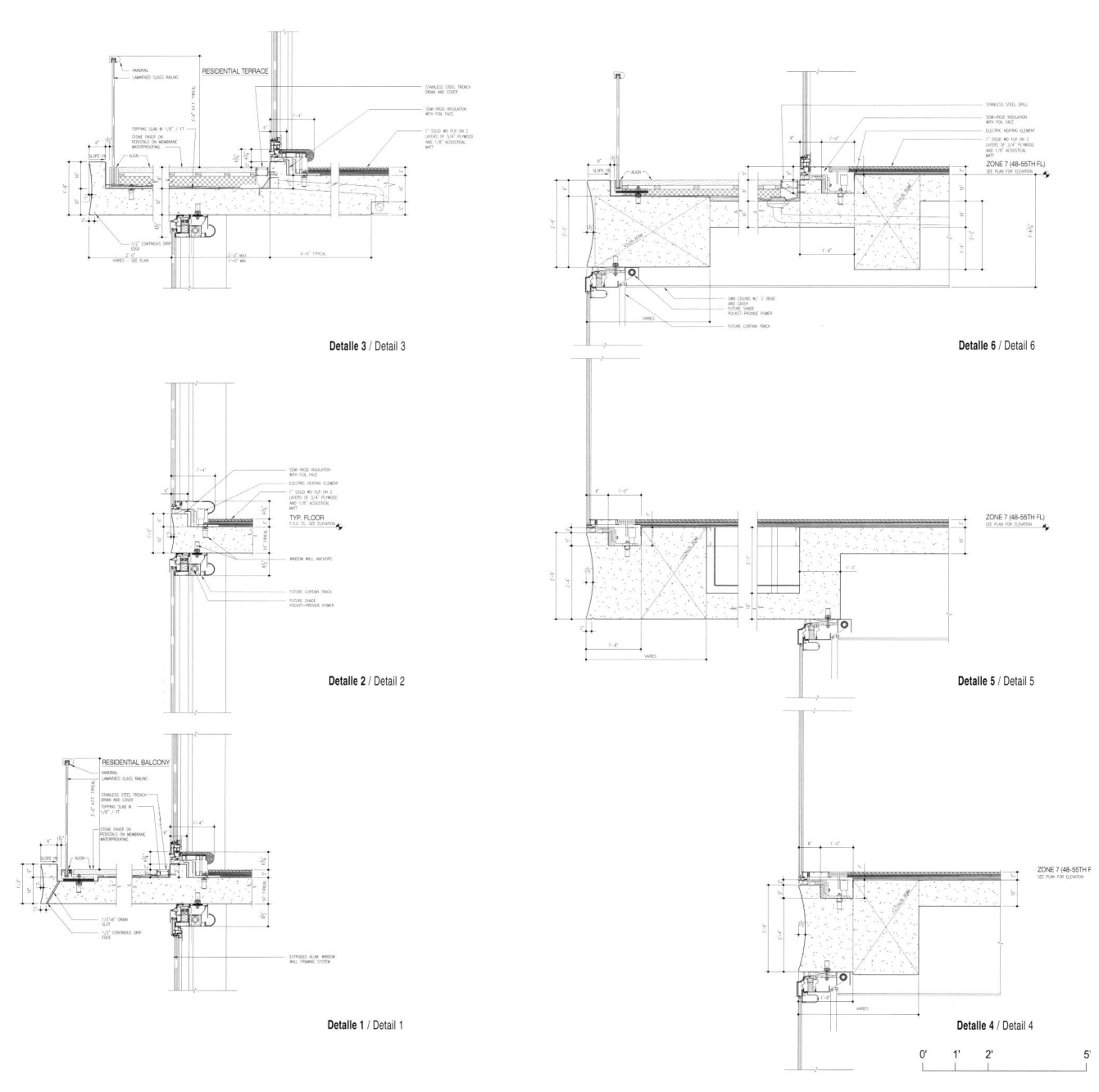

Detalle 6 / Detail 6

Detalle 2 / Detail 2

Detalle 5 / Detail 5

Detalle 1 / Detail 1

Detalle 4 / Detail 4

1. Detalle de balcón tipo / 2. Detalle de borde de forjado tipo / 3. Detalle de borde de forjado en plantas 16 y 25
1. Detail at typical balcony / 2. Detail at typical slab edge / 3. Detail at 16th and 25th floor slab edge

4. Borde de forjado tipo en Zona 7 / 5. Borde de forjado en voladizo tipo en Zona 7 / 6. Borde de forjado de terraza en Zona 7
4. Zone 7 Typical slab edge / 5. Zone 7 Typical cantilever slab edge / 6. Zone 7 Terrace slab edge

La imagen de conjunto de la torre se deriva sobre todo de aceptar y llevar al límite métodos de construcción local simples y conocidos. Desde el punto de vista de su volu-
The overall appearance of the tower is very much a result of accepting and pushing to the limit simple and familiar local methods of construction. As a volume,
men, el edificio tiene unas proporciones extremas, llega hasta donde resulta estructuralmente posible; y dada su huella relativamente pequeña, es excepcionalmente alto
the building has extreme proportions —at the very edge of what is structurally possible— and given its relatively small footprint, is exceptionally tall and slen-
y esbelto. Además, muestra su esqueleto estructural y no esconde el sistema de construcción con revestimientos.
der. The building also shows its structural 'bones' and does not hide the method of its fabrication underneath layers of cladding.
En lugar de ello, deja expuestas las losas de forjado que permiten ver el sistema de apilamiento planta a planta y los pilares de hormigón realizados in-situ, permitiendo que
Instead, exposed horizontal concrete slabs register the floor-by-floor stacking of the construction process and exposed in-situ concrete columns allow the scale
las fuerzas estructurales se aprecien desde el interior. El sistema de escalonamiento, retranqueo y pixelado se potencia además mediante ventanas practicables en cada segunda
of the structural forces at work to be experienced from within the interior. The system of staggering, setbacks and pixelation is further animated through oper-
o tercera unidad de fachada, lo que no suele ser un rasgo muy habitual en los edificios en altura y permite a los inquilinos controlar la entrada de aire natural.
able windows in every second- or third- façade unit. This unusual feature for high-rise buildings also allows occupants to directly control fresh air intake.
Todas estas estrategias —considerar la torre de dentro afuera, responder a las escalas del entorno y aprovechar al máximo los sistemas locales de construcción— da como
Together these different strategies —considering the tower from the inside-out, responding to local scales, and maximizing the potential of local construction
resultado un edificio en el que sólo cinco de los 145 apartamentos que alberga se repiten. Es más, ninguna planta es igual a otra, proporcionando a quienes habitarán la
systems— produce a building where only five out of the 145 apartments are repeated. Furthermore, no two floor plates are the same, giving those who will live
torre la sensación de que su hogar es único porque efectivamente tendrá rasgos específicos que lo singularicen en el conjunto.
in this project their own unique home characterized by distinct moments of individuality within the overall stack.

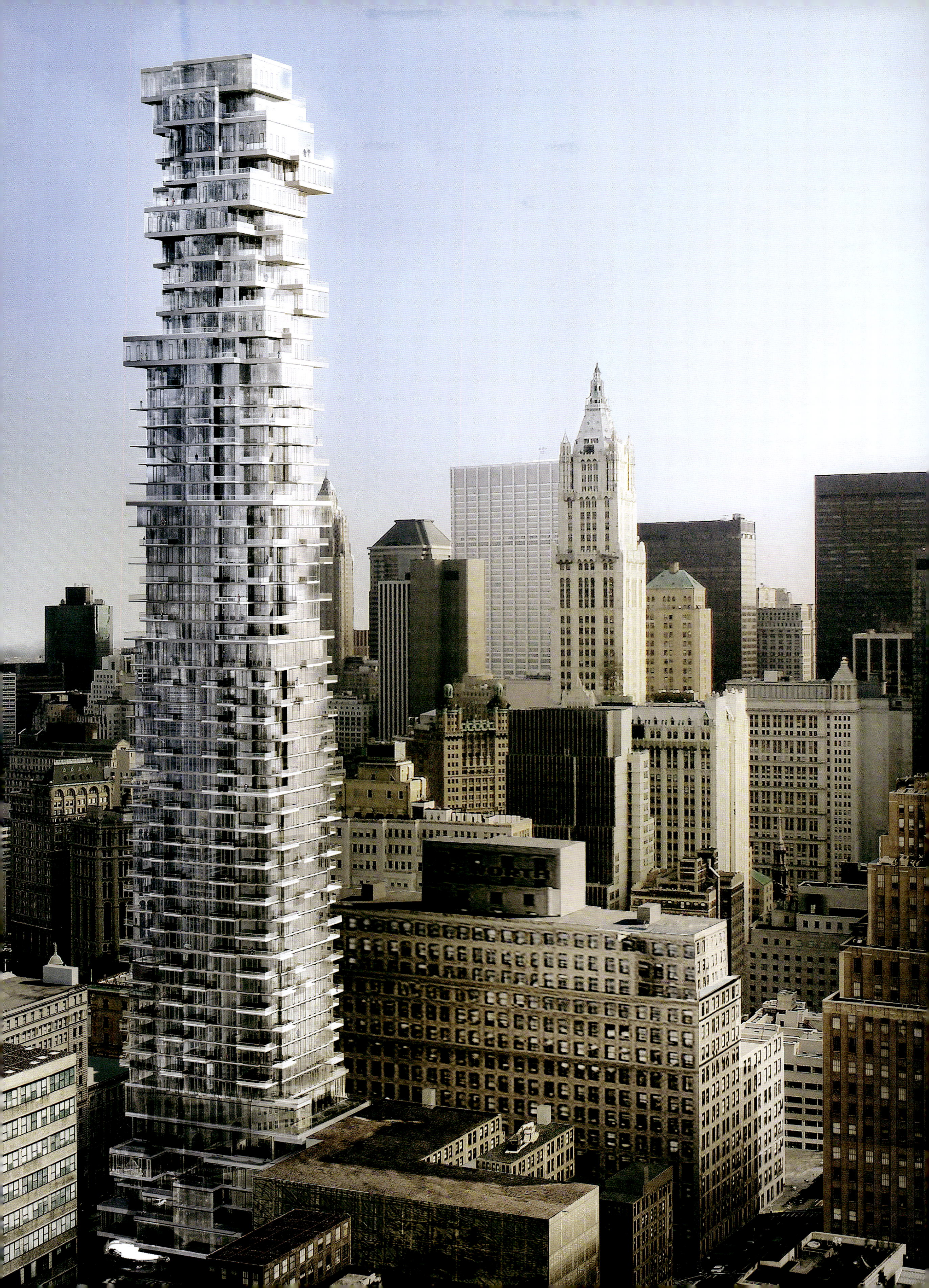

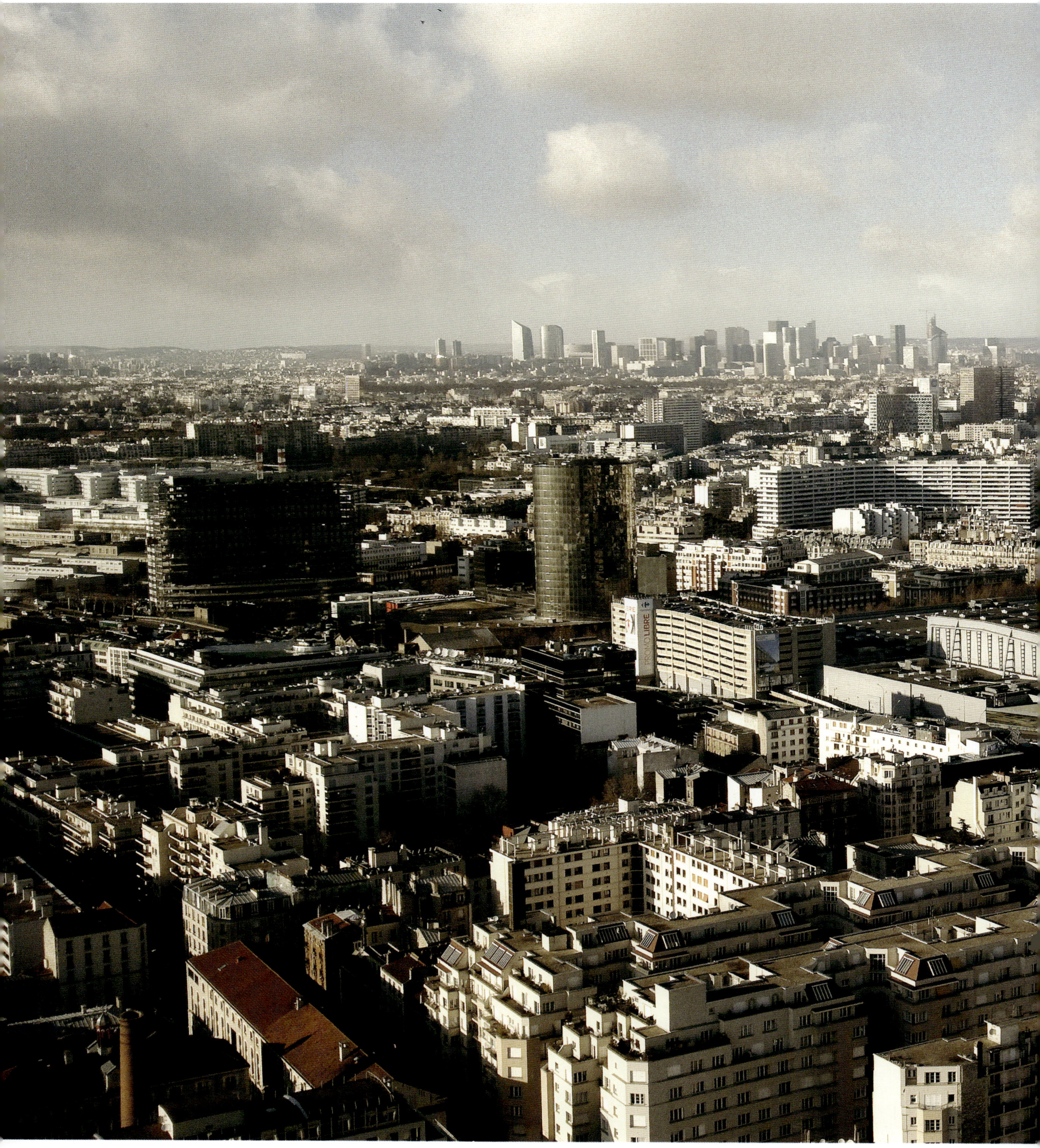

TRIANGLE

TRIANGLE PARIS, FRANCE 2006–

FRANCIA

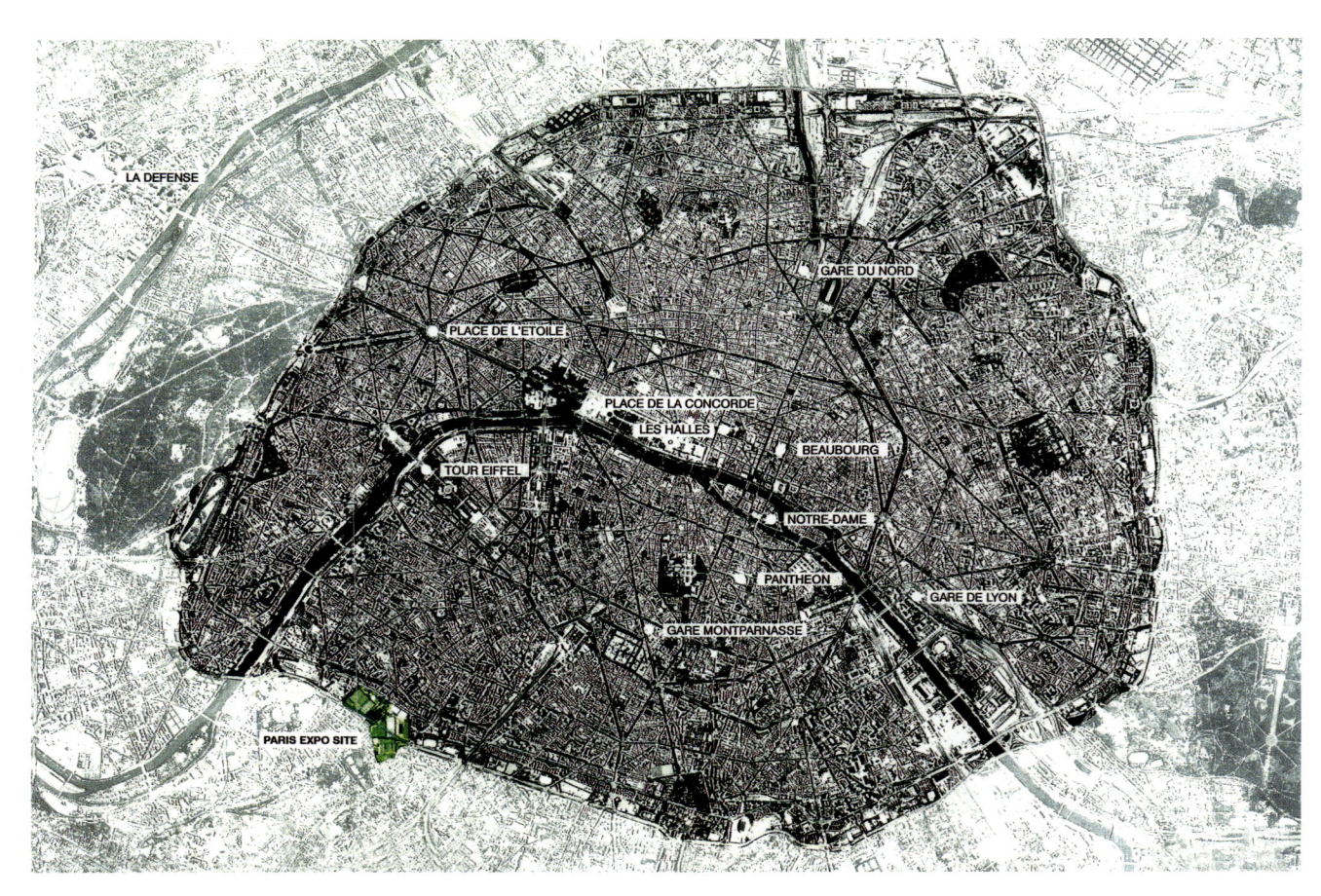

Vista aérea de París. Emplazamiento del Parque de Exposiciones / Aereal view of Paris. Parc des Expositions. Location

'Triangle' se percibe fundamentalmente a la escala metropolitana de la ciudad de París. Su elevada altura otorgará una mayor visibilidad a la Puerta de Versalles y al Parque de Exposiciones dentro de la conurbación. También permitirá su integración en el sistema de ejes y perspectivas que caracteriza el tejido urbano de la capital francesa.
'Triangle' is primarily perceived at the metropolitan scale of the city of Paris. Its elevated stature will lend major visibility to the Porte de Versailles and the Parc des Expositions site within the overall conurbation. It will also permit its integration in the system of axes and perspectives that constitute the urban fabric of Paris.

A escala del enclave de la Puerta de Versalles, el proyecto jugará por otra parte un significativo papel en la reorganización de las circulaciones y la percepción del espacio urbano. Actualmente, el emplazamiento del Parque de Exposiciones supone una ruptura entre el tejido haussmaniano del distrito XV del París y las localidades de Issy-les-Moulineaux y Vanves, una ruptura enfatizada por el impacto visual del bulevar periférico.
On the scale of the Porte de Versailles site, the project will also play a significant role in the reorganisation of the flow and perception of urban space. The Parc des Expositions site currently forms a rupture between the Haussmanian fabric of the 15th district of Paris and the communities of Issy-les-Moulineaux and Vanves, emphasised by the visual impact of the peripheral boulevard.

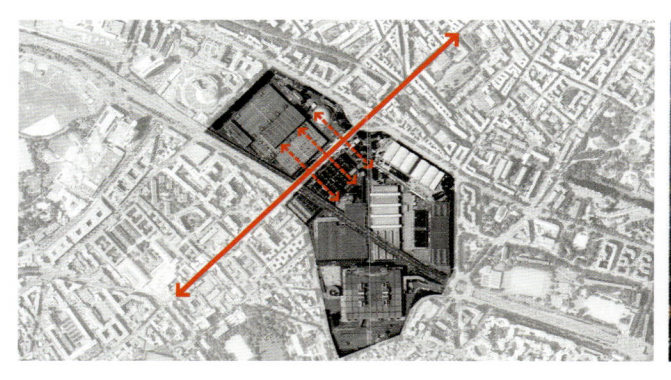

Ejes principales y secundarios / Main and secondary axes

Vista aérea del emplazamiento / Aerial site view

La construcción de un ambicioso edificio en la Puerta de Versalles marcará su apertura, y restaurará el eje histórico que formaban la calle Vaugirard y la avenida Ernest Renan. La plaza de la Puerta de Versalles es, en su actual configuración, un espacio complejo. Su inicial forma semicircular es difícil de interpretar por las numerosas obstrucciones visuales que lo impiden y por la falta de espacios públicos claramente identificados entre el Parque de Exposiciones y los edificios de enfrente.
The construction of an ambitious building on the Porte de Versailles site will mark its opening and restore the historical axis formed by the rue de Vaugirard and avenue Ernest Renan. The square of the Porte de Versailles is a complex space in its current configuration. Its initial semi-circular organisation is difficult to interpret given the many visual obstructions and lack of clearly identified public spaces between the Parc des Expositions and the opposite buildings.

Construir en la propia plaza podría intensificar este problema de percepción, por lo que el proyecto propone liberar ese espacio colocándose a lo largo de la avenida Ernest
Building on the square itself would intensify this problem of perception: our project therefore proposes to free this space by positioning itself along the avenue
Renan. Esta decisión ofrece tres grandes ventajas:
Ernest Renan. This decision offers three major advantages:

- Permite la creación de una plaza pública y un parque entre el el bulevar Víctor y el Edificio 1 del Parque de Exposiciones, reorganizando los flujos logísticos.

  It permits the creation of a public square and park between the boulevard Victor and Hall 1 of the Parc des Expositions, by reorganising the logistic flows.

- Establece un vínculo claro entre los que se conocen como parques 'pequeño' y 'grande', los dos polos del Parque de Exposiciones.

  It creates a strong link between what are known as the 'petit' and 'grand' parcs, the two poles of the Parc des Expositions.

- Marca el eje París - Issy-les-Moulineaux, permitiendo que el espacio urbano cruce el bulevar periférico mediante la activación de todo el frente de la avenida Ernest Renan.

  It marks the Paris / Issy-les-Moulineaux axis, allowing the urban space to cross the peripheral boulevard by activating the entire facade of the Av. Ernest Renan.

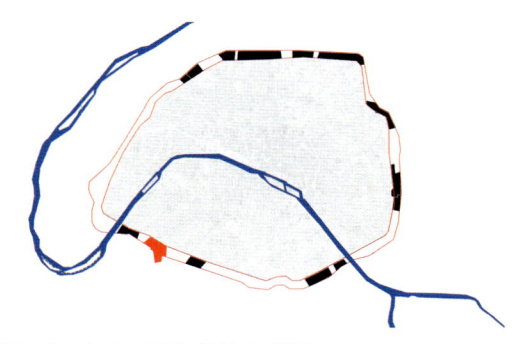

El lugar participa activamente en la redefinición del cinturón periférico
The site is an active participant in the redefinition of the Parisian peripherique belt

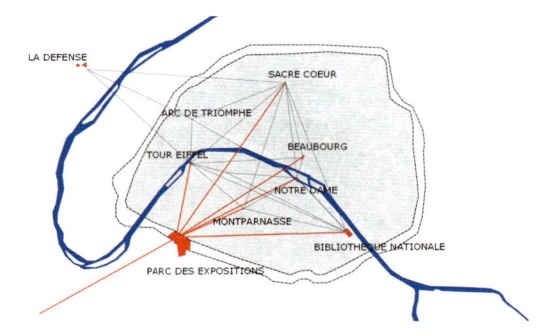

El lugar participa activamente en los sistemas de ejes e hitos urbanos
The site is an active participant in the systems of landmarks and axis

Situado a lo largo de la avenida, el proyecto está próximo al corazón del Parque de Exposiciones, retranqueado de las zonas residenciales de alrededor. Su implantación
Situated along the avenue, the project is located at the heart of the Parc des Expositions site, setback from the surrounding residential areas. Its implantation
crea una huella trapezoidal, como si sus ejes norte y sur rotasen respecto al solar rectangular para proporcionar retranqueos dinámicos desde el bulevar periférico hacia
is generator of the trapezoidal footprint as its North and South axis are rotated from the rectangular plot to create dynamic setbacks from the peripheral boule-
el sur y desde el Palacio de Deportes hacia el norte. Su volumetría tiene asimismo en cuenta el impacto de la altura edificada en su entorno. La forma triangular que adopta
vard to the south and from the Palais des Sport to the North. Its volumetry also takes into account the impact of a high building on its environment. Its triangu-
limita la proyección de sombras sobre los edificios de viviendas más próximos.
lar shape limits casting shadows on adjacent residential buildings.

Propuesta vigente del Plan General / Previous masterplan proposal

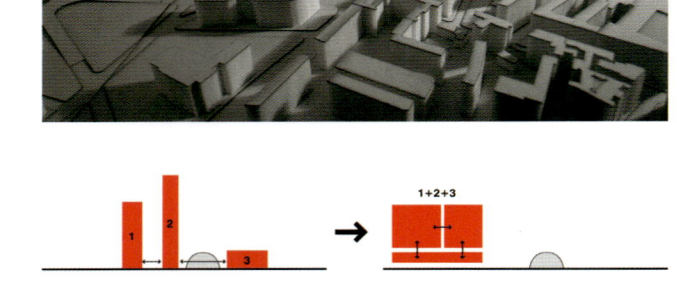

Los elementos del programa se agrupan / Combine program elements

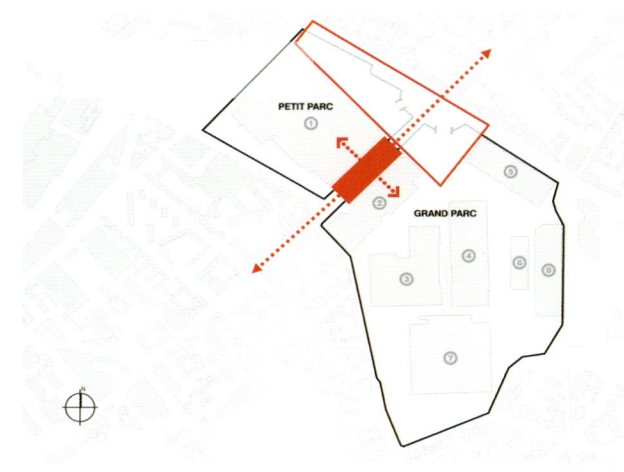

Nueva propuesta al Plan General / Proposed masterplan

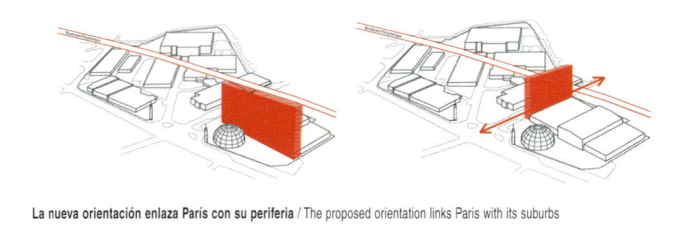

La nueva orientación enlaza París con su periferia / The proposed orientation links Paris with its suburbs

El perfil propuesto minimiza el impacto en su entorno / Design building outline to minimize impact

El enfoque medioambiental del proyecto es también perceptible en la simplicidad del volumen y su carácter rotundo, que atenúa su impacto sobre el suelo mientras se desarrolla en planta, sección y alzado para obtener el máximo aprovechamiento de las condiciones de luz y viento.

The environmental approach of the project is also perceptible in its simple, compact volume, which limits its ground impact while evolving in plan, section and elevation to take full advantage of solar and local wind behaviour.

Sin embargo, el diálogo con la ciudad no se limita a la silueta y a su implementación, sino que define también la organización interna y la textura del proyecto. La evocación del tejido urbano de París, a la vez clásico y coherente en su totalidad, y variado y fascinante en sus detalles, se encuentra en las fachadas del Triangle. Como en una construcción clásica, el edificio muestra dos niveles de interpretación: una forma global fácilmente reconocible y la silueta delicada y cristalina de las fachadas, que permite que el Triangle pueda percibirse de distintas maneras. La cara oeste simplemente se extiende en vertical para anclar el proyecto en relación al Edificio 1, a la vez que proporciona la eficaz y repetitiva huella necesaria para la integración de novedosos espacios individuales de oficina.

This dialogue with the city is not however limited to its silhouette and its implementation, but also defines the internal organisation and texture of the project. The evocation of the urban fabric of Paris, at once classic and coherent in its entirety and varied and intriguing in its details, is encountered in the façade of the Triangle. Like that of a classical building, this one features two levels of interpretation: an easily recognisable overall form and the fine, crystalline silhouette of its façade, which allows Triangle to be perceived in various ways. The west façade simply extends vertically so as to anchor the project in relation with the adjacent Hall1, while providing the efficient, repetitive footprint necessary for the integration of state of the art single office spaces.

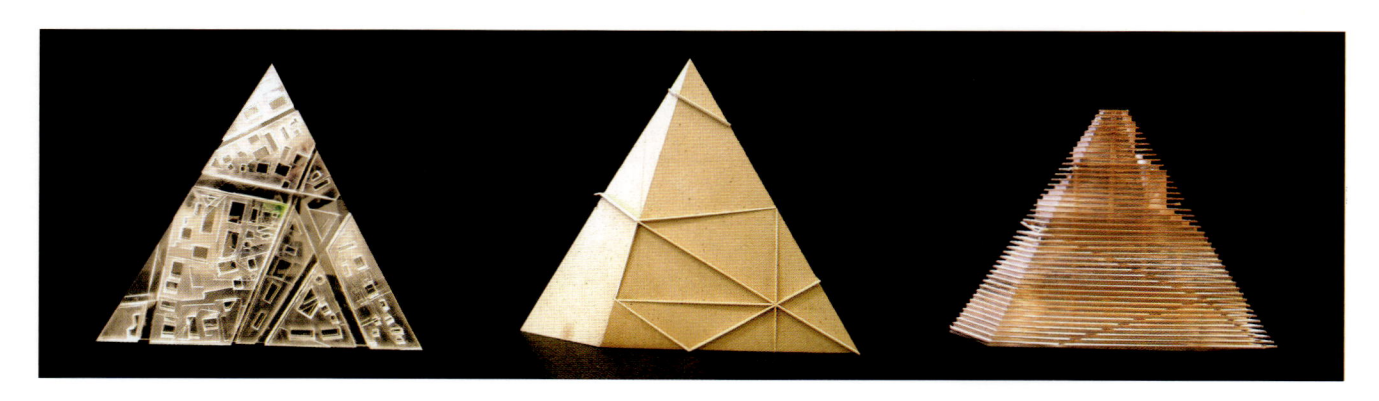

Trama urbana existente / Existing urban fabric

Traducción diagramática / Diagramatic translation

Trama urbana reflejada en vertical / Urban fabric transposed vertically

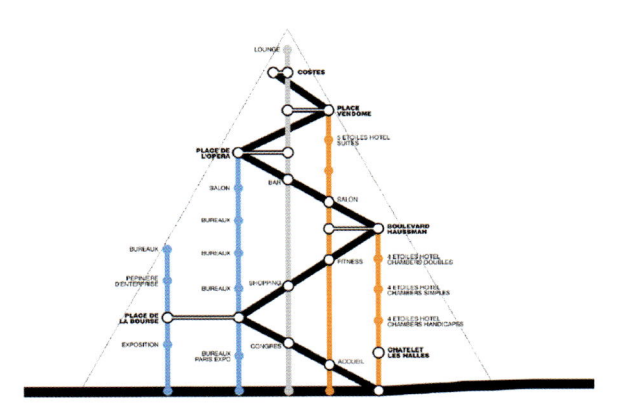

Diagrama de accesos / Access diagram

La cara este se escalona gradualmente, retrasándose respecto del límite de la propiedad y creando diversas plataformas para oficinas de planta abierta. Esta geometría se
The east façade is steadily stepping, setting itself back from the property line creating diverse floorplates for open plan offices. The geometry created clearly
relaciona claramente desde el punto de vista de la escala con el sistema de perspectivas de los ejes haussmanianos. Por último, el carácter de filigranas cristalinas que
communicates on its relation of scale to the system of perspectives formed by the Haussmannian axes. The filigree, crystalline nature of the North and
adoptan las caras norte y sur descomponen el volumen para definir sus funciones internas como salas de reuniones y oficinas de mayor tamaño, a la vez que facilitan la
South façades decompose the volume to further define its internal functions like meeting rooms and large offices while allowing further integration with the
integración con los edificios residenciales adyacentes.
adjacent residential buildings.

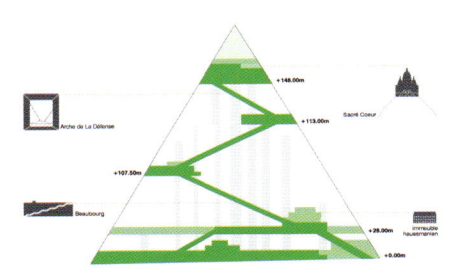

Diagrama inicial de circulaciones / Initial circulation concept

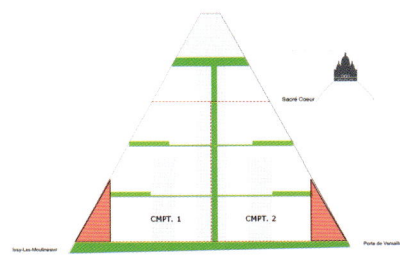

Normativa anti-incendios / Fire regulation contstraints

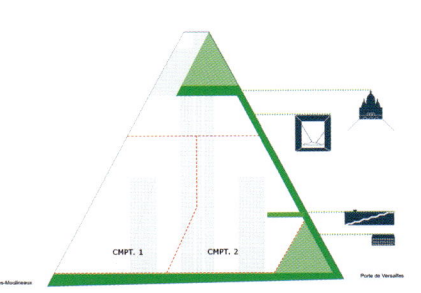

Diagrama optimizado de circulaciones / Optimized circulation concept

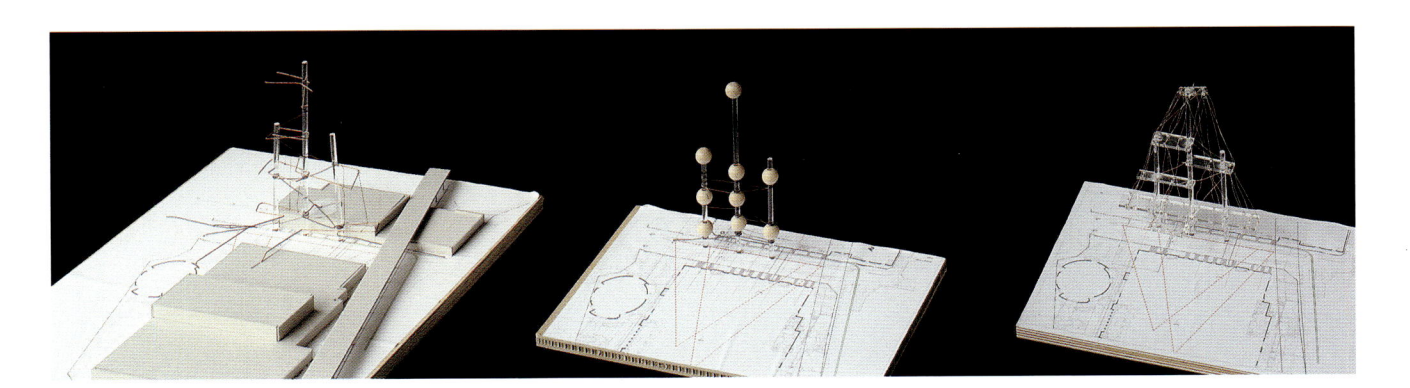

Sección longitudinal / Longitudinal section

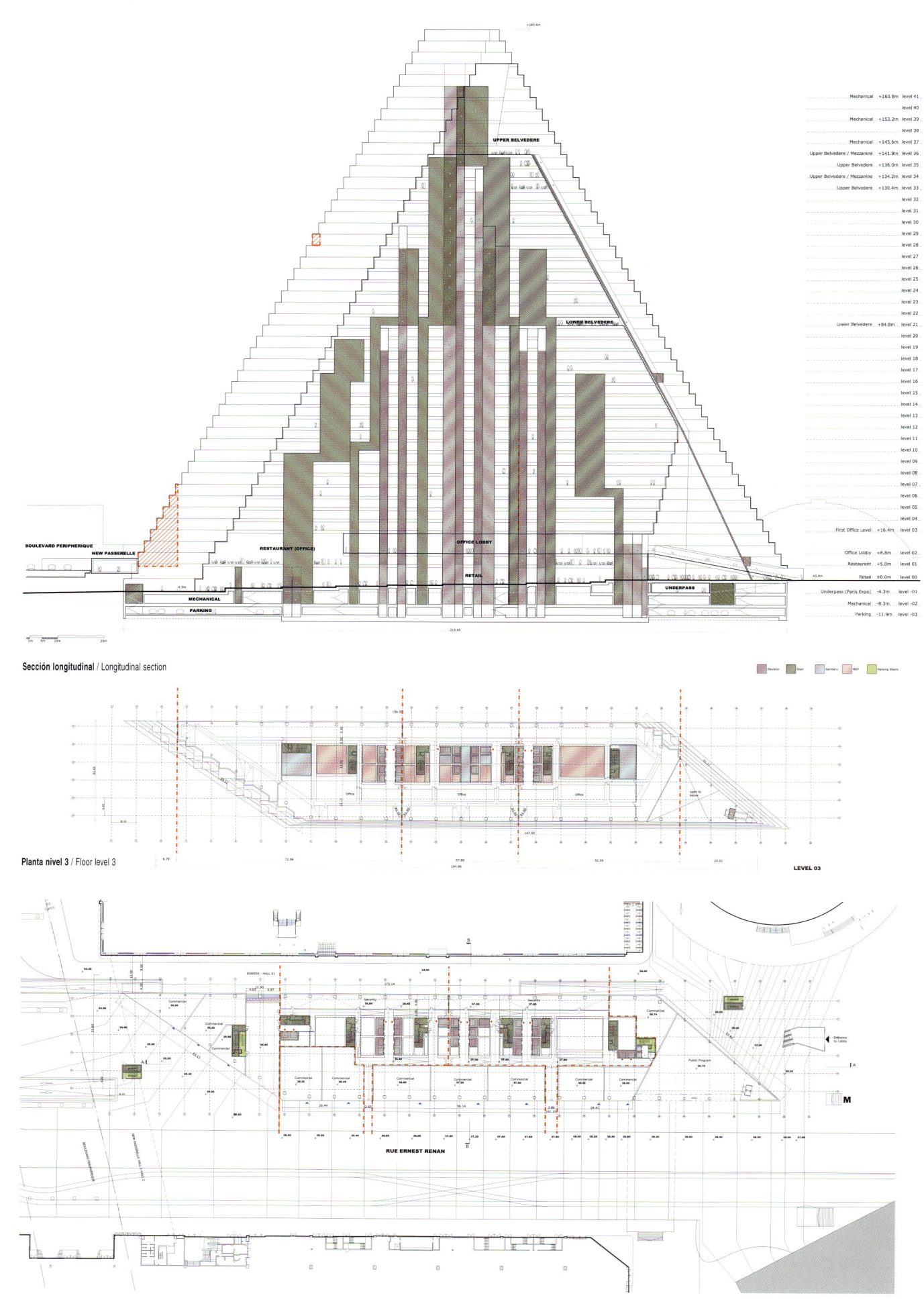

Planta nivel 3 / Floor level 3

Planta baja / Floor level 0

Triangle se ha concebido como una pieza urbana que podría girarse y colocarse en vertical. Para el visitante, el conjunto se percibe primero desde la plaza de la Puerta
Triangle is conceived as a piece of the city that could be pivoted and positioned vertically. For the visitor, the project is first experienced from the square of the Porte
de Versalles, donde convergen todos los sistemas de transporte público. La base del edificio está abierta a todos, desde la plaza de la Puerta de Versalles y a lo largo
de Versailles where all realm of public transportation converge. The base of the project is open to all, from the square of the Porte de Versailles and along the avenue
de la avenida Ernest Renan, que recupera su imagen de calle parisina, con tiendas y restaurantes. El eje vertical norte-este del Triangle, orientado al centro de París,
Ernest Renan which regains the appearance of a Parisian street, with its shops and restaurants. The North-East vertical axis of Triangle, facing Paris city centre,
alberga un funicular y se reconoce fácilmente como vínculo físico entre los principales espacios públicos del edificio: el 'Atrio a nivel de calle', que además es el prin-
is hosting funicular transportation structures and is easily recognized as physically linking the main public spaces, the 'street level Atrium' which also acts as the
cipal acceso al edificio; la 'plaza elevada', a la misma altura que los tejados de París; y, por último, extendiéndose hasta los puntos más altos del Triangle, el **'Atrio Pináculo',**
main access to the building, the 'elevated Square', levelled with the traditional roof line of Paris and finally, extending to the higher reaches of Triangle where the
desde donde puede descubrirse toda la metrópolis.
'Pinnacle Atrium' allows for the entire metropolis to be discovered.
Triangle se convertirá en uno de los escenarios del París metropolitano. Será no sólo un hito desde el que contemplar el panorama urbano y sentir el latido de la ciudad,
Triangle will thus become one of the scenes of metropolitan Paris. It will not only be a landmark from which the urban panorama can be experienced, but also an
sino también una forma reconocible en el sistema de ejes monumentales de la capital.
outstanding silhouette in the system of axes and monuments of the city.

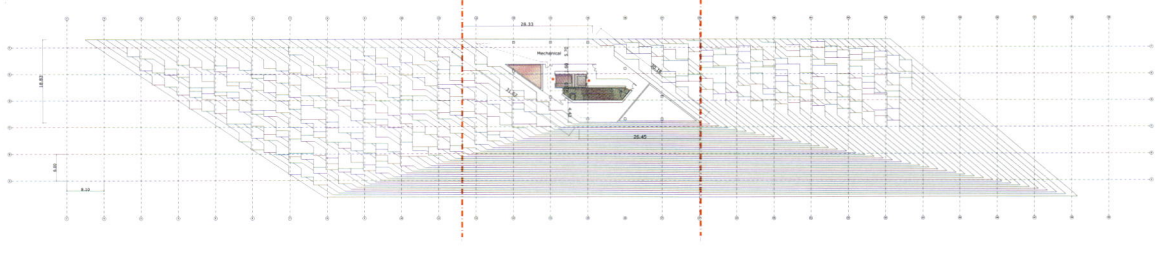

Planta nivel 39 / Floor level 39

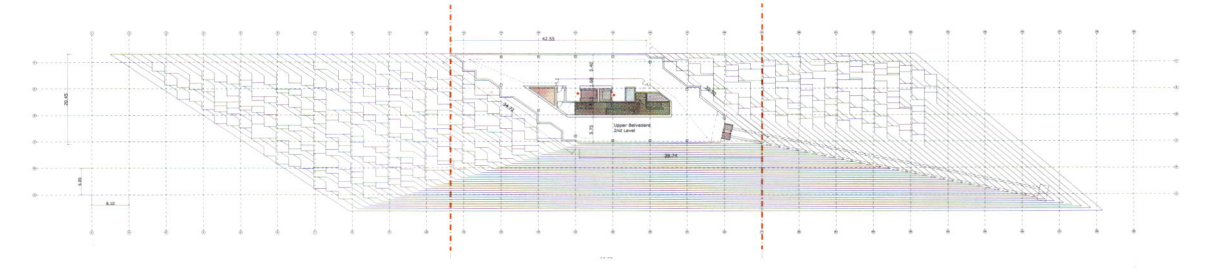

Planta nivel 35 / Floor level 35

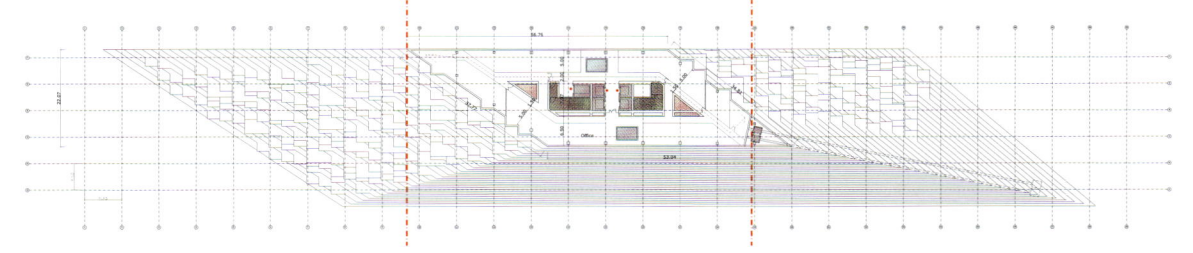

Planta nivel 31 / Floor level 31

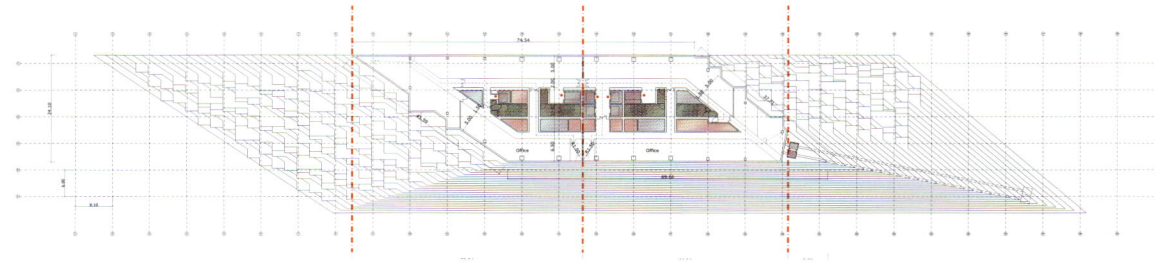

Planta nivel 26 / Floor level 26

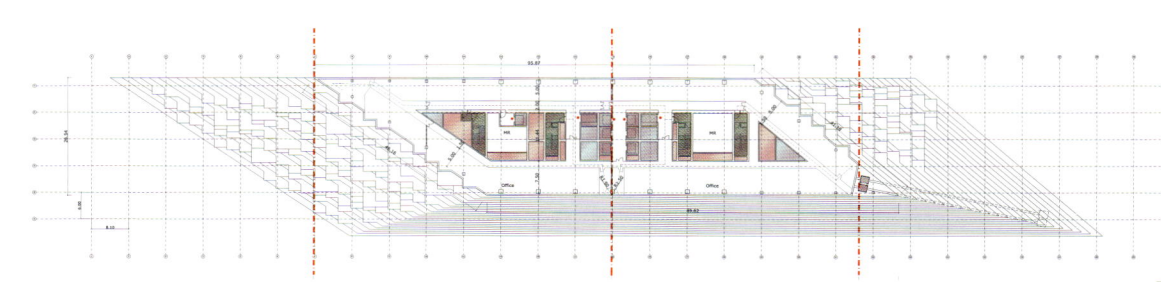

Planta nivel 20 / Floor level 20

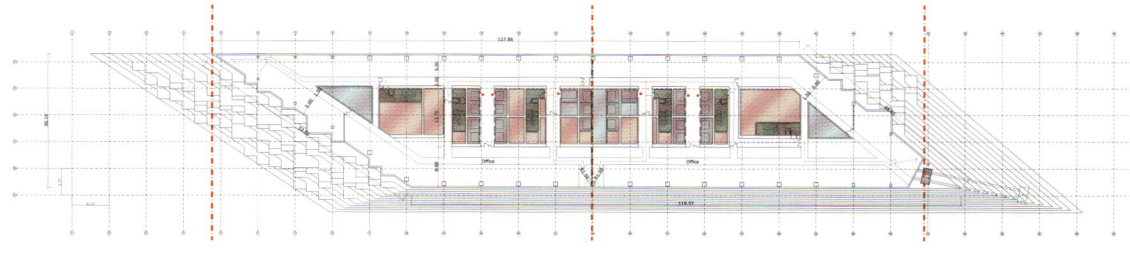

Planta nivel 11 / Floor level 11

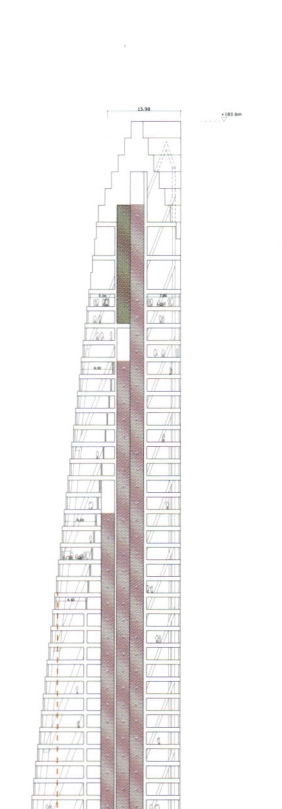

Sección transversal / Cross section

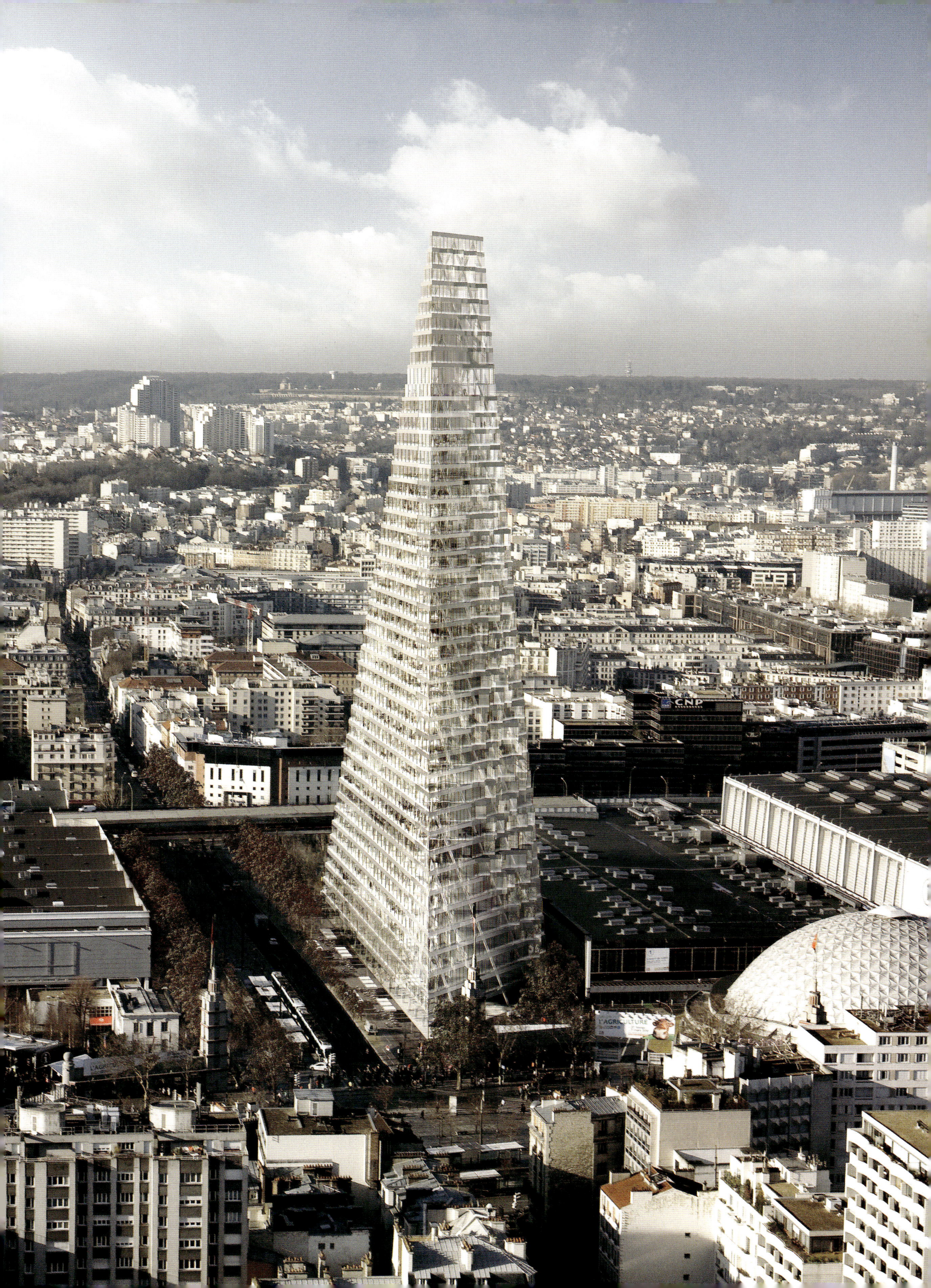
CNP
L'AGRICULTURE

Porta Volta Fundación Feltrinelli
Porta Volta Fondazione Feltrinelli

ITALIA
MILAN, ITALY 2008-

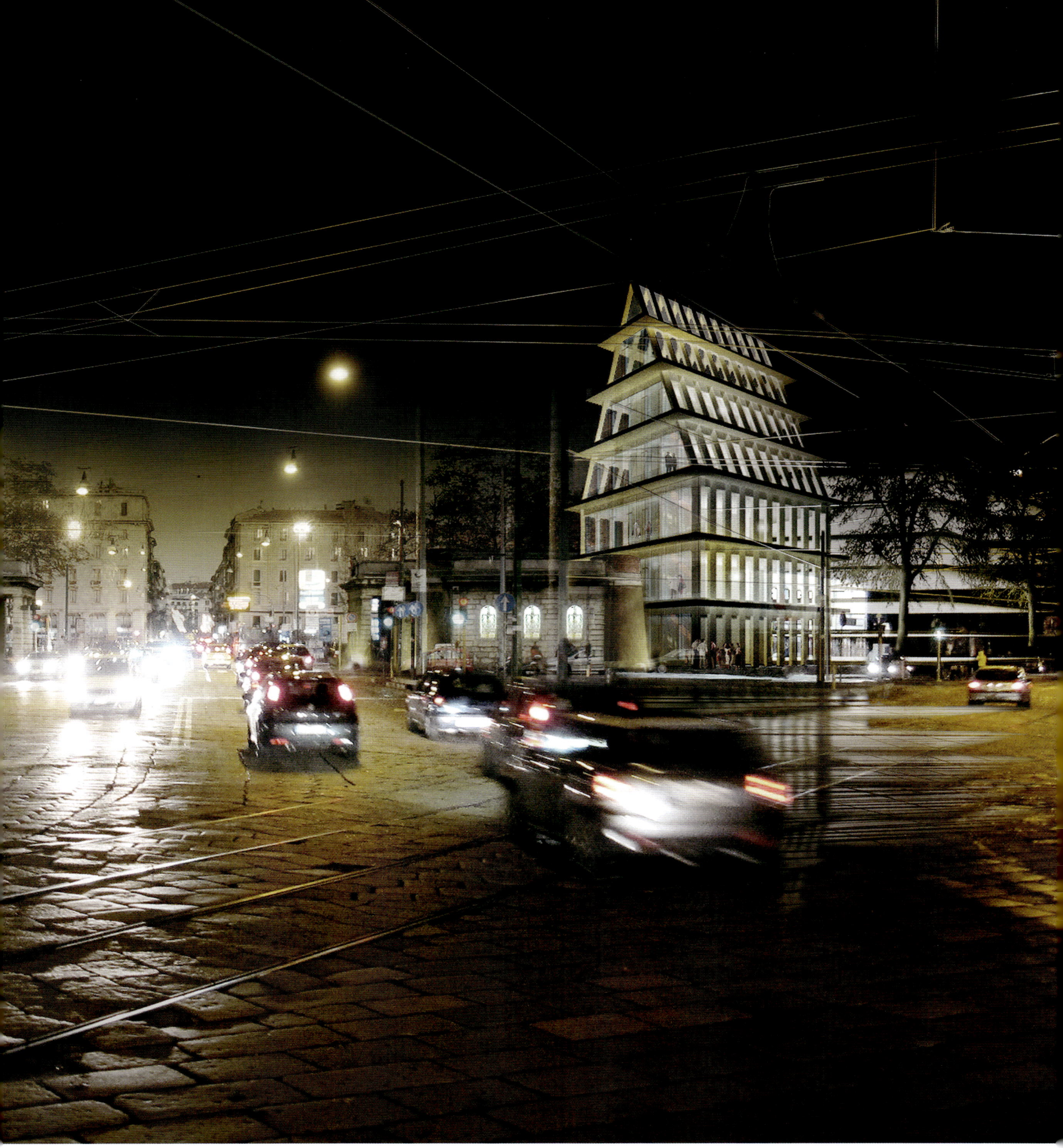

Emplazamiento. Perímetro de la muralla española de Milán (1556) / Location. Course of the Mura Spagnole (1556)

La redefinición de la zona de Porta Volta incluye el traslado a la ciudad de Milán de la sede de la Fundación Giangiacomo Feltrinelli, ya que el Grupo Feltrinelli consi-
As part of the redefinition of the area Porta Volta, Fondazione Giangiacomo Feltrinelli intends to relocate its seat to the northern centre of Milan, which the Feltrinelli
dera esta parte del centro norte de Milán un entorno ideal para las múltiples actividades de la fundación. El plan general de Porta Volta incluye la Fundación, dos nue-
Group considers as an ideal environment for the foundation's multiple activities. The overall masterplan for Porta Volta, consisting of the Fondazione, two new
vos edificios de oficinas y una generosa zona verde, y gracias a su potencial estratégico tendrá un impacto positivo en su entorno. Esta iniciativa del Grupo Feltrinelli
office buildings, and a generous green area, holds an important strategic potential for creating a positive impact on the surrounding area. This undertaking by
posee una importante dimensión urbana por lo que supone de impulso y refuerzo de la ciudad.
the Feltrinelli Group has an important urban dimension in that it strengthens and reinforces the city.

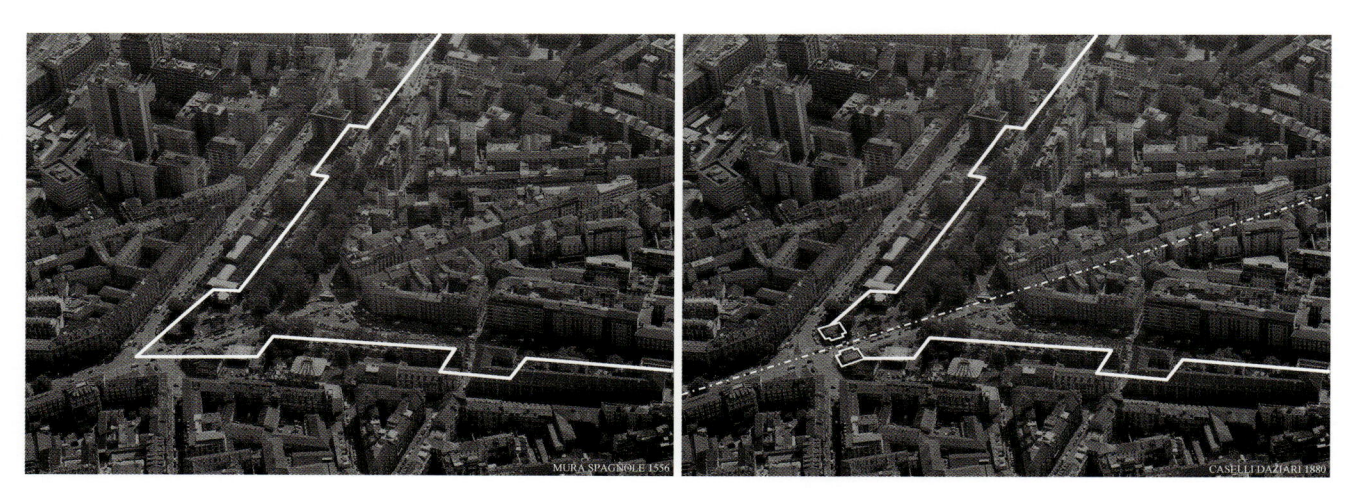

Antigua muralla de Milán. Caselli Daziari di Porta Volta (1880) / Old Milan city wall. Caselli Daziari di Porta Volta (1880)

Eje urbano de conexión con el centro histórico / Urban axis connecting the historical centre

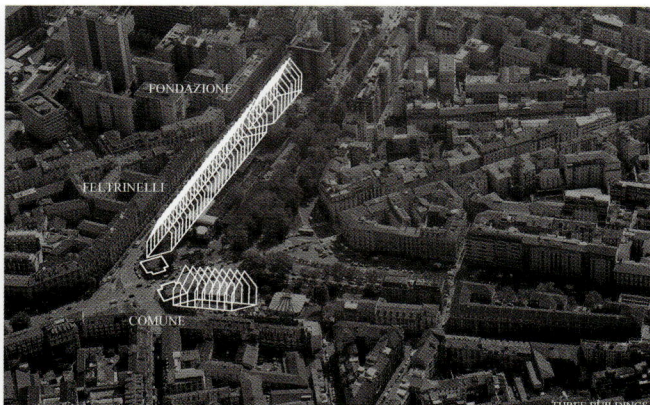

Propuesta urbana sobre el vacío de la antigua muralla / Urban proposal on the emptiness of the ancient walls

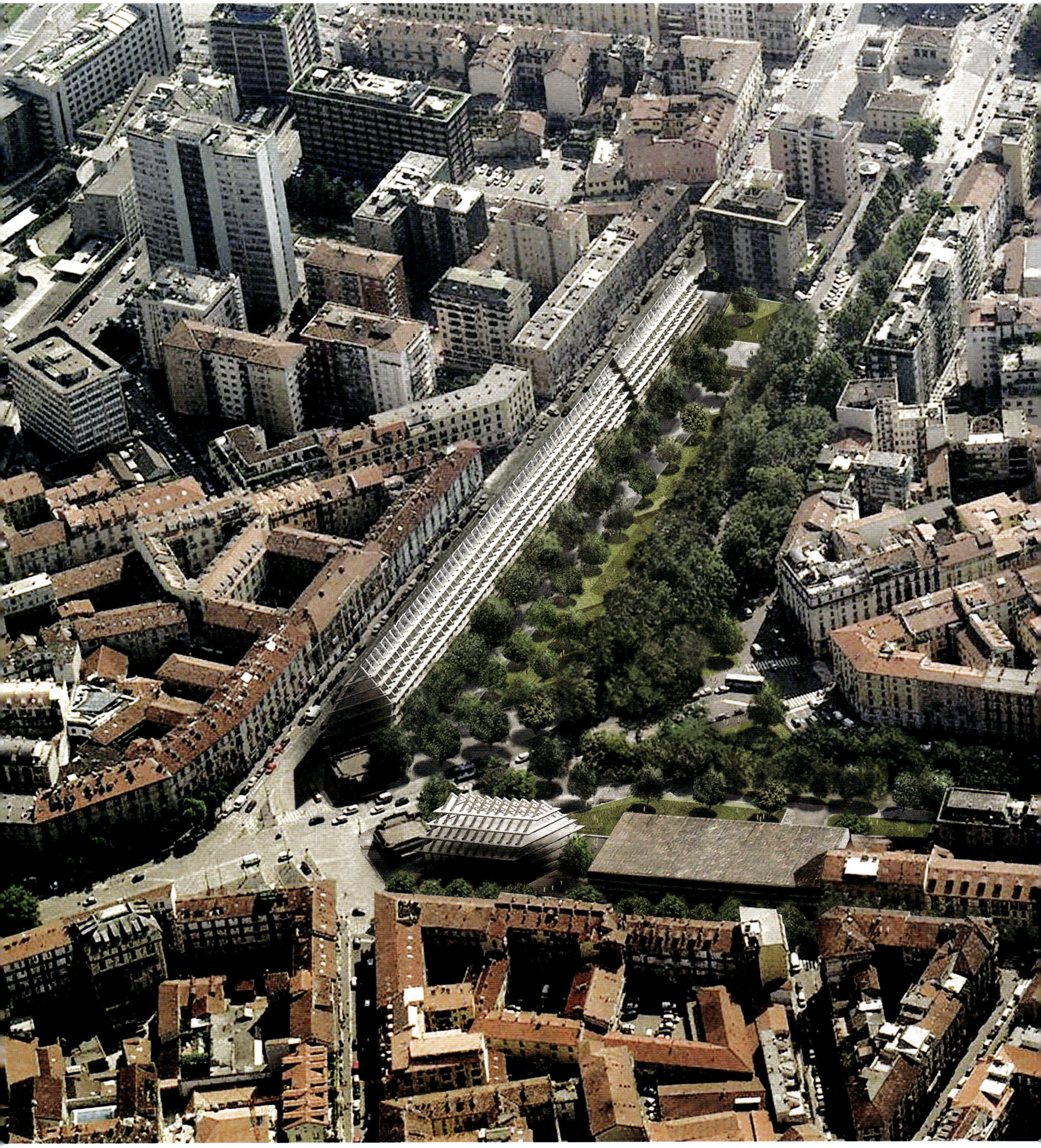

Sección transversal
Cross section

El análisis histórico del emplazamiento determinó la evolución de la propuesta. La organización urbana de Porta Volta se remonta a la muralla española, construida en el siglo XV y última de la serie de fortificaciones que desde el imperio romano fueron definiendo los límites de crecimiento de la ciudad. Tras la apertura de ese último bastión a finales del siglo XIX, la Via Alessandro Volta estableció las bases para la expansión de la ciudad más allá de los antiguos muros, conectando como nuevo eje urbano destacado el centro histórico con el Cementerio Monumental. Actualmente, el vacío de este enclave recuerda tanto las antiguas murallas como, al mismo tiempo, la destrucción que esa parte de la ciudad sufrió durante la II Guerra Mundial.

Junto con una serie de puertas conservadas, los dos Caselli Daziari de Porta Volta constituyen un importante referente en el plano de Milán. El emplazamiento del Edificio Feltrinelli y la Fundación a lo largo del Viale Pasubio, y del Edificio Comune a lo largo del Viale Montello frente al eje de la Via Alessandro Volta subrayan la presencia de la histórica puerta, retomando la tradición milanesa de edificios gemelos, como en la Piazza Duomo, Piemonte o Duca d'Aosta. Además de preservar los restos arqueológicos de la muralla española, la concentración de la masa edificada contribuye a crear una amplia zona verde como prolongación de los bulevares existentes. A nivel de calle los nuevos edificios albergarán cafeterías, tiendas y restaurantes, de forma que también quedarán incorporados a la oferta comercial y de ocio del barrio.

The historical analysis of the site drove the evolution of the design proposal. The urban organisation of Porta Volta traces back to the course of the Mura Spagnole, the ancient 15th century city walls which were the last of a series of fortifications which since Roman times have defined the city's growing boundaries. After the opening of the bastion in the late 19th century, Via Alessandro Volta laid the basis for the city's extension outside the ancient walls, connecting as a new, prominent urban axis the historical centre with Cimitero Monumentale. Today, the emptiness of the site is a testament to the walls and, at the same time, reminds one of the destructions this area has suffered during the Second World War.

Together with a series of preserved gates, the two Caselli Daziari di Porta Volta offer an important reference point within the Milanese city plan. The allocation of Edificio Feltrinelli and the Fondazione along Viale Pasubio and the allocation of Edificio Comune along Viale Montello opposite the axis Via Alessandro Volta underline this historical gate, taking up the Milanese tradition of twin buildings as in Piazza Duomo, Piemonte or Duca D'Aosta. Besides the preservation of the Mura Spagnole's archaeological remains, the concentration of building mass endeavours to create a generous public green area as extensions of the existing boulevards. On the street level, the new edifices will house cafes, restaurants, and shops, offering an area for interaction and recreation to the citizens.

Un estrecho hueco separa la Fundación del Edificio Feltrinelli, dando cuenta de que se trata de dos construcciones simultáneamente autónomas y partes de un todo. En la planta baja de la Fundación se acomodan la entrada principal, la cafetería y la librería, seguidas de un espacio multifuncional a doble altura en la primera planta, y de oficinas en la tercera. La sala de lectura en la parte más alta del edificio ofrece a investigadores y público interesado la oportunidad de estudiar documentos de la colección histórica de la Fundación que estarán depositados en un archivo de seguridad subterráneo. Los nuevos edificios se inspiran en la simplicidad y la generosa escala de arquitecturas históricas milanesas tales como el Ospedale Maggiore, la Rotonda della Besana, el Lazaretto y el Castello Forzesco. E igualmente se han tomado como referencia las tradicionales construcciones alargadas de la arquitectura rural lombarda a las que también remiten algunas obras de Aldo Rossi, como el conjunto de viviendas Gallaratese.

Por ello se propone una arquitectura alargada y estrecha, que de un modo vagamente figurativo introduce una cubierta que es prolongación de las fachadas.

A narrow gap separates the Fondazione from Edifico Feltrinelli, reflecting two autonomous constructions which are simultaneously part of an overall whole. The ground floor of the Fondazione accommodates the main entrance, cafeteria and book store, followed by the double height multi-functional space on the first floor, and an office area on the second floor. The reading room on top of the Fondazione offers researchers and interested public the opportunity to study documents from the historical collection stored in the secure underground archive. The new buildings are inspired by the simplicity and generous scale of historic Milanese architecture as Ospedale Maggiore, Rotonda della Besana, Lazaretto and Castello Forzesco. They are also inspired by the long, linear Cascina buildings of traditional rural architecture in Lombardy, which already were an important reference in Aldo Rossi's work, for instance his residential building Gallaratese.

This is why we propose an elongated and narrow architecture which in a vaguely figurative way introduces a roof which melts into the facades.

Planta de cubiertas / Roof plan

Planta cuarta / Fourth floor plan

Planta tercera / Third floor plan

Planta segunda / Second floor plan

Planta primera / First floor plan

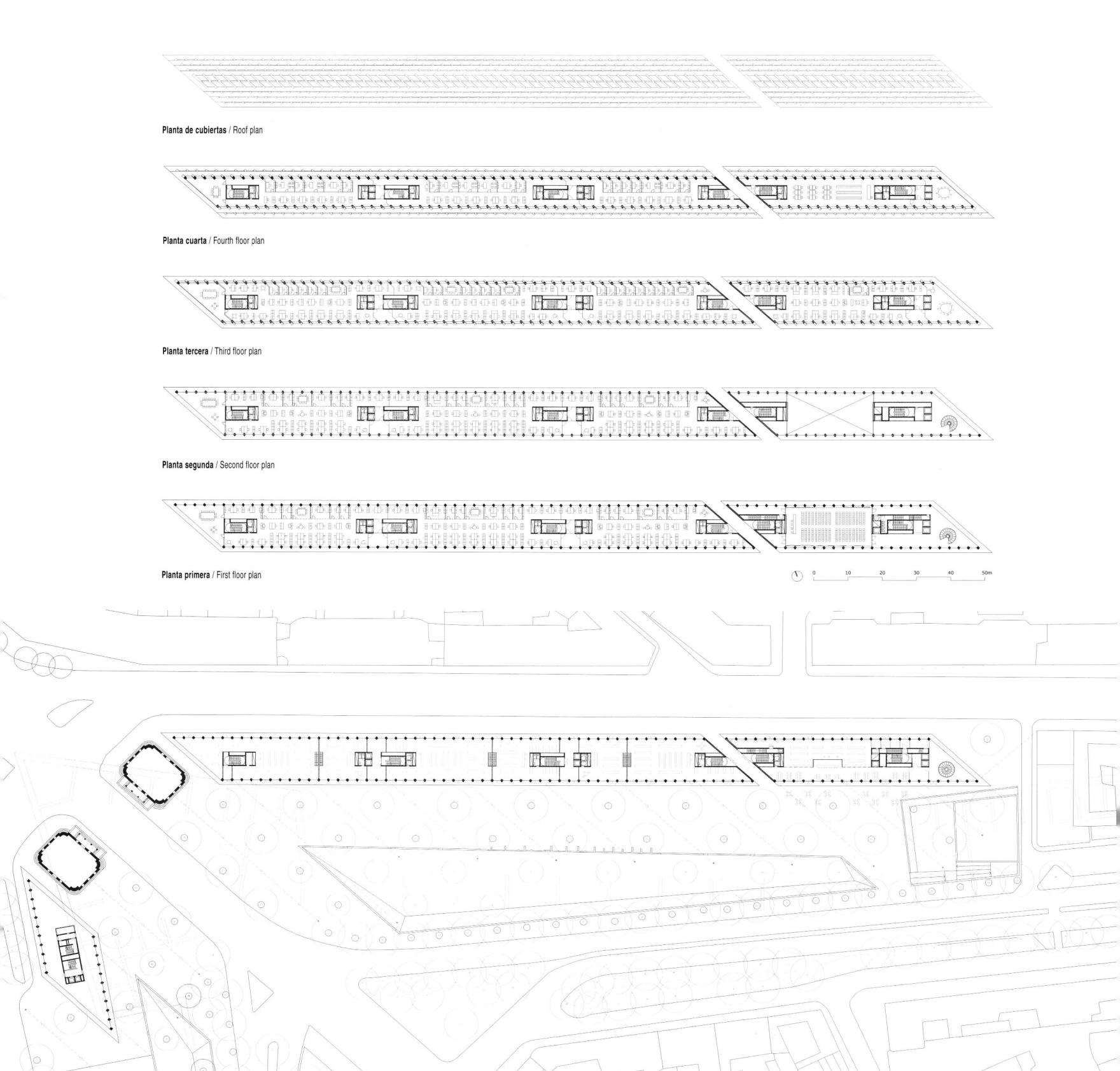

Planta baja / Ground floor plan

En equilibrio entre transparencia y definición espacial, la estructura expresa las condiciones geométricas del emplazamiento mediante la rotación de sus elementos.
The structure expresses the geometrical conditions of the site in a rotation of its members and balances between transparency and spatial definition. Façade,
Fachada, estructura y espacio constituyen un todo integrado. La redefinición de Porta Volta es un proyecto intrínsecamente milanés: recupera los temas arquitectónicos y
structure and space form an integrated whole. The redefinition of Porta Volta will intrinsically be a Milanese Project, taking up themes of Milanese urbanism and
urbanos que a lo largo de la historia han contribuido a conformar los emblemáticos edificios que han hecho famosa la ciudad.
architecture, which through the course of history have led to a series of emblematic buildings for which the City of Milan is renowned.

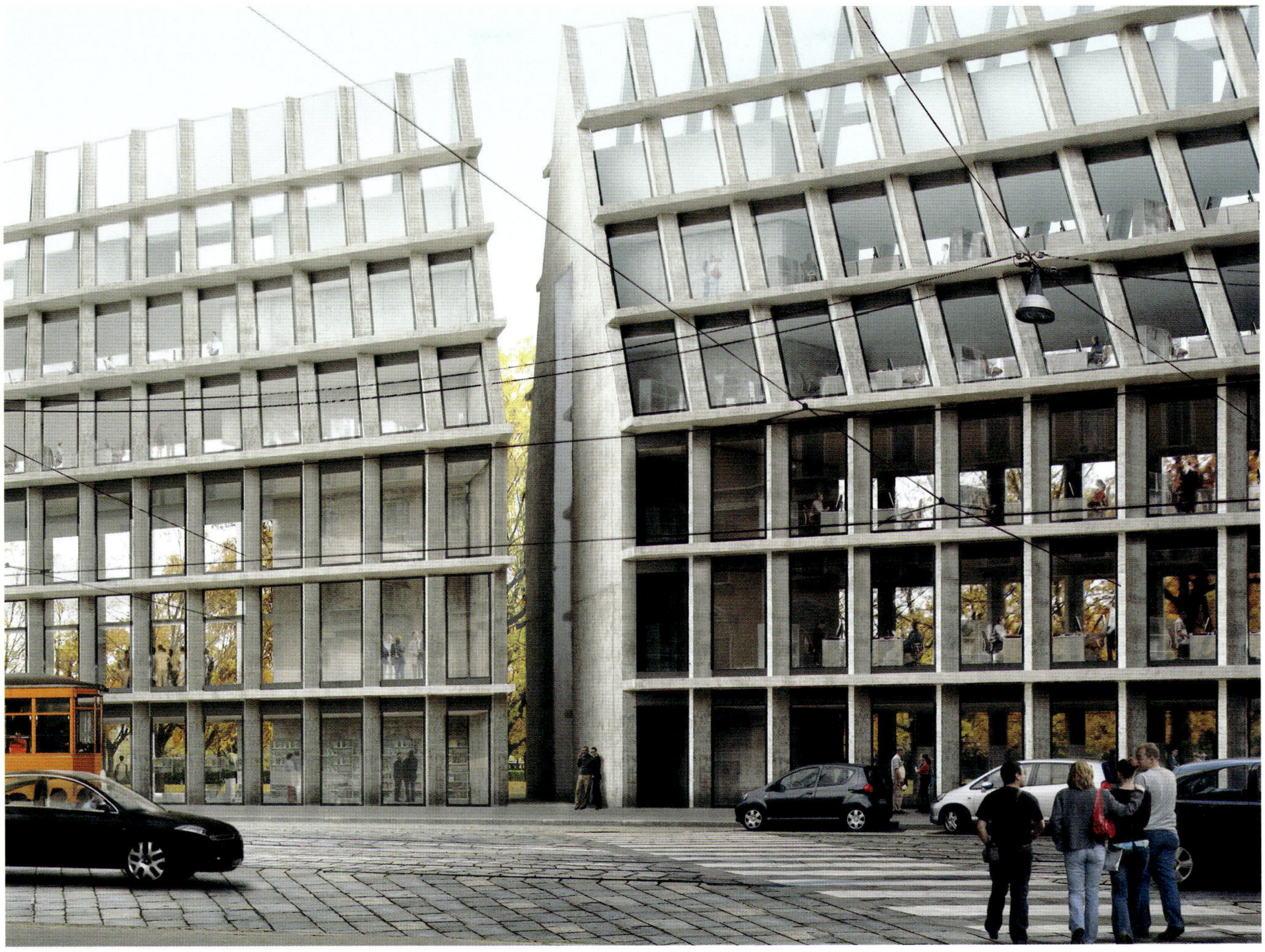

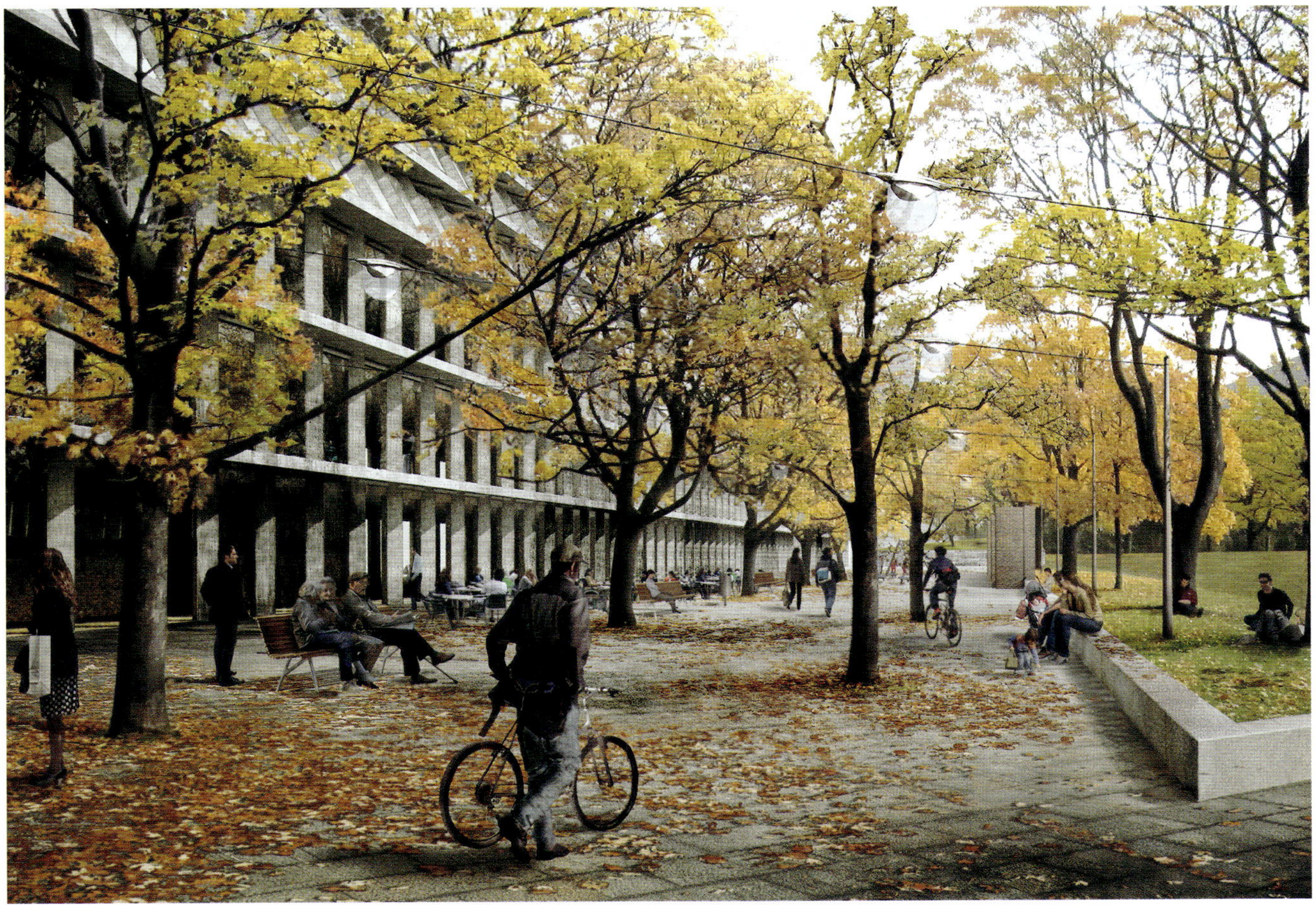

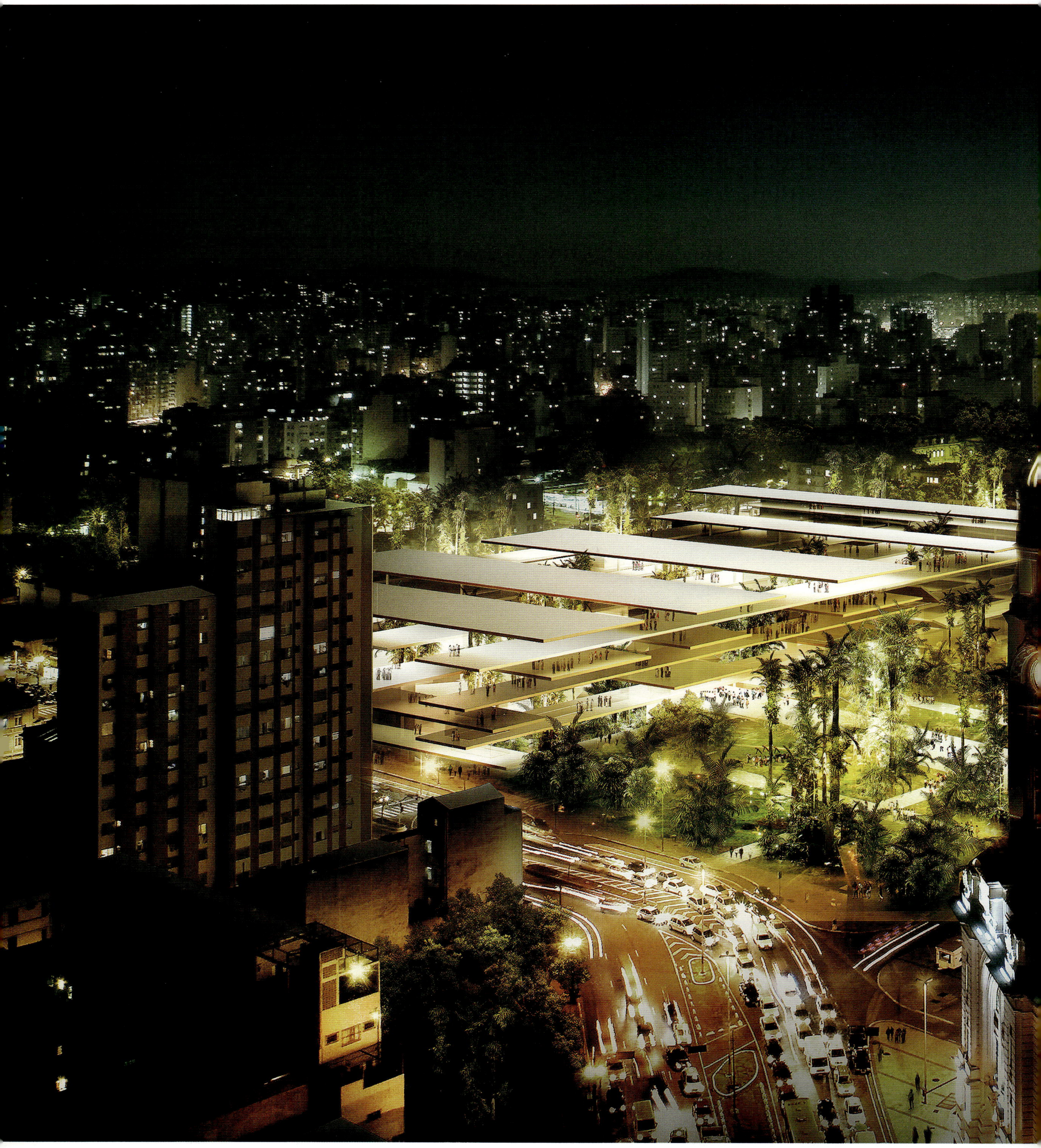

Complejo Cultural Luz BRASIL

CULTURAL COMPLEX LUZ   SÃO PAULO, BRAZIL   2009-

Situación. Vista aérea / Site plan. Aerial view

El Complejo Cultural Luz consolidará el mayor distrito cultural de América Latina, del que formarán parte la Sala São Paulo, la Universidad Libre de Música, la Pinacoteca
The Cultural Complex Luz will consolidate the largest cultural district in Latin America, comprising Sala São Paulo, Universidade Livre de Música, Pinacoteca
del Estado, la Estación Júlio Prestes, el Parque de la Luz, los Museos de la Lengua Portuguesa y el Arte Sacro. Todos juntos crearán una suerte de collar urbano de espa-
do Estado, Estação Júlio Prestes, Parque da Luz, Museu da Língua Portuguesa and Museu de Arte Sacra. Together they will form a specific urban necklace of
cios verdes y edificios culturales, estableciendo nuevos usos culturales estrechamente conectados con la zona de Campos Elíseos. El proyecto es también parte de una
alternating green spaces and cultural buildings and establish a new cultural destination closely connected to the Campos Elíseos region, a central area in São
operación de mayor envergadura que tiene como objetivo regenerar el barrio de Luz, uno de los más deficitarios de la ciudad. Al repartir dotaciones escolares, artísticas
Paulo. The project is also part of a larger operation to regenerate Luz—one of the most degraded areas in the city. By disseminating education, culture, arts and
y culturales, el nuevo Complejo Cultural Luz crea expectativas de mejora en una zona cuyos márgenes están todavía degradados.
events the New Cultural Complex Luz brings expectations of improvement to a zone whose fringes are still detericrated.

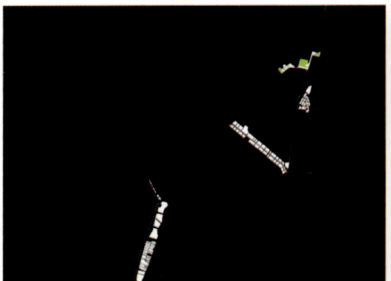

Centros Urbanos de São Paulo / City Centers of São Paulo   **Collar de cultura y espacios verdes** / Necklace of culture and green spaces   **Recuperación de espacios verdes** / Reclaimed green

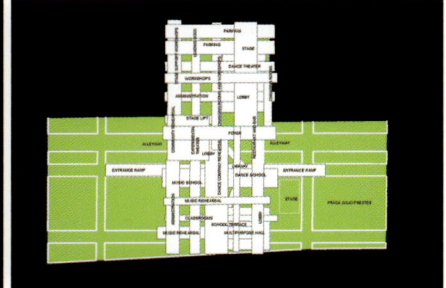

El programa del Complejo tiene como objetivo poner la danza y la música al alcance de estudiantes y profesionales, de intérpretes y público; y de reunir en un solo espa-
The program of the Cultural Complex Luz aims to bring dance and music, students and professionals, performers and audience, production and rehearsal in
cio producción y ensayos. Será un lugar de conexión intergeneracional a través del estudio, el ensayo y la interpretación. Tendrá un teatro principal con 1.750 asientos y
one place. It will be a center where different generations of dance and music can connect through work, study, rehearsal and performance. A main theatre with
una sala flexible para producciones experimentales con 400 asientos dedicada fundamentalmente a danza, aunque también podrá acoger ópera, teatro y música. Aquí tam-
1750 seats and a flexible experimental hall seating up to 400 will de dedicated primarily for dance but could host also opera, theater and music performances.
bién tendrá su sede la recientemente creada Compañía de Danza de São Paulo, así como la Escuela de Música Tom Jobim, con capacidad para 3.000 alumnos, y una media-
The complex will also provide a home for the newly established São Paulo Companhia de Dança. The center will include also the 3'000 student Music School
teca, una escuela de danza y un aparcamiento con capacidad para 900 plazas.
Tom Jobim, Media Library, a Dance School and a 900 car parking.

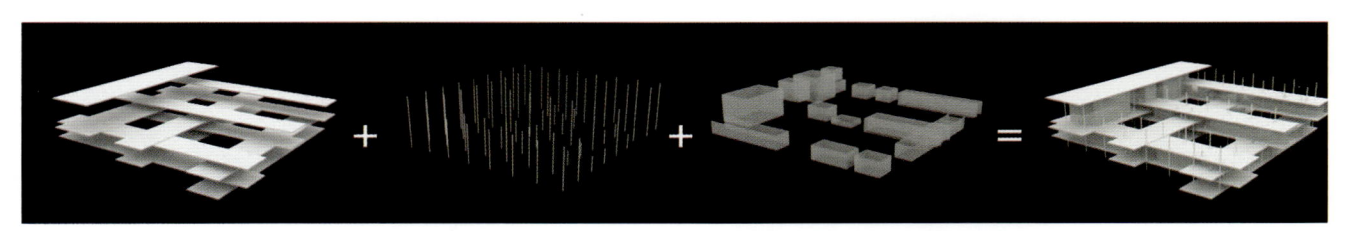

Bandas horizontales entretejidas / Split-level interwoven slabs   **Retícula regular de pilares** / Regular column grid   **Programa** / Program boxes   **Composición resultante** / Resulting composition

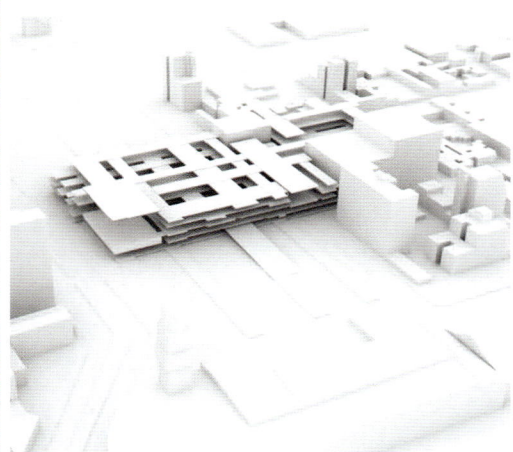

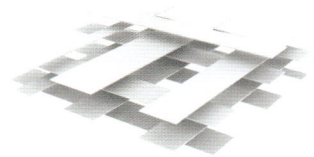

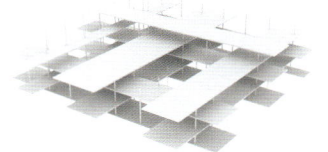

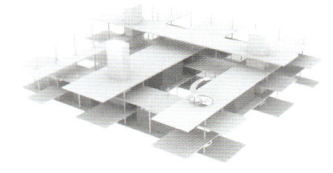

Distribución de bandas por niveles / Band distribution by levels

El concepto de partida es crear un enclave lleno de vida, público, abierto a todos los ciudadanos a través de diferentes programas, con la visibilidad que le proporciona-
The concept envisions an open and lively cultural complex, a true public center, traversed by the different programs, allowing visibility among diverse activities
rán sus diversas actividades y la interacción entre generaciones de usuarios, profesionales, personas vinculadas al centro y visitantes. El edificio se configura a base de
and forging interaction between different generations and professions, guests and hosts. The building tissue consists of interwoven horizontal bands which, like
bandas horizontales entretejidas que, al igual que calles, crean distintas interacciones dinámicas entre los escenarios, el vestíbulo, las aulas, las salas de ensayo, los talle-
city streets- create dynamic and diverse interactions between the performance spaces, lobby, schools, rehearsal rooms, offices and workshops. The building
res y las oficinas. Se trata de una malla de diferentes programas que, como una red suelta en un bosque, permite que los árboles lleguen hasta el interior del edificio y que
forms a mesh of different programs, which like a loose net laid on a forest, allows trees to penetrate and every space to have direct contact with light and green.
cada espacio tenga contacto directo con la luz y la vegetación. Para reforzar la deseada mezcla de programas y la diversidad espacial, las bandas se cruzan en los niveles
To enhance the desired program mix and create greater diversity of spaces the bands cross at split levels. This specific composition maximizes proximity and
de cambio de la altura de forjados, lo que optimiza la visibilidad en su interior.
visibility between the different parts of the building while allowing the necessary divisions and security boundaries.

Una de las losas se proyecta como una lengua hacia la plaza Julio Prestes y desciende hasta el suelo. Esa gran rampa es también un gesto claro de invitación a entrar en el
One of the slabs projects like a tongue into Praça Julio Prestes and slopes to the ground. This grand ramp creates the strongest inviting gesture into the build-
edificio, constituyendo de manera natural el acceso principal y creando una plaza elevada y un lugar para representaciones al aire libre entre la Sala São Paulo y el centro cul-
ing establishing a natural main public entrance into the complex. The grand ramp is also an elevated plaza, creating a new outdoor performance venue between
tural. Así se construye además un frente destacado hacia el principal acceso peatonal desde las estaciones de metro y tren. El acceso para vehículos es desde la Rua Helvetia,
Sala São Paulo and the cultural centre. It creates a prominent front toward the main pedestrian approach from the metro and the train stations. Vehicular access
en conexión con el aparcamiento de 900 plazas, cuya configuración a base de mitades alternas de losas de forjado lo integra en la arquitectura del complejo.
is from Rua Helvetia connecting to a 900-car parking structure composed of split level slabs which forms an integral part of the entire complex.

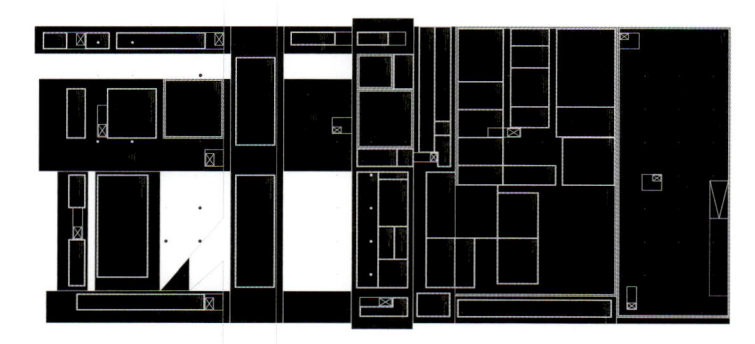

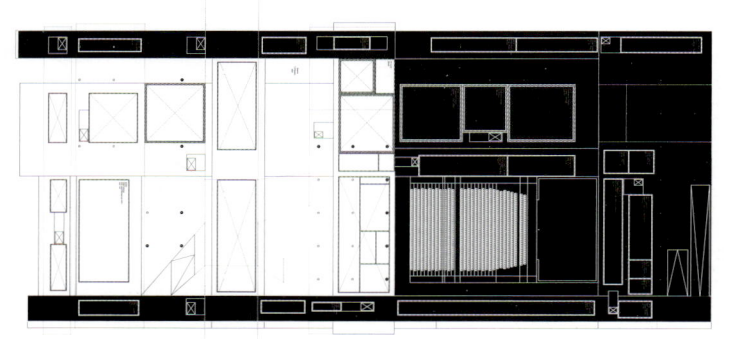

Planta nivel 0 / Floor level 0

Planta nivel 1 / Floor level 1

Una generosa rampa conduce desde el tercer nivel del aparcamiento hasta las zonas públicas del foyer, atravesando en el trayecto el vestíbulo principal, los talleres y el bar.
A generous ramp leads down from the third parking level to public foyer areas, passing the main hall, workshops, bar and lobby on the way.

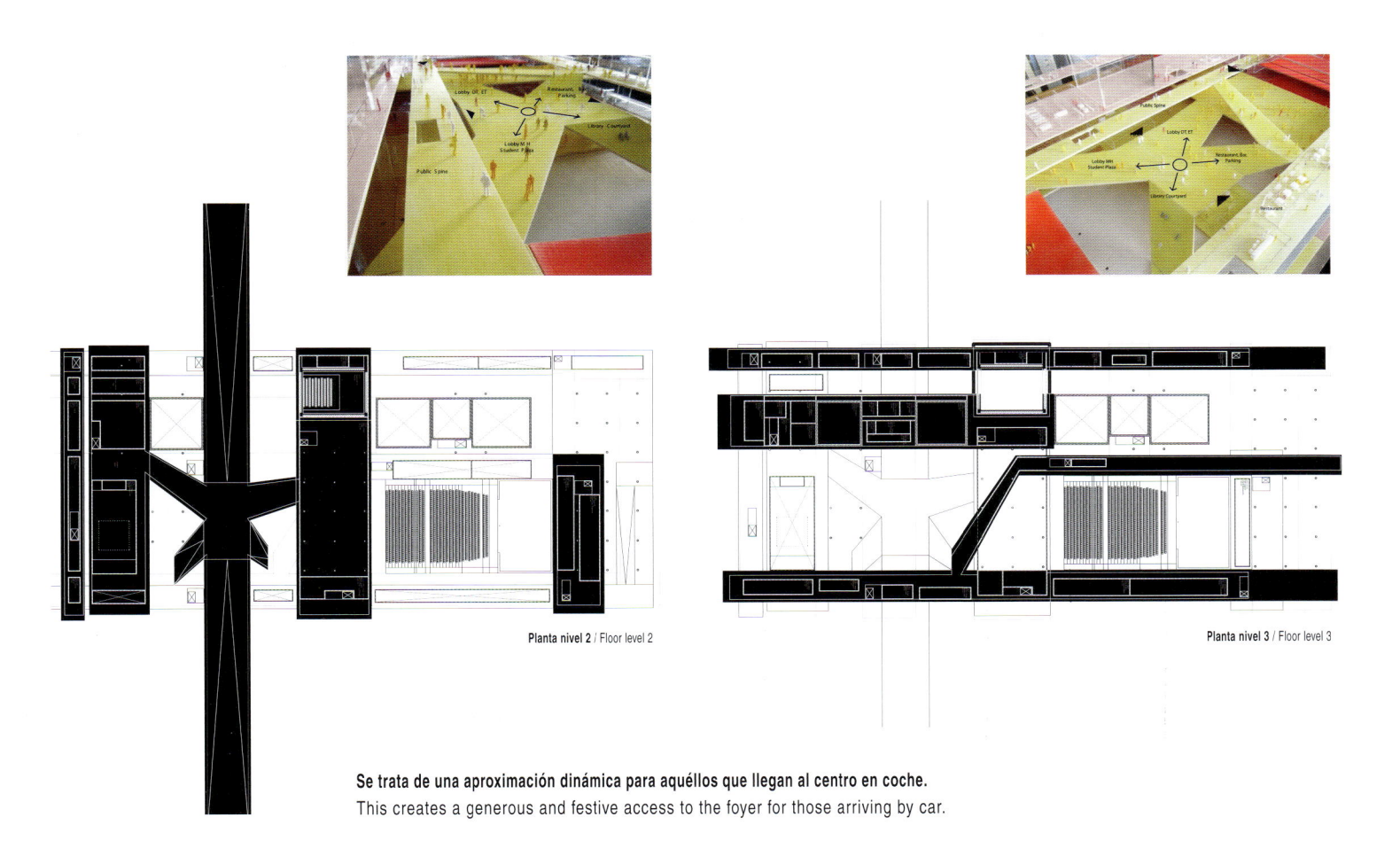

Planta nivel 2 / Floor level 2

Planta nivel 3 / Floor level 3

Se trata de una aproximación dinámica para aquéllos que llegan al centro en coche.
This creates a generous and festive access to the foyer for those arriving by car.

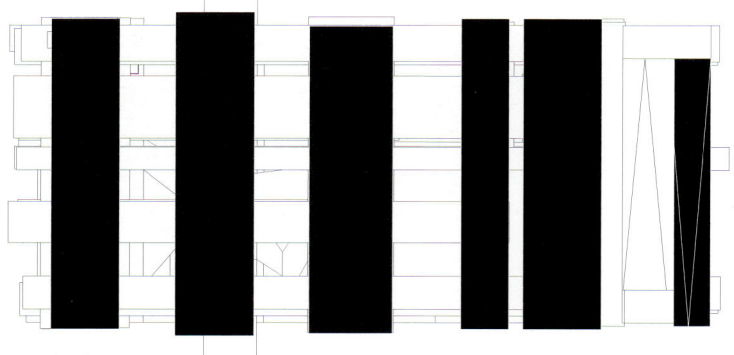

Planta nivel 8 / Floor level 8

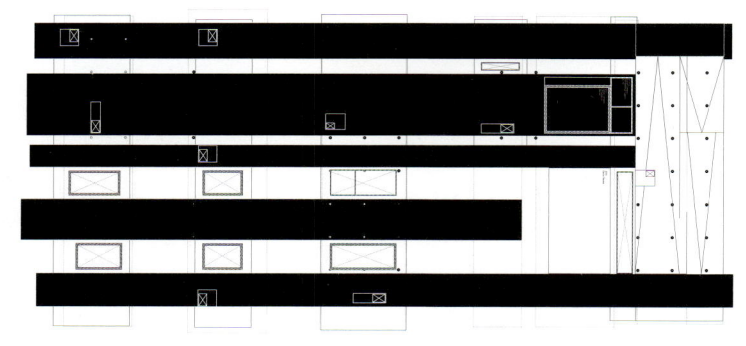

Planta nivel 7 / Floor level 7

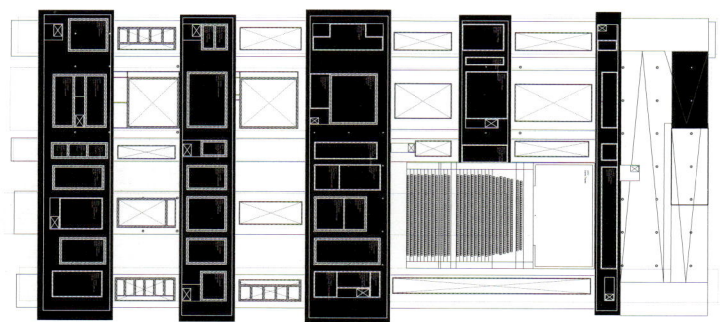

Planta nivel 6 / Floor level 6

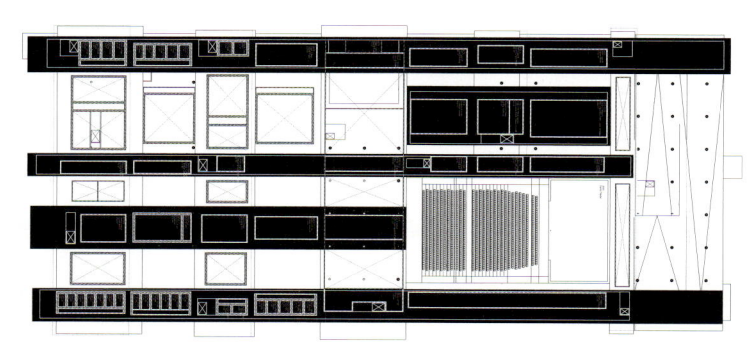

Planta nivel 5 / Floor level 5

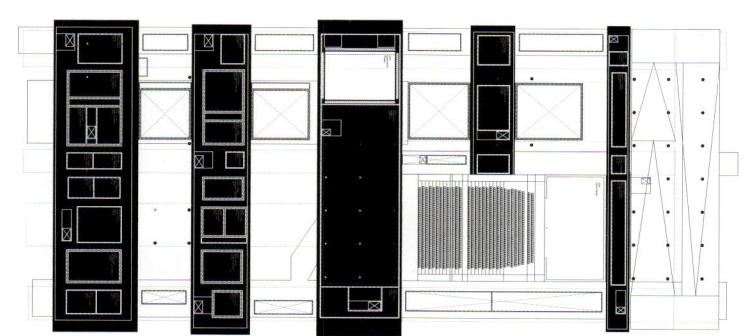

Planta nivel 4 / Floor level 4

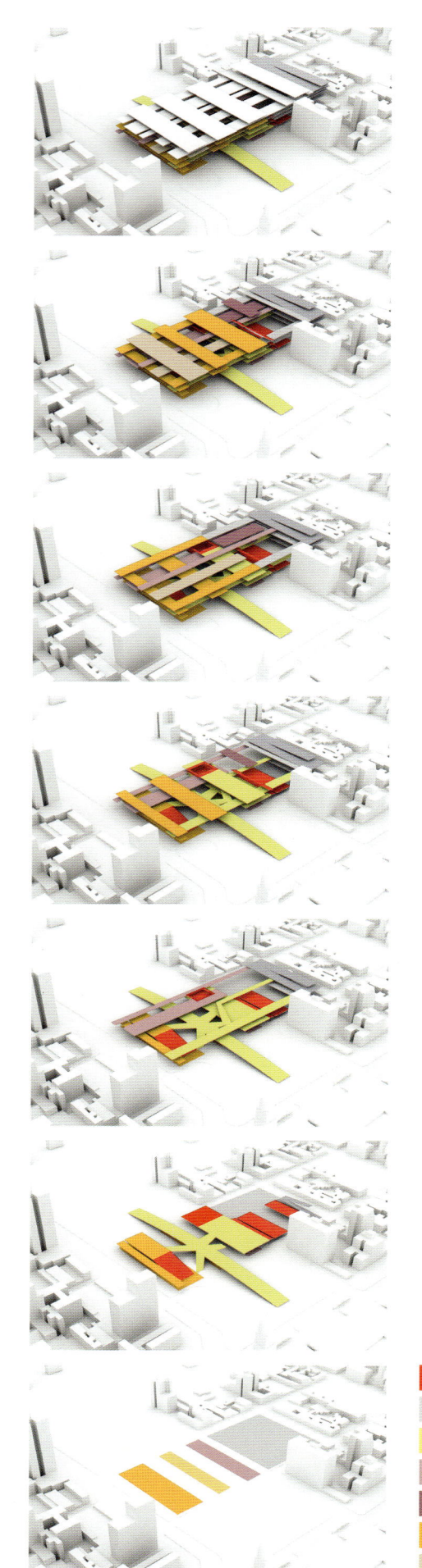

Distribución del programa por losas y niveles / Program distribution

- Teatros / Theatres
- Áreas de personal / Back of house
- Áreas públicas / Public areas
- Compañía de Danza / Dance Company
- Producción / Production
- Escuela de Música / Music School
- Escuela de Danza / Dance School
- Aparcamiento / Parking

347

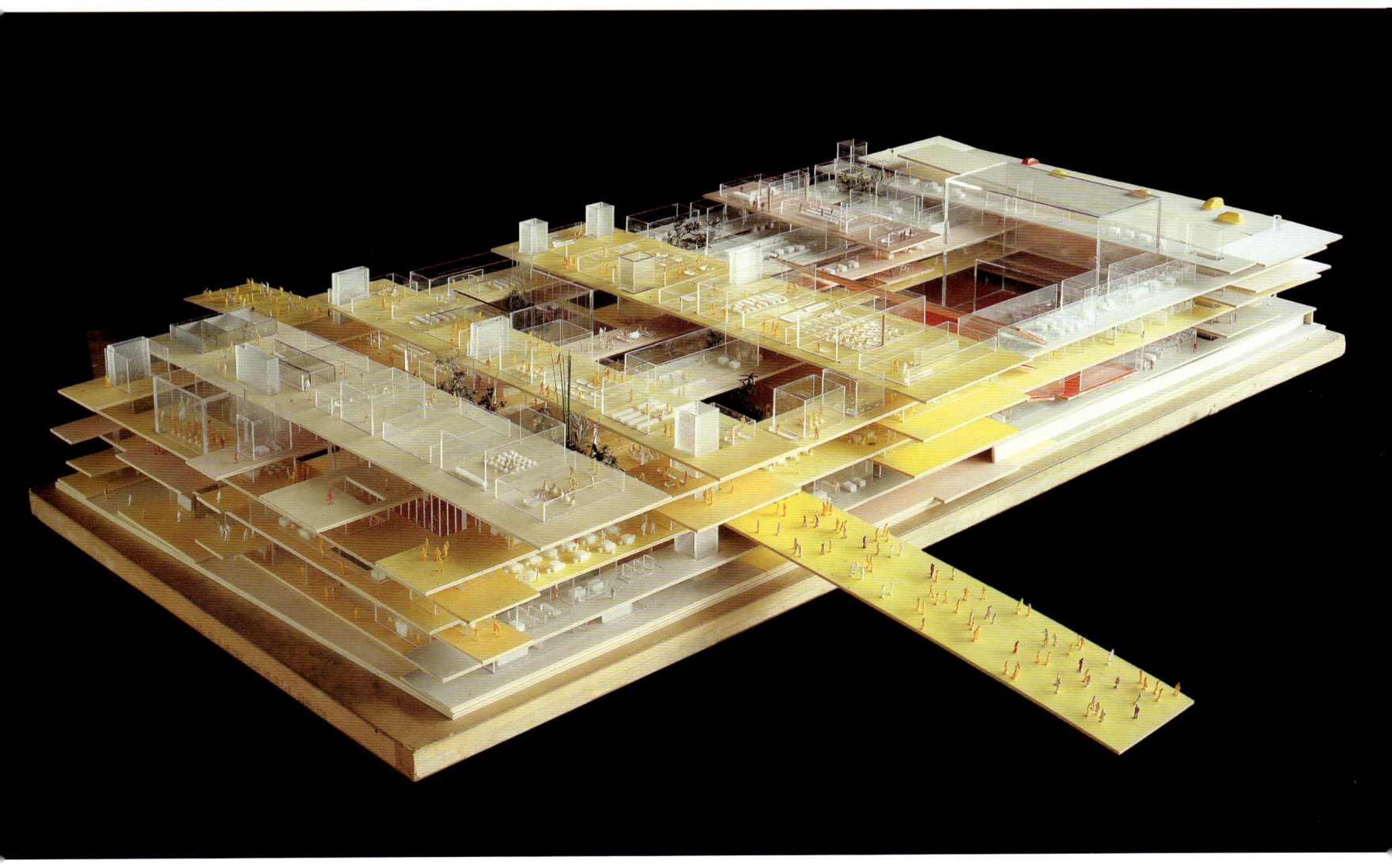

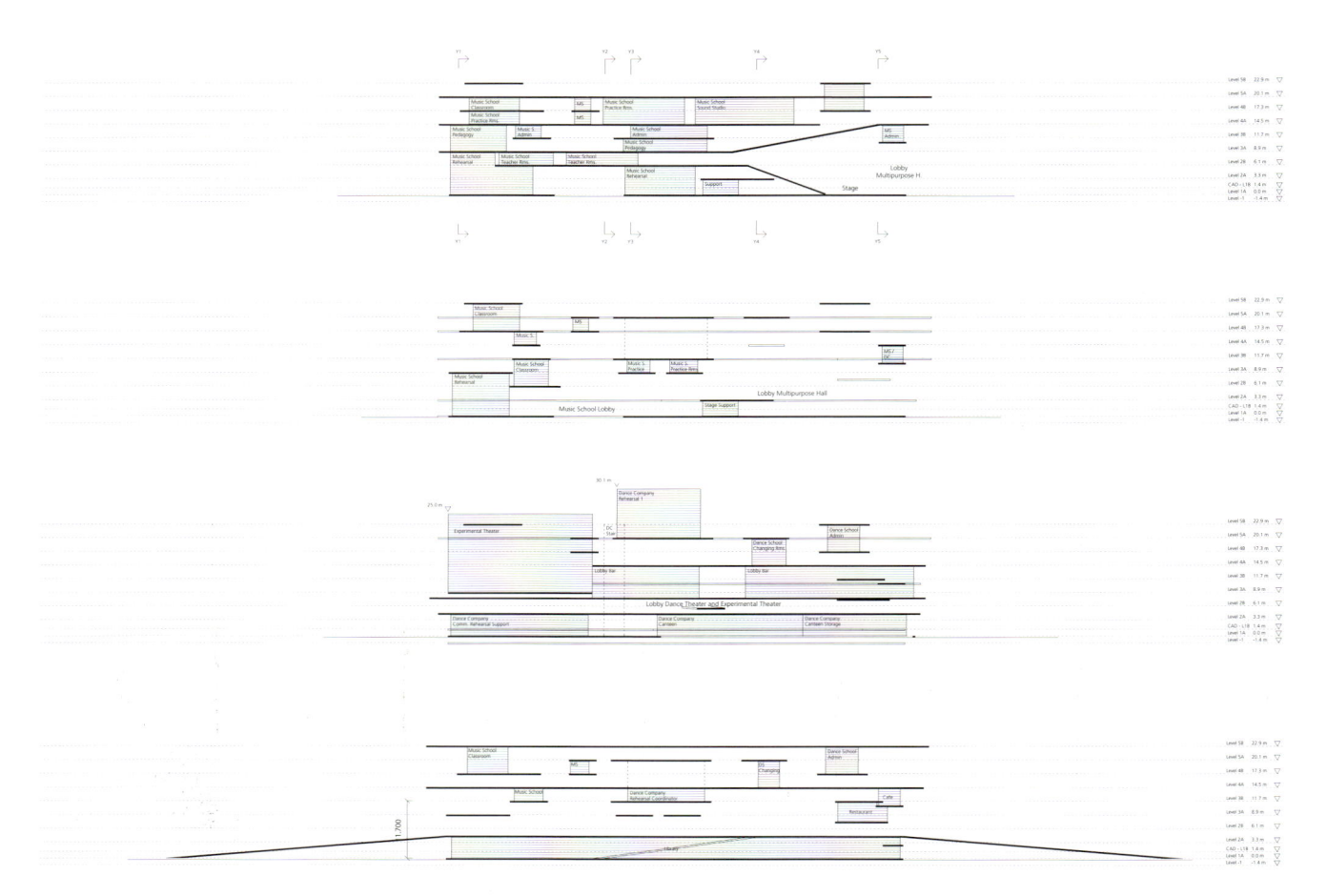

Secciones transversales / Cross sections

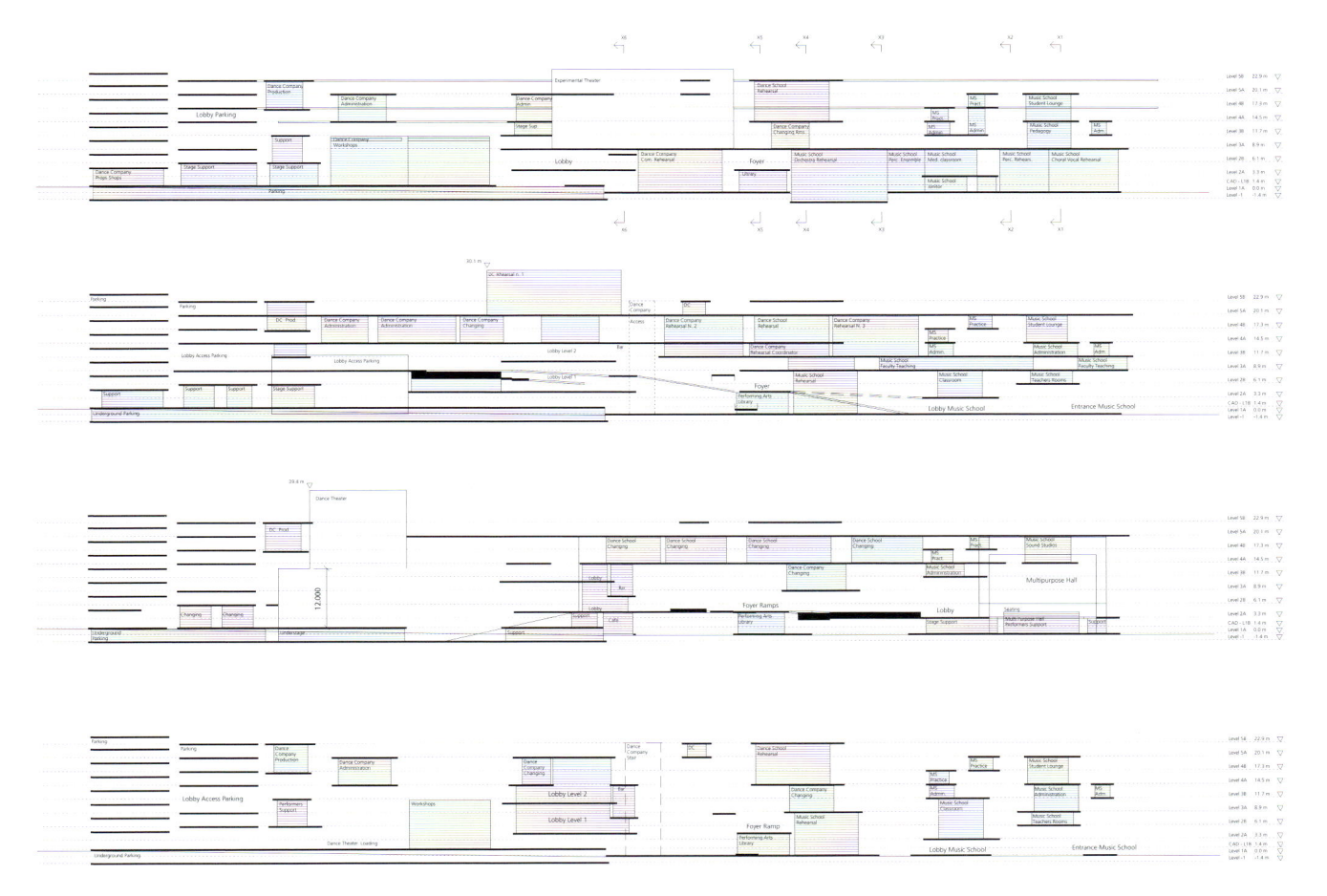

Secciones longitudinales / Longitudinal sections

La sala principal del Teatro de Danza, la sala experimental y la de usos múltiples están alojas en la red de losas entretejidas. Estos tres espacios principales de representación anclan las bandas en tres puntos claves a diferentes niveles, permitiendo que los intérpretes y su audiencia 'activen' todo el conjunto. Cada uno de estos espacios de representación tiene acceso a través del vestíbulo principal. Se trata del mayor espacio de encuentro que posee el centro, y la idea es abrirlo al uso diario del público, los empleados y quienes acuden a conciertos y representaciones. Durante las noches con espectáculo, el foyer y los vestíbulos se convierten en ámbitos festivos a través de la luz, acogiendo a la multitud vestida para la ocasión y preparándola emocionalmente.

The Dance Theatre main hall and experimental hall as well as the multipurpose hall are nested within the network of interwoven slabs. These three main performance venues anchor the bands at three key locations on different levels, allowing the performances and their audience to activate the entire complex. Each performance space is accessed through the main public foyer. This is the largest gathering space in the complex and is intended to bring together open public, daily users and staff of the complex as well as the audience for the performances. During a performance evening the foyer and the lobbies turn into festive venues through light, ready to host a formal crowd and prepare emotionally the audience for the performance.

Los espacios para la Compañía de Danza atraviesan el centro del edificio y forman la espalda del conjunto. Los espacios de ensayo se conciben como una red de epicentros de actividad dentro del complejo, con el más grande de ellos situado en la cubierta.

Companhia de Dança spaces traverse the centre of the building, forming the backbone of the Complex. The dance rehearsal spaces are envisioned as a network of activity epicenters within the complex with the largest rehearsal space placed on the roof.

Esta ubicación especial de los espacios de ensayo les proporciona vistas panorámicas del centro histórico y la Avenida Paulista. También puede usarse para pequeñas representaciones y otros eventos y encuentros. Por su parte, la Escuela de Música Tom Jobim acogerá a 3.000 estudiantes de edades comprendidas en 6 y 35 años. Posee una gran variedad de espacios de ensayo, desde los colectivos hasta aulas para clases individuales.

This special location of dance rehearsal spaces provides full panoramic views toward the historical centre and further to Avenida Paulista. It can also be used for small performances or other special gatherings and events. The Music School Tom Jobim will accommodate 3'000 students from 6 to 35 years of age. It has a wide range of rehearsal spaces, individual teaching rooms, small practice rooms and bigger rehearsal halls.

La Escuela de Danza tiene un programa más abierto, que se irá definiendo conforme avance el proyecto. Ubicada ahora entre el vestíbulo, la Escuela de Música y la Compañía de Danza, se beneficia de su proximidad y de la posibilidad de compartir espacios cuando necesite una ampliación temporal. Este concepto abierto para la Escuela de Danza aprovecha todo el potencial de la estructura de medios forjados alternados, su gran flexibilidad y capacidad de adaptación a distintos programas sin comprometer los usos o funciones contiguas, y posibilitando que cada espacio tenga un carácter propio.

The Dance School has a more open-ended program and will be defined more precisely in the subsequent stages of the project. Located now between the lobby, Music School and Companhia de Dança it benefits from their adjacency and provides shared areas when a temporary expansion is needed. This open concept for the Dance School exploits the full potential of the interwoven split-level bands, greater flexibility and adaptability to different programs in different phases without compromising required adjacency or function and still allowing for a distinctive character of spaces.

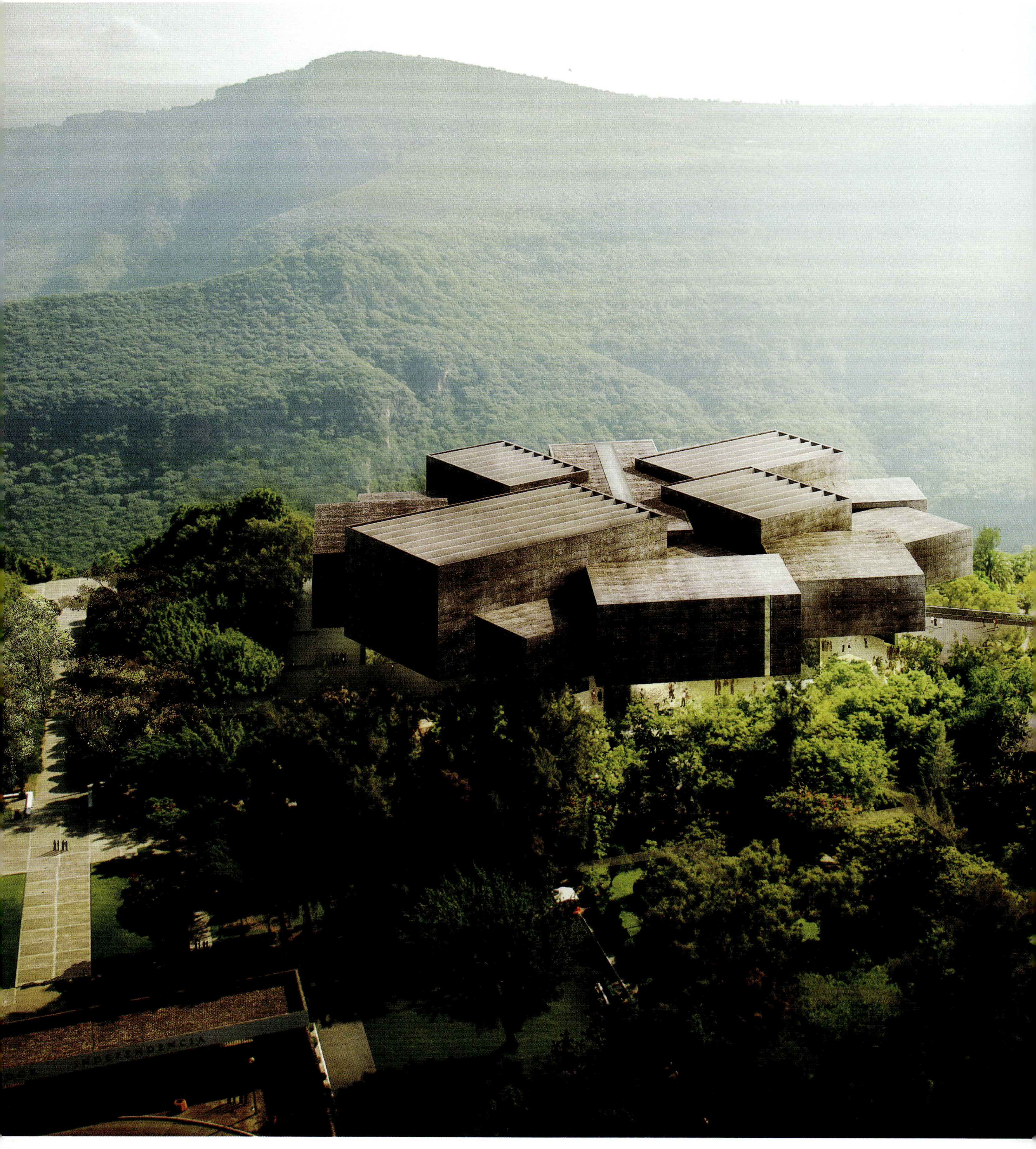
INDEPENDENCIA

BARRANCA MUSEO DE ARTE MODERNO Y CONTEMPORÁNEO BARRANCA MUSEUM OF MODERN AND CONTEMPORARY ART GUADALAJARA, MEXICO 2009-

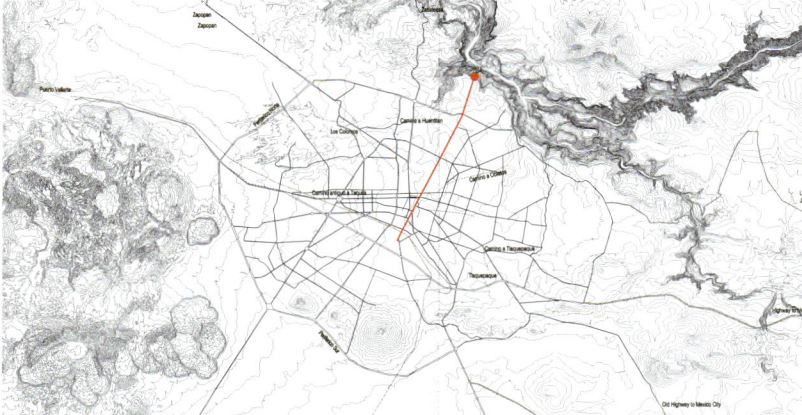

Guadalajara, vista del barranco de Huentitán / Guadalajara, view of the canyon Huentitán   Emplazamiento / Location

El Museo Barranca tiene un emplazamiento espectacular, al borde de un cañón de unos 600 metros de profundidad y con vistas hacia la interminable extensión de un pai-
The Barranca Museum is spectacularly situated at the edge of a canyon, some 600 m deep, with a view onto the infinite expanses of a rugged and rocky land-
saje rocoso y escarpado. Su situación es tan extraordinaria que era imposible no adaptar la forma escultórica y espacial del edificio, la circulación de los visitantes y, de
scape. The location is so extraordinary that we felt compelled to adapt the entire spatial and sculptural shape of the building, the circulation of the visitors and,
hecho, todo el proyecto, a este privilegiado entorno natural.
in fact, the entire concept of the project to this natural environment.
Las condiciones topográficas se consideraron una oportunidad para el futuro de esta institución emergente. Se trata de un enclave único, con una identidad inequívoca; y éste
We consider the topographical givens a magnificent opportunity for the future of this emerging institution. The situation is unique; it is a distinctive site with an
es un factor decisivo teniendo en cuenta que los museos proliferan en el mundo y que son incontables las ciudades, museos, coleccionistas, artistas y arquitectos que com-
unmistakable identity. This is a decisive factor, in view of mushrooming museums worldwide and countless cities, museums, collectors, artists and architects
piten por llamar la atención. Sin duda, la presión de la toma de decisiones conduce con demasiada frecuencia a proyectos inadecuados, presuntuosos y recargados. Aquí, en
vying for attention. Undoubtedly, the pressure of making decisions has all too often led to projects that are inadequate, vain and cluttered. Here in Guadalajara,
Guadalajara, el peligro residía dejarse llevar por la tentación de competir con la naturaleza para imponer a la arquitectura un gesto tan audaz como su entorno natural.
the danger lies in being tempted to compete with nature, to impose a gesture on the architecture that is as daring as its natural surroundings.

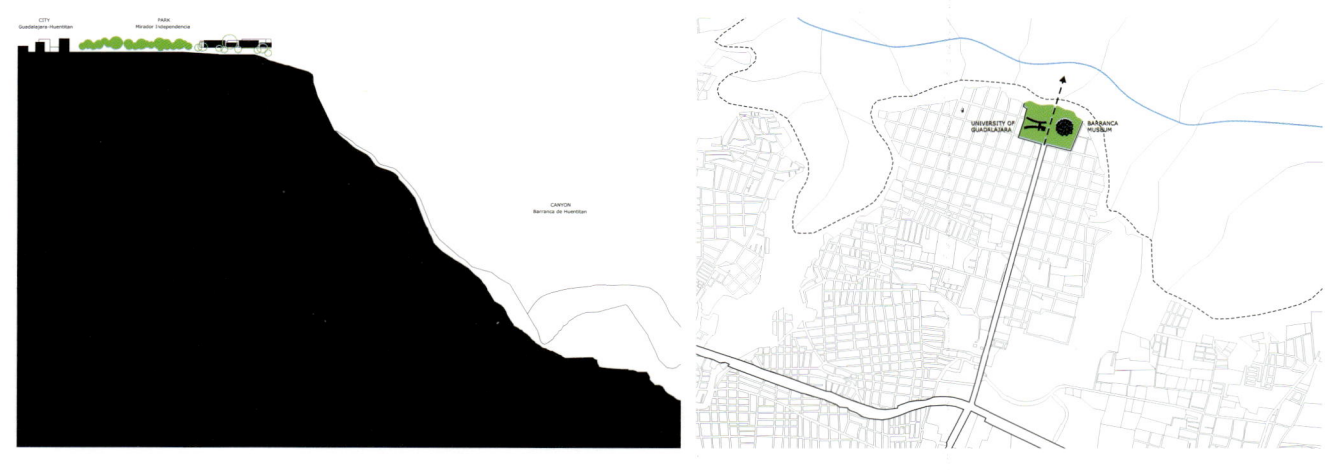

Situación del parque al borde del Cañón de Huentitán / Location of the park at the edge of the canyon Huentitán

Además de la seductora belleza del cañón, el emplazamiento tiene otras peculiaridades que pueden contribuir provechosamente a la integración del museo en la concien-
In addition to the seductive beauty of the canyon, the location has other features that can fruitfully contribute to the integration of the Museum into the con-
cia y en la vida diaria de los ciudadanos de Guadalajara. En particular existe un parque, densamente arbolado con numerosas especies, que milagrosamente ha conseguido
sciousness and daily lives of the people in Guadalajara. In particular, there is the park, densely populated with a variety of trees; by some miracle it has man-
sobrevivir a la aparentemente incontrolada expansión residencial de Guadalajara. Al contemplar la ciudad desde el aire impresiona el abismo que interrumpe abruptamente
aged to survive the seemingly uncontrollable spread of housing in Guadalajara. Looking at the city from the air, one is struck by the abyss that abruptly halts
la mancha del crecimiento urbano, creando en uno de sus lados un afilado borde que contrasta con la periferia mucho menos definida de otras partes de la ciudad.
the urban sprawl, creating a sharp edge on one side, in contrast to the less definable fringe around other parts of the agglomeration.
El parque y la ciudad que todo lo invade son dos factores vitales que debían tenerse en cuenta. La ciudad se divide en dos mitades, por así decir, la mitad oeste para
The park and the encroaching city are two vital factors that we wish to take into account. The city is divided into two halves, as it were, the western half for the priv-
los privilegiados, y la mitad este para los desfavorecidos.
ileged and the eastern half for the underprivileged.

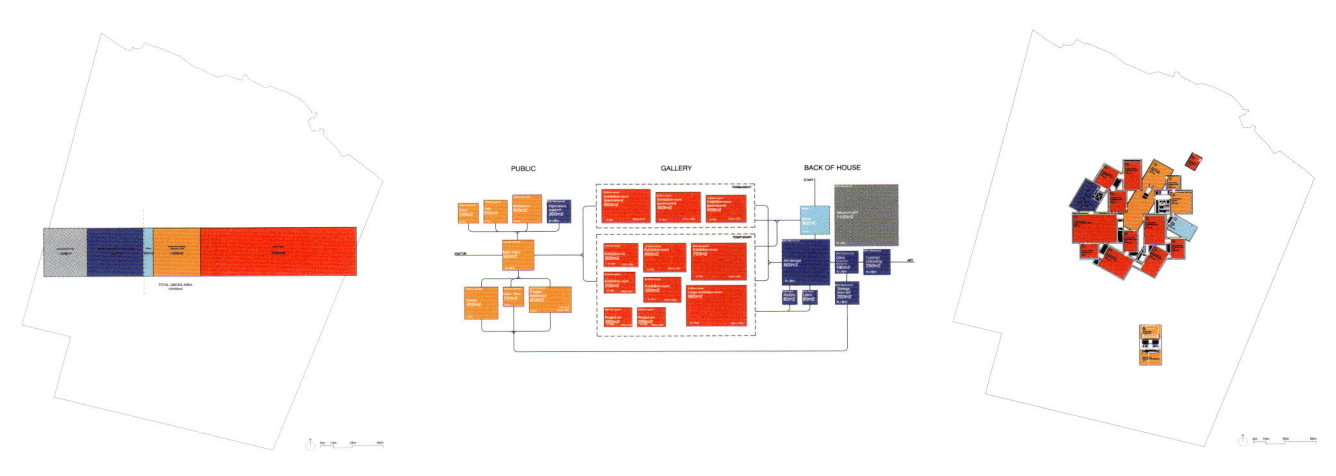

Superficie del solar (65.000 m²). Superficie construida (10.000 m²). Programa estimado / Site area (65.000 sqm). Built area (10.000 sqm). Program

Esa circunstancia se aprecia bien desde el aire: las numerosas manchas azules que se ven al oeste son piscinas privadas; y no hay ninguna al este de la Calzada de la Independencia, el eje que divide Guadalajara en dos y conduce directamente al parque mencionado en el norte y al abismo del cañón de Huentitán. Así, el museo se convertirá en un espacio para todos, un lugar de encuentro compartido y no un recinto introvertido, aislado o exclusivo, reservado sólo a unos pocos. Por este motivo, el edificio se integra en el parque en lugar de colocarse frente o fuera de él, por ejemplo en el cañón. No será una estructura independiente y aislada, sino algo integrado el tejido urbano porque la institución del Museo aspira a funcionar como un órgano vital de la ciudad y no como un cuerpo extraño a ella.

The aerial view makes this manifest: the numerous patches of blue seen to the west are private swimming pools. There are none to the east of the Calzada Independencia, the axis that divides the two parts of the city and leads directly to our park in the north and the abyss of Huentitán Canyon. Hence, the museum will become a site for everyone, a shared meeting place and not an isolated, insulated and exclusive place for the select few. For this reason we have integrated the building into the park, instead of placing it in front of or outside of the park, for instance, in the canyon. The building should not be a structure that stands aloof; it should be woven into the urban fabric because the future institution of the Museum wants to function like an organ of the city and not like a foreign body.

Entre distintos modelos tipológicos se ha elegido uno que es la suma de muchas partes —salas individualizadas—, en lugar de optar por una construcción monolítica. Las salas se aprietan entre sí como grandes bloques de piedra. Se levantan sobre soportes independientes dando cabida a todos aquéllos que desean visitar el museo y el parque para disfrutar de la atmósfera refrescante y umbría que ofrece, y también de instalaciones como la cafetería y el restaurante que lo convierten en un nuevo centro urbano de Guadalajara. La variedad y flexibilidad que puede obtenerse de un conjunto formado por distintas partes proporciona condiciones ideales tanto a los artistas como a los comisarios de exposiciones. El público encuentra una compleja y animada secuencia de espacios con vistas hacia los patios laberínticos situados entre las salas, los árboles del parque y, por supuesto, el grandioso cañón.

From among the various typological models for museums, we have chosen one that is the sum of many parts —individual galleries— in contrast to a single monolithic structure. The galleries will be wedged into each other like huge blocks of stone. They stand on separate supports, making room for all those who come to visit the museum and the park to enjoy its cool, shady atmosphere and such amenities as a bar or restaurant, turning it into a new center of urban life in Guadalajara. The variety and flexibility that can be achieved in a complex of many parts gives both artists and curators ideal exhibiting conditions. Visitors encounter a complex and lively sequence of spaces with open views of the labyrinthine courtyards between the galleries, the trees in the park and, of course, the immeasurable canyon.

Planta de cubiertas / Roof plan

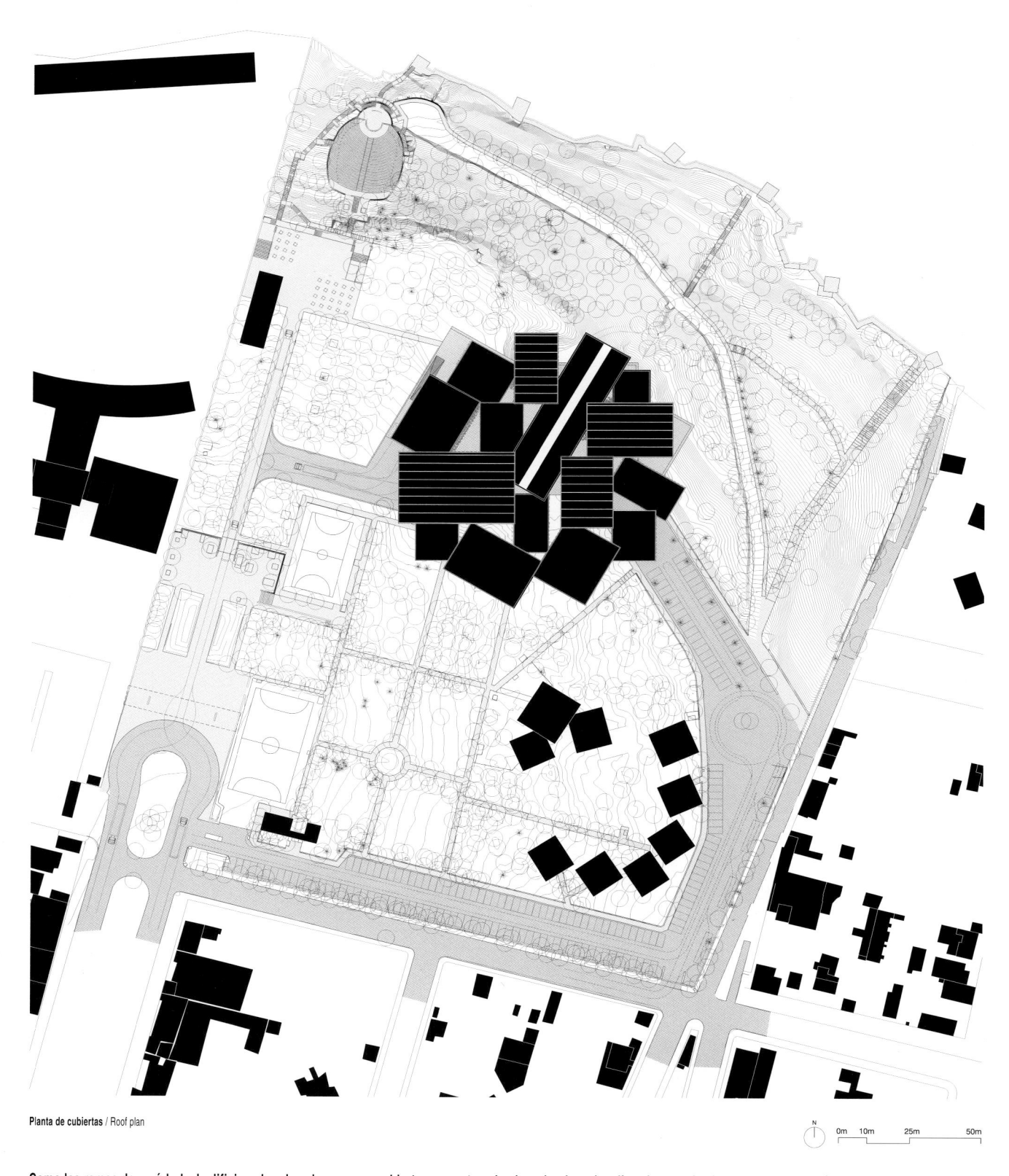

Como las ramas de un árbol, el edificio sobreelevado crea una cubierta que protege la plaza donde se localizan la entrada al museo, una cafetería y un restaurante, toda ella
Like a branching tree, the lifted structure creates a roof that covers the public plaza with the entrance to the museum, a café and the restaurant offering shadow
un recinto de sombra con magníficas perspectivas sobre el cañón. La construcción se organiza en una retícula semejante a la que estructura los pueblos mexicanos y está
and magnificent panoramic views over the canyon. The fragmented structure is organised in a grid, similar to a 'pueblo mexicano', composed of parts oriented
compuesta de partes orientadas hacia el norte con salas provistas de luz natural, y de otras orientadas al cañón con salas iluminadas artificialmente y ventanales abiertos
to the north for galleries of natural light and parts oriented towards the canyon for galleries of artificial light providing a window to the dramatic landscape. Some
al espectacular paisaje. Algunas partes están desconectadas del todo, como fragmentos dispersos en el verde que tienen su propia conexión con el parque, entre los cua-
parts are disconnected from the whole, like fragments dispersed in the green that work independently engaging the park, such as a special project room, an
les una sala para proyectos especiales, un auditorio, una tienda y un restaurante. La proximidad entre el museo y la zona universitaria permite que ambas instituciones se
auditorium, a shop, a restaurant. The proximity to the university allows a mutual use of infrastructures such as shared parking, relocation of sports fields, other
beneficien mutuamente del uso de algunas instalaciones: aparcamiento compartido, traslado de campos deportivos, un auditorio al aire libre o terrazas para barbacoas.
utilities such as open air auditorium, grill terraces and other amenities.

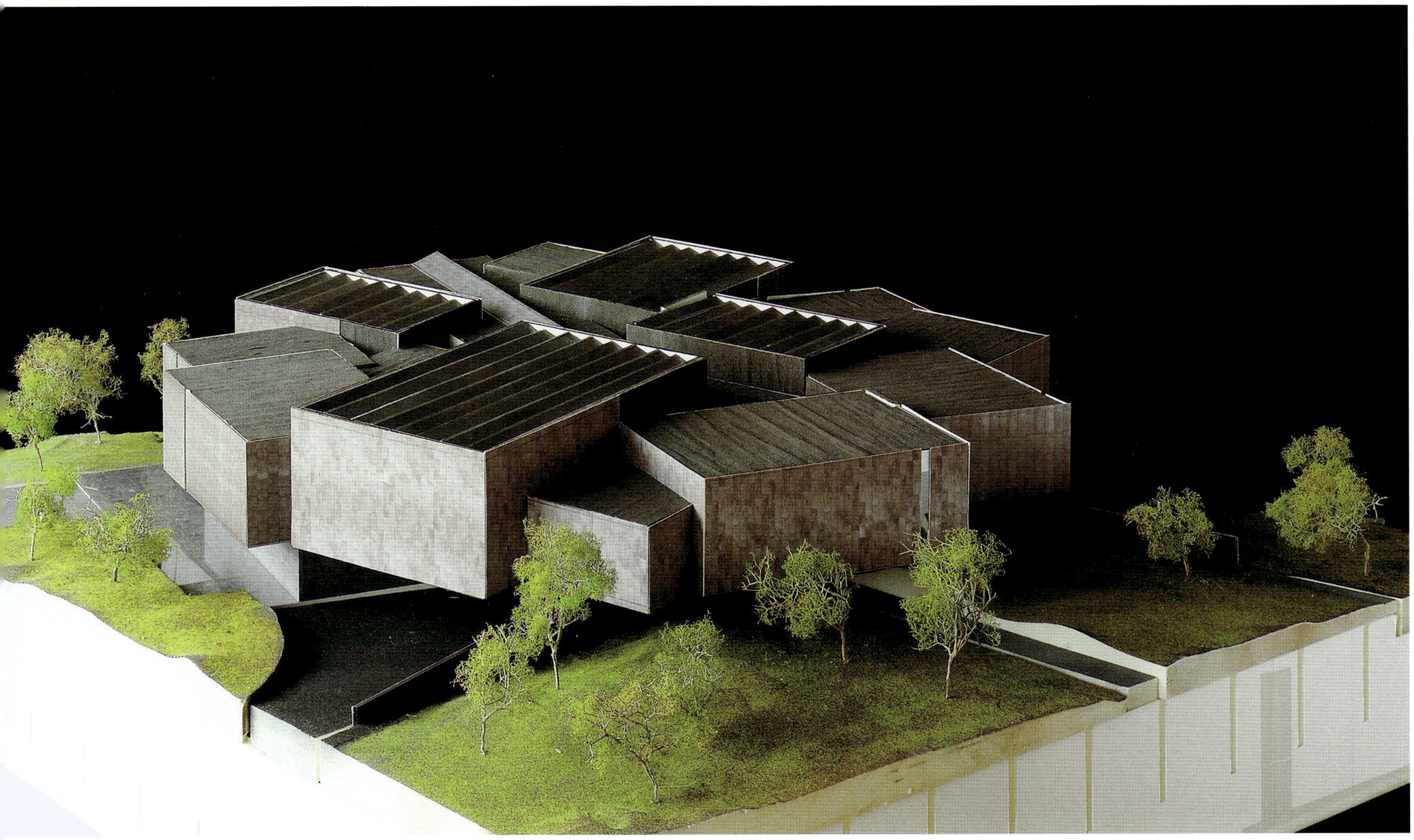

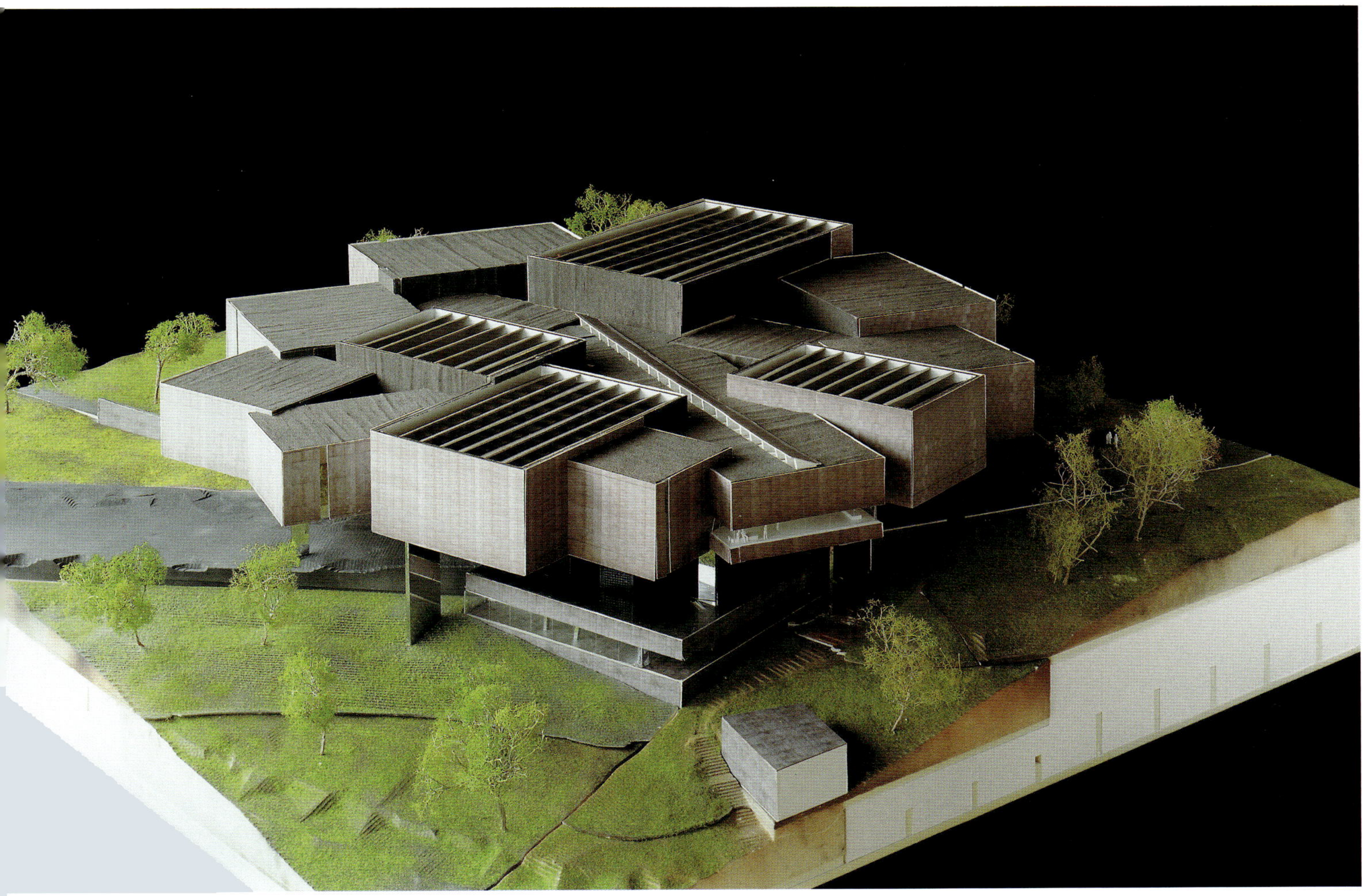

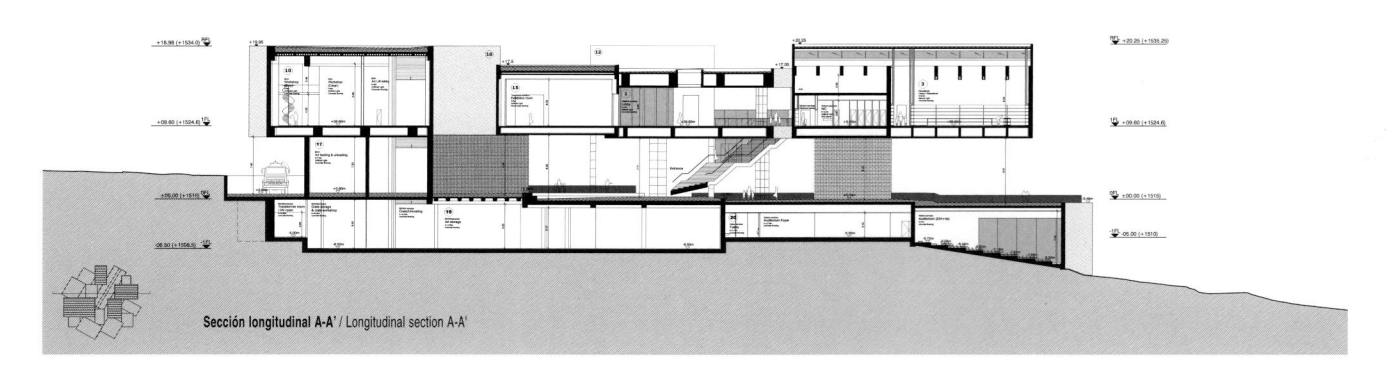

Sección longitudinal A-A' / Longitudinal section A-A'

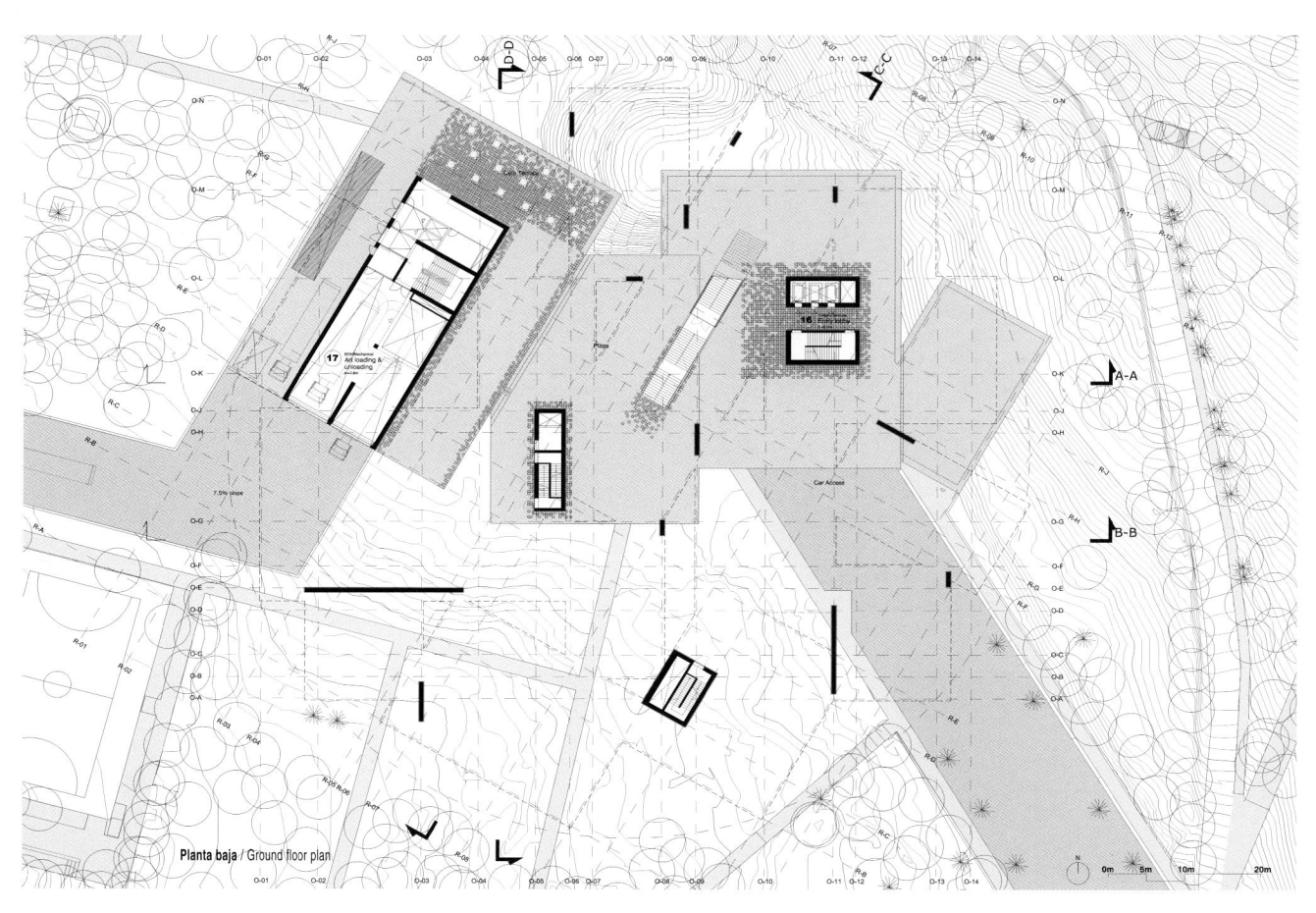

Planta baja / Ground floor plan

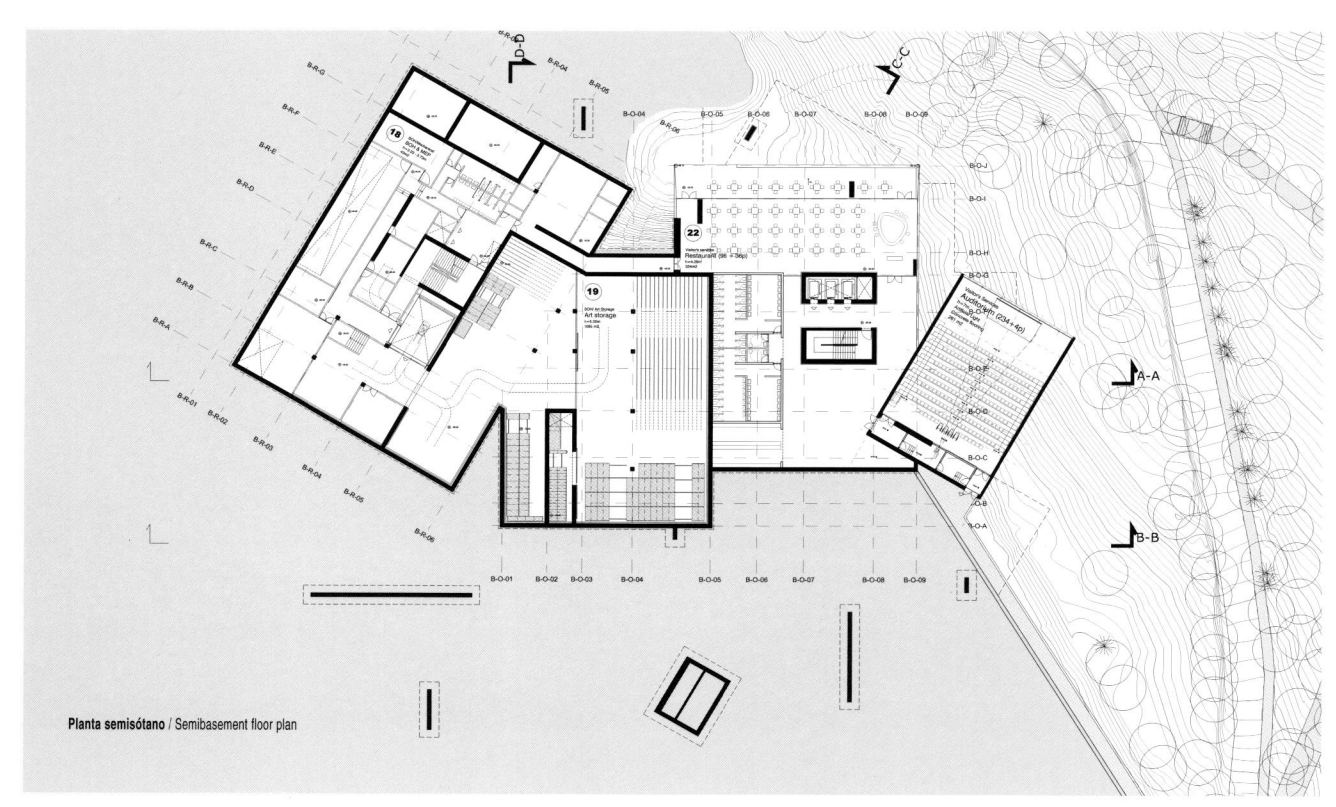

Planta semisótano / Semibasement floor plan

Sección transversal D-D' / Cross section D-D'

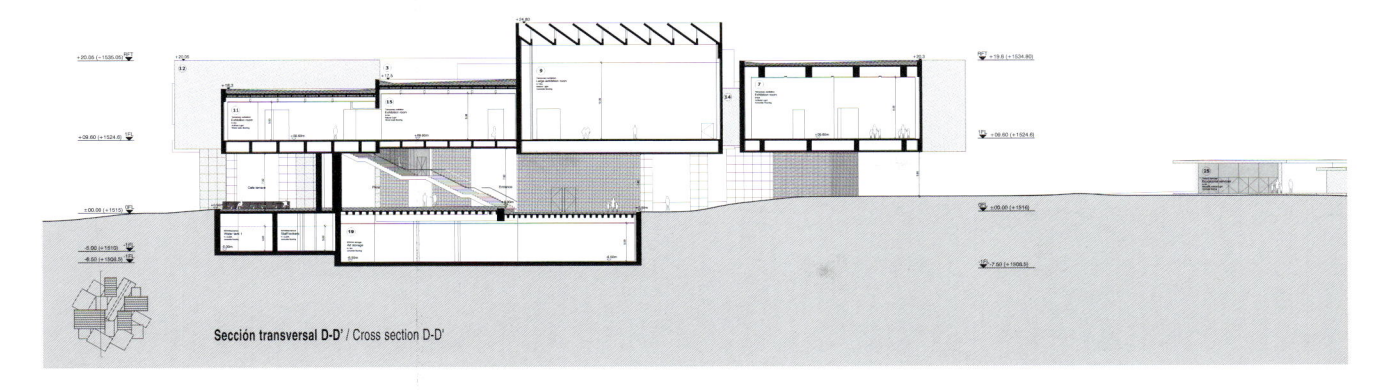

Galería con luz natural y vigas perpendiculares a los lucernarios / Natural light gallery with beams perpendicular to skylights

Programa de exposiciones / Exhibition program

Galería con luz natural y vigas paralelas a los lucernarios / Natural light gallery with beams parallel to skylights

Galería con luz artificial y ventana de ranura / Artificial light gallery with slot window

Diagramas de circulación en función del número de exposiciones: 6 y 4 exposiciones
Circulation diagrams depending on the exhibition number: 6 and 4 exhibitions

Las salas de exposición se disponen en distintos circuitos que empiezan y terminan en un vestíbulo común conectado a la planta baja. Esta pieza es una caja acristalada con vistas hacia el cañón y la plaza que se encuentra debajo, sirviendo de punto de orientación en el centro del edificio fragmentado donde el público puede encontrarse o reunirse y hacer una pausa antes de iniciar el siguiente tramo del recorrido. La exposición se divide en una zona permanente y otras dos temporales.

The galleries are arranged in different loops starting and ending in a common foyer that is connected to the ground floor. This is a glazed box with views towards the canyon and the plaza below, giving a point of orientation in the centre of the fragmented structure, where people can meet, pause and reflect before entering the next exhibition loop. The exhibitions are divided into one permanent and two temporary exhibitions, but can be easily separated into five shows.

361

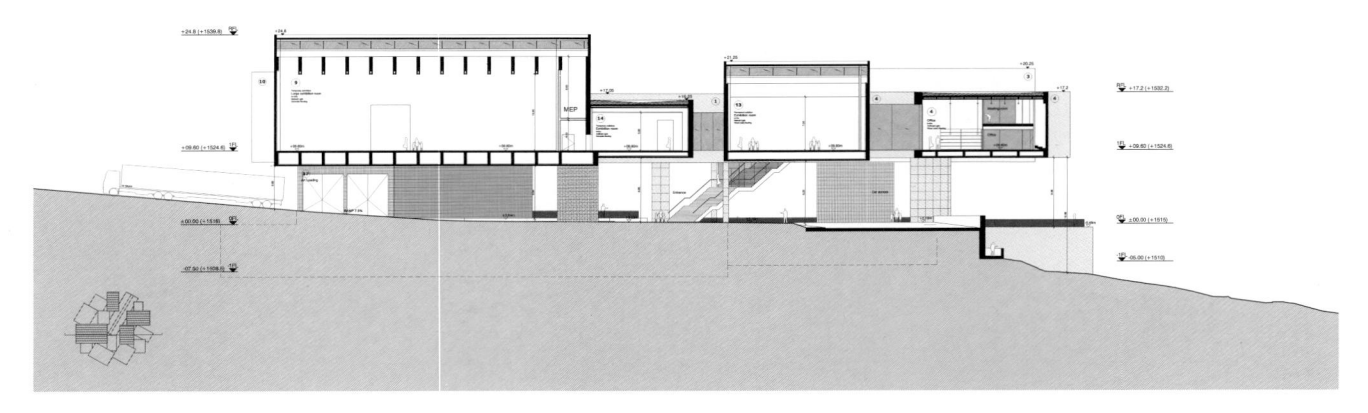

Sección longitudinal B-B' / Longitudinal section B-B'

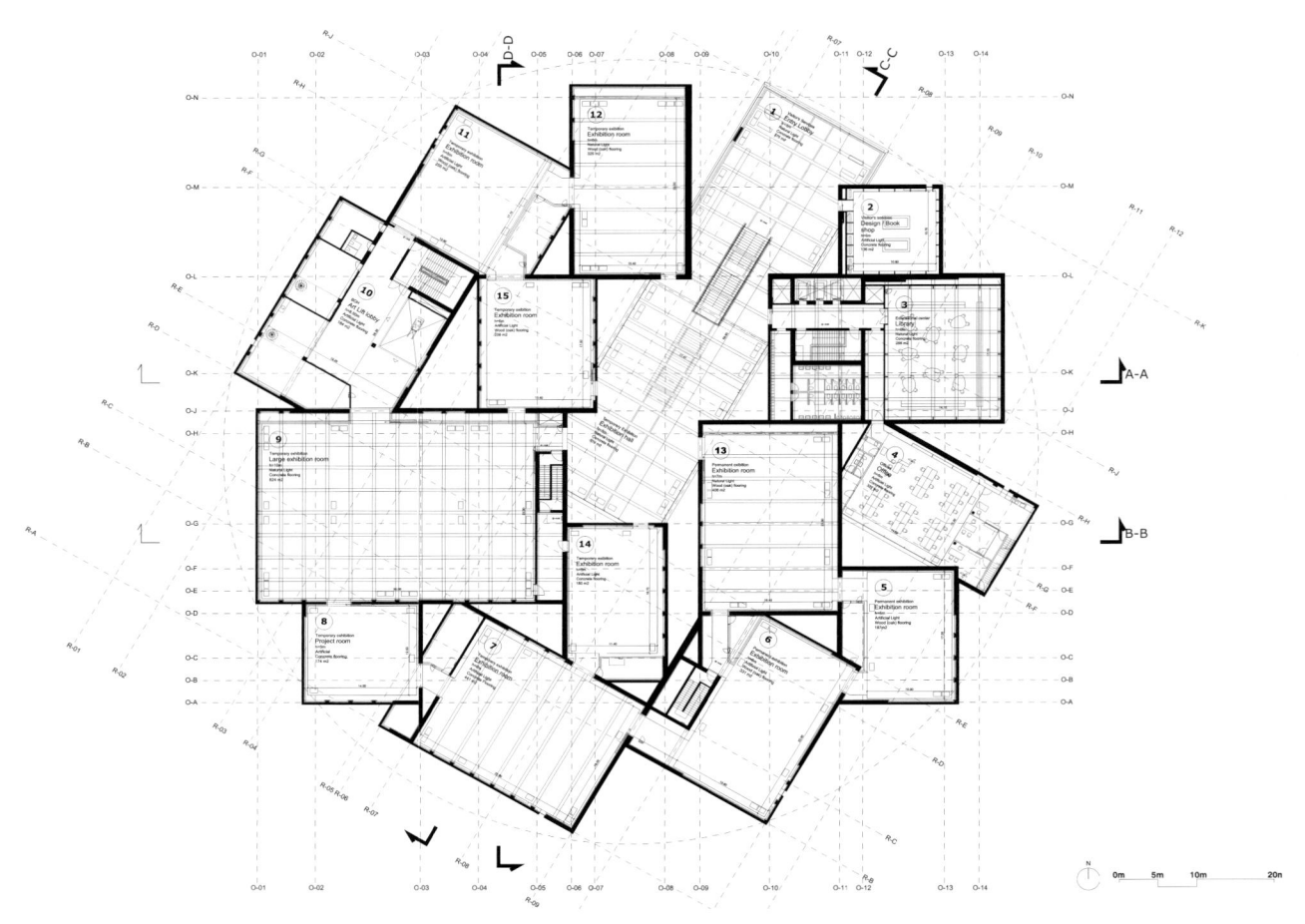

Planta primera / First floor plan

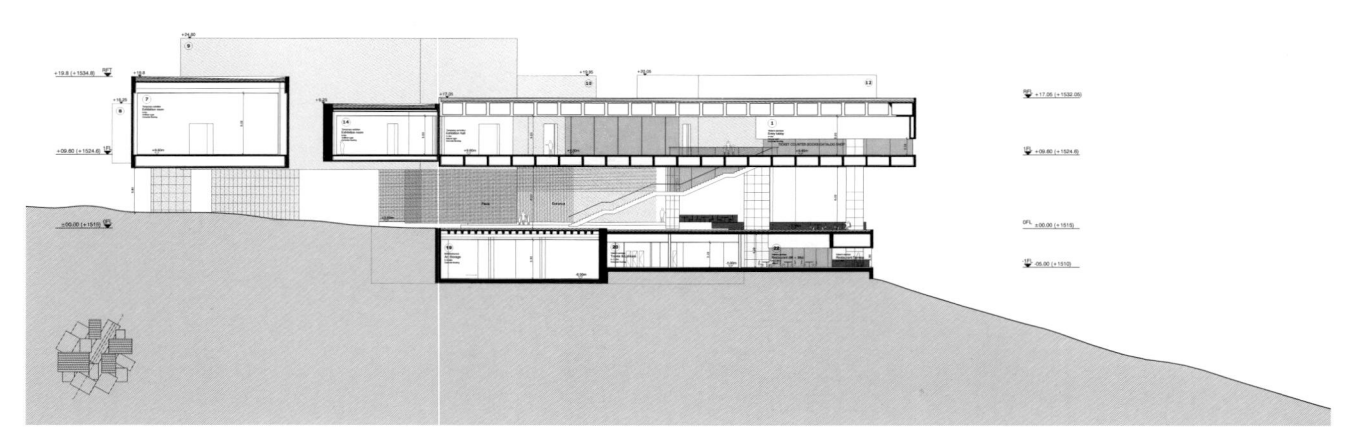

Sección transversal C-C' / Cross section C-C'

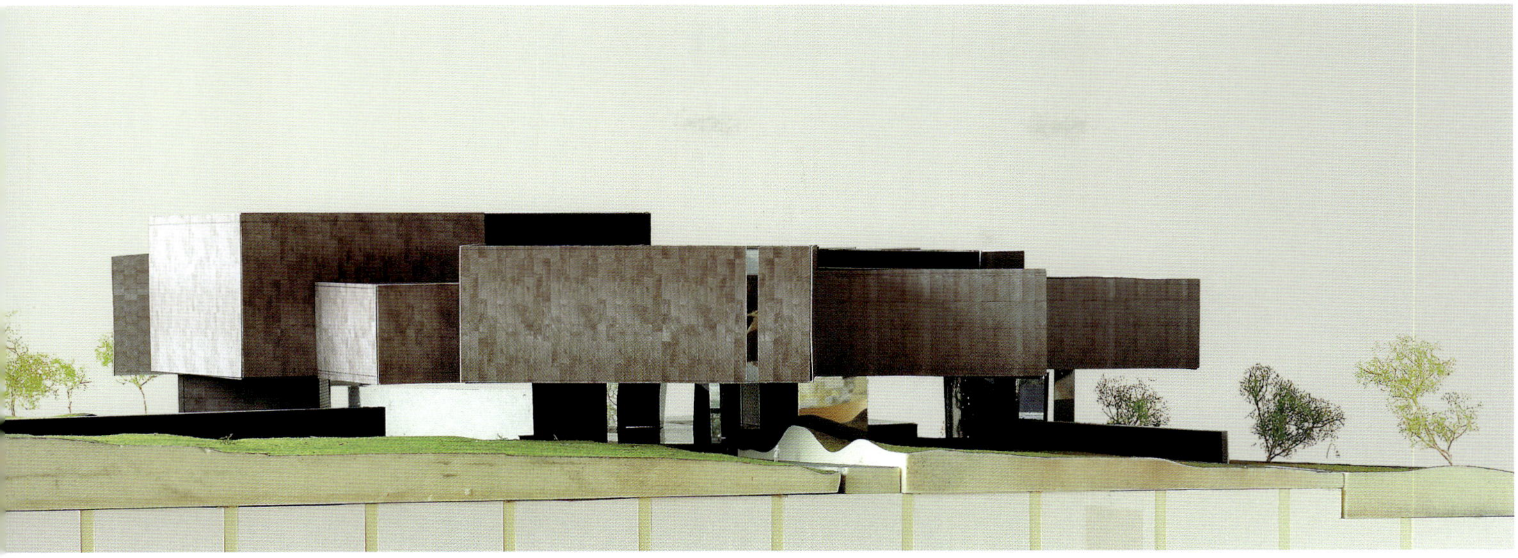

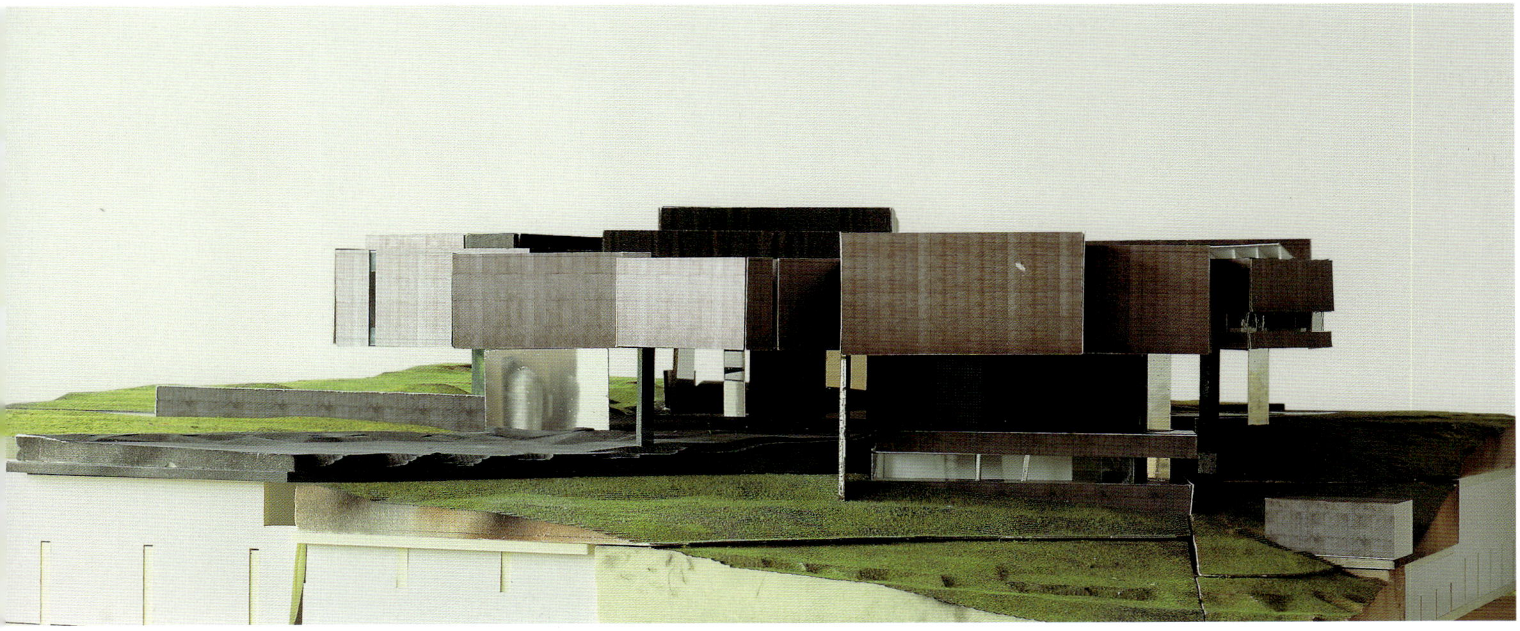

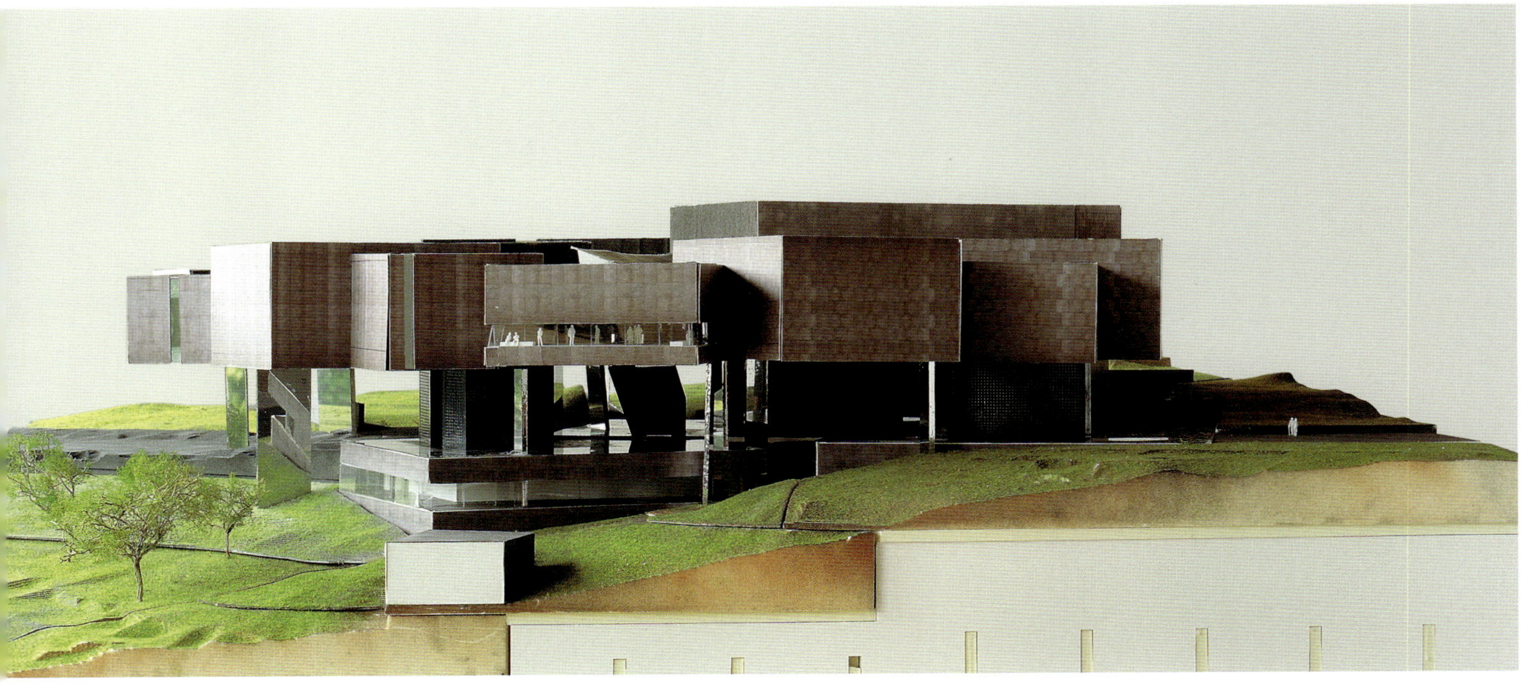

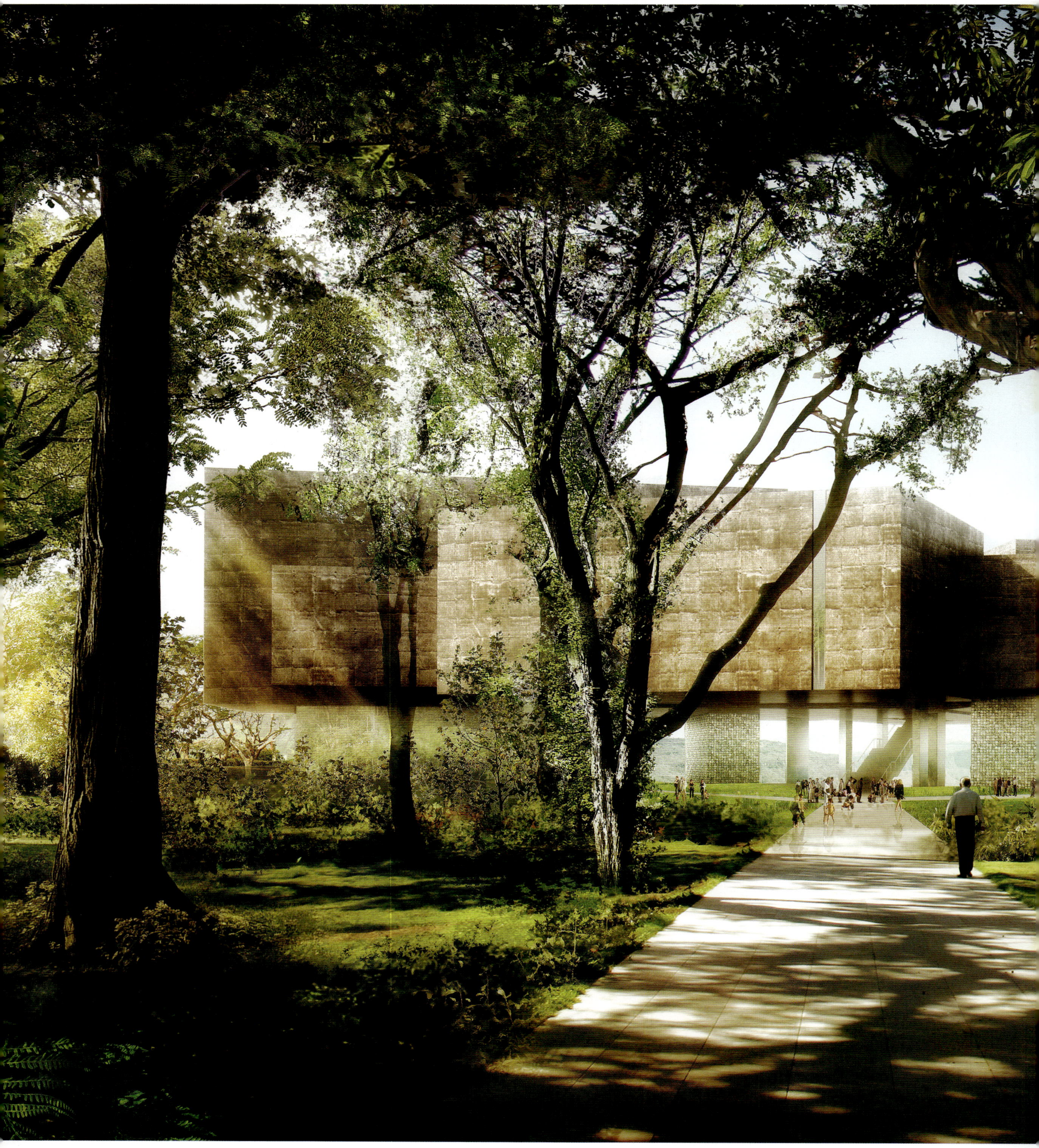

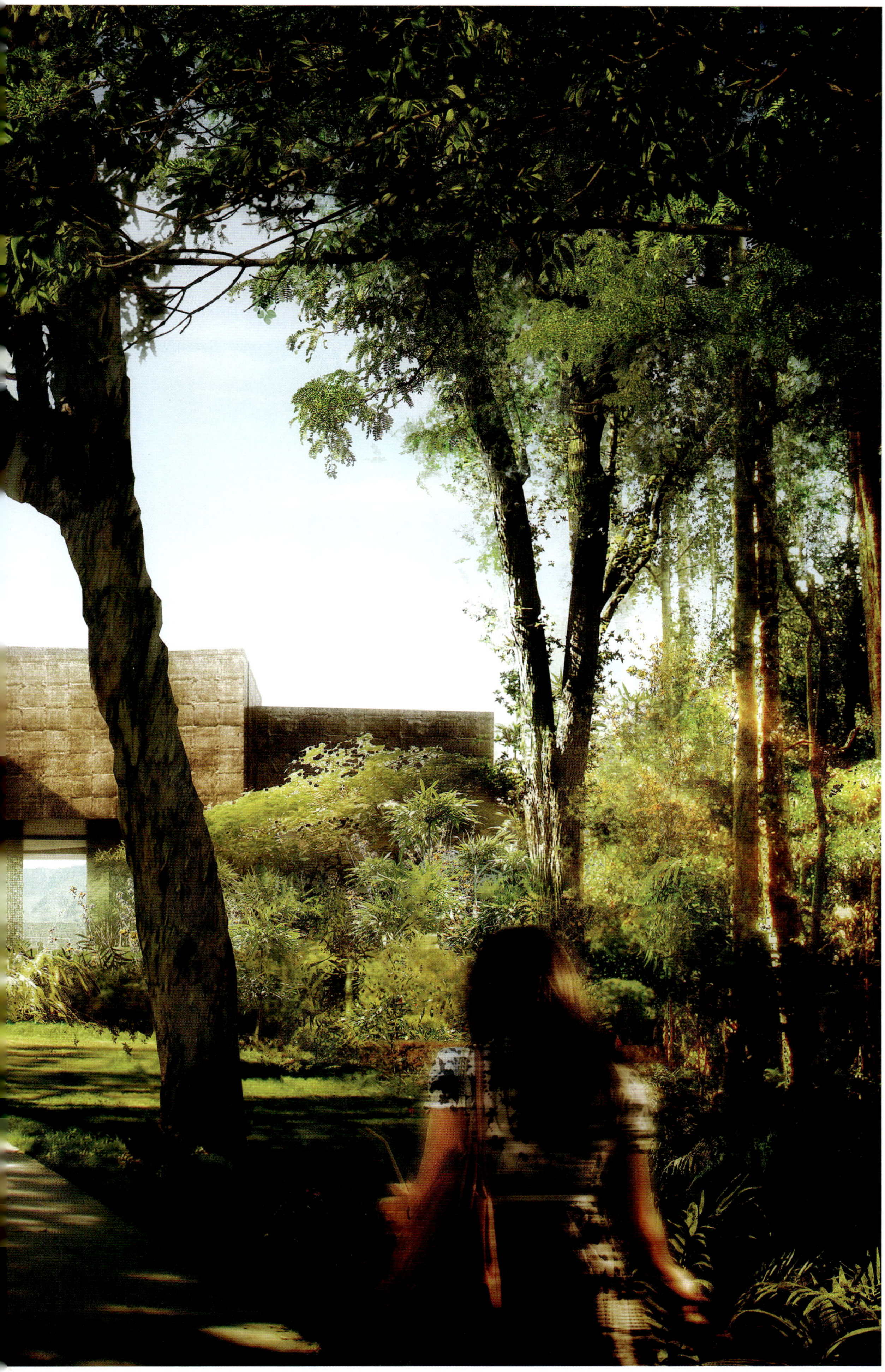

Ampliación del Museo Unterlinden
Extension Musée d'Unterlinden

FRANCIA — CONCURSO PRIMER PREMIO
COLMAR, FRANCE 2009- COMPETITION FIRST PRIZE

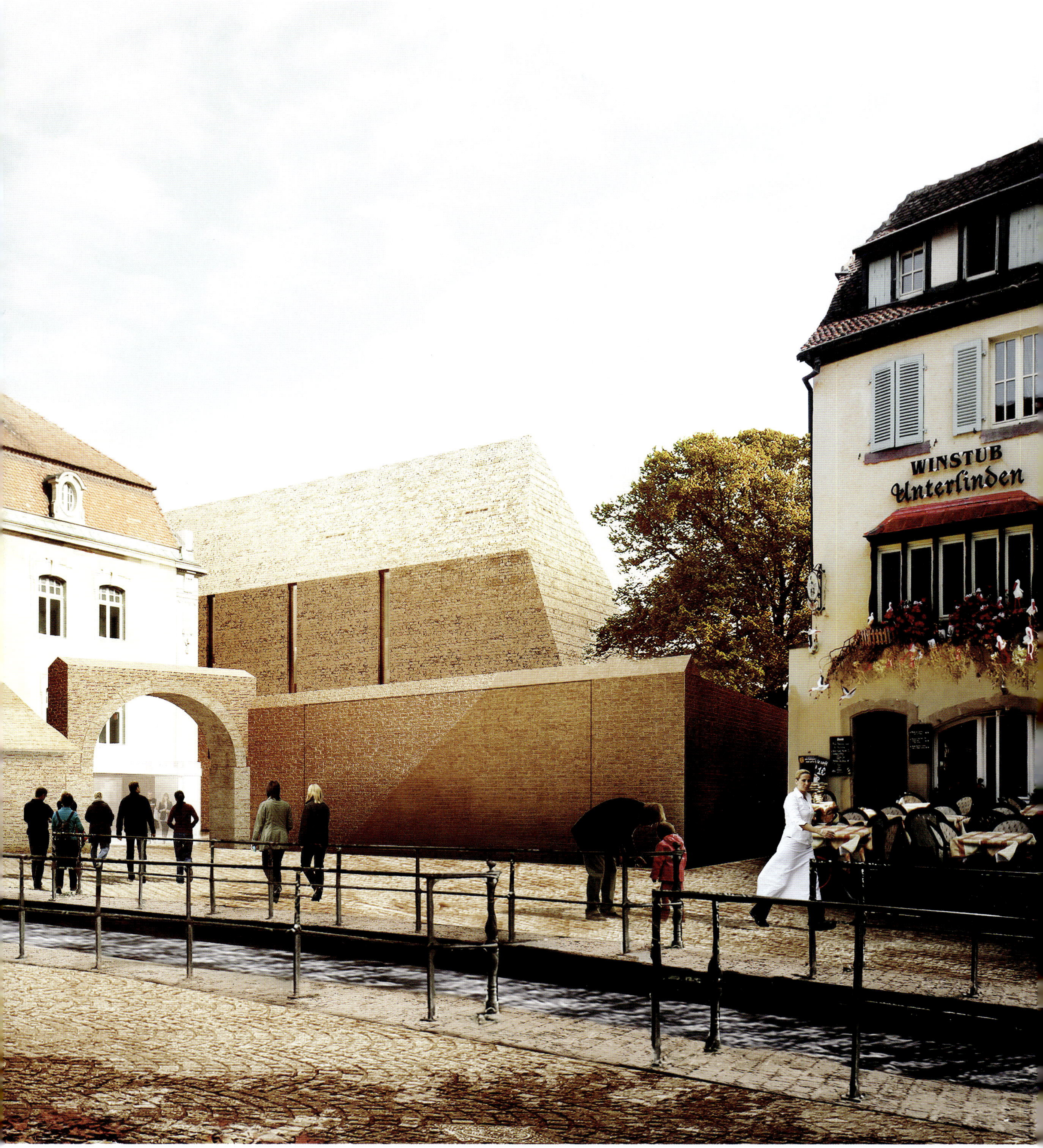
WINSTUB
Unterlinden

Vía de acceso al Molino (1840) / Entrance to the Mill (1840)   Maqueta de situación / Site model

Nuestro proyecto aúna tres dimensiones directa y lógicamente asociadas: la urbana, la museográfica y la arquitectónica. El Museo de Unterlinden, tanto por su arquitec-
Our project brings together three dimensions in a close and logical association: the urban, the museographic and the architectural. The Unterlinden Museum,
tura como por su contenido, es parte de la historia de la ciudad. El objetivo propuesto es poner esa relación de manifiesto a través de una nueva síntesis arquitectónica
in terms of both its architecture and its content, is part of the city's history. We have set out to make that relationship manifest in a novel architectural synthe-
capaz de proyectar el nuevo museo en el futuro.
sis able to project the museum into the future.

Colmar es una ciudad alsaciana que parece haber surgido de la ilustración de un libro. Al recorrerla, el visitante se encuentra inmerso en el ambiente agradable y acogedor de
Colmar is a city in Alsace which appears to spring straight from a picture book. Walking through it, the visitor comes across picturesque neighbourhoods with an
sus pintorescas calles, cafés y tiendas. Los amantes de la arquitectura disfrutarán igualmente del paseo, pero se plantearán también ciertas preguntas: ¿cómo distinguir lo
agreeable atmosphere and welcoming shops and cafés. For any architectural connoisseur, such a walk will also be a pleasant one, but it will give rise to certain
que es 'real' de las 'copias' o 'reproducciones'? ¿Cómo diferenciar lo que pertenece al tejido histórico de la ciudad y aquello que se ha añadido, modificado o reconstruido? A
doubts. How to tell what is 'real' from what is 'fake'? How to tell the difference between the original, historical fabric of the city and what has been added, modi-
veces, en ciertos puntos, puede verse claramente que las partes extraídas del tejido arquitectónico —como la falta de dientes en una boca— nunca llegaron a sustituirse.
fied or reconstructed? One can see in certain locations that parts of the architectural fabric have been ripped out and never replaced, like missing teeth in a jaw.

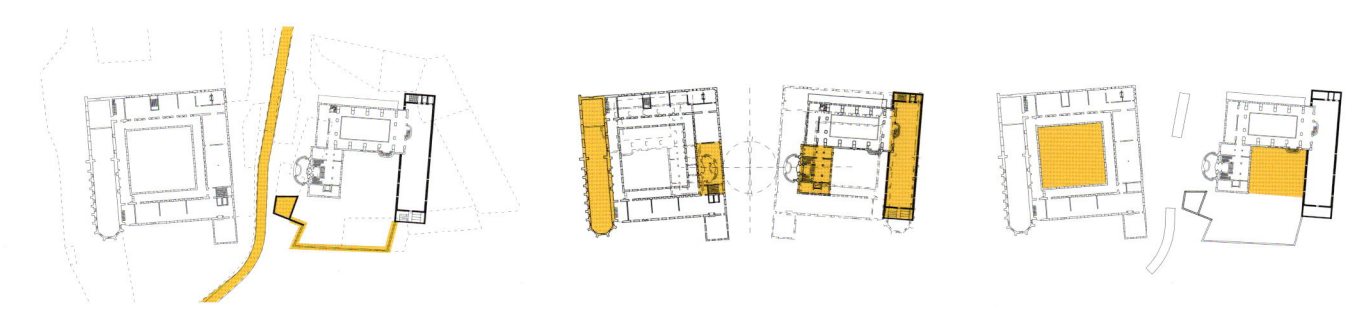

Principio de espejo a ambos lados del canal / Mirror principle on either side of the canal

Esta propuesta empieza por centrarse en una zona situada frente al Unterlinden, que actualmente rompe la continuidad urbana. Deseamos redefinirla con unos pocos y
Our proposal begins by focusing on the area in front of the Unterlinden, which is at present a hiatus in the urban continuity. We wish to redefine it by means of
sencillos cambios arquitectónicos, al tiempo que descartamos soluciones demasiado modernas o 'diseñadas', tales como cubiertas acristaladas, puentes o pasarelas. Tras
a few simple architectural changes, while at the same time avoiding modernist or excessively 'high design' solutions such as glass roofing, bridges or walkways.
un estudio detallado de la historia del lugar, encontramos una forma interesante de hacerlo recuperando en parte la disposición original de los edificios que, a ambos lados
After close study of the history of the site, we found an interesting way forward on this. We have endeavoured to reconstitute in part the arrangement of the
del canal, constituían el convento dominico de Unterlinden.
buildings which together formed the Unterlinden convent standing on either side of the canal.

El Ayuntamiento planea reabrir el canal Sinn en la calle de Unterlinden, y parece lógico extender ese restablecimiento de lo que ya existía. La casa de baños se alza donde
The municipality is planning to reopen the Sinn canal on the Rue d'Unterlinden. This made it logical for us to extend this restoration. The bathhouse stands on
estuvo el economato del convento. Queremos posibilitar que vuelva a surgir ese patio histórico construyendo un edificio detrás de la casa de baños, cuya forma y dimen-
the former site of the convent's bursary. We wish to enable this historical courtyard to re-emerge by constructing a building behind the bathhouse whose form
siones serán similares a los de la capilla. El nuevo patio formará un todo arquitectónico que tendrá un peso equivalente al del claustro medieval de Unterlinden. Esas dos
and dimensions will be similar to those of the chapel. The new courtyard will form a architectural whole with a weight equivalent to that of the Unterlinden
entidades urbanas equivalentes se enfrentarán una a otra a través del espacio. Cada uno de los dos conjuntos tendrá una entrada claramente definida a dos espacios vol-
medieval cloister. These two comparable urban entities will face each other across the space. Each of the two ensembles will have a clearly defined entry onto
cados al canal cuyas aperturas les dotarán de un atractivo paisajístico adicional.
that space to which the opening of the canal will provide additional and attractive landscaping.

Emplazamiento / Location

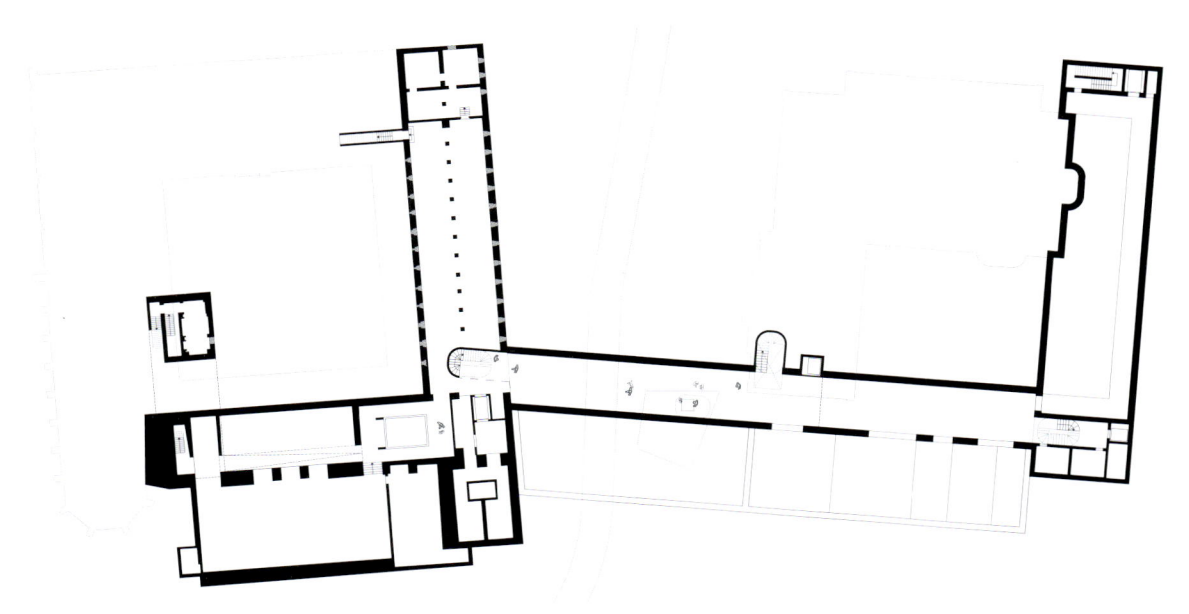

Planta sótano / Basement floor plan

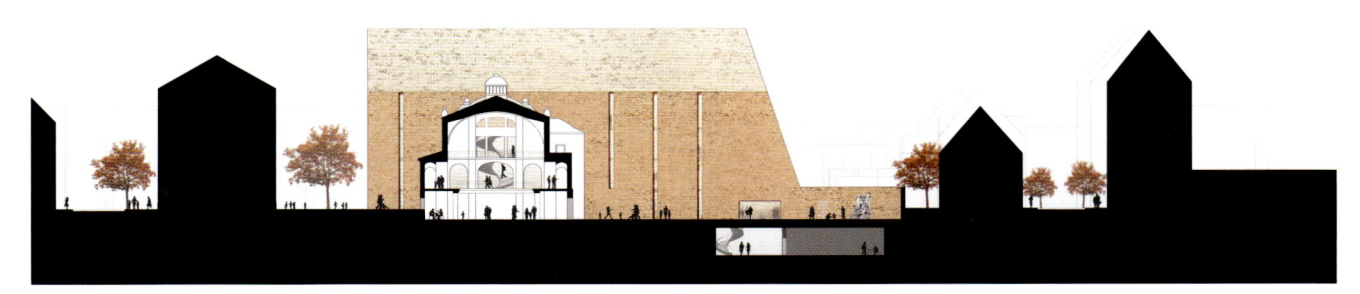

Sección transversal de la conexión entre ambos edificios / Cross section of connection between both buildings

Vista de la nueva Ackerhof / View of the new Ackerhof

Para permitir que la 'plaza' de Unterlinden esté a la altura de su nombre, también reconstruiremos la puerta histórica y el edificio del antiguo molino. Este edificio es
In order to allow the Unterlinden 'square' genuinely to live up to its name, we wish to reconstruct the historical gateway and the building of the former mill. This build-
la pieza que falta en la actual configuración de la plaza. Situamos en esta parte del enclave un volumen de tamaño moderado que no impida ver la casa de baños.
ing is the missing piece in the square's present layout. We locate on this part of the site a volume of moderate size that will not impede the view of the bathhouse.

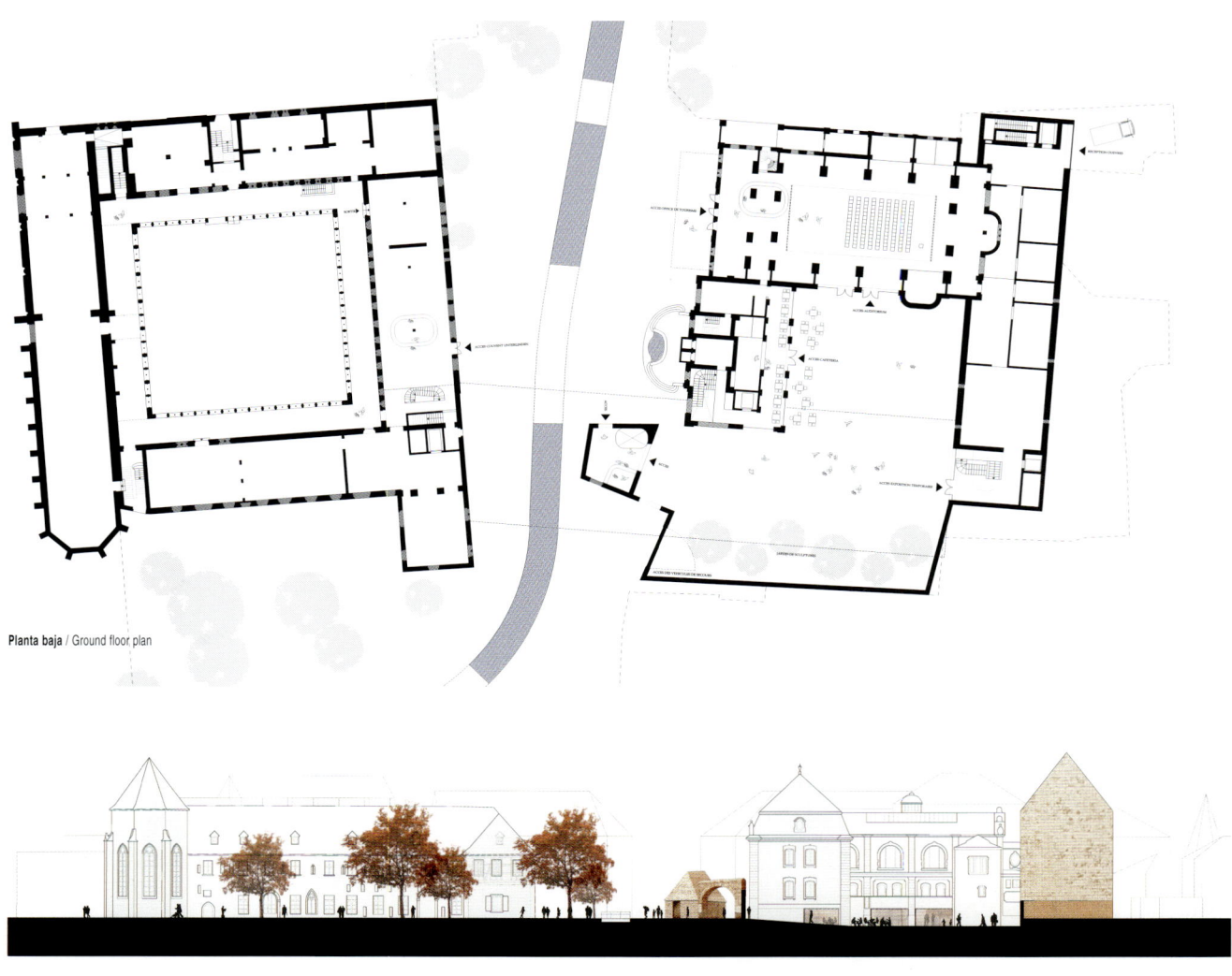

Planta baja / Ground floor plan

Alzado Este / East elevation

Sección transversal del Edificio de Baños / Cross section of the Bathhouse

Su arquitectura será inequívocamente contemporánea en el sentido que damos a este calificativo: es decir, un diseño arquitectónico inspirado en la arquitectura tradi-
Its architecture will be determinedly contemporary in the meaning we give this word: that is, architectural design inspired by the forms and material substance of
cional del pasado en cuanto a formas y materiales, sin ser por ello una mera imitación de ese pasado.
the traditional architecture of the distant past, without being an imitation of it.

Planta primera / First floor plan

Sección transversal de los edificios históricos / Cross section through historical buildings

El Museo de Unterlinden ha atravesado numerosas fases en su desarrollo. Sus colecciones son abundantes en curiosidades arqueológicas y museológicas. En la fase
The Museum has gone through a number of phases in its development. Its collections contain strata that recount the history of archaeological curiosity and muse-
actual es preciso hacer evidente esa estratificación histórica de una forma más orgánica, al tiempo que se abre una posibilidad de modernización futura y por tanto aún
ology. The current phase needs to make this historical stratification more organic while at the same time pointing to the possibility of openness to a modernity
desconocida. Hoy día la capilla alberga el monumental retablo de Matthias Grünewald (el Retablo de Isenheim), que constituye el principal atractivo del museo.
to come, a modernity that by definition cannot be known. At present the chapel houses the monumental Grünewald altarpiece, the museum's key attraction.
El nuevo edificio, destinado a albergar arte moderno y contemporáneo, se levantará en el otro extremo del emplazamiento como contrapeso simétrico de la capilla.
The new building, devoted to the art of the 20th and 21st centuries, which stands on the other side of the site, a symmetrical counterweight to the chapel.

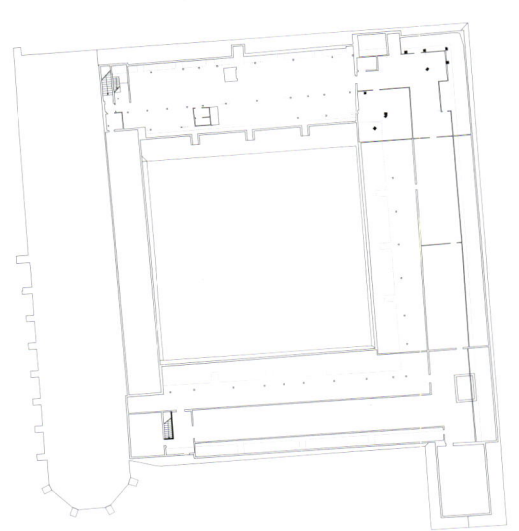

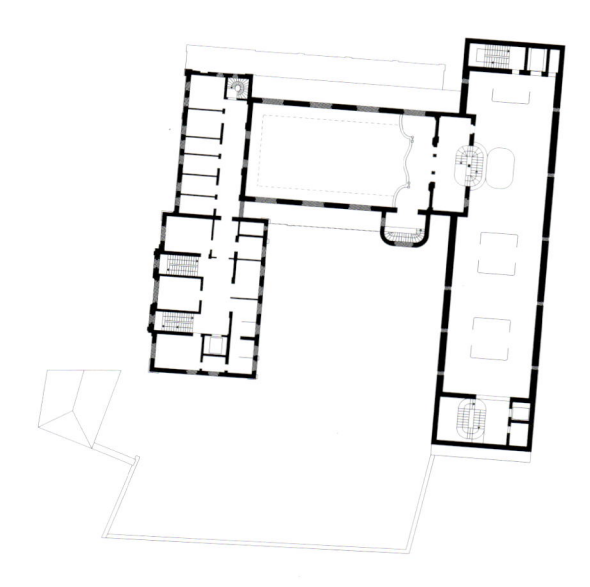

Planta segunda / Second floor plan

Esto permitirá definir una secuencia rítmica con tres pulsaciones para todo el conjunto. Esta estructura rítmica establecida para el conjunto desde la Edad Media hasta el
This wil enable us to define a rhythm with three strong beats across the site. This rhythmic structuring of the site from the Middle Ages to the 20th century
siglo XX sigue la pauta de la historia de las colecciones y proclama una nueva ambición para el museo que hasta ahora tenía su envolvente en el antiguo claustro. El
matches the history of the collections and heralds a new ambition that the enclosure of the museum within the ancient cloister has hitherto reined in. The visi-
visitante será consciente enseguida de cuál es esa nueva aspiración: formar parte de un proyecto urbano. En lugar de quedarse en una mera concepción histórica de
tor will immediately see what that ambition is: to be part and parcel of an urban project. Instead of remaining content with a historical conception of modernity,
la modernidad, el Museo de Unterlinden echará raíces más antiguas, la más honda de las cuales lo proyectará en el futuro.
the Unterlinden Museum will be putting down more ancient roots, the further to project itself into the future.

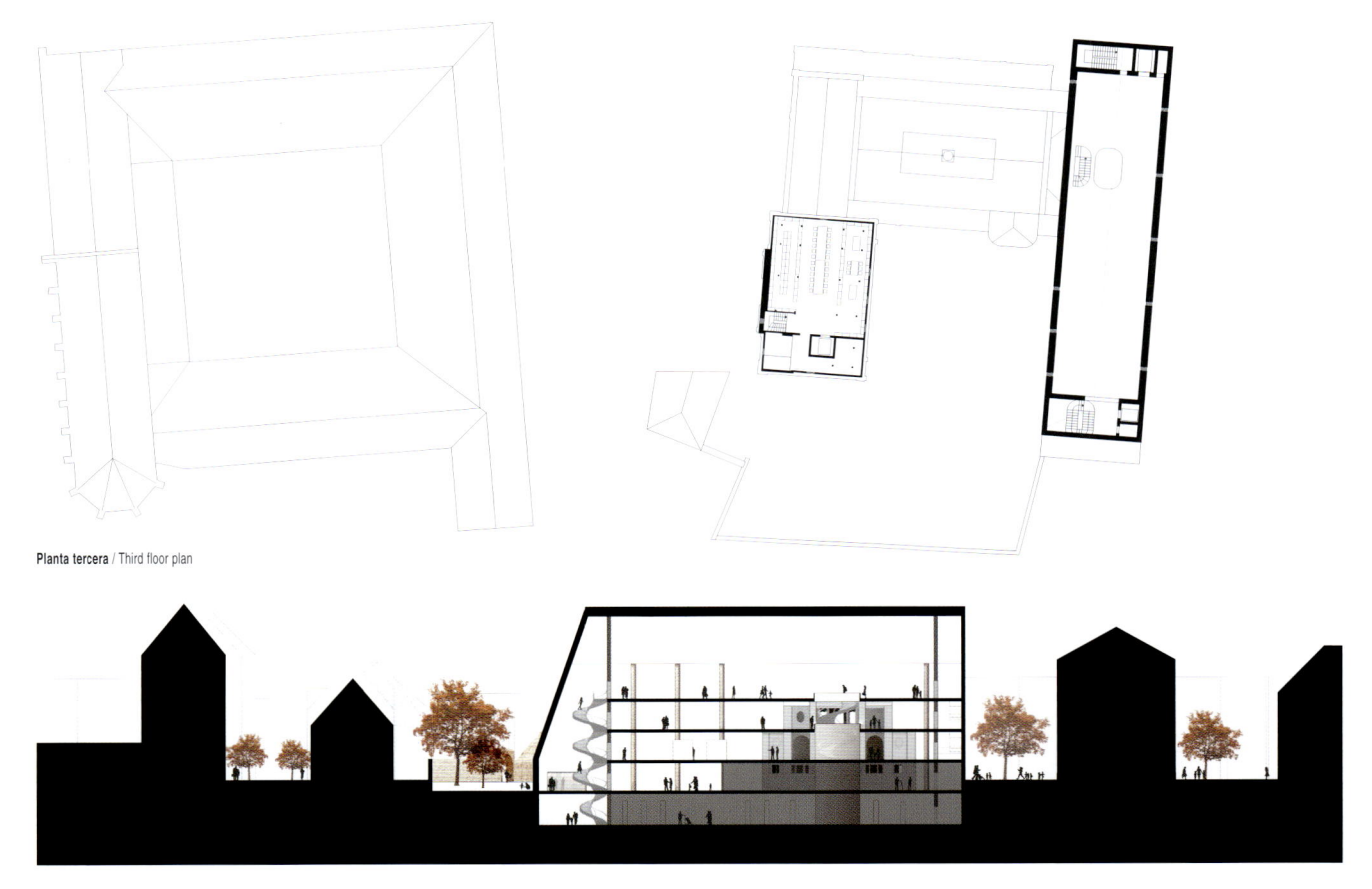

Planta tercera / Third floor plan

Sección longitudinal del nuevo edificio / Longitudinal section of the new building

CRÉDITOS
CREDITS

TEA, TENERIFE ESPACIO DE LAS ARTES

Location	Calle de San Sebastián, Santa Cruz de Tenerife, Canary Islands, Spain
Project Team	Partners: Jacques Herzog, Pierre de Meuron, David Koch
	Partner Architects: Virgilio Gutiérrez Herreros
	Project Architect: Astrid Peissard (Associate until April 2006), Alexander Franz
	Benito Blanco Avellano, Luis Játiva Quiroga
	Project Team: Jose Luis Berrueta, Gustavo Garcia, Nicolas Grosmond, Sara Jacinto,
	Diego Martínez Navarro, Monica Ors Romagosa, Lara Semler, Lys Villalba Rubio,
	Benjamin Wiederock
	DESIGN DEVELOPMENT 1999 - 2003
	Partners: Jacques Herzog, Pierre de Meuron
	Partner Architect: Virgilio Gutiérrez Herreros
	Project Architects: Astrid Peissard (Associate), Daniel Mallo, Miquel Rodriguez
	Project Team: Béla Berec, Blanca Castañeda, Stefan Dambacher, Diana Garay,
	Ana Inacio, Peter Jenni, Matei Manaila, Sonia Neves Campos, Reto Pedrocchi,
	Raquel Ramalheira, Camilo Rebelo, Frank Schneider, Claudia Thomet
Client	Cabildo Insular de Tenerife, Santa Cruz de Tenerife, Spain
Partner Architect	Virgilio Gutiérrez Herreros Arquitecto, Santa Cruz de Tenerife, Spain
	Project Team: Eladio Arteaga Hernández, Carlos Alonso Labrador, Pedro Alonso Quecuty,
	Fátima Diego Luna, María Caballero Arellano, Juan Carlos Chico Padrón,
	Carlos Guigoú Fernández, Miguel A. Hernández de León Perdomo, Blas Pérez Ojeda

PLANNING

General Planning	Herzog & de Meuron, Basel, Switzerland
Architect Planning	Herzog & de Meuron, Basel, Switzerland and Virgilio Gutiérrez Herreros
	Arquitecto, Santa Cruz de Tenerife, Spain
Architect Construction	UTE Herzog & de Meuron SL, Barcelona, Spain and Virgilio Gutiérrez Herreros
	Arquitecto, Santa Cruz de Tenerife, Spain
Structural Engineering	Dionisio Castro Pérez, Santa Cruz de Tenerife, Spain
	Martínez Segovia Pallas y Asociados, Ingeniería y Arquitectura S.A., Madrid, Spain
Construction Mngmt.	Virgilio Gutiérrez Herreros, Architecto, Santa Cruz de Tenerife, Spain
Quantity Surveyor	Topografía Canaria SL, Santa Cruz de Tenerife, Spain
HVAC Engineering	Techne Ingeniería, Santa Cruz de Tenerife, Spain
Plumbing	Engineering Virgilio Gutiérrez Herreros, Architecto, Santa Cruz de Tenerife, Spain
Mechanical Engineering	Techne Ingeniería, Santa Cruz de Tenerife, Spain
Electrical Engineering	Techne Ingeniería, Santa Cruz de Tenerife, Spain

SPECIALISTS / CONSULTANTS

Light Consulting	Ove Arup, London, UK
Acoustics	Estudi Acústic Higini Arau, Barcelona, Spain

CONTRACTORS

Industrial Sector	OHL S.A., Santa Cruz de Tenerife, Spain
Photographs	Hisao Suzuki, Duccio Malagamba (pp. 46, 57), Iwan Baan (pp. 47, 65,77)

PLAZA DE ESPAÑA

Location	Santa Cruz de Tenerife, Canary Islands, Spain
Project Team	Partners: Jacques Herzog, Pierre de Meuron, Christine Binswanger, David Koch
	Project Architects: Astrid Peissard (Associate), Alexander Franz, Gustavo García,
	Miguel Pallarés, Stefan Segessenmann
	Project Team: Javier Artacho Abascal, Carlos Bautista, José Luis Berrueta,
	Benito Blanco Avellano, Marcos Carreño, Sonia de Carvalho, Sergio Cobos,
	Massimo Corradi, Amadeus Dorsch, João Ferrão, Francisco de Freitas, Eric Frisch,
	José Gómez, Martin Haist, Sara Jacinto, Luis Jativa, María Ángeles Lerín, Daniel Mallo,
	Patricia Medina, Paulo Moreira, Roberto de Oliveira, Monica Ors Romagosa,
	Key Portilla Kawamura, Raquel Ramalheira, Martin Saarinen, Manuel Sánchez-Vera,
	Lys Villalba
Client	Cabildo Insular de Tenerife, Tenerife, Canary Islands, Spain

PLANNING

General Planning	Herzog & de Meuron, Basel, Switzerland
Architect Construction	UTE Herzog & de Meuron SL, Barcelona, Spain
	Virgilio Gutiérrez Herreros Arquitecto, Santa Cruz de Tenerife, Spain
Construction Mngmt.	Virgilio Gutiérrez Herreros, Architecto, Santa Cruz de Tenerife, Spain
Architect Planning	Herzog & de Meuron, Basel, Switzerland
	CGA, Ramiro Cuende Tascón, La Laguna, Tenerife, Spain
	NTRES Arquitectos SL, Arsenio Pérez Amaral, Santa Cruz de Tenerife, Spain
Structural Engineering	Reveriego & Associates, Las Palmas de Gran Canaria, Spain
MEP Engineering	IGS Ingenieros, Santa Cruz de Tenerife, Spain
	Techne Ingeniería & Arquitectura SL, Santa Cruz de Tenerife, Spain
Artist Collaboration	Patrick Blanc, Paris, France (Vegetal walls on pavilions)

SPECIALIST / CONSULTING

Technical Architects	Vicente Dorta & Javier Pino, Santa Cruz de Tenerife, Spain
	Natalia Hernández, Santa Cruz de Tenerife, Spain
Vegetation Consultant	Cialjeme SL, Jesús de Diego, La Laguna, Tenerife, Spain
Lighting Estudio	PVI Ingeniería SL, Pedro V. Ibañez, Barcelona, Spain
Photographs	Hisao Suzuki, Duccio Malagamba (p. 86), Iwan Baan (aerial night views, pp. 86,87))

CAIXAFORUM MADRID

Location	Paseo del Prado 36 (former Mediodía Power Station), Madrid, Spain
Project Team	Partners: Jacques Herzog, Pierre de Meuron, Harry Gugger
	Project Architects: Peter Ferretto, (Associate), Carlos Gerhard (Associate),
	Stefan Marbach (Associate), Benito Blanco (Project Manager)
	Project Team: Heitor Garcia Lantaron, Estelle Grosberg, Pedro Guedes,
	Michel Kehl, Miguel Marcelino, Gabi Mazza, Beatrice Noves Salto,
	Margarita Salmeron, Stefano Tagliacarne
Client	Obra Social Fundación 'LaCaixa', Madrid, Spain
	Caixa d'Estalvis i Pensions de Barcelona, Barcelona, Spain

PLANNING

Associate Architect	Mateu i Bausells Arquitectura, Madrid, Spain
Project Management	Servihabitat, Barcelona, Spain
	Construcción i Control, Barcelona, Spain
General Contractor	Ferrovial Agroman, Madrid, Spain
Structural Engineering	WGG Schnetzer Puskas Ingenieure, Basel, Switzerland
	NB35, Madrid, Spain
MEP Engineering	Úrculo Ingenieros, Madrid, Spain

MANUFACTURERS

Steel	Emesa-Trefilería, S.A., Arteixo, Spain

SPECIALISTS / CONSULTING

Facade Consulting	Emmer Pfenninger Partner AG, Basel, Switzerland
	ENAR, Madrid, Spain
Lighting	Arup Lighting, London, UK
Acoustics	Audioscan, Barcelona, Spain
Green Wall	Herzog & de Meuron in collaboration with Patrick Blanc, Artist-Botanist, Paris, France
Green Wall Consultant	Benavides & Lapèrche, Madrid, Spain
Ex. & Staircase Floors	Terraconti, Madrid, Spain
Photographs	Hisao Suzuki, Duccio Malagamba (pp. 101, 105)

MESSEZENTRUM BASEL 2012

Location	Messeplatz, Basel, Switzerland
Project Team	OPTIMIZATION PHASE / CONSTRUCTION DOCUMENTS
	Partners: Jacques Herzog, Pierre de Meuron, Stefan Marbach, Wolfgang Hardt
	Project Architects: Tobias Winkelmann (Associate), Michael Schmidt
	Project Team: Philip Albrecht, Marcelo Bernardi, Amparo Casani,
	Thomas von Girsewald, Volker Helm, Yuko Himeno, Ursula Hürzeler,
	Roger Huwyler, Thorsten Kemper, David Palussiere, Nina Renner, Steffen Riegas,
	Kathrin Riemenschnitter, Roland Schreiber, Gerd Wetzel, Boris Wolf
	GENERAL PLANNING PHASE
	Partners: Jacques Herzog, Pierre de Meuron, Stefan Marbach, Wolfgang Hardt
	Project Architects: Tobias Winkelmann (Associate), Stefan Hörner, Michael Schmidt
	Project Team: Israel Alvarez, Axel Beck, Alexander Bürgi, Estelle Chan,
	Massimo Corradi, Francis Fawcett, Eik Frenzel, Sabine Harmuth, Oke Hauser,
	Volker Helm, Wilhelm Heusser, Ursula Hürzeler, Thorsten Kemper, Sophia Lau,
	Corinne Lopez, Benjamin Olschner, Sebastian Reinhardt, Nathalie Rinne,
	Georg Schmid, Jochen Seelos, Matthias Stüchli,Manuel Villanueva,
	Douwe Wieers, Claudia Winkelmann, Camillo Zanardini, Christian Zerreis
	CONCEPT DESIGN
	Partners: Jacques Herzog, Pierre de Meuron, Christine Binswanger
	Project Architects: Wolfgang Hardt (Associate), Tobias Winkelmann
	Project Team: Benito Blanco Avellano, Francisco de Freitas, Thomas von Girsewald,
	Johann Gruber, Stefan Hörner, Manuel Klauser, Sibylle Küpfer, Xiaojing Lu,
	Katja Mezger, Marcello Nasso, Dirk Peters, Christoph Weber
Client	MCH Messe Switzerland AG, Basel, Switzerland

PLANNING GENERAL PLANNING PHASE

General Planning	ARGE GP, Herzog & de Meuron / Burckhardt+Partner AG, Basel, Switzerland
Architect Planning	Herzog & de Meuron, Basel, Switzerland
Architect Construction	Burckhardt+Partner AG, Basel, Switzerland
Structural Engineering	ARGE Gruner AG/ Ernst Basler + Partner AG, Basel, Switzerland
Construction Mngmt.	Burckhardt+Partner AG, Basel, Switzerland
HVAC Engineering	ARGE Scherler AG, Aicher de Martin Zweng AG;
	Herzog Kull Group AG, Basel, Switzerland
Plumbing Engineering	ARGE Scherler AG, Aicher de Martin Zweng AG;
	Herzog Kull Group AG, Basel, Switzerland

Mechanical Engineering	ARGE Scherler AG, Aicher de Martin Zweng AG; Herzog Kull Group AG, Basel, Switzerland
Electrical Engineering	ARGE Scherler AG, Aicher de Martin Zweng AG; Herzog Kull Group AG, Basel, Switzerland

SPECIALISTS / CONSULTING GENERAL PLANNING PHASE

Facade Consulting	Neuschwander + Morf AG, Basel, Switzerland
Building Physics	Zimmermann + Leuthe GmbH, Aetigkofen, Switzerland
Traffic Planning	Rapp Infra AG, Basel, Switzerland
Fire Protection	Gruner AG, Basel, Switzerland
Safety Consulting	Gruner AG, Basel, Switzerland
Lighting	Bartenbach LichtLabor GmbH, Aldrans, Austria

PLANNING OPTIMIZATION PHASE / CONSTRUCTION DOCUMENTS 2009 - 2013

General Planning	HRS Hauser Rutishauser Suter AG, Frauenfeld, Switzerland
Architect Planning	Herzog & de Meuron, Basel, Switzerland
Structural Engineering	Ribi + Blum AG Ingenieure und Planer, Romanshorn, Switzerland; Gruner AG, Basel, Switzerland; WITO Engineering GmbH, St. Gallen, Switzerland
HVAC Engineering	Lippuner Energie- und Metallbautechnik AG, Graps, Switzerland; Kurt Plodeck ECS, Neftenbach, Switzerland
Plumbing Engineering	Rechberger Huustechnik AG, Zürich, Switzerland
Mechanical Engineering	ARGE Scherler AG, Aicher de Martin Zweng AG; Herzog Kull Group AG, Basel, Switzerland
Electrical Engineering	Herzog Kull Group AG, Aarau/Zürich, Switzerland
Safety Consulting / Fire Protection	Gruner AG, Basel, Switzerland
Facade Consulting	feroplan engineering AG, Chur, Switzerland
Lighting	Bartenbach LichtLabor GmbH, Aldrans, Austria
Landscape Design	Vogt Landschaftsarchitekten, Zürich, Switzerland; Burger & Partner Ingenieure AG, Basel, Switzerland
Building Logistics	Rapp Infra AG, Basel, Switzerland
Geology	Pfirter+Nyfeler Partner AG, Muttenz, Switzerland
Energy Engineering / Building Physics	Zimmermann+Leuthe GmbH, Aetigkofen, Switzerland
Photographs	CGI (Computer Generated Images): Art Factory

NATIONAL STADIUM FOR THE 2008 OLYMPIC GAMES

Location	Beicheng East Road, Chaoyang District, Beijing, China
Project Team	Partners: Jacques Herzog, Pierre de Meuron, Stefan Marbach Project Architects: Linxi Dong (Associate), Mia Hägg (Associate), Tobias Winkelmann (Associate), Thomas Polster Project Team: Peter Karl Becher, Alexander Berger, Felix Beyreuther, Marcos Carreno, Xudong Chen, Simon Chessex, Massimo Corradi, Yichun He, Volker Helm, Claudia von Hessert, Yong Huang, Kasia Jackowska, Uta Kamps, Hiroshi Kikuchi, Martin Krapp, Hemans Lai, Emily Liang, Kenan Liu, Donald Mak, Carolina Mojto, Christoph Röttinger, Roland Rossmaier, Luciano Rotoli, Mehrdad Safa, Roman Sokalski, Heeri Song, Christoph Weber, Thomasine Wolfensberger, Pim van Wylick, Camillo Zanardini, Xiaolei Zhang
	COMPETITION PHASE Partners: Jacques Herzog, Pierre de Meuron, Harry Gugger, Stefan Marbach Project Architect: Jean Paul Jaccaud Project Team: Béla Berec, Antonio Branco, Simon Chessex, Massimo Corradi, Gustavo Espinoza, Hans Focketyn, Andreas Fries, Patric Heuberger, Mia Hägg, Daniel Pokora, Christopher Pannett, Mehrdad Safa, Philipp Schaerer, Heeri Song, Adrien Verschuere, Antje Voigt

COMPETITION

Design Consortium	Herzog & de Meuron Arup China Architectural Design & Research Group
Collaboration	Ai Weiwei, Beijing, China Chinese Artist and Curator, Artistic Advisor
3D Visualisation	Artefactory, Paris, France
Client	National Stadium Co. Ldt, Beijing, China
Competition Organizer	Beijing Municipal Planning Commission, Beijing, China

PLANNING

General Planning	Design Consortium: Herzog & de Meuron, Basel, Switzerland Ove Arup & Partners Hong Kong Ltd., Kowloon, Hong Kong, China China Architectural Design & Research Group, Beijing, China
Architect Planning	Herzog & de Meuron, Basel, Switzerland
Architect Construction	China Architectural Design & Research Group, Beijing, China
Structural Engineering	Ove Arup & Partners Hong Kong Ltd., Kowloon, Hong Kong, China China Architectural Design & Research Group, Beijing, China
Sports Consultant	Arup Sport, London, United Kingdom
HVAC Engineering	Ove Arup & Partners Hong Kong Ltd., Kowloon, Hong Kong, China China Architectural Design & Research Group, Beijing, China
Plumbing Engineering	Ove Arup & Partners Hong Kong Ltd., Kowloon, Hong Kong, China China Architectural Design & Research Group, Beijing, China
Mechanical Engineering	Ove Arup & Partners Hong Kong Ltd., Kowloon, Hong Kong, China China Architectural Design & Research Group, Beijing, China
Electrical Engineering	Ove Arup & Partners Hong Kong Ltd., Kowloon, Hong Kong, China China Architectural Design & Research Group, Beijing, China
Landscape Design	Herzog & de Meuron, Basel, Switzerland China Architectural Design & Research Group, Beijing, China

SPECIALISTS / CONSULTING

Cladding Consultant	R + R Fuchs, Munich, Germany
Building Physics	Ove Arup & Partners Hong Kong Ltd., Kowloon, Hong Kong, China China Architectural Design & Research Group, Beijing, China
Geology	Beijing Survey Design and Research Institute, Beijing, China
Civil Engineering	China Architectural Design & Research Group, Beijing, China
Traffic Planning	China Architectural Design & Research Group, Beijing, China
Fire Protection	Ove Arup & Partners Hong Kong Ltd., Kowloon, Hong Kong, China China Architectural Design & Research Group, Beijing, China
Lighting	Ove Arup & Partners Hong Kong Ltd., Kowloon, Hong Kong, China China Architectural Design & Research Group, Beijing, China
Acoustics	Ove Arup & Partners Hong Kong Ltd., Kowloon, Hong Kong, China China Architectural Design & Research Group, Beijing, China
Signage	New Identity Ltd., Basel, Switzerland
Supervision	CIECC Engineering & Construction Project Management Corp., Beijing, China

CONTRACTORS

Main Contractor	Beijing Urban Construction Group Co. Ltd, Beijing, China CITIC International Contracting Inc., Beijing, China
Steel Contractor	JingGong Construction Industry Group, Zhejiang Province, China Beijing BUCG JingGong Steel Structure Engineering Co. Ltd., Beijing, China Hu Ning Steel Company, Jiangsu Province, China JiangNan Heavy Industry Co., Ltd., Shanghai, China ZhongZhi Group-BaoYe Construction, Shanghai, China
Steel Coating	Dalian Zebon Fluorocarbon Paint Stock CO., Ltd., Dalian, China
Roofing (Cladding) Cladding Consortium	ETFE (weather-proofing): Covertex GmbH, Obing, Germany PTFE (acoustic ceiling): Beijing N&L Fabric Technology Co., Ltd., Beijing, China
Roof Drainage System	Fast Flow Siphonic Pte. Ltd., Singapore
Precast Concrete	Beijing Yushuzhuang Concrete Construction Co., Beijing, China Beijing Urban Construction Group Co. Ltd, Beijing, China
Concourse Wall Paint	Caparol Farben Lacke Bautenschutz GmbH, Ober-Ramstadt, Germany
Concrete Column Paint	Nippon Paint (China) Co., Ltd., Shanghai, China
Façade System	Jansen Ltd, Oberriet, Switzerland
Glazing	Guangdong Golden Glass Technologies Ltd., Shantou, China
Suspended Ceiling	Beijing Pulong Metall Decoration Material Ltd., Beijing, China
Wall Textile	Guangzhou Yorklon Wallcoverings Co., Ltd., Guanzhou, China
Mosaic	Beijing Shiwan Pebble Trading Company, Beijing, China
Sanitary Items	General Spectators: TOTO (China), Co., Ltd., Beijing, China VIP: Kohler China Investment Co., Ltd., Beijing, China
Sport Lighting	Philips Lighting China, Shanghai, China
Indoor Lighting	GE (China) Co., Ltd., Beijing, China
Concourse Lighting	Shanghai Grandar Lightscape Co., Ltd., Shanghai, China
Effect Lighting	Beijing Landsky Lighting Engineering Co., Ltd., Beijing, China
Landscape Lighting	Beijing Landsky Lighting Engineering Co., Ltd., Beijing, China Beijing Xingguang Film & TV Equipment Technologies Co., Ltd., Beijing, China
Signage	CITIC Signs Co., Ltd., Shenzhen, China
Weak Current System	Honeywell (China) Co., Ltd., Beijing, China
Timing System	Swiss Timing Ltd, Corgemont, Switzerland
Speaker	Ruifeng Jiansheng Audio & Lighting Engineering Company, Guanzhou, China
Seats	General Spectators: Jiangsu GPRO Group Nanjing Jinling Plastic and Petrochemical CO., Ltd., Nanjing, China VIP: Shanghai Haobo Tablet Chair Industry Co., Ltd., Shanghai, China
FOP/Track	Mondo, Alba, Italy
Stone Paving	Fujjian Dingsheng Group, Jinjiang, China Yi Xian Haihui Stone Materials Co., Ltd., Zhuojiazhuang, China
Landscape Stone Bench	Tsingtao Runlong Stone Co., Ltd., Qingdao, China
Photographs	Iwan Baan, Schinkenchiku-sha (pp. 139,147)

ELBPHILHARMONIE, HAMBURG

Location Kaispeicher A, Hafen, Hamburg, Germany
Project Team Partners: Jacques Herzog, Pierre de Meuron, Ascan Mergenthaler, David Koch
Associates: Nicholas Lyons, Stefan Goeddertz, Stephan Wedrich, Jürgen Johner
Project Managers: Carsten Happel, Jan-Christoph Lindert, Christian Riemenschneider
Project Team: Stephan Achermann, Christiane Anding, Thomas Arnhardt,
Petra Arnold, Johannes Beinhauer, Uta Beissert, Lina Belling, Inga Benkendorf,
Johannes Bregel, Jehann Brunk, Julia Katrin Buse, Ignacio Cabezas,
Jean-Claude Cadalbert, Sergio Cobos Alvarez, Massimo Corradi,
Annika Delorette, Fabian Dieterle, Annette Donat, Patrick Ehrhardt,
Carmen Eichenberger, Stephanie Eickelmann, Magdalena Agata Falska,
Daniel Fernández, Hans Focketyn, Birgit Föllmer, Bernhard Forthaus,
Andreas Fries, Asko Fromm, Catherine Gay Menzel, Marco Gelsomini,
Ulrich Grenz, Jan Grosch, Jana Grundmann, Hendrik Gruss, Yvonne Hahn,
Christian Hahn, David Hammer, Michael Hansmeyer, Nikolai Happ,
Bernd Heidlindemann, Anne-Kathrin Hellermann, Volker Helm, Lars Höffgen,
Philip Hogrebe, Ulrike Horn, Michael Iking, Nils Jarre, Leweni Kalentzi, Anja Klein,
Uwe Klintworth, Alexander Kolbinger, Benjamin Koren, Tomas Kraus, Jonas Kreis,
Nicole Lambrich, Matthias Lehmann, Jens Lehmann, Monika Lietz, Philipp Loeper,
Christina Loweg, Florian Loweg, Femke Lübcke, Tim Lüdtke, Lilian Lyons,
Klaus Marten, Götz Menzel, Simone Meyer, Alexander Meyer,
Henning Michelsen, Alexander Montero Herberth, Jana Münsterteicher,
Christiane Netz, Andreas Niessen, Monika Niggemeyer, Monica Ors Romagosa,
Argel Padilla Figueroa, Benedikt Pedde, Malte Petersen, Jorge Picas de Carvalho,
Philipp Poppe, Alrun Porkert, Yanbin Qian, Robin Quaas, Leila Reese,
Constance von Rège, Chantal Reichenbach, Thorge Reinke, Ina Riemann,
Nina Rittmeier, Dimitra Riza, Miquel Rodríguez (Associate), Christoph Röttinger,
Henning Rothfuss, Peter Scherz, Sabine Schilling, Chasper Schmidlin,
Alexandra Schmitz, Martin Schneider, Leo Schneidewind,
Malte Schoemaker, Katrin Schwarz, Henning Severmann, Nadine Stecklina,
Markus Stern, Sebastian Stich, Stephanie Stratmann, Kai Strehlke,
Ulf Sturm, Stefano Tagliacarne, Katharina Thielmann, Kerstin Treiber,
Florian Tschacher, Chih-Bin Tseng, Jan Ulbricht, Florian Voigt,
Maximilian Vomhof, Christof Weber, Lise Wendler, Philipp Wetzel,
Douwe Wieërs, Julius Wienholt, Julia Wildfeuer, Boris Wolf, Patrick Yong,
Kai Zang, Xiang Zhou, Bettina Zimmermann, Christian Zöllner, Marco Zürn

CONCEPT PHASE
Partners: Jacques Herzog, Pierre de Meuron, Christine Binswanger, Robert Hösl
Project Architects: Jürgen Johner (Associate), Andreas Fries
Project Team: Francesco Brenta, Massimo Corradi, Guillaume Delemazure,
Stefano Tagliacarne, Christof Weber

Client Freie und Hansestadt Hamburg, Germany - Represented by ReGe Hamburg Projekt-Realisierungsgesellschaft GmbH, Hamburg, Germany

PLANNING
General Planning Arge Generalplaner Elbphilharmonie; Herzog & de Meuron, Basel, Switzerland
Höhler + Partner Architekten und Ingenieure, Aachen, Germany
Interior Designer Hotel / Gastronomy Adamanta – MRLV, Hamburg, Germany; Aukett und Heese, Berlin, Germany;
Bost Design, Berlin, Germany
Interior Designer Residential Skyliving, Antonio Citterio and Partners, Milan, Italien
Structural Engineering General Planning: WGG Schnetzer Puskas Ingenieure AG, Basel, Switzerland
Rohwer Ingenieure VBI GmbH, Jarplund-Weding, Germany
TWP Ziegelfassade – Jäger Ingenieure, Radebeul, Germany
Construction Documents/Planning: Adamanta – HT Consult, Essen, Germany
HVAC Engineering General Planning: Winter Ingenieure, Hamburg, Germany
Construction Documents/Planning: Adamanta - HTC, Hamburg, Germany
Plumbing Engineering General Planning: Winter Ingenieure, Hamburg, Germany
Construction Documents/Planning: Adamanta - HTC, Hamburg, Germany
Mechanical Engineering General Planning: Winter Ingenieure, Hamburg, Germany
Construction Documents/Planning: Adamanta - HTC, Hamburg, Germany
Electrical Engineering General Planning: Winter Ingenieure, Hamburg, Germany
Construction Documents/Planning: Adamanta - HTC, Hamburg, Germany

SPECIALISTS / CONSULTING
Acoustics Nagata Acoustics Inc., Los Angeles, USA / Tokyo, Japan
Scenography General Planning: Ducks Scéno, Lyon, Frankreich
Construction Documents/Planning: Adamanta - GCA Ingenieure,
Unterhaching und Berlin, Germany
Facade Consulting R + R Fuchs, München, Germany
Climate Engineering Transsolar, Stuttgart, Germany
Building Physics General Planning: Taubert und Ruhe GmbH, Halstenbek, Germany
Jäger Ingenieure, Radebeul, Germany; TU Dresden, Germany
GWT, Dresden, Germany
Adamanta: HT Consult, Essen, Germany
Lighting General Planning: Ulrike Brandi Licht, Hamburg, Germany
Vertical Circulation General Planning: Jappsen Ingenieure, Berlin, Germany
Fire Safety General Planning: HHP Nord/Ost Beratende Ingenieure GmbH,
Braunschweig, Germany
Construction Documents/Planning: Adamanta: Hahn Consult, Hamburg, Germany
Traffic Planning General Planning: Ing.-Ges.mbH Heimann, Hannover, Germany
Transport Planning ReGe Hamburg - ARGUS Stadt und Verkehrsplanung, Hamburg, Germany
Well Drilling General Planning: IGB Ingenieurgesellschaft, Hamburg, Germany
Signage General Planning: Ruedi Baur, Zurich, Switzerland

CONTRACTORS
General Contractor Adamanta Grundstücks- Vermietungsgesellschaft, Düsseldorf, Germany;
HOCHTIEF Construction AG, Hamburg, Germany
Facade Construction Josef Gartner GmbH, Gundelfingen, Germany
Glass Manufacturers Interpane AG, Plattling, Germany
Glass Bending Sunglass, Padua, Italien
Float Glass (stocksizes) Guardian Flachglas GmbH, Thalheim, Germany
Glass Printing BGT AG, Bretten, Germany
Fiber Glass Fiber-Tech, Chemnitz, Germany
Photographs Hisao Suzuki

ST. JAKOB TOWER

Location St. Jakobs-Strasse, Basel, Switzerland
Project Team Partners: Jacques Herzog, Pierre de Meuron, Wolfgang Hardt, Stefan Marbach
Project Architects: Fabio Felippi, Gabi Mazza, Sarah Righetti
Project Team: Ida Basic, David Brodbeck, Mariano Ciccone, Yuko Himeno,
Kasia Jackowska, Sunkoo Kang, Michel Kehl, Thomas Keller, Hiroshi Kikuchi,
Bernhard König, Pawel Krzeminski, My Long, Roman Sokalski, Louise Souter,
Douwe Wieërs, Thomasine Wolfensberger, Camillo Zanardini
Client Implenia Generalunternehmung AG, Basel, Switzerland
Investor Balintra AG, Kestenholz Basel AG, Genossenschaft Stadion St. Jakob-Park,
Basel, Switzerland

PLANNING
General Planning Implenia Generalunternehmung AG, Basel, Switzerland
Architect Planning Herzog & de Meuron, Basel, Switzerland
Architect Construction Herzog & de Meuron, Basel, Switzerland
Structural Engineering WGG Schnetzer Puskas Ingenieure AG, Basel, Switzerland
Consultant Coordination PGMM Schweiz AG, Winterthur, Switzerland
HVAC Engineering PGMM Schweiz AG, Winterthur, Switzerland
Plumbing Engineering PGMM Schweiz AG, Winterthur, Switzerland
Mechanical Engineering PGMM Schweiz AG, Winterthur, Switzerland
Electrical Engineering Scherler AG, Basel, Switzerland

SPECIALISTS / CONSULTING
Facade Consulting Neuschwander + Morf AG, Basel, Switzerland
Building Physics BAKUS Bauphysik & Akustik GmbH, Zurich, Switzerland
Geometrician Burger & Partner Ingenieure AG, Basel, Switzerland
Civil Engineering Jauslin & Stebler Ingenieure AG, Basel, Switzerland
Traffic Planning Jauslin & Stebler Ingenieure AG, Basel, Switzerland
Fire Protection Gruner AG, Basel, Switzerland
Safety Consulting Gruner AG, Basel, Switzerland
Acoustics BAKUS Bauphysik & Akustik GmbH, Zurich, Switzerland
Photographs Hisao Suzuki

40 BOND, APARTMENT BUILDING

Location 32-40 Bond Street, New York, NY 10012, USA
Project Team Partners: Jacques Herzog, Pierre de Meuron, Ascan Mergenthaler
Project Architects: Mark Loughnan (Associate), Sarah Cremin
Project Team: Roman Aebi, Marcos Carreno, Julie Firkin, Volker Helm,
Kentaro Ishida, Donald Mak, Götz Menzel, Severin Odermatt, Philipp Schaerer,
Günter Schwob, Charles Stone, Caro van de Venne
Client Ian Schrager Company, New York, USA

PLANNING
General Planning Handel Architects LLP, New York, USA
Architect Planning Herzog & de Meuron, Basel, Switzerland
Structural Engineer Desimone Consulting Engineers, New York, USA
Mechanical Engineer Ambrosino DePinto & Schmieder, New York, USA
Construction Mngmt Bovis Lend Lease, New York, USA

CONSULTANTS/SPECIALISTS
Facade Consulting Israel Berger & Associates, New York, USA
Dewhurst Macfarlane and Partners, New York, USA
Lighting Johnson Light Studio, New York, USA

CONTRACTORS
Facade Subcontractors S&C Products Corporation, New York, USA
Empire Architectural Metal Corporation, New York, USA

MANUFACTURERS
Gate EXYD, Munich, Germany
Tallix, New York, USA
Third Rail Ops, New York, USA
Inox and Mirror s.s. EXYD, Munich, Germany
Curved glass Cricursa, Barcelona, Spain
Curved copper Zahner, Missouri, USA
Windows Schuco, Connecticut, USA
Lighting Isometrix Lighting + Design, London, UK
Photographs Hisao Suzuki, Iwan Baan (interior apartments, pp. 196, 197)

TRANSFORMING TATE MODERN

Location	Bankside, Southwark, London, UK
Project Team (2008 – onwards)	Partners: Jacques Herzog, Pierre de Meuron, Harry Gugger, Ascan Mergenthaler Project Architects: Ben Duckworth (Associate), John O'Mara, Christoph Zeller Project Team: Israel Alvarez, Michael Bekker, Abel Blancas, Marinke Boehm, Emi Bryan, Catriona Cantwell, Oliver Cooke, Corinne Curk, Corina Ebeling, Martin Eriksson, Francis Fawcett, Liz Ferguson, Thomas von Girsewald, Arnaldo Hernandez, Pasqual Herrero, Daisuke Hirabayashi, Sofia Janeiro, Sara Jardim, Maki Portilla Kawamura, Yuichi Kodai, Jihoon Kim, Pawel Krzeminski, Tomoyuki Kurokawa, Alexandre Massé, Donald Matheson, Olivier Meystre, Cynthia Morales, Martin Nässen, Callum Pirie, Jan Andreas Reeg, Rebecca Roberts, Jeannine Roschi, Monica Sedano, Karolina Slawecka, Peter Stec, Tom Stevens, Sanja Tiedemann, Paul Vantieghem, Christian Voss, Wim Walshap, Camia Young
Client	Tate Trustees, London, UK
Client representative	GTMS, London, UK

PLANNING

Architect Planning	Herzog & de Meuron, London, UK
Architect Construction	Herzog & de Meuron, London, UK
Structural Engineering	Arup, London, UK (2005 - 2007) Ramboll, London, UK (Since 2008)
Construction Mngmt	Mace, London, UK
Quantity Surveyor	Davis Langdon, London, UK
HVAC Engineering	Arup, London, UK (2005 - 2007) Max Fordham, London, UK (Since 2008)
Plumbing Engineering	Arup, London, UK (2005 - 2007) Max Fordham, London, UK (Since 2008)
Mechanical Engineering	Arup, London, UK (2005 - 2007) Max Fordham, London, UK (Since 2008)
Electrical Engineering	Arup, London, UK (2005 - 2007) Max Fordham, London, UK (Since 2008)
Landscape Design	Vogt Landscape Architects, Zurich, Switzerland

SPECIALISTS / CONSULTING

Access Consultant	David Bonnett Associates, London, UK
Acoustic Consultant	Arup, London, UK (2005 - 2007) RPS, Brighton, UK (Since 2008)
Approved Inspector	MLM, London, UK
AV/IT Consultant	Shen Milson & Wilkie, London, UK
Catering Consultant	Ken Winch Design, London, UK
CDM Co-ordinator	Cyril Sweet, London, UK
Civil Engineering	Arup, London, UK (2005 - 2007) Ramboll, London, UK (Since 2008)
EIA Consultant	URS, London, UK
Facade Consulting	Arup, London, UK (2005 - 2007) Ramboll, London, UK (Since 2008)
Fire Engineering	Arup, London, UK
Geometrician	Design to Production, Stuttgart, Germany (2008)
Lighting Consultant	Arup, London, UK
Office Consultant	Sevil Peach, London, UK
Planning Consultant	Drivers Jonas, London, UK
Project Manager	Drivers Jonas, London, UK (2005 – 2006) GTMS. London, UK (Since 2006)
Pigeon Control	Haag-Wackernagel, Basel, Switzerland
Safety Consulting	Arup, London, UK (2005 - 2007)
Security Consultant	MFD International, London, UK
Traffic Planning	Arup, London, UK (2005 - 2007) Ramboll, London, UK (Since 2008)
Visitor Flow Consultant	Colin Buchanan, London, UK
Waste Management	Buro Happold, London, UK
Photographs	Hisao Suzuki (model) CGI (Computer Generated Images): Vogt Landscape Limited, Hayes Davidson

1111 LINCOLN ROAD

Location	1111 Lincoln Road, Miami Beach, Florida, USA
Project Team	Partners: Jacques Herzog, Pierre de Meuron, Christine Binswanger Project Architects: Charles Stone (Associate), Jason Frantzen, Nils Sanderson Project Team: Mark Loughnan (Associate), Karl Blette, Christopher Haas, Yong Huang, Yuichi Kodai, Paul Martinez, Caro van der Venne, Savannah Lamal
Client	MBeach1 and Robert Wennett, Miami Beach, USA

PLANNING

Design Architect	Herzog & de Meuron, Basel, Switzerland
Architect of Record	Charles H. Benson & Associate Architects, Miami Beach, USA
Structural Engineering	Optimus Structural Design LLC, Miami, USA
General Contractor	G.T. McDonald Enterprises, Inc., Miami, USA
HVAC, Plumbing, Mech. & Electrical Engineering	Franyie Engineers, Inc, Miami, USA
Landscape Design	Raymond Jungles, Miami, USA
Civil Eng. Consultant	Kimley Horn and Associates, Miami Beach, USA

Branding Consultant & Signage Concept	Wolff Olins, London, UK
Signage	Tom Graboski Associates, Inc, Miami, USA
Photographs	Iwan Baan, Roland Halbe (pp. 221, 224), Nelson Garrido (p. 223) © 2009, MBEACH1, LLLP. All rights reserved. 1111 Lincoln Road shot(s) reprinted with permission from MBEACH1, LLLP

ESPACIO GOYA

Location	Plaza de los Sitios n º 5, Zaragoza, Spain
Project Team	Partners: Jacques Herzog, Pierre de Meuron, Christine Binswanger Project Architects: Peter Ferretto (Associate), Carlos Gerhard (Associate), Andreas Fries Project Team: Sergio Cobos Alvarez, Benito Blanco Avellano, Sivia Gil, Heitor García Lantaron, Andrea Landell de Moura, Maria Ángeles Lerin Ruesca, Diego Martinez Navarro, Mateo Mori Meana, Argel Padilla Figueroa, Maki Portilla Kawamura, Fran Rojo, Mónica Sedano Peralta, Agustin Solorzano COMPETITION PHASE Partner: Jacques Herzog, Pierre de Meuron, Christine Binswanger Project Architect: Tomislav Dushanov Project Team: Javier Artacho, Lara Semler, Masato Takahashi, Thomas de Vries
Client	Gobierno de Aragón, Zaragoza, Spain

PLANNING

General Planning	Herzog & de Meuron, Basel, Switzerland
Architect Construction	Integral Ingenieria y Arquitectura, Barcelona, Spain
Structural Engineering	NB35 Ingenieria, Madrid, Spain
Quantity Surveyor	Integral Ingenieria y Arquitectura, Barcelona, Spain
HVAC Engineering	Estudi PVI Ingenería SL, Barcelona, Spain
Plumbing Engineering	Estudi PVI Ingenería SL, Barcelona, Spain
Mechanical Engineering	Estudi PVI Ingenería SL, Barcelona, Spain
Electrical Engineering	Estudi PVI Ingenería SL, Barcelona, Spain

SPECIALISTS / CONSULTING

Facade Consulting	ENAR, Madrid, Spain – Jaume Avellaneda, Barcelona, Spain
Fire Protection	Estudi GL, Barcelona, Spain
Lighting	ARUP Lighting, London, UK
Acoustics	Estudi Acustic H. Arau, Barcelona, Spain

ACTELION BUSINESS CENTER

Location	Gewerbestrasse, Allschwil, Switzerland
Project Team	Partners: Jacques Herzog, Pierre de Meuron, Stefan Marbach Project Architects: Martin Fröhlich (Associate), Michael Fischer (Associate) Project Team: Enzo Augello, Peter Becker, Leatitia Buchter, Stephan Burger, Oliver Franke, Nikolai Happ, Fabienne Hoelzel, Yasmin Kherad, Manuel Lucas Klauser, Martin Krapp, Kenan Liu, Sebastian Lippert, My Long, Lush Manrecaj, Adriana Müller, Michel Pauli, Ella Ryhiner, Gabriele Schell, Hee-Jun Sim, Hendrik Steinigeweg, Thomas von Girsewald, Xinyuan Wang, Thomasine Wolfensberger, Tanjo Klöpper, Daniel Zielinski
Client	Actelion Pharmaceuticals Ltd, Allschwil, Switzerland

PLANNING

General Planning	ARGE GP Headquarters Actelion, Basel, Switzerland Herzog & de Meuron, Basel, Switzerland Proplaning, Basel, Switzerland
Architect Planning	Herzog & de Meuron, Basel, Switzerland
Architect Construction	Proplaning, Basel, Switzerland
Structural Engineering	WGG Schnetzer Puskas Ingenieure AG, Basel, Switzerland
Construction Mngmt.	ARGE GP Headquarters Actelion, Basel, Switzerland Herzog & de Meuron, Basel, Switzerland Proplaning, Basel, Switzerland
HVAC Engineering	Stokar + Partner AG, Basel, Switzerland
Plumbing Engineering	Locher, Schwittay Gebäudetechnik GmbH, Basel, Switzerland
Mechanical Engineering	TRANSSOLAR, Energietechnik GmbH, Stuttgart, Germany
Electrical Engineering	Karl Schweizer AG, Allschwil, Switzerland
Landscape Design	Tita Giese, Düsseldorf, Germany

SPECIALISTS / CONSULTING

Facade Consulting	Emmer Pfenninger Partner AG, Münchenstein, Switzerland
Building Physics	Zimmermann + Leuthe GmbH, Aetigkofen, Switzerland
Geometrician	Jermann Ingenieure + Geometer AG, Binningen, Switzerland
Traffic Planning	Rapp Infra AG, Basel, Switzerland
Fire Protection	Schweizerisches Institut zur Förderung der Sicherheit, Zurich, Switzerland
Safety Consulting	Gruner AG Ingenieure und Planer, Basel, Switzerland
Acoustics	Martin Lienhard, Büro für Bau- und Raumakustik, Langenbruck, Switzerland
Gastronomy	Consulting HOSTA AG, Basel, Switzerland
Botanical Consulting	Gebrüder Gysi Berglas AG, Baar, Schweiz
Geologist	Kiefer – Studer AG, Reinach/BL, Schweiz
Photographs	Hisao Suzuki

VITRAHAUS

Location	Vitra Campus, Charles-Eames-Strasse, Weil am Rhein, Germany
Project Team	Partners: Jacques Herzog, Pierre de Meuron, Wolfgang Hardt
	Project Architects: Guillaume Delemazure (Associate), Charlotte von Moos, Thomasine Wolfensberger (Associate)
	Project Team: Katharina Rasshofer, Harald Schmidt, Sara Secci, Nicolas Venzin, Isabel Volkmar, Thomas Wyssen
Client	Vitra Verwaltungs GmbH, Weil am Rhein, Germany

PLANNING

Architect Planning	Herzog & de Meuron, Basel, Switzerland
Architect Construction	Mayer Baehrle Freie Architekten BDA, Lörrach, Germany
Structural Engineering	ZPF Ingenieure AG, Basel, Switzerland
Landscape Design	August Künzel Landschaftsarchitekten AG, Basel, Schwitzerland
Construction Mngmt.	Krebser und Freyler Planungsbüro GmbH, Teningen, Germany
HVAC Engineering	Krebser und Freyler Planungsbüro GmbH, Teningen, Germany, Stahl + Weiß, Büro für Sonnen Energie, Freiburg, Germany
Plumbing Engineering	Krebser und Freyler Planungsbüro GmbH, Teningen, Germany
Mechanical Engineering	Krebser und Freyler Planungsbüro GmbH, Teningen, Germany
Electrical Engineering	Krebser und Freyler Planungsbüro GmbH, Teningen, Germany
Façade	Frener & Reifer Metallbau GmbH/Srl, Brixen/Bressanone, Italy
Kitchen Design	Edgar Fuchs GmbH, Kirchentellinsfurt, Germany
Curtain Design	Création Baumann, Weberei und Färberei AG, Langenthal, Switzerland

SPECIALISTS / CONSULTING

Building Physics	Horstmann und Berger, Ingenieurbüro für Bauphysik, Altensteig, Germany
Fire Protection	IBB Grefrath Ing. Büro, Sallneck (Lörrach), Germany
Acoustics	Horstmann und Berger, Ingenieurbüro für Bauphysik, Altensteig, Germany
Lighting	Ansorg GmbH, Mülheim/Ruhr, Germany
Interior Fitting	Visplay International GmbH, Weil am Rhein, Germany
Graphics	Graphic Thought Facility, London, United Kingdom
Multimedia	Zihlmann electronics GmbH, Freiburg, Germany
Photographs	Hisao Suzuki

56 LEONARD STREET

Location	56 Leonard Street, New York, USA
Project Team	Partners: Jacques Herzog, Pierre de Meuron, Ascan Mergenthaler
	Project Architects: Mark Loughnan (Associate), Charles Stone (Associate),Vladimir Pajkic
	Project Team: Mark Chan, Simon Filler, Sara Jacinto, Jin Tack Lim, Jaroslav Mach, Donald Mak, Hugo Moura, Mehmet Noyan, Jeremy Purcell, James Richards, Philip Schmerbeck, Heeri Song, Zachary Martin Vourlas, Jason Whiteley, Daniela Zimmer
Client	Izak Senbahar, 56 Leonard LLC, c/o Alexico Group LLC, New York, USA
Client Representative	Eric Anderson, Alexico Group LLC, New York, USA
Artist	Anish Kapoor

PLANNING

Executive Architect	Costas Kondylis and Partners LLP, New York, USA
Structural Engineering	WSP Cantor Seinuk, New York, USA
HVAC Engineering	Cosentini Associates, New York, USA
Plumbing Engineering	Cosentini Associates, New York, USA
Mechanical Engineering	Cosentini Associates, New York, USA
Electrical Engineering	Cosentini Associates, New York, USA

SPECIALISTS / CONSULTING

Facade Consulting	Gordon Smith, New York, USA
Marketing	Corcoran Sunshine, New York, USA
Fire Protection	Cosentini Associates, New York, USA
Safety Consulting	Cosentini Associates, New York, USA
Lighting	Cosentini Associates, New York, USA
Acoustics	Cosentini Associates, New York, USA
Photographs	Hisao Suzuki (model)

TRIANGLE

Location	Avenue Ernest Renan, Place de la Porte de Versailles, Paris
Project Team	Partners: Jacques Herzog, Pierre de Meuron, Ascan Mergenthaler
	Project Architects: Kentaro Ishida (Associate), Raymond Jr. Gaëtan
	Project Team: Michael Bär, Julien Combes, Guillaume Delemazure, Piotr Fortuna, Erik Gerlach, Yann Gramegna, Stefan Hörner, Anna Jach, Daekyung Jo, Srdjan Jovanovic, Daniel Kiss, Yuichi Kodai, Andrea Landell, Leonardo Pérez-Alonso, Ella Ryhiner, Heeri Song, Masato Takahashi, Christian Zöllner
Client	SCI Tour Triangle, Paris, France

PLANNING

Architect Planning	Herzog & de Meuron, Basel, Switzerland
Structural Engineering	SETEC TPI, Paris, France
	Schlaich Bergermann und Partner, Stuttgart, Germany
Mechanical Engineering	IOSIS BATIMENT, Paris, France
Climate Engineering	Elioth, Paris, France
	Transsolar, Stuttgart, Germany
Vertical Circulation	LERCH BATES, Paris, France / London, UK
Economist	AE75, Paris, France
Fire Security / Code	SOCOTEC, Paris, France
Photographs	Hisao Suzuki (model)

PORTA VOLTA FONDAZIONE FELTRINELLI

Location	Viale Pasubio, Milan, Italy
Project Team	Partners: Jacques Herzog, Pierre de Meuron, Stefan Marbach
	Project Architects: Andreas Fries (Associate), Mateo Mori Meana, Tomasine Wolfensberger (Associate)
	Project Team: Liliana Amorim Rocha, María Bergua Orduna, Nils Büchel, Amparo Cassani, Claudius Frühauf, José González, María Angeles Lerin Ruesca, Monica Leung, Christina Liao (Animation), Adriana Müller, Argel Padilla Figueroa, Francisco Requena Crespo, Carlos Viladoms
Client	Feltrinelli, Milan, Italy
Partner Architect	SD Partners, Milan, Italy
Structure	Zaring, Milan, Italy
M.E.P	Polistudio, Riccione, Italy
Photographs	Hisao Suzuki (model)

CULTURAL COMPLEX LUZ

Location	Avenida da Duque de Caxias, São Paulo, Brasil
Project Team	Partners: Jacques Herzog, Pierre de Meuron, Ascan Mergenthaler, Markus Widmer
	Project Architects: Tomislav Dushanov (Associate), Marcelo Bernardi, Iva Smrke
	Project Team: Abdul Fatah Adan, Duarte Lobo Antunes, Enzo Augello, Michael Bekker, Marta Brandão, Blanca Bravo Reyes, Hans von Bernuth, Caetano De Bragança, Margarida Castro, Billy Chan, Soohyun Chang, Julian Combes, Lisa Euler, Timothée Gauvin, Yann Gramegna, Adriana Hernandez, Coryn Kempster, Dominic Nüssen, Miriam Reyes Oliva, Dulcineia Santos, Sebastian Schäfer, Melissa Shin, Raul Torres Martin, Mariana Vilela, Jason Whiteley, Caesar Zumthor
Client	Governo do Estado de SãoPaulo (Secretaria de Estado da Cultura) São Paulo, Brasil

PLANNING

Architect Planning	Herzog & de Meuron, Basel, Switzerland
Arch. Theater Consulting	Theatre Projects Consultants, London, UK / Connecticut, USA
Structural Engineering	Arup, London, UK
HVAC/Enrgy Engineering	Arup, London, UK
Mechanical Engineering	Arup, London, UK
Acoustics	Mueller-BBM International GmbH, Munich, Germany
Facade	Mueller-BBM International GmbH, Munich, Germany
Local Architect	Jose Luiz Canal – D.Sc / BJA Architects
Landscape	Isabel Duprat
Photographs	Hisao Suzuki (model)

BARRANCA MUSEUM OF MODERN AND CONTEMPORARY ART

Location	Guadalajara, Mexico
Project Team	DESIGN DEVELOPMENT
	Partners: Jacques Herzog, Pierre de Meuron, Stefan Marbach
	Project Architects: Andreas Fries (Associate)
	Thomasine Wolfensberger (Associate), Agustín Solórzano
	Project Team: Olga Bolshanina, Jin Hyu Kim, Ingrid Moye, Masato Takahashi, Pablo Zamudio
	SCHEMATIC DESIGN
	Partners: Jacques Herzog, Pierre de Meuron, Stefan Marbach
	Project Architects: Thomasine Wolfensberger (Associate), Agustín Solórzano
	Project Team: Olga Bolshanina, Hyunsoo Kim, Ingrid Moye, Masato Takahashi.

	Christina Liao (animation)
Photographs	Hisao Suzuki (model)

EXTENSION MUSÉE D'UNTERLINDEN

Location	Place Unterlinden, Colmar, France
Architect	Herzog & de Meuron France Sarl d'Architecture
	COMPETITION / CONCEPT DESIGN
	Partners: Jacques Herzog, Pierre de Meuron
	Project Architect: Donald Mak (Associate)
	Project Team: Yann Gramegna, Mai Komuro, Valentin Ott,
	Paul Vantieghem, Caesar Zumthor
	SCHEMATIC DESIGN / DESIGN DEVELOPMENT
	Partners: Jacques Herzog, Pierre de Meuron, Christine Binswanger, Wolfgang Hardt
	Project Architects: Christoph Röttinger (Associate), Daniel Graignic Ramiro
	Project Team: Judith Funke, Yann Gramegna, Nicolas Grosmond,
	Thorsten Kemper, Severin Odermatt, Alejo Paillard
Client	City of Colmar, France
	CONSULTANTS
Local Architect	DeA Architectes, Mulhouse, France
	Guillaume Delemazure, François Schoeny
Structural and Eng.	COTEBA Est, Strasbourg/Lyon, France
	Frédéric Meyer, Jérôme Bioud, Géraldine Lamant, Richard Pavailler,
	Olivier Porcheron, Sébastien Ringeissen
Cost Consultant	C2Bi, Strasbourg, France
	Jean-Marc Haeberle, Nadine Bornert
Acoustics	Echologos Reims, Livry-Louvercy, France
	Dominique Noël
	SPECIALIST

With special thanks to:
Mónica Sedano, **Camia Young** and **Meike Schmidt** for their help and support

HERZOG & DE MEURON
Rheinschanze 6, CH-4056 Basel, Switzerland

EL croquis books

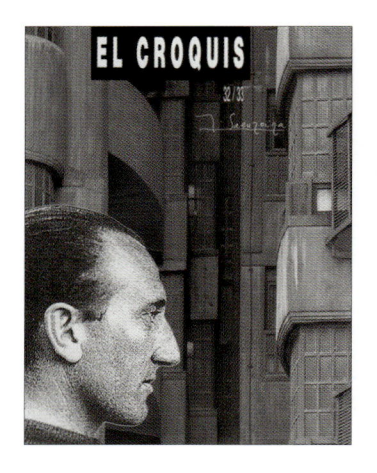

32/33 extended edition, 241 pages (ONLY SPANISH VERSION), 37.00 euro	**65/66** extended edition, 344 pages 49.28 euro	**53+79** omnibus, 440 pages 75.00 euro	**45+74/75+117** 601 pages 75.00 euro
sáenz de oíza 1946-1988	jean nouvel 1987-1998	oma/rem koolhaas 1987-1998	frank gehry 1987-1996
78+93 +108 revised and extended edition 568 pages 75.00 euro	**52+73[I] +103** revised and extended edition 519 pages 75.00 euro	**20+64 +98** revised and extended edition 664 pages 93.00 euro	**77[I]+99 +121/122** revised edition 655 pages 93.00 euro
steven holl 1986-2003	zaha hadid 1983-2004	rafael moneo 1967-2004	sanaa 1983-2004

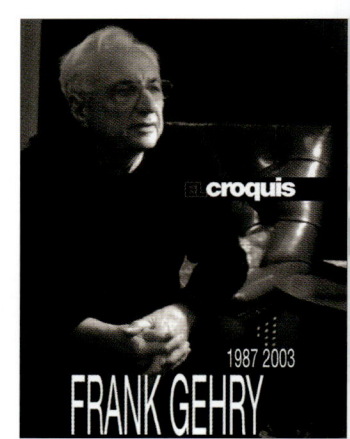

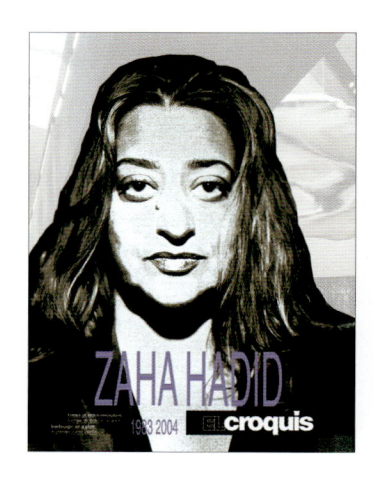

texto íntegro en castellano e inglés
[ampliadas y revisadas]
encuadernación en tapa dura
reediciones especiales [monografías]

www.elcroquis.es

68/69+95 — omnibus, 512 pages — 75.00 euro
alvaro siza 1958-2000

60+84 — extended edition, 415 pages — 75.00 euro
herzog & de meuron 1981-2000

86+111 — omnibus, 439 pages — 65.00 euro
mvrdv 1991-2002

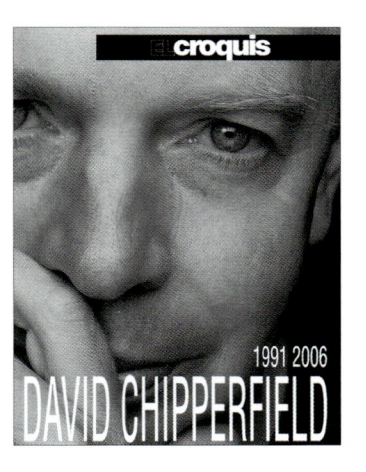

87+120 — extended edition, 487 pages — 75.00 euro
david chipperfield 1991-2006

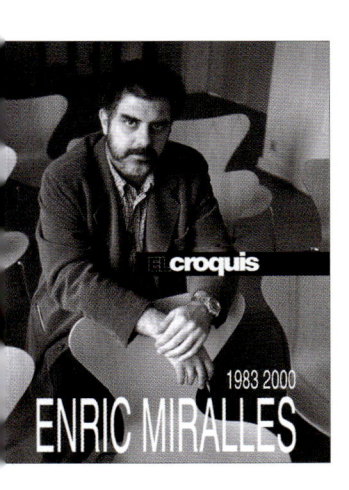

30+49/50 +72[II]+100/101 — omnibus, 700 pages — 100.00 euro
miralles/pinós 1983-2000

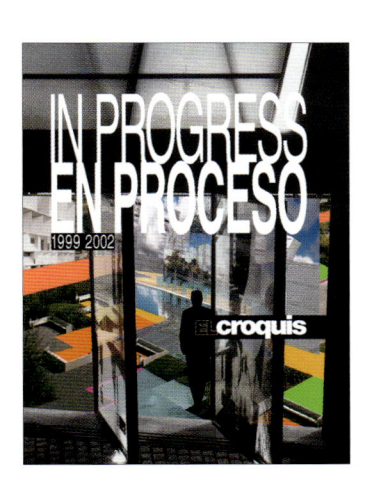

96/97 +106/107 — 704 pages — 93.00 euro — **in progress**
spanish architecture 1999-2002

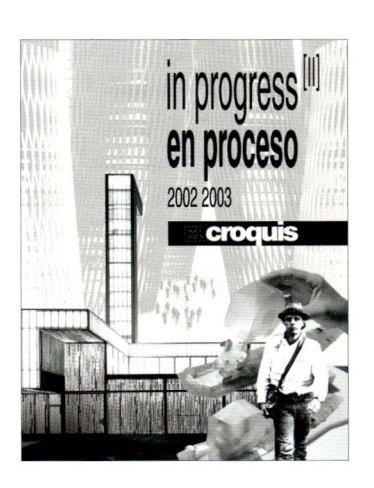

115/116[I]+[II]+[III] +118 — 646 pages — 93.00 euro — **in progress [II]**
spanish architecture 2002-2003

148+149 — 494 pages — 93.00 euro
collective experiments
spanish architecture 2010

full text in spanish and english
[revised extended editions]
cloth binding hardback
special reprints [monographs]

john pawson 127 — 1995/2005 — 191 pages — 45.00€	**oma/rem koolhaas** [I] 131/132 — 1996/2006 — 463 pages — 67.00€	**oma/rem koolhaas** [II] 134/135 — 1996/2007 — 395 pages — 69.00€	**work systems** [II] 136/137 — 2007 — 453 pages — 67.00€
sanaa 139 — 2004/2008 — 352 pages — 57.00€	**alvaro siza** 140 — 2001/2008 — 321 pages — 49.00€	**steven holl** 141 — 2004/2008 — 249 pages — 49.00€	**spanish architecture** 142 — 2008 — 313 pages — 49.00€
gigon guyer 143 — 2001/2008 — 231 pages — 49.00€	**embt** 144 — 2000/2009 — 261 pages — 49.00€	**christian kerez** 145 — 2000/2009 — 217 pages — 49.00€	**souto de moura** 146 — 2005/2009 — 203 pages — 49.00€
toyo ito 147 — 2005/2009 — 227 pages — 49.00€	**david chipperfield** 150 — 2006/2010 — 261 pages — 54.00€	**sou fujimoto** 151 — 2003/2010 — 215 pages — 54.00€	

EL croquis 2011

www.elcroquis.es

Números disponibles / Issues available
Suscripciones y pedidos / Subscriptions and Orders
Edición digital / Digital edition
Colección Biblioteca de Arquitectura / Biblioteca de Arquitectura Series (Spanish edition)
Relación de Distribuidores / List of EL CROQUIS distributors
Buscador / Search
Galería de Arquitectura / Architecture Gallery

---

subscription card / order form
valid only for non-european union citizens, USA, CANADA, REST in 2011

NAME ....
ADDRESS ....
COUNTRY .... TEL .... FAX ....
I.D. (TAX no., PASSPORT, etc) ....
*E-MAIL ....
[*Compulsory field for reception of the digital edition included in your subscription]

Subscription:
I wish to subscribe to the magazine **el croquis** starting with issue no. ....

Rates:
- **Europe** ❏ 5 issues: 295.00 euro ❏ 10 issues: 546.00 euro
- **North America** ❏ 5 issues: 319.00 euro ❏ 10 issues: 590.00 euro
- **Rest** ❏ 5 issues: 346.00 euro ❏ 10 issues: 640.00 euro

Messenger delivery included
Architecture students: **25%** discount on subscription and back issues
(Please send copy of the relevant document)

❏ Bill me   ❏ Payment enclosed

Form of payment:
❏ Banker's cheque payable in the EU in euro
❏ Eurocheque
❏ Please charge my   ❏ Visa   ❏ MasterCard   ❏ Eurocard   ❏ American Express

Card number |____|____|____|____| Expiry date ....
Cardholder's name ....

Back issues (*). I also wish to receive the following back issues:

❏ 127	[43.27 €]	❏ 141	[47,12 €]	❏ 147	[47,12 €]
❏ 131/132	[64.42 €]	❏ 142	[47,12 €]	❏ 150	[51,92 €]
❏ 134/135	[66.35 €]	❏ 143	[47,12 €]	❏ 151	[51,92 €]
❏ 136/137	[64.42 €]	❏ 144	[47,12 €]		
❏ 139	[54.81 €]	❏ 145	[47,12 €]		
❏ 140	[47,12 €]	❏ 146	[47,12 €]		

Special reprints (*). I also wish to receive the following special reprints:

❏ TADAO ANDO	[60.10 €]	❏ H&dM	[72.12 €]	❏ SÁENZ DE OÍZA	[35.58 €]
❏ ZAHA HADID	[72.12 €]	❏ JEAN NOUVEL	[47.39 €]	❏ RAFAEL MONEO	[89.42 €]
❏ OMA/R. KOOLHAAS	[72.12 €]	❏ D. CHIPPERFIELD	[72.12 €]	❏ IN PROGRESS [I]	[89.42 €]
❏ STEVEN HOLL	[72.12 €]	❏ FRANK GEHRY	[72.12 €]	❏ IN PROGRESS [II]	[89.42 €]
❏ ENRIC MIRALLES	[96.15 €]	❏ SANAA	[89.42 €]	❏ COL. EXPERIMENTS	[89.42 €]
❏ ALVARO SIZA	[72.12 €]	❏ MVRDV	[62.50 €]		

*Shipping costs must be added to the cover price
Please contact us for specific charges

Architecture students: **25%** discount on subscription and back issues
(Please send copy of the relevant document)

Date .... Signature ....

EL CROQUIS EDITORIAL
e-mail: suscripciones@elcroquis.es • http://www.elcroquis.es
Avda. Reyes Católicos, 9. E-28280 El Escorial. Madrid. Spain
Tel: 34-918969410. Fax: 34-918969411

---

subscription card / order form
valid only for european union citizens in 2011

NAME ....
ADDRESS ....
COUNTRY .... TEL .... FAX ....
VAT id. no. ....
I.D. (TAX no., PASSPORT, etc) ....
*E-MAIL ....
[*Compulsory field for reception of the digital edition included in your subscription]

Subscription:
I wish to subscribe to the magazine **el croquis** starting with issue no. ....

Rates: **European Union**   ❏ 5 issues: 295.00 euro   ❏ 10 issues: 546.00 euro

Messenger delivery included
Architecture students: **15%** discount on subscription and back issues
(Please send copy of the relevant document)

❏ Bill me   ❏ Payment enclosed

[E.U. citizens should submit proof of professional or business accreditacion to avoid additional VAT charge]

Form of payment:
❏ Banker's cheque payable in the EU in euro
❏ Eurocheque
❏ Please charge my   ❏ Visa   ❏ MasterCard   ❏ Eurocard   ❏ American Express

Card number |____|____|____|____| Expiry date ....
Cardholder's name ....

Back issues (*). I also wish to receive the following back issues:

❏ 127	[45.00 €]	❏ 141	[49.00 €]	❏ 147	[49.00 €]
❏ 131/132	[67.00 €]	❏ 142	[49.00 €]	❏ 150	[54.00 €]
❏ 134/135	[69.00 €]	❏ 143	[49.00 €]	❏ 151	[54.00 €]
❏ 136/137	[67.00 €]	❏ 144	[49.00 €]		
❏ 139	[57.00 €]	❏ 145	[49.00 €]		
❏ 140	[49.00 €]	❏ 146	[49.00 €]		

Special reprints (*). I also wish to receive the following special reprints:

❏ TADAO ANDO	[62.51 €]	❏ H&dM	[75.00 €]	❏ SÁENZ DE OÍZA	[37.00 €]
❏ ZAHA HADID	[75.00 €]	❏ JEAN NOUVEL	[49.28 €]	❏ RAFAEL MONEO	[93.00 €]
❏ OMA/R. KOOLHAAS	[75.00 €]	❏ D. CHIPPERFIELD	[75.00 €]	❏ IN PROGRESS [I]	[93.00 €]
❏ STEVEN HOLL	[75.00 €]	❏ FRANK GEHRY	[75.00 €]	❏ IN PROGRESS [II]	[93.00 €]
❏ ENRIC MIRALLES	[100.00 €]	❏ SANAA	[93.00 €]	❏ COL. EXPERIMENTS	[93.00 €]
❏ ALVARO SIZA	[75.00 €]	❏ MVRDV	[65.00 €]		

*Shipping costs must be added to the cover price
Please contact us for specific charges

Architecture students: **15%** discount on subscription and back issues
(Please send copy of the relevant document)

Date .... Signature ....

EL CROQUIS EDITORIAL
e-mail: suscripciones@elcroquis.es • http://www.elcroquis.es
Avda. Reyes Católicos, 9. E-28280 El Escorial. Madrid. Spain
Tel: 34-918969410. Fax: 34-918969411

---

boletín de suscripción / hoja de pedido
válido para el territorio español en el año 2011

Deseo suscribirme a la revista **el croquis** a partir del nº .... inclusive

NOMBRE ....
CIF/DNI ....
DIRECCIÓN ....
POBLACIÓN ....
CODIGO POSTAL .... PROVINCIA ....
TEL .... FAX .... E-MAIL* ....

[*Imprescindible para el envío de la edición digital incluida en su suscripción]

Suscripción. Importe: **España**   ❏ 5 números: 230.00 euro
❏ 10 números: 426.00 euro

Números anteriores:

		Reediciones:			
❏ 127	[45.00 €]	❏ 144	[49.00 €]	❏ TADAO ANDO [62.51 €]	❏ FRANK GEHRY [75.00 €]
❏ 131/132	[67.00 €]	❏ 145	[49.00 €]	❏ ZAHA HADID [75.00 €]	❏ SANAA [93.00 €]
❏ 134/135	[69.00 €]	❏ 146	[49.00 €]	❏ OMA/R. KOOLHAAS [75.00 €]	❏ MVRDV [65.00 €]
❏ 136/137	[67.00 €]	❏ 147	[49.00 €]	❏ STEVEN HOLL [75.00 €]	❏ SÁENZ DE OÍZA [37.00 €]
❏ 139	[57.00 €]	❏ 150	[54.00 €]	❏ E. MIRALLES [100.00 €]	❏ RAFAEL MONEO [93.00 €]
❏ 140	[49.00 €]	❏ 151	[54.00 €]	❏ ALVARO SIZA [75.00 €]	❏ IN PROGRESS [I] [93.00 €]
❏ 141	[49.00 €]			❏ H&dM [75.00 €]	❏ IN PROGRESS [II] [93.00 €]
❏ 142	[49.00 €]			❏ JEAN NOUVEL [49.28 €]	❏ COL. EXPERIMENTS [93.00 €]
❏ 143	[49.00 €]			❏ D. CHIPPERFIELD [75.00 €]	

Gastos de envío incluidos
Importe adicional números anteriores y/o reediciones .... euro

Estudiantes de arquitectura: **15%** de descuento en suscripción y números anteriores
(Adjuntar fotocopia de documentación justificativa)

TOTAL SUSCRIPCIÓN Y/O Nº S SUELTOS .... **EURO**

Forma de pago: ❏ Giro postal   ❏ Talón nominativo en euro
❏ Tarjeta de crédito: ❏ Visa ❏ MasterCard ❏ American Express

Número |____|____|____|____| Caduca final ....
Nombre del titular ....
CIF del titular .... Teléfono ....

❏ Domiciliación bancaria:
Banco/Caja .... Entidad nº ....
Sucursal nº .... D.C. nº .... Cuenta nº ....
Dirección ....
Población ....
Titular de la cuenta ....
CIF del titular ....

Ruego se atienda anualmente en mi nombre el recibo de EL CROQUIS S.L.

Fecha .... Firma ....

EL CROQUIS EDITORIAL
e-mail: suscripciones@elcroquis.es • http://www.elcroquis.es
Avda. Reyes Católicos, 9. E-28280 El Escorial. Madrid. Spain
Tel: 918969410. Fax: 918969411

Descarga gratuita !!!
Free download !!!

Oferta de lanzamiento:
Launch Offer:

Cuatro descargas por 25 euros
Four downloads: 25 euros

Consiga su revista
en cuanto salga al mercado
y léala en su terminal
cuando quiera,
incluso sin conexión a internet.
Podrá pasar las páginas con
solo pulsar el ratón, aumentar
el tamaño de los planos,
del texto y de las fotografías.
Guarde los números
anteriores en su ordenador
y podrá disponer
de una consulta rápida
y de un sistema
de almacenamiento sencillo.

Get your copy
as soon as it is released,
then read it any time,
even off-line.
With a touch of your mouse,
you can turn the pages,
zoom the plans,
the texts and the photos.
Keep back issues on your
computer
for quick reference
and easy storage.

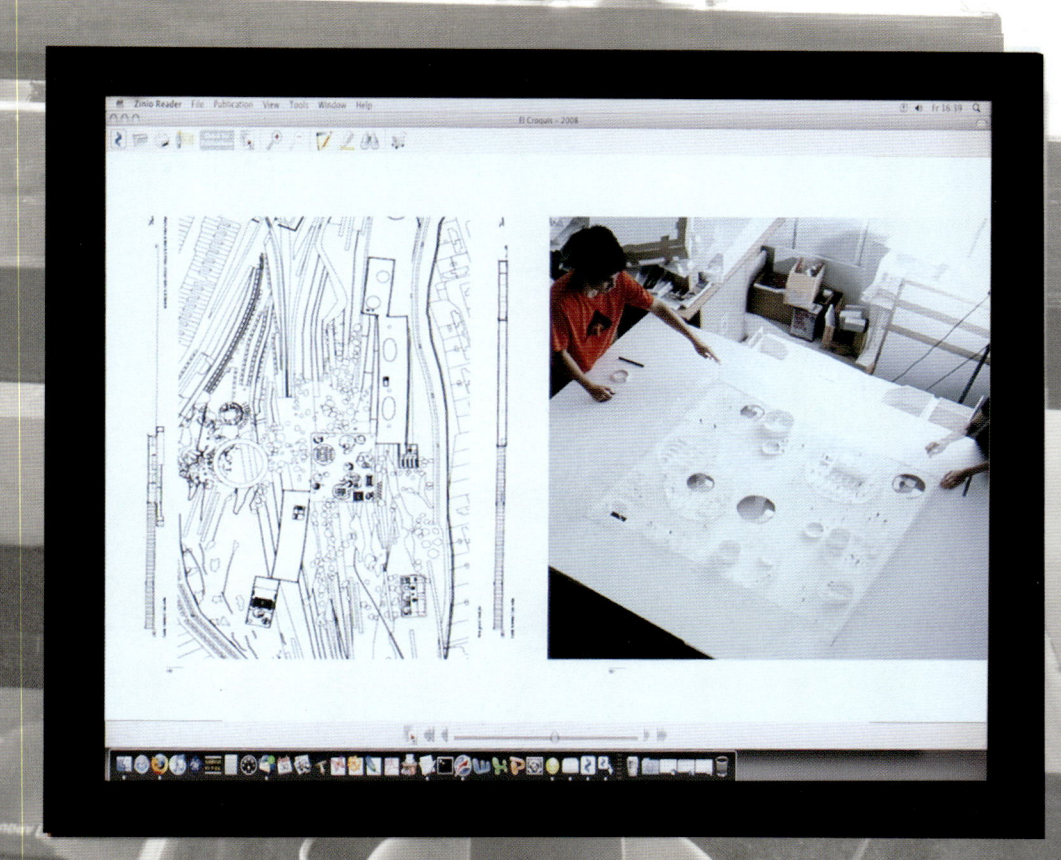

www.elcroquis.es
edición digital/digital edition